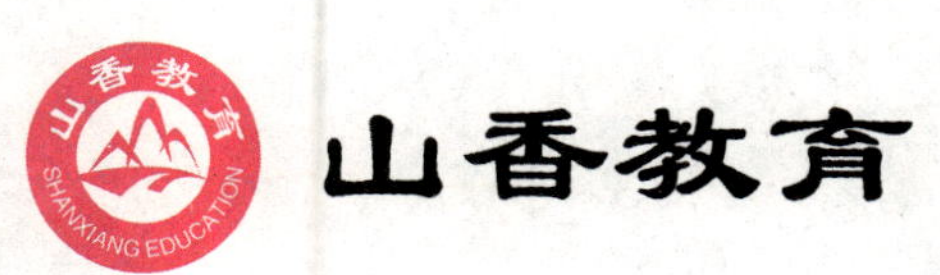

教师招聘考试专用教材

小学体育与健康

山香教育考试命题研究中心　主编

图书在版编目(CIP)数据

教师招聘考试专用教材. 小学体育与健康 / 山香教育考试命题研究中心主编. --北京: 首都师范大学出版社, 2023.12

ISBN 978-7-5656-7866-0

Ⅰ. ①教… Ⅱ. ①山… Ⅲ. ①体育课-教学法-小学教师-聘用-资格考试-自学参考资料②健康教育-教学法-小学教师-聘用-资格考试-自学参考资料 Ⅳ. ①G451.1

中国国家版本馆 CIP 数据核字(2023)第 208467 号

教师招聘考试专用教材

XIAOXUE TIYU YU JIANKANG

小学体育与健康

山香教育考试命题研究中心　主编

策划编辑　张文强

责任编辑　杨林玉　曹亮亮　　　　　封面设计　山香教育

首都师范大学出版社出版发行

地　　址　北京市海淀区西三环北路 105 号

邮　　编　100048

咨询电话　010-68418523(总编室)　　　010-68982468(发行部)

网　　址　http://cnupn.cnu.edu.cn

印　　刷　河南黎阳印务有限公司

经　　销　全国新华书店

版　　次　2023 年 12 月第 1 版

印　　次　2023 年 12 月第 1 次印刷

开　　本　889mm×1194mm　1/16

印　　张　31.5

字　　数　756 千

定　　价　59.00 元

24年内容沉淀

将心注入，用双手把考生托上岸

24年

山香女孩

抖音扫码 - 山香教育

一段真实感人的故事

一个中国招教的传奇

一个大山中质朴的女孩

只为了能守候心中的爱情

执著地踏上教师招考之路

几经心酸、坎坷数载

终含泪圆梦

师者大爱无疆

回首仍在招教路上迷茫无助

痛苦挣扎的考生

她忍痛放弃来之不易的光辉事业

决然分享自己的招教秘籍

掇菁撷华、纳优去粕，无微不至、倾心辅导

只为复制精彩，再造成功

她圆了一批又一批考生的教师之梦

她让一批又一批的考生喜泪盈眶

她收到了一句又一句的致谢和感恩话语

她已经不是一个她了

而是更多的她，创造了中国招教奇迹！

她就是——山香教育！

前言

近年来,教师招聘考试难度越来越大。一方面,随着教师招聘考试的"火热"及考生对招教考试不断探索,笔试分数的差距不断缩小;另一方面,教师招聘考试试题的难度和灵活性在不断增强。获得一套实用性强的教辅显得尤为重要。

学科专业知识作为各地区教师招聘考试的常考内容,其具有内容多、复习难、要求高的特点。鉴于此,山香教育结合多年研究成果和教学反馈,深入分析制约考生得高分的因素,对教材进行精心编排,旨在帮助考生通过阅读和学习能够收到理想的备考效果。

3大特色　破解体育学科专业知识

特色1　立足真题考情　归纳核心考点

考情最能体现命题人的思想。通过对真题的梳理分析,整理出考点的命题特点和考向,将以此编写的内容作为教材的核心内容,真正做到"考什么,讲什么"。同时,在知识点后放置"知识再拔高"等栏目,使整个知识体系形成一个完美闭环。

特色2　融合教学经验　传授备考心法

作为选拔性考试,考生顺利通过的途径只有一个:考高分。每道题的正误都决定着笔试是否通过。所以本书编写摒弃传统说教式的知识罗列,倡导互动式学习,并融合山香老师多年教学经验,通过"小香课堂""记忆有妙招"等多模块设计,帮考生掌握核心解题能力。

特色3　微课视频助学　强化巩固提升

鉴于文字讲解的局限性,本书针对重难点知识配备了微课视频,由山香名师进行视频讲解,实现"读"和"讲"的完美结合。同时,本书设置"考点大默写"栏目,甄选典型试题,探索考试真谛,即学即测,实现图书与考试的零距离。

愿诸君能够善用山香图书这件"利器",在即将到来的教师招聘考试中打好有准备之战。预祝大家在有限的时间内选择最恰当、最有效的方法备考,早日走上心目中的三尺讲台!

山香图书研发部

说　明

★:知识点中星星越多重要程度越高,最高为三颗星。

黑体字:知识点中需要重点掌握的词语。

波浪线:复习时需要重点掌握的句子。

红色句子:比画波浪线的句子更重要,需要着重掌握。

目录

高效备考从扫码开始……

扫码听讲的4个理由

1. 海量真题免费刷
2. 参加模考体验佳
3. 时政打卡天天有
4. 备考咨询专业答

第一部分　学科专业基础知识

第三部分 小学体育课程与教学论

专家微课视频索引

（扫描正文中下列知识点处的二维码，即可获取专家微课视频）

第一部分

学科专业基础知识

SHAN XIANG

内容导学

- 小学体育教师招聘考试学科专业基础知识部分共分为六章，各章内容和考查方式分别为：
- 第一章主要是对学校体育学的阐述，考频较低，所包含内容较为广泛，往往与体育教学论和教材教法等内容相结合进行考查。考试题型灵活，常以选择题、填空题、判断题和简答题的形式出现。
- 第二章主要是对体育心理学的基本理论知识的讲解，这部分一般考查记忆性知识，常以选择题、名词解释、判断题和简答题的形式出现。
- 第三章、第四章主要是对运动解剖学和运动生理学的基本理论知识的讲解，这两部分内容相互关联，不可分割。一般考查理解性知识，考试题型既有主观题又有客观题，为重点章节。
- 第五章主要是对体育保健学的阐述，考频适中，内容较广泛。常以选择题、填空题、判断题和简答题的形式出现。
- 第六章主要是对运动训练学的基本理论知识的讲解，这部分主要考查记忆性的知识，常以选择题、判断题和简答题的形式出现。
- 结合历年考试情况，本部分的内容在考试中可能会出现各种题型（如选择题、填空题、判断题、简答题等），内容繁多琐碎又互相关联。其中，第三章、第四章、第五章为考生需要重点掌握的内容。因此，考生在学习本部分内容时，要多方面地看问题，以便更好地进行理解和学习。

第一章 学校体育学

思维导图

- 学校体育学
  - 学校体育学概述
    - 国外学校体育的发展概况
    - 我国学校体育的发展概况
    - 学校体育的功能与学校体育的目标体系（重点）
  - 课外体育活动、课余体育训练与竞赛
    - 课外体育活动（易混点）
    - 课余体育训练
    - 课余体育竞赛
  - 体育教师
    - 体育教师的概念及工作特点
    - 体育教师应具备的基本条件
    - 体育教师的基本职责
    - 体育教师在职培训模式
  - 体育游戏
    - 体育游戏的概念及特点
    - 体育游戏的功能及分类
    - 体育游戏的创编（重点）
    - 体育游戏的教学
  - 体育手段与体育文化
    - 体育手段
    - 体育文化（重点）
  - 体育科学研究
    - 体育科学研究的基本程序
    - 体育科学研究的常用方法
  - 体育相关法律法规及工作文件
    - 《国务院办公厅关于强化学校体育促进学生身心健康全面发展的意见》（国办发〔2016〕27号）（节选）
    - 《中共中央、国务院关于加强青少年体育增强青少年体质的意见》（节选）
    - 《国务院办公厅转发教育部等部门关于进一步加强学校体育工作若干意见的通知》（国办发〔2012〕53号）（节选）
    - 《学校体育工作条例（2017年修订）》（节选）
    - 《学校卫生工作条例》（节选）
    - 《国家学校体育卫生条件试行基本标准》（节选）
    - 《国家学生体质健康标准（2014年修订）》（重点）

考向分析

本章属于学科专业基础知识中的基础章节，也是体育教师招聘考试考查的基础章节，内容比较简单，需要识记与理解的知识较多。现对本章考向分析如下：

高频考点	考点细化	常考题型	能力要求	考查热度
我国学校体育的发展概况	六艺；蔡元培；毛泽东的《体育之研究》；《新学制课程标准》	选择	理解	★★
学校体育的功能与学校体育的目标体系	学校体育的功能；实现学校体育目标的基本途径	选择、判断、简答	理解	★★★
课外体育活动的组织形式	全校性活动、班级活动、小团体活动等	选择	识记	★★
课余体育竞赛	竞赛的特点、方法	选择	理解	★★
体育游戏的创编	创编原则、创编方法	选择	运用	★★★
奥林匹克文化	法国人顾拜旦——现代奥林匹克之父、宗旨、精神、格言、名言、五环、吉祥物等	选择、判断、填空	识记	★★★
《国家学生体质健康标准(2014 年修订)》	评价指标、学年总分评定等级、单项指标与权重	选择、判断、简答	识记	★★★

核心考点

第一节　学校体育学概述

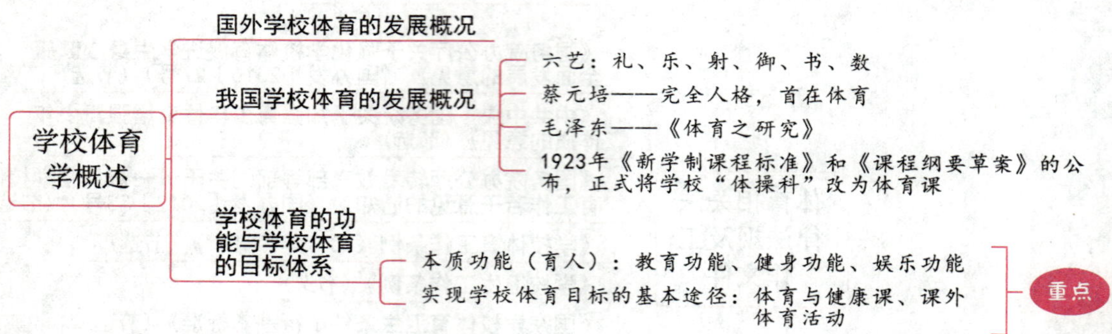

学校体育学是研究学校体育现象，揭示学校体育运行规律，阐明学校体育工作的基本原理与方法的一门学科，是培养各级体育教师组织与实施学校体育工作必须开设的一门专业主干课程。

一、国外学校体育的发展概况　【选择】　★

考点1　古希腊学校体育

学校作为专门的教育场所伴随着文字的产生而开始出现，从而为学校体育的产生提供了前提条件。公元前 8 世纪，地处欧洲的希腊开始步入奴隶制社会。古希腊的教育，是西方奴隶制国家教育的完整而典型的代表，对近现代体育有着重要的影响。在希腊各城邦中，斯巴达与雅典的教育又是其典型的代表。

古希腊通过教育所培养的是身心和谐发展的公民，不但要有智慧的头脑，还要有健美的身体，在柏拉图的《理想国》里所推崇的教育就是用体操来锻炼身体，用音乐来陶冶心灵。

欧洲进入封建社会后，文化教育带有浓厚的宗教色彩。教会和统治者在宗教教育之外，对贵族子弟实施“骑士七艺”教育，即骑马、游泳、投枪、击剑、狩猎、下棋和吟诗，使古希腊的体育教育思想得到一定程度的承继。

真题面对面

[2019 江西统考，单，1 分] 奴隶社会时期，学校的出现为学校体育的产生提供了前提条件，在公元前（　　）世纪，斯巴达与雅典的教育是西方奴隶制国家教育的代表。

A. 6　　B. 7　　C. 8　　D. 9

答案：C。学校作为专门的教育场所伴随着文字的产生而开始出现，从而为学校体育的产生提供了前提条件。公元前 8 世纪，希腊的教育是西方奴隶制国家教育的完整而典型的代表。在希腊各城邦中，斯巴达与雅典的教育又是其典型的代表。

考点2　古希腊奥运会

奥林匹克运动会是古希腊人为祭祀天神宙斯而举行的规模最大的综合性竞技运动会。从公元前 776 年有文字记录的第一届奥运会到公元 393 年，**每四年一届**。

古希腊奥运会

考点3　国外学校体育思想的发展历程

1. 学校体育思想的形成

1762 年，卢梭在法国出版了《爱弥尔》一书。他使用“体育”一词来描述对爱弥尔进行身体的养护、培养和训练等身体教育过程。卢梭主张在非自然中效法自然的法则、采用自然的方法对儿童进行包括体育在内的全面教育。

以巴泽多等人为代表的博爱派教育家则把卢梭的体育思想变为了教育现实。1774 年，巴泽多创建了第一所博爱学校，经过一系列的努力，最终形成了学校体育课程的雏形。这所学校实施的体育教育被认为是近代学校体育的开端。

德国的古茨穆斯及杨氏、瑞典的林氏等人，先后创立了德式及瑞典体操体系，进一步影响到欧洲各地，促进了学校体育思想的统一。古茨穆斯是德国的体育家、教育家，被誉为“近代体育之父”。古茨穆斯构建了完整的体育课程体系，其著作《青年体操》为西方世界通行的体育教育手册。

由于采用了课程化的形式和班级、年级授课的方式，学校体育也能大规模地培养人。从 19 世纪后半期到 20 世纪初，欧美许多国家陆续制定了相应的政府法令或通过议会立法，将体育作为各级学校的必修课程，从此体育作为学校课程体系的重要部分被确立下来。

2. 20 世纪学校体育思想的发展

在20世纪学校体育发展过程中，以高尔霍夫尔为代表的自然体育学派，受杜威儿童中心教育思想影响的赫塞林顿、威廉姆斯等人为代表的美国“新体育”运动，对20世纪的学校体育产生了广泛的影响。

托马斯·伍德和赫塞林顿的新体育理论是美国“新体育”运动中体育课程改革的主要理论，他们认为体育应包括机体教育、神经肌肉活动教育、品德教育和智力教育四个方面，传统的德式体操和瑞典体操未能很好地完成体育的任务，需要对体育的目标和手段进行诠释。

“新体育”学说带来了体育教育理论和实践的一场革命，促进了体育的科学化和社会化，但它过分强调儿童兴趣和自由，导致体育教学组织的松散，也不利于学生系统掌握体育知识和技能。

3. 20 世纪后期学校体育发展的新趋势

20世纪中期以来科技革命的兴起和生产生活的进步，对学校教育和体育产生了深远影响。人类社会从工业社会进入信息社会，更使学校体育经历了历史性的变革。约翰·奈斯比特把1956年美国白领劳动者的数量第一次超过蓝领工人，1957年苏联发射第一颗人造卫星作为人类社会由工业社会进入信息社会的标志。

1965年法国教育家**保罗·朗格朗**在联合国教科文组织会议上提出了“**终身教育**”的倡议，提出教育是终身的事；教育应包含美育、智育、体育及职业技能等多样化内容；学校教育应该为终身教育担当重要角色。20世纪60年代末，苏联学者明确提出了终身体育的主张。世界各国相继制订了大众体育发展的计划，终身体育思想对世界体育产生了越来越广泛和深刻的影响。

二、我国学校体育的发展概况 【选择】★★

1. 我国古代学校体育的发展

我国古代所谓的“学校”从奴隶社会就开始出现，夏朝、商朝的“学校”已有了体育，如习射就是当时重要的教育内容。西周时，学校教育以礼教和军事为主，教育内容除德、行之外，主要就是“礼、乐、射、御、书、数”六艺教育，其中乐、射、御都是体育。乐，指乐舞，其基本形式是模仿战争操演的队列练习，实际上是一种兵式操练。射、御即射箭、驾车，都是与征战有关的军事技能，是学校的必学内容。

真题面对面

[2019 天津和平区，单，1 分] 中国古代教育中的“六艺”(礼、乐、射、御、书、数)中，属于体育范畴的是(　　)

A. 礼、乐　　B. 乐、射　　C. 射、御　　D. 御、数

答案：C。在“六艺”教育中，“射”和“御”属于体育的范畴。

2. 我国近代学校体育的发展

近代以来，不断有政治家、教育家关注学校体育的发展。教育家蔡元培说“完全人格，首在体育”，南开大学创始人、教育家张伯苓曾言“不懂体育的人，不应该当校长”。近代学校体育的形成与发展脉络大致如下。

洋务运动时期，我国开始向西方学习创办新式学堂，并把西方体育引进到这些学堂中，把体操规定为学堂的学习课程，并在学校中开展了以西方近代体育为主的各种课外体育活动，从而使中国近代学校教育首次出现了体育课程和体育活动。

1901 年，清廷下令将全国的书院改为学堂。1904 年，清政府颁布并实施了《奏定学堂章程》(癸卯学制)，这是我国近代教育史上第一个正式颁行的全国法令性文献，正式将体操纳入各级学校课程，揭开了近代体育课程的序幕。

"五四"时期教育思想空前活跃。1917 年，毛泽东同志在《新青年》上发表了《体育之研究》一文，用辩证唯物主义的观点，对我国体育以及学校体育做了深刻的分析和尖锐的批评，并对体育的意义、锻炼的原则做了精辟的论述，强调了学校体育必须德、智、体三育并重。同年，恽代英发表的《学校体育之研究》也极具代表性。

真题面对面

[2022 湖北统考，单，2 分]《体育之研究》的作者是(   )

A. 恽代英　　B. 毛泽东　　C. 朱德　　D. 周恩来

答案：B。1917 年，毛泽东同志在《新青年》上发表了《体育之研究》一文。

癸卯学制的颁布实施标志着我国从此结束了两千多年来封建社会学校教育中没有体育的历史。以此为基础，我国近代学校体育在曲折中不断发展。1922 年 11 月颁布了壬戌学制，规定：学校学制为小学 6 年、初中 3 年、高中 3 年。

3. 我国学校体育思想的形成与发展

(1) 体育教育思想的早期传播

1902 年，蔡锷首先提出了"**军国民主义**"一词。军国民教育思想推动了近代体育课程的确立，冲破了传统教育重智轻体的束缚，促进了"尚武"风气的形成。

(2) 自然体育思想的传入及其影响

自然体育思想在新文化运动期间逐渐传播开来，并在"五四运动"后取代军国民主义思潮成为影响学校体育的主要思想。1922 年颁布的《壬戌学制》标志着军国民教育在我国的没落。1923 年公布《新学制课程标准》和《课程纲要草案》，正式将学校的"体操科"改为"体育课"，废除了原来的兵式体操，代之以近代体育项目为主的教学内容，并纳入生理卫生和保健知识。

(3) 凯洛夫教育理论对我国学校体育思想的影响

苏联著名教育家凯洛夫在《教育学》一书中提出：教育是永恒的，也是历史的，在阶级社会中，这种历史性是与阶级性密切相关的；在社会主义和共产主义社会中，教育的任务包括智育、综合技术教育、德育、体育和美育。他提出了直观性、学生自觉性与积极性、巩固性、系统性和连贯性、通俗性与可接受性 5 大教学原则。

我国于 1951 年开始学习苏联的《准备劳动与卫国体育制度》。我国学者在引进学习凯洛夫教育思想的同时，对自然体育思想等西方体育思想和理论则采取了否定和排斥的态度，并在实践中渐渐趋于绝对化、片面性，致使学校体育理论和实践失去了活力，对学校体育产生了不利的影响。

(4) 终身体育思想对学校体育的改革和发展带来的影响

终身体育思想对学校体育的改革和发展带来的影响表现如下：

①终身体育正在成为学校体育改革和发展的指导思想。终身体育的指导思想是指以"培养学生终身参加体育活动的能力和习惯"为主导的思想。

②立足长远与落实“健康第一”密切结合。以终身体育思想为学校体育改革与发展的主导思想，更具理论深度和实践价值。

③确立大、中、小学相衔接的体育目标、内容、组织形式体系。

④注重过程与结果、显性与隐性相结合的学生体育素养评价。

三、学校体育的功能与学校体育的目标体系 【选择、判断、简答】 ★★★

考点1 学校体育的功能

学校体育的功能

1. 概念

学校体育的功能是指学校体育在一定的环境和条件下对人和社会所能够发挥的作用，它与学校体育的过程结构和学校体育的环境有着密切的关系。学校体育功能是学校体育本质的反映，它影射出学习体育对人的物质机体与人的精神思维及社会物质与社会精神的多种作用。

2. 本质功能

学校体育的本质功能是育人，具体又包括教育功能、健身功能和娱乐功能三个方面。其中，学校体育的健身功能是最原始、最本质的、最为独特的功能。

学校体育的本质功能

本质功能	主要表现
教育功能	(1)促进智力发展； (2)形成优良品德； (3)培养审美情趣
健身功能	(1)养成正确身体姿势，促进生长发育； (2)提高机能水平； (3)发展身体素质和基本活动能力； (4)增强对外界环境的适应能力和对疾病的抵抗能力
娱乐功能	(1)学生通过参加体育活动可以调节情感、丰富生活，并且缓解由于学习所引起的神经紧张和疲劳； (2)学生通过观赏体育比赛和表演可以得到心理上的满足和精神上的享受； (3)学生休闲的重要手段，是扩大学生社会交往的重要媒介以及表现自我、展现自我的重要舞台

真题面对面

1. [2022 安徽统考，单，1 分] 下列选项中，属于学校体育本质功能的是(　　)

①文化功能　②经济功能　③娱乐功能　④健身功能　⑤教育功能

A. ①②④　　B. ①③④　　C. ②④⑤　　D. ③④⑤

答案：D。学校体育的本质功能是育人，具体又包括教育功能、健身功能和娱乐功能三个方面。

2. [2020 陕西特岗，简答，5 分] 请简述学校体育对学生身体发展的作用。

参考答案：(1)养成正确身体姿势，促进生长发育；(2)提高机能水平；(3)发展身体素质和基本活动能力；(4)增强对外界环境的适应能力和对疾病的抵抗能力。

考点2 学校体育的目标体系

学校体育目标是指在一定的时期内，学校体育实践所要达到的预期结果。它是学校体育指导思想的具体体现，是我们开展学校体育工作的出发点，也是我们评价学校体育工作效果的重要依据。

1. 我国学校体育的目标

(1) 我国学校体育的总目标

当前我国学校体育的总目标：①开发学生的身心潜能，增强学生体质，增进学生健康；②促进学生身心和谐发展；③培养学生从事体育的积极态度、兴趣、习惯和能力，为终身体育奠定良好的基础；④促进学生的个体社会化，培养学生良好的思想品质，使其成为具有创新精神和创新能力以及德、智、体、美全面发展的社会主义合格的人才。

(2) 我国学校体育的效果目标

现阶段我国学校体育的具体效果目标包括以下几个方面：

①增强学生体质，增进学生健康。

②传授体育运动、卫生保健、健康生活的知识、运动技能和健身方法，使学生具有一定的体育文化素养。

③培养对体育的兴趣、习惯和能力，为终身体育奠定基础。

④促进学生个性全面发展，培养健全人格。

⑤发展学生的运动才能，提高学生的运动技术水平。

2. 学校体育目标的实现

(1) 实现学校体育目标的基本途径

学校体育目标的实现

《学校体育工作条例》中规定，学校体育工作是指普通中小学校、农业中学、职业中学、中等专业学校、普通高等学校的体育课教学、课外体育活动、课余体育训练和体育竞赛，也是实现我国学校体育目标的基本途径。通常表现为体育与健康课（即体育课教学）和课外体育活动两大组织形式。

①**体育与健康课**是学校体育的**基本组织形式**。体育与健康课是根据教育部制定的教学计划所开设的必修课，是对学生进行系统的体育教育过程。体育与健康课是实现学校体育目标的基本途径。

②**课外体育活动**是实现学校体育目标的重要组织形式。

③普通中小学校、农业中学、职业中学、中等专业学校、普通高等学校的体育课教学、课外体育活动、课余体育训练和体育竞赛。

(2) 实现学校体育目标的基本要求

实现学校体育目标的基本要求：①全面贯彻国家的教育方针，面向全体学生；②以整体观点开展学校体育工作；③处理好继承与发展，学习与创新的关系；④加强体育师资队伍建设；⑤加强学校体育的教学、科学研究；⑥要保证必要的物质条件；⑦加强领导，科学管理。

真题面对面

1. [2023 江苏南通启东市,单,1 分]学校体育的基本组织形式是(　　)

A. 体育竞赛　　B. 课外体育活动

C. 课余体育训练　　D. 体育与健康课

答案:D。体育与健康课是学校体育的基本组织形式。

2. [2023 江苏南通启东市,判断,0.5 分]体育课是学校体育的唯一组织形式。(　　)

答案:×。《学校体育工作条例》中规定,学校体育工作是指普通中小学校、农业中学、职业中学、中等专业学校、普通高等学校的体育课教学、课外体育活动、课余体育训练和体育竞赛,也是实现我国学校体育目标的基本途径。通常表现为体育与健康课(即体育课教学)和课外体育活动两大组织形式。

第二节　课外体育活动、课余体育训练与竞赛

课外体育活动、课余体育训练与竞赛
- 课外体育活动：全校性活动和年级活动、班级活动和小组活动、俱乐部活动、小团体活动、个人锻炼活动（易混点）
- 课余体育训练：组织形式：学校运动队、基层训练点、体育特长班、体育俱乐部
- 课余体育竞赛
  - 特点：课余性、群众性、教育性、多样性
  - 组织形式：学校运动会、单项运动竞赛、单项娱乐性比赛等
  - 竞赛的方法：淘汰法、循环法、顺序法、轮换法

一、课外体育活动

课外体育活动是指学校利用课余时间在学校内开展的面向全体学生,以健身、娱乐活动为主要内容,以全校、年级、班级、体育俱乐部、小组或个人为组织形式开展的满足广大学生多种身心需要为目的,促进学生身体、心理和社会适应能力和谐发展的体育锻炼活动。课外体育活动具有以下主要特点:(1)目的任务的多向性;(2)活动内容的多样化;(3)组织形式的灵活性;(4)规定参与和自愿参与相结合。

真题面对面

[2021 湖南特岗,单,2 分]课外体育活动的特点之一表现为(　　)

A. 强制性　　B. 规定性

C. 规定参与和自愿参与相结合　　D. 随意性

答案:C。规定参与和自愿参与相结合是课外体育活动的特点之一。

考点1　课外体育活动的组织形式　【选择】　★★

课外体育活动的组织形式

1. 全校性活动和年级活动

全校性活动规模较大,便于统一领导、统一指挥,便于督促、检查、比较、评价,有利于班级、年级之间的相互学习和促进,有利于爱国主义教育和集体主义教育,有利于加强纪律性

教育和集体荣誉感的培养。但因受场地、组织措施、学生个体差别等因素的限制，全校性活动内容的选择余地较小，一般来说适用于早操、课间操等活动。若因场地较小，组织全校性活动有困难的学校可考虑以年级为单位组织活动。

2. 班级活动和小组活动

班级活动和小组活动的最大特点是生动活泼、灵活机动、方便组织、易于管理、受限制因素少、选择余地大及锻炼效果好。班级体育锻炼活动以教学班为单位，由班级体育委员负责组织，其他班干部协助配合，体育教师和班主任起指导和辅助作用。小组体育锻炼活动可按学生班级自然分组，也可根据学生的性别、体质等因素分组。班级活动和小组活动的内容可根据不同季节、不同的场地器材等条件灵活多样地选择。

真题面对面

［2021 安徽统考，单，1 分］以教学班为单位，由班级体育委员负责组织，其他班干部协助配合，体育教师和班主任起指导和辅导作用的课外体育活动组织形式是（　　）

A. 全校性活动　　B. 班级活动

C. 校园俱乐部　　D. 小团体活动

答案：B。

3. 俱乐部活动

校园俱乐部活动由学校根据自己的场地设备、师资力量、体育传统优势等因素筹建。学生根据各自的兴趣爱好等需求自愿加入俱乐部，参加符合自己特长和要求的体育锻炼活动。俱乐部活动的特点是有组织，有管理，有专人指导，有经费支持，具有一定的导向性，活动效果好并且深受学生欢迎。

4. 小团体活动

小团体是指有共同体育兴趣爱好和特长的学生自发组成的体育锻炼的集体。小团体的成员有可能是本班的同学，也有可能有其他班级或者其他年级的同学，小团体的组织比较松散、自由、经济，成员多少视具体情况而定，而且相对不固定。

5. 个人锻炼活动

个人锻炼活动是指学生个体根据自己的兴趣、爱好、需要，按体育锻炼的方法要求，自觉自愿地选择相应的体育锻炼项目，在课外单独进行的体育锻炼活动。个人锻炼活动对内容的选择相当广泛，这与学生个体兴趣、爱好、需求的多样性有极大的关系。

考点2　课外体育活动的组织实施

1. 确立制度和工作规范

根据学校课外体育活动的计划，由主管校长召集相关部门确定实施学校课外体育活动的有关制度，并将这些制度纳入学校作息时间内规范管理，保证各项制度能有效地实施操作。与此同时，应建立与各项制度相配套的工作规范。

2. 明确职责和工作范围

(1)校领导。校长或主管领导为全校课外体育活动总负责人。早操、课间操、大课间活动等全校性课外体育活动要求校长或主管校领导身体力行,亲自到活动场地参与活动,以鼓舞学生积极投身锻炼,同时可以深入一线了解课外体育活动的开展情况,以便及时发现问题、解决问题。

(2)体育教师。体育教师是课外体育活动的业务工作责任人,具体负责编制实施方案并把方案付诸实践。具体的职责包括安排全校早操、课间操、大课间活动等的内容,选择乐曲、带操等,负责班级活动场所及进退场的安排,协助班主任组织好所带年级的活动等。

(3)班主任。班主任是各班级课外体育活动的负责人,课外体育活动的实施必须充分发挥班主任的作用,通过班主任教育、鼓励、引导和督促学生积极参加活动。班主任的具体职责是了解和掌握本班学生的运动兴趣、运动习惯、基础水平及体育特长等基本情况,协助学生干部组织本班学生按时出操或开展其他活动,维持本班纪律和秩序。

(4)学生干部。学生干部的职责是以身作则,组织并带动全班学生积极主动地参加活动。

3. 编制实施方案和落实操作

全校性的课外体育活动应根据课外体育活动计划,由体育教研组(室)负责人协同全体体育教师编制具体实施方案,征求各方面意见后报主管校长批准方可实施。年级课外体育活动实施方案则应由年级体育教师同年级主任和各班班主任协商后编制。

课外体育活动操作实施的实质就是从领导到教师,各司其职、各尽其能,扎扎实实地把课外体育活动的具体实施方案付诸实践的过程。

二、课余体育训练 【简答】 ★

1. 课余体育训练的概念

课余体育训练是指利用课余时间,对部分在体育方面有一定天赋或有某项运动特长的学生,以运动队、代表队、俱乐部等形式对他们进行较为系统的训练,旨在全面发展他们的体能和身心素质,提高某项运动的技术水平,培养体育后备人才。

2. 课余体育训练的内容与组织形式

(1)课余体育训练的内容

课余体育训练的内容主要包括:①身体训练;②技术训练;③战术训练;④心理训练;⑤品德与作风训练。

(2)课余体育训练的组织形式

①学校运动队。学校运动队是我国课余体育训练最常见、最普遍的组织形式,也是我国课余体育训练最富有活力的训练组织之一。

②基层训练点。基层训练点是以一个或两个运动项目为重点的训练基地。

③体育特长班。在部分中小学校对部分有运动天赋的学生进行特殊培训，组成体育特长班，旨在发现和培养他们的体育特长。

④体育俱乐部。随着学校体育改革的深入，课外体育活动也更加丰富多彩。学校根据学生的需要，组成了各种形式的体育俱乐部。其中带有运动训练性质的体育俱乐部成了新型的学校课余体育训练形式，这类体育俱乐部由企业赞助，体育和教育行政部门出面组织。

真题面对面

[2021 贵州特岗，简答，4 分]请简答我国课余体育训练的组织形式。

参考答案：参见上文。

三、课余体育竞赛 【选择】 ★★

考点1 课余体育竞赛的概念及特点

课余体育竞赛是指充分利用课余时间，组织学生以争取优胜为目的，以运动项目、游戏活动、身体练习为内容，根据正规的、简化的或自定的规则所进行个人或集体的体力、技艺、智力和心理的相互比赛。

课余体育竞赛的特点：①课余性；②群众性；③教育性；④多样性。

真题面对面

[2021 湖南特岗，单，2 分]学校课余体育竞赛的特点是由课余性、群众性、(　　)四方面组成的。

A. 教育性、娱乐性　　B. 教育性、多样性

C. 竞争性、参考性　　D. 趣味性、发展性

答案：B。课余体育竞赛的特点包括：课余性、群众性、教育性、多样性。

考点2 课余体育竞赛的组织形式

课余体育竞赛的组织形式

(1)学校运动会

学校运动会是学校规模最大的竞赛活动。其比赛的形式一般由多个运动项目组成，并在同一时段进行。目前最常见的形式有学校田径运动会和篮球、排球、足球以及田径等多个运动项目的综合运动会。

(2)单项运动竞赛

单项运动竞赛是指只进行一个运动项目的比赛。由于这类比赛项目设置比较单一，组织工作比较简便，易于开展。

(3)单项娱乐性(趣味性、健身性)比赛

单项娱乐性比赛是指由师生自创的，民间流传的以及学生喜闻乐见的体育比赛。这类比赛由于不受场地器材的限制，比赛的内容、规则可以由学校自定，对技能要求不高，所以参与面比较广，能充分发挥学生的

想象力，调动学生参赛和锻炼的积极性。

(4)季节性单项比赛

季节性单项比赛是指比赛项目对季节(气温)要求很高的竞赛活动。

(5)体育节或称体育周、体育文化节(健身周、健身节、健身文化节)

体育节是指将体育竞赛、体育表演、体育文化知识讲座、体育知识竞赛等有机融合的活动。体育节包括体育比赛和表演、体育知识竞赛、体育知识讲座等。

(6)校际间交流比赛

校际间交流比赛多为单项交流赛。

考点3 课余体育竞赛的方法

课余体育竞赛的方法

1. 淘汰法

淘汰法是指在比赛过程中逐步淘汰成绩差的运动员，最后决出优胜者的一种方法。淘汰法一般分为单淘汰和双淘汰两种形式。

(1)单淘汰是指将所有参赛选手(或队)编排成一定的比赛次序，相邻的两名选手(或队)进行比赛，败者被淘汰，胜者进入下一轮，直至整个比赛最后一场的胜者为冠军，负者为亚军。

(2)双淘汰是按编排的比赛顺序进行比赛，失败两场则淘汰，最后全场胜利者为冠军。

2. 循环法

循环法是指在比赛过程中，参赛者都要按照一定的次序相互轮流进行一次比赛，最后综合全部比赛的胜负来决定名次的一种比赛方法。循环法一般分为单循环、分组循环和双循环三种形式。

(1)单循环是指所有参加比赛的队之间均要轮流相遇一次，最后根据各队胜负场次的积分来决定名次。

(2)分组循环是将参赛队分成若干个平行小组，在组内先进行单循环比赛，排出各小组名次。然后再按名次重新分组。

(3)双循环是指参赛队先后进行两次单循环的比赛方法，最后按各队在全部比赛中胜负场数的积分多少排列名次。

3. 顺序法

顺序法是指参赛者按照一定顺序来表现成绩的比赛方法。一般分为分组顺序法和不分组顺序法两种形式。

(1)分组顺序法是把参赛者分成若干组，按组序分别进行比赛，根据组数多少可采用预赛、复赛、决赛结果决定名次，也可以一次比赛(决赛)决定名次。

(2)不分组顺序法是在同一比赛时间内不能同时有两人以上(含两人)进行比赛。

4. 轮换法

轮换法是指在同一比赛时间内，参赛者按规定的轮换顺序依次进行不同项目的比赛，最后综合各项目的成绩来决定名次的一种比赛方法。

真题面对面

[2019 河北邢台桥东区，单，0.8 分]学校开展广播体操比赛时，一般采用的竞赛方法是(　　)

A. 顺序法　　B. 淘汰法

C. 循环法　　D. 轮换法

答案：A。顺序法是参加者按规定的顺序依次进行比赛的方法。依据实际条件以及定义，学校开展广播体操比赛时宜采用顺序法。

第三节　体育教师

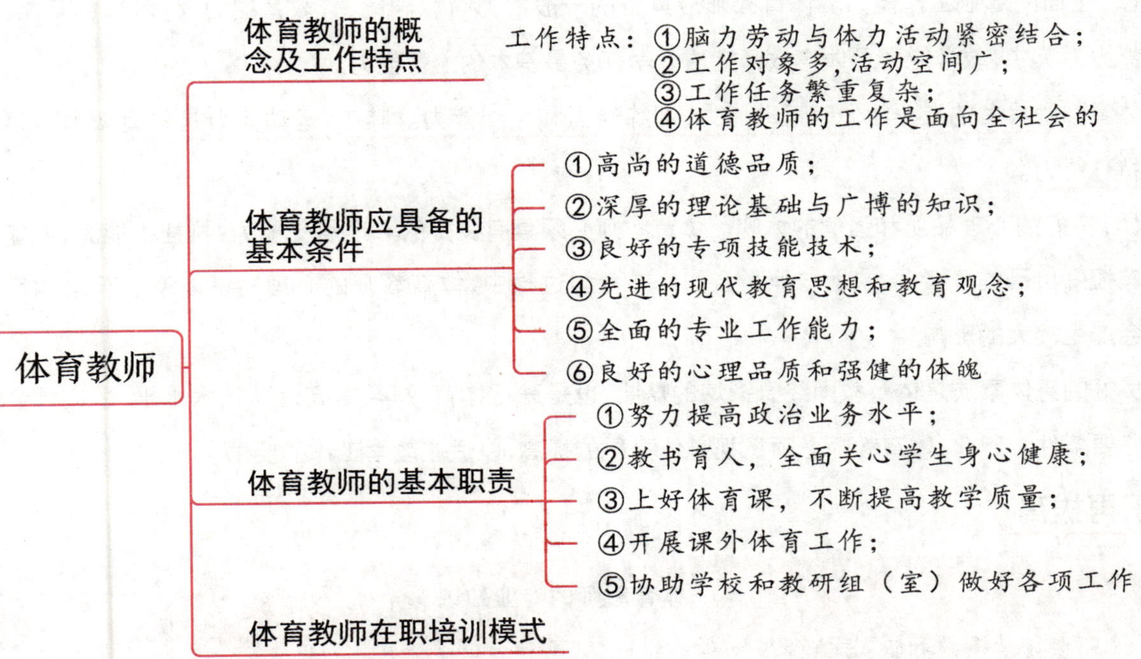

一、体育教师的概念及工作特点

1. 体育教师的概念

体育教师是实施学校体育工作的基本队伍和具体成员，是学校一切体育活动的组织者和指挥者。

2. 体育教师的工作特点

体育教师的工作具有以下特点：(1)脑力劳动与体力活动紧密结合；(2)工作对象多，活动空间广；(3)工作任务繁重复杂；(4)体育教师的工作是面向全社会的。

体育教师的工作特点

二、体育教师应具备的基本条件　【问答题】★★

(1)高尚的道德品质。体育教师的思想境界、道德品质、行为表现对学生的思想道德和世界观的形成有着极其深刻的影响。所以,具备高尚的道德品质是首要的条件。

(2)深厚的理论基础与广博的知识。根据教育的特点,体育教师应具备体育基础理论知识、体育专业知识与技能、教育学和心理学知识、横向学科知识等。

(3)良好的专项技能技术。为了有效地促进青少年身心健康,使他们全面协调发展,更好地搞好体育教学、运动训练和群众体育工作,体育教师应熟练掌握至少一项运动理论和技术技能,同时还要尽量多掌握一些娱乐体育和休闲体育的项目,才能做好本职工作。

(4)先进的现代教育思想和教育观念。教育思想和教育观念都是体育教师素质的重要组成部分,思想和观念是人高层次心理需要的反映,它必将产生一种强大的内驱力去激励教师全身心地投入到自己的教育教学工作中去。因此,体育教师必须具有素质教育的思想和观念,有终身体育等全新教学观、学生观、人才观和教育质量观。

(5)全面的专业工作能力。体育教师应具备的一般能力有教学能力、教育能力、科研和创新能力、社会交往能力。其中,教学能力是体育教师完成教学任务最基本的业务能力。

体育教师具备的专业能力有运动能力、训练能力和组织能力。其中,**运动能力**是体育教师从事本职工作的特殊能力。

(6)良好的心理品质和强健的体魄。体育教师必须具有良好的心理承受能力、抗挫折能力,并能及时有效地调控好自己的情绪,愉快地与他人合作。在教学过程中,体育教师的心理特征以及表现出的行为对学生也会产生较大的影响。

良好的身体素质是体育教师终身锻炼的需要,也是进行体育教学、提高运动技术水平、适应社会体育工作的必要条件。因此,体育教师必须重视身体素质的提高,以适应教学工作的要求。

知识再拔高

体育教师的专业知识

(1)教师的一般知识:丰富的教育科学知识、广博的文化科学基础知识。

(2)体育教师的特殊专业知识:体育科学基础理论,例如运动人体学科(解剖学、生理学、生物化学等)理论;学科发展史(体育史、有关运动项目的发展史),体育原理与方法;体育专业技术与理论(各体育专项动作技术及其原理);体育专业教育技术与理论(体育保健知识、运动技术教学、训练方法学、体育竞赛方法学、体育健身方法学等知识)以及中学体育课程的全部内容。

真题面对面

[2023 济阳,问答题,7 分]体育教师应具备的一般能力和专业能力有哪些?

参考答案:参见上文。

三、体育教师的基本职责

体育教师的基本职责

（1）努力提高政治业务水平。体育教师应认真学习马列主义、毛泽东思想、邓小平理论和国家教育、体育方针，努力钻研业务，忠诚于社会主义教育事业，热爱本职工作，努力掌握增进学生身心健康的手段和方法，完成学校体育的任务。

（2）教书育人，全面关心学生身心健康。教师要教书育人，这是教育在社会生活中的地位和根本任务所决定的，教书是育人的手段，育人是教书的目的。

（3）上好体育课，不断提高教学质量。体育课是学校体育的重要组成部分，上好体育课是增强学生体质的前提和必要条件，是体育教师的首要职责。体育课上得好坏是衡量体育教师水平的重要指标。

（4）开展课外体育工作。学校体育目标的实现仅仅靠体育课是难以完成的，必须通过课外活动来巩固课上所学知识，培养学生锻炼身体的习惯、丰富课余生活等。

（5）协助学校和教研组（室）做好各项工作。体育教师要积极主动地承担各项体育工作，当好学校体育的参谋和教研组长的助手，努力做好学校体育工作。

四、体育教师在职培训模式

（1）岗前培训

岗前培训主要是面向新体育教师进行的培训。

（2）院校培训

院校培训主要包括以下两个类型：

①学位课程培训：通过参加学位课程学习进修，达到一定的学历或学位标准，获得相应证书。

②短期进修培训：是根据中小学教育发展需要而开展的培训活动。

（3）校本培训

校本培训是以教师任职学校为基本单位，以校长为第一负责人，以教师在工作中学习为基本特征，把培训与教育教学、科研结合起来的一种培训模式。

第四节　体育游戏

体育游戏
- 体育游戏的概念及特点
  - 特点：无效用性、可选择性、变通性、趣味性、竞争性
- 体育游戏的功能及分类
  - 功能：健身功能、娱乐功能、教育功能、交往功能
- 体育游戏的创编（重点）
  - 创编原则：目的性原则、趣味性原则、教育性原则、新颖性原则、适应性原则、安全性原则
  - 创编方法：变化法、组合法、移植法、程序法、提炼法等
  - 创编程序：①明确游戏的目的和任务；②选择游戏的素材；③确定游戏的方法；④制定游戏的规则；⑤确定游戏的名称；⑥提出游戏的教学建议；⑦规范体育游戏的书写格式
- 体育游戏的教学
  - 教学形式：集中注意力游戏、准备活动游戏、体育技术游戏、体育战术游戏、力量素质游戏、放松游戏

一、体育游戏的概念及特点

1. 体育游戏的概念

体育游戏是游戏的一个分支，是在游戏的发展过程中派生的。体育游戏融体力发展、智力发展、身心娱乐为一体，既属于游戏，又与体育运动有着密切的关系，是一种综合性的体育手段。

2. 体育游戏的特点

体育游戏的特点

(1)无效用性。无效用性是游戏的本质属性，是体育游戏与生产劳动的本质区别。体育游戏的目的是充分发挥人的潜能，并不断完善自我，实现自我。体育游戏没有直接指向外在的功利目的，仅仅是为了娱乐和消遣。

(2)可选择性。由于体育游戏的无效用性，人们参加体育游戏只注意在活动过程中的乐趣，并不太关注活动的最终目的或结果，因而游戏活动的目标可根据参加者自己的意愿提出和确定。

(3)变通性。体育游戏的活动方式、运行路线、动作方法、场地器材、游戏规则等都可以根据参加者的条件及实际情况有不同程度的变化和选用。

(4)趣味性。体育游戏没有任何外来压力，参加者能比较轻松、自由、平等地参与，使活跃起来的心理功能得以充分发挥，获得自我表现的机会，并把全部注意力集中在游戏活动过程的乐趣上。

(5)竞争性。虽然体育游戏的结果也是以获胜而告终，但由于体育游戏活动方式的变通性，所以会出现各种结果。体育游戏的这一特点给所有参加者提供了获胜的可能与希望，并能在游戏活动中更好地挖掘人的潜能。

二、体育游戏的功能及分类

1. 体育游戏的功能

(1)健身功能。体育游戏是一种以身体练习为基本手段的身心锻炼活动，它给人们提供了充满平等、欢乐、友好的集体环境，并使人们在其中自由地运动，主动灵活地调节运动负荷。经常参加体育游戏，不仅可以改善人们的身体状况，发展灵敏、速度、力量等身体素质，提高奔跑、跳跃、投掷、攀登、平衡等基本活动能力，同时还能增强人们对自然环境的适应能力。

(2)娱乐功能。体育游戏由于简单易行、富于趣味，能使参加者轻松、愉快地度过余暇时间，因此受到越来越多人的喜爱。

(3)教育功能。体育游戏在改善人的心理品质，发展个性心理方面有着独特和不可替代的作用。

(4)交往功能。人的社会化对于个体和社会都具有十分重要而深远的意义。群体和社会成员是否实现了社会化，直接关系着社会的稳定和发展、巩固和提高，同样也关系着他们自身的存在。在人的社会化的进程中，体育游戏发挥着极其重要的作用。

2. 体育游戏的分类

体育游戏的分类

分类依据	分类
组织参加游戏目的	娱乐性游戏、教育性游戏、竞赛性游戏
运动项目	篮球游戏、排球游戏、足球游戏、田径游戏等
身体素质	速度游戏、力量游戏、灵敏游戏、耐力游戏等
游戏进行的形式	接力游戏、追逐游戏、角斗游戏、攻防争夺游戏、传递抛接游戏、集体竞快游戏等
基本活动技能	奔跑游戏、跳跃游戏、投掷游戏、攀爬游戏等
教育作用和特点	创造性游戏和规则性游戏
游戏参加者的年龄	幼儿游戏、儿童少年游戏、青年游戏、中老年游戏等

三、体育游戏的创编 【选择】 ★★★

1. 体育游戏的创编原则

(1)目的性原则。在创编过程中,首先要根据进行体育游戏的主体,确立一个明确的目的。根据学生身心发展的特点,与教学目标紧密结合,突出游戏的思想性、教育性,体现"健康第一"的思想,并要面向全体学生。

体育游戏的创编,还要根据实际需要,了解和把握不同性质、不同类型教材的功能与作用,使之与游戏的内容、方法、规则有机地融为一体,充分体现体育游戏的目的性。

(2)趣味性原则。趣味性是体育游戏的一个显著特点,也是体育游戏能够带给人们欢乐的重要因素。

(3)教育性原则。体育游戏不论是为实现什么教学目标,都必须是健康的、积极的,对学生的思想品德及成长具有正面的教育作用。

(4)新颖性原则。在创编体育游戏时,还应特别注意吸收新信息、增加新观念,了解和掌握体育活动发展的新动向,采用新方法和新手段。积极思维,紧密结合实际,增加新的内容,创编新的游戏方法,使创编的体育游戏富于时代气息,满足现代人求新、求异、求变的心理需求;使体育游戏在社会生活中更具有吸引力,有广阔的发展前景。

(5)适应性原则。体育游戏具有鲜明的年龄特征,因此,在创编体育游戏的过程中,必须符合学生的身心特点、学生的认知水平、体育基础及教学需要;在场地、器材、方法、规则等方面的设计上,要与学校的客观条件相适应,做到简单、实用又便于操作。

(6)安全性原则。安全第一是体育游戏必须遵循的原则,若出现安全问题,体育游戏的价值就无从谈起,还会产生负面影响。

注:也有说法,体育游戏的创编原则包括锻炼性原则、趣味性原则和针对性原则。

真题面对面

[2022 安徽统考,单,1 分]教师利用设置障碍创编体育游戏"野外爬行比赛",依据的创编原则是(　　)

A. 复杂性原则　　B. 广泛性原则

C. 单一性原则　　D. 趣味性原则

答案:D。

2. 体育游戏的创编方法

体育游戏的创编方法

(1)变化法。在体育游戏的教材中,教师可选择一些易于变化的游戏,进行触类旁通、举一反三地改造与发挥,创编出新的游戏。

(2)组合法。根据体育游戏的创编原则,运用排列组合的原理,将不同类型的体育游戏进行组合,或将其他运动手段、体育动作与游戏形式进行组合,创编出新的体育游戏。

(3)移植法。将生活劳动中较为常见与实用的动作情形,从内容到组织形式以及方法手段,进行移植改造,创编出新的体育游戏。

(4)程序法。按照一定的逻辑程序进行创编。

(5)提炼法。将少年儿童时期玩耍的民间游戏、乡土游戏和地域性游戏进行去粗取精,经过提炼而创编出新的体育游戏。

此外,体育游戏的创编还有思维法、实验法、模仿法、简化法等很多技法,也可借鉴竞技运动的一些创新技法。

真题面对面

[2021 安徽统考,单,1 分]教师将篮球运球游戏与"石头剪刀布"游戏相结合,创编出"运球大赢家游戏",该游戏的创编方法是(　　)

A. 变化法　　B. 提炼法

C. 程序法　　D. 组合法

答案:D。组合法:根据体育游戏的创编原则,运用排列组合的原理,将不同类型的体育游戏进行组合,或将其他运动手段、体育动作与游戏形式进行组合,创编出新的体育游戏。由题干中教师将篮球运球游戏与"石头剪刀布"游戏相结合可知,该游戏的创编方法是组合法。

3. 体育游戏的创编程序

①明确游戏的目的和任务;②选择游戏的素材;③确定游戏的方法;④制定游戏的规则;⑤确定游戏的名称;⑥提出游戏的教学建议;⑦规范体育游戏的书写格式。

体育游戏较全面的书写格式可分为名称、目的、场地与器材、方法、规则及教学建议,再配以组织形式图。简单的可以只写出名称、方法及规则三项。

【示例】

(1)【游戏名称】矮人赛跑。

(2)【游戏目的】发展学生的下肢力量。

(3)【游戏器材】实心球 2 个。

(4)【游戏方法】在场地上面画两条相距 15 m 的平行线作为起点线。将学生分成人数相等的两队;各队又分成甲、乙两组,各成纵队面向站在两条起点线后;队与队间隔 3 m。游戏开始,各队甲组排头持半蹲姿势,并用胸、腿将实心球夹住,放开手做好准备,发令后,夹住球迅速跑向本队乙组处,把球交给乙组排头后站在乙组队尾。乙组排头按同样方法跑出,直至全队做完,以先完成的队为胜。

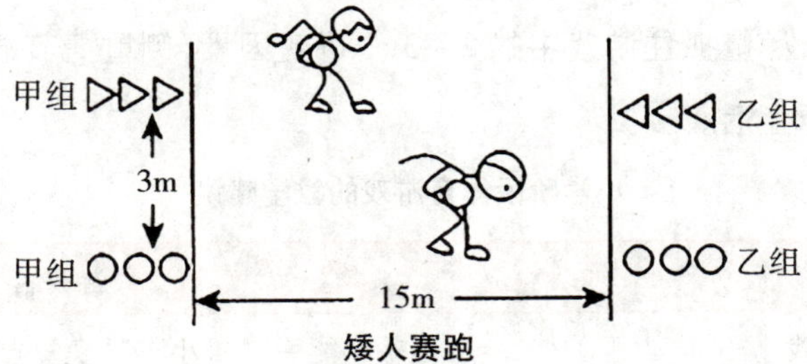

矮人赛跑

(5)【游戏规则】①起跑和换人时,必须在起点线进行;②跑动中不得用手扶球,球若落地必须在原地将球夹好后才能前进。

(6)【教学建议】①此游戏可用曲线跑的方法增加难度;②游戏的距离,可根据学生实际情况进行调整,实心球可用排球代替。

四、体育游戏的教学 【选择】 ★

1. 体育游戏教学的原则

体育游戏教学的原则主要有:(1)教师主导性原则;(2)教育性原则;(3)锻炼性原则;(4)娱乐性原则;(5)安全性原则。

2. 体育游戏教学的形式

体育游戏教学的形式

形式	目的	安排位置
集中注意力游戏	集中学生的注意力,为上课做好准备	课的开始部分
准备活动游戏	热身	课的准备部分
体育技术游戏	复习动作技术	课的准备部分或基本部分
体育战术游戏	复习与熟练战术动作	课的准备部分与基本部分
力量素质游戏	增强学生的某项力量素质	课的基本部分后部
放松游戏	使学生运动后在身心上达到放松,由运动状态过渡到安静状态	课的结束部分

真题面对面

[2023 安徽统考,单,1 分]下列选项中,适宜在开始部分采用的体育游戏是(　　)

A. 障碍跑　　B. 十字接力

C. 立定跳远接力　　D. 正反口令

答案:D。D 项正反口令属于发展注意力的游戏,集中注意力游戏常放在一堂体育课的开始部分。故选 D。

3. 小学阶段体育游戏的教学建议

体育游戏主要是以发展学生体力为主的游戏,其中的可变因素很多,但在小学阶段,应根据学生形象思维占优势、模仿能力强等特点,尽量抓住游戏中的 2 ~ 3 个可变因素,侧重情节故事、角色扮演等类型,情节与角色要尽可能贴近学生的实际生活。

小学阶段体育游戏的教学建议

游戏类型	游戏名字
发展力量素质的游戏	"运输小能手""推小车""负重接力""兔子跳""青蛙过河"
发展速度素质的游戏	"贴膏药""大追捕"
发展耐力素质的游戏	"火炬传递接力""环球旅行""小蝌蚪找妈妈"
发展灵敏素质的游戏	"地盘争夺战""狼来了""扫雷""抓手指"
发展柔韧素质的游戏	"超级连接""直腿拾物接力""踢悬物"
发展注意力的游戏	"反口令练习""萝卜蹲""开火车"

游戏的名字可由教师自主选取,需要注意的是,当选取的名字比较晦涩时,要讲清游戏的要求与规则。

第五节　体育手段与体育文化

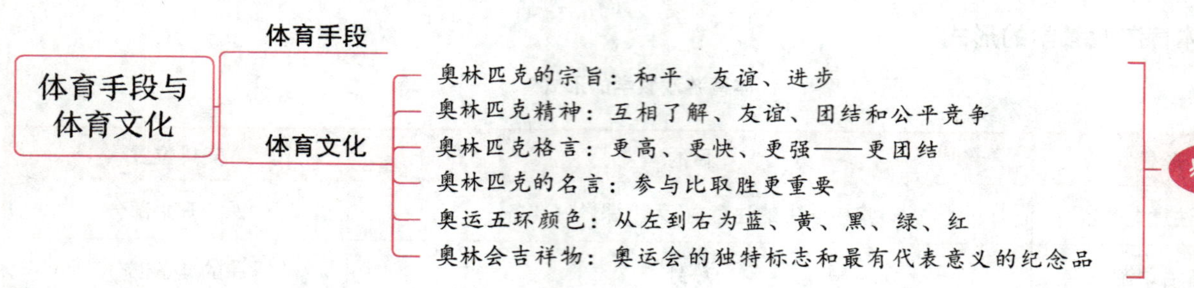

一、体育手段

体育手段是人们为了强身健体、娱乐身心以及提高运动技术水平而采取的各种活动内容和方法的总称。体育运动或身体练习是体育手段的核心部分。

体育手段的特点主要有历史性和时代性,民族性和国际性,生物性和社会性,地域性和开放性。

真题面对面

[2021 山东菏泽郓城,多,1 分]体育赛事的不断增加,精彩纷呈,体育手段从人类各种身体活动中产生,随着人类社会的发展而不断演变,其特点有以下哪些方面(　　)

A. 历史性　　B. 国际性　　C. 民族性　　D. 地域性

答案:ABCD。

二、体育文化

考点1　奥林匹克文化　【选择、判断、填空】★★★

法国人顾拜旦是现代奥林匹克运动的创始人,被誉为"现代奥林匹克之父"。他最早提出恢复希腊古代奥运会,发表过《复兴奥林匹克运动》的著名演说。

奥林匹克宗旨、奥林匹克精神、奥林匹克格言三者容易记忆错位,考生需要重点记忆。

1. 奥林匹克运动的思想体系

奥林匹克运动包括以奥林匹克主义为核心的思想体系,这一体系主要由奥林匹克主义、奥林匹克宗旨、奥林匹克精神、奥林匹克格言、奥林匹克名言组成。

(1)《奥林匹克宪章》指出,奥林匹克主义是将身、心和精神方面的各种品质均衡地结合起来,并使之得到提高的一种人生哲学。它将体育运动与文化、教育融为一体。

(2)奥林匹克运动的宗旨可高度概括为"和平、友谊、进步"。

(3)奥林匹克精神是"互相了解、友谊、团结和公平竞争"。

(4)奥林匹克的格言是"更高、更快、更强——更团结"。

(5)奥林匹克运动广为流传的名言是"参与比取胜更重要"。

真题面对面

1. [2023 济阳,判断,1 分]现代奥运会的创始人是英国教育家顾拜旦。(　　)

答案:×。法国人顾拜旦是现代奥林匹克运动的创始人。

2. [2022 山西特岗,判断,1 分]奥林匹克的格言是更快、更高、更强。(　　)

答案:×。奥林匹克的格言是"更高、更快、更强——更团结"。

2. 奥林匹克运动的组织结构

奥林匹克运动的组织结构主要由国际奥委会、国际单项体育联合会和各个国家或地区的奥委会三部分组成。这三者通常被称为奥林匹克运动的三大支柱。

奥运会包括奥林匹克夏季运动会和奥林匹克冬季运动会,自 1992 年以后,夏季奥运会依然继续在每个奥林匹克周期的第一年举办,冬季奥运会则改为在奥林匹克周期的第三年举办(奥林匹克周期从 1896 年在雅典举行的第一届现代夏季奥运会起连续计算,第 29 个奥林匹克周期始于 2008 年 1 月 1 日)。奥运会主要有竞技运动比赛、奥林匹克仪式、奥林匹克艺术节、奥林匹克青年营等活动内容。第29届夏季奥运会于2008年在北京成功举办,口号为“同一个世界,同一个梦想”。第33届夏季奥运会将于2024年在法国巴黎举办。第24届冬奥会于2022年在中国北京市和张家口市联合举办,主题口号是“一起向未来”。中国北京成为奥运历史上第一个既获得夏季奥运会举办权又获得冬季奥运会举办权的城市。

真题面对面

[2022 安徽统考,单,1分]下列选项中,属于2022年北京冬奥会主题口号的是(　　)

A. 一起向未来　　B. 同一个世界,同一个梦想

C. 更高、更快、更强——更团结　　D. 绿色奥运、科技奥运、人文奥运

答案:A。2022年北京冬奥会主题口号是“一起向未来”。

3. 奥林匹克运动的标识系统

(1)奥林匹克五环标志。奥林匹克五环由五个大小一致的圆环组成,从左到右相互套接,上为**蓝色**、**黑色**、**红色**,下为**黄色**与**绿色**,每一个环的颜色代表一个大洲。其中,黄色代表亚洲,黑色代表非洲,蓝色代表欧洲,红色代表美洲,绿色代表大洋洲。

(2)奥林匹克会旗。奥林匹克会旗为白底,无边,中间是五色的奥林匹克五环标志。1913年,根据顾拜旦的构思,国际奥委会设计了奥运五环标识。五环象征五大洲的团结和全世界运动员以公正、坦率的比赛和友好精神在奥运会上相见。

(3)奥运会会徽。奥运会会徽是一届奥林匹克运动会的徽记,是该届奥运会最权威的形象标志。会徽的图样不仅要体现奥林匹克精神,而且还要反映出东道国和奥运会主办城市的特征,寓意世界和平,民族团结。

(4)奥运会吉祥物。奥运会吉祥物是一届奥运会的独特标志和最有代表意义的纪念品。2022年北京冬奥会的吉祥物是“冰墩墩”,会徽是“冬梦”;2022年北京冬残奥会的吉祥物是“雪容融”,会徽是“飞跃”。

真题面对面

1. [2023 山西特岗,填空,4分]奥运五环的颜色有________、________、________、________和红色。

答案:蓝色;黑色;黄色;绿色

2. [2023 山西特岗,单,1分]奥运五环中的红色代表的是(　　)

A. 欧洲　　B. 亚洲　　C. 非洲　　D. 美洲

答案:D。

3. [2023 安徽统考,判断,1分]奥运五环不仅象征着五大洲的团结,还代表着所有参赛运动员公正、坦率的运动精神。(　　)

答案:√。

知识再拔高

中国奥运会

1984年，第23届洛杉矶奥运会，我国派出了中华人民共和国成立后的第一个代表团，射击运动员许海峰获得男子手枪慢射金牌，实现了中国在奥运会历史上金牌“零”的突破。在这届奥运会上，中国队共夺得15枚金牌，列金牌总数第四，翻开了中国奥运历史的新篇章。

1988年汉城（现名首尔）第24届奥运会上，中国共夺得5枚金牌；

1992年巴塞罗那第25届奥运会和1996年亚特兰大第26届奥运会上，中国均夺得16枚金牌；

2000年悉尼第27届奥运会上，中国共夺得28枚金牌（名列第三）；

2002年美国盐湖城第19届冬奥会中，杨扬以44秒187的成绩夺得女子短道速滑500米比赛的金牌，成为中国第一位冬奥会冠军，实现了中国冬奥会金牌“零”的突破；

2004年雅典第28届奥运会上，中国共夺得32枚金牌（名列第二）；

2008年北京第29届奥运会上，中国共夺得51枚金牌（名列第一）；

2012年伦敦第30届奥运会上，中国共夺得38枚金牌（名列第二）；

2016年里约第31届奥运会上，中国共夺得26枚金牌（名列第三）；

2021年东京第32届奥运会上，中国共夺得38枚金牌（名列第二）；

2022年北京第24届冬奥会上，中国共夺得9枚金牌（名列第三）。

2024年巴黎奥运会又称第33届夏季奥林匹克运动会，是于2024年7月26日至8月11日在法国巴黎举行的体育赛事。2017年9月13日，托马斯·巴赫宣布2024年奥运会的主办城市是巴黎。巴黎申办成功后，成为继伦敦（英国）后的世界第2个至少三次举办夏季奥运会的城市，也是继1924年巴黎奥运会百年之后再次举办奥运会。

真题面对面

1. [2023安徽统考，单，1分]2024年将在巴黎举办的夏季奥运会是（　　）

A. 第32届　　B. 第33届

C. 第34届　　D. 第35届

答案：B。2024年巴黎奥运会又称第33届夏季奥林匹克运动会。

2. [2020安徽统考，单，1分]杨扬是我国首位夺得冬季奥林匹克运动会金牌的运动员，其夺冠项目是（　　）

A. 冰壶　　B. 短道速滑

C. 冰球　　D. 自由式滑雪

答案：B。2002年美国盐湖城第19届冬奥会中，杨扬以44秒187的成绩夺得女子短道速滑500米比赛的金牌，成为中国第一位冬奥会冠军，实现了中国冬奥会金牌“零”的突破。

考点2　中西方体育文化的比较

中西方体育文化的比较

比较项	中国传统体育文化	西方体育文化
基本特征	(1)注重伦理与道德;(2)注重和谐与统一;(3)注重实际与稳定;(4)注重理性与人文教养	(1)强调以人为中心;(2)与宗教的关系密切;(3)以个人为社会本位;(4)多元的文化价值观
精神文化	坚持天人合一的生命观,强调和谐的运动观	古希腊体育精神作为典型代表,注重体育的价值直接指向对人体的塑造和培养上
行为制度文化	(1)中国传统体育文化的目标是修身、养性;(2)中国传统体育文化重人格的价值取向,不重视体育的竞技性	(1)形成以竞技运动项目的竞赛为特征的体育文化;(2)建立并不断完善了各类体育项目的竞赛组织和制度
物质文化	体育专用的场地、设施和器材等体育物质文化建设,在数千年的历史进程中,发展极为缓慢	古代就有了体育运动的专用器械和装备。奥运会场地、设施的规范和发展,是西方体育物质文化高度发展的标志

第六节　体育科学研究

一、体育科学研究的基本程序

体育科学研究的程序是指一个研究课题从开始到结束所经历的一个过程。一般来说,该过程主要包括选题、提出研究假设、研究设计、搜集资料、整理分析资料、撰写研究报告或学术论文、科研成果的发表7个环节。它们之间既相互联系,又相互制约,共同构成密不可分的统一体。

(1)选题。选题是进行科学研究的第一步,主要运用文献资料法、逻辑思维方法、系统方法等确定研究课题。正确地选择课题,是保证研究工作顺利完成的重要前提。

(2)提出研究假设。在课题选定之后,紧接着是对研究课题的问题提出假设。

(3)研究设计。研究设计是围绕所选课题制订研究的实施方案。研究设计是使研究结果得到承认的基础,一个课题研究结果的可靠性,完全依赖于研究设计的有效性。

(4)搜集资料。搜集资料是开展科学研究的基础,是能否做出科学发现的先决条件。

(5)整理分析资料。整理分析资料是通过实验观察、调查访问、统计、查阅文献等对所获得的资料进行分类、整理、加工的过程,是达到科学理论的必经环节和中间桥梁。

(6)撰写研究报告或学术论文。撰写研究报告或学术论文是整个科学研究过程中必不可少的环节之一。

(7)科研成果的发表。一般情况下,科研成果可以在学术会议、报纸杂志上以报告或论文的形式发表,也可以以专著的形式公开出版。科研成果发表以后,要通过实践的检验之后才可以得到社会的承认,并为体育实践服务,促进体育科学的发展。

二、体育科学研究的常用方法 【填空】 ★

(1)文献法。文献法主要是指搜集、鉴别、整理文献,并通过对文献的研究形成对事实的科学认识的方法。文献法属于非接触性的研究方法。

(2)观察法。观察法是在自然条件下,利用自己的感觉器官和辅助工具,不加控制条件,但有目的、有计划地对客观对象,包括人和自然现象、社会现象进行直接、系统地考察、记录,从而获得经验事实的一种科学研究方法。观察法是进行体育科学研究最基本的方法之一,是获得第一手信息资料和感性认识必不可少的环节,是形成、发展和检验体育科学理论的实践基础。

观察法的基本程序:①制订体育观察设计方案;②做好观察前的准备工作;③观察;④记录;⑤整理观察材料。

(3)调查法。调查法是指调查者根据研究目的,有意识地通过直接接触、询问研究对象或现场观察等手段来获得研究对象事实材料的一种科学研究方法。常用的调查法有问卷调查法、专家调查法、访谈法等。

(4)实验法。实验法是人们利用一定的物质手段(仪器设备),按照特定设计的条件和过程,人为地对研究对象进行控制、模拟或变革,以观察其变化和结果所采用的研究方法。

真题面对面

[2022 山西特岗,填空,2 分]在体育科学研究中,资料与案例的收集方法有文献法、________、观察法、________。

答案:调查法;实验法

第七节 体育相关法律法规及工作文件

一、《国务院办公厅关于强化学校体育促进学生身心健康全面发展的意见》(国办发〔2016〕27 号)(节选)

1. 总体要求

(1)指导思想

全面贯彻落实党的十八大、十八届三中、四中、五中全会和习近平总书记系列重要讲话精神,全面贯彻党的教育方针,按照《国家中长期教育改革和发展规划纲要(2010—2020 年)》的要求,以"天天锻炼、健康成长、终身受益"为目标,改革创新体制机制,全面提升体育教育质量,健全学生人格品质,切实发挥体育在培育和践行社会主义核心价值观、推进素质教育中的综合作用,培养德智体美全面发展的社会主义建设者和接班人。

(2)基本原则

①坚持课堂教学与课外活动相衔接。保证课程时间,提升课堂教学效果,强化课外练习和科学锻炼指导,调动家庭、社区和社会组织的积极性,确保学生每天锻炼一小时。

②坚持培养兴趣与提高技能相促进。

③坚持群体活动与运动竞赛相协调。

④坚持全面推进与分类指导相结合。

(3)工作目标

到2020年，学校体育办学条件总体达到国家标准，体育课时和锻炼时间切实保证，教学、训练与竞赛体系基本完备，体育教学质量明显提高；学生体育锻炼习惯基本养成，运动技能和体质健康水平明显提升，规则意识、合作精神和意志品质显著增强；政府主导、部门协作、社会参与的学校体育推进机制进一步完善，基本形成体系健全、制度完善、充满活力、注重实效的中国特色学校体育发展格局。

2. 深化教学改革，强化体育课和课外锻炼

(1)完善体育课程

以培养学生兴趣、养成锻炼习惯、掌握运动技能、增强学生体质为主线，完善国家体育与健康课程标准，建立大中小学体育课程衔接体系。各地中小学校要按照国家课程方案和课程标准开足开好体育课程，严禁削减、挤占体育课时间。

(2)提高教学水平

体育教学要加强健康知识教育，注重运动技能学习，科学安排运动负荷，重视实践练习。研究制定运动项目教学指南，让学生熟练掌握一至两项运动技能，逐步形成"一校一品""一校多品"教学模式，努力提高体育教学质量。关注学生体育能力和体质水平差异，做到区别对待、因材施教。

(3)强化课外锻炼

健全学生体育锻炼制度，学校要将学生在校内开展的课外体育活动纳入教学计划，列入作息时间安排，与体育课教学内容相衔接，切实保证学生每天一小时校园体育活动落到实处。

3. 注重教体结合，完善训练和竞赛体系

(1)开展课余训练

学校应通过组建运动队、代表队、俱乐部和兴趣小组等形式，积极开展课余体育训练，为有体育特长的学生提供成才路径，为国家培养竞技体育后备人才奠定基础。要根据学生年龄特点和运动训练规律，科学安排训练计划，妥善处理好文化课学习和训练的关系，全面提高学生身体素质，打好专项运动能力基础，不断提高课余运动训练水平。

(2)完善竞赛体系

建设常态化的校园体育竞赛机制，广泛开展班级、年级体育比赛，学校每年至少举办一次综合性运动会或体育节，通过丰富多彩的校园体育竞赛，吸引广大学生积极参加体育锻炼。制定学校体育课余训练与竞赛管理办法，完善和规范学生体育竞赛体制，构建县、市、省、国家四级竞赛体系。各地要在整合赛事资源的基础上，系统设计并构建相互衔接的学生体育竞赛体系，积极组织开展区域内竞赛活动，定期举办综合性学生运动会。推动开展跨区域学校体育竞赛活动，全国学生运动会每三年举办一届。通过完善竞赛选拔机制，畅通学生运动员进入各级专业运动队、代表队的渠道。

二、《中共中央、国务院关于加强青少年体育增强青少年体质的意见》(节选) 【选择】

1. 高度重视青少年体育工作

(1)广大青少年身心健康、体魄强健、意志坚强、充满活力,是一个民族旺盛生命力的体现,是社会文明进步的标志,是国家综合实力的重要方面。党中央、国务院历来高度重视青少年的健康成长。

(2)青少年时期是身心健康和各项身体素质发展的关键时期。

(3)当前和今后一个时期,加强青少年体育工作的总体要求是:认真落实**健康第一**的指导思想,把**增强学生体质**作为学校教育的基本目标之一,建立健全学校体育工作机制,充分保证学校体育课和学生体育活动,广泛开展群众性青少年体育活动和竞赛,加强体育卫生设施和师资队伍建设,全面完善学校、社区、家庭相结合的青少年体育网络,培养青少年良好的体育锻炼习惯和健康的生活方式,形成青少年热爱体育、崇尚运动、健康向上的良好风气和全社会珍视健康、重视体育的浓厚氛围。通过5年左右的时间,使我国青少年普遍达到国家体质健康的基本要求,耐力、力量、速度等体能素质明显提高,营养不良、肥胖和近视的发生率明显下降。通过全党全社会的共同努力,坚持不懈地推动青少年体育运动的发展,不断提高青少年乃至全民族的健康素质。

2. 认真落实加强青少年体育、增强青少年体质的各项措施

(1)全面实施《国家学生体质健康标准》,把健康素质作为评价学生全面健康发展的重要指标。

(2)广泛开展"全国亿万学生阳光体育运动"。鼓励学生走向操场、走进大自然、走到阳光下,形成青少年体育锻炼的热潮。

(3)切实减轻学生过重的课业负担。各级各类学校要进一步端正办学思想,加强素质教育,努力促进青少年学生生动活泼、积极主动地发展。中小学要切实纠正片面追求升学率的倾向,减轻学生过重的课业负担。深入推进基础教育课程改革,提高课堂教学的质量和效率,使学生有更多的时间参加体育锻炼。

(4)确保学生每天锻炼一小时。中小学要认真执行国家课程标准,保质保量上好体育课,其中小学1—2年级每周4课时,小学3—6年级和初中每周3课时,高中每周2课时;没有体育课的当天,学校必须在下午课后组织学生进行一小时集体体育锻炼并将其列入教学计划;全面实行大课间体育活动制度,每天上午统一安排25—30分钟的大课间体育活动,认真组织学生做好广播体操、开展集体体育活动;寄宿制学校要坚持每天出早操。

(5)举办多层次多形式的学生体育运动会,积极开展竞技性和群众性体育活动。

(6)帮助青少年掌握科学用眼知识和方法,降低青少年近视率。中小学教师和家长都要关注学生的用眼状况,坚持每天上下午组织学生做眼保健操,及时纠正不正确的阅读、写字姿势,控制近距离用眼时间。学校每学期要对学生视力状况进行两次监测。各级政府要进一步改善农村学校的办学条件,确保照明、课桌椅达到基本标准,改善学生用眼卫生条件。

(7)确保青少年休息睡眠时间,加强对卫生、保健、营养等方面的指导和保障。制定并落实科学规范的学生作息制度,保证小学生每天睡眠10小时,初中学生9小时,高中学生8小时。积极开展疾病预防、科学营养、卫生安全、禁毒控烟等青少年健康教育,并保证必要的健康教育时间。建立和完善学生健康体检制度，使青少年学生每年都能进行一次健康检查。

(8)加强学校体育设施建设。各级政府要认真落实《公共文化体育设施条例》，统筹协调、因地制宜，加强学校体育设施特别是体育场地建设。

(9)加强体育安全管理，指导青少年科学锻炼。学校要对体育教师进行安全知识和技能培训，对学生加强安全意识教育。加强体育场馆、设施的维护管理，确保安全运行。

真题面对面

[2019 福建统考，单，2 分]《中共中央、国务院关于加强青少年体育增强青少年体质的意见》要求中小学生每天在校锻炼不得少于(　　)

A. 30 分钟　　B. 45 分钟　　C. 60 分钟　　D. 90 分钟

答案：C。

3. 加强领导，齐抓共管，形成全社会支持青少年体育工作的合力

(1)各级党委和政府要把加强青少年体育工作摆上重要议事日程，纳入经济社会发展规划。加大对体育事业尤其是中小学体育设施的投入，正确评价学校的教育质量，为学校实施素质教育、促进学生全面发展创造良好条件。建立在党委和政府领导下，教育、体育、卫生部门和共青团组织等共同参加的联席会议制度，统筹协调解决青少年体育工作中的重要问题。

(2)各级政府和教育部门要加强对学校体育的督导检查。建立对学校体育的专项督导制度，实行督导结果公告制度。健全学生体质健康监测制度，定期监测并公告学生体质健康状况。加大体育工作和学生体质健康状况在教育督导、评估指标体系中的权重，并作为评价地方和学校工作的重要依据。对成绩突出的地方、部门、学校和个人进行表彰奖励。对青少年体质健康水平持续下降的地区和学校，实行合格性评估和评优评先一票否决。

(3)制定国家学校体育卫生条件基本标准，加大执法监督力度。通过制定国家学校体育卫生条件基本标准，进一步明确国家对各级各类学校体育场地、器材设施、卫生条件和师资的基本要求。各级政府要认真贯彻执行义务教育法和学校体育卫生工作法律法规，并加强督促检查。对学校体育卫生基本条件不达标的，要限期整改。

(4)充分发挥共青团、少先队、妇联组织的优势和特色，开展多种形式的课外体育锻炼活动。

(5)切实加强对学校卫生的监督与指导。

(6)加强家庭和社区的青少年体育活动，形成学校、家庭和社区的合力。

(7)进一步完善加强青少年体育的政策保障措施。

(8)努力营造重视青少年体育的舆论环境。

三、《国务院办公厅转发教育部等部门关于进一步加强学校体育工作若干意见的通知》(国办发〔2012〕53 号)(节选)

1. 充分认识加强学校体育的重要性

(1)广大青少年身心健康、体魄强健、意志坚强、充满活力，是一个民族生命力旺盛的体现，是社会文明进步的标志，是国家综合实力的重要方面。体育锻炼是提高学生健康素质的有效途径，对青少年思想品德、智力发育、审美素养和健康生活方式的形成具有不可替代的作用。加强学校体育，增强学生体质，对于提高学生综合素质，实现教育现代化，建设人力资源强国，培养德智体美全面发展的社会主义建设者和接班人，具有重要战略意义。

(2)党中央、国务院历来高度重视青少年的健康成长，把加强青少年体育锻炼作为提高全民健康素质的基础工程，把加强学校体育作为贯彻党的教育方针、实施素质教育和提高教育质量的重要举措。

2. 明确加强学校体育的总体思路和主要目标

(1)加强学校体育要以科学发展观为指导，全面贯彻党的教育方针，全面实施素质教育，把增强学生体质作为学校教育的基本目标之一，加强政府统筹，加强条件保障，加强监督检查，确保学生体育课程和课余活动时间，切实提高学校体育质量，完善学校、家庭与社会密切结合的学校体育网络，促进体育与德育、智育、美育有机融合，不断提高学生体质健康水平和综合素质。

(2)当前和今后一个时期，要以中小学为重点全面加强学校体育，深入推进学校体育改革发展，力争到"十二五"期末，学校体育场地设施总体达到国家标准，初步配齐体育教师，基本形成学校体育持续健康发展的保障机制；学生体质健康监测制度更加完善，基本建成科学规范的学校体育评价机制；各方责任更加明确，基本形成政府主导、部门协调、社会参与的学校体育推进机制。

3. 落实加强学校体育的重点任务

(1)实施好体育课程和课外体育活动。各地要规范办学行为，减轻学生课业负担，切实保证中小学生每天一小时校园体育活动，严禁挤占体育课和学生校园体育活动时间。要因地制宜制订并落实体育与健康课程的实施方案，在地方课程和校本课程中科学安排体育课时。建立健全学生体育竞赛体制，引导学校合理开展课余体育训练和竞赛活动。积极鼓励创建青少年体育俱乐部，组织开展丰富多彩的学生群众性体育活动。各级各类学校要制订和实施体育课程、大课间(课间操)和课外体育活动一体化的阳光体育运动方案。要创新体育活动内容、方式和载体，增强体育活动的趣味性和吸引力，着力培养学生的体育爱好、运动兴趣和技能特长，大力培养学生的意志品质、合作精神和交往能力，使学生掌握科学锻炼的基础知识、基本技能和有效方法，每个学生学会至少两项终身受益的体育锻炼项目，养成良好体育锻炼习惯和健康生活方式。

(2)加强学校体育教师队伍建设。要加快教师结构调整，制订并落实配齐专职体育教师计划，多渠道配备好中小学和职业学校体育教师。

(3)加快学校体育设施建设。各地要按照《国家学校体育卫生条件试行基本标准》、《中小学校体育设施技术规程》及相关学校建设标准和技术规范要求，加大学校体育设施建设力度，在基层公共体育设施建设中统筹规划学校体育设施，在义务教育经费保障机制和农村义务教育薄弱学校改造计划等项目中加大对体育设施建设和器材配备的支持力度，推动全国学校体育设施和器材逐步达到国家标准。

(4)健全学校体育风险管理体系。研究制订学校安全条例，组织修订《学校体育工作条例》和《学校卫生工作条例》。

4. 建立健全学校体育的监测评价机制

(1)完善学生体质健康测试和评价制度。教育部会同有关部门修订并全面实施《国家学生体质健康标准》,做好学生健康检查制度、学生体质健康监测制度与国家学生体质健康标准测试制度的配套衔接。各学校每年对所有学生进行体质健康测试,并将测试结果经教育部门审核后上报纳入国家学生体质健康标准数据管理系统;同时,要按学生年级、班级、性别等不同类别在学校内公布学生体质健康测试总体结果,并将有关情况向学生家长通报。各地要加强管理,创造条件,保证学生体质健康测试工作的顺利开展。要把学生体质健康水平作为学生综合素质评价的重要指标,将学生日常参加体育活动情况、体育运动能力以及体质健康状况等作为重要评价内容。

(2)实施学校体育工作评估制度。教育部研究制订以评价学生体质健康水平和基本运动技能为主要内容的学校体育工作评估标准和实施办法。

(3)实行学校体育报告公示制度。各地教育部门要逐级上报本行政区域学校体育工作情况,上级教育部门对所报情况进行公示,重点报告和公示学校体育开课率、阳光体育运动情况、学校体育经费投入、教学条件改善、教师队伍建设和学生体质健康状况等。

四、《学校体育工作条例(2017 年修订)》(节选) 【选择】 ★

第一章 总则

第一条 为保证学校体育工作的正常开展,促进学生身心的健康成长,制定本条例。

第二条 学校体育工作是指普通中小学校、农业中学、职业中学、中等专业学校、普通高等学校的体育课教学、课外体育活动、课余体育训练和体育竞赛。

第三条 学校体育工作的基本任务是:增进学生身心健康、增强学生体质;使学生掌握体育基本知识,培养学生体育运动能力和习惯;提高学生运动技术水平,为国家培养体育后备人才;对学生进行品德教育,增强组织纪律性,培养学生的勇敢、顽强、进取精神。

第四条 学校体育工作应当坚持普及与提高相结合、体育锻炼与安全卫生相结合的原则,积极开展多种形式的强身健体活动,重视继承和发扬民族传统体育,注意吸取国外学校体育的有益经验,积极开展体育科学研究工作。

第五条 学校体育工作应当面向全体学生,积极推行国家体育锻炼标准。

第六条 学校体育工作在教育行政部门领导下,由学校组织实施,并接受体育行政部门的指导。

第二章 体育课教学

第七条 学校应当根据教育行政部门的规定,组织实施体育课教学活动。

第八条 体育课教学应当遵循学生身心发展的规律,教学内容应当符合教学大纲的要求,符合学生年龄、性别特点和所在地区地理、气候条件。

第九条 体育课是学生毕业、升学考试科目。学生因病、残免修体育课或者免除体育课考试的,必须持医院证明,经学校体育教研室(组)审核同意,并报学校教务部门备案,记入学生健康档案。

第三章 课外体育活动

第十条 开展课外体育活动应当从实际情况出发,因地制宜,生动活泼。

普通中小学校、农业中学、职业中学每天应当安排课间操，每周安排3次以上课外体育活动，保证学生每天有1小时体育活动的时间(含体育课)。

中等专业学校、普通高等学校除安排有体育课、劳动课的当天外，每天应当组织学生开展各种课外体育活动。

第十一条　学校应当在学生中认真推行国家体育锻炼标准的达标活动和等级运动员制度。

真题面对面

[2020安徽统考，单，1分]根据《学校体育工作条例(2017年修订)》的规定，小学课间操的频次为(　　)

A. 一天一次　　B. 两天一次

C. 三天一次　　D. 四天一次

答案：A。《学校体育工作条例(2017年修订)》中规定，普通中小学校、农业中学、职业中学每天应当安排课间操。

第四章　课余体育训练与竞赛

第十二条　学校应当在体育课教学和课外体育活动的基础上，开展多种形式的课余体育训练，提高学生的运动技术水平。有条件的普通中小学校、农业中学、职业中学、中等专业学校经省级教育行政部门批准，普通高等学校经国家教育委员会批准，可以开展培养优秀体育后备人才的训练。

第十三条　学校对参加课余体育训练的学生，应当安排好文化课学习，加强思想品德教育，并注意改善他们的营养。普通高等学校对运动水平较高、具有培养前途的学生，报国家教育委员会批准，可适当延长学习年限。

第十四条　学校体育竞赛贯彻**小型多样、单项分散、基层为主、勤俭节约**的原则。学校每学年至少举行一次以田径项目为主的全校性运动会。

第十五条　全国中学生运动会每3年举行一次，全国大学生运动会每4年举行一次。特殊情况下，经国家教育委员会批准可提前或者延期举行。

第十六条　学校体育竞赛应当执行国家有关的体育竞赛制度和规定，树立良好的赛风。

第五章　体育教师

第十七条　体育教师应当热爱学校体育工作，具有良好的思想品德、文化素养，掌握体育教育的理论和教学方法。

第十八条　学校应当在各级教育行政部门核定的教师总编制数内，按照教学计划中体育课授课时数所占的比例和开展课余体育活动的需要配备体育教师。除普通小学外，学校应当根据学校女生数量配备一定比例的女体育教师。承担培养优秀体育后备人才训练任务的学校，体育教师的配备应当相应增加。

第十九条　各级教育行政部门和学校应当有计划地安排体育教师进修培训。对体育教师的职务聘任、工资待遇应当与其他任课教师同等对待。按照国家有关规定，有关部门应当妥善解决体育教师的工作服装和粮食定量。

体育教师组织课间操(早操)、课外体育活动和课余训练、体育竞赛应当计算工作量。

真题面对面

[2020 广东广州黄埔区,多,0.84 分]根据《学校体育工作条例(2017 年修订)》的规定,下列关于体育教师的说法正确的有(　　)

A. 体育教师应当热爱学校体育工作

B. 学校按照教学计划中体育课授课时数所占的比例和开展课余体育活动的需要配备体育教师

C. 对体育教师的职务聘任、工资待遇应当与其他任课教师同等对待

D. 体育教师组织课间操(早操)、课外体育活动和课余训练、体育竞赛一般不计算工作量

答案:ABC。《学校体育工作条例(2017 年修订)》中规定,体育教师组织课间操(早操)、课外体育活动和课余训练、体育竞赛应当计算工作量。故 D 项说法错误,答案选 ABC。

五、《学校卫生工作条例》(节选) 【选择】

第一章　总则

第一条　为加强学校卫生工作,提高学生的健康水平,制定本条例。

第二条　学校卫生工作的主要任务是:监测学生健康状况;对学生进行健康教育,培养学生良好的卫生习惯;改善学校卫生环境和教学卫生条件;加强对传染病、学生常见病的预防和治疗。

第三条　本条例所称的学校,是指普通中小学、农业中学、职业中学、中等专业学校、技工学校、普通高等学校。

第四条　教育行政部门负责学校卫生工作的行政管理。卫生行政部门负责对学校卫生工作的监督指导。

第二章　学校卫生工作要求

第五条　学校应当合理安排学生的学习时间。学生每日学习时间(包括自习),小学不超过六小时,中学不超过八小时,大学不超过十小时。

真题面对面

[2023 江苏南通启东市,单,1 分]《学校卫生工作条例》规定,小学生每日学习时间(包括自习)不超过(　　)h。

A. 6　　B. 8　　C. 10　　D. 12

答案:A。《学校卫生工作条例》规定:学校应当合理安排学生的学习时间。学生每日学习时间(包括自习),小学不超过六小时,中学不超过八小时,大学不超过十小时。故选 A。

第六条　学校教学建筑、环境噪声、室内微小气候、采光、照明等环境质量以及黑板、课桌椅的设置应当符合国家有关标准。

新建、改建、扩建校舍,其选址、设计应当符合国家的卫生标准,并取得当地卫生行政部门的许可。竣工验收应当有当地卫生行政部门参加。

第七条　学校应当按照有关规定为学生设置厕所和洗手设施。寄宿制学校应当为学生提供相应的洗漱、洗澡等卫生设施。

学校应当为学生提供充足的符合卫生标准的饮用水。

第八条　学校应当建立卫生制度，加强对学生个人卫生、环境卫生以及教室、宿舍卫生的管理。

第九条　学校应当认真贯彻执行食品卫生法律、法规，加强饮食卫生管理，办好学生膳食，加强营养指导。

第十条　学校体育场地和器材应当符合卫生和安全要求。运动项目和运动强度应当适合学生的生理承受能力和体质健康状况，防止发生伤害事故。

第十一条　学校应当根据学生的年龄，组织学生参加适当的劳动，并对参加劳动的学生，进行安全教育，提供必要的安全和卫生防护措施。

普通中小学校组织学生参加劳动，不得让学生接触有毒有害物质或者从事不安全工种的作业，不得让学生参加夜班劳动。

普通高等学校、中等专业学校、技工学校、农业中学、职业中学组织学生参加生产劳动，接触有毒有害物质的，按照国家有关规定，提供保健待遇。学校应当定期对他们进行体格检查，加强卫生防护。

第十二条　学校在安排体育课以及劳动等体力活动时，应当注意女学生的生理特点，给予必要的照顾。

第十三条　学校应当把健康教育纳入教学计划。普通中小学必须开设健康教育课，普通高等学校、中等专业学校、技工学校、农业中学、职业中学应当开设健康教育选修课或者讲座。

学校应当开展学生健康咨询活动。

第十四条　学校应当建立学生健康管理制度。根据条件定期对学生进行体格检查，建立学生体质健康卡片，纳入学生档案。

学校对体格检查中发现学生有器质性疾病的，应当配合学生家长做好转诊治疗。

学校对残疾、体弱学生，应当加强医学照顾和心理卫生工作。

第十五条　学校应当配备可以处理一般伤病事故的医疗用品。

第十六条　学校应当积极做好近视眼、弱视、沙眼、龋齿、寄生虫、营养不良、贫血、脊柱弯曲、神经衰弱等学生常见疾病的群体预防和矫治工作。

第十七条　学校应当认真贯彻执行传染病防治法律、法规，做好急、慢性传染病的预防和控制管理工作，同时做好地方病的预防和控制管理工作。

第三章　学校卫生工作管理

第十八条　各级教育行政部门应当把学校卫生工作纳入学校工作计划，作为考评学校工作的一项内容。

第十九条　普通高等学校、中等专业学校、技工学校和规模较大的农业中学、职业中学、普通中小学，可以设立卫生管理机构，管理学校的卫生工作。

第二十条　普通高等学校设校医院或者卫生科。校医院应当设保健科(室)，负责师生的卫生保健工作。

城市普通中小学、农村中心小学和普通中学设卫生室，按学生人数六百比一的比例配备专职卫生技术人员。

中等专业学校、技工学校、农业中学、职业中学，可以根据需要，配备专职卫生技术人员。

学生人数不足六百人的学校，可以配备专职或者兼职保健教师，开展学校卫生工作。

第二十一条　经本地区卫生行政部门批准，可以成立区域性中小学卫生保健机构。

第二十二条　学校卫生技术人员的专业技术职称考核、评定，按照卫生、教育行政部门制定的考核标准和办法，由教育行政部门组织实施。

第二十三条　教育行政部门应当将培养学校卫生技术人员的工作列入招生计划，并通过各种教育形式为学校卫生技术人员和保健教师提供进修机会。

第二十四条　各级教育行政部门和学校应当将学校卫生经费纳入核定的年度教育经费预算。

第二十五条　各级卫生行政部门应当组织医疗单位和专业防治机构对学生进行健康检查、传染病防治和常见病矫治，接受转诊治疗。

第二十六条　各级卫生防疫站，对学校卫生工作承担下列任务：

(一)实施学校卫生监测，掌握本地区学生生长发育和健康状况，掌握学生常见病、传染病、地方病动态；

(二)制定学生常见病、传染病、地方病的防治计划；

(三)对本地区学校卫生工作进行技术指导；

(四)开展学校卫生服务。

第二十七条　供学生使用的文具、娱乐器具、保健用品，必须符合国家有关卫生标准。

六、《国家学校体育卫生条件试行基本标准》(节选)　【选择】

根据《中共中央、国务院关于加强青少年体育增强青少年体质的意见》(中发〔2007〕7号)要求，为保障中小学校体育、卫生工作的正常开展，保证广大中小学生健康成长，依据《学校体育工作条例》、《学校卫生工作条例》以及现有涉及中小学建筑、教学卫生、生活卫生等方面的相关标准和政策规定，制订本《国家学校体育卫生条件试行基本标准》(以下简称《标准》)。

本《标准》适用于全日制小学、初级中学、高级中学(含中等职业学校、民办中小学校)。本《标准》从体育教师、体育场地器材、教学卫生、生活设施、卫生保健室配备以及学生健康体检等方面明确了开展学校体育卫生工作所必不可少的条件，是国家对开展学校体育卫生工作的最基本要求，是中小学校办学应达到的最基本标准，是教育检查、督导和评估的重要内容。各地应当按照本《标准》对中小学校进行核查，尚未达到本《标准》的，应积极创造条件，使其尽快达到标准要求。各地在新建和改扩建中小学校时，应当按照本《标准》进行建设和配备。少数因特殊地理环境和特殊困难达不到本《标准》规定的部分要求的地区，应制定与之相应的办法，确保学校体育场地的需要。

1. 中小学校体育教师配备基本标准

(1)任职资格

中小学体育教师必须经过体育专业学习或培训，获得教师资格证书，并且每学年接受继续教育应不少于48个学时。

(2)配备比例

学校应当在核定的教职工总编制数内，根据体育课教育教学工作的特点，按照教学计划中体育课授课时数和开展课外体育活动的需要，配备体育教师。小学1～2年级每5～6个班配备1名体育教师，3～6年级每6～7个班配备1名体育教师；初中每6～7个班配备1名体育教师；高中（含中等职业学校）每8～9个班配备1名体育教师。

真题面对面

［2022 安徽统考，单，1分］依据2008年6月颁布的《国家学校体育卫生条件试行基本标准》，小学1～2年级每（　　）班配备1名体育教师。

A. 3～4个　　B. 5～6个

C. 7～8个　　D. 9～10个

答案：B。《国家学校体育卫生条件试行基本标准》中规定，小学1～2年级每5～6个班配备1名体育教师。

2. 中小学生健康检查基本标准

（1）基本要求

每年对在校学生进行一次健康体检，并建立学生健康档案。地方教育行政部门和学校应选择符合相关要求的保健和医疗机构承担学生体检工作。

（2）体检经费

健康检查费用标准由省级相关部门确定。义务教育阶段学生健康体检的费用由学校公用经费开支，其他学生健康检查费用由省级政府制定统一的费用标准和解决办法。

七、《国家学生体质健康标准（2014年修订）》 【选择、判断、填空、简答】 ★★★

考点1 《国家学生体质健康标准（2014年修订）》说明

2014年7月7日，教育部印发了《国家学生体质健康标准（2014年修订）》，说明如下：

1.《国家学生体质健康标准》（以下简称《标准》）是国家学校教育工作的基础性指导文件和教育质量基本标准，是评价学生综合素质、评估学校工作和衡量各地教育发展的重要依据，是《国家体育锻炼标准》在学校的具体实施，适用于全日制普通小学、初中、普通高中、中等职业学校、普通高等学校的学生。

2. 本标准的修订坚持健康第一，落实《国家中长期教育改革和发展规划纲要（2010—2020年）》、《国务院办公厅转发教育部等部门关于进一步加强学校体育工作若干意见的通知》（国办发〔2012〕53号）和《教育部关于印发〈学生体质健康监测评价办法〉等三个文件的通知》（教体艺〔2014〕3号）有关要求，着重提高《标准》应用的信度、效度和区分度，着重强化其教育激励、反馈调整和引导锻炼的功能，着重提高其教育监测和绩效评价的支撑能力。

3. 本标准从**身体形态**、**身体机能**和**身体素质**等方面综合评定学生的体质健康水平，是促进学生**体质健康**发展、激励学生积极进行身体锻炼的教育手段，是国家学生发展核心素养体系和学业质量标准的重要组成部分，是学生体质健康的个体评价标准。

真题面对面

1. [2023 山西特岗,单,1 分]《国家学生体质健康标准(2014 年修订)》是促进学生(　　)发展、激励学生积极进行身体锻炼的教育手段。

A. 体质健康　　B. 身心健康　　C. 身体素质　　D. 社会适应

答案:A。

2. [2021 浙江杭州,单,2 分]《国家学生体质健康标准(2014 年修订)》的评价指标是(　　)

A. 身体形态、身体机能、身体素质　　B. 心理、生理、身体素质

C. 身高、体重、肺活量　　D. 身体形态、心理、身体素质

答案:A。

4. 本标准将适用对象划分为以下组别:小学、初中、高中按每个年级为一组,其中小学为 6 组、初中为 3 组、高中为 3 组。大学一、二年级为一组,三、四年级为一组。

5. 小学、初中、高中、大学各组别的测试指标均为必测指标。其中,身体形态类中的**身高**、**体重**,身体机能类中的**肺活量**,以及身体素质类中的 **50 米跑**、**坐位体前屈**为各年级学生共性指标。

6. 本标准的学年总分由标准分与附加分之和构成,满分为 120 分。标准分由各单项指标得分与权重乘积之和组成,满分为 100 分。附加分根据实测成绩确定,即对成绩超过 100 分的加分指标进行加分,满分为 20 分;小学的加分指标为 1 分钟跳绳,加分幅度为 20 分;初中、高中和大学的加分指标为男生引体向上和 1000 米跑,女生 1 分钟仰卧起坐和 800 米跑,各指标加分幅度均为 10 分。

7. 根据学生学年总分评定等级:90.0 分及以上为优秀,80.0 ~ 89.9 分为良好,60.0 ~ 79.9 分为及格,59.9 分及以下为不及格。

真题面对面

1. [2023 安徽统考,单,1 分]小明同学的《国家学生体质健康标准(2014 年修订)》学年总分为 91 分,1 分钟跳绳项目附加分为 10 分,其测试成绩评定等级为(　　)

A. 优秀　　B. 良好　　C. 及格　　D. 不及格

答案:A。

2. [2023 济阳,填空,2 分]《国家学生体质健康标准(2014 年修订)》中,身体形态类中的身高、体重,身体机能类中的肺活量,以及身体素质类中的________和________为各年级学生共性指标。

答案:50 米跑;坐位体前屈

8. 每个学生每学年评定一次,记入《〈国家学生体质健康标准〉登记卡》。特殊学制的学校,在填写登记卡时可以按规定和需求相应地增减栏目。学生毕业时的成绩和等级,按毕业当年学年总分的 50% 与其他学年总分平均得分的 50% 之和进行评定。

9. 学生测试成绩评定达到良好及以上者，方可参加评优与评奖；成绩达到优秀者，方可获体育奖学分。测试成绩评定不及格者，在本学年度准予补测一次，补测仍不及格，则学年成绩评定为不及格。普通高中、中等职业学校和普通高等学校学生毕业时，《标准》测试的成绩达不到50分者按结业或肄业处理。

10. 学生因病或残疾可向学校提交暂缓或免予执行《标准》的申请，经医疗单位证明，体育教学部门核准，可暂缓或免予执行《标准》，并填写《免予执行〈国家学生体质健康标准〉申请表》，存入学生档案。确实丧失运动能力、被免予执行《标准》的残疾学生，仍可参加评优与评奖，毕业时《标准》成绩需注明免测。

11. 各学校每学年开展覆盖本校各年级学生的《标准》测试工作，《标准》测试数据经当地教育行政部门按要求审核后，通过“中国学生体质健康网”上传至“国家学生体质健康标准数据管理系统”。测试和数据上传时间由教育行政部门确定。

12. 本标准由教育部负责解释。

真题面对面

[2023安徽统考，判断，1分]被免予执行《国家学生体质健康标准（2014年修订）》的残疾学生，可以参加评优与评奖。（　　）

答案：√。

考点2　单项指标与权重

单项指标与权重

测试对象	单项指标	权重（%）
小学一年级至大学四年级	体重指数（BMI）	15
	肺活量	15
小学一、二年级	50米跑	20
	坐位体前屈	30
	1分钟跳绳	20
小学三、四年级	50米跑	20
	坐位体前屈	20
	1分钟跳绳	20
	1分钟仰卧起坐	10
小学五、六年级	50米跑	20
	坐位体前屈	10
	1分钟跳绳	10
	1分钟仰卧起坐	20
	50米×8往返跑	10

续表

测试对象	单项指标	权重(%)
初中、高中、大学各年级	50 米跑	20
	坐位体前屈	10
	立定跳远	10
	引体向上(男)/1 分钟仰卧起坐(女)	10
	1000 米跑(男)/800 米跑(女)	20

注:体重指数(BMI)=体重(千克)/[身高(米)]^2。

真题面对面

1.[2022 湖北统考,单,2 分]根据《国家学生体质健康标准(2014 年修订)》,下列小学三、四年级单项评价指标中权重最低的是(　　)

A. 1 分钟仰卧起坐　　B. 50 米跑

C. 肺活量　　D. 体重指数(BMI)

答案:A。

2.[2021 广东广州增城区,单,1.16 分]《国家学生体质健康标准(2014 年修订)》是国家关心青少年儿童健康成长的一项体育制度,达到了其评价标准,就是达到了体质健康方面的基本要求,小学三、四年级的评价指标中不包括(　　)

A. 50 米跑　　B. 1 分钟跳绳

C. 立定跳远　　D. 坐位体前屈

答案:C。《国家学生体质健康标准(2014 年修订)》中规定,小学三、四年级的评价指标有体重指数、肺活量、50 米跑、坐位体前屈、1 分钟跳绳和 1 分钟仰卧起坐。立定跳远属于初中、高中、大学各年级的评价指标,故选 C。

3.[2020 福建统考,简答,5 分]写出《国家学生体质健康标准(2014 年修订)》中对三、四年级的测试内容。

参考答案:《国家学生体质健康标准(2014 年修订)》中对三、四年级的测试内容有体重指数、肺活量、50 米跑、坐位体前屈、1 分钟跳绳、1 分钟仰卧起坐。

考点3 《国家学生体质健康标准》测试的操作方法

1. 身高

(1)测试目的:测试学生身高,与体重测试相配合,评定学生的身体匀称度,评价学生生长发育的水平及营养状况。

(2)场地器材:电子身高测量计。使用前应检查电源线及接口是否牢固,连接处是否紧密,有无晃动,零件有无松脱等情况并及时加以纠正。按工作键液晶屏显示“0”即表示机器进入工作状态,读数以厘米为单位，精确到小数点后一位。

(3)测试方法：电子身高测量计在平坦地面上，受试者赤足，立正姿势站在身高计的底板上（上肢自然下垂，足跟并拢，足尖分开成60度角）。足跟、骶骨部及两肩胛区与立柱相接触，躯干自然挺直，头部正直，耳屏上缘与眼眶下缘呈水平位。5秒钟后水平压板轻轻沿立柱自动下滑，轻压于受试者头顶。电子身高测量计自动记录数据后，水平压板返回至原位。

2. 体重

(1)测试目的：测试学生的体重，与身高测试相配合，评定学生的身体匀称度，评价学生生长发育的水平及营养状况。

(2)场地器材：电子体重计。使用前需检验其准确度和灵敏度。准确度要求误差不超过0.1%，即每百千克误差小于0.1千克。检验方法是：以备用的10千克、20千克、30千克标准砝码（或用等重标定重物代替）分别进行称量，检查指标读数与标准砝码误差是否在允许范围。灵敏度的检验方法是：放置100克重的砝码，观察液晶屏上数字变化，如果数字增加了0.1千克时，则达到要求。

(3)测试方法：测试时，电子体重计应放在平坦地面上，调整0点至刻度尺水平位。受试者赤足，男性受试者身着短裤；女性受试者身着短裤、短袖衫，站在秤台中央。检查电源线及接口是否牢固，按工作键液晶屏显示“0”即表示机器进入工作状态，5秒钟后电子体重计自动记录数据。数值以千克为单位，精确到小数点后一位。

3. 肺活量

(1)测试目的：测试学生的肺通气功能。

(2)场地器材：电子肺活量计。

(3)测试方法：房间通风良好；使用干燥的一次性口嘴（非一次性口嘴，则每换测试对象需消毒一次，每测一人时将口嘴朝下倒出唾液并注意消毒后必须使其干燥）。肺活量计主机放置平稳桌面上，检查电源线及接口是否牢固，按工作键液晶屏显示“0”即表示机器进入工作状态，预热5分钟后测试为佳。

告知受试者不必紧张，并且要尽全力，以中等速度和力度吹气效果最好。令被测试者面对仪器站立、手持吹气口嘴，面对肺活量计站立试吹1至2次，首先，看仪表有无反应，还要试口嘴或鼻处是否漏气，调整口嘴和用鼻夹（或自己捏鼻孔）；其次，学会深吸气（避免耸肩提气，应该像闻花似的慢吸气）。受试者进行一两次较平日深一些的呼吸动作后，更深地吸一口气，屏住气向口嘴处慢慢呼出至不能再呼为止，防止此时从口嘴处吸气，测试中不得中途二次吸气。吹气完毕后，液晶屏上最终显示的数字为肺活量毫升值。每位受试者测三次，每次间隔15秒，记录三次数值，选取最大值作为测试结果。以毫升为单位，不保留小数。

4. 50米跑

(1)测试目的：测试学生速度、灵敏素质及神经系统灵活性的发展水平。

(2)场地器材：50米直线跑道若干条，地面平坦，地质不限，跑道线要清楚。发令旗一面，口哨一个，秒表若干块（一道一表）。秒表使用前，应用标准秒表校正，每分钟误差不得超过0.2秒。标准秒表选定，以北京时间为准，每小时误差不超过0.3秒。

(3)测试方法：受试者至少两人一组测试。站立起跑，受试者听到“跑”的口令后开始起跑。发令员在发出口令同时要摆动发令旗。计时员视旗动开表计时，受试者躯干部到达终点线的垂直面停表。以秒为单位记录测试成绩，精确到小数点后一位，小数点后第二位数按非零进 1 原则进位，如 10.11 秒读成 10.2 秒并记录之。

真题面对面

[2019 福建统考，简答，5 分]简述《国家学生体质健康标准》中 50 米跑的测试方法。

参考答案：参见上文。

5. 50 米×8 往返跑

(1) 测试目的：50 米×8 往返跑是 400 米跑的替代项目。主要测试学生速度、灵敏及耐久力的发展水平。

(2) 场地器材：50 米跑道若干条，道宽 2～2.5 米，地面平坦，地质不限。在起（终）点线前 0.5 米和 49.5 米处各立一标杆，标杆高 1.2 米以上，立于跑道正中。秒表若干块，使用前校正，要求同 50 米跑测试。

(3) 测试方法：受试者至少两人一组进行测试。用站立式起跑。当听到"跑"的口令后开始起跑，往返四次，往返跑时就逆时针方向绕过标杆，不得碰扶标杆，不得串道。测试人员发出"跑"的口令的同时开表计时。当受试者躯干到达终点线的垂直面时停表。以分、秒为单位记录测试成绩，不计小数。

6. 800 米跑(女)或 1000 米跑(男)

(1) 测试目的：测试学生耐力素质的发展水平，特别是心血管呼吸系统的机能及肌肉耐力。

(2) 场地器材：400 米田径场跑道。秒表若干块，使用前需要校正，要求同 50 米跑测试。

(3) 测试方法：受试者至少两人一组进行测试，站立式起跑。当听到"跑"的口令后开始起跑。计时员看到旗动开表计时，当受试者的躯干部到达终点线垂直面时停表。以分、秒为单位记录测试成绩，不计小数。

7. 立定跳远

(1) 测试目的：测试学生下肢爆发力及身体协调能力的发展水平。

(2) 场地器材：立定跳远电子测试仪或沙坑、丈量尺。沙面应与地面平齐，如无沙坑，可在土质松软的平地上进行。起跳线至沙坑近端不得少于 30 厘米。起跳地面要平坦，不得有坑凹。

(3) 测试方法：受试者两脚自然分开站立，站在起跳线后，脚尖不得踩线(最好用线绳做起跳线)。两脚原地同时起跳，不得有垫步或连跳动作。丈量起跳线后缘至最近着地点后垂直距离。每人试跳三次，记录其中成绩最好的一次。以厘米为单位，不计小数。

8. 引体向上(男)

(1) 测试目的：测试学生的上肢肌肉力量的发展水平。

(2) 场地器材：高单杠或高横杠，杠粗以手能握住为准。

(3) 测试方法：受试者跳起双手正握杠，两手与肩同宽成直臂悬垂。静止后，两臂同时用力引体(身体不能有附加动作)，上拉到下颌超过横杠上缘为完成一次。记录引体次数。

9. 坐位体前屈

(1) 测试目的：测量学生在静止状态下的躯干、腰、髋等关节可能达到的活动幅度，主要反映这些部位的关节、韧带和肌肉的伸展性和弹性及学生身体柔韧素质的发展水平。

(2) 场地器材：平整场地一块，坐位体前屈测试计。

(3) 测试方法：受试者两腿伸直，两脚平蹬测试纵板坐在平地上，两脚分开约 10～15 厘米，上体前屈，两臂伸直，用两手中指尖逐渐向前推动游标，直到不能前推为止。测试计的脚蹬纵板内沿平面为 0 点，向内为负值，向前为正值。记录以厘米为单位，保留一位小数。测试两次，取最好成绩。

10. 仰卧起坐

《国家学生体质健康标准》测试方法—仰卧起坐

(1) 测试目的：测试学生的腹肌耐力。

(2) 场地器材：平整场地一块，垫子若干块（或代用品）。

(3) 测试方法：受试者仰卧于垫子上，两腿稍分开，屈膝成 90 度角左右，两手指交叉贴于脑后。另一同伴压住其踝关节，以固定下肢。受试者坐起时两肘触及或超过双膝为完成一次。仰卧时两肩胛必须触垫。测试人员发出“开始”口令的同时开表计时，记录 1 分钟内完成次数。1 分钟到时，受试者虽已坐起但肘关节未达到双膝者不计该次数，精确到个位。

真题面对面

[2019 福建统考，单，2 分]《国家学生体质健康标准》中，仰卧起坐主要测试学生的（　　）

A. 腹肌耐力　　B. 上肢爆发力　　C. 下肢爆发力　　D. 背肌耐力

答案：A。仰卧起坐的测试目的是测试学生的腹肌耐力。

11. 跳绳

(1) 测试目的：测试学生的下肢爆发力和身体协调能力。

(2) 场地器材：地面平整、干净的场地一块，地质不限。主要测试器材包括秒表、发令哨、各种长度的跳绳若干条。

(3) 测试方法：两人一组，一人测试，一人记数。受试者将绳的长短调至适宜长度，听到开始信号后开始跳绳，动作规格为正摇双脚跳绳，每跳跃一次且摇绳一回环（一周圈），计为一次。听到结束信号后停止，测试员报数并记录受试者在 1 分钟内的跳绳次数。测试单位为次。

★★ 考点大默写 ★★

1. 法国人____________是现代奥林匹克运动的创始人，被誉为“现代奥林匹克之父”。
2. 奥林匹克精神是“互相了解、友谊、团结和____________”。
3. 奥运历史上第一个既获得夏季奥运会举办权又获得冬季奥运会举办权的城市是____________。
4. 奥运会吉祥物是一届奥运会的独特标志，2022 年北京冬奥会吉祥物是____________。
5. ____________活动的成员有可能是本班的同学，也有可能有其他班级或者其他年级的同学。
6. 全校性活动内容的选择余地较____________，一般来说比较适合早操、课间操等的组织。
7. 体育教师应具备的一般能力有教学能力、教育能力、科研和创新能力、社会交往能力。其中，____________是体育教师完成教学任务最基本的业务能力。
8. 体育教师从事本职工作应具备的特殊能力是____________。
9. ____________是体育游戏的一个显著特点，也是体育游戏能够带给人们欢乐的重要因素。
10. 在体育游戏的教材中，张老师选择一些易于变化的游戏，进行触类旁通、举一反三地改造与发挥，创编出新的游戏。张老师运用的创编方法为____________。

11. 放松游戏可以使学生运动后在身心上达到放松，由运动状态过渡到安静状态，适合放到课的________部分。

12. 根据《国家学生体质健康标准(2014年修订)》，小学一、二年级单项评价指标中权重最高的是________。

13.《中共中央、国务院关于加强青少年体育增强青少年体质的意见》要求确保青少年休息睡眠时间，应保证小学生每天睡眠________小时。

14. 学生毕业时，评定体质健康的成绩和等级，按毕业当年总分和其他学年总分的平均分之和，两者各占________%。

15.《国家学生体质健康标准(2014年修订)》的学年总分由标准分与附加分之和构成，满分为120分。标准分由各单项指标得分与权重乘积之和组成，满分为100分。附加分根据实测成绩确定，即对成绩超过100分的加分指标进行加分，满分为20分；小学的加分指标为1分钟跳绳，加分幅度为________分。

16.《国家学生体质健康标准(2014年修订)》的评价指标是身体形态、身体机能和________。

17.《国家学校体育卫生条件试行基本标准》提出，________年对在校学生进行一次健康体检，并建立学生健康档案。

【参考答案】

1. 顾拜旦　2. 公平竞争　3. 北京　4. 冰墩墩　5. 小团体　6. 小　7. 教学能力　8. 运动能力　9. 趣味性　10. 变化法　11. 结束　12. 坐位体前屈　13. 10　14. 50　15. 20　16. 身体素质　17. 每

我于________年____月____日完成了对本章的学习。

复盘一下，我对自己较肯定的地方是________________

(足够努力/心态积极/方法得当……)

我觉得自己需要改进的地方是________________

(懒惰懈怠/心情浮躁/方法不当……)

休息片刻，开启下一站征程！

第二章 体育心理学

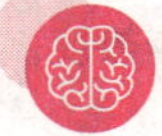

思维导图

- 体育心理学
  - 体育心理学概述
    - 体育心理学的定义及研究对象
    - 不同心理学理论在体育学习中的应用
  - 运动兴趣与动机
    - 运动兴趣（重点）
    - 运动动机（重点）
  - 运动归因
    - 运动中的归因
    - 影响运动归因的因素
  - 体育活动与心理健康
    - 体育活动和心理健康的定义
    - 体育活动的心理健康效益
  - 运动损伤的心理致因与康复
    - 运动损伤发生的心理致因
    - 运动损伤的心理反应
  - 应激、唤醒、焦虑与运动表现
    - 应激、唤醒和焦虑
    - 倒U形假说
  - 运动中的干预方法
    - 运动中的行为干预方法
    - 运动中的认知干预方法（重点）
  - 动作技能的学习（重点）
    - 动作技能学习过程的变化特征
    - 动作技能的分类
    - 动作技能形成的阶段
    - 影响动作技能学习的因素
    - 动作技能的迁移
  - 体育教学策略和学习策略
    - 体育教学策略
    - 体育学习策略

考向分析

本章属于学科专业基础知识中的基础章节，也是体育教师招聘考试考查的基础章节，内容比较简单，需要理解的知识较多。现对本章考向分析如下：

高频考点	考点细化	常考题型	能力要求	考查热度
运动兴趣	运动兴趣的概念、分类；影响运动兴趣水平的主要因素	选择、简答	理解	★★★
运动动机	运动动机的种类	选择	理解	★★
运动中的认知干预方法	表象训练、认知训练、暗示训练	选择、填空、名词解释	理解	★★★
动作技能的分类	封闭性动作技能和开放性动作技能；低策略性技能和高策略性技能	选择	理解	★★
动作技能形成的阶段	认知定向阶段、动作的联结阶段、协调完善阶段	选择、填空	理解	★★★
影响动作技能学习的因素	内部因素、外部因素	选择、论述	理解	★★
动作技能的迁移	正迁移和负迁移；影响技能迁移的因素	选择、判断	理解	★★

核心考点

第一节　体育心理学概述

一、体育心理学的定义及研究对象　【选择】★

(1)定义：体育心理学是研究体育运动这一特定情境中的心理和行为的科学，是心理学的一门分支。具体而言，体育心理学是研究体育运动情境中认知、情感和行为的科学。

(2)研究对象：体育心理学的主要研究目的是提高教与学的效果，其主要研究对象是学生，也包括教师。体育心理学侧重研究体育教学过程中的心理现象，特别是学生在学习过程中的心理特点和变化。

真题面对面

1.[2020江西统考，单，1分]（　　）是研究体育运动这一特定情境中的心理和行为的科学。

A.认知心理学　　B.体育心理学

C.学校心理学　　D.社会心理学

答案：B。体育心理学是研究体育运动这一特定情境中的心理和行为的科学，是心理学的一门分支。

2.［2020 陕西特岗，单，2 分］体育心理学侧重研究（　　）过程中的心理现象。

A. 体育教学　　B. 竞技运动和比赛

C. 体育锻炼　　D. 娱乐

答案：A。体育心理学侧重研究体育教学过程中的心理现象，特别是学生在学习过程中的心理特点和变化。

二、不同心理学理论在体育学习中的应用

不同心理学理论在体育学习中的应用

不同心理学理论	在体育学习中的应用
行为主义心理学理论	斯金纳认为，教育是按照"刺激—反应—强化"的顺序进行的，应将学习内容按照一定的逻辑顺序组合起来，引导学习者循序渐进地去掌握，而强化训练是解释机体学习过程的主要机制
认知心理学理论	认知心理学理论主张学习就是将外在事物的关系内化为学习者自己的心理结构的过程。认知心理学理论认为，学习者的心理结构不仅可以探知，而且是影响学习的决定因素。在运动技能的学习上，认知心理学理论倡导发现学习和接受式学习的学习方式，主要强调学习者内部积极的思维活动
建构主义心理学理论	①强调多角度、多层次地进行体育学习； ②强调"自上而下"的学习策略； ③注意让学生在实践中学习新知识和新技能
人本主义心理学理论	①重视学生的健康、全面、和谐发展； ②重视意义学习，强调非认知因素的重要性； ③重视学习的方法，强调学习的过程； ④强调"以学生的发展为中心"，突出学生的主体地位

第二节　运动兴趣与动机

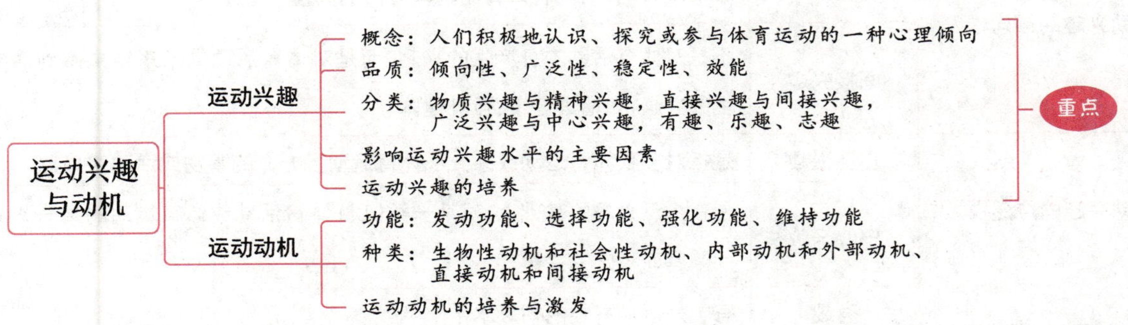

一、运动兴趣　【选择、简答】★★★

运动兴趣是指人们积极地认识、探究或参与体育运动的一种心理倾向，是获得体育与健康知识和技能，促进身心健康的重要动力。

考点1 运动兴趣的品质

1. 运动兴趣的倾向性

运动兴趣的倾向性是指运动兴趣总是指向于一定的体育项目或体育事件。当一个学生对某项体育运动感兴趣时,他的意识就常常倾向于去参与这项运动。运动兴趣的倾向性直接影响运动兴趣的性质。

2. 运动兴趣的广泛性

运动兴趣的广泛性是指运动兴趣指向对象范围的大小。当一个学生对某一运动项目有广泛兴趣时,他会将所学的运动知识和技能尽可能地应用到该项目的训练和练习当中,这有助于提高运动技能水平,获得健康的身体。

3. 运动兴趣的稳定性

运动兴趣的稳定性是指运动兴趣持续时间的长短。运动兴趣的持续时间越长表明其稳定性越强,持续时间越短,则其稳定性越弱。

4. 运动兴趣的效能

运动兴趣的效能是指运动兴趣对体育活动的推动所产生的效果。根据运动兴趣的效能水平可分为积极的和消极的两种。积极的运动兴趣促使人自觉、主动地参与自己感兴趣的体育活动,这种兴趣会强化运动兴趣,使运动兴趣产生更大的效能;消极的运动兴趣是一种被动的兴趣,是一种不良的、无效能的运动兴趣。

考点2 运动兴趣的分类

人的运动兴趣是多种多样的,可以根据不同的标准来分类。

运动兴趣的分类

分类依据	具体分类	简述
运动兴趣的内容	物质兴趣	是以人的物质需要为基础的兴趣,主要表现为对运动用品的兴趣
	精神兴趣	是以人的精神需要为基础的兴趣,主要表现为对运动的偏好与渴望
运动兴趣的倾向性	直接兴趣	是由于对体育活动本身感到需要而产生的兴趣,能促使人们产生愉快感,如对参与体育活动、观看体育比赛等方面的兴趣
	间接兴趣	不是对体育活动本身产生的兴趣,而是对体育活动的未来结果感到需要而产生的兴趣,如增进健康、强身健体等
运动兴趣的广泛性	广泛兴趣	是指对多项体育运动或某一项体育运动多方面的事物或活动感兴趣
	中心兴趣	是在广泛兴趣的基础上,对某一类(项)体育活动或体育运动的某一方面有特别浓厚而稳定的兴趣
运动兴趣的深度、范围和稳定性	有趣	有趣是运动兴趣的初级水平
	乐趣	乐趣是继发状态的中层次兴趣
	志趣	志趣是完成状态的高层次兴趣

注:运动兴趣的产生、发展和形成,一般都要经历"有趣—乐趣—志趣"三个过程。

真题面对面

1. [2022 江西统考,单,1.5 分]在体育心理学中,根据运动兴趣的深度、范围和稳定性,运动兴趣可分为(   )

A. 有趣、乐趣和知趣　　B. 有趣、知趣和志趣

C. 知趣、乐趣和志趣　　D. 有趣、乐趣和志趣

答案:D。

2. [2020 广东广州黄埔区,单,0.84 分]体育课程中,小学生对漂亮的体育器材、场地和体育环境等条件的追求属于(   )

A. 稳定兴趣　　B. 间接兴趣

C. 物质兴趣　　D. 精神兴趣

答案:C。物质兴趣是以人的物质需要为基础的兴趣,主要表现在对运动用品的兴趣。故选 C。

考点3　影响运动兴趣水平的主要因素

影响运动兴趣水平的主要因素

(1)运动需要的满足

运动需要主要是指学生对体育运动的自身价值(如趣味、娱乐、竞技、健身、健美等)所产生的一种渴求趋势,或想掌握某项体育运动技能的一种需要。运动需要会促使学生对所渴求学习或参与的体育运动产生极其浓厚的兴趣,表现出极大的学习热情。

(2)现有的运动技能水平

学生学习兴趣的形成有赖于其掌握知识的深度和广度。

(3)运动内容的新奇性与适合性

在体育教学中,体育教师首先要尽可能地采用灵活多变的教学方法,选择具有强烈吸引力的学习内容,以促进运动兴趣的形成与发展。其次,体育教师应精心钻研教材、教法以及学生身心发展特点,掌握打开学生心灵的“金钥匙”,以激发学生的运动兴趣,使他们变被动学习为主动学习。

(4)成功体验的获得

运动兴趣是体育学习获得成功的动力,而体育学习的成功又是激发和提高运动兴趣的主要因素之一。一般来说,有成功希望的、符合自己能力水平的、能带来愉悦感的体育运动容易激发学生的运动兴趣。

(5)融洽的师生关系

融洽的师生关系直接影响着学生的学习情绪,师生心理相容能提高教学效果。如果教师能够与学生建立一种友好合作的关系,则有利于增进相互间的感情,提高学生的学习兴趣。

真题面对面

[2020 陕西特岗,简答,5 分]请简述影响运动兴趣水平的主要因素。

参考答案:参见上文。

考点4　运动兴趣的培养

培养学生运动兴趣的方法，有以下几种：(1)科学合理地安排教学内容，有利于培养学生的运动兴趣；(2)选择适宜的教学环境，激发学生的运动兴趣；(3)改变分组形式，提高学生学习的兴趣；(4)灵活运用各种教法和学法，吸引学生参加运动的兴趣；(5)合理地运用语言激励，加强学生学习积极性。

二、运动动机　【选择、填空】　★★

运动动机是指由运动目标引发的，推动学生参与体育学习与身体锻炼活动的内部心理动因。

考点1　运动动机的功能

(1)**发动功能**。学生不会无缘无故地去体育场地进行体育活动，当他们从事某种体育活动时，表明他们内心一定产生了想要运动的愿望。这个愿望达到一定水平，就成为心理动力推动他们行动起来。这就是运动动机对学生体育学习和身体锻炼行为的发动功能。

(2)**选择功能**。运动动机不仅能发动体育活动行为，而且还能使学生的运动行为具有稳固而特定的内容，使他们的运动行为趋向一定的活动目标。

(3)**强化功能**。运动动机通常还决定着学生体育参与行为的努力程度。运动愿望强烈的学生，在体育学练过程中表现出兴趣浓厚、情绪高昂、注意力集中、肯于付出等特点，遇到困难时，克服困难的决心也较大。而在体育活动中情绪低落、注意力分散、怕苦怕累、遇难而退的学生，往往运动动机不足。

(4)**维持功能**。运动动机与体育活动坚持时间的长短也有直接关系。当学生参加自己乐于进行的体育活动时，持续时间较长，即使在疲劳的状况下也还能坚持一定时间。但若是进行不愿从事的体育活动，持续的时间就较短，想让他们保持较长时间也比较困难。

考点2　运动动机的种类

运动动机的种类

1. 生物性动机和社会性动机

根据学生参与体育学习和锻炼活动的心理动因是以生物性需要，还是以社会性需要为基础，运动动机可以分为生物性动机和社会性动机。

(1)生物性动机。生物性动机(或原发性动机)是指为了获得刺激、眩晕、运动欣快感觉和宣泄身心能量，满足个体的生理性需要而参加体育活动的动机。

(2)社会性动机。社会性动机(或继发性动机)是指为了在体育活动中与同伴接近、交往，得到认同，发展友谊，追求完美，施展才能，获得成功，赢得荣誉，满足个体的社会性需要而参加体育活动的动机。

真题面对面

[2020 江西统考，单，1 分]根据学生参与体育学习和锻炼活动的心理动因是以生物性需要，还是以社会性需要为基础，可将运动动机分为(　　)

A. 生物性动机和内部动机　　B. 生物性动机和外部动机

C. 生物性动机和社会性动机　　D. 生物性动机和直接动机

答案：C。

2. 内部动机和外部动机

根据学生参与体育学习和锻炼活动的心理动因主要是由自身内在需要转化而来,还是由外界条件诱发而来,运动动机可以分为内部动机和外部动机。

(1)内部动机。内部动机是指源于学生自身好动、好奇或好胜的心理,如渴望从体育活动中获得身体上的快感、乐趣、刺激,以及希望满足自尊心、上进心、荣誉感、义务感、归属感和自我决策、自我实现等心理需要的动机。

(2)外部动机。外部动机是指由学生自身之外的诱因转化而来的动机,如教师的表扬、同学的赏识、竞争获胜的奖励、荣誉,或因为迫于压力、避免惩罚与升学考试等原因而参加体育活动的动机。

3. 直接动机和间接动机

根据学生参与体育学习和锻炼活动的心理动因是指向体育活动过程,还是指向体育活动的结果,运动动机可以分为直接动机和间接动机。

(1)直接动机。指向体育学习与锻炼活动的内容、方法或组织形式等当前、直接特征的动机是直接动机。

(2)间接动机。指向体育活动可能带来的生理、心理和社会的延迟、间接结果的动机为间接动机。

真题面对面

[2023 济南历城,填空,2 分]根据不同划分方式,运动动机可分为生物动性机和社会性动机、内部动机和________动机、直接动机和________动机。

答案:外部;间接

考点3 运动动机的培养与激发

(1)充分重视和利用学生的各种需要:①提高学生的内部动机;②激发学生的外部动机。(2)提高学生的体育成就动机。(3)适当展开竞争,积极组织合作。(4)及时反馈,肯定评价。(5)端正体育态度。体育态度是学生对体育学习和锻炼活动所持有的认知评价、情感体验和行为意向的综合表现。

第三节 运动归因

运动归因
- 运动中的归因
  - 习得性无助感
- 影响运动归因的因素
  - 内部因素:①个性特征;②成就动机;③自我效能感;④性别;⑤年龄
  - 外部因素:①社会文化背景特征;②运动项目特征;③训练年限;④比赛结果

一、运动中的归因 【选择】

运动中的归因主要涉及内部和外部归因、归因与情绪反应、稳定性等方面。

1. 内部和外部归因

(1)内外源。在运动情境中，倾向于内部归因的人常常将自己体育运动成绩好归因于自己运动能力强或努力；反之，倾向于外部归因的人则常常把失败看作是任务太难、自己的运气不佳、教练员不好或者裁判员不公平等外部原因。

(2)协变性原则。一个人对成功与失败的归因常常根据别人完成同一项任务时的成绩来解释或预测，即当别人的成绩与他们相一致时，会把它归于外部的原因；当别人的成绩与他们不相一致时，会把它归于内部的原因，这种现象被称作协变性原则。

2. 归因与情绪反应

在成就情境中，将行为结果归于不同的原因维度，会使个体产生不同的情感反应。

与不同的结果和归因组合有关的情感

归因		结果	
		成功	失败
内外源	内部	自豪 自尊 满意	自豪减少 自尊减少 满意减少
	外部	没有关于自我的情感	没有关于自我的情感
可控性	可控的	自信 胜任	羞辱 负罪 沮丧
	不可控的	感激 同情对手	愤怒 诧异 惊讶
稳定性	稳定的	满怀希望	没有希望
	不稳定的	不确定	满怀希望

3. 稳定性

(1)期望与归因

个体的动机和行为受期望的驱使，而期望的改变又与个体的归因，特别是与归因的稳定性维度有着高度的相关。

根据韦纳的观点，把某一行为的结果归因于稳定原因的个体比归因于不稳定原因的个体更期望该行为再次发生。

研究还发现，可控制性要素，特别是努力要素，与期望改变未来的行为结果有着较大的相关。

(2)习得性无助感

习得性无助感是指个体经历了失败与挫折后，面临问题时产生的无能为力、丧失信心的心理状态与行为。当个体形成了习得性无助感时，会导致学习与生活中积极主动性的丧失。这将给其一生的发展带来相当不利的影响。

习得性无助个体的主要心理特征:①自我效能感低;②消极思维;③情绪失调;④人际关系不良。

对习得性无助的青少年的教育措施:①对青少年要以鼓励为主,帮助他们形成积极的自我概念;②引导青少年树立正确的目标导向;③通过归因训练来提高自我效能感;④创设良好的人际交往环境。

真题面对面

[2020 广东广州黄埔区,多,1.32 分]当个体形成了习得性无助感时,会导致学习与生活中积极主动性的丧失。下列教育措施对习得性无助学生有益的有( )

A. 对青少年要以批评为主

B. 引导青少年树立正确的目标导向

C. 通过归因训练来提高自我效能感

D. 创设良好的人际交往环境

答案:BCD。对青少年要以鼓励为主,帮助他们形成积极的自我概念,故排除 A 项,答案选 BCD。

二、影响运动归因的因素

1. 影响运动归因的内部因素

(1)个性特征。不同的个性特征会导致不同的归因倾向。

(2)成就动机。个体的成就动机将影响其对成功和失败的归因。高成就动机者倾向于将成功归因于能力,将失败归因于缺乏努力;而低成就动机者则把成功归因于运气,把失败归因于缺乏能力。

(3)自我效能感。高自我效能者倾向于把失败归因于努力不够,而低自我效能者则把失败归因于能力低。同样,如果把成功归因于内部的或可以控制的原因,如能力或努力,则自我效能感将会提高。

(4)性别。一般认为,男性比女性更倾向于把成功归因于稳定的、内部的因素;女性比男性更容易把成功归因于运气或其他不稳定的、外部的因素,而把失败归因于内部的、稳定的因素,如缺乏能力等。

(5)年龄。一般认为,随着被试年龄的增大,其归因逐渐定型并内化,要使之改变是比较困难的。

2. 影响运动归因的外部因素

(1)社会文化背景特征。(2)运动项目特征。(3)训练年限。训练年限不同,归因稳定性维度存在着差异。(4)比赛结果。一般来说,失败的结果比成功的结果更可能引起归因,尤其是出乎意料的失败比预料到的失败更趋向原因探究。此外,教练员、运动队的凝聚力以及家庭背景等均是影响运动员归因的因素。

第四节　体育活动与心理健康

一、体育活动和心理健康的定义

体育活动包括各种与心肺功能、肌肉力量和耐力、柔韧性和身体成分等有关的活动形式,通常指那些有计划、有规律、重复性的,以发展身体、增进健康、增强体能为目的的身体活动。

心理健康是指在智力正常的基础上所形成的良好的个性心理特质和稳定的情绪表现，是一种能够有效地处理内外关系的良好状态。

二、体育活动的心理健康效益 【选择】

1. 体育活动对认知功能的影响

认知功能是人类的高级活动功能，它是人体对外界信息的反应能力，包括感觉、知觉、注意、表象、记忆、思维、语言等重要组成部分。

对于体育活动与认知过程的关系，大量研究表明，体育活动与认知过程之间有着适度的正相关。研究者认为，长期的体育锻炼在认知表现上比短期的体育锻炼有更大的效应；有规律的锻炼可以通过提高知觉和运动系统的总体速度来提高精神运动的速度。学习运动技能尤其对儿童身体知觉能力和技能知觉能力的准确性有明显的影响。

综合该领域的研究，可以归纳为以下几点：

(1)体育活动与认知过程之间存在的是相关关系，但不能被看作是因果关系。

(2)体育活动与认知过程的关系在不同年龄人群的身上有不同的体现。

(3)不同的活动项目、运动时间、负荷以及坚持年限对认知功能的影响也不相同。

(4)体育活动能促进青少年和儿童认知功能的发展，能延缓或预防中老年人认知功能的衰退。

(5)体育活动对正常人群和有心理障碍人群的认知功能的影响也不相同。

真题面对面

[2019 江西统考，单，1 分](　　)是人类的高级活动功能，它是人体对外界信息的反应能力，包括感觉、知觉、注意、表象、记忆、思维、语言等重要组成部分。

A. 记忆功能　　B. 感知功能

C. 思维功能　　D. 认知功能

答案：D。

2. 体育活动对情绪的影响

(1)体育活动的抗抑郁效能。研究表明，一次性体育活动和长期体育活动均能有效地降低抑郁。

(2)体育活动降低焦虑的效能。研究表明，体育活动在降低焦虑方面具有正面效应。

(3)体育活动提高主观幸福感的效能。主观幸福感是指描述个体目前体验到的幸福程度的综合性指标，是评价者根据自定的标准对其生活质量进行的整体性评价。一般认为，主观幸福感由积极情感、消极情感和生活满意度三个不同的维度组成。主观幸福感是衡量心理状态与生活质量的重要因素之一。

研究表明：①体育活动与主观幸福感之间存在某种关系。研究发现，运动后人们的主观幸福感测量值高于不运动组。②体育活动与主观幸福感之间的关系存在性别差异。一些研究指出，有规律的体育活动与主观幸福感之间存在正相关，而且女性比男性表现得更突出。③体育活动与主观幸福感之间的关系可能存在项目差异。有研究发现，体操运动员与篮球运动员的主观幸福感存在着差异，但差异并不显著。

(4)体育活动中的特殊情绪体验。体育锻炼有时还能使锻炼者从中感受到一些特殊的情绪体验，如流畅体验、跑步者高潮等。

3. 体育活动对人格的影响

(1)体育活动对某些人格特质的改变

①在青少年时期参与运动对个体的人格发展有促进作用。②有氧锻炼可以使 A 型行为(缺乏耐心、有强烈的紧张感、过度的竞争性以及容易唤起敌意)发生积极的变化。

(2)体育活动对自尊的维护

①体育活动能提高身体自我价值和其他重要的身体自我认知(如身体表象)。②体育活动对不同性别人群的自尊会产生不同的影响。③体育活动对低自尊者的效果更加明显。④不同活动方式对自尊的影响有差异。其中有氧练习和控制体重练习作用更加明显。

第五节 运动损伤的心理致因与康复

一、运动损伤发生的心理致因

(1)应激。研究结果显示，高应激水平是导致运动损伤的重要原因之一。

(2)动机。研究发现，遭受严重运动损伤的运动员动机水平很高，女运动员尤为如此；高动机的运动员更可能受伤。

(3)人格。人格因素虽然不是导致运动损伤的直接因素，但是，它可能影响运动员对应激做出的反应。

(4)心理准备。竞技运动不仅要有充分的身体活动准备，而且要有充分的心理准备。如果能主动地使自己的心理和生理状态处于适宜的兴奋水平，就有利于发挥自己的最佳运动效能，也会最大可能地减少运动损伤。

除了上述因素，自我概念、自尊、心理疲劳、反应时等心理因素也与运动损伤有关。

二、运动损伤的心理反应 【选择】

1. 运动员损伤心理反应的基本过程

运动员受伤后的心理反应大体可分为五个阶段：(1)否认阶段；(2)愤怒阶段；(3)许愿阶段；(4)抑郁阶段；(5)承认阶段。

2. 运动员损伤后的认知和情绪反应

(1)运动损伤的认知反应

运动损伤的认知反应如下：①感知身体疼痛；②察觉与损伤有关的不正常反应；③询问与损伤有关的问题；④认识到受伤的不良结果；⑤曲解损伤的含义。

(2)运动损伤的情绪反应

受伤运动员经过认知和情绪心理反应后，可能出现两种现象：一种是运动员开始接受自己已经受伤的事实；另一种是运动员不能以一种积极的态度面对损伤，从而遭受一系列的问题。

真题面对面

[2019 江西统考,单,1 分]运动员受伤后的心理反应大致分为(　　)五个阶段。

A. 否认阶段、幻想阶段、许愿阶段、抑郁阶段、承认阶段

B. 否认阶段、愤怒阶段、许愿阶段、抑郁阶段、承认阶段

C. 否认阶段、愤怒阶段、许愿阶段、幻想阶段、承认阶段

D. 否认阶段、愤怒阶段、许愿阶段、抑郁阶段、幻想阶段

答案:B。运动员受伤后的心理反应大体可分为五个阶段:否认阶段、愤怒阶段、许愿阶段、抑郁阶段、承认阶段。

第六节　应激、唤醒、焦虑与运动表现

一、应激、唤醒和焦虑

1. 应激

心理应激又称心理压力或心理紧张,是在机体受到外界刺激作用下,为适应环境所做出的一种反应状态。但是这种状态如果超出机体所能忍受的范围,就会对其身心健康带来不利影响,严重时可危及生命。

2. 唤醒

唤醒是指机体总的生理性激活的不同状态或不同程度,是由感觉兴奋性水平、腺和激素水平以及肌肉的准备性所决定的一种生理和心理活动的准备状态。唤醒对维持与改变大脑皮质的兴奋性和保持觉醒状态有重要作用。

3. 焦虑

焦虑是个体在担忧自己不能达到目标或不能克服障碍而感到自尊心受到持续威胁下形成的一种紧张不安,并带有惧怕色彩的情绪状态。

对于焦虑研究的深入和细化,产生了特质焦虑和状态焦虑的概念。特质焦虑是指不同个体在焦虑倾向方面所表现出来的相对稳定的差异,属于个性心理的特征部分;状态焦虑则是一种在强度上有变化、随时间而波动的短暂情绪反应。

另外,根据个体的反应,可以将焦虑分为认知焦虑和躯体焦虑。认知焦虑是焦虑的认知性特征,是指个体在主观上认知到有某种危险或威胁情境的担忧。躯体焦虑是焦虑的生理性特征,是由自主神经系统的唤醒所引起的体验,通过心跳加快或肌肉紧张等表现出来。

二、倒 U 形假说

倒 U 形假说

倒 U 形假说理论认为:由低唤醒水平到中等唤醒水平的临界点以前,随着唤醒水平的提高,运动表现也将随之向着好的方向改善。当唤醒水平超过中等唤醒水平的临界点后继续向高度兴奋方向发展,唤醒水平的进一步提高将导致运动表现逐渐恶化或成绩下降。一般来说,中等程度的唤醒对运动表现最为有利。

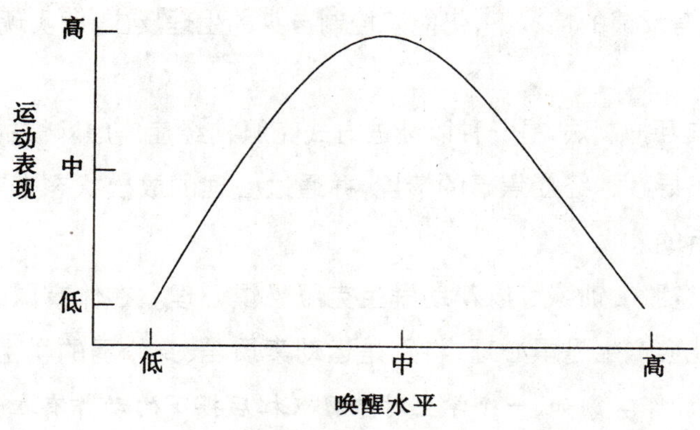

"倒 U 形假说"理论对唤醒水平与运动表现之间关系的解释

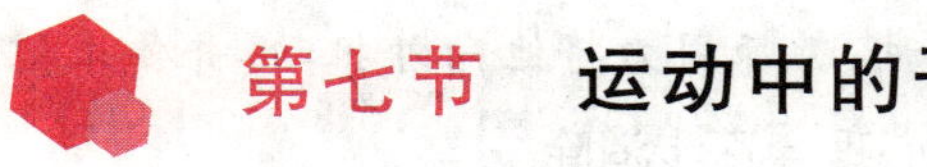

第七节　运动中的干预方法

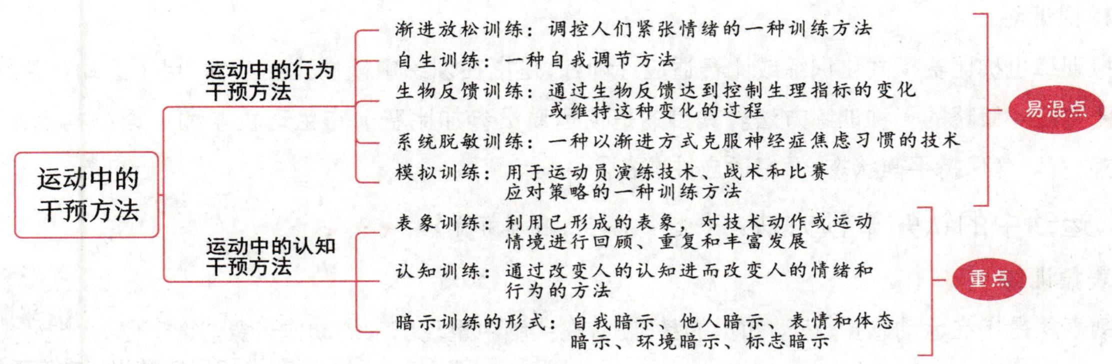

一、运动中的行为干预方法

1. 渐进放松训练

渐进放松训练是利用全身各部位肌肉的紧张和放松，并辅以深呼吸和表象来调控人们紧张情绪的一种训练方法。当肌肉完全放松时，身上其他部位肌肉也随之放松，并减缓生理消耗作用，骨骼肌的紧张水平和变化与内部情绪唤醒状态紧密相关。渐进放松训练可以有效减轻焦虑、紧张和压力。

2. 自生训练

自生训练又称自主训练、自律训练、自我训练或自发训练，是一种自我调节方法。使用自生训练可以达到引起放松反应的目的。

3. 气功放松法

中国气功是在意识的主动控制下，通过调整姿势（调身）、调整呼吸（调息）、调整意念（调心）而达到"松、静、自然"的放松状态。

4. 生物反馈训练

生物反馈训练又称自主神经学习，是通过生物反馈达到控制生理指标的变化或维持这种变化的过程。其目的是借助反馈仪提供的生物信息，实现自主神经系统的学习和强化，促进练习者调节自身生理功能的能力。换言之，生物反馈训练就是为了使个体认知和使用不易被觉察到的生理过程，并使之能够被有意识地控制，最终让练习者在没有反馈的情况下，仍能够控制自身的生理反应，即实现自我调节。

5. 系统脱敏训练

系统脱敏训练法又称交互抑制法，是一种以渐进方式克服神经症焦虑习惯的技术。利用这种方法主要是诱导求治者缓慢地暴露出导致神经症焦虑的情境，并通过心理的放松状态来对抗这种焦虑情绪，从而达到消除神经症焦虑习惯的目的。

在教学活动中，运用系统脱敏训练可以帮助学生克服恐惧心理。在体育课上，一些学生对学习某些难度较高且有危险的动作技能会产生恐惧心理，特别是运动素质差、身体弱的学生更是如此。不解除他们的恐惧心理，就很难掌握这些动作。例如，一个学生对学习双杠后摆下的动作有担忧和恐惧心理，害怕腿部和其他部位会受伤，教师可以对他采用系统脱敏训练。首先，让他反复地观察其他人做双杠后摆下的动作，如果产生恐惧心理和焦虑情绪，就教他放松。当他不恐惧时，就让他做双杠支撑摆动，并放松。然后，教师要求他做双杠支撑摆动，并结合后摆下，同时，教师用力将他向外推动，并要求他放松。最后，由学生单独练习。通过这种分层次的练习，学生的恐惧心理会逐步消除。

6. 模拟训练

模拟训练也称比赛模式化训练或比赛适应性训练，是指在训练中模仿比赛条件，用于运动员演练技术、战术和比赛应对策略的一种训练方法。其目的是使运动员参加比赛前在生理机能和心理结构上都产生改变，并与比赛环境保持平衡状态，做好适应性准备。

二、运动中的认知干预方法 【选择、填空、名词解释】 ★★★

1. 表象训练

表象训练

运动表象是指在运动感觉、运动知觉的基础上，在头脑中重现出来的动作形象。

运动表象训练是人们有意识地利用自己头脑中已经形成的表象，对技术动作或运动情境进行回顾、重复和丰富发展，从而唤起运动感觉、强化肌肉本体感受、提高运动技能和情绪控制能力的方法和过程。

(1)表象训练的分类：①从感觉通道上可分为视觉表象和动觉表象；②从表象中自己所处的视角可分为内部表象和外部表象。

(2)表象训练的主要作用：①有助于加深对动作技术的理解，加快对动作技能的学习，巩固和改善已学会的运动技术动作；②有助于克服赛前焦虑、愤怒等不良情绪，具有调节生理唤醒水平的作用。

真题面对面

1. [2022 山西特岗，填空，1 分] 运动表象是在过去运动感知觉的基础上，在头脑中重现出来的________。

答案：动作形象

2. [2019 山东潍坊诸城，名词解释，2 分] 表象训练

参考答案：参见上文。

2. 认知训练

认知训练又称为认知疗法，是指通过改变人的认知进而改变人的情绪和行为的方法。

(1) Ellis 的 ABC 基本原理。Ellis 认为：人的情绪并不是由诱发事件本身引起的，而是由经历了这一事件的当事人对这一事件的解释和评价所引起的。这就是 ABC 理论的基本观点。

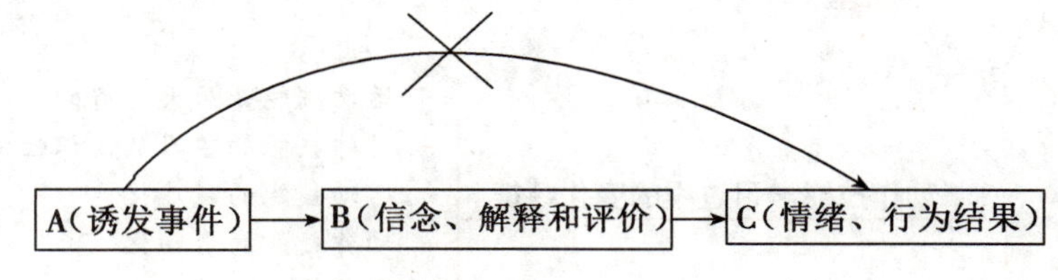

Ellis 的 ABC 理论模型

(2) 体育教学与训练中认知训练方法的实施：①向学生或运动员介绍 Ellis 合理情绪疗法的理论(ABC 理论)；②结合在体育教学或训练中，学生或运动员所存在的普遍性或特殊性问题，与学生或运动员一起分析并识别出自己所存在的不合理信念，并一一列出；③转变不合理信念。

3. 暗示训练

暗示训练是指利用语言、手势、表情以及其他刺激物，采用间接、含蓄的方法，对训练者的心理状态和行为施加影响的过程。

(1) 体育教学与运动训练中暗示训练的作用

①增强学生和运动员对学习和比赛的自信心，建立和提高自我效能感；②帮助学生和运动员掌握技术动作；③帮助学生和运动员调节情绪，创造有利于学习和比赛的情绪唤醒；④帮助学生和运动员掌握技术动作的节奏和发力程度；⑤有助于学生和运动员将注意力集中于当前任务上。

(2) 体育教学与运动训练中暗示的形式

①自我暗示。自我暗示指让学生或运动员自己用一定的暗示语言调节本体植物性神经系统机能，使自己心理和肌肉状态能更好地完成运动任务的要求。

②他人暗示。在体育教学或训练中，体育教师或教练员对学生或运动员，以及学生对学生或运动员对运动员之间具有训练作用的暗示内容被称为他人暗示。

③表情和体态暗示。在体育教学或训练中，体育教师运用眼神、表情、姿势、动作和距离等体态语言对学生加以暗示，从而起到传递、感染、调动、激励等作用。

④环境暗示。体育教学与训练的环境直接影响着学生或运动员的学习效果。例如，体育教师或教练员可以应用颜色对人的暗示作用，用红色等暖色调布置训练场，以提高和调动学生或运动员的情绪唤醒水平。

⑤标志暗示。在体育教学与训练中，标志暗示可以帮助学生或运动员形成良好的技术动作，提高其技术、战术意识，还可以帮助他们产生适宜的心理准备。

真题面对面

[2020 陕西特岗，单，2 分] 利用红色材料布置场地，可以提高情绪唤醒水平，这是利用(　　)

A. 自我暗示　　B. 他人暗示　　C. 环境暗示　　D. 标志暗示

答案：C。体育教学与训练的环境直接影响着学生或运动员的学习效果。例如，体育教师或教练员可以应用颜色对人的暗示作用，用红色等暖色调布置训练场，以提高和调动学生或运动员的情绪唤醒水平。故选 C 项。

第八节 动作技能的学习

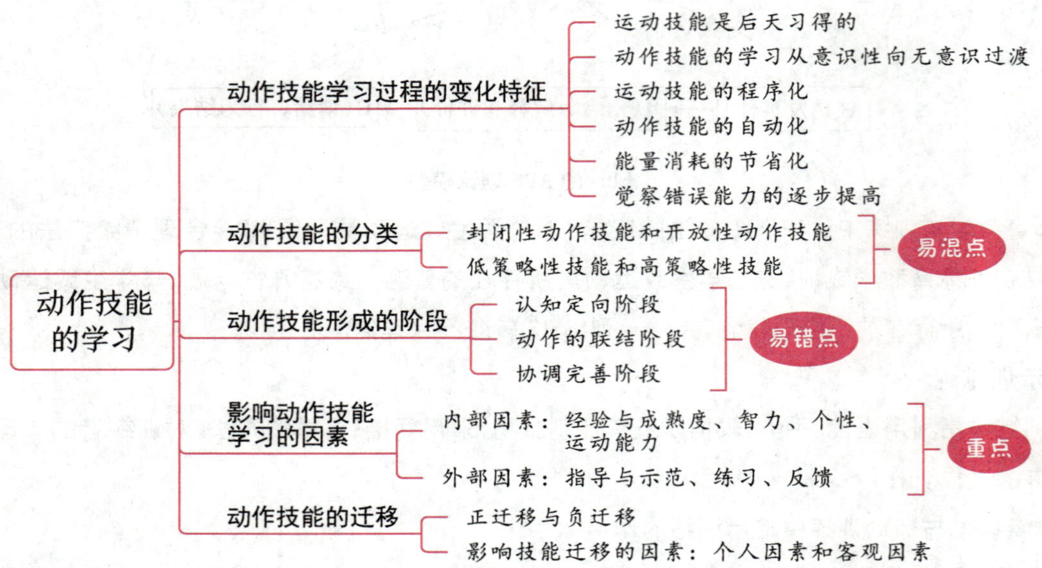

动作技能是指通过练习而巩固下来的，自动化的、完善的动作活动方式。

☞一、动作技能学习过程的变化特征 【选择】 ★ 新增

1. 运动技能是后天习得的

一些简单的或不随意的外显肌肉反应，如人的眨眼反射或摇头动作等是不需要学习的，不属于运动技能。运动技能是后天习得的，并能相当持久地保持下来的动作活动方式，如骑车、打球等。它是以感知系统与运动系统间的密切协调为必要条件的动作活动方式，要通过艰苦训练和意识性努力才能达到既定目标。

真题面对面

[2023 安徽统考，单，1 分] 下列选项中，属于后天习得性的动作技能的是(　　)

①打球　②骑车　③眨眼　④吮吸

A. ①②　　B. ②③　　C. ③④　　D. ①④

答案：A。人的眨眼、吮吸等是不需要学习的，不属于运动技能。运动技能是后天习得的，并能相当持久地保持下来的动作活动方式，如骑车、打球等。故选 A。

2. 动作技能的学习从意识性向无意识过渡

动作技能的操作具有随意性。尤其是在技能形成的初期，此时神经过程处于泛化阶段，内抑制尚未形成，多余动作和错误动作较多，技能的执行需要较多的意识控制，此时如果意识控制稍有削弱，正确的技能就很难形成。但随着反复练习，控制技能的神经系统逐步形成分化与自动化，人们完成技能时所关心的是怎样使这些技能服从于当前任务的需要，而不是如何操作的问题，操作的控制逐渐由意识性向自动化方向发展。自动化是熟练技能水平的标志，但并不是不需要意识的控制，如果技能操作环境发生变化，意识会很

快参与到对新情境的决策中。

3. 运动技能的程序化

练习使动作技能学习从开始时的动作呆板、不协调、时空不准确和易出错，到逐步熟练，直至动作操作自动化。正如比赛中跨栏运动员如行云流水般自动地跨过所有10个栏架，攻栏、跨栏、落地、再攻栏按一定程序计划依次进行。优秀运动员这些熟练的技能是由运动操作程序来控制执行的。最初的程序可能仅能控制几个动作，随着练习的进行，程序逐步能控制越来越长的行为，并且变得更精确，直至发展到对整套动作技能的程序控制。

4. 动作技能的自动化

动作技能是通过练习从低层次的感知系统与运动系统的协调关系向高层次的协调关系发展，最终达到高度完善和自动化程度。动作技能的获得过程就是动作的自动化形成过程，动作技能的熟练程度越高，自动化程度也就越高。

5. 能量消耗的节省化

能量的经济使用是熟练技能操作的重要目标，动作技能的获得过程就是操作能量节省化的过程。经济的运动是指在操作一项技能时消耗最少的能量。完成相同的技能，初学者往往要消耗更多的能量，而熟练者则能较经济地完成动作，从而能进行更加长时间有效的锻炼。

6. 觉察错误能力的逐步提高

技能学习不仅表现为更有效的技能操作，而且还显示出觉察和纠正错误的敏感性提高，即自身觉察错误能力的形成。优秀的长跑运动员在比赛中能够觉察到自己某一圈速度跑快了或略慢，从而做出调整节奏的决策，而新手则很难觉察。说明运动员这种错误觉察与纠错能力是随练习而逐步提高的。

二、动作技能的分类 【选择】 ★★

动作技能的分类方法很多，此处仅介绍以下两种。

1. 封闭性动作技能和开放性动作技能

①封闭性动作技能的环境背景特征是稳定的，即环境背景特征在技能操作过程中不会发生位置上的变化。例如，固定靶射击、投掷铅球和篮球的罚球等。

②开放性动作技能是指在操作目标、支撑面和其他人始终处于运动状态条件下进行的技能。要想成功地完成这类技能，操作者必须根据环境的变化适时地对自身动作进行相应的调整，个体完成动作的时机和采取的动作主要由相关的环境背景决定。例如，乒乓球比赛中的接发球，必须根据对手的发球方式以及有关的线索判断而做出相应的接球策略。

2. 低策略性技能和高策略性技能

低策略性技能和高策略性技能

①低策略性技能指动作完成几乎不需要复杂的认知与决策，如田径、射击、游泳、举重、体操等。

②高策略性技能指动作完成需要复杂的认知与决策，如快速的球类项目、拳击等。

真题面对面

[2022 安徽统考，单，1 分] 下列选项中，属于封闭性动作技能的是(　　)

A. 足球传球　　B. 篮球传球

C. 投掷实心球　　D. 排球对垫

答案：C。封闭性动作技能的环境背景特征是稳定的，即环境背景特征在技能操作过程中不会发生位置上的变化。例如，固定靶射击、投掷铅球和篮球的罚球等。故选 C。

三、动作技能形成的阶段 【选择、填空】★★★

1. 认知定向阶段

在技能学习的开始阶段，个体的注意主要集中在认知问题上，强调对任务的认知，知觉和理解动作的术语、要领、原理或规则，以及做动作时应知觉的线索(包括来自身体内部或外部的线索)，学习与它有关的知识，在头脑中形成这种技能的最一般的、最粗略的表象，这就是技能的认知定向阶段。

在认知定向阶段，练习者的神经过程处于泛化阶段，内抑制过程尚未建立，多余动作较多，动作在空间、时间上都不精确，缺乏一致性，并时常会出现一些大的错误。在这个阶段，练习者主要依靠动作的比较与外部反馈来学习，通过视听信息进行模仿练习，示范与指导对于学习尤为重要。

2. 动作的联结阶段

在通过练习建立一定的感知和表象的基础之后，动作技能的学习进入动作的联结阶段。在此阶段，认知阶段的知识得到了应用，个体已经学会把某些环境线索与完成技能所需的活动联系起来。虽然掌握技能的基本原理和技术仍需提高，但犯错误越来越少，兴奋和抑制过程在空间和时间上更加准确，错误觉察能力逐步形成。个体可以将注意力集中于如何能成功地完成技能，从认知转向运动，并且使它从一次练习到下一次练习更具一致性。这阶段的练习要强调在正确的知觉和积极思维的基础上反复练习，以找到改进动作的方法，合理地使用力量、速度，建立准确的空间方位，最后把动作的各个组成部分联结成一个整体，建立起动作连锁。

在动作技能形成的每个阶段，其特点及教师教学应注意的侧重点各不相同，且容易记忆错误。需要考生理解泛化—分化—巩固—动作自动化的运动技能形成阶段，理解每一阶段中学生所处的状态特点以及教师教学中如何根据每个阶段的状态特点进行有针对性的教学。例如，在泛化阶段学生会出现多余的动作，教师不应过多地强调动作细节。

3. 协调完善阶段

协调完善阶段是技能形成的最后阶段。在这一阶段，技能几乎变成习惯性的自动化操作，人们不再有意识地去思考自己做什么和怎么做，意识对动作的控制作用减小到最低限度。动作的执行完全由程序来控制，受本体感受器调节，动作操作一旦启动，似乎可以自动执行，无须特殊的注意与纠正，并且心理与机体的能耗出现节省化。练习者的动作已在大脑中建立起稳固的动力定型，神经过程的兴奋与抑制更加集中与精确，同时，练习者已经形成较高的错误觉察能力，能够自己发现错误和纠正错误。

真题面对面

[2023 安徽统考,单,1 分]学生初次观看动作示范进行模仿练习,该阶段处于动作技能形成的(　　)

A. 认知定向阶段　　B. 动作的联结阶段

C. 协调完善阶段　　D. 过渡阶段

答案:A。题干中的"学生初次观看动作示范进行模仿练习"和认知定向阶段中"在技能学习的开始阶段""做动作时应知觉的线索"等关键点的表述相符合。故选 A。

知识再拔高

《运动生理学》中运动技能的形成阶段

(1)泛化阶段。该阶段动作表现往往是僵硬和不协调,不该收缩的肌肉收缩,出现多余的动作,而且做动作很费力。在此阶段中,教师应该抓住动作的主要环节和学生在掌握动作中存在的主要问题进行教学,不应过多地强调动作细节。应以正确的示范和简练的讲解帮助学生掌握动作。

《运动生理学》中运动技能的形成阶段

(2)分化阶段。该阶段初步建立了动力定型,但定型尚不巩固,在遇到新异刺激(如有外人参观或比赛等)时,多余动作和错误动作可能重新出现。在此过程中,教师应特别注意错误动作的纠正,让学生体会动作的细节,促进分化抑制进一步发展,使动作日趋准确。

(3)巩固阶段。该阶段建立了巩固的动力定型,在环境条件变化时,动作也不易受破坏,而且某些环节的动作还出现自动化,即不必有意识地去控制就能做出动作。在此过程中,教师应对学生提出进一步要求,并指导学生进行技术理论学习,这样更有利于动力定型的巩固和动作质量的提高,以便促使动作达到自动化程度。

(4)动作自动化阶段。该阶段的特点是可以随意开始和终止,一旦开始,不需要意识的参与就能自动重复进行,并且可以在执行过程中被感觉信息所调节。在此过程中,如果动作发生少许变动,也可能一时未觉察,等到一旦觉察,可能变质的动作已因多次重复而巩固下来。所以,动作达到自动化以后,教师仍应不断检查学生的动作质量,学生仍要不断自我检查,以达到精益求精。

真题面对面

1. [2023 济南历城,填空,2 分]运动技能的形成是由一个简单到复杂的过程,有其建立、形成、巩固、发展的阶段性变化规律。一般来说,可以划分为互相联系的三个阶段,即________阶段、________阶段和巩固与自动化阶段。

答案:泛化;分化

2.[2021 湖南长沙县,单,2 分]在运动技能的(　　)阶段要抓住动作的主要环节,不应该过度强调动作技术的细节。

A. 泛化　　B. 巩固和自动化

C. 分化　　D. 迁移

答案:A。在运动技能的泛化阶段,教师应该抓住动作的主要环节和学生在掌握动作中存在的主要问题进行教学,不应过多地强调动作细节。

四、影响动作技能学习的因素 【选择、论述】★★★

1. 影响动作技能学习的内部因素

影响动作技能学习的因素

(1)经验与成熟度。经验与成熟度直接影响到动作技能学习的绩效,个体的学习能力随着年龄和经验的不断增加而提高。

(2)智力。不同类型的动作技能对智力的要求程度可能是不同的。

(3)个性。一般认为,内向型性格的人往往较适宜从事射击、射箭、中长跑等项目,而外向型的人则多适宜于集体体育活动。

(4)运动能力。运动能力的个体差异,首先体现在身体发育上的差异,突出表现在年龄与性别间的差异,其次是相同年龄与性别个体间的运动能力差异。

真题面对面

[2022 江西统考,论述,15 分]请谈谈在体育教学过程中影响动作技能学习的内部因素是什么。

参考答案:参见上文。

2. 影响动作技能学习的外部因素

(1)指导与示范。“名师出高徒”,说明了指导的重要性。观察和模仿别人的动作对于技能学习是必不可少的,做示范的关键是示范必须展示技能的重要特征,将示范与言语指导结合起来,将更有利于动作技能的学习。人的短时记忆容量有限,并且易受干扰,所以指导必须简明、切中要点,重点突出。

(2)练习。练习是影响动作技能形成的最重要因素。练习是指以掌握一定的动作或活动方式为目标的反复操作过程。任何技能都是通过练习逐渐形成的,所以练习是动作技能获得的主要方法。

(3)反馈。让学习者从他们的动作或动作的结果中及时得到反馈,能够促进动作技能的学习。没有反馈与指导的学习很难形成正确的动作技能。因此,提供信息的反馈是动作技能学习最重要的外部条件之一。反馈对动作技能的获得起着两方面的作用:一是促进作用;二是激励学习者向目标持续努力,即激发动机作用。

真题面对面

[2023 安徽统考,单,1 分]影响动作技能形成的最重要外部因素是(　　)

A. 示范　　B. 指导　　C. 练习　　D. 反馈

答案:C。练习是影响动作技能形成的最重要因素。

五、动作技能的迁移 【选择、判断】 ★★

迁移在心理学上也称学习迁移，是指一种学习对另一种学习的影响，或习得的经验对完成其他活动的影响。

1. 技能迁移

已经形成的动作技能对掌握另一种技能的影响称为技能迁移。技能的迁移有正迁移和负迁移之分。已经形成的技能对新技能的形成产生积极影响，叫技能的正迁移；已经形成的技能对新技能的形成产生消极影响，即妨碍新技能的获得，这种现象称为技能的负迁移，也称为动作技能的干扰。

真题面对面

[2021 浙江杭州，判断，2 分] 动作技能迁移是已掌握的动作技能对学习新的动作技能的影响作用。(　　)

答案：√。已经形成的动作技能对掌握另一种技能的影响称为技能迁移。

2. 影响技能迁移的因素

(1) 个人因素：①学习态度；②学习的目标；③认知结构；④认知技能与策略；⑤心理定势。

(2) 客观因素：①技能间的相似性；②有效的指导与示范。

真题面对面

[2020 山东枣庄山亭区，单，1 分] 影响运动技能迁移的因素是(　　)

A. 个人因素、共同因素　　B. 个人因素、客观因素

C. 个人因素、认知因素　　D. 客观因素、共同因素

答案：B。

第九节　体育教学策略和学习策略

- 体育教学策略和学习策略
  - 体育教学策略
    - 含义：教师在体育教学过程中有计划地指导学生学习，为达成体育教学目标和适应学生体育学习需要所采取的教学程序谋划和措施
    - 制定有效体育教学策略的基本依据
  - 体育学习策略
    - 分类：认知-运动策略，认知-调控策略
    - 自我观察调控、自我评价调控、自我冷化调控、自我暗示调控、自我激励调控、自我目标调控

一、体育教学策略

1. 体育教学策略的含义

体育教学策略是教师在体育教学过程中有计划地指导学生学习，为达成体育教学目标和适应学生体育学习需要所采取的教学程序谋划和措施。

2. 制定有效体育教学策略的基本依据

(1) 体育教学目标是制约体育教学策略制定或选择的决定性因素。

(2)学生的起始状态是制约体育教学策略制定的重要条件。

(3)教师自身特征是制定或选择制约有效体育教学策略的重要条件。

二、体育学习策略 【选择】 ★

1. 体育学习策略的含义

体育学习策略是指学生在特定的体育学习情境中，为了达到特定的体育学习目标而对学习步骤与学习方法所作的优化组合与精巧安排。体育学习策略具有目标指向性、操作实用性和应用灵活性等特点。

2. 体育学习策略的分类

根据体育学习策略在认知－运动信息加工过程中的作用，体育学习策略包括体育学习认知－运动策略和认知－调控策略。

(1)体育学习认知－运动策略

体育学习过程中的认知－运动策略是对运动信息进行有效的识别、理解、保持和提取的策略，主要包括选择性注意策略、练习策略和精加工策略。①选择性注意策略是指将注意指向有关重要的体育学习材料的策略。通过选择性注意，可以对进入大脑的信息进行过滤和筛选，从而保证大脑能有效地对信息进行加工。②练习策略是学生掌握体育知识、形成运动技能、培养体育能力的一种必要的学习方法，是一种身心兼备的活动。③精加工策略是指将新学习的材料和头脑中已有的体育知识、运动技能联系起来的策略，如想象、口述、类比、答疑、做笔记、总结等。它可以促进大脑对信息的理解。精加工对陈述性知识的获得有重要作用。

(2)体育学习认知－调控策略

体育学习认知－调控策略是指学生根据体育学习过程中出现的情况，对体育学习活动进行及时的评价和调整的策略。认知－调控策略可分为任务指向的自我调控和自我指向的自我调控。前者是指对学习任务、材料、方法与策略等任务操作因素进行反馈与控制，也可称为认知－调控策略或元认知策略；后者主要是对兴趣、态度、动机水平、情绪状态等心理操作因素进行反馈与控制。

认知－调控策略对体育学习有以下几方面的作用：①有助于激活与保持良好的注意、情绪与动机状态；②有助于分析学习情境；③有助于执行学习计划；④有助于反思或总结性地评价选用的体育学习计划与方法所达到的效果，以吸取经验与教训，为以后学习做准备。

3. 体育学习策略的教学

(1)激发学生的体育学习兴趣。学习兴趣是学生学习体育学习策略的先导，在学生自觉运用学习策略和进行学习的过程中具有非常重要的作用。

(2)针对学生特点因材施教。不同年龄、不同智能水平、不同性别的学生对体育学习策略的理解和掌握是不同的。

(3)创设情境，鼓励学生积极参与。体育学习策略教学的实质在于体育教师引导和帮助学生掌握与运用学习策略。

(4)强化元认知。元认知在整个过程中具有启动、维持情意系统，分析、监控、调整学习任务与活动，评价体育学习过程的作用。

(5)教给学生自我调控策略。教给学生自我调控策略包括以下几个方面:

①自我观察调控。自我观察调控即通过自我观察对自己进行控制。

②自我评价调控。自我评价就是一种自我调控,是学生的体育意识及其行为的主要调节器,学生不能正确评价自己是自我调控能力弱的一个重要原因。

③自我冷化调控。自我冷化调控即对自己强烈的消极情感进行理智冷静的控制,消除不良情绪。

④自我暗示调控。暗示分为他人暗示与自我暗示。积极的自我暗示就是一种暗示自控。学生在体育学习中注意分散时,自己向自己发出要专心观察、听讲或思考的指令;对某些难度较大的动作胆怯而不敢练,或对自己不感兴趣的学习内容不愿练习时,可在心里对自己说“大胆些”“再坚持一下”等,都是自我暗示调控。

⑤自我激励调控。自我激励是一种积极的自我调控。学生在体育学习中碰到困难、挫折、失败就需要自我激励,如“不要灰心,坚持到底”。要让学生学会自我鼓励,增强信心,克服胆怯自卑心理。

⑥自我目标调控。自我目标调控即让学生在体育学习过程中给自己设立一个适宜的学习目标作为调控自己体育行为的动力。

真题面对面

[2021 安徽统考,单,1 分]学生在做某些难度较大的动作前,对自己说“大胆些,我一定行!”属于( )

A. 自我观察调控　　B. 自我暗示调控

C. 自我评价调控　　D. 自我目标调控

答案:B。学生在对某些难度较大的动作胆怯而不敢练,或对自己不感兴趣的学习内容不愿练习时,在心里对自己说“大胆些”“再坚持一下”等都是自我暗示调控。

考点大默写

1. 某学生由于认识到瑜伽运动能保持良好体型而喜欢上该运动,反映的是__________兴趣。
2. 运动兴趣是指人们积极地认识、探究或参与体育运动的一种__________,是获得体育与健康知识和技能,促进身心健康的重要动力。
3. 一般来说,__________程度的唤醒对运动表现最为有利。
4. __________训练是指利用语言、手势、表情以及其他刺激物,采用间接、含蓄的方法,对训练者的心理状态和行为施加影响的过程。
5. 体育学习过程中的认知 – 运动策略是对运动信息进行有效的识别、理解、保持和提取的策略,主要包括选择性注意策略、练习策略和__________。
6. __________训练是利用全身各部位肌肉的紧张和放松,并辅以深呼吸和表象来调控人们紧张情绪的一种训练方法。

7. ____________是指通过练习而巩固下来的,自动化的、完善的动作活动方式。

8. 会骑自行车,有利于学会骑两轮摩托车,这主要是受到技能的____________迁移。

9. 足球属于____________策略性动作技能的运动项目。

【参考答案】

1. 间接 2. 心理倾向 3. 中等 4. 暗示 5. 精加工策略 6. 渐进放松 7. 动作技能 8. 正 9. 高

即时反思与复盘总结

我于________年____月____日完成了对本章的学习。

复盘一下,我对自己较肯定的地方是________________________

(足够努力/心态积极/方法得当……)

我觉得自己需要改进的地方是____________________________

(懒惰懈怠/心情浮躁/方法不当……)

休息片刻,开启下一站征程!

第三章 运动解剖学

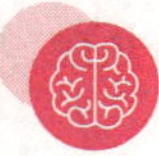

思维导图

- 运动解剖学
  - 运动解剖学概述
    - 人体解剖学姿势及常用方位术语
    - 人体的基本切面与基本轴（易混点）
    - 人体结构的基本组成
  - 运动系统（重点）
    - 骨的概述
    - 各部位骨的形态特征
    - 骨连结
    - 骨骼肌
  - 消化系统
    - 消化系统的组成与功能
    - 体育运动对消化系统的影响
  - 呼吸系统
    - 呼吸系统的组成
    - 体育运动对呼吸系统的影响
  - 泌尿系统
    - 泌尿系统的组成与功能
    - 体育运动对泌尿系统的影响
  - 脉管系统
    - 心血管系统
    - 淋巴系统
  - 神经系统
    - 神经系统的基本组织与基本活动方式
    - 神经系统的组成
    - 体育运动对神经系统的影响
  - 内分泌系统
    - 内分泌系统的构成及功能
    - 人体主要的内分泌腺和内分泌组织
  - 感觉器官
    - 视器
    - 前庭蜗器
    - 本体感受器

考向分析

本章属于学科专业基础知识中的重要章节，也是体育教师招聘考试考查的重要章节，内容比较琐碎，需要理解的知识较多。现对本章考向分析如下：

高频考点	考点细化	常考题型	能力要求	考查热度
人体解剖学姿势及常用方位术语	人体标准解剖学姿势；尺侧和桡侧；胫侧和腓侧	选择、判断	识记	★★
人体结构的基本组成	细胞与细胞间质；人体四大基本组织	判断、简答	识记	★★
骨的概述	骨的分类；骨的结构；骨的化学成分和物理特性；骨的发生及骨的生长；儿童少年骨的特性及运动中的注意事项	选择、判断	理解	★★★
各部位骨的形态特征	上肢骨、下肢骨、躯干骨、颅骨	选择	识记	★★★
骨连结	关节的结构；胸锁关节、膝关节等主要关节；关节运动幅度及其影响因素	选择、填空、简答	理解	★★★
骨骼肌	肌肉的工作性质；影响骨骼肌力量大小的解剖学因素；三角肌、股四头肌、缝匠肌、膈肌等主要的骨骼肌	选择、判断、填空、简答	理解	★★★
消化系统的组成与功能	消化管和消化腺	选择、判断	识记	★★
呼吸系统的组成	呼吸道和肺	选择、填空	识记	★★

核心考点

第一节　运动解剖学概述

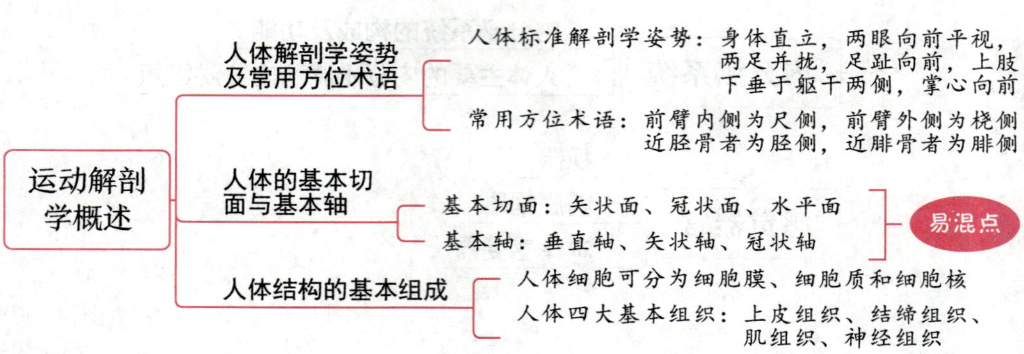

- 运动解剖学概述
  - 人体解剖学姿势及常用方位术语
    - 人体标准解剖学姿势：身体直立，两眼向前平视，两足并拢，足趾向前，上肢下垂于躯干两侧，掌心向前
    - 常用方位术语：前臂内侧为尺侧，前臂外侧为桡侧；近胫骨者为胫侧，近腓骨者为腓侧
  - 人体的基本切面与基本轴（易混点）
    - 基本切面：矢状面、冠状面、水平面
    - 基本轴：垂直轴、矢状轴、冠状轴
  - 人体结构的基本组成
    - 人体细胞可分为细胞膜、细胞质和细胞核
    - 人体四大基本组织：上皮组织、结缔组织、肌组织、神经组织

运动解剖学是人体解剖学的一个分支，它是在人体解剖学基础上研究运动对人体形态结构和生长发育的影响，探索人体机械运动规律及其与体育运动技术关系的一门学科。

运动解剖学隶属运动人体科学，是一门形态学科，也是一门重要的专业基础课程和先导课程。

一、人体解剖学姿势及常用方位术语 【选择、判断】★★

1. 人体标准解剖学姿势

人体的标准解剖学姿势是身体直立，两眼向前平视，两足并拢，足趾向前，上肢下垂于躯干两侧，掌心向前。

真题面对面

[2020 安徽特岗，判断，1 分] 人体的标准解剖姿势是身体直立，两眼向前平视，两足并拢，足趾向前，上肢下垂于躯干两侧，掌心向内。（　　）

答案：×。人体的标准解剖学姿势是身体直立，两眼向前平视，两足并拢，足趾向前，上肢下垂于躯干两侧，掌心向前。

2. 常用方位术语

(1) 上和下：是描述器官或结构离颅顶或足底的相对远近关系的术语，近颅者为上，近足者为下。如眉位于眼之上，而口位于鼻之下。

(2) 前和后：是指离身体腹侧面、背侧面的相对远近的名词。如胫前动脉和胫后动脉，就二者而言，胫前动脉靠近身体腹侧面称为前动脉，而胫后动脉靠近人体背侧面称为后动脉。

(3) 内和外：是描述人体某结构在空腔器官相互位置关系的术语，近内腔者为内，远离内腔者为外，如腹内斜肌和腹外斜肌。

(4) 内侧和外侧：是描述人体某结构离人体正中矢状面相对远近的术语，如眼位于鼻的外侧，又位于耳的内侧。

(5) 近侧和远侧：指肢体靠近躯干的部分，称为近侧（或近端）；远离躯干的部分，称为远侧（或远端）。如肱骨头是位于肱骨的近侧（或近端），肱骨滑车是位于肱骨的远侧（或远端）。

(6) 尺侧和桡侧：是特指前臂的位置关系，前臂的内侧，即近尺骨者为尺侧；前臂的外侧，即近桡骨者为桡侧。

(7) 胫侧和腓侧：是特指小腿的位置关系，如近胫骨者为胫侧，近腓骨者为腓侧。

(8) 浅和深：是描述与皮肤表面相对距离远近关系的术语，离皮肤近者为浅，离皮肤远者为深，如指浅屈肌与指深屈肌。

真题面对面

[2020 湖南长沙县，单，1 分] 在人体运动解剖学的基本术语中，前臂外侧称为（　　）

A. 桡侧　　B. 尺侧　　C. 腓侧　　D. 胫侧

答案：A。小腿内侧称胫侧，故排除 D 项。小腿外侧称腓侧，故排除 C 项。前臂内侧称尺侧，故排除 B 项。前臂外侧称桡侧，故选 A。

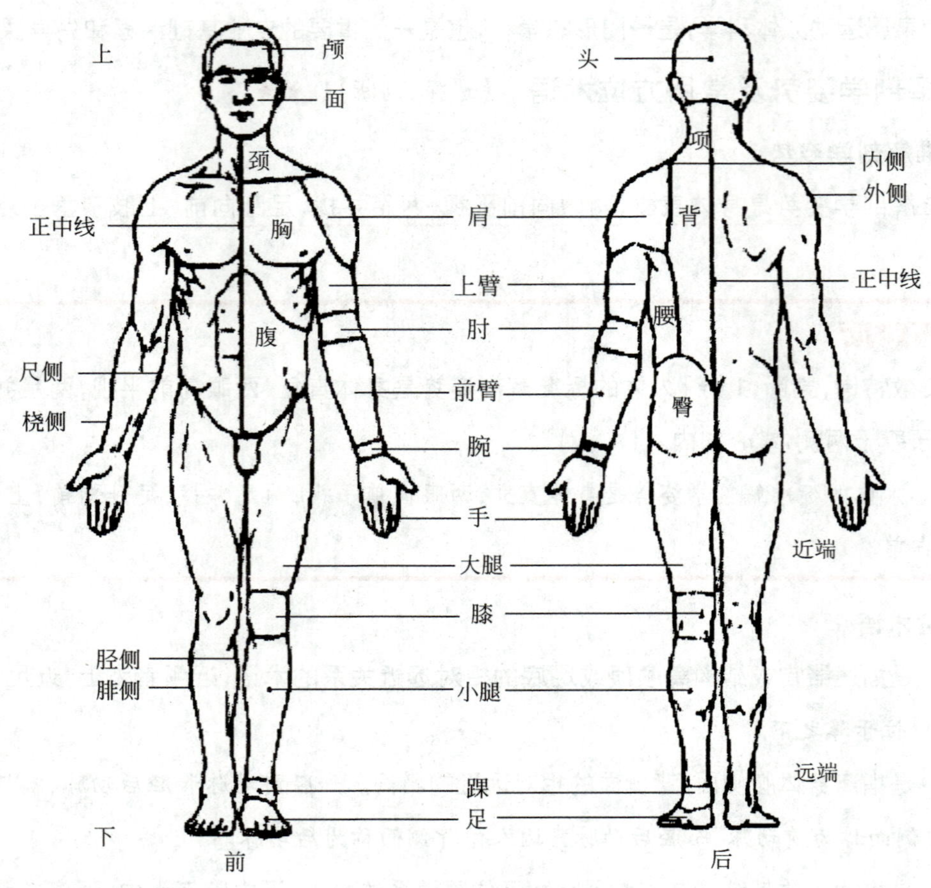

人体解剖学方位术语图示

二、人体的基本面与基本轴 【选择】★

1. 人体的基本切面

人体基本切面与基本轴

人体有三个互相垂直的基本切面或基本面，分别为矢状面、冠状面、水平面。

矢状面：指沿前后方向，将人体纵切为**左右两部分**的切面。沿正中线把人体分为左右对称的两部分的切面称正中矢状面，简称正中面。

冠状面（或称额状面）：指沿左右方向，将人体纵切为**前后两部分**的切面。

水平面：指与地面平行，将人体横切为上下两部分的切面，也称横切面。

2. 人体的基本轴

运动解剖学规定人体有三个互相垂直的基本轴，描述人体或环节运动时一般都以绕这三个轴进行转动。

垂直轴：呈上下方向，并与水平面相垂直的轴，如肱骨在肩关节可绕垂直轴作旋内或旋外运动。

矢状轴：呈前后方向，并与垂直轴呈直角交叉的轴，如肱骨在肩关节可绕矢状轴作外展或内收运动。

冠状轴（或称额状轴）：呈左右方向，并与前二轴相互垂直的轴，如肱骨在肩关节可绕冠状轴作屈或伸运动。

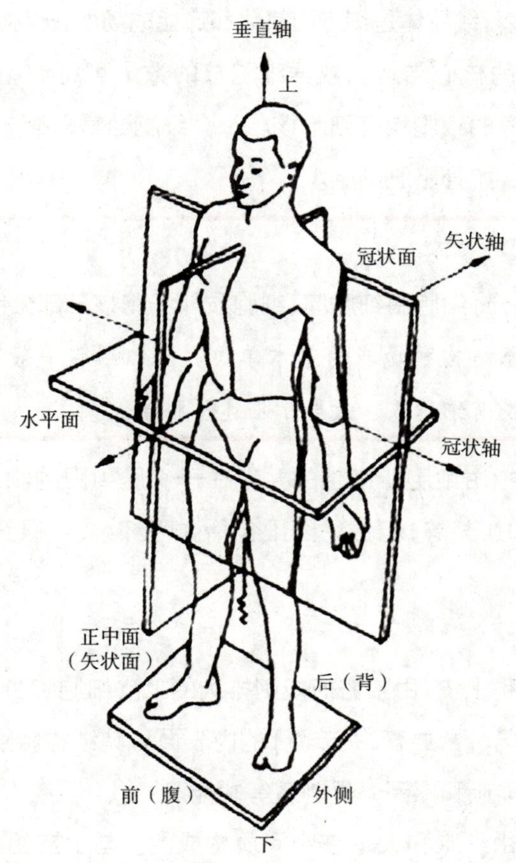

人体的基本面和基本轴

真题面对面

[2022 安徽统考，单，1 分]依据运动解剖学方位术语，前滚翻主要围绕的人体基本轴是(　　)

A. 冠状轴　　B. 矢状轴　　C. 垂直轴　　D. 水平轴

答案：A。冠状轴：呈左右方向并与垂直轴、矢状轴相互垂直的轴，如肱骨在肩关节要绕冠状轴做屈或伸运动。所以，前滚翻主要围绕的人体基本轴是冠状轴。

三、人体结构的基本组成 【判断、简答】 ★★

1. 细胞与细胞间质

细胞是人体形态结构和功能的基本单位。人体细胞可分为三个部分：细胞膜、细胞质和细胞核。

(1)细胞膜。细胞膜是指包围在细胞外的薄膜，是一层脂类双分子层膜，主要由脂类和蛋白质组成，并含有少量的糖类。不仅有保护细胞完整性的功能，还有控制细胞内外物质的进出、感受周围环境的变化并产生应答反应的功能。

(2)细胞质。细胞质是细胞新陈代谢的中心，主要由水、蛋白质、核糖核酸、酶、电解质等组成。细胞质中还悬浮有各种细胞器，其中主要的细胞器有线粒体、内质网、核糖体、溶酶体、高尔基复合体、中心体等。线粒体是细胞质中的细胞器，由双层膜构成。线粒体的主要功能是氧化分解各种能源物质，合成三磷酸腺苷(ATP)，供给细胞生命活动所需的能量。所以,线粒体是细胞内氧化和产能的场所,被称为细胞的"供能站""动力工厂"。

(3)**细胞核**。细胞核是细胞的核心结构。依据细胞核的数量可将细胞分为无核、单核、双核和多核细胞。人体除成熟的红细胞外,所有的细胞均有细胞核。每个细胞通常只有一个细胞核(单核),但也有双核,甚至有多达100个以上的细胞核,如骨骼肌细胞。

真题面对面

[2021 贵州特岗,判断,1 分]细胞由细胞膜、细胞质和细胞核三部分组成。(　　)

答案:×。细胞是人体形态结构和功能的基本单位。人体细胞一般可分为细胞膜、细胞质和细胞核三个部分,但成熟的红细胞没有细胞核。故题干描述不科学。

(4)**细胞间质**。细胞间质是指由细胞所产生的并存在于细胞周围的物质,也叫细胞外基质,由纤维、基质和流体物质(组织液、淋巴液和血浆等)组成。纤维包括弹性纤维、胶原纤维和网状纤维。基质包含复合性糖类、水分和一些代谢产物等。

2. 人体四大基本组织

(1)**上皮组织**。上皮组织简称上皮,由紧密而规则排列的上皮细胞和少量细胞间质构成,大部分覆盖在身体表面或体内管腔和囊腔(如肠、胃、血管、关节囊)的内表面。其结构特点是细胞排列紧密,细胞间质少。上皮组织具有保护、分泌、吸收、排泄和感受外界刺激等功能。

(2)**结缔组织**。结缔组织是由细胞和大量细胞间质构成的。与上皮组织相比,其结构特点是细胞成分少,间质成分多,细胞没有极性,分布广泛,结构和功能多样。结缔组织具有连接、支持、防御、营养、修复、运输和保护等多种功能。结缔组织按其形态结构和功能的不同,可分为疏松结缔组织、致密结缔组织、脂肪组织、网状组织、软骨组织、骨组织、血液和淋巴。其中,致密结缔组织按纤维性质和排列方式,可分为规则致密结缔组织和不规则致密结缔组织两种,构成肌腱和韧带的主要组织是规则致密结缔组织,而不规则致密结缔组织主要分布于皮肤的真皮和某些器官的被膜等处。透明软骨属于软骨组织,透明软骨含少量胶原纤维,基质较多,新鲜时呈半透明状,较脆,易折断,其修复能力较差。

(3)**肌组织**。肌组织是由有收缩能力的肌细胞组成的,肌细胞之间有少量的结缔组织、血管和神经纤维等。肌细胞呈细长的纤维状,又称肌纤维。其主要功能是收缩与舒张,以完成所在器官的各种运动。根据结构与功能的特点,肌组织可分为骨骼肌、心肌和平滑肌三种类型。

(4)**神经组织**。神经组织由神经细胞和神经胶质细胞组成。神经组织遍布全身各个器官组织,调节机体各系统的活动,以适应内外环境的变化。神经细胞又称神经元,是神经组织结构和功能的基本单位,具有接受刺激、产生兴奋和传导冲动的功能。神经胶质细胞无传导冲动的能力,对神经元有支持、修复和营养等作用。

真题面对面

[2021 贵州特岗,简答,4 分]请简答人体的基本组织。

参考答案:参见上文。

第二节　运动系统

- 运动系统
  - 骨的概述
    - 骨的分类：根据其存在部位，分为中轴骨和附肢骨；按骨的形态，分为长骨、短骨、扁骨和不规则骨
    - 骨的结构：由骨膜、骨质、骨髓以及血管、神经等组成
    - 骨的化学成分和物理特性
    - 骨的发生：膜内成骨和软骨内成骨（重点）
    - 骨的生长：长粗是以膜内成骨方式为主；长长是以软骨内成骨方式为主（重点）
    - 影响骨生长的因素：种族和遗传、激素、营养、机械因素等（重点）
    - 骨的功能：支架、保护、杠杆、造血、储存功能
    - 体育运动对骨形态结构的影响
    - 儿童少年骨的特性及运动中的注意事项（重点）
  - 各部位骨的形态特征
    - 上肢骨、下肢骨、躯干骨、颅骨
  - 骨连结（易混点）
    - 关节的主要结构：关节面、关节囊和关节腔
    - 关节的辅助结构：韧带、关节唇、关节内软骨、滑膜囊和滑膜襞等
    - 关节的运动：屈与伸，外展与内收，旋内与旋外，水平屈与水平伸，环转
    - 关节的分类：单轴关节、双轴关节、多轴关节等不同分类
    - 主要关节：胸锁关节、肩关节、肘关节、手关节、髋关节、膝关节、踝关节
    - 影响关节运动幅度的因素：①关节面面积大小的差别；②关节囊的厚薄和松紧度；③关节韧带的多少与强弱；④关节周围骨骼肌的伸展性和弹性；⑤关节周围的骨结构；⑥其他因素
    - 体育运动对关节形态结构的影响
  - 骨骼肌（重点）
    - 骨骼肌的结构及分类
    - 肌肉的协作关系：原动肌、对抗肌、固定肌、中和肌等
    - 肌肉工作的性质：动力性工作和静力性工作
    - 影响骨骼肌力量大小的解剖学因素：骨骼肌的生理横断面、骨骼肌的初长度等
    - 主要的骨骼肌：上肢肌、下直肌、躯干肌、头颈肌
    - 常见体育运动动作对骨骼肌的促进
    - 体育锻炼对骨骼肌的影响

运动系统由骨、骨连结和骨骼肌组成，无论是简单的手足动作，还是复杂的全身动作，都是以骨为杠杆、关节为枢纽、骨骼肌收缩为动力来实现的。三者互相制约、互相依存、缺一不可。

真题面对面

[2021 山西特岗，填空，2 分] 运动系统由骨、________和________三部分组成。

答案：骨连结；骨骼肌

一、骨的概述 【选择、判断】★★★

考点1 骨的分类

骨的分类

1. 按骨的部位分类

成年人全身共有206块骨。按其所存在部位可分为中轴骨和附肢骨两部分。中轴骨包括颅骨和躯干骨，共有80块，其中躯干骨51块，颅骨29块。附肢骨包括上肢骨和下肢骨，共有126块，其中上肢骨64块，下肢骨62块。

2. 按骨的形态分类

全身骨按形态可以分为**长骨**、**短骨**、**扁骨**和**不规则骨**四类。

(1)长骨：呈长管状，可分为两端膨大的骨骺和中央的骨体(或称骨干)。骨骺表面较光滑，称为关节面，可与相邻骨的关节面构成关节，并具有分散压力的作用。骨体内有一管状空腔称骨髓腔，骨骺与骨体相连的部分称干骺端。长骨主要分布于上肢骨和下肢骨，在运动中主要起杠杆作用。

(2)短骨：形似立方体且成群分布，主要分布于手腕部和足踝部，具有使手和足灵活运动以及分散压力等作用。

(3)扁骨：呈板状，面积较大，薄而坚固，主要分布于颅骨、胸骨等处，参与形成体腔，具有保护脏器和为骨骼肌提供附着点等作用。

(4)不规则骨：形状不规则，如椎骨。有些不规则骨内含有空腔，称为含气骨，如上颌骨。

此外，包裹在肌腱内，由肌腱钙化而成的扁圆小骨，称为籽骨，如髌骨。籽骨的主要作用是保护肌腱、改变骨骼肌牵引方向和增大力臂。

真题面对面

[2020江西统考，单，1分]运动系统中骨的分类，按形态分类分为(   )四类。

A. 长骨、短骨、肱骨和不规则骨
B. 长骨、肱骨、扁骨和不规则骨
C. 长骨、短骨、扁骨和不规则骨
D. 长骨、短骨、扁骨和股骨

答案：C。

考点2 骨的结构

骨的结构

活体骨由骨膜、骨质、骨髓以及血管、神经等组成。

(1)骨膜包括骨外膜和骨内膜，骨外膜与骨的生长发育和修复、骨的营养和感觉功能有关；骨内膜具有造骨和破骨等功能。

(2)骨质由骨组织构成，根据其结构、分布和功能不同，可分为**骨松质**和**骨密质**。①骨松质主要分布于长骨的两端，由许多针状或片状的骨小梁交织而成。②骨密质主要分布于长骨的骨干，由紧密且规则排列的骨板构成，具有较强的抗压力和抗扭转能力。

(3)骨髓存在于骨髓腔和骨松质网眼内。骨髓分为红骨髓和黄骨髓。红骨髓具有造血功能。当大量失血或贫血时，黄骨髓又部分地转化为红骨髓而具有造血功能。

真题面对面

[2022 江西统考,单,1.5 分]骨质由骨组织构成,根据其结构、分布和功能不同,分为(　　)

A. 骨松质和骨基质　　B. 骨松质和骨密质

C. 骨基质和骨密度　　D. 骨基质和骨密质

答案:B。

考点3　骨的化学成分和物理特性

1. 骨的化学成分

骨是由无机物和有机物构成。成年人干骨(脱水骨)中的有机物约占总重量的30%～40%,主要为骨胶原纤维和黏多糖蛋白。无机物约占干骨总重量的60%～70%,主要是磷酸钙和碳酸钙等。

2. 骨的物理特性

骨的物理特性由无机物和有机物的比例关系所决定。无机物使骨具有很强的硬度,有机物则使骨具有很强的韧性。两者结合则使得骨既较坚硬,又有较好的韧性,可承受很大的压力。

儿童少年的骨中有机物多,可达1/2,使骨的弹性较大,但硬度不足,所以儿童骨的可塑性较大,但易发生畸形。随着年龄的增大,骨中有机物与无机物的比例会随之改变。成年人骨中的有机物约占1/3、无机物约占2/3。老年人骨中的无机物更多,虽骨的硬度增加,但骨的弹性下降、脆性变大,易发生骨折。

真题面对面

1. [2023 安徽统考,判断,1 分]随年龄增长,骨的有机成分比例加大,骨质变得坚硬。(　　)

答案:×。儿童少年的骨中有机物多,可达1/2,成年人骨中的有机物约占1/3,所以,随年龄增长,骨的有机成分比例减少,骨质变得坚硬。

2. [2022 江西统考,单,1.5 分]根据骨的特性,成人骨中有机物约占________,无机物机约占________。选(　　)

A. 1/2;2/3　　B. 2/3;1/3　　C. 2/3;1/2　　D. 1/3;2/3

答案:D。

考点4　骨的发生及骨的生长

1. 骨的发生

骨的发生方式有膜内成骨和软骨内成骨两种。在结缔组织膜的基础上经过骨化而成的骨为膜内成骨,如颅顶骨等。在软骨的基础上经过骨化而成的骨则为软骨内成骨。

2. 骨的生长

骨的生长包括长长和长粗两个过程,且二者同时进行。骨的长粗是以膜内成骨方式为主,骨的长长是以软骨内成骨方式为主。在

骨的分类标准以及常见骨的类型,骨的化学成分与物理性质的关系,骨的发生和骨的生长及影响因素,常见的关节和功能,这些需要熟记,考试常以选择题、简答题等形式出现。

儿童少年时期，长骨骺与骨干之间存在骺软骨，骺软骨不断增生和骨化促使骨不断生长。

3. 影响骨生长的因素

(1)种族和遗传：是影响骨生长最重要的内在因素。骨的基本形态是由遗传基因决定的，然而其形态结构的细节，则在整个生长发育过程中受内、外环境因素的影响不断发生变化。

(2)激素：内分泌对骨的生长发育有很大作用。若生长激素分泌不足可导致骺软骨生长缓慢，肢体短小，形成侏儒症；若分泌过多，则可促使骨过快过度生长，可形成巨人症。当甲状腺素分泌不足时，骨发育障碍，身体矮小，而且智力低下，形成呆小症。若性腺过早发育，可使骨生长加速，骨骺与骨干提前愈合，骨即不再增长。

(3)营养：除保障足够的热量外，蛋白质和维生素A、C、D对骨的生长也有重要作用。蛋白质是骨中有机成分的基础，必须满足需要。维生素A能调节成骨细胞和破骨细胞的作用，以保持骨的正常生长。缺乏维生素C时，骨的生长停滞，骨折不易愈合。维生素D能促进肠对钙和磷的吸收，缺乏时，体内钙、磷减少，影响骨的钙化，在儿童期可造成佝偻病，在成年时则可导致骨质疏松。

真题面对面

[2021 安徽统考，单，1分]下列可以预防佝偻病的维生素是(　　)

A. 维生素A　　B. 维生素B

C. 维生素C　　D. 维生素D

答案：D。维生素D能促进肠对钙和磷的吸收，缺乏维生素D时，体内钙、磷减少，影响骨的钙化，在儿童期可造成佝偻病，在成年时则可导致骨质疏松。故选D。

(4)机械因素：当骨的力学环境发生某些变化后，原有骨的形态结构和矿物质含量已不能适应这个新的环境，因而引起了骨代谢改变和骨量的重新分布等系列变化，最终改建骨的结构使其重新适应新的力学环境。

(5)生物活性物质：骨组织、软骨组织或其他组织中存在一些局部调节因子，它们对骨或软骨的形成和吸收起着重要的调节作用。

考点5　骨的功能

骨的功能

(1)支架作用：骨与骨相连结，构成人体的支架，支持人体的软组织，承担全身的重量。

(2)保护作用：骨骼构成颅腔、胸腔、腹腔和盆腔的框架，对脑、心脏、大血管以及消化、呼吸、泌尿、生殖等器官起着重要的保护作用。

(3)杠杆作用：骨为骨骼肌提供附着面，同时成为人体各种机械运动的杠杆。

(4)造血作用：骨髓腔中的红骨髓有造血功能。

(5)储存钙磷：骨中富含钙、磷离子，是人体的钙磷储备仓库。

考点6　体育运动对骨形态结构的影响

人体长期坚持适度的体育锻炼，可使骨密质增厚，骨径变粗，骨面肌肉附着处突起明显，骨小梁的排列更加有规律，骨小梁增粗。体育锻炼使骨的血液循环加强，改善了骨的营养，骨的新陈代谢也随之加强。所以，在形态结构方面发生良好的变化，使骨变得更加粗壮坚固，在抗压、抗弯曲和抗扭转方面的性能均有提高。但是，如果停止运动，骨质就会退化。人到老年，由于运动不足，容易发生骨质疏松，易骨折。

考点7　儿童少年骨的特性及运动中的注意事项

1. 儿童少年骨的特性

儿童少年软骨成分较多，水分和有机物质较多；无机物较少，骨密质较差，骨有弹性而坚固不足，不易完全骨折而易发生弯曲和变形。随着年龄增长，骨的无机盐增多、水分减少、稳固性增强而韧性减弱，直到骨化完成后，骨不再生长，身高也不再增长，但骨的内部构造仍在变化。

2. 体育运动中的注意事项

体育运动中，儿童少年应注意：(1)体育运动要根据儿童少年的年龄和性别特点，进行合理的组织和安排，以促进儿童少年身体和智力的健康发育。(2)儿童少年进行运动训练持续的时间不宜过长，超负荷训练容易引起骨骼的过早骨化，故儿童少年的运动量要适当，不应超过身体的负担能力。(3)不应过早地让儿童少年进行专项训练。如果进行早期专项训练，则要通过合理的选材，在严格的医务监督下进行；不应过早或过急地要求儿童少年取得好成绩，也不应让儿童少年过多地参加正式比赛。(4)在进行力量练习时，应注意负荷不宜过重，并应尽可能减少憋气动作，以及长时间的静力性练习，避免胸内压过高而导致心肌过早增厚，从而影响心腔的发育；由于儿童少年时期的肌纤维比较细，力量比较差，加上神经细胞的工作能力比较差，因此，对静力性工作的适应能力比较弱。据此特点，在体育教学和业余训练中，最好是以动力性练习为主，适当安排一些静力性练习。儿童少年屈肌力量较伸肌力量强，因而要加强伸肌的发展，以保持伸肌与屈肌间的平衡，防止驼背的发生。(5)儿童少年参加运动锻炼，应保证充足的休息和睡眠，并要有足够的营养和能量。(6)儿童少年体育运动使用运动器械的大小、重量要符合其身体发育特点。(7)儿童少年的训练要和卫生教育结合起来。(8)注意观察儿童少年锻炼后的身体反应，并询问儿童少年锻炼后的自我感受，以锻炼后精神状态良好，没有疲劳积累，没有不良感觉(头晕恶心、食欲下降、睡眠不好等)为宜。

真题面对面

[2021 安徽统考，单，1 分] 适宜儿童少年力量训练的手段是(　　)

A. 憋气练习　　B. 负重练习

C. 动力性练习　　D. 静力性练习

答案：C。儿童少年在进行力量练习时，应注意负荷不宜过重，并应尽可能减少憋气动作，以及长时间的静力性练习。故排除 A、B、D 三项，答案选 C。

二、各部位骨的形态特征　【选择】★★★

1. 上肢骨

上肢骨可以分为上肢带骨和自由上肢骨两部分。

(1)上肢带骨包括锁骨和肩胛骨。

①锁骨位于胸廓上方前面的皮下，呈“S”字形。锁骨分内外两端、上下两面。内端膨大称为胸骨端，外

端扁平称为肩峰端。上面光滑,下面粗糙。

②肩胛骨位于背部的外上方,第 2 ~ 第 7 肋骨之间,为倒置三角形扁骨,底部向上方,尖部向下方,可分为三个角、三个缘和两个面。

(2)自由上肢骨包括上臂骨、前臂骨及手骨三部分。上臂骨只有一块肱骨;前臂骨包括尺骨和桡骨;手骨分为腕骨、掌骨和指骨。

①**肱骨**即上臂骨,是典型长骨,分为一体两端。上端有一半球形的关节面称肱骨头,与肩胛骨的关节盂相关节。下端的肱骨滑车与尺骨相关节,下端的肱骨小头与桡骨相关节。

②**尺骨**位于前臂内侧,属于长骨,分为一体两端。上端的滑车切迹与肱骨滑车相关节。下端的环状关节面与桡骨的尺切迹相关节。

③**桡骨**位于前臂外侧,属长骨,分为一体两端。上端的桡骨环状关节面与尺骨的桡切迹相关节。下端粗大,下面有一关节面称为腕关节面,与腕骨相关节。

④**腕骨**位于手腕部,由 8 块短骨组成,排成近、远两列,每列 4 块。

⑤**掌骨**共 5 块,位于腕骨与指骨之间,属长骨,由桡侧向尺侧依次称为第 1 ~ 第 5 掌骨。

⑥**指骨**属长骨,共 14 块,其中除拇指只有 2 节指骨外,其他各指均为 3 节指骨,即近节、中节和远节指骨。

真题面对面

[2022 江西统考,单,1.5 分]人体的手骨分为(　　)

A. 桡骨、掌骨和指骨　　B. 腕骨、掌骨和桡骨

C. 腕骨、桡骨和指骨　　D. 腕骨、掌骨和指骨

答案:D。

2. 下肢骨

下肢骨分为下肢带骨和自由下肢骨。下肢带骨即髋骨,自由下肢骨包括股骨、髌骨、胫骨、腓骨和足骨。

①髋骨属于不规则骨,位于躯干下端的两侧,构成骨盆侧壁。髋骨的髋臼与股骨头相关节。

②股骨是人体中**最长的长骨**,分为一体两端。上端有一球形的股骨头,向内上方突起,与髋臼相关节。

③髌骨为人体最大的籽骨,位于股骨下端前面,在股四头肌肌腱内。底朝上,尖向下,后面有光滑的关节面,与股骨髌面相关节。

④胫骨为粗大的长骨,位于小腿内侧,分为一体两端,是小腿的主要负重骨。上端的内侧髁和外侧髁之间有髁间隆起,两髁上面各有光滑的关节面,与股骨内、外侧髁相关节。下端的内踝外侧的关节面称为内踝关节面,与距骨相关节。下端下面有一关节面称下关节面,与距骨相关节。

⑤腓骨细长呈管状,分为一体两端。上端的腓骨头关节面与胫骨相关节,下端的外踝关节面与距骨相关节。

⑥足骨由跗骨、跖骨和趾骨构成。

真题面对面

[2019 福建统考,单,2 分]人体中最长的与髋臼相关节的长骨是(　　)

A. 股骨　　B. 肱骨　　C. 桡骨　　D. 胫骨

答案:A。股骨是人体中最长的长骨。

3. 躯干骨

躯干骨由椎骨、肋骨和胸骨组成。躯干骨借其连结构成脊柱和胸廓。

(1)椎骨包括 7 块颈椎、12 块胸椎、5 块腰椎、5 块骶椎(结合成 1 块骶骨)和 3～5 块尾椎(结合成 1 块尾骨)。

(2)胸骨为扁骨,上宽下窄,位于胸廓前正中部,可分为胸骨柄、胸骨体、剑突三部分。

(3)肋由肋骨和肋软骨组成,共 12 对。

真题面对面

[2022 江西统考,单,1.5 分]躯干骨是构成中轴骨的重要组成部分,由(　　)组成。

A. 椎骨、肋骨和腓骨　　B. 椎骨、腓骨和胸骨

C. 椎骨、肋骨和胸骨　　D. 椎骨、肋骨和髋骨

答案:C。躯干骨由椎骨、肋骨和胸骨组成。

4. 颅骨

颅骨位于脊柱的上方,与颈椎相连,由 23 块大小不等、形态各异的不规则骨或扁骨构成(3 对听小骨未计算在内)。颅骨可分为脑颅骨和面颅骨两部分。

(1)脑颅骨包括不成对的 1 块额骨、1 块枕骨、1 块筛骨、1 块蝶骨和成对的 2 块顶骨、2 块颞骨,共 8 块。

(2)面颅骨包括不成对的 1 块下颌骨、1 块犁骨、1 块舌骨和成对的 2 块上颌骨、2 块颧骨、2 块鼻骨、2 块泪骨、2 块腭骨和 2 块下鼻甲骨,共 15 块,构成面部骨架。

三、骨连结 【选择、填空、简答】 ★★★

骨与骨之间借结缔组织形成的连结称为骨连结。根据连结组织和活动情况,骨连结可分为有腔隙骨连结和无腔隙骨连结。

考点1　关节的结构

1. 关节的主要结构

关节的主要结构有关节面、关节囊和关节腔,即关节的三要素。

(1)关节面是构成关节的各相关骨的接触面。每一关节至少包括两个关节面,一般为一凹一凸,凹的称关节窝,凸的称关节头。关节面上均覆盖一层软骨,称为关节面软骨。关节面软骨大多数为透明软骨,少数为纤维软骨。关节面软骨具有减少摩擦、减轻冲击、吸收震荡和保护关节面等作用。

(2)关节囊是连结在关节面周缘及其附近骨面上的膜性结缔组织囊。关节囊可分为内、外两层,外层为纤维层,内层为滑膜层。滑膜层能产生滑液,增加润滑,是关节软骨、半月板等新陈代谢的重要媒介。

(3)关节腔是由关节囊和关节面软骨围成的密闭腔隙。关节腔内有少量滑液，可减少关节面之间的摩擦。关节腔内呈负压状态，对维持关节的稳定起一定的作用。

真题面对面

1.［2021 贵州特岗，单，1 分］下列不是关节基本结构的是（　　）

A. 关节面　　B. 关节囊　　C. 关节腔　　D. 关节内软骨

答案：D。关节的基本结构有关节面、关节囊和关节腔，即关节的三要素。关节内软骨不是关节的基本结构。

2.［2020 江西统考，单，1 分］骨连结根据连结组织和活动情况，可分为（　　）

A. 有腔隙骨连结和有纤维骨连结　　B. 无腔隙骨连结和无纤维骨连结

C. 有纤维骨连结和无纤维骨连结　　D. 有腔隙骨连结和无腔隙骨连结

答案：D。

2. 关节的辅助结构

关节的辅助结构包括韧带、关节唇、关节内软骨、滑膜囊和滑膜襞等。

(1)韧带：由致密结缔组织构成，分为囊韧带、囊外韧带和囊内韧带三种。韧带具有连结、加固关节和限制关节过度运动等作用。

(2)关节唇：是附着在关节窝周缘的纤维软骨环，有加大、加深关节窝的作用，如肩关节和髋关节都有关节唇。

(3)关节内软骨：由纤维软骨构成，位于关节腔内，有关节盘和半月板两种，起缓冲和保护作用。

(4)滑膜囊：是关节囊滑膜层向关节囊外突出需要形成的囊状结构，位于肌腱与骨之间，有减少运动时肌腱与骨面之间摩擦的作用。

(5)滑膜襞：是关节囊滑膜层突向关节腔内的皱襞。有填充过大的关节腔、增加关节的稳固性等作用。

考点2　关节的运动

(1)屈与伸：一般来说，骨在矢状面内绕关节冠状轴向前运动称为屈，如上臂屈、大腿屈等；向后运动称为伸，如上臂伸、大腿伸等。但也有个例，骨在矢状面内绕冠状轴向前运动为伸，如小腿伸、足伸（足背屈）；向后运动为屈，如小腿屈、足跖屈。

(2)外展与内收：骨在冠状面内绕关节矢状轴，做远离身体正中面的运动称为外展，如上臂外展、大腿外展；靠近身体正中面的运动称为内收，如上臂内收、大腿内收。

(3)旋内与旋外：骨在水平面内绕关节垂直轴或自身的长轴，由前向内侧旋转称为旋内（或旋前），如上臂旋内、大腿旋内；由前向外侧旋转称为旋外（或旋后），如上臂旋外、大腿旋外。

(4)水平屈与水平伸：上臂或大腿外展 90°后，在水平面内绕垂直轴向前运动称为水平屈，如上臂水平屈；向后运动为水平伸，如上臂水平伸。

(5)环转：骨以近侧端为支点，绕冠状轴、矢状轴以及它们之间的中间轴进行连续的圆周运动称为环转，如上臂环转。凡是具有冠状轴和矢状轴的关节均可作环转运动。

考点3 关节的分类

关节可按关节面的形状、关节运动轴的数目、构成关节的骨数以及关节的运动方式进行分类。

关节的分类

分类依据	种类	定义
关节面的形状	球窝关节	关节头呈球状，且较大；关节窝为与之相适应的窝状结构，且较浅，如肩关节、指关节
	平面关节	关节面接近平面，只能做微小的运动，如腕骨间关节
	椭圆关节	关节头和关节窝都呈椭圆形，如腕关节
	鞍状关节	两个关节面均呈鞍状，互为头和窝，如拇指腕掌关节
	滑车关节	关节头呈滑车状，关节窝与其相适应，如指间关节、踝关节
	车轴关节	也称圆柱关节，关节头呈圆柱状，关节窝常由骨和韧带连成的环构成，如尺骨与桡骨远端构成的关节
关节运动轴的数目	单轴关节	骨只能绕一种轴运动的关节，包括滑车关节和车轴关节
	双轴关节	运动环节能绕两个相互垂直轴运动的关节，包括椭圆关节和鞍状关节
	多轴关节	运动环节能绕三个相互垂直轴运动的关节，包括球窝关节和平面关节
构成关节的骨数	单关节	单关节由两块骨参与构成，即一个关节头和一个关节窝，如肩关节、髋关节
	复关节	由两块以上的骨参与构成，被一个关节囊所包括，其中每个单关节都能独立活动，如肘关节、膝关节
关节的运动方式	单动关节	指能单独完成运动的关节，如肩关节、踝关节
	联合关节	指在结构上独立，在运动中必须同时进行运动的两个或两个以上关节。如桡尺近侧关节和桡尺远侧关节在结构上是独立的，活动时必须共同运动，使前臂做旋前和旋后动作

考点4 主要关节

(1)**胸锁关节**：由锁骨的胸骨端关节面与胸骨的锁切迹构成，是上肢与躯干之间连结的唯一关节。

真题面对面

[2021 贵州特岗，填空，1 分]上肢与躯干之间连结的唯一关节是________。

答案：胸锁关节

(2)**肩关节**：由肩胛骨的关节盂和肱骨头组成。肩关节是典型的球窝关节，能绕三个基本运动轴运动，绕额状轴可做屈伸运动，绕矢状轴可做外展、内收运动，绕垂直轴可做内旋、外旋运动，此外还可做水平屈伸和环转运动。由于肩关节是个多轴关节，相连骨的关节面大小相差较大，关节囊薄弱而松弛，关节本身的韧带少而弱，因而是人体最灵活、稳固性最差的一个关节。由于肩关节前下方没有肌肉和肌腱加固，比较薄弱，因此，在暴力作用下，此处最容易造成肱骨头向前、下、后等方位脱位。

(3)**肘关节**：主要由肱尺关节、肱桡关节和桡尺近侧关节三个关节共居一个关节囊构成。肘关节是一个复关节。关节囊两侧壁厚而紧张，并有韧带加强。关节囊前、后壁薄而松弛，后壁最为薄弱，故常见桡、尺两骨向后脱位，移向肱骨的后上方。

(4)**手关节**：连结腕骨、掌骨和指骨的关节，包括桡腕关节、腕骨间连结(又包括腕中关节)、腕掌关节、掌骨间关节、掌指关节和指骨间关节。其中，桡腕关节由桡骨的腕关节面和关节盘组成的关节窝，近侧列的手舟骨、月骨、三角骨组成的关节头共同构成。桡腕关节是一个典型的椭圆关节，可绕两轴运动。腕掌关节由远侧列腕骨和5块掌骨底构成。除拇指腕掌、小拇指掌关节能做屈伸、内收、外展、对掌及环转(仅拇指腕掌关节有)等运动外，其余三个腕掌关节基本不动。

(5)**髋关节**：由髋臼和股骨头组成，是典型的球窝关节。髋关节稳固性比肩关节强。髋关节脱位仅次于肘关节和肩关节。使髋关节伸的主要肌群有臀大肌、半腱肌、半膜肌、股二头肌长头、大收肌、臀中肌和臀小肌的后部。

(6)**膝关节**：是人体中**最复杂的关节**，由股胫关节和股髌关节构成，属于椭圆屈戌关节。股胫关节由股骨和胫骨相应的内、外侧髁关节面构成椭圆关节；股髌关节由股骨的髌面和髌骨关节面构成屈戌关节。股胫关节头大、关节窝浅，使两关节面不相适应，关节囊薄而松弛。从关节面形状分析，膝关节似乎并不稳固，但由于膝关节有一系列的辅助结构，因此膝关节是人体中相当稳固的关节。膝关节的辅助结构主要有半月板、翼状襞、髌上囊和韧带等。其中，半月板是垫在膝关节股骨与胫骨之间呈半月形的纤维软骨盘，填充在两侧胫骨髁上。

真题面对面

1.[2022 湖北统考，单，2 分]人体半月板位于(　　)

A. 髋关节　　B. 踝关节

C. 肩关节　　D. 膝关节

答案：D。人体半月板位于膝关节。

2.[2020 陕西特岗，单，2 分]人体最复杂的关节是(　　)

A. 肩关节　　B. 肘关节

C. 髋关节　　D. 膝关节

答案：D。膝关节是人体中结构最复杂的关节，由股骨下端关节面、胫骨上端关节面和髌骨关节面构成。由于所处位置的特殊性，还有许多辅助结构来加固该关节。

(7)**踝关节**：由胫骨下端及内踝、腓骨外踝与距骨构成，属滑车关节。关节囊的前后壁薄而松弛；距骨滑车的关节面在形状上前宽后窄；内踝高于外踝。踝关节是单轴关节，可绕冠状轴做屈(又称跖屈)伸(又称背屈)运动。由于距骨滑车关节面前部宽后部窄，在足背屈时，内、外踝紧抱在距骨上，增加了踝关节的稳定性；当足跖屈时，较窄的后部进入较宽大的关节窝中，足可做轻度的左右运动，因此跖屈时踝关节稳固性较差，也是较易受伤的位相。由于外踝低、内踝高，韧带内侧强、外侧弱等原因，足的内翻幅度大于外翻，足在过度内翻时容易损伤外侧韧带，故临床上以外侧副韧带损伤比较多见，在运动中应予以充分的重视。

考点5 关节运动幅度及其影响因素

关节运动幅度
及其影响因素

关节运动幅度是指环节绕某一关节的运动轴从动作开始到结束所能转动的最大角度，是评价柔韧素质的重要指标之一。其中“环节”是指能够围绕关节进行运动的人体的一部分，如头、上肢、上臂等。关节运动幅度与关节的灵活性和稳固性有关，而每个关节的灵活性与稳固性主要受本身结构和关节以外结构的制约。影响关节运动幅度的因素包括以下几个方面：

(1)关节面面积大小的差别。构成关节的两个关节面面积差别越大，则关节的运动幅度越大，如肩关节。反之，关节运动幅度则越小，如髋关节。

(2)关节囊的厚薄和松紧度。关节囊薄而松弛，则关节运动幅度较大。反之，则关节运动幅度较小。

(3)关节韧带的多少与强弱。关节韧带多而强劲有力，则关节稳固性好，但关节运动幅度较小。反之，关节运动幅度则较大。

(4)关节周围骨骼肌的伸展性和弹性。骨骼肌的伸展性和弹性越大，则关节运动幅度大；骨骼肌收缩力强，则关节稳固，运动幅度相对较小。因此，发展骨骼肌的伸展性和收缩力，对提高关节运动幅度和稳固性有重要意义。

(5)关节周围的骨结构。关节周围的骨性突起小，则关节运动幅度较大。反之，则运动幅度较小。

(6)其他因素。年龄、性别和体育运动等因素，对关节的运动幅度也有一定的影响。

真题面对面

[2021 安徽统考，简答，5 分]影响关节运动幅度的因素。

参考答案：参见上文。

考点6 体育运动对关节形态结构的影响

系统的体育锻炼，对关节有良好的影响，主要表现在以下几个方面：

(1)使关节面的骨密质增厚，从而能承受更大的负荷；

(2)长期运动可使关节面软骨增厚；

(3)关节周围的韧带、关节囊和肌腱增粗增厚，同时伸展性也增大，不仅使关节运动的幅度增大，而且稳固性也加强，既灵活又牢固；

(4)关节周围的肌肉体积增大，收缩力增强，对加固关节有重大意义。

四、骨骼肌 【选择、判断、填空、简答】★★★

考点1 骨骼肌概述

人体的骨骼肌因绝大多数附着于骨骼上而得名。人体全身共有骨骼肌 600 余块(其数目可因统计方法不同而有差异)，呈对称分布。成年人的骨骼肌约占人体自重的 40%(女性约为 35%)，而四肢肌又占全身骨骼肌的 80%，其中下肢肌占全身骨骼肌的 50%。

真题面对面

[2023 安徽统考，判断，1 分]成年人的骨骼肌约占人体自重的 20% 左右。(　　)

答案：×。

1. 骨骼肌的结构

人体骨骼肌的结构可分为基本结构和辅助结构。基本结构主要包括肌腹、肌腱、血管和神经等，辅助结构主要包括筋膜、腱鞘、滑膜囊、籽骨等。

2. 骨骼肌的分类

骨骼肌的分类有以下几种形式：

(1)根据骨骼肌的形状，可分为长肌、短肌、扁肌和轮匝肌四类。

①长肌主要分布于四肢，收缩时可引起大幅度的运动。

②短肌主要分布于躯干深部，能持久收缩，并发挥巨大的力量。

③扁肌主要分布于胸腹壁，有保护内脏器官的作用。

④轮匝肌分布于孔裂周围，纤维呈环状，收缩时可使孔裂缩小或关闭。

(2)根据肌头的数量可分为二头肌、三头肌和四头肌。

(3)根据肌腹的数量，可分为二腹肌和多腹肌。

(4)按骨骼肌主要功能可分为屈肌、伸肌、展肌、收肌、旋前肌、旋后肌、括约肌、开大肌、提肌和降肌等。

(5)按骨骼肌的部位命名的有胸肌、腹肌、肋间肌和臀肌等。

(6)根据骨骼肌跨过关节的多少，可分为单关节肌、双关节肌和多关节肌。

①跨过一个关节的骨骼肌称为单关节肌。

②跨过两个关节的骨骼肌称为双关节肌。

③跨过两个以上关节的骨骼肌称为多关节肌。

(7)按照肌纤维排列方向，可分为半羽肌、羽肌和多羽肌等。

3. 肌肉的协作关系

根据肌肉在运动中所起的作用，可分为原动肌、对抗肌、固定肌、中和肌等。

(1)原动肌：在完成某一动作中起主要作用的肌肉或肌群。如肱肌、肱二头肌、肱桡肌和旋前圆肌四块肌肉是屈肘关节的原动肌。根据原动肌在骨杠杆转动中的效率，将在一组原动肌中起主要作用的原动肌称为主动肌，起次要作用的原动肌称为副动肌或次动肌。

(2)对抗肌：与原动肌功能相反的肌肉。如肱三头肌就是屈肘关节肌的对抗肌。当肘关节做伸的动作时，则相反。

(3)固定肌：将原动肌定点所附着的骨固定起来的肌肉。如做前臂弯举动作时，肩关节周围的肌肉必须固定肱骨，才能更好地完成这一动作，这时肩关节周围的肌肉就是固定肌。

(4)中和肌：原动肌对定点骨具有两种以上的作用时，为了有效地发挥其中一种作用，需要有其他肌肉抑制其余几种的作用，这些用以抵消原动肌多余功能的肌肉称为中和肌。

4. 肌肉工作的性质

肌肉工作可分为动力性工作和静力性工作两大类。

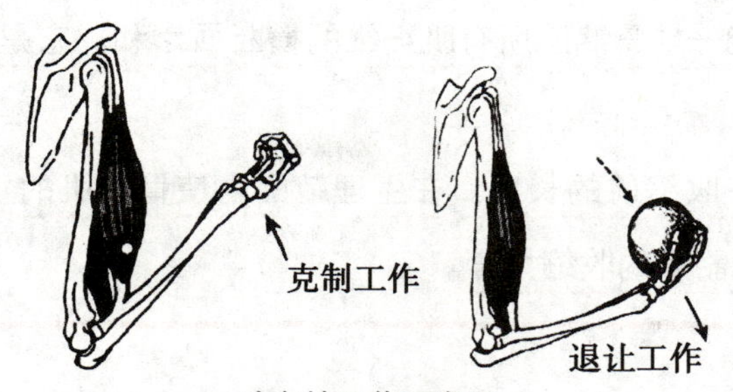

动力性工作示意图

肌肉工作的性质

(1)动力性工作。动力性工作分为向心工作(克制工作)和离心工作(退让工作)两种。肌肉收缩克服阻力,肌力大于阻力,使运动环节朝肌肉拉力方向运动的工作叫作向心工作,如三角肌和冈上肌使肩关节外展的工作性质就是向心工作。肌肉在阻力作用下逐渐被拉长,阻力大于肌力,使运动环节朝肌肉拉力相反方向运动的工作叫作离心工作,如体操中的屈膝缓冲就是离心工作。

(2)静力性工作。静力性工作分为支持工作、加固工作和固定工作三种。肌肉收缩或拉长到一定程度后,长度不再变更,肌拉力矩与阻力矩相等,使运动环节保持一定姿势的工作,称为支持工作。肌肉以一定的紧张防止关节在外力作用下而断离的动作为加固工作,如拔河比赛时肘关节肌肉就是做加固工作。肌肉收缩使相邻环节在关节处互相靠紧的工作叫作固定工作,如站立时膝关节周围肌肉工作就是固定工作。

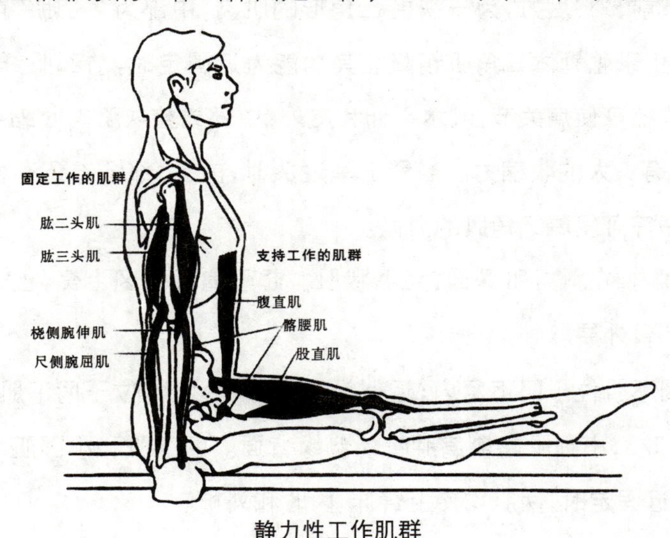

静力性工作肌群

真题面对面

[2023 安徽统考,单,1 分]马步站桩时,腹肌和腰背肌对骨盆的工作属于(　　)

A. 固定工作　　B. 加固工作

C. 支持工作　　D. 克制工作

答案:C。马步站桩动作中,股四头肌是在拉长状态下做支持工作。故选 C。

5. 影响骨骼肌力量大小的解剖学因素

影响骨骼肌力量大小的解剖学因素主要有骨骼肌的生理横断面、骨骼肌的初长度、骨骼肌起止点位置、肌拉力角、年龄和性别等。以下主要介绍骨骼肌的生理横断面和骨骼肌的初长度。

(1) 骨骼肌的生理横断面是指横切一块骨骼肌所有肌纤维的横断面之和。它是决定骨骼肌力量大小最重要的解剖学因素。

(2) 骨骼肌的初长度是指骨骼肌在收缩前的长度。在生理范围内使骨骼肌的初长度拉长，除能增加骨骼肌收缩的速度和幅度外，还能增加骨骼肌的收缩力量。

真题面对面

[2021 贵州特岗，简答，4 分] 请简答影响骨骼肌力量大小的解剖学因素。

参考答案：参见上文。

考点2 主要的骨骼肌

1. 上肢肌

上肢肌包括肩带肌、上臂肌、前臂肌、手肌。

(1) 肩带肌

肩带肌起自锁骨和肩胛骨，止于肱骨。包括三角肌、冈上肌、冈下肌、小圆肌、肩胛下肌和大圆肌。

①三角肌：位于肩关节前、外、后方，为一块倒三角形的肌肉，中部为多羽肌，前后部为单羽肌。起于锁骨外侧半、肩峰和肩胛冈，止于肱骨体三角肌粗隆。其功能为近固定时，前部肌纤维收缩可使肩关节屈、水平屈和旋内；后部肌纤维收缩可使肩关节伸、水平伸和旋外；中部或整块肌肉收缩可使肩关节外展。此肌在上臂外展 90°～180°时，具有最大的收缩力。当臂上举过头时，前、后部纤维还有使上臂内收的作用。负重直臂侧平举、负重颈前推举等可发展三角肌的力量。

②冈上肌：位于冈上窝内，在斜方肌深面，为羽状肌。起于肩胛骨冈上窝，止于肱骨大结节。冈上肌的主要功能为近固定时，使上臂外展。

③冈下肌和小圆肌：冈下肌位于冈下窝内，近似为三角形；小圆肌位于冈下肌的下方，为圆柱形。冈下肌起自肩胛骨冈下窝内侧 2/3，小圆肌起自肩胛骨外侧缘背面。冈下肌和小圆肌均止于肱骨大结节。冈下肌和小圆肌的主要功能为近固定时，两肌均使上臂伸、内收和外旋。

(2) 上臂肌

上臂肌包绕肱骨周围，分前后两群。前群包括肱二头肌、喙肱肌、肱肌，后群包括肱三头肌、肘肌。其中，肱三头肌位于上臂后面。有长头、外侧头和内侧头三个头。

起点：长头起于肩胛骨盂下结节，外侧头起于肱骨体后面桡神经沟外上方，内侧头起于肱骨体后面桡神经沟内下方。

止点：三个头合成一个肌腹，以其腱止于尺骨鹰嘴。

肱三头肌的主要功能为近固定时，使上臂和前臂伸；远固定时，使肘关节伸，如俯卧撑的撑起动作。

(3) 前臂肌

前臂肌分化程度高，多为具有长腱的长肌。

(4)手肌

手肌主要位于手的掌侧面，都是一些短小的肌肉。

真题面对面

[2023 安徽统考，单，1 分]在肩部可触摸到的肌肉是(　　)

A. 菱形肌　　B. 三角肌　　C. 冈上肌　　D. 冈下肌

答案：B。肩带肌主要包括三角肌、冈上肌、冈下肌、小圆肌、肩胛下肌和大圆肌。菱形肌属于背肌，故排除 A 项。(1)三角肌位于肩部，是在肩部可以直接触摸到的肌肉，故选 B。(2)冈上肌位于肩胛骨的冈上窝内，在斜方肌深面，是在肩部触摸不到的肌肉，故排除 C 项。(3)冈下肌位于冈下窝内，部分被斜方肌和三角肌遮盖，是在肩部不能直接触摸到的肌肉，故排除 D 项。

2. 下肢肌

下肢肌包括盆带肌、大腿肌和小腿肌等。

(1)盆带肌

盆带肌分前后两群。前群包括髂腰肌、梨状肌，后群包括臀大肌、臀中肌和臀小肌。

髂腰肌：位于腰椎两侧及髂窝内，由腰大肌和髂肌组成。腰大肌为单羽肌，二肌合并为双羽肌。腰大肌起自腰椎体侧面和横突；髂肌起自髂窝，呈扇形。然后两肌相合，止于股骨小转子。髂腰肌是一块强有力的肌肉。近固定时，使大腿屈和旋外。远固定时，单腿站立侧收缩使脊柱向同侧屈和旋转；两侧收缩使脊柱前屈和骨盆前倾(如做直腿体前屈和仰卧起坐动作)。负重高抬腿、悬垂举腿、仰卧举腿等练习均可发展髂腰肌的力量。

(2)大腿肌

大腿肌分前外侧群、后群和内侧群。前外侧群包括股四头肌、缝匠肌、阔筋膜张肌，后群包括股二头肌、半腱肌和半膜肌，内侧群包括耻骨肌、大收肌等。

①股四头肌：位于大腿前面，是人体中最大的肌肉，为羽状肌。股四头肌有股直肌、股中肌、股外侧肌和股内侧肌四个头。股直肌起自髂前下棘，股中肌起自股骨体前面，股外侧肌起自股骨粗线外侧唇，股内侧肌起自股骨粗线内侧唇，止点：四个头相合，成一条强有力的腱，由前面及两侧包绕髌骨，并在髌骨下方形成髌韧带，借此止于胫骨粗隆。股四头肌的主要功能为近固定时，使小腿伸，股直肌还能使大腿屈；远固定时，可使大腿在膝关节处伸。一般认为股四头肌是维持人体直立的重要肌肉。立定跳远、多级跨跳、纵跳摸高、负重深蹲起、壶铃蹲跳等辅助练习，都可以发展股四头肌的力量。

②缝匠肌：位于大腿前内侧浅层，肌纤维从大腿外上方向内下方斜行，是人体中最长的肌肉，呈梭形。缝匠肌和股直肌都跨过了髋关节和膝关节，为双关节肌。缝匠肌在体育运动中容易发生“主动不足”和“被动不足”现象。缝匠肌起于髂前上棘，止于胫骨粗隆内侧面。缝匠肌的主要功能为近固定时，使大腿屈和外旋，并使小腿屈和内旋；远固定时，两侧收缩，使骨盆前倾。

真题面对面

1.［2022 福建统考，填空，2 分］股四头肌由________、________、股内侧肌和股外侧肌组成。

答案：股直肌；股中肌

2.［2021 贵州特岗，单，1 分］人体下肢肌肉中最长的肌肉是（　　）

A. 股四头肌　　B. 竖脊肌　　C. 缝匠肌　　D. 股二头肌

答案：C。缝匠肌位于大腿前内侧浅层，肌纤维从大腿外上方向内下方斜行，是人体中最长的肌肉，呈梭形。

（3）小腿肌

小腿肌包括胫骨前肌、小腿三头肌等。在小腿后面，可明显见到小腿三头肌膨隆的肌腹及跟腱。

3. 躯干肌

躯干肌包括背肌、胸肌、膈肌、腹肌等。

（1）背肌：分为浅、深两层。背浅肌位于躯干背面浅层，包括斜方肌、背阔肌、肩胛提肌和菱形肌。菱形肌位于斜方肌深层，肩胛骨内侧缘和脊柱之间，肌纤维由内上向外下斜行。

（2）胸肌：分为胸上肢肌和胸固有肌。胸上肢肌包括胸大肌、胸小肌、前锯肌等。

（3）膈肌：俗称横膈膜，位于胸、腹腔之间，既为胸腔的底，又为腹腔的顶，为穹隆形的扁肌。

（4）腹肌：位于胸廓下缘与盆骨之间，是形成腹腔壁的肌肉。包括腹直肌、腹外斜肌、腹内斜肌和腹横肌。

真题面对面

［2022 江西统考，单，1.5 分］膈也称膈肌，俗称横膈膜，既为________，又为________，为穹隆形的扁肌。选（　　）

A. 胸腔的顶；腹腔的底　　B. 胸腔的底；腹腔的顶

C. 胸腔的底；腹腔的底　　D. 胸腔的顶；腹腔的顶

答案：B。

4. 头颈肌

（1）头肌：分为表情肌和咀嚼肌。

（2）颈肌：分为浅、中、深三层。

考点3　常见体育运动动作对骨骼肌的促进

常见体育动作对骨骼肌的促进

体育动作	对骨骼肌的促进
俯卧撑	发展肩胛骨前伸、肩关节屈、肘关节伸各肌群的力量，即前锯肌、胸大肌（近固定）、肱三头肌（远固定）等肌肉的力量
仰卧起坐	发展髋关节屈肌、脊柱屈肌两肌群的力量，即髂腰肌、股直肌等肌肉的力量

续表

体育动作	对骨骼肌的促进
卧推杠铃	发展肩胛骨前伸、肩关节屈和肘关节伸各肌群的力量，即前锯肌、胸大肌、肱三头肌（近固定）等肌肉的力量
引体向上	发展肩胛骨上下回旋、肩关节伸、肘关节屈、手关节屈各肌群的力量，即胸小肌、菱形肌、背阔肌（近固定）、胸大肌、肱肌的力量
负重深蹲起	发展脊柱伸肌、髋关节伸肌、膝关节伸肌、足关节屈肌各肌群的力量，即竖脊肌、臀大肌、股四头肌（远固定）、小腿三头肌（近固定）等肌肉的力量
仰卧两头起	发展脊柱屈肌、髋关节屈肌两肌群的力量，即腹直肌、腹内斜肌、腹外斜肌、髂腰肌、股直肌（近固定）等肌肉的力量
俯卧两头起（俯卧腿臂上振）	发展脊柱伸肌、髋关节伸肌两肌群的力量
仰卧举腿	发展髋关节屈肌、脊柱屈肌两肌群的力量，即腹直肌、髂腰肌、股直肌等肌肉的力量
冲拳	发展肩胛骨前伸、肩关节屈、肘关节伸和旋内肌群的力量，即前锯肌、胸大肌、肱三头肌、旋前圆肌（近固定）的力量
负重扩胸（持哑铃扩胸或飞鸟展翅）	发展肩胛骨后缩与肩关节伸肌群的力量，即斜方肌、背阔肌（近固定）等肌肉的力量
前臂负重弯举（负重弯举）	发展肘关节屈肌群的力量，即肱肌、肱二头肌、旋前圆肌、肱桡肌（近固定）的力量

真题面对面

［2022 福建统考，判断，2 分］引体向上可有效发展背阔肌和胸大肌的肌肉力量。（　　）

答案：√。引体向上可发展肩胛骨上下回旋、肩关节伸、肘关节屈、手关节屈各肌群的力量，即胸小肌、菱形肌、背阔肌（近固定）、胸大肌、肱肌的力量。

考点4　体育锻炼对骨骼肌的影响

系统的体育锻炼对骨骼肌形态结构的影响尤为明显，主要表现在：(1) 肌肉体积增大；(2) 肌纤维中线粒体数目增多、体积增大；(3) 肌肉中的脂肪减少；(4) 肌肉内结缔组织增多；(5) 肌肉内化学成分的变化；(6) 肌原纤维增粗；(7) 肌肉中毛细血管增多。

第三节　消化系统

- 消化系统
  - 消化系统的组成与功能
    - 组成：消化管（口腔、咽、食管、胃、小肠、大肠）和消化腺（小消化腺和大消化腺）
    - 消化系统的基本功能是摄取食物
  - 体育运动对消化系统的影响
    - 体育运动对肝脏的影响
    - 体育运动对胃的影响

一、消化系统的组成与功能　【选择、判断】★★

考点1　消化系统的组成

人体消化系统包括消化管和消化腺两大部分。

1. 消化管

消化管主要包括口腔、咽、食管、胃、小肠（包括十二指肠、空肠、回肠）和大肠（包括盲肠、结肠、直肠、肛管）等。小肠是消化管中最长、最重要的一段，消化作用和全部消化产物的吸收几乎都是在小肠内进行的。通常从口腔到十二指肠的这部分管道称为上消化道，空肠以下的管道则称为下消化道。

2. 消化腺

消化腺属于内脏器官中的实质性器官，包括小消化腺和大消化腺。小消化腺散在消化管的管壁内，如口腔黏膜腺、胃腺、肠腺等；大消化腺是独立的器官，如唾液腺、胰腺和肝。

（1）肝。肝是人体消化系统中**最大的消化腺**，也是人体最大的腺体、最大的内脏器官，重量约为 1500 g，红褐色，质软而脆。肝属于实质性器官，其结构和功能单位是肝小叶。肝脏除能分泌胆汁，促进脂肪的消化吸收，还参与多种物质的合成、分解与转化，具有解毒、吞噬和防御功能，胚胎时期肝脏还具有造血功能。

（2）胰。胰位于腹后壁，属于实质性器官，是人体的第二大消化腺，其实质有两部分：一是胰腺，是外分泌腺，产生胰液；二是胰岛，产生胰岛素。胰脏是人体内唯一一个既是外分泌腺又是内分泌腺的腺体。

真题面对面

1.［2021 安徽统考，单，1 分］下列选项中属于人体消化腺的是（　　）

A. 胃　　B. 肺　　C. 肾　　D. 肝

答案：D。（1）胃属于消化道，故排除 A 项；（2）肺属于呼吸系统，故排除 B 项；（3）肾属于泌尿系统，故排除 C 项。（4）消化腺由大、小消化腺组成，其中，大消化腺是独立的器官，如唾液腺、胰腺和肝。故选 D。

2.［2021 贵州特岗，判断，1 分］消化系统由大肠、消化管和消化腺三大部分组成。（　　）

答案：×。人体消化系统包括消化管和消化腺两部分。大肠属于消化管的组成部分。故题干描述不正确。

考点2　消化系统的功能

消化系统的基本功能是摄取食物，对食物进行消化，吸收营养物质，最后将食物残渣形成粪便并排出体外。食物的消化包括物理性消化和化学性消化。物理性消化如牙齿的切割、撕碎，咀嚼肌的咀嚼，肠壁肌肉的蠕动等；化学性消化是由消化腺分泌的消化液完成的。

此外，由于胃肠道聚集着大量的神经细胞、内分泌细胞和免疫细胞，因此消化系统还具有神经调节、内分泌调节和免疫调节的功能。

二、体育运动对消化系统的影响

(1)体育运动对肝脏的影响：肝对持续运动是可以适应的，通过一段时间运动，肝的形态结构从不正常又渐趋正常，表明运动训练所引起的肝改变是可复性的。

(2)体育运动对胃的影响：经常从事体育锻炼，对消化器官的机能有良好影响，可以使胃肠的蠕动增强，消化液的分泌加多，因而提高了消化和吸收的能力。

第四节　呼吸系统

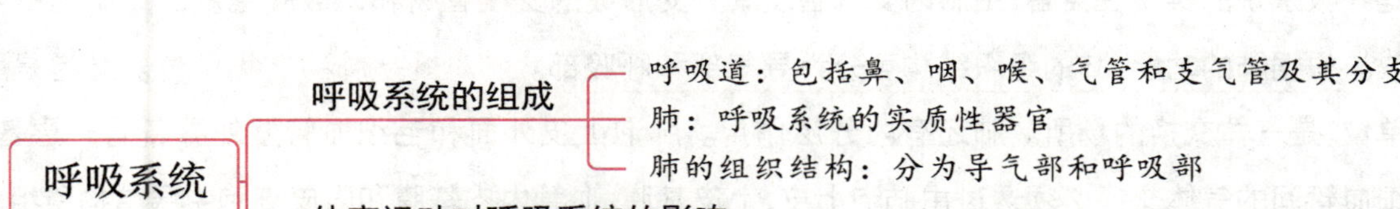

一、呼吸系统的组成 【选择、填空】 ★★

呼吸系统包括呼吸道和肺。呼吸系统的基本功能是执行机体与外界的气体交换。

考点1　呼吸道

呼吸道为中空性器官，是气体进出肺的通道，包括鼻、咽、喉、气管和支气管及其分支。通常将鼻、咽、喉称为上呼吸道，喉以下的导气部分称为下呼吸道。

(1)鼻是呼吸道的起始部分，是气体出入人体的主要通道，分为外鼻、鼻腔和鼻旁窦三部分。它具有净化空气，调节空气温度、湿度，感受嗅觉以及对发音起共鸣等作用。

(2)咽是一个上宽下窄、前后略扁的漏斗状肌性管道，介于口腔和食管之间。其内腔称咽腔，咽腔是呼吸道和消化道的共同通路。咽具有吞咽功能、呼吸功能、保护和防御功能以及共鸣作用。此外，咽也是一个重要的发音共振器，对发音起辅助作用。

(3)喉既是呼吸的通道，又是发音器官。喉由软骨、韧带和喉肌构成，主要功能是呼吸、发声、保护和吞咽。

(4)气管和支气管是连接在喉与肺之间的管道。气管由气管软骨、结缔组织和平滑肌构成，具有净化吸入气体的作用。支气管是指由气管分出的各级分支，其中第一分支为左、右主支气管。

真题面对面

[2020 江西统考,单,1 分]人呼吸系统中的呼吸道为中空性器官,是传送气体的通道,它由(　　)构成。

A. 口、咽、喉、气管和支气管及其分支

B. 口、鼻、咽、气管和支气管及其分支

C. 鼻、咽、喉、气管和支气管及其分支

D. 口、鼻、喉、气管和支气管及其分支

答案:C。呼吸道为中空性器官,是气体进出肺的通道,包括鼻、咽、喉、气管和支气管及其分支。

考点2　肺

(1)肺的位置与形态

肺的位置与形态

肺位于胸腔内,膈的上方,左、右各一,分居于纵隔两侧。右肺因受肝的位置影响,形状较左肺短而宽,左肺因受心脏偏左的位置影响,形状扁窄而略长。

(2)肺的结构

肺是呼吸系统的实质性器官,由肺内支气管及其分支形成的支气管树和无数肺泡及围绕肺泡的毛细血管网组成。根据肺的功能,肺的组织结构可分为**导气部和呼吸部**。肺小叶是肺的结构单位。肺泡是肺的基本结构单位,是气体交换的场所。肺还有内分泌作用。肺泡上皮外面和毛细血管壁外界各有一层基膜,肺泡与毛细血管间的气体交换必须透过由肺泡上皮、上皮基膜、血管内皮基膜和内皮细胞 4 层结构所组成的薄膜层,此薄膜层为气血屏障,也称呼吸膜。气体交换必须透过呼吸膜才得以完成。

(3)肺的血管

肺有两套血管系统,即功能性血管和营养性血管。功能性血管是组成肺循环的肺动脉和肺静脉,与气体交换有关;营养性血管是属于体循环的支气管动脉和支气管静脉,与肺的营养有关。

真题面对面

1. [2022 江西统考,单,1.5 分]根据肺的功能,肺的组织结构可分为(　　)

A. 导气部和呼吸部　　B. 吸气部和呼吸道

C. 导气部和吸气部　　D. 导气部和呼吸道

答案:A。

2. [2019 福建统考,填空,3 分]呼吸系统的实质性器官是________。

答案:肺

二、体育运动对呼吸系统的影响

经常进行运动锻炼的人,呼吸器官的构造和功能都会发生良好的变化。主要表现为骨性胸廓发达,呼吸肌发达且力量增强,胸围增大,肺活量增大,特别是游泳和划船等项目的运动员,其肺活量增大尤为显著。

体育运动对呼吸系统的影响是多方面的，科学适宜的运动对呼吸系统有益。但随着运动强度的增加，呼吸膜厚度有从正常到增厚，再到变薄，最后直到破裂的可能。

第五节 泌尿系统

一、泌尿系统的组成与功能 【填空】 ★

泌尿系统由肾、输尿管、膀胱和尿道组成。

(1)肾。肾是产尿器官。在肾的冠状切面上(经肾门部分)，可见肾由肾窦和肾实质两部分构成。肾实质主要由肾单位、集合小管和少量结缔组织组成。**肾单位**是肾的结构和功能单位。每个肾单位由肾小体和肾小管组成。肾小体内有一个毛细血管团，称为肾小球，它由肾动脉分支形成。

(2)输尿管。输尿管是输送尿液进入膀胱的管道。

(3)膀胱。膀胱是暂时储存尿液的器官。

(4)尿道。尿道是尿液从膀胱排出体外的管道。

泌尿系统的主要功能是生成和排出尿，排泄人体在新陈代谢过程中产生的废物(如尿素、尿酸、肌酐、肌酸等)。

真题面对面

[2021 贵州特岗，填空，1 分]肾的结构和功能单位是________。

答案：肾单位

二、体育运动对泌尿系统的影响

运动对泌尿系统的影响较为明显，主要表现在对肾的影响上。短时间大强度的一次性练习后，可使肾小管上皮小泡增多，从而提高了肾小管对低分子蛋白质的重吸收作用。

研究表明，不同时间大强度的运动对肾结构有不同程度的影响，长时间大强度的一次性练习后，肾小球毛细血管出现扩张和充血等变化，从而导致肾小球滤过膜的通透性提高。对肾结构带来的不同程度的影响，在短期内不可能完全恢复，这为运动后产生运动性蛋白尿等异常尿现象提供了一定的理论依据。过度训练可导致肾功能降低，在尿液中出现尿蛋白等。

运动后的尿量变化主要受气温、运动强度、运动持续时间、汗液分泌量和饮水量等因素的影响，健康人在运动时血液会重新分配，随肾血流量减少，尿量也会减少。

第六节 脉管系统

脉管系统
- 心血管系统
  - 组成：心脏、动脉、静脉和毛细血管
  - 血液循环的途径：体循环和肺循环
  - 体育运动对心血管系统的影响
- 淋巴系统
  - 组成：各级淋巴管道、淋巴器官和淋巴组织

脉管系统包括心血管系统和淋巴系统。

一、心血管系统 【选择、填空】★

考点1 心血管系统的组成

心血管系统由心脏、动脉、静脉和毛细血管组成。

(1)心脏主要由心肌组成，是心血管系统的动力器官。有四个腔，即右心房、右心室、左心房和左心室。左右心房之间和左右心室之间均由间隔隔开，互不相通，心房与心室之间有瓣膜，这些瓣膜使血液只能由心房流进心室，而不能倒流。

(2)动脉是运送血液离心的血管，由心室发出，在行程中不断分支，愈分愈细，最后分为毛细血管。大动脉中膜弹力纤维多，心室收缩射血时管壁扩张，心室舒张时管壁回缩，以促使血液继续向前流动。中、小动脉，特别是小动脉平滑肌层比较发达，可以在神经体液调节下收缩或舒张，改变管腔的大小，影响局部的血流量和血液阻力，借以维持和调节血压。

(3)静脉是引导血液回流心房的血管，可分为微静脉、小静脉、中静脉和大静脉。

(4)毛细血管是极细微的血管，连于小动脉与小静脉之间，相互连通吻合成网，分支数量多。血液中的营养物质与组织液中的代谢产物均通过毛细血管壁进行交换。

真题面对面

[2023 济南历城，填空，2 分]正常情况下，人体心脏位于人体左侧，其内部分为 4 个腔，分别是左心房、________、右心房和________。

答案：左心室；右心室

考点2 血液循环的途径

血液由心室射出，经动脉、毛细血管、静脉再回到心脏，循环不止。根据其循环途径可分为体循环和肺循环，两种循环同时进行。

1. 体循环

体循环：又称大循环。当心室收缩时，含氧较高和营养物质丰富的动脉血，自左心室射入主动脉，经各级动脉分支到达全身各部的毛细血管，血液在此与周围的组织和细胞

血液循环的途径—体循环

进行气体和物质交换，变为含二氧化碳和代谢产物较多的静脉血，最后汇集到上、下腔静脉流回右心房。这一循环途径称为体循环。体循环的主要特点是路程长，流经范围广，以动脉血滋养全身各部，而将其代谢产物运回心脏。

2. 肺循环

肺循环：又称小循环。从体循环回心的静脉血，自右心房进入右心室。当心室收缩时，血液由右心室射出，经肺动脉及各级分支进入肺泡壁周围的毛细血管网，在此进行气体交换，使静脉血变成含氧丰富的动脉血，经肺静脉流回左心房。这一循环途径称肺循环。肺循环的特点是路程短，只通过肺，主要是使静脉血转变成含氧丰富的动脉血。

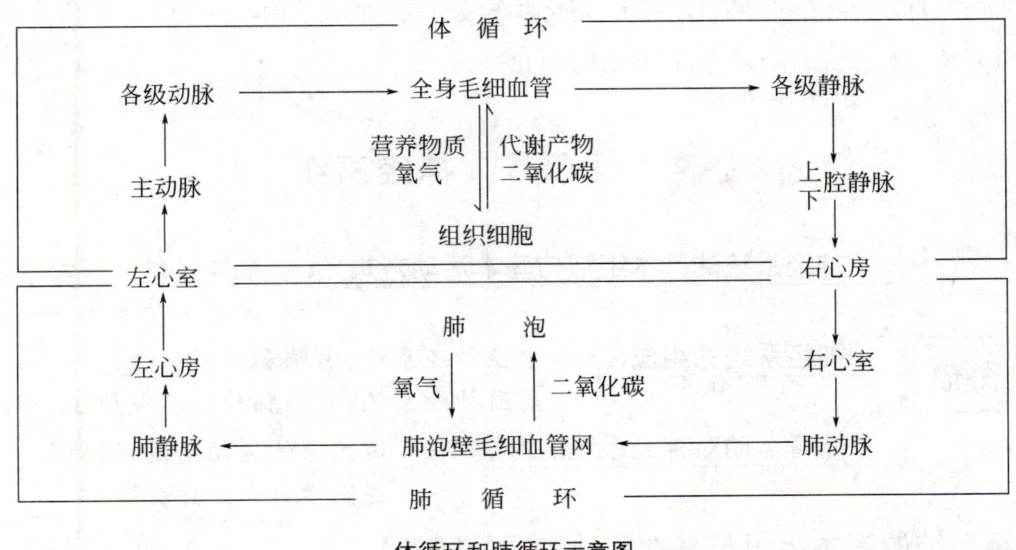

体循环和肺循环示意图

真题面对面

[2020 山东枣庄山亭区，单，1 分]血液由心室射出回到心房的顺序是(　　)

A. 动脉→毛细血管→静脉

B. 静脉→动脉→毛细血管

C. 静脉→毛细血管→动脉

D. 动脉→静脉→毛细血管

答案：A。

考点3　体育运动对心血管系统的影响

(1)体育运动对心脏的影响：①长期坚持适量的体育运动或训练，可使心脏的重量和体积增大，导致心肌纤维粗大，心肌内的收缩蛋白和肌红蛋白增多。②长期坚持适量的体育运动或训练，可使心肌的形态、结构发生适应性变化，从而使心功能也随之增强。通过体育锻炼可使心肌收缩力量增大，心腔容量增大，使心的每搏输出量和每分输出量增加。

(2)体育运动对血管的影响：①体育运动可使动脉管壁中膜增厚，弹性纤维和平滑肌增厚，血管壁的弹性增厚，搏动有力，有利于血液流动；②体育运动还可以改变毛细血管在器官内的分布和数量。

二、淋巴系统

1. 淋巴系统的组成

淋巴系统是心血管系统的辅助结构，由各级淋巴管道、淋巴器官和淋巴组织组成。

淋巴管道包括毛细淋巴管、淋巴管、淋巴干和淋巴导管。淋巴器官包括淋巴结、扁桃体、脾和胸腺等。

2. 淋巴系统的功能

淋巴管道是输送淋巴的管道。

淋巴结的主要功能：(1)在其实质中增殖淋巴细胞和浆细胞，参与细胞免疫和体液免疫；(2)滤过淋巴液，淋巴窦常通过机械性滤过和巨噬细胞吞噬，消化淋巴液中的异物及病菌。

脾的主要功能：(1)造血；(2)滤血；(3)储血；(4)免疫。

第七节　神经系统

神经系统
- 神经系统的基本组织与基本活动方式
  - 基本组织——神经组织
  - 基本活动方式——反射
- 神经系统的组成
  - 中枢神经系统：由脑和脊髓组成
  - 周围神经系统：包括脑神经、脊神经和内脏神经
- 体育运动对神经系统的影响
  - 调控身体运动更准确协调
  - 提高学习和工作效率

一、神经系统的基本组织与基本活动方式　【填空】

1. 神经系统的基本组织

神经系统的基本组织是神经组织。神经组织由神经细胞和神经胶质组成。

(1)神经细胞又称神经元，是神经组织结构和功能的基本单位。每个神经元都包括胞体和胞突两部分。神经元具有感受刺激、传导神经冲动的功能。根据其功能可分为感觉(传入)神经元、联络(中间)神经元与运动(传出)神经元三类。

(2)神经胶质对神经元起着支持、绝缘、营养和保护等作用，并参与构成血脑屏障。

2. 神经系统的基本活动方式

神经系统的基本活动方式是反射。反射是指神经系统在调节机体机能的活动中，对内、外环境的刺激所作的规律性应答反应。反射一般可分为非条件反射和条件反射两种。

反射弧是机体执行反射活动的结构基础，包括感受器、传入(感觉)神经元、神经中枢、传出(运动)神经元和效应器五个部分。

真题面对面

[2021 贵州特岗，填空，1 分]神经系统活动的基本形式是反射，反射活动的结构基础是________。

答案：反射弧

二、神经系统的组成

神经系统由中枢神经系统和周围神经系统两部分组成。

1. 中枢神经系统

中枢神经系统由脑和脊髓组成。

(1)脑

脑位于颅腔内,包括大脑、间脑、小脑、中脑、脑桥和延髓六个部分。通常把中脑、脑桥和延髓合称为脑干。

脑干:中脑具有调节姿势、协调运动的作用;脑桥是联络上位中枢和下位中枢的桥梁;延髓内部有调节呼吸、心跳和血管活动的重要皮质下中枢,故称“生命活动中枢”。

脑干的主要功能:①传导功能;②反射功能;③网状结构的功能。

小脑:小脑主要有三种功能,即协调躯体运动、调节骨骼肌张力、维持身体平衡。

间脑:位于中脑上方,左、右大脑半球之间,主要由丘脑和下丘脑组成。丘脑是重要的皮质下感觉中枢,下丘脑是神经内分泌的中心,是皮质下调节内脏活动的高级中枢。

大脑:又称为端脑,是脑的最大部分和最高级部位。

(2)脊髓

脊髓位于椎管内,上端在枕骨大孔处与延髓相连,下端在成人平第1腰椎体下缘。

脊髓的主要功能:①传导功能;②反射功能。

2. 周围神经系统

周围神经系统包括12对脑神经、31对脊神经和内脏神经。脊神经前支较后支粗大,为混合性神经,它们分布于躯干前外侧和四肢的肌肉及皮肤。前支上下吻合交织成丛,有颈丛、臂丛、腰丛和骶丛等。其中,骶丛位于盆腔内,是全身最大的神经丛,主要分支有臀上神经、臀下神经、坐骨神经。

骶丛的主要分支

名称	分布
臀上神经	臀中肌、臀小肌和阔筋膜张肌
臀下神经	臀大肌
坐骨神经	为全身最粗、最长的脊神经 肌支:大腿后部肌群、小腿和足部肌肉 皮支:大腿后面、小腿和足部的大部分皮肤

三、体育运动对神经系统的影响

(1)经常参加体育锻炼可以改善和提高神经系统的反应能力,使之思维敏捷,调控身体运动更准确协调。(2)经常参加体育锻炼能有效地消除脑细胞的疲劳,提高学习和工作效率。

第八节　内分泌系统

- 内分泌系统
  - 内分泌系统的构成及功能
    - 构成：内分泌腺和内分泌组织
    - 功能：适应内外环境的变化，并保持相对平衡
  - 人体主要的内分泌腺和内分泌组织
    - 垂体：分为腺垂体和神经垂体
    - 甲状腺：成年人最大的内分泌腺
    - 甲状旁腺：主要作用是调节体内钙的代谢，维持血钙平衡
    - 肾上腺：是一个应激性器官
    - 松果体：合成和分泌褪黑激素等多种活性物质
    - 胰岛：主要分泌胰岛素和胰高血糖素
    - 胸腺：是一个淋巴器官，也是一个内分泌器官

一、内分泌系统的构成及功能

1. 内分泌系统的构成

内分泌系统由内分泌腺和内分泌组织构成，是神经系统以外的另一个重要的调节系统。

内分泌腺是指分布于机体一定部位、结构独立、肉眼可见、能分泌激素的腺体，如垂体、松果体、甲状腺、甲状旁腺、肾上腺、胸腺、性腺等。

内分泌组织是指分散存在于某些器官内的内分泌细胞团或散在的分泌细胞，肉眼难以分辨，如胰腺内的胰岛、胸腺内的网状上皮细胞等。

2. 内分泌系统的主要功能

内分泌系统的主要功能是与神经系统一起共同调节人体的新陈代谢、生长发育和生殖等生理功能活动，维持各部器官活动的完整和统一，从而适应内外环境的变化，并保持相对平衡。

二、人体主要的内分泌腺和内分泌组织 【填空】 ★

1. 垂体

垂体是一椭圆形、淡红色的小体，位于蝶骨的垂体窝内，借漏斗连于下丘脑。根据垂体的结构及功能特点，可将它分为腺垂体和神经垂体两大部分。

(1) 腺垂体

腺垂体分泌的激素种类很多，主要有生长激素、催乳素、促黑激素和促激素等。

①生长激素：主要功能是促进骨和软骨组织的生长。若生长激素分泌过多，会出现“巨人症”，成年期则只能促进短骨生长而出现“肢端肥大症”。幼儿期，若生长激素分泌不足，可导致“侏儒症”。

②催乳素：使已发育而且具备泌乳条件的乳腺(分娩后)分泌乳汁和维持泌乳。

③促黑激素：促使皮肤黑色素细胞合成黑色素。

④促激素：具有调节其他分泌腺的功能。促激素包括甲状腺激素、促肾上腺皮质激素、卵泡刺激素和黄体生成素。

(2) 神经垂体

神经垂体无分泌功能，只是一个贮存激素的场所。它所贮存的激素有两种，一种是血管升压素(又称抗利尿素),另一种是催产素。

2. 甲状腺

甲状腺是成年人最大的内分泌腺。甲状腺激素的作用是促进机体的新陈代谢,维持机体正常生长发育,尤其对于骨骼和神经系统的发育十分重要。在甲状腺分泌机能低下时,机体的基础代谢降低,可出现黏液性水肿;如果在幼儿时期甲状腺分泌功能丧失,则人体骨骼和脑的发育将停滞,表现为身体矮小、智力低下,称为呆小症。如果甲状腺分泌过剩,可引起突眼性甲状腺肿,称为"甲亢",主要表现为心跳过速、神经过敏、体重减轻和眼球突出等症状。

3. 甲状旁腺

甲状旁腺分泌甲状旁腺素,其主要作用是调节体内钙的代谢,维持血钙平衡。当血钙浓度低下时,甲状旁腺素可促进破骨细胞的生长及促进破骨细胞溶解骨质的活动,使钙从骨质中释放入血,从而提高血钙浓度;当血钙浓度过高时,又可反过来抑制甲状旁腺素的分泌,以此维持正常血钙水平。甲状旁腺分泌机能低下时,血钙下降,出现手足"抽搐症";如果机能亢进时,则引起骨质过度吸收,容易发生骨折。

4. 肾上腺

肾上腺可分为外层的皮质部和内层的髓质部。

(1)肾上腺皮质约占腺体的90%,主要分泌以下三种激素。

①盐皮质激素:调节体内水盐代谢,维持体内的钠钾平衡。

②糖皮质激素:主要调节糖、蛋白质和脂肪的代谢。

③性激素:正常情况下性激素的分泌量不大,作用不显著。

(2)肾上腺髓质约占腺体的10%,主要分泌肾上腺素和去甲肾上腺素,二者有促使心跳加快、血流加速、血压升高、血糖升高和调节内脏平滑肌活动的功能,这与交感神经兴奋时很相似,平时分泌少,当情绪激动时大量分泌,所以是一个应激性器官。

5. 松果体

松果体由松果体细胞和神经胶质细胞组成。松果体的主要功能是合成和分泌褪黑激素等多种活性物质。

6. 胰岛

胰岛主要分泌胰岛素和胰高血糖素。胰岛素的主要功能是调节糖、脂肪及蛋白质的代谢。胰岛素缺乏时,引起糖尿病。胰高血糖素可以促进肝糖原分解,使血糖升高。

糖尿病是一组以高血糖为特征的代谢性疾病。高血糖则是由于胰岛素分泌缺陷或其生物作用受损,或两者兼有引起。

真题面对面

[2021 山东菏泽郓城,填空,1 分]健康的生活方式是保障人民生活幸福的前提。目前我国糖尿病的发病率较高,糖尿病是一种由________________或________________导致的以高血糖为特征的代谢性疾病。

答案:胰岛素分泌缺陷;胰岛素生物作用受损

7. 胸腺

胸腺是一个淋巴器官，也是一个内分泌器官。胸腺在胚胎期是造血器官，在成年期可制造淋巴细胞、浆细胞和髓细胞。胸腺的网状上皮细胞可分泌胸腺素，它可促进具有免疫功能的 T 淋巴细胞的生长和成熟，并能抑制运动神经末梢的乙酰胆碱的合成与释放。

第九节　感觉器官

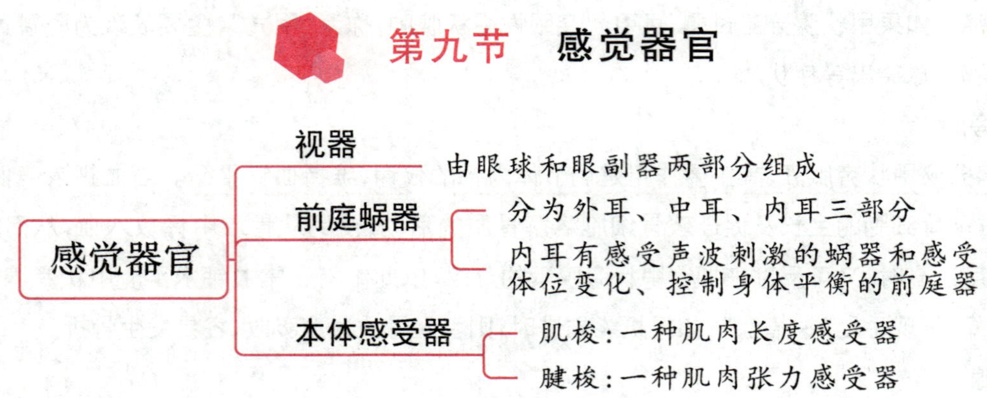

一、视器

视器俗称眼，由眼球和眼副器两部分组成，具有接受光的刺激，产生神经冲动，通过视神经传入大脑皮质视觉中枢，产生视觉的功能。

(1) 眼球：由眼球壁和折光装置两部分组成。

①眼球壁：分三层，由外向内依次为纤维膜(外膜)、血管膜(中膜)、视网膜(内膜)。其中，视网膜为眼球感光部位，是眼球壁的最内层，由前向后依次为视网膜虹膜部、视网膜睫状体部和视网膜视部。视网膜视部主要由四层细胞组成，由外向内依次为色素上皮细胞层、视细胞层、双极细胞层和节细胞层。视细胞层有视锥细胞和视杆细胞两种。视锥细胞能感受强光和色光的刺激。视杆细胞能感受弱光的刺激，但不能辨别颜色。

②眼球的折光装置包括角膜、房水、晶状体和玻璃体。其中，晶状体富有弹性，其曲度可随所视物体远近而改变。当视近物时，睫状肌收缩，睫状小带松弛，晶状体周缘被牵拉的力量减弱，晶状体因本身弹性而变凸，折光率加强，使物像清晰地显在视网膜上。长时间近距离注视某一物体时，就会使睫状肌一直处于紧张的收缩状态而得不到应有的放松，长期下去，就会失去对晶状体凸度的调节从而使眼前的物体变得模糊不清，成为近视眼。当视远物时，与此相反，晶状体受拉变薄。

(2) 眼副器：包括眼睑、结膜、泪器和眼球外肌等。眼副器对眼球起保护、运动和支持的作用。

二、前庭蜗器　【选择】 ★

前庭蜗器俗称耳，按其位置分为外耳、中耳、内耳三部分。

(1) 外耳包括耳廓、外耳道和鼓膜三部分，有收集和传导声波的作用。

(2) 中耳位于外耳和内耳之间，是传导声波的重要部分。

(3) 内耳(又叫迷路)，迷路分为骨迷路和膜迷路两部分。内耳有感受声波刺激的蜗器和感受体位变化、控制身体平衡的前庭器。

真题面对面

[2020 安徽统考,单,1 分]人体做加速或旋转运动时,通过前庭器官引起的感觉是(　　)

A. 触压觉　　B. 平衡觉　　C. 视觉　　D. 听觉

答案:B。前庭器官具有维持身体姿势和平衡的功能,所以人体做加速或旋转运动时,通过前庭器官引起的感觉是平衡觉。

三、本体感受器 【名词解释】★

本体感受器是指位于骨骼肌、肌腱、关节囊中的感受器。本体感受器具有感受肌肉被牵张、肌肉收缩和关节的伸展程度的功能,并将这些感觉信息传入大脑皮质的躯体运动中枢,以调节骨骼肌的运动。与运动关系较大的本体感受器主要是肌梭和腱梭。肌梭是分布在骨骼肌内的梭形小体,肌梭是一种肌肉长度感受器,能感受动力工作中肌肉长度的变化。腱梭又称腱器官或高尔基腱器官,是一种肌肉张力感受器,能感受静力工作中肌肉张力的变化。

真题面对面

[2019 山东潍坊诸城,名词解释,2 分]本体感受器

参考答案:本体感受器指位于骨骼肌、肌腱和关节囊中的感受器。

★★ 考点大默写 ★★

1. ____________是一个复关节,主要由肱尺关节、肱桡关节和桡尺近侧关节三个关节共居一个关节囊构成。
2. 在人体运动解剖学的基本术语中,前臂的内侧称为____________。
3. 按照人体解剖学方法,可将人体作三个互相垂直的切面或基本面,分别为____________、____________、水平面。
4. 矢状面是指沿前后方向,将人体纵切为____________两部分的切面。
5. 关节的分类较多,根据构成关节的骨数,分为单关节和复关节,髋关节属于____________关节。
6. 关节的主要结构有____________、关节囊和关节腔,即关节的三要素。
7. 骨的发生方式有____________和____________两种。
8. 视细胞层有视锥细胞和视杆细胞两种。其中,____________能感受强光和色光的刺激,____________能感受弱光的刺激,但不能辨别颜色。
9. 内耳有感受声波刺激的蜗器和感受体位变化、控制身体平衡的____________。
10. 与运动关系较大的本体感受器主要是肌梭和腱梭。其中,____________是一种肌肉长度感受器,能感受动力工作中肌肉长度的变化;____________是一种肌肉张力感受器,能感受静力工作中肌肉张力的变化。

11. 消化管主要由____________、____________、食管、胃、小肠和大肠组成。

12. ____________是人体最大的消化腺。

13. 小脑主要有三种功能，即________________、调节骨骼肌张力、维持身体平衡。

14. 在肾的冠状切面上（经肾门部分），可见肾由____________和____________两部分构成。

15. 心血管系统由____________、____________、毛细血管和静脉组成。

16. 动脉是运送血液离心的血管，由心室发出，在行程中不断分支，愈分愈细，最后分为____________。

17. 成年人最大的内分泌腺是____________。

18. 甲状腺激素的作用是促进机体的新陈代谢，维持机体正常生长发育。如果在幼儿时期甲状腺分泌功能丧失，则人体骨骼和脑的发育将停滞，表现为身体矮小、智力低下，称为____________。

19. 胰岛素的主要功能是调节糖、脂肪及蛋白质的代谢。胰岛素缺乏时，引起____________。

20. 神经系统由中枢神经系统和周围神经系统两部分组成。其中，中枢神经系统由脑和____________组成。

21. 脑位于颅腔内，包括大脑、间脑、小脑、中脑、脑桥和延髓六个部分。通常把中脑、脑桥和延髓合称为____________。

【参考答案】

1. 肘关节 2. 尺侧 3. 矢状面；冠状面 4. 左右 5. 单 6. 关节面 7. 膜内成骨；软骨内成骨 8. 视锥细胞；视杆细胞 9. 前庭器 10. 肌梭；腱梭 11. 口腔；咽 12. 肝 13. 协调躯体运动 14. 肾实质；肾窦 15. 心脏；动脉 16. 毛细血管 17. 甲状腺 18. 呆小症 19. 糖尿病 20. 脊髓 21. 脑干

我于________年____月____日完成了对本章的学习。

复盘一下，我对自己较肯定的地方是______________________

（足够努力/心态积极/方法得当……）

我觉得自己需要改进的地方是__________________________

（懒惰懈怠/心情浮躁/方法不当……）

休息片刻，开启下一站征程！

第四章 运动生理学

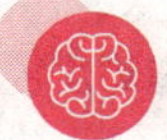

思维导图

- 运动生理学
  - 运动生理学概述
    - 生命活动的基本特征（重点）
    - 人体生理机能的维持与调节
  - 骨骼肌与运动
    - 肌纤维的微细结构与收缩过程
    - 骨骼肌的特性
    - 骨骼肌的收缩形式（重点）
    - 肌纤维的类型与功能特征
  - 躯体运动的神经调控
    - 脊髓对躯体运动的调节
    - 姿势反射
  - 血液与运动
    - 血液的组成
    - 血液的功能和理化特性
  - 循环机能和呼吸机能
    - 循环机能
    - 呼吸机能
  - 能量代谢与运动
    - 与能量代谢有关的几个概念
    - 人体运动时的能量供应与消耗（重点）
  - 有氧、无氧工作能力
    - 有氧、无氧工作能力概述
    - 有氧工作能力
    - 无氧工作能力
  - 运动过程中人体机能变化规律（重点）
    - 赛前状态
    - 准备活动
    - 进入工作状态
    - 稳定工作状态
    - 运动性疲劳
    - 恢复过程
  - 年龄、性别与体育运动
    - 儿童少年生长发育与体育运动（重点）
    - 女子的生理特点和运动能力
  - 肥胖的诊断与运动处方
    - 肥胖的诊断
    - 运动处方（重点）

考向分析

本章属于学科专业基础知识中的重要章节，也是体育教师招聘考试考查的重要章节，内容比较琐碎，需要理解的知识较多。现对本章考向分析如下：

高频考点	考点细化	常考题型	能力要求	考查热度
生命活动的基本特征	新陈代谢；应激性；兴奋性	选择、名词解释	理解	★★★
骨骼肌的收缩形式	缩短收缩、拉长收缩、等长收缩	选择、填空	理解	★★★
肌纤维的类型与功能特征	快肌纤维与慢肌 纤维的形态、代谢和生理特征	判断	理解	★★
脊髓对躯体运动的调节	牵张反射	选择、填空	理解	★★
人体运动时的能量供应与消耗	运动时的供能物质及供能形式	选择、判断	理解	★★★
运动过程中人体机能变化规律	赛前状态、准备活动、进入工作状态、稳定工作状态、运动性疲劳、恢复过程	选择、判断、名词解释、简答	理解	★★★
儿童少年生长发育与体育运动	儿童少年生长发育的特点；儿童少年的生理特点和在体育教学中应注意的问题	选择、简答	识记	★★★
运动处方	运动处方的内容与制定	判断、简答	识记	★★★

第一节 运动生理学概述

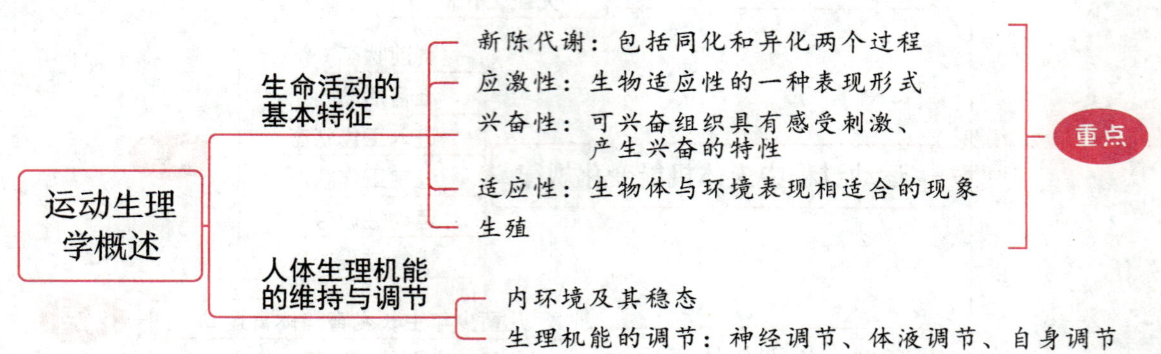

运动生理学是人体生理学的分支，是专门研究人体在体育运动影响下身体机能变化规律的科学，是体育科学中一门重要的应用基础理论学科。

一、生命活动的基本特征 【选择、名词解释】 ★★★

(1)新陈代谢：指生物体不断地与其周围环境进行物质与能量交换，实现自我更新的过程。新陈代谢包括同化（又称合成代谢）和异化（又称分解代谢）两个过程。生物体不断地从体外环境中摄取有用的物质，使其合成、转化为机体自身物质的过程称为同化过程（又称合成代谢）。生物体不断地将体内的自身物质进行分解，并把所分解的产物排出体外，同时释放出能量供应机体生命活动需要的过程称为异化过程（又称分解代谢）。新陈代谢是生命活动的最基本特征。新陈代谢是机体一切机能活动的基础。儿童和少年时期**同化作用占优势**，体内的物质合成速度**大于**分解速度，促使人体不断地生长发育。中年时期同化和异化作用基本上处于平衡状态，维持中年时期的生命活动，显得中年人精力充沛，新陈代谢很旺盛。老年时期，异化作用则占优势，身体渐趋衰退，使衰老加剧，显得老年人缺乏生气。

真题面对面

1.［2022 江西统考，单，1.5 分］新陈代谢包括（　　），两者是同时进行、对立统一的。

A. 同化作用和异化作用　　B. 同化作用和生化作用

C. 生化作用和异化作用　　D. 同化作用和代谢作用

答案：A。

2.［2021 广东广州增城区，单，1.16 分］儿童和少年时期________作用占优势，体内的物质合成速度________分解速度，人体从而不断地生长发育。选（　　）

A. 同化；大于　　B. 异化；小于

C. 同化；小于　　D. 异化；大于

答案：A。

（2）应激性：指机体或一切活体组织对周围环境变化具有发生反应的能力或特性。应激性是一种动态反应，在比较短的时间内完成。应激性的结果是使生物适应环境，可见它是生物适应性的一种表现形式。环境中存在各种各样的刺激因素，如温度、光、电等。对这些因素的刺激，机体产生的反应形式有两种：

①兴奋——刺激后由静止变为活动，由活动弱变为活动强。

②抑制——刺激后由活动变为静止，由活动强变为活动弱。

（3）兴奋性：指在生物体内可兴奋组织具有感受刺激、产生兴奋的特性。

真题面对面

1.［2022 江西统考，单，1.5 分］感受有效刺激后功能表现明显减弱，这称为（　　）

A. 消退　　B. 抑制　　C. 抑郁　　D. 消极

答案：B。

2.［2021 贵州特岗，名词解释，3 分］兴奋性

参考答案：兴奋性是指在生物体内可兴奋组织具有感受刺激、产生兴奋的特性。

（4）适应性：指生物体与环境表现相适合的现象。适应性是通过长期的自然选择，经过很长时间形成的。

（5）生殖：指生物生长发育到一定阶段后，产生与自己相似的新个体以延续种系的生命活动过程。

二、人体生理机能的维持与调节 【选择】★

考点1 内环境及其稳态

人体由各种细胞、组织和器官组成，它们的生理活动在空间和时间上紧密配合，相互协调成为一个统一的整体。人体的细胞、组织与外界环境不发生直接接触，而是生存于细胞外液之中。细胞新陈代谢所需的养料由细胞外液提供。细胞的代谢产物也排到细胞外液中，通过细胞外液再与外环境发生物质交换。因此，细胞外液被称为机体的内环境，以区别于整个机体所生存的外环境。

细胞生存要求内环境各项理化因素相对稳定。然而，内环境理化性质不是绝对静止不变的，而是各种物质在不断交换、转变中达到相对平衡状态，即动态平衡状态，这种平衡状态称为稳态。稳态是一种复杂的动态平衡过程，一方面是代谢过程使稳态不断地受到破坏，另一方面机体又通过各种调节机制使其不断地恢复平衡。总之，整个机体的生命活动正是在稳态不断受到影响，而又不断得到维持的过程中得以顺利进行的。

考点2 生理机能的调节

1. 神经调节

神经调节是指通过神经系统的活动，对生物体各组织、器官、系统所进行的调节。神经调节的特点是准确、迅速、持续时间短暂。根据反射活动形成的条件和过程可分为非条件反射和条件反射两种。

非条件反射是先天性的，反射弧比较固定，结构比较简单，反射中枢在大脑皮层以下部位，是一种较低级的神经活动。

条件反射是后天获得的，是人或高等动物在生活过程中，在一定的条件下形成的高级神经活动。条件反射建立在非条件反射的基础上，必须有大脑皮质参加。条件反射的反射弧是在一定条件下暂时在大脑皮质内接通的。

2. 体液调节

体液调节是指体内产生的一些化学物质(激素、代谢产物)通过体液途径(血液、组织液、淋巴液)对机体某些系统、器官、组织或细胞的功能起到调节作用。体液调节的特点是缓慢、广泛和持久。体液调节直接或间接地受神经系统的调节，常成为条件反射传出途径的一个中间环节或辅助部分。因此，这种调节也称为神经－体液调节。

真题面对面

[2019 河北邢台桥东区，多，1 分]关于体液调节，下列说法正确的是(　　)

A. 体液调节不受神经系统的控制

B. 分泌激素的细胞有内分泌功能

C. 通过化学物质来实现

D. 体液调节不一定都是全身性的

答案：BCD。体液调节直接或间接地受神经系统的调节，常成为条件反射传出途径的一个中间环节或辅助部分。因此，这种调节也称为神经－体液调节。所以 A 项说法错误。

3. 自身调节

自身调节是指组织、细胞在不依赖于外来的神经或体液调节的情况下，自身对刺激发生的适应性反应过程。自身调节的幅度较小，灵敏度较低，但对于生理功能的调节仍有一定意义。

第二节 骨骼肌与运动

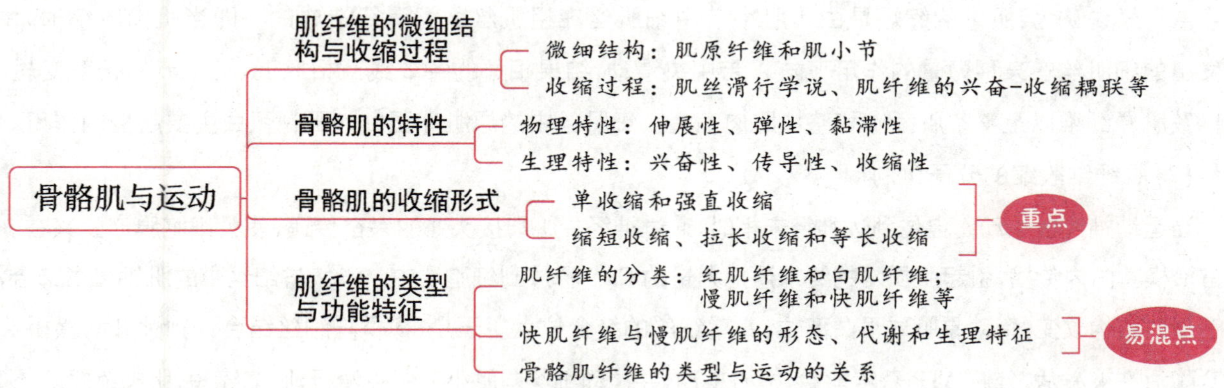

人体内的肌肉包括骨骼肌、心肌和平滑肌三大类。骨骼肌主要分布于骨骼，人体有600多块骨骼肌。骨骼肌的主要活动形式是收缩和舒张，通过舒缩活动完成运动、动作，维持身体姿势。骨骼肌的活动是在神经系统的调节支配下，在机体各器官系统的协调活动下完成的。

一、肌纤维的微细结构与收缩过程 【选择】

1. 肌纤维的微细结构

肌纤维又称肌细胞，是肌肉的基本结构和功能单位。肌细胞内有肌浆（细胞质）和多个细胞核，并且位于细胞膜的下方。肌浆（细胞质）中包含丰富的线粒体。

（1）肌原纤维和肌小节

肌原纤维呈长纤维状，由粗、细两种肌丝按一定规律排列而成。粗肌丝主要由肌球蛋白组成。细肌丝主要由肌动蛋白、原肌球蛋白和肌钙蛋白组成。在显微镜下，每条肌原纤维全长都呈现有规则的明暗交替的节段，分别称为明带（I带）和暗带（A带）。明带中央有一条横向的暗线称Z线。两条相邻Z线之间的一段肌原纤维称为肌小节。每个肌小节由1/2 I带＋A带＋1/2 I带组成。肌小节是肌肉收缩与舒张的基本功能单位。

真题面对面

［2021 贵州特岗，单，1分］粗肌丝主要由（　　）分子组成。

A. 肌动蛋白　　B. 肌球蛋白

C. 肌钙蛋白　　D. 原肌球蛋白

答案：B。细肌丝主要由肌动蛋白、原肌球蛋白和肌钙蛋白组成。故排除A项、C项和D项。粗肌丝主要由肌球蛋白组成。

(2)肌管系统

肌管系统是指包绕在每一条肌原纤维周围的管状结构,它由两组独立的管道系统组成。一部分走向与肌原纤维相垂直,称横管系统,主要作用是将肌膜的兴奋传入细胞内;另一部分走向和肌原纤维平行,称纵管系统,主要作用是在肌小节中间形成终末池,可存储、释放钙离子。

2. 肌纤维的收缩过程

(1)肌丝滑行学说

滑行学说认为:肌肉的缩短是由于肌小节中细肌丝在粗肌丝之间滑行造成的。即当肌肉收缩时,由 Z 线发出的细肌丝在某种力量的作用下向 A 带中央滑动,结果相邻的各 Z 线互相靠近,肌小节的长度变短,从而导致肌原纤维以至整条肌纤维和整块肌肉缩短。细肌丝中的原肌球蛋白和肌钙蛋白主要起控制作用。

(2)肌纤维收缩的分子机制

当运动神经上的动作电位到达神经末梢时,通过神经－肌肉接头处的兴奋传递,使肌细胞膜产生兴奋。该兴奋沿横管向内传播,引起肌质网的终末池把大量的 Ca^{2+} 释放到细胞质中。Ca^{2+} 与细丝中的肌钙蛋白结合,使肌钙蛋白结构改变,牵动原肌球蛋白离位,暴露细丝的结合位点。于是,横桥与细丝结合;与此同时,横桥头的 ATP 酶活性被激活,分解 ATP 获得能量,横桥摆动,并拉动细丝向肌小节中央滑行,肌节缩短,肌肉缩短。

(3)肌纤维的兴奋－收缩耦联

通常把以肌细胞膜电变化为特征的兴奋过程和以肌丝滑行为基础的收缩过程之间的中介过程称为兴奋－收缩耦联。此过程最少应包括以下三个步骤:①肌膜上的动作电位通过横管系统传导到肌细胞内部。②三联管结构处的信息传递。终末池把大量的 Ca^{2+} 释放到细胞质中,Ca^{2+} 与肌钙蛋白结合,最终导致肌丝滑行。③肌质网对 Ca^{2+} 再回收。肌质网膜上有钙泵,当肌浆中 Ca^{2+} 浓度升高时,钙泵将肌浆中的 Ca^{2+} 逆浓度差回收到肌浆网中,肌浆中 Ca^{2+} 浓度降低,Ca^{2+} 与肌钙蛋白分离,粗细肌丝分离,最终引起肌肉舒张。

二、骨骼肌的特性 【判断】

1. 骨骼肌的物理特性

(1)伸展性:骨骼肌在受到外力牵拉或负重时可被拉长的特性。

(2)弹性:当外力或负重取消后,肌肉的长度又可恢复的特性。

(3)黏滞性:由于肌浆内各分子之间的相互摩擦作用所产生的内部阻力的外在表现。

骨骼肌的物理特性受温度影响较大。当温度下降时,肌肉的黏滞性增加,伸展性和弹性下降;当温度升高时,肌肉的黏滞性下降,伸展性和弹性增加。在运动实践中,做好充分准备活动,使肌肉温度升高,降低肌肉的黏滞性,提高伸展性和弹性,有利于防止肌肉损伤和提高运动成绩。

真题面对面

[2021 安徽统考,判断,1 分]运动前的准备活动可提高肌肉的黏滞性,降低肌肉的伸展性和弹性。( )

答案:×。在训练或比赛前做准备活动,其作用之一就是使肌肉温度升高,降低肌肉的黏滞性,提高伸展性和弹性。

2. 骨骼肌的生理特性

(1)兴奋性:骨骼肌受到刺激后能产生兴奋的特性。

(2)传导性:肌细胞某一点受到刺激引起的兴奋迅速传播到整个肌纤维的特性。

(3)收缩性:肌肉兴奋后,立即产生收缩反应的特性。

肌肉的兴奋性和收缩性是紧密联系而又不同的两种基本生理过程。要引起骨骼肌收缩,刺激必须满足以下条件:①刺激达到一定强度。通常把引起肌肉兴奋的最小刺激强度称为阈强度(又叫阈值),该刺激称为阈刺激;大于此值的称阈上刺激;小于此值的称阈下刺激。阈强度通常用作评定组织兴奋性高低的指标。②刺激持续足够的时间。③刺激强度变化率。变化率越大,刺激作用越强;变化率越小,刺激作用越弱。

三、骨骼肌的收缩形式 【选择、填空】★★★

1. 单收缩和强直收缩

单收缩和强直收缩

收缩形式	定义
单收缩	当肌肉接受单次刺激后,就产生一次收缩,称为单收缩。单收缩反映了肌肉收缩的最基本特征
强直收缩	不完全强直收缩:肌肉接受一连串刺激,若后一次刺激落在前一次收缩的舒张期,肌肉在收缩过程中尚未完全舒张,就产生第二次收缩
	完全强直收缩:如果每一次刺激都落在上一次收缩的收缩期,肌肉在收缩过程中完全不能舒张

2. 缩短收缩、拉长收缩和等长收缩

(1)缩短收缩

缩短收缩是指肌肉收缩所产生的张力大于外加阻力时,肌肉缩短,并牵引骨杠杆做相向运动的一种收缩形式。缩短收缩时肌肉起止点相互靠近,又称向心收缩。

根据在整个关节运动范围内肌肉张力与负荷的关系,缩短收缩又可分为非等动收缩和等动收缩两种。

①非等动收缩(又称等张收缩)在整个收缩过程中负荷是恒定的,由于关节角度的变化,引起肌肉收缩力与负荷不相等,收缩速度也变化。

②在整个关节运动范围内肌肉以恒定的速度进行的最大用力收缩,且肌肉收缩产生的力量始终与阻力相等的肌肉收缩称为等动收缩,也称等速收缩。自由泳的划水动作是典型的等动收缩。

(2)拉长收缩

当肌肉收缩所产生的张力小于外力时,肌肉积极收缩但被拉长,这种收缩形式称为拉长收缩。拉长收缩时肌肉起止点相离,又称离心收缩。肌肉收缩产生的张力方向与负荷移动方向相反,肌肉做负功。在人体运动中拉长收缩起着制动、减速和克服重力等作用。

离心收缩和向心收缩容易记忆混淆,考生需要重点记忆。

在运动实践中拉长收缩又往往与缩短收缩联系在一起,形成牵张-缩短环节,即肌肉在缩短收缩前先进行拉长收缩，使肌肉被牵拉伸长，这样，在紧接着的缩短收缩时，便可产生更大的力量或输出功率。如跑步时支撑腿后蹬前的屈髋、屈膝等，使臀大肌、股四头肌等被预先拉长，为后蹬时的伸髋、伸膝发挥更大的肌肉力量创造了条件。再如跳远起跳时身体重心通过支撑点后，髋、膝、踝三个关节被预先拉长，为起跳时发挥更大的肌肉力量创造了条件。

(3)等长收缩

当肌肉收缩所产生的张力等于外力时，肌肉虽在收缩但长度不变，这种收缩形式称为等长收缩。等长收缩是肌肉静力性工作的基础，在人体运动中对运动环节固定、支持和保持某种身体姿势起重要作用。

三种收缩形式的比较

收缩形式	肌肉长度变化	外力与肌张力比较	对外做的功
缩短(向心)收缩	缩短	外力小于肌张力	正功
拉长(离心)收缩	拉长	外力大于肌张力	负功
等长收缩	不变	外力等于肌张力	不做功

真题面对面

1.[2023 安徽统考，单，1 分]跳远起跳阶段，当身体重心通过支撑点后，髋、膝、踝三个关节伸肌群的收缩形式是(　　)

A. 向心收缩　　B. 等长收缩

C. 离心收缩　　D. 等动收缩

答案：C。

2.[2021 山东菏泽郓城，填空，1 分]人在做动作时会发生肌肉收缩，例如当人在蹲下时，肩带和躯干的某些肌肉发生________收缩以保证躯干的垂直姿势，但腿部和臀部的某些肌肉做________收缩。

答案：等长；拉长

四、肌纤维的类型与功能特征 【判断】 ★★

1. 肌纤维的分类

肌纤维的分类有多种分法，根据不同分类方法，可将肌纤维分为不同的类型。

(1)按照肌纤维的颜色把肌纤维分为红肌纤维和白肌纤维。

(2)按照肌肉收缩快慢不同，将其分为慢肌纤维和快肌纤维。

(3)依据肌原纤维 ATP 酶组织化学染色法，将肌纤维分为Ⅰ型和Ⅱ型，又将Ⅱ型分为Ⅱa、Ⅱb、Ⅱc 三种亚型。

(4)根据肌肉的收缩和代谢特征将其划分为慢缩强氧化型，快缩强氧化酵解型和快缩强酵解型三种类型。

2. 快肌纤维与慢肌纤维的形态、代谢和生理特征

快肌纤维与慢肌纤维的形态、代谢和生理特征

肌纤维类型的形态特征

肌纤维类型	肌纤维直径	肌纤维数量	肌质网	α－运动神经元	毛细血管网
快肌	粗	多	发达	大	不太丰富
慢肌	细	少	不发达	小	较丰富

肌纤维类型的代谢特征

肌纤维类型	肌红蛋白含量	线粒体含量	无氧代谢能力	最大乳酸产量
快肌	少	少	大	高
慢肌	多	多	小	低

肌纤维类型的生理特征

肌纤维类型	收缩的潜伏期	收缩时间	肌张力	收缩速度	疲劳程度
快肌	短	短	大	快	易疲劳
慢肌	长	长	小	慢	抗疲劳

真题面对面

[2020 陕西特岗，判断，1 分]快肌纤维和慢肌纤维相比，其生理学特征是收缩力量大，抗疲劳能力强。(　　)

答案：×。快肌纤维肌张力大，易疲劳；慢肌纤维肌张力小，抗疲劳。故错误。

3. 骨骼肌纤维的类型与运动的关系

(1) 运动员的肌纤维类型

人体肌肉中都混合地含有快肌纤维和慢肌纤维。但是，优秀运动员的肌纤维百分比组成具有明显的运动项目特异性。从事时间短强度大运动项目（如短跑、举重等）的运动员快肌纤维百分比大；而从事耐力性运动项目（如马拉松、长跑等）的运动员慢肌纤维百分比大；对有氧能力和无氧能力需求均较高的运动员（如中跑等），其两类肌纤维百分比分布接近。

真题面对面

[2019 安徽统考，判断，1 分]优秀短跑运动员的肌肉中，白肌纤维比例更高。(　　)

答案：√。从事时间短强度大运动项目（如短跑、举重等）的运动员快肌（白肌）纤维百分比大。

(2) 训练对肌纤维的影响

①肌纤维选择性肥大。耐力训练可引起慢肌纤维选择性肥大，速度、爆发力训练可引起快肌纤维选择性肥大。

②酶活性改变。肌纤维对训练的适应还表现为肌肉中有关酶活性的有选择性增强。

第三节　躯体运动的神经调控

- 躯体运动的神经调控
  - 脊髓对躯体运动的调节
    - 运动神经元池
    - 牵张反射：分为腱反射和肌紧张
  - 姿势反射
    - 状态反射
    - 翻正反射
    - 旋转运动反射
    - 直线运动反射

一、脊髓对躯体运动的调节 【选择、填空】★★

1. 运动神经元池

一块肌肉往往受许多运动神经元的支配，支配某一肌肉的一群运动神经元，称为运动神经元池。

2. 牵张反射

当骨骼肌受到外力牵拉时就会产生反射性收缩，这种反射称为牵张反射。牵张反射的反射弧特点是感受器和效应器在同一块肌肉中。牵张反射分为腱反射和肌紧张。

(1)腱反射。腱反射是由于快速牵拉肌腱时发生的牵张反射。其特点是反射弧简单，反射速度快。例如，股四头肌的肌腱受到叩击时，股四头肌受到牵拉后就会发生一次快速的收缩，类似的有跟腱反射等。

(2)肌紧张。肌紧张是指缓慢、持续牵拉肌肉时产生的一种牵张反射，主要调节肌肉的紧张度，对维持人体的正常姿势非常重要，是维持躯体姿势最基本的反射活动，是姿势反射的基础。其特点是反射弧相对复杂，反射速度慢，不易产生疲劳。

真题面对面

1.［2022 福建统考，填空，2 分］投掷标枪时，投掷前的引臂动作利用________原理，以增加主动肌的收缩力量，达到提高运动成绩的目的。

答案：牵张反射

2.［2021 湖南长沙望城区，单，1 分］缓慢牵拉肌肉时引起的牵张反射是指(　　)

A. 脊髓反射　　　　B. 条件反射

C. 腱反射　　　　D. 肌紧张

答案：D。牵张反射分为腱反射和肌紧张。腱反射是由于快速牵拉肌腱时发生的牵张反射。肌紧张是指缓慢、持续牵拉肌肉时产生的一种牵张反射。故选 D。

二、姿势反射

人体姿势的维持是通过全身肌张力的相互协调实现的。在身体活动过程中，中枢不断地调整不同部位骨骼肌的张力，以完成各种动作，保持或变更躯体各部分的位置，这种反射活动总称姿势反射。姿势反射可分为状态反射、翻正反射、旋转运动反射和直线运动反射。

1. 状态反射

状态反射是头部空间位置改变时反射性地引起四肢肌张力重新调整的一种反射活动。状态反射包括迷路紧张反射与颈紧张反射两部分。迷路紧张反射是指内耳迷路的椭圆囊和球囊的传入冲动对躯体伸肌紧张性的调节反射。颈紧张反射是指颈部扭曲时，颈椎关节、韧带或肌肉受刺激后，对四肢肌肉紧张性的调节反射。

状态反射在完成某些运动技能时起着重要作用。例如，在做体操的后手翻、空翻及跳马等动作时，若头部位置不正，就会使两臂用力不均衡，身体偏向一侧，常常导致动作失误或无法完成。短跑运动员起跑时，为防止身体过早直立，往往采用低头姿势，这些都是运用了状态反射的规律。但是，在运动中也有个别动作需要使身体姿势违反状态反射的规律。例如，有训练的自行车运动员在快速骑车时，做出头后仰而身体前倾的姿势。

2. 翻正反射

当人和动物处于不正常体位时，通过一系列动作将体位恢复常态的反射活动称为翻正反射。如将动物四足朝天从空中抛下，可清楚地观察到动物在下降过程中，首先是头颈扭转，然后前肢、躯干和后肢依次扭转过来，当下降到地面时由四肢着地。

翻正反射包括一系列反射活动，最先是由于头部位置不正常，视觉与内耳迷路感受刺激，从而引起头部的位置翻正。头部翻正以后，头与躯干的位置关系不正常，使颈部关节韧带或肌肉受到刺激，从而使躯干的位置也翻正。

在体育运动中，很多动作是在翻正反射的基础上形成的。例如，体操运动员的空翻转体，跳水运动中转体及篮球转体过人等动作，都要先转头，再转上半身，然后转下半身，使动作优美、协调且迅速。

3. 旋转运动反射

人体在进行主动或被动旋转运动时，为了恢复正常体位而产生的一种反射活动，称为旋转运动反射。当身体向任何一侧倾倒时，前庭感受器将受刺激兴奋，通过传入神经到达中脑和延髓，反射性地引起全身肌肉张力重新调整，维持身体平衡。例如，在弯道上跑步时，身体向左侧倾斜，将反射性地引起躯干右侧肌张力增加。

4. 直线运动反射

人体在主动或被动地进行直线加速或减速运动时，即发生肌张力重新调配恢复常态现象，这种反射称为直线运动反射。直线运动反射包括升降反射和着地反射两种形式。

第四节　血液与运动

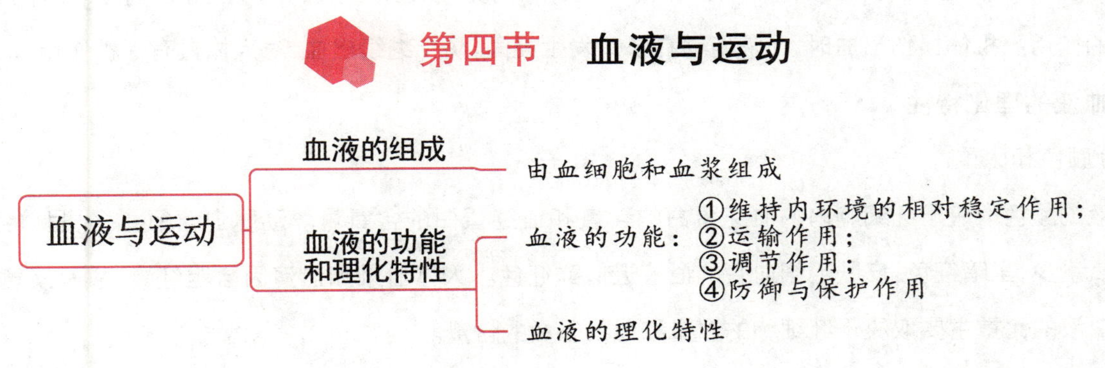

一、血液的组成 【判断】

血液是一种黏滞的液体，由**血细胞**和**血浆**组成。血细胞也称血液的有形成分，包括红细胞、白细胞和血小板。血浆是血细胞以外的液体部分。血浆除含有大量的水分外，还含有多种化学物质、抗体和激素等。血细胞内的物质不断地透过细胞膜而与血浆中的物质进行交换。

真题面对面

［2021 湖南长沙望城区，判断，1 分］血液的主要成分是红细胞和白细胞。(　　)

答案：×。血液是一种黏滞的液体，由血细胞和血浆组成。

二、血液的功能和理化特性

1. 血液的功能

(1) 维持内环境的相对稳定作用

血液能维持水、氧和营养物质的含量，维持渗透压、酸碱度和体温等的相对稳定。这些因素的相对稳定会使人体的内环境相对稳定。只有在内环境相对稳定时，人体组织细胞才有正常的兴奋性和生理活动。

(2) 运输作用

运输是血液的基本功能。血液不断地将从呼吸器官吸入的氧和消化系统吸收的营养物质，运送到身体各处，供给组织细胞进行代谢；同时，又将全身各组织细胞的代谢产物（二氧化碳、水、尿素等）运输到肺、肾、皮肤等器官排出体外。

(3) 调节作用

血液将内分泌器官分泌的激素运输到周身，作用于相应的器官改变其活动，起着体液调节作用。所以，血液是神经－体液调节的媒介。

通过皮肤的血管舒缩活动，血液在调节体温过程中发挥重要作用。温度升高时，皮肤的血管舒张，血液将体内深部产热器官产生的热运送到体表散发；温度降低时，皮肤血管则收缩，减少皮肤的血流量，以维持体温。

(4) 防御与保护作用

血液中的白细胞对于侵入人体的微生物和体内的坏死组织都有吞噬分解作用，称为细胞防御。血浆中含有多种免疫物质，能对抗或消灭外来的细菌和毒素，从而免于传染性疾病的发生。血小板具有加速凝血和止血的作用。机体损伤出血时，血液能够在伤口发生凝固，防止继续出血，对人体具有保护作用。

2. 血液的理化特性

(1) 颜色和比重

血液的颜色取决于红细胞内的血红蛋白的含量和血红蛋白的含氧量。动脉血含氧量多，呈鲜红色；静脉血含氧量少，呈暗红色；皮肤毛细血管的血液近似鲜红色。人体血浆和血清因含胆红素，故呈淡黄色。正常人全血液的比重主要取决于红细胞的数量和血浆蛋白的含量。

(2)黏滞性

血液黏滞性主要取决于红细胞的数量及血浆蛋白的含量，另外，还有血细胞形状及其在血流中的分布特点、表面结构和内部状态、易变形性以及它们之间的相互作用等。

(3)渗透压

渗透压是一切溶液所固有的一种特性，它是由溶液中溶质分子运动所造成的。水分子通过半透膜向溶液扩散的现象称为渗透现象，简称渗透。

溶液促使膜外水分子向内渗透的力量即为渗透压或渗透吸水力，也就是溶液增大的压强，其数值相当于阻止水向膜内扩散的压强。血液的渗透压一般指血浆渗透压。

(4)酸碱度

正常人血浆的 pH 值约为 7.35 ~7.45，平均值为 7.4。人体生命活动所能耐受的最大 pH 值变化范围为 6.9 ~7.8。因为血浆是一种缓冲溶液，所以血浆 pH 值经常维持相对恒定。

血液中还有数对具有抗酸和抗碱作用的物质，称为缓冲对，统称为缓冲体系。血浆中主要的缓冲对是 $NaHCO_3/H_2CO_3$，正常情况下 $NaHCO_3/H_2CO_3$ 的比值为 20∶1。

第五节　循环机能和呼吸机能

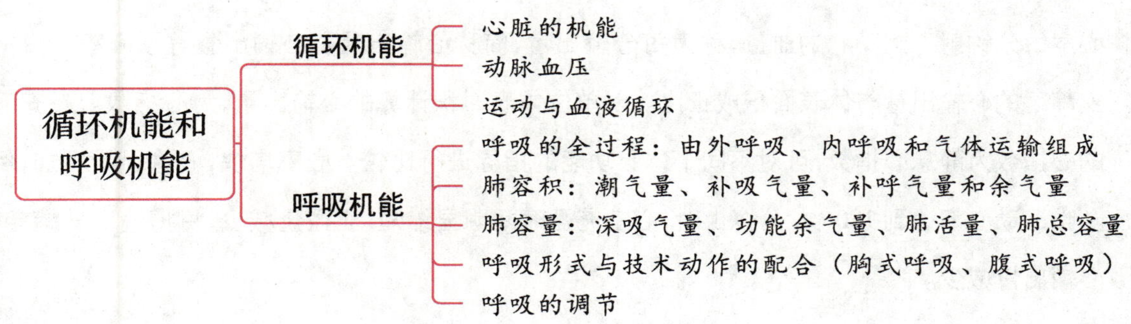

一、循环机能　【选择】★

考点1　心脏的机能

心脏是一个由心肌组织构成并具有瓣膜结构的空腔器官，是血液循环的动力装置，是实现泵血功能的肌肉器官。

1. 心肌的生理特性

心肌具有自动节律性、传导性、兴奋性和收缩性。

心肌的自动节律性、传导性、兴奋性都是以肌膜的生物电活动为基础，故又称为电生理特性。

心肌的收缩性是指心肌能够在肌膜动作电位触发下产生收缩反应的特性，是心肌的一种机械特性。

2. 心动周期与心率

(1)心动周期

心脏收缩和舒张一次这一机械活动周期,称为一个心动周期。一个心动周期中包含心房收缩、心房舒张、心室收缩、心室舒张,但由于心室在心脏泵血活动中起主要作用,故心动周期通常是相对心室的活动周期而言的。

(2)心率

每分钟心脏跳动的次数称为心率。心率是了解循环系统机能的简单易行的指标。每个人的心率增加都有一定的限度,这个限度叫最大心率。

最大心率(次/分)=220-年龄

3. 心脏泵功能的评定

(1)心输出量

①每搏输出量和射血分数

一侧心室每次收缩所射出的血量称为每搏输出量,简称搏出量。每搏输出量占心室舒张末期的容积百分比,称为射血分数。

射血分数(%)=每搏输出量(毫升)/心室舒张末期容积(毫升)×100%

②每分输出量和心指数

一侧心室每分钟射入到动脉的血量,称为每分输出量,简称心输出量。心输出量等于心率与每搏出量的乘积。安静时的心输出量与体表面积成正比。以单位体表面积计算的心输出量,为心指数。在安静和空腹情况下的心指数为静息心指数,可对不同个体心功能的指标进行比较。心率增快,心输出量增加,但有一定的限度。当运动心率达到180次/分以上时,心室充盈时间明显缩短,充盈量减少,每搏输出量就会减少,因此导致心输出量减少。

③心输出量的影响因素

心输出量的大小决定于心率和每搏输出量,而每搏输出量又决定于心肌收缩力和静脉回流量。

心率和每搏输出量:心输出量等于每搏输出量与心率的乘积,因此心率加快和每搏输出量增加都能使心输出量增加。

心肌收缩力:如果心率不变,每搏输出量增加,则每分输出量也增加,因此,心肌收缩力是决定每搏输出量的主要因素之一。一般地说,心肌收缩力强,每搏输出量就多,反之则少。

静脉回流量:心脏输出的血量来自静脉回流,静脉回流量的增加是心输出量持续增加的前提。

总之,在神经系统的作用下,肌肉运动时心输出量的增加主要是心肌收缩、心搏频率和外周血管的紧张性(加速血液回流)等各种调节机制所起的整合效应。

真题面对面

[2021 山东青岛,单,1.25 分]哪个选项不是人在运动时,心输出量增加的原因(　　)

A. 心率增加　　　　B. 每搏输出量增加

C. 静脉回流增加　　　　D. 脑血压增加

答案:D。心输出量一般是指每分钟心室射入主动脉的血量。心输出量的影响因素有心率和每搏输出量,而每搏输出量又决定于心肌收缩力和静脉回流量。故选 D。

(2)心脏泵功能的贮备(心力贮备)

心力贮备能力取决于心率和每搏出量可能发生的最大最适宜的变化。心力贮备包括心率贮备和每搏出量贮备(包括心缩期贮备和心舒期贮备)。当进行剧烈的体育运动时,由于交感肾上腺系统的活动增强,主要通过动用心率贮备和收缩期贮备使心输出量增加。

考点2　动脉血压

血压是指血管内血液流动时对单位面积血管壁的侧压力,即压强。一般来讲,血压多指体循环中的动脉血压。动脉血压是在有足够量的血液充满血管的前提下,由心室收缩射血、外周阻力和大动脉弹性的协同作用产生的。

(1)动脉血压的形成条件包括:①心脏射血;②外周阻力;③主动脉和大动脉管壁的可扩张性和弹性;④血管系统内有无足够的血液充盈量。其中,心脏射血和外周阻力是形成动脉血压的两个基本条件。

(2)主动脉和大动脉管壁的弹性对动脉血压起缓冲作用,当主动脉和大动脉管壁的弹性降低时,表现为收缩压升高而舒张压不变或稍高,脉压增大。在一个心动周期中,尽管血液是连续不断的,但动脉血管内的血压却是周期性变化着的,心室收缩时,主动脉压急剧升高,在收缩中期动脉血压达到最大值,称收缩压。心室舒张时主动脉压下降,在心舒末期主动脉压最低值称舒张压。

(3)动脉血压通常用在上臂肱动脉处测得的血压来代表。我国健康青年人在安静状态时的收缩压为 100 ~120 mmHg,舒张压为 60 ~80 mmHg,脉压为 30 ~40 mmHg。

考点3　运动与血液循环

1. 运动时血液循环功能的调节与适应

运动时,体内能量物质消耗增强和代谢物增多,因此就必须加快血液的流通量,及时满足机体各部能源的供应和代谢物的排泄。由于心交感神经活动加强,因此心率加快,心肌收缩力加强,心输出量增加。骨骼肌节律性收缩的静脉泵作用和呼吸运动的加强等也有利于静脉血液回流,导致心输出量增加。运动中动员心率贮备是调节输出量的主要途径,充分动员心率贮备可使心输出量增加 1.5 ~2.0 倍。长期从事耐力训练的运动员,运动时心输出量可比静息时增加 7 ~8 倍。

2. 肌肉运动时各器官血液量的变化

运动时心输出量增加,但增加的心输出量并不是平均分配给全身各个器官的。通过体内的调节机制,各器官的血流量将进行重新分配。其结果是使心脏和进行运动的肌肉血流量明显增加,不参与运动的骨骼肌及内脏的血流量减少。在运动开始时，皮肤血流量也减少，但以后由于肌肉产热增加，体温升高，通过体温调节机制，使皮肤血管舒张，血流量增加，以增加皮肤散热。

二、呼吸机能 【选择】 ★

1. 呼吸的全过程

呼吸的全过程由外呼吸、内呼吸和气体运输三个环节组成。

①外呼吸：在肺部实现的外界环境与血液间的气体交换，包括肺通气和肺换气。

②内呼吸：组织毛细血管中血液通过组织液与组织细胞间实现的气体交换（又称组织换气）。

③气体运输：气体由血液载运，血液在肺部获得的氧气，经循环将氧气运送到组织毛细血管；组织细胞代谢产生的二氧化碳通过组织毛细血管进入血液，经循环将二氧化碳运送到肺部。

2. 肺通气机能

（1）肺容积

肺容积是指肺内气体的容积总量，包括潮气量、补吸气量、补呼气量和余气量。

①潮气量：每次呼吸所吸入或呼出的气体量。

②补吸气量：平静吸气后再最大吸气所吸入的气体量。

③补呼气量：平静呼气后再最大呼气所呼出的气体量。

④余气量：最大呼气后残余肺内的气体量。

（2）肺容量

肺容纳气体的量称为肺容量，是指肺容积中两项或两项以上的联合气量。

①深吸气量：平静呼气之末做最大吸气时所能吸入的气体量，即补吸气量与潮气量之和。

②功能余气量：平静呼气末尚存留于肺内的气体量，即补呼气量与余气量之和。

③肺活量：最大吸气后尽力所呼出的最大气体量称为肺活量，为潮气量、补吸气量和补呼气量三者之和，或者为深吸气量与补呼气量之和。

④肺总容量：肺所能容纳的最大气量，为肺活量和余气量之和。

真题面对面

[2021 贵州特岗，单，1 分]肺活量是（　　）

A. 潮气量＋补吸气量＋补呼气量

B. 余气量＋潮气量

C. 肺通气量＋补吸气量

D. 肺泡通气量＋潮气量

答案：A。最大吸气后尽力所呼出的最大气体量称为肺活量，为潮气量、补吸气量和补呼气量三者之和，或者为深吸气量与补呼气量之和。故选 A。

3. 在运动过程中要注意呼吸与技术动作配合

(1) 呼吸形式与技术动作的配合

不同技术动作的呼吸形式

呼吸形式	呼吸特征	技术动作
胸式呼吸	以肋间肌活动为主的呼吸运动	如仰卧起坐、“两头起”动作、体转运动
腹式呼吸	以膈肌活动为主的呼吸运动	如体操中的手倒立、肩手倒立、头手倒立、吊环十字悬垂、下“桥”动作

(2) 呼吸时相与技术动作的配合

不同技术动作的呼吸时相

呼吸时相变化	技术动作
吸气	如两臂前屈、外展、扩胸、提肩、展体或反弓动作
呼气	如两臂内收、内旋、收胸、塌肩、屈体或团身等运动

4. 呼吸的调节

(1) 呼吸中枢:在中枢神经系统中,产生和调节呼吸运动的神经细胞群称为呼吸中枢。它们分布在大脑皮质、间脑、脑桥、延髓、脊髓等部位。脑的各级中枢在调节呼吸中的作用不同,正常的呼吸运动有赖于它们之间的协调、制约以及对各种传入冲动的整合。动作实验证明,调节呼吸运动的主要中枢在延髓和脑桥。

各级中枢在调节呼吸中的作用归纳如下:

①大脑皮层:不是产生节律性呼吸的必要部位,是随意呼吸的调节部位;

②脑桥:能完善正常呼吸节律的呼吸调整;

③延髓:是产生节律性呼吸的基本中枢;

④脊髓:实现上位脑与主要呼吸肌的联系。

(2) 呼吸的反射性调节:包括呼吸肌本体感受性反射、肺牵张反射和防御性呼吸反射。使呼吸加强的反射主要是呼吸肌本体感受性反射。

第六节　能量代谢与运动

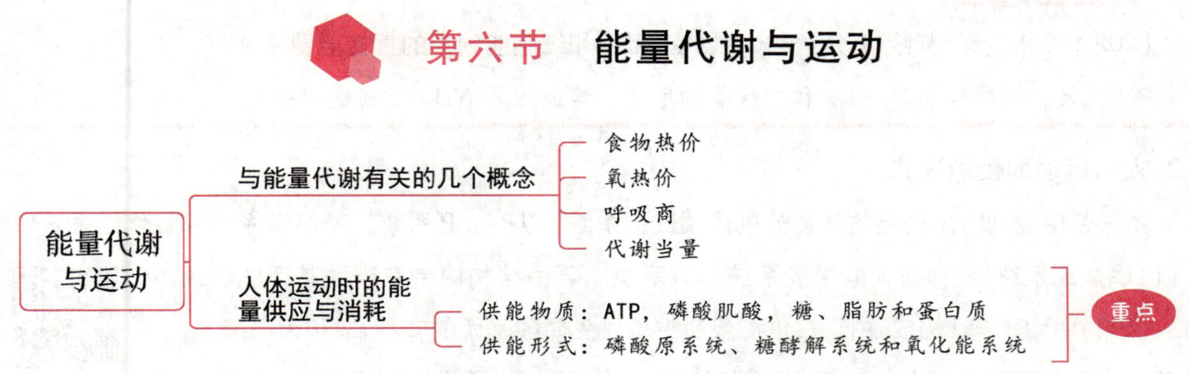

能量代谢是指体内伴随物质的代谢过程而发生的能量释放、转移、贮存和利用的过程。

一、与能量代谢有关的几个概念

与能量代谢有关的几个概念

概念	定义	备注
食物热价	1 g 食物完全氧化分解所释放出的热量称为食物热价。食物热价分为物理热价和生物热价	糖和脂肪的物理热价与生物热价相等，而蛋白质的生物热价小于其物理热价，这是因为蛋白质在体内不能完全被氧化
氧热价	各种能源物质在体内氧化分解时，每消耗一升氧气所产生的热量称为该物质的氧热价	某种食物的产热量 = 该食物的氧热价 × 该食物的耗氧量
呼吸商	各种物质在体内氧化时所产生的二氧化碳与所消耗的氧气的容积之比称为呼吸商	糖、脂肪、蛋白质氧化时，其二氧化碳产量与耗氧量各不相同，呼吸商也不一样，由大到小依次为葡萄糖、蛋白质、脂肪
代谢当量	运动时的耗氧量与安静时耗氧量的比值称为代谢当量（MET）	1 MET 约相当于安静时 1 分钟的能量消耗（耗氧量）

二、人体运动时的能量供应与消耗 【选择、判断】 ★★★

1. 人体运动时的供能物质

人体运动时的供能物质

（1）ATP：人体生命活动中直接能量来源是 ATP（三磷酸腺苷），肌肉活动也不例外。但骨骼肌细胞中 ATP 浓度很低。ATP 在酶的催化下，迅速分解为二磷酸腺苷（ADP）和无机磷酸（Pi），并释放出能量。

$$ATP + H_2O \rightarrow ADP + Pi$$

（2）磷酸肌酸（CP）：ATP 一旦被分解，便迅速被补充。这一补充过程可由肌肉中的另一高能磷酸化合物 CP 来完成。CP 释放的能量将 ADP 再合成 ATP，同时生成 C（肌酸）。

$$CP + ADP \rightarrow ATP + C（肌酸）$$

（3）糖、脂肪和蛋白质：在运动时间较长的情况下，ATP 的再合成有赖于肌糖原和脂肪分解供能。蛋白质在某些情况下也可氧化供能。

真题面对面

[2021 贵州特岗，判断，1 分] 机体各器官、组织和细胞能利用的直接能源是 ADP。（　　）

答案：×。机体各器官、组织和细胞能利用的直接能源是 ATP（三磷酸腺苷）。

2. 人体运动的供能形式

人体在各种运动时所需要的能量分别由磷酸原系统（ATP－CP 系统）、糖酵解系统和氧化能系统供给。

磷酸原系统

（1）磷酸原系统，又称非乳酸供能系统。该系统主要由结构中带有磷酸基团的物质（包括 ATP、ADP、CP 等）构成，由于在供能代谢中均发生磷酸基团的转移，故称为磷酸原。肌肉在运动中由 ATP 直接分解供能，为维持 ATP 水平，保持能量供应的连续性，CP 在肌酸激酶的作用下，再合成 ATP。磷酸原作为极量运动的主要能源物质，虽然维持运动的时间仅仅 6 ~8 s，但却是不可替代的快速能源。运动训练中及恢复期，既应设法提高肌肉内磷酸原的贮备量，又要重视提高 ATP 再合成的速率。

(2) 糖酵解系统，又称乳酸能系统，是运动中骨骼肌糖原或葡萄糖在无氧条件下酵解，生成乳酸并释放能量供肌肉利用的能源系统。

糖酵解系统

糖原 + ADP + Pi→乳酸 + ATP

该系统虽然生成能量的数量不多，但在极量运动的能量供应中具有特殊的重要性。

糖酵解系统与磷酸原系统共同为短时间高强度无氧运动提供能量。中距离跑等运动持续时间在 2 min 左右的项目，主要由糖酵解系统供能；而篮球、足球等非周期性项目在运动中加速、冲刺时的能量由磷酸原和糖酵解系统提供。

(3) 氧化能系统，又称有氧氧化系统。糖类、脂肪和蛋白质在供氧充分时，可以氧化分解，同时释放大量能量，该能源系统以糖和脂肪为主，尽管其供能的最大输出功率仅达糖酵解供能系统的 1/2，但其贮备丰富，维持运动的时间较长（糖类可达 1.5 ~2 h，脂肪可达更长时间），成为长时间运动的主要能源。

氧化能系统

人体运动的供能形式是小学体育教师招聘考试的重点，要求考生能够理解三大供能系统的需氧情况、持续时间等供能特点，并能够与运动项目相结合，区分各种运动中的主要供能系统。

真题面对面

1. [2022 安徽统考，单，1 分] 下列选项中，同属于以有氧供能系统为主的运动项目是（　　）

①50 m 跑　②100 m 跑　③1500 m 跑　④3000 m 跑　⑤5000 m 跑

A. ①③④　　B. ①④⑤　　C. ②③④　　D. ③④⑤

答案：D。有氧氧化系统是长时间运动的主要能源。1500 m 跑、3000 m 跑、5000 m 跑需要供能的时间较长，因此同属于以有氧供能系统为主的运动项目。故选 D。

2. [2021 山东菏泽郓城，多，2 分] 不同运动项目的供能系统各有不同，下列哪些项目主要是磷酸原和酵解能系统供能（　　）

A. 体操　　B. 划船

C. 排球　　D. 自由泳 1500 米

答案：AC。酵解能供能系统与磷酸原供能系统共同为短时间高强度无氧运动提供能量。中距离跑等运动持续时间在 2 min 左右的项目，主要由酵解能系统供能；运动持续时间较长的项目，主要由氧化供能系统供能；而体操、排球等项目在运动中的能量主要由磷酸原和酵解能供能系统提供。

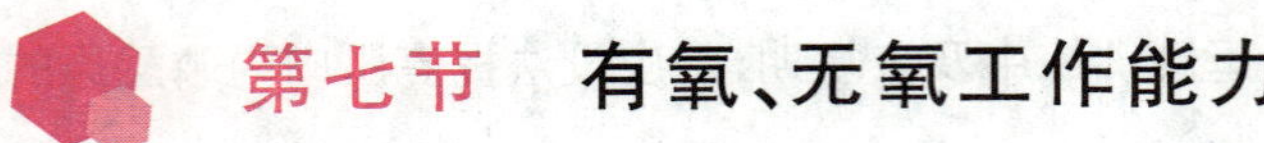

第七节 有氧、无氧工作能力

- 有氧、无氧工作能力
  - 有氧、无氧工作能力概述
    - 需氧量、摄氧量、氧亏
  - 有氧工作能力
    - 最大摄氧量(VO_2max)
    - 乳酸阈
    - 提高有氧工作能力的训练
  - 无氧工作能力
    - 无氧工作能力的生理基础
    - 提高无氧工作能力的训练

一、有氧、无氧工作能力概述

一切运动的能量供应过程都是由有氧代谢和无氧代谢以不同的比例组成的。因此,运动能力又可分为有氧工作能力和无氧工作能力。代谢过程与运动能力密切相关。

(1)需氧量:指机体为维持某种生理活动所需要的氧量。通常以每分钟为单位计算,正常成人安静时需氧量约为 250 mL/min(毫升/分)。运动时需氧量随着运动强度而变化,并受运动持续时间影响。

(2)摄氧量:单位时间内机体能够摄取并被实际消耗或利用的氧量。

(3)氧亏:在运动过程中,当机体能够摄取的氧量满足不了实际需氧量时,造成体内氧的亏欠。

二、有氧工作能力 【判断】 ★

有氧工作是指机体在氧供充足的情况下由能源物质氧化分解提供能量所完成的工作。氧供充足是实现有氧工作的先决条件,也是制约有氧工作的关键因素。

1. 最大摄氧量(VO_2max)

最大摄氧量是指在人体进行有大量肌肉群参加的长时间剧烈运动中,当心肺功能和肌肉利用氧的能力达到本人极限水平时,单位时间内(通常以每分钟为计算单位)所能摄取的氧量。

最大摄氧量是评定心肺功能和有氧工作能力的客观指标,是选材的生理指标,是制订运动强度的依据。

最大摄氧量受多种因素制约,其水平的高低主要取决于氧运输系统或心脏的泵血功能和肌组织利用氧的能力。另外其他因素,如遗传因素、年龄和性别因素、训练因素等对最大摄氧量也有较大影响。

2. 乳酸阈

在递增负荷运动中,血乳酸浓度随运动负荷的递增而增加,当运动强度达到某一负荷时,血乳酸出现急剧增加的那一点(乳酸拐点)称为**乳酸阈**。乳酸阈常用于评定有氧工作能力,制订有氧耐力训练的适宜强度。

真题面对面

[2021 湖南长沙县,判断,1 分]决定有氧耐力训练效果的有效指标是乳酸阈。( )

答案:√。乳酸阈常用于评定有氧工作能力,制订有氧耐力训练的适宜强度。故题干的说法正确。

3. 提高有氧工作能力的训练

目前,常用于发展有氧能力的训练方法有持续训练法、乳酸阈强度训练法、间歇训练法和高原训练法。

三、无氧工作能力

无氧工作能力是指运动中人体通过无氧代谢途径提供能量进行运动的能力。无氧工作能力由两部分组成，即 ATP－CP 分解供能（非乳酸能）和糖无氧酵解供能（乳酸能）。ATP－CP 是无氧功率的物质基础，一切短时间、高功率运动，如冲刺、短跑等活动能力均取决于 ATP－CP 供能的能力，而乳酸能则是速度耐力的物质基础。

1. 无氧工作能力的生理基础

无氧工作能力的生理基础包括能源物质的储备、代谢过程的调节能力及运动后恢复过程的代谢能力、最大氧亏积累。

2. 提高无氧工作能力的训练

（1）发展 ATP－CP 供能能力的训练。目前，在发展磷酸原系统供能能力的训练中，主要采用无氧低乳酸的训练。一般采用短时间、高强度的重复训练。

（2）提高糖酵解供能系统的训练。①最大乳酸训练；②乳酸耐受能力训练。

第八节　运动过程中人体机能变化规律

运动过程中人体机能变化规律
- 赛前状态
  - 赛前状态的类型：准备状态型、起赛热症型、起赛冷淡型 【易混点】
  - 赛前状态的调整
- 准备活动
  - 准备活动的类型：一般性准备活动、专门性准备活动 【重点】
  - 准备活动的生理作用
- 进入工作状态
  - 产生进入工作状态的原因：生理惰性和物理惰性
  - 影响进入工作状态的因素：动作复杂程度、训练水平等
  - 极点与第二次呼吸 【重点】
- 稳定工作状态
  - 真稳定状态：摄氧量能够满足需氧量
  - 假稳定状态：需氧量大于最大摄氧量
- 运动性疲劳
  - 由运动引起的一种特有生理现象
  - 运动性疲劳的分类
  - 运动性疲劳的产生机理
  - 运动性疲劳的判断
  - 消除运动性疲劳的方法
- 恢复过程
  - 恢复过程的阶段划分：运动时恢复阶段、运动后恢复阶段、超量恢复阶段
  - 促进人体机能恢复的措施：活动性手段、营养性手段、睡眠、中医药手段、物理手段

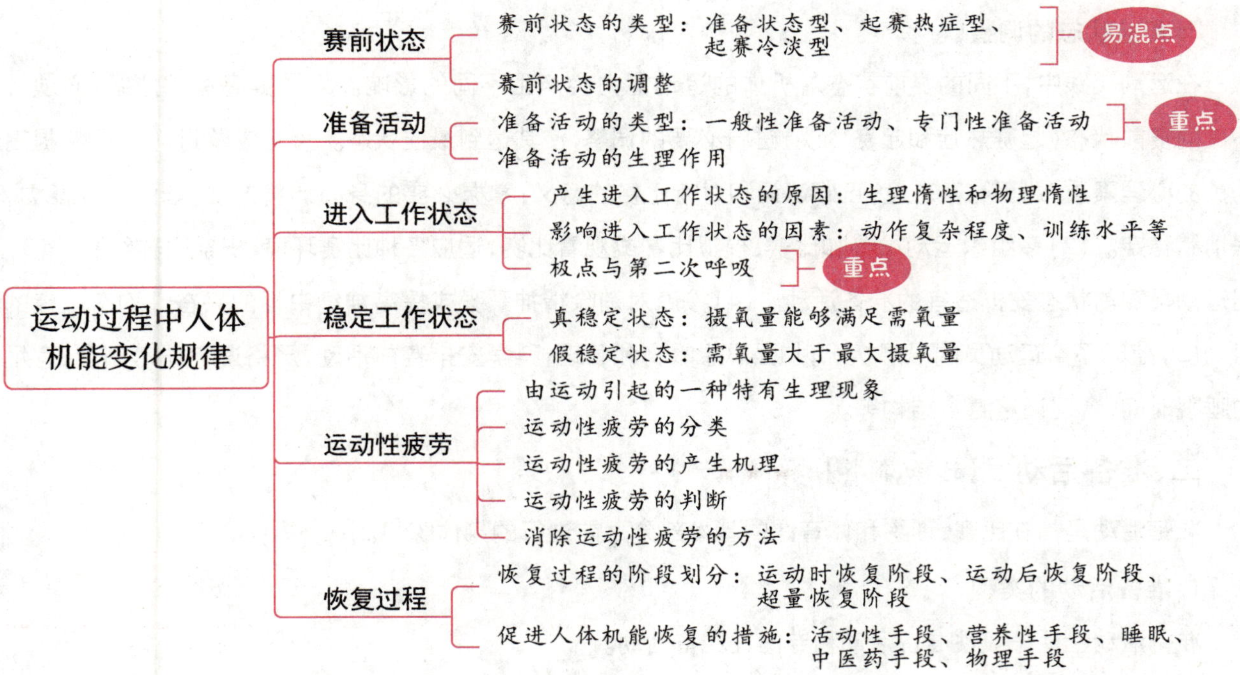

运动过程中人体生理机能将发生一系列规律性变化。按其发生的顺序可分为赛前状态、准备活动、进入工作状态、稳定状态、疲劳及恢复过程几个阶段。

一、赛前状态 【判断】 ★

在正式比赛或训练前，人体的某些器官、系统产生的一系列条件反射性机能变化称为赛前状态。

1. 赛前状态的类型

赛前状态依据其生理反应特征和对人体机能影响的程度可分为准备状态型、起赛热症型和起赛冷淡型三种类型。

赛前状态的类型

类型	特点	表现特征
准备状态型	中枢神经系统兴奋性适度提高	机体机能得到预先动员，可缩短进入工作状态的时间，提高运动成绩
起赛热症型	中枢神经系统兴奋性过高	情绪紧张、四肢无力、全身微微颤抖、喉咙发堵、寝食不安、呼吸短促、尿频等不良反应，影响运动员的竞技能力和运动成绩
起赛冷淡型	中枢神经系统兴奋性过低	情绪低落、全身无力、反应迟钝、对比赛冷淡等不良反应

真题面对面

[2023 安徽统考，判断，1 分] 运动员适当的赛前紧张可以提高比赛适应能力。(　　)

答案：√。准备状态(适当的赛前紧张)的特点是中枢神经兴奋性适度提高，植物神经和内脏器官的惰性有所克服，机体机能得到预先动员，有利于缩短进入工作状态的时间，使机体更好地发挥机能水平，提高比赛适应能力和运动成绩。

2. 赛前状态的调整

在运动实践中，不同的赛前状态对机体的运动能力会产生不同的影响。为了提高运动成绩，必须针对不良的赛前状态(起赛热症和起赛冷淡)进行必要的调整，使其达到最佳状态。为此应做到：(1)不断提高运动员的心理素质，端正比赛态度，正确认识和对待比赛的意义；掌握必要的身心调整方法，增强自控能力，确保情绪稳定。(2)多组织运动员参加比赛、模拟比赛或观看比赛，适应各种比赛环境，积累比赛经验。(3)根据运动员赛前状态安排适宜的准备活动。(4)按摩对消除精神紧张或提高神经中枢的兴奋性均有一定的作用。(5)随时了解运动员的思想状况，加强思想教育和管理，科学安排赛前活动，严格遵守作息制度，有足够的睡眠时间，合理调整膳食结构等。

二、准备活动 【选择、简答】 ★★★

准备活动是指在比赛、训练和体育课的基本部分之前进行的身体练习。

1. 准备活动的类型

准备活动包括一般性准备活动和专门性准备活动。

准备活动的类型

类型	定义	目的
一般性准备活动	指与正式比赛或训练动作结构及机能特点不相似的活动	提高新陈代谢，使其体温升高，提高神经系统的兴奋性及各器官系统的机能以及预防运动损伤等

续表

类型	定义	目的
专门性准备活动	指与正式比赛或训练动作结构、节奏及运动强度相似的各种身体练习	提高参与运动有关中枢间的协调性，强化动力定型，为正式比赛或训练做好技术和机能的准备

2. 准备活动的生理作用

（1）提高机体的调节能力。准备活动可适度提高神经系统的兴奋性，增强参与运动有关中枢间的协调性和内分泌腺的活动，使神经调节与体液调节协同调控全身各脏器的机能活动，确保正式练习或比赛时的生理机能迅速达到适宜状态。

（2）提高机体的有氧工作能力。准备活动可使肺通气量、心输出量、血流量和血流速度加大，氧运输能力增强，心肌和骨骼肌中毛细血管扩张，供血量增加，氧合血红蛋白解离加速，血液释氧变快，有利于工作肌单位时间内摄取更多的氧气，以增强机体进入工作状态阶段时的有氧供能能力，降低血乳酸的产生。

（3）提高体温和代谢水平。准备活动时的身体练习，使机体耗能增加，其能耗一部分供肌肉收缩，一部分转化为热能导致体温升高。体温的适度升高进而又可提高体内代谢酶的活性，加快物质的分解速度，保证运动中肌肉活动的能量供应。

（4）提高肌肉的收缩能力。由于准备活动适度提高了体温和神经系统的兴奋性，从而可使神经冲动的传导速度加快，肌肉的兴奋性增强，肌肉的黏滞性降低，使肌肉的收缩速度加快、收缩力量增大，并能提高肌肉及韧带的弹性和伸展性，预防运动损伤。

（5）提高机体的散热能力。准备活动时的身体练习可增大皮肤血流量，动员汗腺分泌活动，有利于机体散热，防止或减小正式比赛或训练时体温过高对机体造成的不良影响。

（6）调整赛前状态。准备活动可改善大脑皮质的兴奋状态，提高反应速度，减小不良的赛前反应，使机体在比赛前达到或处于良好的赛前状态，为正式比赛或训练做好机能上的准备。

真题面对面

1.［2020 山东临沂，多，1.4 分］在体育活动过程中，运动前人们往往先进行准备活动的练习，对于准备活动说法正确的是（　　）

A. 准备活动可以提高肌肉温度　　B. 准备活动能调节心理状态

C. 准备活动可以减少伤害事故　　D. 准备活动的量越大、时间越长越好

答案：ABC。准备活动是在比赛前通过人为活动，来预先动员身体机能，从而使机体的调节机能得到改善，内脏器官的生理惰性得到克服，代谢水平增加，运动能力提高，调整运动前的心理状态，预防运动损伤。若准备活动的量过大，身体容易出现疲劳，参加正式运动时，身体的功能水平不是处于最佳状态而是有所下降，此时参加剧烈运动就容易受伤。

2.［2020 陕西特岗，简答，5 分］请简述准备活动的生理作用。

参考答案：参见上文。

三、进入工作状态 【判断、简答】 ★★★

在运动的开始阶段,人体各器官系统的机能并不是一开始就立刻达到最高水平,而是有一个逐步提高的过程。此过程称为进入工作状态。

1. 产生进入工作状态的原因

进入工作状态的产生原因包括生理惰性和物理惰性两方面。其中,内脏器官的生理惰性是影响进入工作状态的主要原因。

2. 影响进入工作状态的因素

一般来说,动作越复杂,活动变换越频繁,进入工作状态越慢;训练水平越高,当时的机能状态越好,进入工作状态越快。良好的赛前状态和充分的准备活动能有效地缩短进入工作状态的时间。此外,进入工作状态的时间长短还与年龄有关,儿童少年进入工作状态的时间较成年人短。

3. 极点与第二次呼吸

"极点"及其产生的机理

(1)"极点"及其产生的机理

在进行持续时间较长的剧烈运动时,在运动开始阶段内脏器官的功能不能满足运动器官的需要,运动者常产生一些难以忍受的生理反应,如呼吸困难、胸闷、头晕、心率剧增、肌肉酸痛无力、动作迟缓不协调,甚至产生停止运动的念头等,这种机能状态称为"极点"。极点出现的迟早、反应的强弱以及消失的快慢与运动强度、运动项目、训练水平、赛前状态及准备活动等因素有关。

"极点"产生的原因主要是内脏器官的机能惰性与肌肉活动不相称,致使供氧不足,大量代谢产物(如乳酸)在体内堆积,血液 pH 降低等。在这些代谢产物的刺激作用下,反射性引起呼吸、循环系统机能活动失调。这些机能失调的强烈刺激传入大脑皮层后引起动力定型暂时紊乱,运动中枢抑制过程占优势。因此,"极点"出现时表现为动作迟缓、不协调,精神低落等症状。

克服"极点"现象的主要措施包括:①继续坚持运动;②适当降低运动强度;③调整呼吸节奏,尤其要注意加大呼吸深度。

真题面对面

1. [2023 安徽统考,判断,1 分]"极点"主要是由于内脏器官的生理惰性,摄氧量不能满足肌肉活动的氧需求所致。( )

答案:√。"极点"产生的原因主要是内脏器官的生理惰性与肌肉活动不相称,致使供氧不足,大量代谢产物(如乳酸)在体内堆积,血液 pH 降低等。

2. [2022 山西特岗,判断,1 分]在进行耐久跑的练习时,在生理上会出现"极点"现象,可以用加大呼吸深度的方式减轻"极点"的程度。( )

答案:√。

3. [2019 天津和平区,简答,5 分]什么是"极点"现象?怎么克服"极点"现象?

参考答案:参见上文。

(2)“第二次呼吸”及其产生的机理

“极点”出现后，经过一定时间的调整，躯体性和植物性动力定型的协调关系得到恢复，机体不良的反应逐渐减轻或消失，动作变得轻松有力，呼吸均匀自如，这种现象称为“第二次呼吸”。“第二次呼吸”的出现标志着进入工作状态阶段结束，开始进入稳定工作状态。

“第二次呼吸”产生的主要原因是：①植物性神经的惰性逐步得到克服，内脏器官活动逐步加强，氧气供应增加，乳酸得到逐步清除；②“极点”出现后，运动速度减慢，需氧量减少，机体内环境逐步改善，被破坏的“动力定型”得到恢复。

四、稳定工作状态

稳定工作状态是指进入工作状态结束后，人体各器官、系统机能在一段时间内保持在相对稳定的状态。稳定工作状态分为真稳定工作状态和假稳定工作状态。

1. 真稳定状态

人体在进行强度较小、持续时间较长的运动时，进入工作状态阶段结束后，机体的摄氧量能够满足需氧量的要求，各项生理、生化指标保持相对稳定状态，这种稳定状态称为真稳定状态。其特点是摄氧量能够满足需氧量，即摄氧量和需氧量保持动态平衡。

2. 假稳定状态

人体在进行强度较大、持续时间较长的运动时，进入工作状态结束后，摄氧量已经达到并稳定在最大摄氧量的水平上，但仍不能满足机体对氧的需要，氧亏不断增多，无氧酵解供能比例明显增加，乳酸的产生率大于清除率，乳酸堆积，血浆 pH 值下降，这种状态称为假稳定状态。其特点是需氧量大于最大摄氧量。

五、运动性疲劳 【选择、名词解释】 ★★

考点1 运动性疲劳的概念及其分类

1. 运动性疲劳的概念

在运动生理学中，运动性疲劳是指在运动过程中，机体运动过度而引发机能能力或工作效率下降，不能维持在特定水平上的生理过程。运动性疲劳是由运动引起的一种特有生理现象。

运动性疲劳

知识再拔高

《体育保健学》中的运动性疲劳

在《体育保健学》中，运动性疲劳是指在运动过程中出现了机体（运动）能力暂时性降低，但经过适当的休息和调整以后，可以恢复原有机能水平的一种生理现象。运动性疲劳是运动训练过程中常见的一种生理现象。在训练过程中，运动员运动水平的提高是一个疲劳—恢复—再疲劳—再恢复的良性循环过程。

真题面对面

[2021 贵州特岗,名词解释,3 分]运动性疲劳

参考答案:参见上文。

2. 运动性疲劳的分类

运动性疲劳的分类方法十分复杂,根据其产生的部位、运动方式以及产生机制等可分为:

(1)骨骼肌疲劳、心血管疲劳及呼吸系统疲劳

①骨骼肌疲劳是指运动引起的骨骼肌机能下降而产生的疲劳,如力量训练引起的肌肉酸痛、肌肉僵硬以及肌力下降等。

②心血管疲劳是指运动引起的心血管系统及其调节机能下降而产生的疲劳,如运动后心输出量减少、心率恢复速度减慢等。

③呼吸系统疲劳是指运动引起的呼吸系统机能下降而产生的疲劳,如剧烈运动时呼吸表浅、胸闷、通气量减少等。

(2)快速疲劳和耐力疲劳

①快速疲劳是指短时间、剧烈运动引起的身体机能下降现象,如短跑、投掷、跳跃等项目运动所产生的疲劳。

②耐力疲劳是指小强度、长时间运动引起的身体机能下降,如马拉松、越野等项目运动引起的疲劳。一般认为疲劳发生的越快,消除的速度也越快。

(3)整体疲劳和局部疲劳

①整体疲劳是指由全身运动引起全身各器官机能下降而产生的疲劳,如足球、篮球、马拉松等项目运动产生的疲劳。

②局部疲劳是指以身体某一局部进行运动导致局部器官机能下降而引起的疲劳,如负重下蹲引起的下肢肌疲劳、特定专门动作练习引起的相应肌肉疲劳等。

(4)轻度疲劳、中度疲劳和重度疲劳

①轻度疲劳稍事休息即可恢复,属正常现象。

②中度疲劳有疲乏、肌肉酸疼、心悸的感觉。

③重度疲劳除有上述症状外,还有头痛、胸痛、恶心甚至呕吐等征象,而且这些征象持续时间较长。

(5)心理性疲劳和躯体性疲劳

①心理疲劳是由于心理活动造成的一种疲劳状态,其主观症状有:注意力不集中,记忆力障碍,理解、推理困难,脑力活动迟钝、不准确等。

②躯体性疲劳是由身体活动引起的一种运动能力下降的现象,主要表现为动作迟缓,不灵敏,动作的协调能力下降,失眠、烦躁不安等。

考点2　运动性疲劳的产生机理

运动性疲劳的产生机理主要有以下几种:(1)能源耗竭学说;(2)代谢产物堆积学说;(3)内环境稳定性

失调学说；(4)保护性抑制学说；(5)突变理论；(6)自由基损伤学说。其中，能源耗竭学说认为，疲劳产生的原因是能源物质消耗造成的。

考点3　运动性疲劳的判断

判断运动性疲劳主要采用主观感觉、客观检查以及运动者的经验等方法进行。

1. 主观感觉

运动时的自我感觉是判断运动性疲劳的重要标志。

疲劳程度的简易判断标准

内容	轻度疲劳	中度疲劳	极度疲劳
自我感觉	无任何不舒服	疲劳、腿痛、心悸	除疲劳、腿痛、心悸外，还有头痛、胸痛、恶心甚至呕吐等征象，而且这些征象会持续相当一段时间
面色	稍红	相当红	十分红或者苍白，有时呈紫红色
排汗量	不多	较多	非常多，尤其是整个躯干部分
呼吸	中度加快	显著加快	显著加快，并且呼吸表浅，有时会出现节律紊乱
动作	步态轻稳	步态摇摆不稳	摇摆现象显著，出现不协调动作
注意力	较好、能正确执行指示	执行口令不准确，会出现错误的技术动作	执行口令缓慢，技术动作出现变形

2. 客观检查

客观检查指标及说明

<table>
<tr><th>检查指标</th><th colspan="2">检查内容</th><th>检查说明</th></tr>
<tr><td rowspan="3">骨骼肌指标</td><td colspan="2">肌肉力量</td><td>运动性疲劳最明显的特征是肌肉力量下降。运动后肌肉力量明显下降而且不能及时恢复，可视为肌肉疲劳</td></tr>
<tr><td colspan="2">呼吸肌耐力</td><td>可连续测试 5 次肺活量，每次测定间隔 30 秒，疲劳时肺活量逐次下降</td></tr>
<tr><td colspan="2">肌电图</td><td>疲劳时肌电振幅增大，频率降低，电机械延迟延长，表明神经肌肉功能下降</td></tr>
<tr><td rowspan="6">心血管系统指标</td><td rowspan="3">心率</td><td>基础心率</td><td>如果大运动负荷训练的基础心率较平时每分钟增加 10 次以上，则认为有疲劳现象；如果连续几天持续增加，则表明疲劳积累，应调整运动负荷</td></tr>
<tr><td>运动中心率</td><td>如果在一段时间内，从事同样强度的定量负荷，运动中心率增加，则表示身体疲劳</td></tr>
<tr><td>运动后恢复心率</td><td>当机体疲劳时，心血管系统机能下降，可使运动后的心率恢复时间延长，可作为诊断疲劳的指标</td></tr>
<tr><td rowspan="2">血压</td><td>晨血压</td><td>当身体机能状况良好时，清晨安静血压较为稳定，若晨血压比平时升高 20% 左右且持续两天以上不恢复，往往是机能下降或疲劳的表现</td></tr>
<tr><td>运动状态下血压</td><td>当运动时脉压差增加的程度比平时减少，出现无力型反应，表明已产生中度或重度疲劳。若出现“无休止音”或梯形反应，表明已产生过度疲劳</td></tr>
<tr><td colspan="2">心电图</td><td>运动中心脏疲劳可使心电图出现异常，S－T 段向下偏移，T 波可能下降或倒置</td></tr>
</table>

续表

检查指标	检查内容	检查说明
神经系统和感觉器官指标	反应时	机体疲劳时反应时延长
	皮肤空间阈	疲劳时触觉机能下降,辨别皮肤两点之间最小距离的能力下降
	闪光频度融合	当闪光融合阈值下降 3.9 周/s 以下时,为轻度疲劳;当闪光融合阈值下降 4.0 ~ 7.9 周/s 时为中度疲劳;当闪光融合阈值下降 8.0 周/s 以上时为重度疲劳
其他指标	血乳酸	一般认为,机体在安静时血乳酸超过正常值范围,运动时最大乳酸值下降,在相同负荷练习后血乳酸升高或清除时间延长,表明机体已出现运动性疲劳
	血尿素	若机体机能状态正常情况下,运动后次日早晨血尿素上升幅度在 50% 以下,表明机体出现中度或重度疲劳;若 1 ~ 2 天后晨血尿素还逐日上升,说明疲劳程度向过度疲劳发展,必须立即调整运动负荷
	尿蛋白	在完成相同强度的训练时,如果尿蛋白不减少,或反而增加,可能是过度疲劳或过度训练的表现
	唾液 pH	由于长期剧烈运动后,乳酸生成增多,血液 pH 下降,则唾液 pH 也下降。因此,测定唾液 pH 可用于判断运动性疲劳

考点4 消除运动性疲劳的方法 【选择】 ★★

1. 劳逸结合

①放松活动。放松活动不仅可以使心血管系统、呼吸系统、神经系统和内分泌系统等从适应剧烈运动的状态过渡到安静状态,还可以促进肌肉放松,是消除疲劳、促进体力恢复的一种有效的主动恢复手段。其主要内容有:慢跑和呼吸体操;肌肉、韧带拉伸等放松练习。

②睡眠。充足的睡眠是消除疲劳的好方法。成年运动员在训练期间,每天要保证 8 ~ 9 h 的睡眠时间;青少年运动员要保证每天 10 h 以上的睡眠时间。

③心理恢复。可以采用疗养、旅游、音乐欣赏等手段来放松神经系统,对由比赛时精神紧张而引起的疲劳有良好的缓解作用。

2. 物理措施

①温水浴、桑拿浴。温水浴可以促进人体血液循环,有利于疲劳肌肉的物质代谢,是一种简单易行的消除疲劳的方法。水温以 40 ℃左右为宜,温度不宜过高,时间为 10 min 左右,勿超过 20 min,以免加重疲劳。

桑拿浴是利用高温干燥的环境,加速血液循环,使人体大量排汗,从而使体内的代谢产物能及时排出体外。桑拿浴时间不宜过长,每次 5 min 左右,最好与温水浴交替进行,反复 4 ~ 5 次。

②按摩。按摩可调节血液循环、增强心血管功能、解除大脑的紧张与疲劳,并可改善由运动性疲劳造成的免疫功能下降的状况。消除运动性疲劳的按摩通常在运动后进行,按摩时间一般在 30 ~ 60 min 之间。

③局部热敷。局部热敷可以促使组织器官的血管扩张和加速血液循环,对局部神经末梢也有安抚作

用。热敷的温度以47 ℃ ~48 ℃为宜,一般持续在10 min左右。

④吸氧或负离子吸入。吸氧可促进乳酸氧化,对消除疲劳有效果;负离子能提高人体神经系统的兴奋性,加速组织氧化,也有利于疲劳的消除。

3. 营养物质补充

在运动性疲劳产生的过程中和运动性疲劳出现后,尽快摄入足够的营养物质来补充能量、调节生理功能,这是缓解运动性疲劳的产生和促进运动性疲劳恢复的重要措施。

一般认为,在运动中和运动后要大量补充糖,以补充运动中所消耗的糖原,大强度运动后需要有足够蛋白质补充。同时,运动中出汗导致大量的水分和电解质丢失,还需要补充足够的水分和无机盐,以及调节生理代谢所需要的维生素(特别是维生素C)和其他微量元素。

4. 中草药

主要从补脾、补肾、活血化瘀三方面进行。在应用中药消除运动性疲劳时要注意有些中药含有国际奥委会禁用的化学成分。

六、恢复过程 【选择】 ★

恢复过程是指人体在运动过程中和运动结束后,各种生理机能及运动中所消耗的能源物质逐渐恢复到运动前水平的过程。

1. 恢复过程的阶段划分

恢复过程的阶段划分

(1)运动时恢复阶段。运动时能源物质消耗占优势,虽然恢复过程也在进行,但是消耗大于恢复,因此,能源物质逐渐减少,各器官、系统机能逐渐下降。

(2)运动后恢复阶段。运动结束后消耗过程减弱,恢复过程明显占优势,能源物质及各器官、系统机能逐渐恢复到运动前的水平。

(3)超量恢复阶段。**超量恢复**是指运动时消耗的物质及各器官、系统的机能在运动后不仅恢复到原来水平,而且在一段时间内出现超过原来水平的现象。超量恢复保持一段时间后又回到原有的水平。

超量恢复的程度及出现的时间与运动量(或消耗程度)的大小有密切关系,在一定的范围内,运动量越大,物质消耗过程越剧烈,超量恢复越明显。如果运动量过大,超过了生理范围,恢复过程就会延长。不同能源物质出现超量恢复的快慢也不同。

真题面对面

[2021 湖南特岗,单,2分]当训练课之间间歇时间过短时,机体机能能力表现为(　　)

A. 逐渐提高　　B. 逐渐下降

C. 保持在原有水平　　D. 变化不明显

答案:B。运动时能源物质消耗占优势,虽然恢复过程也在进行,但是消耗大于恢复,因此,能源物质逐渐减少,各器官、系统机能逐渐下降。所以,当训练课之间间歇时间过短时,机体机能能力表现为逐渐下降。

2. 促进人体机能恢复的措施

促进人体机能恢复的措施

(1)活动性手段

①整理活动：指运动后进行的各种较为轻松的身体练习，其目的是消除疲劳，促进体力恢复。做好充分的整理活动是取得良好的训练效果及预防运动损伤的重要手段之一。

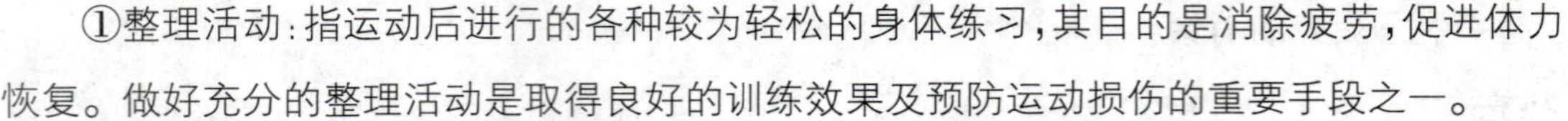

②积极性休息：指运动过程中为了消除疲劳而采取的各种变换动作或运动强度的练习。在运动训练过程中，调整训练内容、变换运动形式的积极性休息对于消除疲劳、促进恢复具有重要作用。

(2)营养性手段。运动时消耗的物质需要饮食中的营养物质来补充。因此，安排合理的营养有助于消除疲劳，促进恢复。

(3)睡眠。良好的睡眠可使人体的精神和体力得到良好的恢复。

(4)中医药手段。应用中医药调理的手段可改善人体的代谢能力，增强免疫力，延缓疲劳出现和消除疲劳，加速体能的恢复。

(5)物理手段。在大强度和大运动量训练之后，采用按摩、理疗、吸氧、针灸、气功等医学和物理手段能加速机体的恢复。洗浴(蒸汽浴、盐水浴等)也是一类非常有效的消除疲劳、促进机体恢复的措施。

第九节　年龄、性别与体育运动

年龄、性别与体育运动
- 儿童少年生长发育与体育运动
  - 儿童少年生长发育的特点
  - 儿童少年的生理特点和在体育教学或运动训练中应注意的问题
- 女子的生理特点和运动能力
  - 生理特点、运动能力特点
  - 体育教学或运动训练中的注意事项

重点

一、儿童少年生长发育与体育运动　【选择、简答】★★★

考点1　儿童少年生长发育的特点

儿童少年在生长发育的过程中，固然由于生活、环境、营养、遗传和体育锻炼等因素而具有个体差异，但仍然存在着某些共同的规律。

1. 生长发育是由量变到质变的过程

生长发育过程是从受精卵开始，依次经历胎儿、幼儿、儿童、青春期直至成年期，其过程是一个由量变到质变的复杂过程。量变与质变又经常同时进行。

2. 生长发育表现出阶段性和连续性

儿童少年生长发育是有阶段性的，每一个阶段都有各自的特点，但又按照一定的顺序有规律地衔接着。前一个阶段的发育为后一个阶段奠定基础，而后一个阶段又是前一个阶段发展的延续。任何一个阶段发育受阻，都会对后一个阶段的发育起到不良的影响。

3. 生长发育速度呈波浪式发展

在整个生长期内，个体的生长发育速度是不均衡的，呈现出时快时慢波浪式的发展特点。从胎儿到成熟期，全身大多数器官经历两次突增高峰：第一次在胎儿期；第二次在青春发育初期。

4. 各器官系统生长发育的不平衡性和统一性

在人体生长发育过程中，各器官、系统生长发育的速度是不平衡的，但又相互联系和影响，具有统一性。如神经系统的发育速度较其他系统发育早且快。与神经系统相反，生殖系统的发育较迟。虽然身体各器官系统的发育速度和时间不同，但人体是统一的整体，各器官系统发育密切相关。

记忆有妙招

发育最早——神经系统；发育最晚——生殖系统。

真题面对面

1. [2023 安徽统考，简答，5 分] 简述儿童少年生长发育特点。

参考答案：参见上文。

2. [2021 山东青岛，单，1.25 分] 人体各大系统中最早发育的是(　　)系统。

A. 呼吸　　B. 神经　　C. 运动　　D. 内分泌

答案：B。人体各大系统中神经系统发育最早，生殖系统发育最晚。

考点2 儿童少年的生理特点和在体育教学或运动训练中应注意的问题

1. 骨骼

儿童少年软骨成分较多，水分和有机物质多，无机盐少，骨骼硬度小，韧性大，不易完全骨折，但易弯曲和变形。

在体育教学或运动训练中应注意以下问题：(1) 注意养成正确的身体姿势。(2) 注意身体的全面训练。(3) 在进行力量训练时，应注意负荷的大小。负荷量过大，会造成提前骨化，影响身高增长；力量练习不宜过多，而且要与柔韧练习结合，既能增加关节的牢固性，又能保持动作幅度。(4) 注意练习场地的选择。(5) 注意预防"骶软骨病"的发生。(6) 适当营养。

2. 关节

儿童关节面软骨相对较厚，关节囊及韧带的伸展性大，关节周围的肌肉细长，关节活动范围大于成人，牢固性相对较差，在外力作用下容易脱位。

在体育教学或训练中应注意以下问题：(1) 根据年龄特点安排运动负荷；(2) 选择适宜的练习方式；(3) 根据关节的特点安排训练；(4) 应预防关节损伤的发生。

真题面对面

[2018 吉林特岗，简答，5 分] 根据儿童少年骨与关节的特点，谈一谈体育教学与训练中应注意哪些问题。

参考答案：参见上文。

3. 肌肉

儿童少年的肌肉中水分多，蛋白质、脂肪和无机盐类少，收缩机能较弱，耐力差，易疲劳。肌肉随着年龄增长，有机物增多，水分减少，肌肉重量不断增加，肌力也相应增强。身体各部肌肉发育顺序是躯干肌先于四肢肌，屈肌先于伸肌，上肢肌先于下肢肌，大块肌肉先于小块肌肉。

在体育教学或训练时应注意以下问题：(1)根据年龄特点安排运动负荷；(2)选择适宜的练习方式；(3)根据肌力发展规律安排训练。

4. 血液循环

儿童血量占体重的百分比略高于成人，心脏重量和容积均小于成人，但相对值（即按体重的比值）却大于成人。儿童的血压较低，心肌发育不完善，运动时主要靠加快心率来增加心输出量以适应运动需要。

在体育教学或运动训练中应注意以下问题：(1)合理安排运动负荷；(2)不宜做过多和过长的“憋气”；(3)减少静力性练习，以免心脏负担过重；(4)促进血液循环系统生长发育。

5. 呼吸系统

儿童少年胸廓狭小、呼吸肌力较弱且呼吸表浅，新陈代谢旺盛，因而呼吸频率快，肺活量、肺通气量较成人小。随年龄增大呼吸深度增大，呼吸频率逐渐减少而肺活量逐渐增大。

在体育教学或运动训练中应注意以下问题：(1)多采用发展有氧代谢为主的身体练习，不宜进行长时间大强度的耐力练习；(2)注意呼吸与动作的配合；(3)注意呼吸道卫生。

6. 神经系统

神经系统是发育最早最快的器官。

在体育教学或运动训练时应注意以下问题：(1)体育课内容要生动活泼和多样化，可穿插游戏和竞赛，避免单调；(2)要注意安排短暂休息，使学生情绪饱满，精力旺盛，不易疲劳；(3)在教学方法方面多采用直观形象教学，如示范动作、图表、模型等，多采用简单易懂和形象生动的语言或口诀等形式的讲解，年龄越小，直观教学法作用越重要；(4)儿童少年时期正是世界观形成时期，要加强意志品质的培养和组织纪律的思想教育；(5)青春期神经系统受内分泌腺活动的影响，会使稳定性暂时下降，儿童少年表现出动作不协调。

二、女子的生理特点和运动能力

1. 生理特点

(1)身体发育特点。女子进入青春期的时间一般较男子早两年，结束也早两年。女子肩部较窄、骨盆较宽、下肢较短、躯干相对较长，身体重心低，有利于做下肢的平衡动作，但不利于跳跃和速度的发挥。

(2)氧运输系统特点。由于女性的呼吸和循环机能水平低，血液运输氧的能力差，因而限制了氧的利用能力，导致女子的有氧能力较男子低。

(3)运动系统的特点。在青春发育期，女孩的肌肉发育慢于男孩，肌肉体积和重量均低于男孩。骨骼抗弯能力较差，但韧性较佳。女子身体的柔韧性会随年龄的增长而降低，在健身训练中，应注意保持和发展柔韧性。

(4)身体成分的特点。女性适宜的体脂含量应占体重的20%左右，主要分布在胸、腹、臀和大腿等部位的皮下。

2. 运动能力特点

(1)力量和速度。女子的肌纤维横截面积小于男子,肌肉的收缩力量较小,在需要绝对力量和绝对速度的运动项目中明显弱于男子。

(2)耐力。女子有氧能力弱于男子,耐力水平较低。

(3)柔韧和平衡。女子的肌肉和韧带弹性好,关节活动范围大,具有较好的柔韧性,平衡能力也优于男子。

3. 体育教学或运动训练中的注意事项

青春发育期后,由于男女青少年在身体形态与生理机能方面逐渐出现明显的差别,因此在进行体育教学和运动训练时,必须充分考虑女生的生理特点,区别对待。

(1)体育课应男女分班(组)进行教学。教学内容与要求男女应有所区别。

(2)女生心血管、呼吸系统机能较差,运动负荷比男生要相对低,安排得小一些。

(3)女子肩部较窄,臂力较弱,做悬垂、支撑及大幅度摆动动作时,要注意循序渐进,并给予必要的保护。

(4)女子身体重心较低、平衡能力较强、柔韧性较好,适宜进行平衡木及艺术体操等活动。

(5)不宜做过多的从高处跳下的练习,地面不可过硬,并注意落地姿势,以免使身体受到过分震动,影响盆腔脏器的正常位置及骨盆的正常发育。

(6)根据青春发育期女生的心理特点,要注意引导和启发她们参加体育锻炼的积极性和自觉性,通过体育锻炼发展她们的力量、速度和耐力等素质,提高她们的健康水平和运动能力。

第十节 肥胖的诊断与运动处方

一、肥胖的诊断 【选择】 ★

肥胖就是体内脂肪积聚过多。肥胖是一种病态,故也称肥胖症。

1. 身高标准体重法

以营养良好的儿童为对象,利用同等身高人群的第 80 百分位数的体重为代表所制定的标准。标准中规定:以此体重标准作为 100%,加减百分之十均属正常范围。体重超过百分之十属超重,超过百分之二十为肥胖,这个标准由世界卫生组织(WHO)推荐。我国在 1985 年全国学生体质与健康研究中应用这个方法为学龄儿童青少年制定了相应的身高标准体重。

2. 体格指数法

体格指数法是根据身高与体重之比值来判断是否肥胖的一种方法,是目前用于肥胖诊断最普遍和最重要的方法。常用的体格指数有以下两种。

(1) Rohler 指数

Rohler 指数 = 体重(kg)/[身高(cm)]^3 $\times 10^7$。

Rohler 指数主要适用于学龄儿童及青少年。此指数表明体重与身高之比，身高越高者指数越小，身高越低者指数越大。此指数值在 115 ~ 140 kg/cm^3 为正常，140 ~ 160 kg/cm^3 为超重，160 kg/cm^3 以上为肥胖。

(2) 体重指数

体重指数，又称 BMI。BMI = 实际体重(kg)/[身高(m)]^2。

BMI 适用于体格发育基本稳定以后的成年人。1997 年世界卫生组织规定肥胖的国际标准如下表：

国际标准	极瘦	偏瘦	正常	过重	肥胖
BMI 范围	≤16.4	16.5 ~ 18.4	18.5 ~ 24.9	25.0 ~ 29.9	≥30.0

真题面对面

[2021 贵州特岗，单，1 分] 体重指数(BMI)的计算公式是(　　)

A. 实际体重(kg)/[身高(m)]^2

B. 实际体重(kg)^2/身高(m)

C. 实际体重(kg)/身高(m)

D. 实际体重(kg) × 身高(m)

答案：A。体重指数(BMI) = 体重(千克)/[身高(米)]^2。

二、运动处方 【判断、简答】 ★★★

运动处方是根据参加活动者的年龄、性别、健康状况和体能水平，以处方的形式确定其运动目的、运动形式、运动强度、运动时间、运动频率和注意事项的系统化、个性化的运动方案。运动处方是健身活动者进行身体活动的指导性条款，如同临床医生根据患者的病情开出不同的药物和不同用量的处方一样，故称为运动处方。

考点1 运动处方的内容

1. 运动目的

依据不同的对象、不同身体健康状况或不同的要求，运动处方的目的主要包括以下几方面：(1) 促进生长发育，提高身体素质；(2) 增强体质，提高身体适应能力，延缓衰老；(3) 防治某些疾病，保持健康或恢复某些功能；(4) 丰富生活，调节心理，提高生活质量；(5) 掌握运动技能和方法，提高竞技水平。

2. 运动形式

运动形式是指依据个体运动处方的目的而采用的专门运动种类或练习手段和方法。选择的条件是医学检查许可、本人喜欢、运动负荷适合本人体能水平、场地和设备器材允许以及有指导者与同伴参与等。现代运动处方的运动形式包括三类：

(1) 有氧耐力运动项目，如步行、慢跑、速度游戏、游泳、骑自行车、滑冰、越野滑雪、划船、跳绳、上楼梯、功量车和跑台等运动。

(2)伸展运动,如健身操、广播体操、武术、舞蹈及各类医疗体操和矫正体操等。

(3)力量性运动,如自由负重练习、部分健美操等。

3. 运动强度

运动强度是指单位时间内的运动量,它是运动处方定量化与科学性的核心,是设计运动处方最困难的部分,因此需要有适当的监测措施来确定运动强度是否适宜。不同类型的运动,评定运动强度的指标和方法不尽相同。

(1)有氧运动的运动强度

目前,控制与评价有氧运动强度的指标主要有心率、梅脱、自感用力程度。其中,用心率指标确定运动强度通常有两种方法:第一是最大心率百分比,第二是心率储备百分比。心率储备 = 最大心率 - 安静心率。

(2)力量性运动的运动强度

力量训练的运动强度以肌肉所对抗的负荷量来评价。

(3)伸展运动的运动强度

伸展运动的强度一般以关节活动的范围与拉伸的时间来确定。

真题面对面

[2023 安徽统考,判断,1 分]心率储备是指最高的心率加上安静时心率。(   )

答案:×。心率储备 = 最大心率 - 安静心率。

4. 运动时间

运动时间包括运动持续时间与运动时间在一天中的安排。运动持续时间是指除了必要的准备活动与整理活动外,每次运动持续的时间。运动持续时间和运动强度关系密切。因为当运动强度达到阈强度后,一次运动的效果是由总运动量来决定的,而"总运动量 = 运动强度 × 运动时间",即由两者的配合来共同决定。

5. 运动频率

运动频率即每周运动的次数。运动间隔时间过长或过短都会影响运动的效果。针对不同的运动种类,应制订不同的运动频率。

(1)耐力性(有氧)运动的运动频率。一般为每周锻炼 3 ~ 4 次,即隔一天锻炼一次,这种锻炼的效率最高。最低的运动频率为每周锻炼 2 次。运动频率更高时,锻炼的效率增加并不多,而有增加运动损伤的倾向。小运动量的耐力运动可每天进行。

(2)力量性运动的运动频率。一般为每日或隔日练习一次。

(3)伸展运动和健身操的运动频率。一般为每日 1 次或每日 2 次。

6. 运动注意事项及微调整

在运动处方中应根据运动目的或运动者的具体情况提出相应的注意事项,这是运动处方不可忽视的一部分，对确保运动安全与防止伤害事故有重要作用。注意事项主要包括以下几方面：明确指出禁忌的运动项目，提出运动中自我观察的指标和停止运动的指征。要求重视做好准备活动与整理活动，明确运动疗法与其他临床治疗的配合。

真题面对面

1. [2020 山东威海环翠区，判断，0.48 分] 运动频度是指每周运动的次数。(　　)

答案：√。运动频度即每周运动的次数。

2. [2019 安徽特岗，简答，5 分] 简述运动处方的内容。

参考答案：参见上文。

考点2　运动处方的制定

1. 运动处方制定的原则

运动处方制定的原则包括因人而异、有效性、安全性和全面性。

(1) 因人而异：根据每一个运动者或患者的具体情况，制定出符合个人身体客观条件及要求的运动处方。

(2) 有效性：运动处方的制定和实施应使运动者或患者的功能状态有所改善。

(3) 安全性：按运动处方运动，应保证在安全的范围内进行，若超出安全的界限，则可能发生危险。在制定和实施运动处方时，应严格遵循各项规定和要求，确保安全。

(4) 全面性：在运动处方的制定和实施中，应注意维持人体生理和心理的平衡，以达到"全面身心健康"的目的。

2. 运动处方制定的步骤

运动处方制定的步骤包括五大步骤：(1) 一般调查和填写问卷；(2) 临床健康检查；(3) 体能检测；(4) 运动试验；(5) 制定运动处方。

☞考点3　运动处方实例　新增

1. 发展速度素质的运动处方

运动目的：发展速度素质(小学高年级学生)。

运动项目：障碍跑 10 m×2 组；原地高抬腿跑 20 s×3 组；加速跑 30 m×3 组；追后抛球(练习者本人先后抛实心球，然后立刻转身追赶抛出的实心球，练习距离 30 m) 3 组；迎面接力跑 30 m×3 组。

运动强度：本人最大心率的 80% ~90%。

运动时间与频率：每次 40 min，每周 3 次。

注意事项：①每次锻炼必须做好准备活动，充分活动好髋、膝、踝关节；②跑时注意技术动作的规范，做到放松跑；③注意跑与呼吸的配合；④重视放松整理活动。

2. 发展柔韧性的运动处方

运动目的：发展柔韧性。

运动项目:①肩带柔韧练习。压肩、背向拉肩、肩绕环、肩的内收和外展各6×8拍。

②腿部柔韧练习。正压腿、侧压腿,弓箭步压腿,屈腿拉小腿各8×8拍。纵叉与横叉各5~10次,难度据每人情况而定。

③髋关节柔韧练习。左右转髋、踢摆腿、跨栏坐、顶髋各10次。

④腰部柔韧练习。站立体前屈10~20次,俯卧伸背10~20次,转体腰绕环10~20次。

运动强度:主要反映在用力大小和负重大小上,但以练习者的主观感受为主。如练习中感觉轻微酸痛时,应保持强度和幅度;感觉胀时,可再坚持5~10 s;感觉麻痛时,应停止练习。

运动时间与运动频度:每次运动40~60 min,每周练习3~5次。

注意事项:①伸展练习前务必做准备活动,使身体发热才可以开始拉伸。

②伸展关节应缓慢进行,并在自己控制的范围内伸展,不勉强加力或用反作用力。

③静态伸展每次伸展时间在10~30 s之间。

④边缓慢拉伸边呼气。

考点大默写

1. ____________是指生物体不断地与其周围环境进行物质与能量交换,实现自我更新的过程。
2. 肌肉收缩与舒张的基本功能单位是____________。
3. 骨骼肌的物理特性为伸展性、____________和____________。
4. 武术中的"站桩",参加工作的肌肉收缩形式是____________收缩。
5. 跳水运动员在完成空中转体动作时,是利用了____________反射。
6. 举重运动员把杠铃举到胸前瞬间头后仰是利用了____________反射。
7. 运动时的耗氧量与安静时耗氧量的比值称为____________。
8. 血小板具有____________和____________功能。
9. 正常人血浆的pH值为____________,平均值为____________。
10. 在做头手倒立动作时,采用____________呼吸最合适。
11. 深吸气量=补吸气量+____________。
12. 在人体能量代谢测定时,通常把1 g食物完全氧化分解所释放出的热量称为____________。
13. 100米跑主要利用____________系统供能。
14. 在运动过程中,机体能够摄氧量满足不了运动需氧量,造成体内氧的亏欠,称为____________。
15. 在正式比赛或训练前,人体的某些器官、系统产生的一系列条件反射性变化称为____________。
16. 运动性疲劳是由运动引起的一种特有____________现象。
17. 人体各大系统中最晚发育的是____________系统。
18. ____________是指运动时消耗的物质及各器官、系统的机能在运动后不仅恢复到原来水平,而且在一段时间内出现超过原来水平的现象。

19. 步行、慢跑、跳绳、上楼梯等运动属于________运动项目。

20. ________是指单位时间内的运动量，它是运动处方定量化与科学性的核心，是设计运动处方最困难的部分。

【参考答案】

1. 新陈代谢 2. 肌小节 3. 弹性;黏滞性 4. 等长 5. 翻正 6. 状态 7. 代谢当量 8. 止血;加速凝血 9. 7.35~7.45;7.4 10. 腹式 11. 潮气量 12. 食物热价 13. 磷酸原 14. 氧亏 15. 赛前状态 16. 生理 17. 生殖 18. 超量恢复 19. 有氧耐力 20. 运动强度

我于________年____月____日完成了对本章的学习。

复盘一下，我对自己较肯定的地方是________________

（足够努力/心态积极/方法得当……）

我觉得自己需要改进的地方是________________

（懒惰懈怠/心情浮躁/方法不当……）

休息片刻，开启下一站征程！

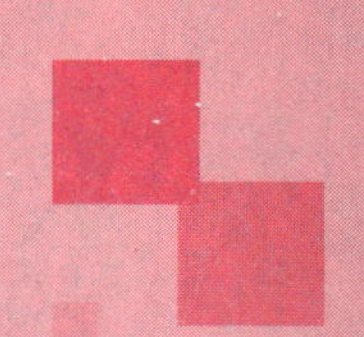

第五章 体育保健学

思维导图

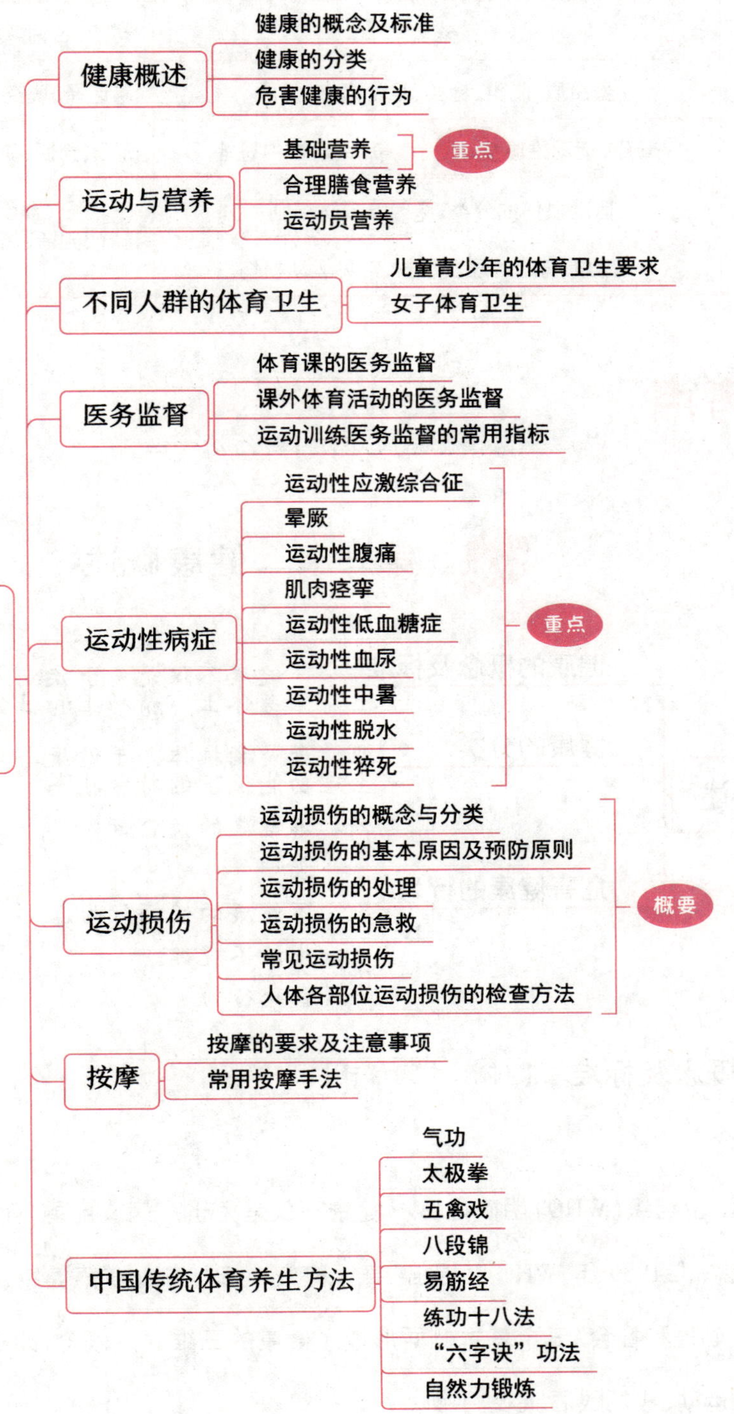

考向分析

本章属于学科专业基础知识中的重要章节，也是体育教师招聘考试考查的重要章节，内容比较琐碎，需要理解的知识较多。现对本章考向分析如下：

高频考点	考点细化	常考题型	能力要求	考查热度
健康的概念及标准	概念	判断、名词解释	识记	★★
基础营养	蛋白质、脂类、糖类、维生素、矿物质	选择、填空	识记	★★★
运动性病症	晕厥、运动性腹痛、肌肉痉挛、运动性中暑等	选择、判断、简答	理解	★★★
运动损伤	运动损伤的分类、原因及预防原则； 运动损伤的处理及急救、常见运动损伤	选择、判断、简答	理解	★★★

核心考点

第一节　健康概述

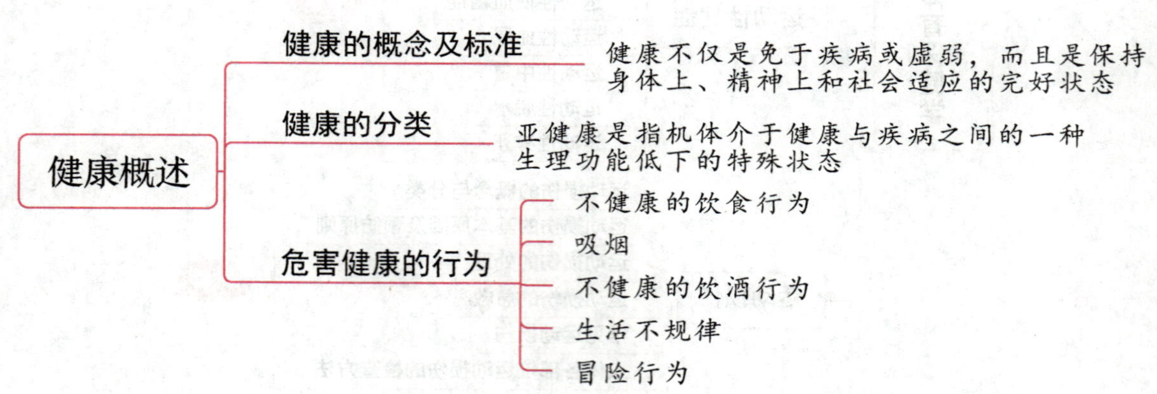

一、健康的概念及标准　【判断、名词解释】★★

(1)健康的概念

1948 年，世界卫生组织(WHO)明确指出："健康不仅是免于疾病或虚弱，而且是保持身体上、精神上和社会适应的完好状态。"1989 年，WHO 又提出"身体健康、心理健康、道德健康、社会适应良好"四个方面的健康标准。"生物、心理和社会"三个基本侧面形成了健康的三维立体概念，即三维健康观。健康的四大基石：合理膳食、适量运动、戒烟限酒、心理平衡。

(2)健康的标准

世界卫生组织提出了人类新的健康标准。这一标准包括肌体和精神健康两部分，具体可用“五快”（肌体健康）和“三良好”（精神健康）来衡量。

①“五快”是指吃得快、便得快、睡得快、说得快、走得快。

②“三良好”是指良好的个性人格、良好的处世能力、良好的人际关系。

真题面对面

1.[2020 安徽特岗，判断，1 分]健康四大基石是指合理膳食、适量运动、规律生活和心理平衡。（　　）

答案：×。健康的四大基石是指合理膳食、适量运动、戒烟限酒、心理平衡。

2.[2021 浙江杭州，名词解释，5 分]健康

参考答案：参见上文。

二、健康的分类 【填空】 ★

(1)按照健康的定义可将健康分为身体健康、心理健康和社会适应健康。

(2)从微观和宏观角度可将健康分为个体健康和人群健康。

(3)根据健康评估的综合判断可将健康分为第一状态（健康状态）、第二状态（疾病状态）和第三状态（亚健康状态）。其中，亚健康是指机体介于健康与疾病之间的一种生理功能低下的特殊状态。

真题面对面

[2020 山西特岗，填空，1 分]世界卫生组织将人体处于既不完全健康，又没有患病的状态称为________。

答案：亚健康

三、危害健康的行为 【选择】 ★

(1)不健康的饮食行为。如进食过多、进食过少、偏食、进食不规律和食物加工方面的问题等。

(2)吸烟。香烟中所含的化学物质达 4000 多种，在吸烟时产生的烟雾中有近 20 种有害物质，其中有些有致癌或促癌作用。烟雾中的一氧化碳和尼古丁对人体的危害最大。尼古丁对中枢神经系统、自主神经系统有先兴奋、后抑制的作用，并且是导致对烟草依赖（即成瘾）的主要化学成分。尼古丁会增加心脏负担，一氧化碳对血红蛋白的亲和性很强，会使血液运送氧的能力减弱，容易导致缺血性心脏病、心绞痛和呼吸困难。

(3)不健康的饮酒行为。大量饮酒或饮酒成瘾，会引起慢性酒精中毒，使大脑皮层功能紊乱，兴奋与抑

制过程受破坏，中枢神经系统抑制过程减弱，致使神经衰弱、头昏、头痛、记忆力减退、精神萎靡不振、动作协调性明显下降。

(4)生活不规律。生活不规律是指生活节奏的混乱。生活不规律一方面表现为生活节奏快，许多人经常有一种紧迫感；另一方面表现为休息不规律，睡眠不足或没有规律。

(5)冒险行为。冒险行为是一种有意寻求危险或故意冒险的现象。冒险行为的危险性较大，对自身造成损失的机会比较大。

记忆有妙招

香烟中危害人体健康的三大元凶：①一氧化碳；②尼古丁；③烟焦油。

真题面对面

[2020 山东临沂，单，0.8 分]香烟中危害人体健康的三大元凶是( )

①一氧化碳；②尼古丁；③二氧化碳；④烟焦油

A. ①②③　　B. ①②④

C. ②③④　　D. ①③④

答案：B。香烟中危害人体健康的三大元凶：①一氧化碳；②尼古丁；③烟焦油。

第二节　运动与营养

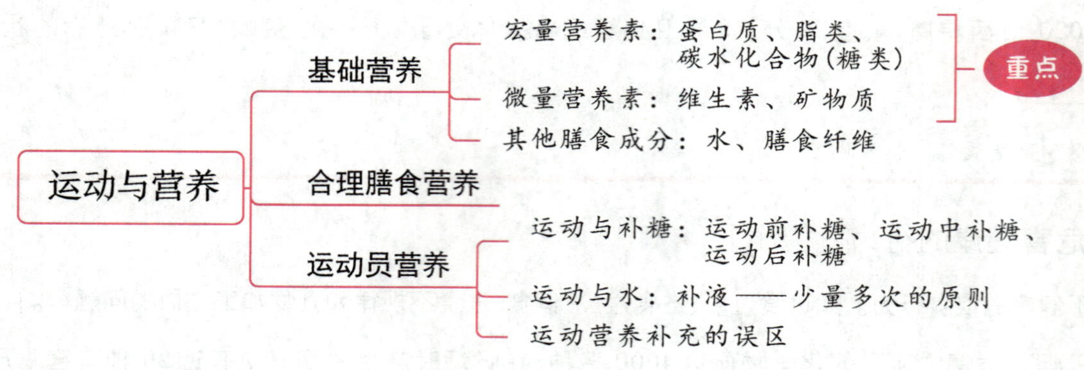

一、基础营养　【选择、填空】★★★

人类为维持生命必须从外界摄取食物，食物中的养分称为营养素。营养素是维持人类生命活动和健康的最根本的物质，其摄入不均衡不但会影响人体的健康水平，还会影响人体的活动能力。人体需要的营养素分为三大类，即由蛋白质、脂类、碳水化合物(糖类)组成的宏量营养素，由矿物质和维生素组成的微量营养素，由水、纤维素等组成的其他营养素。

考点1 宏量营养素

宏量营养素的分类、食物来源及主要功能

营养素	分类	食物来源	主要功能
蛋白质	完全蛋白质; 半完全蛋白质; 不完全蛋白质	动物性食物(如动物的肉、蛋、奶等)和植物性食物(干豆类,硬果类,谷类等)	(1)维持细胞组织的生长、更新和修补; (2)参与多种重要的生理活动。体内具有多种特殊功能的蛋白质,如酶、多肽激素、抗体和某些调节蛋白等,物质的运输、血液凝固等也由蛋白质来实现; (3)氧化供能。蛋白质分解产生的氨基酸,经脱氨基生成的酮酸可以被进一步氧化分解
脂类	脂肪和类脂	烹调用油脂和食物本身所含的油脂	(1)供给能量,在耐力运动中有重要意义; (2)构成一些重要的生理物质; (3)是脂溶性维生素的重要来源,促进脂溶性维生素的吸收,如维生素A、D、E、K只能脂溶; (4)维持体温和保护内脏; (5)增加机体的饱腹感和食物的美味感
碳水化合物(糖类)	单糖:易溶于水,可直接被人体吸收利用,常见的单糖有葡萄糖、果糖和半乳糖; 双糖:易溶于水,需要被分解成单糖才能被人体吸收,常见的双糖有蔗糖、麦芽糖和乳糖; 多糖:是高分子化合物,无甜味,不溶于水。多糖主要包括糖原和淀粉	谷类、薯类、豆类富含淀粉,是碳水化合物的主要来源;食糖(白糖、红糖、砂糖)几乎100%是碳水化合物	(1)供给机体能量; (2)构成一些重要的生理物质; (3)节约蛋白质; (4)具有抗生酮作用; (5)糖原有保肝解毒作用; (6)增强肠道功能

记忆有妙招

蛋白质的基本组成单位是氨基酸。

真题面对面

1.[2021 湖南长沙县,单,2分]( )是储藏能量和提供能量的主要物质,能够维持体温、保护关节各组织,促进脂溶性维生素和其他脂溶性物质的吸收,也是构成活性激素的重要成分。

A. 矿物质　　B. 蛋白质　　C. 脂质　　D. 碳水化合物

答案:C。脂质一般指脂类,其主要功能:(1)供给能量;(2)构成一些重要的生理物质;(3)促进脂溶性维生素的吸收;(4)维持体温和保护内脏;(5)增加机体的饱腹感和食物的美味感。故选C。

2. [2021 贵州特岗，填空，1 分]蛋白质的基本组成单位是________。

答案：氨基酸

考点2 微量营养素

1. 维生素

维生素

维生素是维持人体正常物质代谢和某些特殊生理功能不可缺少的低分子有机化合物。

维生素种类很多，根据其溶解性可分为两大类，即脂溶性维生素和水溶性维生素。脂溶性维生素包括维生素 A、D、E、K 四种。水溶性维生素包括 B 族维生素(B_1、B_2、B_6、B_{12}等)、抗坏血酸(V_c)。

维生素的分布、生理功能及缺乏症

维生素名称	别名	分布	生理功能	缺乏症
维生素 A	视黄醇	(1)存在于动物性食物，如动物肝脏、蛋类、奶类中； (2)在有色蔬菜中，如菠菜、胡萝卜、油菜中含有胡萝卜素，被机体吸收后可转变成维生素 A	(1)维护夜视功能； (2)促进生长发育，如有助于细胞的增殖和生长，有助于骨骼、牙齿、头发的生长； (3)维持健康的上皮组织； (4)增强免疫力，预防皮肤癌的发生等	夜盲症，皮肤干燥，骨骼发育受阻，免疫和生殖功能下降
维生素 D	抗佝偻病维生素	存在于动物的脑、肾脏、肝脏、皮肤以及牛奶和蛋黄中，鱼肝油中维生素 D 含量最丰富，植物体内不含维生素 D	促进骨与软骨的正常生长，促进牙齿的正常发育，抗疲劳，调节钙磷代谢等	佝偻病，骨质疏松，免疫力下降
维生素 E	生育酚	在各种食物中，以麦胚和麦胚油的含量最丰富，其次是植物油，如棉籽油、玉米油、花生油、芝麻油等	(1)抗氧化与延缓衰老； (2)影响脂代谢，抗动脉粥样硬化； (3)提高机体免疫能力； (4)保护红细胞的完整性	生殖障碍，肌肉营养不良，神经系统功能异常和循环系统损伤
维生素 K	抗出血维生素	存在于动物性和植物性食物中。存量最丰富的是暗绿叶植物，如萝卜缨、绿茶、莴苣、甘蓝、菠菜；次之是牛油、火腿、蛋类等；微量的是香蕉、苹果汁、玉米等	(1)参与人体内凝血酶原的合成，促进凝血因子转变成纤维蛋白； (2)是呼吸链的组成成分，参与氧化磷酸化过程； (3)增加肌肉组织的弹性	原发性维生素 K 缺乏情况很少见，如果缺乏会引起出血不止的情况

续表

维生素名称	别名	分布	生理功能	缺乏症
维生素 B_1	硫胺素	(1)谷类、豆类、坚果等，以及用这些原料制成的食品，如馒头、面条； (2)动物心脏、肝脏及猪肉的瘦肉及蛋类较多	(1)糖代谢的关键酶：缺乏会造成糖代谢紊乱，葡萄糖无法彻底分解，如造成乳酸堆积； (2)食欲的增进剂：因维生素 B_1 可抑制乙酰胆碱的分解，因而刺激肠胃蠕动，改善了食欲； (3)参与维持神经系统功能	脚气病；疲乏、食欲差、恶心、忧郁、急躁、沮丧、麻木、心电图异常等
维生素 B_2	核黄素	动物性食物中含量高，其中以肝脏、肾脏和心脏为最多；奶类及制品、蛋类含量高；植物性食物中，绿叶蔬菜和豆类也较多	(1)许多重要辅酶的组成成分； (2)参与能量代谢，蛋白质代谢，维持皮肤健康和眼睛健康； (3)与生长发育紧密相关，如缺乏维生素 B_2 损伤不易恢复； (4)参与铁的代谢，在防治缺铁性贫血中有重要作用	(1)可影响机体对铁的利用； (2)肌肉无力，耐久力受损、容易疲劳等； (3)口角炎、皮炎等； (4)影响其他维生素的吸收
维生素 C	抗坏血酸	存在于新鲜水果、蔬菜中，含量较高的蔬菜：辣椒、花菜、苦瓜、油菜等；含量较高的水果：鲜枣、山楂、猕猴桃等；豆子发芽时维生素 C 含量也较高	(1)参与结缔组织中胶原蛋白的合成； (2)治疗贫血； (3)促进伤口愈合； (4)具有抗氧化剂的作用	(1)坏血症，如牙龈红肿出血、易感染化脓、皮下出血； (2)关节痛、疲倦、烦躁、肌肉肌腱萎缩等

真题面对面

1.[2023 安徽统考，单，1 分]夜盲症患者应该多吃(　　)

A. 鱼肝油　　B. 香蕉　　C. 大豆　　D. 海带

答案：A。夜盲症患者应适当补充维生素 A，维生素 A 存在于动物性食物，如动物肝脏、蛋类、奶类中；在有色蔬菜中，如菠菜、胡萝卜、油菜中含有胡萝卜素，被机体吸收后可转变成维生素 A。故选 A。

2.[2021 湖南特岗，单，2 分](　　)可以促进人体钙的吸收。

A. 维生素 E　　B. 维生素 D

C. 维生素 A　　D. 维生素 C

答案：B。维生素 D 具有调节钙磷代谢的功能。所以，维生素 D 可以促进人体钙的吸收。故选 B。

2. 矿物质

矿物质又称无机盐，是构成人体组织和维持正常生理活动的重要物质。矿物质根据在人体内含量的多少分为常量元素（又称宏量元素）和微量元素。常量元素包括钙、磷、钾、钠、镁、氯、硫 7 种。目前人们认为人体必需的微量元素有锌、铜、铁、铬、钴、锰、钼、锡、钒、碘、硒、氟、镍、硅等 14 种。

主要矿物质元素的食物来源与主要功能

元素名称	食物来源	主要功能
钙	(1)奶和奶制品中钙含量最丰富且吸收率也高； (2)小虾皮、大豆及其制品也是钙的良好来源； (3)小萝卜缨、芹菜叶等深绿色蔬菜含钙量也较多	(1)是牙齿和骨骼的主要成分； (2)维持神经、肌肉的正常兴奋性； (3)是血液保持一定凝固性的必要因子之一； (4)是体内许多重要酶的激活剂
铁	动物内脏（特别是肝脏）、血液、鱼、肉类都是富含血红素铁的食品	(1)是合成血红蛋白的主要原料之一，铁缺乏时，不能合成足够的血红蛋白，造成缺铁性贫血； (2)是体内参与氧化还原反应的一些酶和电子传递体的组成部分
锌	动物性食物是锌的可靠来源，海牡蛎含锌最丰富	(1)促进生长发育，参与核酸和蛋白质的合成，可促进细胞生长、分裂和分化； (2)是性器官发育不可缺少的微量元素； (3)改善味觉，增进食欲； (4)增强对疾病的抵抗力
碘	主要是海产品，如海带、紫菜、海鱼、海虾等	是甲状腺素的成分，能帮助调节生长、发育及代谢的速度
硒	主要是肝、肾、肉类和海产品	(1)是人体内谷胱甘肽过氧化物酶的重要组成成分，谷胱甘肽过氧化物酶有保护细胞膜避免氧化损伤和延缓衰老的作用； (2)参与甲状腺素的代谢； (3)是重金属的解毒剂

考点3 其他膳食成分

1. 水

水是人体最重要的营养素，也是人体含量最多的成分，约占体重的 50% ~60% 。人体新陈代谢的一切生物化学反应都必须在水的介质中进行。

水的生理功能包括：①水是体内各种生理活动和生化反应中必不可少的介质。②水是体内吸收、运输营养物质，排泄代谢废物最重要的载体。③维持正常体温。汗液的蒸发可散发大量热量，从而避免体温过高。④润滑功能。泪液、唾液、关节液等起着润滑组织的作用。

2. 膳食纤维

膳食纤维是指人体不能消化的多糖类，包括纤维素、半纤维素、果胶、树胶等食物成分。

膳食纤维的主要生理功能包括:①预防便秘;②控制体重,防止肥胖;③降低血液中胆固醇浓度。

粗粮(如玉米、高粱、糙米、全麦粉)、干豆类及各种蔬菜和水果都富含膳食纤维。

二、合理膳食营养

合理膳食营养是指对人体提供符合卫生要求的平衡膳食,使膳食的质和量都能适应人体的生理、生活、劳动以及一切活动的需要。

合理膳食营养的核心内容如下:①食物多样,谷类为主;②吃动平衡,健康体重;③多吃蔬菜、奶类、大豆;④适量吃鱼、禽、蛋、瘦肉;⑤少盐少油,控糖限酒;⑥杜绝浪费,新兴食尚。

三、运动员营养 【选择】 ★

1. 运动与补糖

(1)补糖的意义

①运动前补糖可增加肌糖原和肝糖原储备,还可增加血糖的来源。

②运动中补糖能提高血糖水平,减少肌糖原消耗,延长耐力时间。

③运动后补糖促进肌糖原合成,有利于疲劳恢复。

(2)补糖的方法

①运动前补糖有两种,一是在大运动负荷训练和比赛前数日,将膳食中碳水化合物占总能量比例增加到60% ~70%(或10 g/kg)。二是在运动前1 ~4 h补糖1 ~5 g/kg。固体糖和液体糖均可,但运动前1 h补糖最好使用液体糖。

②运动中补糖,一般采用液体糖,应遵循少量多次的原则,每隔30 ~60 min补充一次,补糖量一般不低于60 g/h。

③运动后补糖的原则是补糖越早越好,最好在运动后即刻、头2 h内以及每隔1 ~2 h连续补糖。

(3)补糖的种类

①葡萄糖易吸收,有利于肌糖原的合成。

②果糖吸收较葡萄糖慢,主要参与肝糖原的合成,使用量不宜超过35 g/L,同时应与葡萄糖联合使用。

③低聚糖吸收速度慢,可延长耐力运动中糖的供应时间。

④纯淀粉或淀粉类食品吸收消化慢,有益于耐力性运动中不断供能,一般用于加强赛前餐以及赛后餐。

2. 运动与水

一般来说,渴感是确定是否脱水的最早和有效的主观指标。但是,当感到口渴时,水分丢失已达到体重的2% ~4%,即已处于轻度脱水的状态。训练或比赛时,要根据运动员的个人体质、运动训练或比赛的情况和环境因素及时补液。下面是补液的方法:

(1)补液应遵循预防性补充的原则和少量多次的原则。

(2)补液的总量一定要大于失水的总量,特别是补钠(无机盐)的量一定要大于丢失的量。

(3)运动后补液,应补充含电解质的饮料,以促进血容量的恢复。

真题面对面

[2021 湖南长沙县,单,2 分]下列体育锻炼的相关卫生常识说法不正确的是(　　)

A. 饭后不可立即进行剧烈运动

B. 患有皮肤病者不应入公共泳池

C. 月经期应避免疾跑、跳高

D. 剧烈运动后应大量饮水

答案:D。剧烈运动后饮水应遵循少量多次的原则。

3. 运动营养补充的误区

运动营养补充的误区包括:(1)强调特殊营养的补充,忽略基础营养摄入;(2)强调宏量营养素摄入,忽略微量营养素供给;(3)强调蛋白质补充,忽略碳水化合物摄入;(4)强调晚餐的丰盛,忽略早餐的多样性;(5)强调口渴补水,忽略补液的科学性。

第三节　不同人群的体育卫生

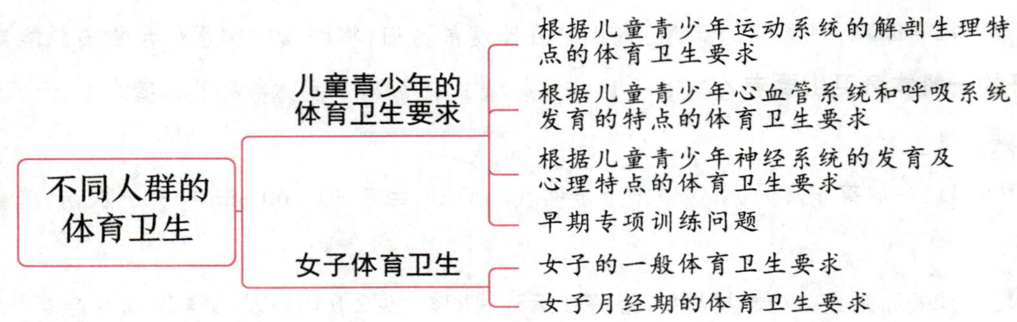

一、儿童青少年的体育卫生要求

1. 根据儿童青少年运动系统的解剖生理特点,应注意以下几个方面的体育卫生要求

(1)要养成正确的坐、立、走、跑、跳姿势。

(2)要注意身体各部位的全面锻炼,应注意进行对侧的对称练习。

(3)不宜在坚硬的地面上反复进行跑跳练习,同时,要避免过多地从高处向下跳的练习,以防止造成骨盆发育变形。

(4)不宜过早地从事过多、过重的力量练习。

(5)注意防止运动损伤的发生。

(6)要注意磷、钙的补充,为了促进磷和钙的吸收,应多安排室外体育活动。

2. 根据儿童青少年心血管系统和呼吸系统发育的特点,应注意以下几个方面的体育卫生要求

(1)要注意合理安排锻炼的内容。儿童青少年的活动应以短时间速度性练习为主,不宜采用过多的耐力及力量性练习。

(2)要注意合理安排运动量、运动强度和运动密度。一般强度可稍微大一些，密度要小一些，中间休息的次数要多一些，练习的时间不宜过长，特别是要注意循序渐进、区别对待的原则。

(3)应避免做过多的憋气动作。憋气练习、倒立等动作不宜多做。

(4)掌握正确的呼吸方式，并注意呼吸卫生。

3. 根据儿童青少年神经系统的发育及心理特点，应注意以下几个方面的体育卫生要求

(1)儿童青少年体育活动的内容要多样化，形式应生动活泼。在活动过程中，可以穿插一些游戏和小型比赛，并注意要有适当的间歇。

(2)要注意多采用直观教学和示范教学的手段，多做模仿性练习。

(3)不宜做过于复杂、精细的技术动作。

(4)注意安全教育，预防运动中的意外损伤。

(5)要根据男、女生对体育锻炼的不同心理特点进行教育。

(6)根据心理特点，培养体育锻炼习惯。

4. 早期专项训练问题

早期专项训练是指把从事专项训练的开始年龄合理地提前。对儿童青少年的早期专项训练要注意以下几点：(1)注意贯彻全面训练原则；(2)早期专项训练的年龄要适合；(3)防止专项训练造成“早熟”和“早衰”。

二、女子体育卫生 【判断】★

1. 女子的一般体育卫生要求

根据女子的生理解剖及心理特点，女子在参加体育运动时应注意以下几点：

(1)体育课应男女分班进行教学。

(2)运动量应相对比男子小些。

(3)做悬垂、支撑及大幅度摆动动作时，要注意循序渐进和给予必要的保护。

(4)宜进行平衡木和艺术体操等活动，应注意保持和发展其柔韧性。

(5)不宜过多地做从高处往下跳的练习(避免剧烈震动引起盆腔脏器移位)。

(6)要注意引导和启发她们参加体育锻炼的积极性和自觉性。

2. 女子月经期的体育卫生要求

(1)月经正常者可适当参加体育活动。通过做广播体操、打乒乓球、羽毛球等活动，不仅可以改善盆腔的血液循环，减轻盆腔的充血现象，而且腹肌与骨盆底肌的收缩与放松活动还能对子宫起到柔和的按摩作用，有助于瘀血的排出。(2)月经期间运动量要适当减小。(3)月经期间不宜游泳。(4)月经期间避免大强度跑跳动作。(5)月经异常者暂停体育活动。

真题面对面

[2023 安徽统考，判断，1 分]月经正常的女子可以适当参加广播体操、太极拳等轻微活动。( )

答案：√。

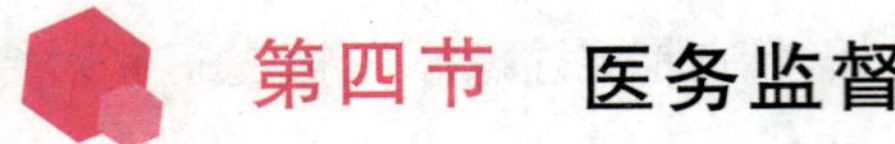

第四节 医务监督

- 医务监督
  - 体育课的医务监督
    - 健康分组：基本组、准备组、医疗体育组
    - 体育课的医学观察
  - 课外体育活动的医务监督
    - 早操的医务监督
    - 大课间体育活动的医务监督
  - 运动训练医务监督的常用指标——脉搏、血压、最大摄氧量、肺活量等

一、体育课的医务监督 【选择】 ★

对体育课的医务监督，一是看体育课的健康分组是否符合医务监督的要求；二是对体育课的全过程进行医学观察；三是在教学实践过程中看体育课教案中生理负担量的安排是否符合医务监督的要求。

1. 体育课的健康分组

(1)健康分组的依据

健康分组的依据主要包括健康状况、身体发育状况、生理功能状况、运动史和身体素质状况几个方面。

(2)健康分组的组别

健康分组的组别

分组	定义
基本组	凡是身体发育及健康状况无异常者，或者是身体发育和健康有轻微异常(如龋齿、轻度扁平足等)，而功能检查良好，且有一定锻炼基础者，可编入基本组
准备组	凡身体发育和健康状况有轻微异常，功能状况虽无明显不良反应，但平时较少参加体育活动且身体素质较差者，可编入准备组
医疗体育组	凡身体发育不良或健康状况明显异常者(如病残者等)，虽能参加文化学习，但不能按体育教学课程标准的要求进行活动者，可编入医疗体育组

真题面对面

[2019 安徽特岗，单，1 分]某同学身体发育及健康状况无异常，在体育教学中进行健康分组时，可将其纳入(　　)

A. 基本组　　B. 准备组

C. 医疗体育组　　D. 观察组

答案：A。凡是身体发育及健康状况无异常者，或者是身体发育和健康有轻微异常(如龋齿、轻度扁平足等)，而功能检查良好，且有一定锻炼基础者，可编入基本组。故选 A。

2. 体育课的医学观察

通过体育课的医学观察，可以了解学生的健康状况，以及机体对运动负荷和运动强度的反应，评定运动负荷是否适宜，了解体育课的组织方法是否合理，运动环境和场地设备是否符合卫生要求。总之，进行医学观察的目的是改进体育教学工作，提高教学质量，使体育锻炼能达到最佳效果。具体内容如下：(1)观察教学过程中学生的机体反应；(2)观察课的组织和教法；(3)观察和检查运动环境、场地设备的卫生条件。

二、课外体育活动的医务监督

考点1 早操的医务监督

早操(早锻炼)是在每天早晨起床后至上午第一节课前进行的体育活动。

1. 早操的作用

早操可以迅速消除大脑皮质因一夜睡眠而形成的抑制，活跃各器官系统的功能，以充沛的精力和愉快的情绪，开始新的一天的学习生活，从而提高学习效率。

2. 早操的项目和内容

应根据不同年龄、性别、健康状况和季节而定，一般应以学生比较熟悉的、简单易行的活动内容为主，如广播体操、慢跑、柔韧性练习、武术基本功等。

3. 早操的运动量和时间

早操的运动量不宜过大，一般以身体发热、微有出汗即可，并应避免做一些剧烈的运动或比赛。时间不宜过长，以20～30分钟为宜。例如，早晨跑步，脉搏可控制在150次/分钟以内，以免影响一天的工作和学习。

4. 注意事项

早操后应及时擦干汗水，以防感冒；冬天早晨气温较低，应配备御寒用品；雾天尘埃较多，要注意呼吸卫生；早操后至早餐应有一定的时间间隔。

考点2 大课间体育活动的医务监督

大课间体育活动一般在上午第二节课后安排一次或上、下午第二节课后各安排一次进行。

1. 大课间体育活动的作用

大课间的主要作用是帮助学生消除学习过程中产生的疲劳，防治因久坐或单一的身体姿势导致身体畸形发育，促进身体的正常发育。同时，可使大脑得到充分的放松，巩固和提高体育课所获得的知识和技能，使学生养成自觉锻炼的习惯，增强体质。因此，大课间体育活动是落实“每天锻炼一小时”的最有效途径。

2. 项目和内容

一般宜选择小型多样、快乐健康、寓教于乐、强身健体、创新发展的项目，如广播体操、韵律操、游戏或集体舞，也可安排篮球、排球、羽毛球、跳绳、呼啦圈、武术、徒手操和轻器械练习。根据季节变化或实际需要，也可安排一些简单易行的活动，如冬季可以进行慢跑、跳绳、拔河、踢毽子、游戏等活动。

3. 运动量和时间

大课间体育活动的时间一般为30～45分钟。由于大课间是在两节课之间，运动量过大机体难以恢复，因此，要适当控制运动量，以免影响后面的文化课学习。

4. 注意事项

大课间体育活动应集体进行，并在班主任和体育教师参与下进行。为保证大课间体育活动有条不紊、安全实效地进行，事先应做周密安排，做到定时间、定内容、定场地器材和定辅导人员。在运动前做好充分的准备活动，运动后还要做好放松和整理活动，以利于身体的恢复。同时，还应教育学生遵守纪律，预防运动伤害事故的发生。

三、运动训练医务监督的常用指标 【选择】★

运动训练医务监督的常用指标

常用指标	检测说明
脉搏	(1)课后5～10分钟，心率恢复到课前水平，属于小运动负荷； (2)课后5～10分钟，心率较课前快2～5次/分钟，属于中等运动负荷； (3)课后5～10分钟，心率较课前快6～9次/分钟，属于大运动负荷
血压	(1)除原发性高血压外，正常人训练期间血压增高可能是过度训练或过度紧张的表现(青春性高血压是由神经、内分泌改变引起的)； (2)血压偏低可由心肌收缩下降、脱水导致的血容量减少、炎热导致外周血管扩张等原因引起
心功指数	布兰奇心功指数＝心率×(收缩压＋舒张压)/100； 布兰奇心功指数在110～160内为心血管功能正常，平均值为140；如果超过200，可能是过度训练或机体功能状态不良的表现，或有心血管系统疾病
最大摄氧量	当运动员由于过度训练或过度疲劳引起心肺功能下降时，最大摄氧量会明显下降，运动成绩也下降
肺活量和最大通气量	当运动员机能水平下降或有过度疲劳时，肺活量和最大通气量也会下降
尿蛋白	如果运动后蛋白尿排泄率比以往高，说明训练时运动强度大或身体机能状况不良；如果停止运动后仍有蛋白尿，提示可能是病理性蛋白尿，如肾炎等，应停止训练，并进行身体检查

真题面对面

[2020 山东枣庄山亭区，单，1分]人体进行肌肉活动时，必然会引起心血管系统活动的加强。体育教师对学生进行课前和课后恢复期脉搏的测定，有助于了解学生的身体状况和评定课的运动量。一节中等运动量的体育课，其课后5～10分钟脉搏较运动前(　　)

A. 持平　　B. 快1～2次/分钟

C. 快6～9次/分钟　　D. 快2～5次/分钟

答案：D。一般认为，课后5～10分钟，心率较课前快2～5次/分钟，属于中等运动负荷。故选D。

第五节 运动性病症

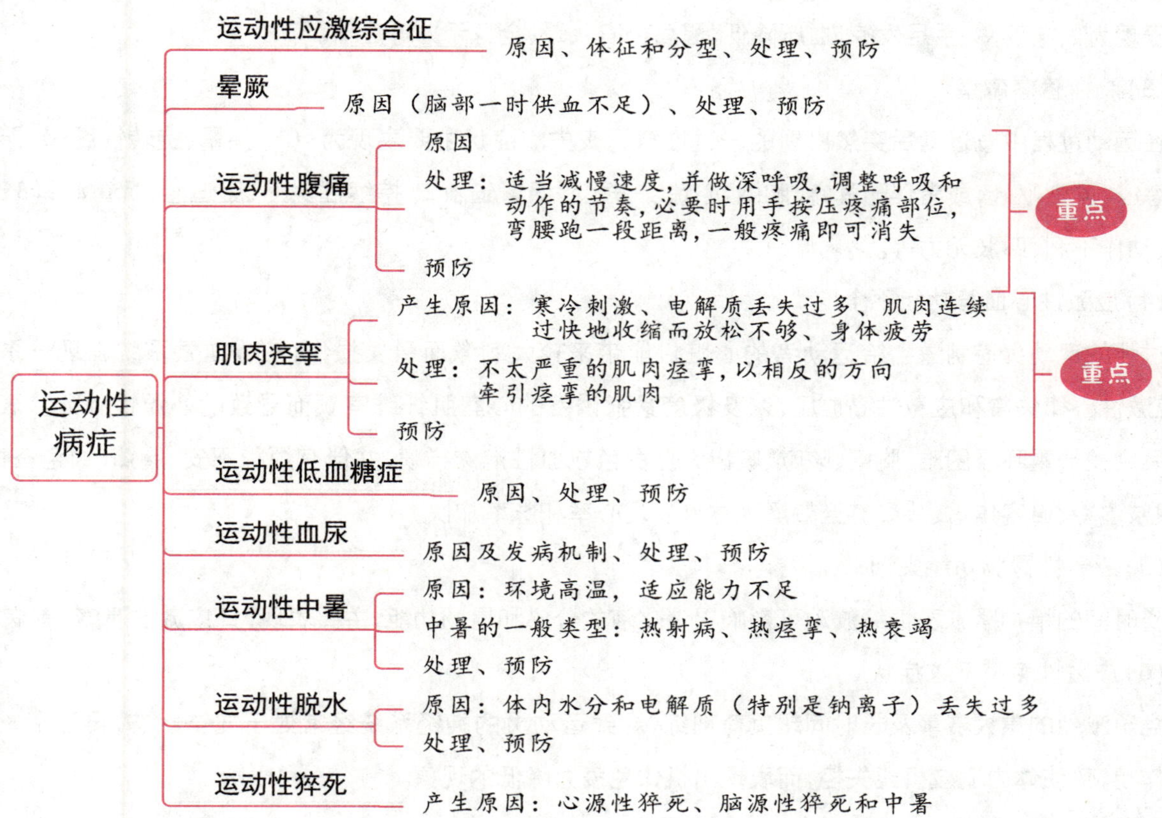

一、运动性应激综合征

运动性应激综合征是指运动员在训练或比赛时，体力负荷超过了机体的潜力而发生的生理功能紊乱或病理现象。

运动性应激综合征多发生在训练水平低、经验较少的新手身上，也可发生在因伤病中断训练较长时间后恢复训练的运动员身上，有时也发生在受剧烈精神刺激后的高水平运动员身上。中长跑、马拉松、中长距离滑冰、自行车、划船、足球等运动项目中比较多见。

1. 原因

(1)运动参加者身体素质和心理素质较差，训练水平较低，运动经验较少。

(2)由于伤病等原因较长时间中断运动后，突然进行高强度运动或比赛。

(3)体育锻炼地点环境恶劣或突然改变运动条件，运动参加者机体不能适应。

(4)心血管疾病患者参加剧烈运动也可引发运动性应激反应，严重可导致猝死发生。

2. 体征和分型

(1)单纯虚脱型

单纯虚脱型为运动性应激的最常见类型。运动后即刻出现恶心、头晕和面色苍白，可出现呼吸表浅，大汗淋漓，肌肉松弛，周身无力，多数神智清醒。轻者休息后好转，重者数日后可缓解。

(2)晕厥型

晕厥型是指在运动过程中或运动后感到全身软弱、头晕、耳鸣、眼前发黑，突然晕倒，多有短暂意识障碍。表现为面色苍白，手足发凉，血压降低，醒后仍有头晕、全身无力等症状。

(3)脑血管痉挛型

在运动过程中或运动后突然出现的一过性意识丧失。症状主要表现为：(1)头晕、旋转性眩晕，严重时伴有恶心、剧烈呕吐，或者伴随耳鸣、胸闷，心慌、气短、呼吸紧迫；(2)持续性头疼、压迫感、沉重感；(3)肢体麻木、动作不利、四肢无力等。

(4)应激性心血管功能不全

过强的运动负荷刺激会给运动者的心脏机能带来较大刺激而引发损伤，使心血管系统出现一系列病变：应激性心律失常和应激性高血压，以及极度紧张诱发的心室肌纤维室颤而导致的心源性猝死。表现为运动后突发严重呼吸困难、胸闷、咳嗽、咳出大量白色或血性泡沫样痰、并伴有烦躁不安、胸痛、面色苍白、大汗、四肢湿冷、面容焦虑、头晕甚至晕厥。体检发现心率和脉率加快。

(5)应激性胃肠功能失调

长时间的精神紧张及情绪波动可影响胃消化液的分泌和胃肠功能，主要表现为“应激性溃疡”等病症。

(6)应激性免疫系统症状

竞争激烈的重大赛事及长时间超负荷训练，导致运动员的神经系统经常处于亢奋状态，再加上长时间应激作用，致使体内适应机能失控，而表现出机体免疫力降低的现象。

3. 处理

(1)处理单纯虚脱患者首先将其置于仰卧位，患者头部放低，双腿抬高，有利于血液回流，给心脏供血创造有利条件；保证呼吸道通畅，严重时需吸氧；可指压人中穴；神志清醒者可服用温水或糖水。

(2)晕厥者应放置于仰卧位或下肢抬高位，这可增加脑血流量；松解紧身衣服，头转向一侧，以免舌后坠堵塞气道；指压人中穴；面部及颈部冷湿敷，如体温低加盖毛毯。

(3)脑血管痉挛及应激性心血管症状者除应采取平卧、头部放低、保持呼吸道通畅等措施，同时应立即送至医院进行急救。

(4)出现应激性消化道症状时应终止运动，采取住院治疗后观察病情，饮食主要以流食、半流食和易消化食物为主。症状完全消失两周左右后，视病情进行适当量的体育锻炼。

(5)出现应激性免疫系统症状时，应适当调整运动强度，提高膳食营养水平，改善机体免疫力。

4. 预防

(1)运动前先进行健康检查，有心血管机能不良者，患有急性病，如感冒、扁桃体炎、急性肠胃炎等，均不宜进行剧烈运动或参加比赛。(2)遵守循序渐进的原则。避免缺乏锻炼就参加剧烈的比赛，避免伤病初愈或未完全恢复就参加比赛。(3)加强运动时的医学观察和自我监督，尤其对少儿、老人等锻炼基础差的人要区别情况，因人而异。要坚持健身原则，不应过分追求比赛分数和成绩。(4)锻炼和比赛前做好充分的准备活动，运动后要使身体各部位达到充分放松。

二、晕厥 【选择】★★

晕厥是由于脑血流暂时降低或血中化学物质变化所致的意识短暂紊乱和意识丧失，也是过度紧张的一种表现形式。晕厥的主要危害在于晕厥发生刹那间摔倒后的骨折和外伤。

1. 原因

晕厥的主要机理是脑部一时供血不足。当脑血流骤减至临界值以下就可以发生晕厥。常见的引起晕厥的原因有：(1)精神和心理状态不佳。(2)**重力性休克**。疾跑后突然停止而引起的晕厥称为重力性休克。多见于径赛运动员，尤以短跑、中跑为多见，有时在自行车和竞走运动员中也可见到。运动员在进行运动时，外周组织内的血管大量扩张，血流量比安静时增加多倍，这时依靠肌肉有节奏地收缩和舒张以及胸腔负压的吸引作用，血液得以返回心脏。当运动者突然终止运动时，肌肉的收缩作用骤然停止，使大量血液聚积在下肢，造成循环血量明显减少、血压下降、心跳加快而心搏出量减少，从而导致脑供血急剧减少而造成晕厥。人在疾跑后不应站立不动而应接着慢跑再停下来，这样做是为了防止重力性休克，避免运动晕厥。(3)胸内和肺内压增加。(4)直立性血压过低。(5)血液中化学成分的改变。(6)心源性晕厥。(7)运动员中暑晕厥。

真题面对面

1. [2023 江苏南通启东市，单，1 分]晕厥发生的主要机理是(　　)

A. 急性心功能障碍　　B. 循环功能障碍

C. 脑部一时供血不足　　D. 神经功能有问题

答案：C。晕厥发生的主要机理是脑部一时供血不足。

2. [2021 山东青岛，单，1.25 分]运动员疾跑后需继续慢跑以稳定状态，主要原因是(　　)

A. 避免低血糖　　B. 避免重力性休克的发生

C. 利于心功能的恢复　　D. 有利于血压稳定

答案：B。疾跑后突然停止而引起的晕厥称为重力性休克。人在疾跑后不应站立不动而应接着慢跑再停下来，这样做是为了防止重力性休克，避免运动晕厥。故选 B。

2. 处理

(1)发生晕厥后应让患者平卧，足部略抬高，头部稍低，松开衣领，这可增加脑血流量。(2)注意保暖，防止受凉。(3)针刺或掐点人中、百会、合谷、涌泉穴，一般能很快恢复知觉。(4)如有呕吐时应将患者头偏向一侧。(5)患者清醒后可服用热糖水和维生素 C 及维生素 B_1 等，并注意休息。(6)必要时，应送医院做进一步处理。

3. 预防

(1)运动员应进行定期体格检查，尤其在重大比赛和大强度训练前。(2)坚持科学训练的原则。(3)疾跑后不要立即站立不动，而应继续慢跑并调整呼吸，然后再停下来。(4)体育教师、教练员、运动员应有预防和简单处理运动中发生晕厥的技能。

三、运动性腹痛 【简答】 ★★★

运动性腹痛是运动过程中一种常见的症状，多指在运动过程中或运动后产生的腹部疼痛现象，在中长跑、马拉松、竞走、自行车、篮球等运动项目中发生率较高。

1. 原因

引起运动性腹痛的原因，从总体来看，基本上分为原因不明但与训练有关的运动性腹痛、腹内疾病和腹外疾病。

运动性腹痛往往与下列因素有关：缺乏锻炼或训练水平低；准备活动不充分；身体情况不佳、劳累、精神紧张；运动时呼吸节奏不好，速度突然加得过快；运动前食量过多或饥饿状态下参加剧烈训练和比赛等。

2. 处理

(1) 对因腹内或腹外疾病所致的腹痛，主要根据原发疾病进行相应的治疗。

(2) 对仅在运动时加快速度后才出现腹痛的运动员，应加强全面身体素质训练和专项的技术、战术训练。

(3) 运动中出现腹痛后，可适当减慢速度，并做深呼吸，调整呼吸和动作的节奏，必要时用手按压疼痛部位，弯腰跑一段距离，一般疼痛即可消失。如仍然疼痛，应暂时停止运动，口服解除痉挛的药物。针刺或点掐足三里、内关等穴位，进行腹部热敷等。若无效应请医生处理。

真题面对面

[2021 安徽统考，简答，5 分] 简述运动中腹痛的原因及处理方法。

参考答案：参见上文。

3. 预防

(1) 遵守训练的科学原则，要循序渐进地增加运动负荷，加强全面身体训练，提高生理机能水平。在训练和比赛时要调整好动作与呼吸节奏，合理地分配运动速度。

(2) 运动前要做好充分的准备活动。

(3) 合理安排膳食，在剧烈运动前不要吃得过饱和大量饮水；不要在饥饿状态下参加训练和比赛；餐后经过 1 小时半才能参加运动。

真题面对面

[2021 贵州特岗，简答，4 分] 请简答预防运动性腹痛的措施。

参考答案：参见上文。

四、肌肉痉挛 【选择、判断】 ★★★

肌肉痉挛俗称抽筋，是肌肉发生不自主的强直收缩所显示出的一种现象。运动中最易发生痉挛的肌肉是小腿腓肠肌，其次是足底的屈踇肌和屈趾肌。在游泳运动中发生肌肉痉挛的人较多。

1. 产生原因

(1)寒冷刺激。(2)电解质丢失过多。(3)肌肉连续过快地收缩而放松不够。(4)身体疲劳。身体疲劳也直接影响肌肉的生理功能。

2. 处理

不太严重的肌肉痉挛,只要以相反的方向牵引痉挛的肌肉,一般都可使其缓解。腓肠肌痉挛时,可伸直膝关节,同时用力将踝关节充分背伸,拉长痉挛的腓肠肌;屈踇肌和屈趾肌痉挛时,可将足及足趾背伸。同时在痉挛肌肉部位做按摩,手法以揉捏、重力按压为主。可针刺或点掐委中、承山、涌泉等穴位,处理时要注意保暖。热疗也有一定疗效。严重的肌肉痉挛有时需要采用麻醉才能缓解。

真题面对面

1. [2023 安徽统考,判断,1 分] 高温季节运动时,大量排汗造成电解质过低,易引发肌肉痉挛。(　　)

答案:√。电解质丢失过多易引发肌肉痉挛。

2. [2022 山西临汾洪洞县,判断,1 分]肌肉痉挛俗称抽筋,是肌肉不自主的强直收缩。(　　)

答案:√。肌肉痉挛俗称抽筋,是肌肉发生不自主的强直收缩所显示出的一种现象。

3. 预防

(1)加强体育锻炼,提高身体的耐寒力和耐久力。(2)运动前必须认真做好准备活动。(3)冬季运动要注意保暖,夏季运动时,特别是进行剧烈运动或长时间运动时,要注意电解质的补充和维生素 B_1 的摄入。(4)疲劳和饥饿时不宜进行剧烈运动。(5)在运动中要学会肌肉放松,在降体重和控制体重时要讲究科学性。

五、运动性低血糖症

运动性低血糖症是指在运动中或运动后由于血糖降低导致头晕、恶心、呕吐、出冷汗等不适的现象,严重者可能出现休克或死亡。运动性低血糖症常见于长距离跑、马拉松、长距离滑雪、滑冰和自行车等运动项目,以女性多见。

1. 原因

(1)长时间剧烈运动,体内的血糖大量消耗和减少。(2)运动前饥饿,肝糖原储备不足,不能及时地补充消耗的血糖。(3)中枢神经系统调节血糖代谢紊乱,引起胰岛素分泌量增加。(4)情绪过于紧张,极度恐惧或身体患病(特别是运动性贫血)也会导致运动性低血糖。

2. 处理

立即停止运动,迅速补糖。口服浓糖水或姜糖水,一般在休息 10 min 左右症状即可缓解,若未能缓解,可再进食高糖食物,并考虑送往医院就医。

3. 预防

(1)空腹不要参加运动。(2)确定自己是否有过低血糖病史,如果有则在运动前做好充分准备。(3)运动前 1 ~1.5 h 进食适量食物(非甜味的碳水化合物),以保证运动所需能量。(4)保持规律的饮食习惯,保护正常的肠胃功能。(5)运动中准备一些巧克力、香蕉或甜味饮料,在即将出现低血糖时及时补充能量。(6)如平时较少运动,最好控制运动量,防止剧烈运动引发的低血糖。

六、运动性血尿

运动性血尿是指健康人在运动后出现一过性血尿,经详细检查但找不到其他原因,常见于直立体位下运动后,一般需达到一定量的负荷后发生,练习腰部动作较多或在硬场地(如柏油马路、硬地草场)上运动也易诱发。

1. 原因及发病机制

(1)运动时剧烈震动导致泌尿系统出现损伤。其原因主要是运动中肾脏剧烈震动或打击使之发生创伤,这种创伤可使肾组织或肾小球的毛细血管壁损伤破裂而出现血尿。

(2)运动时全身的血液分配进行调整。越是剧烈运动,流经肾脏的血液量越少,肾小球缺血、缺氧而通透性增加。

(3)长时间直立体位下运动或做蹬地动作,易造成肾脏位置下移,导致肾静脉回流受阻,肾瘀血,造成血尿。

(4)酸性代谢产物刺激。运动时代谢废物堆积,易造成体内环境成酸性,刺激肾脏通透性增强,产生血尿。

(5)肾组织结构和肾小球毛细血管负电荷的变化。

(6)肾素-血管紧张素和血管舒缓素的影响。

2. 处理

(1)运动后仅出现少量镜下血尿且运动后第二天血尿即消失者,可继续进行训练,但应注意训练情况及身体机能情况,必要时可适当调整运动量。

(2)运动后出现肉眼血尿者,血尿后 1 ~2 天内,应中止训练,充分休息,并就医进行药物治疗。血尿完全消失后,应根据运动员当时的身体机能情况与训练情况,给予短期休息或调整运动量。在反复查尿的严密观察下,如运动后血尿始终阴性,才可逐步加大运动量、恢复正常训练。部分人运动后出现的血尿虽能在休息后短期内消失,但运动后(有的甚至在较小运动量训练后)反复出现肉眼血尿,应延长其休息时间,在进行药物治疗的同时,应尽早做较全面深入的检查,以排除器质性病变。

3. 预防

(1)合理安排训练。要因人施训,区别对待,照顾个体差异。

(2)充分饮水,适当补充维生素等。

(3)在硬场地进行跑、跳等运动时,可穿带有弹性鞋垫或泡沫塑料鞋垫的鞋。

(4)暂停跑、跳、腰部动作较多的项目运动,久治不愈者应考虑调换运动项目。

七、运动性中暑 【综合题】 ★

运动性中暑主要是由于体温过高,身体多器官出现功能障碍,导致身体虚脱直至衰竭。运动性中暑主要发生在青少年人群和中长距离跑项目。

1. 原因

(1) 环境高温

①散热障碍。高温环境超过 32 ℃,湿度 >60%,人体通过辐射、传导和对流散热出现困难,只能通过汗液蒸发散热。但湿度过大导致汗液蒸发减少,体内高温蓄积,引发中暑。

②血容量不足。高温环境下运动导致大量出汗,失水、失钠、血液浓缩黏稠,血管扩张,血容量迅速下降,如果不能及时补充血容量,易引发中暑衰竭或中暑痉挛。

(2) 适应能力不足

耐热能力较差,缺乏运动经验,女性、年老者、体弱者等均为易发人群。

2. 中暑的一般类型

(1) **热射病(又称高热中暑)**主要表现为高热,无汗,呼吸细弱,脉速快,昏迷。先兆为全身软弱乏力、头晕、恶心、晕厥。常为高温环境下训练数小时或数日,也常见于老年人、体弱者。严重者可出现播撒性血管内凝血,肝肾功能损害以致死亡。

(2) **热痉挛**多见大量出汗后未能及时补钠、补水。轻者有短暂、间歇发作的四肢骨骼肌痛性痉挛,多见腓肠肌;重者多发生大肌群阵发性痉挛,可涉及腹壁肌、肠平滑肌和膈肌,引起腹绞痛。体温多正常。

(3) **热衰竭**为中暑最常见的一种,常见老年人、儿童、体弱者,也见高温环境中持续运动人群。非体内高热蓄积,故不出现高热,而是心血管系统不能适应性调节所致。发病急,先出现多汗、疲乏、头昏、脉细速、血压下降、意识丧失,常伴发热痉挛。脱水型表现为:口渴、焦虑、胸闷、冷汗淋漓、判断力欠佳、手足抽搐。失盐型表现为:软弱无力、恶心、呕吐、腹泻、肌肉痉挛。

3. 处理

(1) 中暑先兆及轻度中暑

出现中暑先兆时,要迅速将患者撤离高温环境,移至阴凉通风处休息,宽松衣服,及时补充含盐饮料;按压额部、颞部并涂抹清凉油、风油精或服用藿香正气水等。

(2) 热衰竭与热痉挛

以纠正水、盐、钙代谢紊乱为主。应立即掐按人中穴,促其苏醒;同时,将患者快速转移到阴凉通风处,并迅速送到医院救治。在等待医护人员期间,头部冷敷冰块或湿毛巾,协助降温。伴发痉挛者还应及时补充含盐饮料。

(3) 高热中暑

处理原则为:迅速降温;防休克、心肾衰竭和脑水肿;纠正体液失衡状态。用冰水或酒精擦拭头部、腋下及腹股沟等身体部位降温;药物降温;对症治疗等。

4. 预防

(1) 针对高温预报合理安排运动时间。(2) 比赛和训练时科学补液。(3) 加强不耐热人群的个人防护。

真题面对面

[2021 湖南长沙县,综合题,4 分]运动性中暑有哪些表现,如何预防运动性中暑?

参考答案:参见上文。

八、运动性脱水

运动性脱水是指人们由于运动而引起体内水分和电解质(特别是钠离子)丢失过多的现象。常见于中长距离跑、自行车、户外徒步等体能消耗大的运动项目,也见于举重、摔跤等项目运动员为参加低体重级别的比赛而采取快速减体重措施,造成体内严重脱水时。

失水量为体重的2% ~4%,属于轻度脱水;失水量为体重的4% ~6%,属于中度脱水;失水量为体重的6%以上,属于重度脱水。

1. 原因

运动性脱水是在高温、高湿情况下进行大强度运动,人体大量出汗而未及时补水所造成的,属于高渗性失水,主要包括单纯性失水、失水大于失钠和水摄入量不足。

2. 处理

补液的方法应遵循预防性补充和少量多次的原则。预防性补液可以避免脱水的发生,防止运动能力下降;少量多次补液可以避免一次性大量补液加重胃肠道和心血管系统负担,出现腹胀、恶心、呕吐、心慌等症状。为防止运动性脱水对健康的损害,补液的总量应大于失水总量,特别应重视钠的补充。

3. 预防

(1)提高对运动性脱水的耐受性。(2)进行补水,防止和纠正脱水。及时的补水,使机体水分达到平衡。应根据运动情况和运动特点,在运动前、中、后补水。补水的原则为少量多次,同时还应适量补充无机盐。

九、运动性猝死

有或无症状的运动员和进行体育锻炼的人在运动中或运动后24小时内意外死亡称为运动性猝死。

1. 产生原因

运动性猝死常见的有心源性猝死、脑源性猝死和中暑。

(1)心源性猝死占运动性猝死的绝大多数,心源性猝死常见的病因包括冠心病、心脏瓣膜病、先天性心脏病、马方综合征等。

(2)脑源性猝死也是运动性猝死的重要原因之一,主要为脑血管畸形、动脉瘤或高血压、动脉硬化所致脑卒中。

(3)有些资料中将中暑列为运动性猝死中仅次于心脏猝死的第二大原因。

2. 预防

(1)参加运动训练或比赛前进行严格体格检查,识别运动性猝死的高危人群。(2)严格鉴别运动员长期训练引起的心脏生理性变化与病理性变化的区别。(3)密切观察运动时出现的各种症状。(4)遵守科学训练的原则、遵守训练的卫生原则和患病后恢复训练的原则。(5)运动员的选择注重体格检查,严密注意马方综合征，特别是篮球、排球、跳高等需要身材高大的运动员的项目。(6)加强对运动性猝死的调查与研究。

第六节　运动损伤

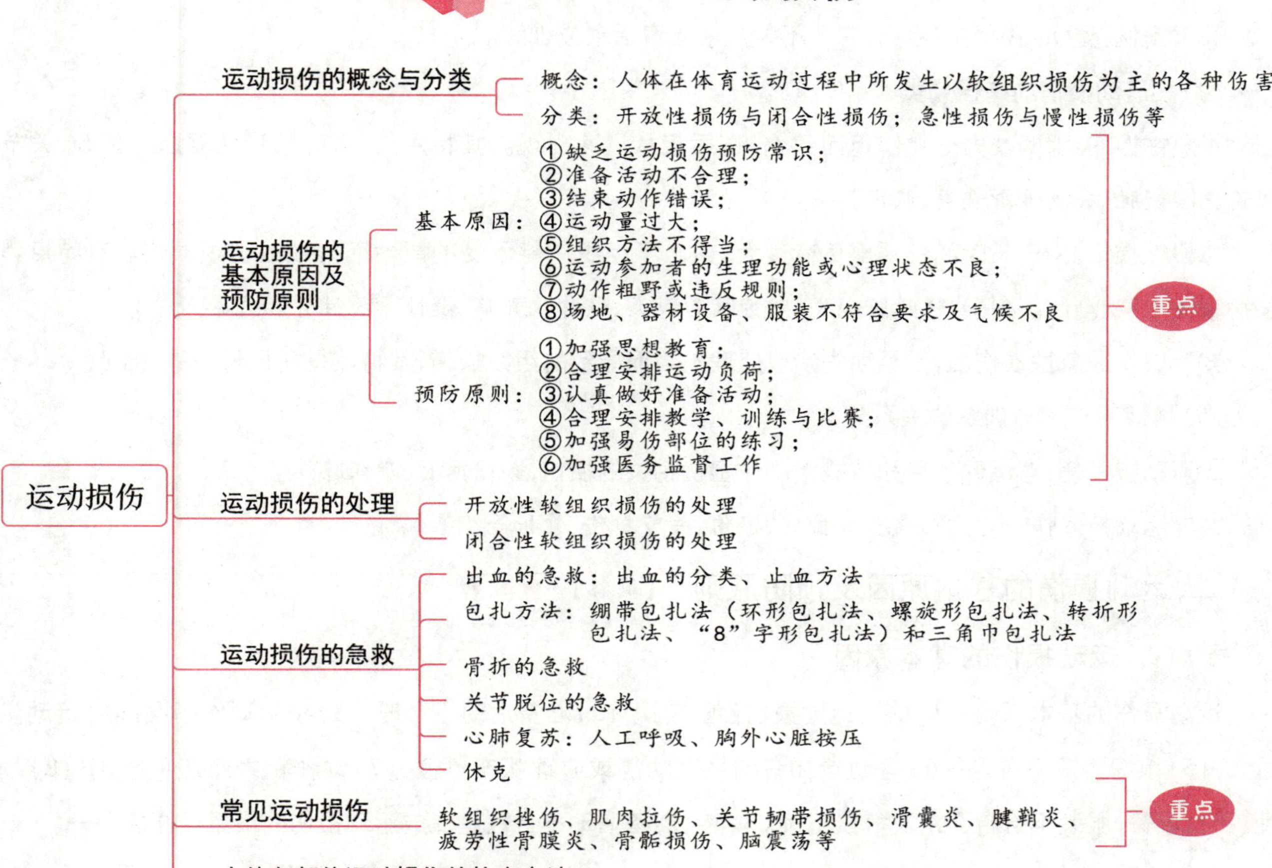

一、运动损伤的概念与分类

1. 运动损伤的概念

运动损伤是指人体在体育运动过程中所发生的以软组织损伤为主的各种伤害。

2. 运动损伤的分类

(1)按运动损伤的组织结构分类

按运动损伤的组织结构分为肌肉韧带的捩伤及断裂，挫伤，四肢、颅骨、脊椎骨折，关节脱位，脑震荡，内脏破裂等。

(2)按伤后皮肤或黏膜是否破损分类

①开放性损伤：伤后皮肤或黏膜的完整性遭到破坏，有伤口与外界相通。如擦伤、刺伤、撕裂伤及开放性骨折等。

②闭合性损伤：伤后皮肤或黏膜仍保持完整，无伤口与外界相通。如挫伤、关节韧带损伤、肌肉拉伤、闭合性骨折、关节脱位等。

(3)按运动损伤后运动能力的丧失程度分类

①轻度伤:受伤后仍能进行体育活动或训练。

②中度伤:受伤后需要进行门诊治疗,短时间内不能按体育教学要求从事体育活动或需停止患部练习或减少患部活动。

③重度伤:受伤后需住院治疗,完全不能从事体育活动或训练。

(4)按运动损伤的病程分类

①急性损伤:瞬间暴力一次作用而致伤,伤后症状迅速出现。其特点为发病急、症状骤起。例如,关节扭伤、骨折、脱位、急性滑囊炎、肌肉拉伤等。

②慢性损伤:由于长时间的局部负荷过大,超出了组织所能承受的能力而导致的组织损伤。其特点为发病缓慢、症状渐起。例如,慢性腱鞘炎、疲劳性骨膜炎、髌骨软骨病、慢性牵拉性骨骺炎等。

③陈旧伤是急性损伤后,因早期失治或处理不当而导致的组织损伤,其特点是病程长,病情绵延。

(5)按运动技术与训练的关系分类

①运动技术伤:与运动项目和技战术动作密切相关的损伤,如网球肘、跳跃膝等。

②非运动技术伤:多为意外伤,如挫伤、擦伤、关节扭伤、骨折等。

二、运动损伤的基本原因及预防原则 【简答】★★★

考点1 运动损伤的基本原因

运动损伤的基本原因:(1)缺乏运动损伤预防常识;(2)准备活动不合理;(3)技术动作错误;(4)运动量过大;(5)组织方法不得当;(6)运动参加者的生理功能或心理状态不良;(7)动作粗野或违反规则;(8)场地、器材设备、服装不符合要求及气候不良。其中,准备活动不合理是造成运动损伤的最重要原因之一。

考点2 运动损伤的预防原则

运动损伤的预防原则:(1)加强思想教育;(2)合理安排运动负荷;(3)认真做好准备活动;(4)合理安排教学、训练与比赛;(5)加强易伤部位的练习;(6)加强医务监督工作。其中,做好准备活动应注意以下几个方面要求:①准备活动的内容与负荷应依据正式活动的内容、个人身体机能状况、当时的气象条件等因素而定;②一般的准备活动要做得充分,专项准备活动一定要有针对性,与后面的正式活动要有有机的联系;③易伤部位的准备活动要加强、加大活动的比重;④有伤部位的准备活动,做时要谨慎,不可操之过急,动作要和缓,幅度、力度、速度要循序渐进;⑤在训练专项时,应补充做准备活动;⑥在运动中,间歇时间较长时,也应在运动前再次做好准备活动。

真题面对面

[2019 福建统考,简答,5 分]根据运动损伤的预防原则,认真做好准备活动应注意哪几个方面的要求?

参考答案:参见上文。

三、运动损伤的处理 【简答】 ★★

考点1 开放性软组织损伤的处理

开放性软组织损伤的处理原则是及时止血和处理创口，预防感染，先止血然后再处理伤口。

1. 擦伤

擦伤是皮肤受到外力摩擦所致，皮肤组织被擦破出血或有组织液渗出。针对创口较浅、面积小的擦伤，可用生理盐水洗净创口，创口周围用 75% 的酒精消毒，局部擦以 PVP 碘溶液，一般无须包扎，让其暴露在空气中待干后即可，也可覆以无菌纱布。针对关节附近的擦伤，一般不用暴露疗法，因为干裂易影响关节运动，一旦发生感染，也易波及关节。因此，关节附近的擦伤经过消毒处理后，多采用消炎软膏或多种抗菌软膏涂抹，并用无菌敷料覆盖包扎。创口中若有煤渣、细沙、泥土等异物，要用生理盐水冲洗干净，必要时可用已消毒的硬毛刷子将异物刷净，创口可用双氧水冲洗、创口周围用 75% 酒精消毒，然后用凡士林纱条覆盖创口并包扎；若创口较深、污染较重时，应注射破伤风抗毒血清，并给以抗生素治疗。

2. 撕裂伤、刺伤与切割伤的处理

撕裂伤、刺伤与切割伤这三种创伤皮肤都有不同程度规则或不规则的裂口，虽然各有特征，但病理变化却大致相同。处理时主要是早期清洁创面、缝合及预防破伤风。

若撕裂的伤口比较小，切口的创面整齐、清洁，其创面长度在 2 cm 以内，先用 2% 的碘酒在伤口周围消毒，再用 75% 的酒精处理后将伤口对和好，用无菌纱布盖住伤口加压止血，4 ~ 7 天即可除去敷料，伤口便可愈合。发生在面部的撕裂伤，为了继续比赛，可用生理盐水冲洗，用肾上腺素液棉球压迫止血，再用粘胶封合，或者用创可贴粘膏固定。

如果被生锈的铁钉或脏的竹枝等刺伤感染，因刺伤的伤口小而深，这种伤口应先用冷开水和过氧化氢冲洗，除去异物，再进行消毒包扎。若出血量比较多，应立即进行临时止血，马上送医院做进一步处理，并注射破伤风抗毒血清，给予抗生素治疗。

考点2 闭合性软组织损伤的处理

(1) 急性损伤

①早期。早期是指伤后 24 ~ 48 小时内，处理原则是制动、止血、防肿、镇痛及减轻炎症。伤后立刻使用冷敷、加压包扎并抬高伤肢。外敷新伤药可达到消肿、止痛和减轻炎症的效果。若伤后疼痛较剧烈可服用止痛剂。如局部红肿显著，可同时服用清热、活血、化瘀的中药。

②中期。中期是指急性期过后的两周内。治疗原则以活血、化瘀、促进组织吸收为主。治疗方法有理疗、按摩、针灸、痛点药物注射、外贴或外敷活血、化瘀、生新的中草药等。热疗和按摩在中期的治疗中极为重要。

③晚期。晚期的处理原则是恢复和增强肌肉、关节的功能。治疗方法以按摩、理疗和功能锻炼为主，配合支持带固定及中草药的熏洗等。

(2)慢性损伤

慢性损伤的处理主要是改善伤部的血液循环,促进组织的新陈代谢,合理地安排局部的负担量。治疗方法与急性损伤的中、后期大致相同,应将功能康复锻炼和治疗紧密地结合起来。

真题面对面

[2022 湖北统考,简答,8 分]作为一名未来体育教师,若你在的体育教学过程中学生发生了运动损伤,你会采取哪些应变措施。

参考答案:参见上文。

四、运动损伤的急救 【判断】 ★

考点1 出血的急救

血液是维持生命的重要物质,成年人血量约占体重的 8%,即 4000~5000 mL。若出血量达总血量的 20%(800~1000 mL)时,会出现乏力、头晕、口渴、面色苍白、心跳加快、血压下降等全身不适症状;若出血量达总血量的 30%(1200~1500 mL)时,可出现休克,甚至危及生命。

1. 出血的分类

出血可以分为外出血和内出血两种。其中,外出血指血液从皮肤创口处向体外流出,是运动损伤中较为常见的一种。外出血按受伤血管不同,可分为动脉出血、静脉出血和毛细血管出血三类,但一般所见的出血多为混合型出血。

(1)动脉出血。动脉血的颜色鲜红,血液自伤口的近心端呈间歇性、喷射状流出,出血速度快,出血量多,危险性大,常因失血过多而出现急性贫血,以至血压下降,呼吸、心跳中枢麻痹,进而引起心跳与呼吸停止。

(2)静脉出血。静脉血的颜色暗红,血液自伤口的远心端呈持续性、缓慢地向外流出,危险性小于动脉出血。

(3)毛细血管出血。毛细血管血的颜色介于动脉血和静脉血之间,血液在创面上呈点状渗出并逐渐融合成片,最后渗满整个伤口,通常能自行凝固,一般没有危险性。

2. 止血方法

(1)冷敷法:冷敷可使血管收缩,减少局部充血,降低组织温度,抑制神经的感觉,因而有止血、止痛、防肿的作用,常用于急性闭合性软组织损伤。冷敷法一般用冷水或冰袋敷于损伤局部,常与加压包扎和抬高伤肢法同时使用。

(2)抬高伤肢法:将受伤肢体抬至高于心脏,使出血部位压力降低。此法适用于四肢小静脉或毛细血管出血的止血,常在绷带加压包扎后使用,在其他情况下仅为一种辅助方法。

(3)加压包扎止血法:有创口的可先用无菌纱布覆盖压迫伤口,再用三角巾或绷带用力包扎,包扎范围应比伤口稍大,在没有无菌纱布时,可使用消毒卫生巾、餐巾等代替。加压包扎止血法是目前最常用的一种止血方法,适用于小静脉和毛细血管出血的止血。

(4)**加垫屈肢止血法**:前臂、手、小腿和足出血时,如没有骨折和关节损伤,可将棉垫或绷带卷放在肘或膝关节窝上,屈曲小腿或前臂,再用绷带作"8"字形包扎固定。

(5)**直接指压止血法**:用手指指腹直接压迫出血动脉的近心端。为了避免感染,宜用消毒敷料、清洁的手帕或清洁纸巾盖在伤口处,再进行指压止血。

(6)**间接指压止血法**:又称止血点止血法,是止血方法中最重要、最有效且极简单的一种方法。压迫时,用手指把身体浅部的动脉压在相应的骨面上,阻断血液的来源,可暂时止住该动脉供血部位的出血。该止血法适用于动脉出血,但只能临时止血。重要的止血点有6个,颞浅动脉止血点、颌外动脉止血点、锁骨下动脉止血点、肱动脉止血点、股动脉止血点、胫前和胫后动脉止血点。以下为止血点的应用:

①头部出血:头部前额、颞部出血,要压迫颞浅动脉。

②面部出血:面部出血应压迫颌外动脉。

③上肢出血:肩部和上臂出血可压迫锁骨下动脉;前臂出血可压迫肱动脉;手指出血可压迫指动脉。

④下肢出血:大腿、小腿部出血,可压迫股动脉;足部出血可压迫胫前动脉和胫后动脉。

(7)**止血带止血法**:适用于四肢大出血,当其他止血方法不能止血时才使用此方法。止血带主要有橡皮止血带、气性止血带(如血压计袖带)和布制止血带。

真题面对面

[2022 安徽统考,判断,1 分]抬高伤肢法可使出血部位压力降低。(　　)

答案:√。抬高伤肢法:将受伤肢体抬至高于心脏,使出血部位压力降低,此法适用于四肢小静脉或毛细血管出血的止血。

考点2　急救包扎的方法

伤口包扎在急救中应用范围较广,可起到保护创面、固定敷料、支持伤肢、防止感染、止血和止痛的作用,有利于伤口早期愈合。包扎一般用绷带和三角巾。

1. 绷带包扎法

(1)**环形包扎法**:适用于头额部、手腕和小腿下部等粗细均匀的部位。包扎时,把绷带头斜放,用手压住,将绷带卷绕肢体包扎一圈后,再将带头的一个小角反折过来,然后继续绕圈包扎,后一圈压前一圈,包扎3~4圈即可。

(2)**螺旋形包扎法**:用于包扎肢体粗细相差不大的部位,如上臂、大腿下段和手指等处。包扎时,以环形包扎法开始,然后将绷带向上斜形缠绕,后一圈压前一圈的1/2~1/3。

(3)**转折形包扎法**:用于包扎前臂、大腿和小腿粗细相差较大的部位。包扎时,从环形包扎法开始,然后用一个拇指压住绷带,将其上缘反折,后一圈压住前一圈的1/2~1/3,每圈的转折线应互相平行。

(4)**"8"字形包扎法**:多用于包扎肘、膝、踝等关节处,包扎方法有两种:第一种,从关节开始,先做环形包扎,后将绷带斜形缠绕,一圈绕关节的上方,一圈绕下方,两圈在关节凹面交叉,反复进行,逐渐远离关节,每圈压住前一圈的1/2~1/3。第二种,从关节下方开始,先做环形包扎,后由下而上、由上而下地来回做"8"字形缠绕,逐渐靠拢关节,最后以环形包扎法结束。

2. 三角巾包扎法

(1)手部包扎法:三角巾平铺,手指对向顶角,将手平放在三角巾的中央,底边横放于腕部。先将三角巾顶角向上反折,再将三角巾两底角向手腕背部交叉围绕一圈,在腕背侧打结。

(2)头部包扎法:三角巾底边置于前额,顶角在后,将底边从前额绕至头后,压住顶角并打结。若底边较长,可在枕后交叉后再绕至前额打结。最后把头角拉紧并向上翻转固定。

(3)足部包扎法:足部包扎法与手部包扎法基本相同。

(4)大悬臂带:用于除锁骨和肱骨骨折以外的上肢损伤。将大三角巾顶角放在伤肢后,一底角放在健侧肩上,肘关节屈曲 90°放在三角巾中央,下底角上折,包住前臂并在颈后与上方底角打结。最后把肘后的顶角折在前面,用别针固定。

(5)小悬臂带:用于锁骨和肱骨骨折。将大三角巾叠成四横指宽的宽带,中央放在伤侧前臂的下 1/3 处,两端在颈后打结。

考点3 骨折的急救

1. 骨折的原因

引起外伤性骨折的暴力,按其作用的性质和方式可分为:①直接暴力;②传达暴力;③牵拉暴力;④积累性暴力。

2. 骨折的症状与体征

①疼痛。骨折当时疼痛较轻,随后即加重,活动受伤肢体时则疼痛加剧,持续剧痛可引发休克。②肿胀和皮下瘀血。③患肢失去功能。④畸形。⑤异常活动或骨摩擦音。⑥压痛和震痛。⑦X 线拍片是最具权威性的确诊方法。

3. 骨折的急救原则

①防治休克;②就地固定;③先止血再包扎伤口。

4. 常见的骨折急救固定法

①锁骨骨折:采用“双环包扎法”固定。先取三条三角巾并折叠成宽带,在双肩腋下填上软布团或棉花,然后用两条宽带分别绕过伤员两肩在背后打结,形成两个肩环,再用第三条宽带在背后穿过两个肩环,拉紧打结,最后将两前臂缚扎固定或将伤侧肢体挂在胸前。

②肱骨干骨折:屈肘成直角,用两块长短宽窄适宜的有垫夹板,分别放在伤臂的内、外侧,用 3 ~ 4 条宽带将骨折处上下部缚好,再用小悬臂带把前臂挂在胸前,最后用宽带或三角巾将伤臂固定于体侧。

③前臂骨折:用两块有垫夹板分别放在前臂的掌侧和背侧,板长从肘到掌,前臂处于中立位,屈肘 90°,拇指朝上。用 3 ~ 4 条宽带缚扎夹板,再用大悬臂带把前臂挂在胸前。

④手腕部骨折:用一块有垫夹板放在前臂和手的掌侧,手握绷带卷,再用绷带缠绕固定,然后用大悬臂带把伤臂挂于胸前。

⑤股骨骨折：采用旁侧夹板固定。先用两手（一手握脚背，一手托脚跟）轻轻将脚向下拉，直到与健腿等长。如疼痛可注射吗啡。再将两块长夹板分别放在伤肢的内、外侧，内侧夹板上至大腿根部，下达足跟；外侧夹板自腋下达足部。然后用 5 ~ 8 条宽带固定夹板，在外侧打结。

⑥小腿骨折：用两块有垫夹板放在小腿的内、外侧，两块夹板上自大腿中部，下至足部。用 4 ~ 5 条宽带分别在膝上、膝下及踝部缚扎固定。

⑦踝足部骨折：采用直角夹板固定。脱鞋，取一块直角夹板置于小腿后侧，用棉花或软布在踝部和小腿下部垫妥后，再用三条宽带分别在膝下、踝上和足跖部缚扎固定。

⑧胸腰椎骨折：疑有胸腰椎骨折时，应尽量避免移动骨折处，以免脊髓受压迫而损伤。将硬板或门板置于患者体侧，一人稳住头，再由两人将患者轻轻推滚至木板上，取仰卧位，用数条宽带将伤员缚扎于木板上。若为软质担架，令伤员采取俯卧位，使脊柱伸直，禁止屈曲，送至医院。

⑨颈椎骨折：务必使伤员头部固定于伤后位置，不屈、不伸、不旋转，数人合作将伤员抬至木板上，头部两侧用沙袋或卷起的衣服垫好固定，用数条宽带把伤员缚扎在木板上。颈椎损伤时，如搬运不当，有引起骨髓压迫的危险，可造成四肢和躯干的高位截瘫，甚至影响呼吸造成死亡。

考点4　关节脱位的急救

凡相连两骨之间失去正常的连接关系，称为关节脱位。关节脱位时，由于暴力作用往往伴有关节囊及关节周围软组织的损伤，严重者还可伤及神经、血管或伴有骨折。常见的症状有：①关节处疼痛及运动障碍；②关节周围明显压痛；③关节脱位后不久即出现明显的肿胀；④关节部位出现畸形等。由于畸形，肢体形态及位置变移，可出现肢体缩短或延长，故与健侧肢体对比不对称。

体育运动中最常见的关节脱位是肩关节前脱位和肘关节后脱位。

①肩关节前脱位的急救固定方法：取三角巾两条，分别折成宽带，一条悬挂前臂，另一条绕过伤肢上臂，在健侧腋下打结。

②肘关节后脱位的急救固定方法：用铁丝夹板弯成合适的角度，置于肘后，用绷带缠稳，再用小悬臂带挂起前臂。如果没有铁丝夹板，可直接用大悬臂带包扎固定。

考点5　心肺复苏

心肺复苏是针对呼吸、心跳停止所采用的抢救措施，即以心脏挤压形成暂时的人工循环，诱发心脏的自主搏动，并以人工呼吸代替患者的自主呼吸。因此，临床上将二者合称为心肺复苏术。对心脏停搏、呼吸骤停者的抢救应当在 4 分钟内进行心肺复苏，开始复苏时间越早，成功率越高。

1. 人工呼吸

人工呼吸是借助人工方法来维持机体的气体交换，以改善患者缺氧状态，并排出二氧化碳，为恢复患者自主呼吸创造条件。人工呼吸的方法很多，现介绍最常用的口对口人工呼吸法。

口对口人工呼吸法的操作方法：使患者置于仰卧位，松开领口、裤带和胸腹部衣服，清除口腔内异物，把患者口腔打开，盖上一块纱布。急救者一手掌尺侧置于患者前额，使其头部后仰，拇指和食指捏住患者鼻孔，以免气体外溢。另一手托起患者下颌，掌根部轻压环状软骨，使其间接压迫食道，以防吹入的空气进入胃内。然后深吸一口气，张开嘴巴，用双唇包绕封住患者的嘴外缘，并紧贴住向里吹气，吹气完后立即放开鼻孔。待患者呼气，并吸入新鲜空气，准备下一次吹气，如此反复进行。吹气要深而快，每次吹气时观察患者胸部上抬即可。开始应连续两次吹气，以后每隔6秒吹1次气，相当于10次/分钟的频率进行，直到患者恢复呼吸为止。

2. 胸外心脏按压

进行胸外心脏按压时，患者应平卧，最好置于头低脚高位，背部垫木板，以增加脑的血流供应。

胸外心脏按压的操作方法：使病人仰卧于硬板床或地上，急救者以一手掌根部置于患者胸骨的中、下1/3交界处，另一手交叉重叠于其手背上，肘关节伸直，充分利用上半身的重量和肩、臂部肌肉的力量，有节奏的、带有冲击性的垂直按压胸部，使之下陷5～6厘米（儿童相对轻些）。每次按压后随即迅速抬手，使胸部复位，以利于心脏舒张。频率为100～120次/分钟，儿童稍快。

操作中，如能摸到颈动脉或股动脉搏动，上肢血压收缩压达到60 mmHg以上，口唇、甲床颜色较前红润或者呼吸逐渐恢复，瞳孔缩小，则为按压有效，应操作至自主心跳出现为止。

对呼吸、心跳均停止的患者，应同时进行上述两种急救措施。单人心肺复苏时，每按压胸部30次，吹气2次，即按压次数：吹气次数＝30∶2。双人心肺复苏时，不中断胸外按压，每6秒吹气1次。

进行心肺复苏时，急救一经开始，就要连续进行，不能间断，直至患者恢复自主呼吸、心跳或确诊死亡为止。在实施抢救的同时，应迅速拨打急救电话。

考点6　休克

休克是人体遭受体内外各种强烈刺激后所发生的严重的全身性综合征，临床上以急性周围循环衰竭为特征，有效循环血量锐减是复杂综合征中的主要矛盾。运动损伤造成的休克，一般以失血性休克和创伤性休克较为多见。

休克的急救包括以下几个方面：(1)安静休息；(2)保暖和防暑；(3)饮水；(4)保持呼吸道通畅；(5)镇静与止痛；(6)包扎和固定；(7)止血；(8)针刺疗法。

五、常见运动损伤　【选择、判断、简答】★★★

1. 软组织挫伤

软组织挫伤是钝性暴力直接作用于人体某处而引起的局部或深层软组织的急性闭合性损伤，是体育运动中最常见的损伤。运动中互相冲撞、被踢打或身体某部位碰撞在器械上，都可发生局部或深层软组织的挫伤。软组织挫伤包括单纯性挫伤和混合性挫伤。

(1)处理

单纯性挫伤的处理可分为三个时期。

①限制活动期：伤后立即制动，这是急救处理的关键。然后局部冷敷、加压包扎、抬高伤肢。

②恢复活动期：受伤24～48小时后，可拆除包扎，进行按摩、热敷和理疗。

③功能恢复期：逐渐增加抗阻练习和非对抗性的活动，如做蹲起活动、打乒乓球、羽毛球等，并配合按摩和理疗，以恢复股四头肌力量和膝关节功能。然后逐步过渡到参加体育活动，但活动时应使用保护支持带，以避免再伤。

混合性挫伤并出现休克的伤员，在进行现场急救的同时，应尽快请医生来处理或将伤员送往医院。

（2）预防

在体育活动中应加强和提高保护与自我保护的能力，使用必要的保护器具。加强职业道德修养，遵守竞赛规则，严格执法，防止粗野动作。

2. 肌肉拉伤

由于肌肉突然猛烈收缩或被动牵伸，超过了肌肉本身所能承担的限度而引起的肌肉组织急性损伤，称为肌肉拉伤。体育运动中常见的肌肉拉伤部位有腘绳肌、大腿内收肌、腰背肌、小腿三头肌等。

（1）处理

肌肉微细损伤或少量肌纤维撕裂时，立即冷敷、加压包扎或外敷新伤药，然后在能使肌肉松弛的位置固定休息，24 小时后可进行按摩、痛点药物注射、理疗等。

疑有肌纤维大部分撕裂或肌肉完全断裂时，经加压包扎、固定伤肢等急救处理后，迅速将伤员送至医院，及早进行手术缝合。

（2）预防

①在剧烈运动前，要做好充分的准备活动；②平时要结合运动项目的特点，加强易伤部位的肌肉力量和柔韧性练习；③锻炼中要注意观察肌肉反应，若出现肌肉僵硬或疲劳时，可进行按摩并减少运动强度；④改正技术动作的缺点，正确掌握跑、跳、投的技术要领；⑤注意锻炼环境的温度、湿度和运动场地的情况。

真题面对面

［2019 山东泰安，简答，3 分］小明在运动时肌肉拉伤，体育教师应如何正确处理？

参考答案：小明在运动时肌肉拉伤，属于急性软组织损伤。若肌肉微细损伤或少量肌纤维撕裂时，应立即冷敷、加压包扎或外敷新伤药，然后在能使肌肉松弛的位置固定休息，24 小时后可进行按摩、理疗等。若有肌纤维大部分撕裂或肌肉完全断裂时，经加压包扎、固定伤肢等急救处理后，迅速送至医院，及早进行手术缝合。

3. 关节韧带损伤

关节由于受到外力作用出现超越正常范围的异常运动，导致韧带不能承受过高张力而产生部分或完全断裂，称为关节韧带损伤。运动中常见的关节韧带损伤的部位有踝关节外侧副韧带、膝关节内侧副韧带、肘关节尺侧副韧带、指间关节韧带等。

（1）处理

韧带损伤后应立即进行局部冷敷处理，加压包扎止血、制动、抬高肢体。2 ~ 3 天后可拆除包扎，进行局部按摩、理疗，用活血化瘀、消肿的中药。完全断裂者应进行外科缝合手术。

真题面对面

[2019 河北邢台桥东区，单，0.8 分] 对于运动中的关节韧带损伤，下列处理办法哪种不合适(　　)

A. 在 24 小时内采用冷敷，必要时加压包扎

B. 24 小时以后采用理疗、热敷、按摩、针灸治疗

C. 疼痛减轻后增加功能性练习

D. 对急性腰部损伤要迅速按摩

答案：D。对急性腰部损伤不应迅速按摩。

(2) 预防

①加强关节周围肌肉力量和韧带柔韧性练习，提高关节稳定性和活动度；②运动前要做好充分的准备活动；③要正确掌握跑、跳和投等的动作技术；④运动中要注意加强保护和自我保护；⑤做好运动场地设备的维修与保管，消除引起损伤的因素。

4. 滑囊炎

滑囊是由结缔组织构成的密闭小囊，囊壁内层为滑膜，能分泌滑液。滑囊多位于关节附近，介于肌腱和韧带的起止点与骨隆起之间。其作用是减少肌腱、韧带与骨之间的摩擦。

在正常情况下，滑囊内滑液较少，在体表也不易触及。当受到外力的直接作用或长期的反复挤压、摩擦后，会出现滑膜的充血、水肿，使滑液增多，并可使囊壁增厚或纤维化。

滑囊炎按其病程，可分为急性和慢性两类。

(1) 处理

急性滑囊炎应制动、固定。局部外敷活血、消肿散结、止痛类药，或穿刺抽液后注入可的松类药物并加压包扎。

慢性滑囊炎在控制局部负担量的前提下，可选择局部中药外敷、理疗、针灸等方法。对病程较长、疼痛较重、影响关节功能的患者，可考虑手术切除滑囊。

(2) 预防

合理安排训练计划，注意控制局部的负担量，防止局部受凉，改进技术动作，使用必要的保护支持带。

5. 腱鞘炎

在体育运动中，腱鞘的慢性损伤非常多见，主要是由于局部使用过度所致。由于肌肉长时间的反复收缩，使肌腱与腱鞘发生过度摩擦，引起腱鞘出现水肿、增生等损伤性炎症反应。其发病部位与运动项目密切相关，其中以桡骨茎突部腱鞘、肱二头肌长头肌腱鞘等部位损伤较为常见。

(1) 处理

①桡骨茎突部腱鞘炎：局部制动、休息。同时采用局部热敷或中药外敷、熏洗、理疗、针灸、按摩等方法。若病程较长，活动受限，且非手术治疗无效时，可考虑手术切开或部分切除狭窄的腱鞘。

②肱二头肌长头肌腱腱鞘炎：急性期用三角巾挂患肢，起固定、悬挂和制动作用。中药外敷、理疗、按摩均可采用。如果肌腱完全断裂应送医院进行外科处理。

(2)预防

合理安排训练，改善训练方法，防止局部负荷过多，注意保暖。同时，运动前做好充分的准备活动；运动中或运动后，对负荷较大或易伤的部位进行局部按摩或热敷，以及局部的放松活动，都有利于损伤的预防。

6. 疲劳性骨膜炎

疲劳性骨膜炎是骨对运动负荷过大的一种反应性炎症，多发于初参加运动训练的青少年。其好发部位为胫骨、腓骨、跖骨、桡骨和尺骨，多见于长时间的跑跳运动项目。

(1)处理

发病早期，应减少局部负荷，局部进行热敷、按摩，休息时抬高患肢，运动时用弹力绷带裹扎局部，一般都可随局部适应能力的逐渐改善而痊愈。经常疼痛或症状严重的患者，应用弹力绷带包扎，抬高患肢休息，并配合中药外敷、按摩、针灸、理疗等。经以上处理后，局部症状无改善甚至加剧者，应做 X 线拍片检查以排除疲劳性骨折。

(2)预防

①严格遵守循序渐进的训练原则，合理安排运动负荷，避免突然、连续加大局部的负荷，尤其是初参加训练的青少年，更不能过于集中地进行跑、跳和支撑练习。②掌握正确的技术动作。③合理地选择和使用场地，尽量避免在水泥地等硬场地做跑、跳和支撑练习。④做好充分的准备活动。⑤运动后可采用热敷或按摩等方法及时消除局部疲劳。

真题面对面

[2020 福建统考，简答，5 分]简述预防疲劳性骨膜炎的措施。

参考答案：参见上文。

7. 骨骺损伤

骨骺损伤是儿童少年中一种常见的特殊损伤，多发于青春前期的生长发育加速期。骨骺损伤有急性损伤和慢性损伤两种。骨骺的急性损伤多为间接暴力所致的骨骺分离或骨折。骨骺的慢性损伤是运动负荷或训练方法安排不当，而引起的局部过度负荷或肌肉反复收缩牵扯所引起的骨骺炎。

(1)处理

骨骺分离或骨折的处理原则和方法，与一般骨折基本相同，但进行整复和固定时要注意骨骺的特殊性。其临床愈合的时间与损伤程度及性质有关，一般受压骨骺的骺板本身无损坏的轻型损伤和牵拉骨骺撕脱骨折者，只需同龄儿童少年的同一骨干骨折愈合时间的一半，即固定三周就可愈合；而其他类型的损伤，其愈合时间大致与同类骨折相同。对疑有下肢受压骨骺损伤者，应制动休息，禁止负重三周以上，并送医院检查，半年后再进行复查。

对患骨骺炎的病变部位，应早期发现，尽早减少和控制局部负荷，并适当固定病变关节，这对愈后有着非常重要的意义。同时,可配合中药外敷或内服、理疗、针灸、按摩等进行治疗。

(2)预防

①合理安排训练,避免局部的负荷过重;②避免在过硬的场地进行长时间练习;③加强保护与自我保护。

8. 脑震荡

脑震荡是脑损伤中最轻而又最多见的一种,可发生于体操、足球、垒球和棒球等运动中,也是日常工作、生活中的常见损伤。

诊断脑震荡的依据是:①头部有明确的外伤史;②伤后即刻有短时间的意识障碍;③意识清醒后出现逆行性健忘;④神经系统检查和血压、脉率、呼吸、脑脊液压力及其细胞数均为正常。

(1)处理

①急救时,立即使伤员平卧,安静休息,不可让伤员坐起或站起;②注意身体保暖,头部可用冷水毛巾冷敷;③若伤员昏迷,可用手指掐人中、内关等穴位,以促使患者苏醒;④呼吸停止者,应立即进行人工呼吸;⑤要尽快请医生来处理或把伤员送至医院。

(2)预防

①注意场地的保养;②加强保护和自我保护。

真题面对面

[2021 山西特岗,判断,1 分]运动中由于头部受到碰撞,造成脑震荡,会引起机能的一时性障碍。(　　)

答案:√。伤后即刻有短时间的意识障碍属于诊断脑震荡的依据。故题干描述正确。

9. 跟腱末端病

多数病例是因跑跳过多引发,也有小腿三头肌僵硬或过度紧张造成局部代谢障碍引起该伤。个别病例可因一次暴力踏跳引起。

(1)诊断

大多为慢性损伤,早期仅在用力踏跳或后蹬时局部疼痛。轻者在准备活动后疼痛消失,如得不到及时处理,则症状逐渐加重,出现走路痛或上下楼梯痛。在小腿三头肌止点位置有压痛感,损伤较重者可在局部出现肿胀。大多患者会出现小腿三头肌张力过高,肌腹位置出现条索和压痛敏感。

(2)处理

处理采取早发现早处理原则。一旦发病应暂停跑跳活动,并用支持带保护,并对小腿三头肌进行放松。一般在 1 ~2 周疼痛即可消失。

(3)预防

减少暴力起跳和后蹬动作是预防该损伤的关键。适当提高小腿三头肌的力量,提高其末端结构的强度,对预防末端病有一定意义。运动前做好准备活动,运动后注意对小腿三头肌的放松,运动鞋一定要合脚,小腿和足部要注意保暖。

真题面对面

[2022 福建统考,简答,5 分]简述跟腱末端病的诊断与处理方法。

参考答案:参见上文。

六、人体各部位运动损伤的检查方法 【选择】 ★

1. 肩部运动损伤的检查方法

(1)杜格征。患侧手掌置于健侧肩前(患肩呈内收内旋位),正常时肘内侧能触及胸壁。若患侧肘内侧不能贴于胸壁则为阳性,提示患侧肩关节脱位。

(2)痛弧试验。肩关节外展上举时,正常者无疼痛。如果外展 60°内不痛,60° ~120°的弧度内出现疼痛,超过 120°疼痛缓解或消失,上臂从上举位沿原路放下时,又在 120° ~60°之间出现疼痛则为阳性,即出现"痛弧",提示有肩袖损伤,尤其是冈上肌损伤的重要体征。

(3)反弓试验。患侧上肢外上举再后伸呈反弓状,若出现肩部疼痛则为阳性,提示有肩袖损伤或肱二头肌长头肌腱腱鞘炎。

(4)肩关节内旋试验。患者主动做肩极度内旋动作,即在屈肘位,前臂置于背后,若出现疼痛则为阳性,提示有肩袖损伤或肱二头肌长头肌腱腱鞘炎。

真题面对面

[2023 安徽统考,单,1 分]用于检查肩袖损伤的试验是(　　)

A. 米拉试验　　B. 痛弧试验

C. 抗阻伸腕试验　　D. 抗阻屈腕试验

答案:B。肩部运动损伤的检查方法有杜格征、痛弧试验、反弓试验、肩关节内旋试验。其中用于检查肩袖损伤的是痛弧试验、反弓试验、肩关节内旋试验。故选 B。

2. 肘部运动损伤的检查方法

(1)肘后三角。肱骨髁上骨折时,虽然肘关节呈后突畸形,但肘后三角正常;在肘关节后脱位时,肘后三角失去正常关系。

(2)前臂外展试验。肘关节伸直微屈 15° ~20°下,将前臂被动外展时出现肘内侧痛,则为尺侧副韧带前束损伤;屈肘 90°位前臂被动外展时疼痛,则为尺侧副韧带后束损伤。若有前臂异常外展活动,则为韧带断裂。

(3)抗阻屈腕试验。让患者做克服阻力的屈腕动作,若肘内侧痛则为阳性,提示屈指屈腕肌腱附着处损伤。

(4)米拉(Mill)试验。嘱患者前臂稍弯曲,手半握拳,腕关节尽量掌屈,然后前臂突然旋前再伸直肘关节,在此过程中肘外侧突然出现疼痛为阳性,提示患网球肘。

(5)抗阻伸腕试验。让患者做克服阻力的伸腕动作,若肱骨外上髁疼痛为阳性,提示患网球肘。

3. 手和腕部运动损伤的检查方法

（1）腕软骨盘挤压试验。先将患者腕关节极度掌屈，并旋前尺侧偏，然后旋转挤压，不断顶撞尺骨小头。患者尺骨小头远端出现疼痛或响声为阳性，提示腕三角纤维软骨盘损伤。

（2）拇指轴心挤压试验。检查者一手握住患者前臂下端，另一手捏住患者拇指，并沿拇指纵轴向腕部挤压，患者“鼻咽窝”疼痛为阳性，提示可能有腕舟骨骨折。

（3）掌骨头叩击试验。患者握拳，拳心向下，腕关节伸直。检查者轻轻叩击第2、3掌骨头，患者腕部桡侧疼痛为阳性，提示可能有腕舟骨骨折。

4. 膝部运动损伤的检查方法

（1）膝关节侧搬分离试验。患者仰卧，膝关节微屈，检查者一手握住并固定患者小腿下端，另一手放在患膝外侧，被动使膝关节外翻，若膝内侧疼痛则为内侧韧带扭伤；如内侧关节间隙有开口感，膝外翻活动异常为阳性，提示膝内侧韧带断裂。也可用同样的原理使膝内翻来检查膝外侧副韧带断裂。

（2）抽屉试验。患者俯卧，膝关节屈曲90°位，检查者坐在床边以臀部抵压住患足，双手握住胫骨上端用力拉、推，双侧对比，如有异常前后错动则为阳性。若胫骨上端有异常向前移动，提示前十字韧带断裂；若胫骨上端有异常向后移动，提示后十字韧带断裂。

（3）麦氏试验。患者仰卧，患肢充分屈膝、屈髋。检查者一手握住患足部，另一手扶在膝上，使小腿外展外旋，然后缓缓伸直膝关节，若内侧关节间隙有疼痛与响声即为阳性，提示内侧半月板损伤。反之，则为外侧半月板损伤。

（4）艾氏研磨试验。患者俯卧，髋关节伸直，膝关节屈曲90°位。检查者双手握脚，用力向下挤压并向内外旋转，引起膝内疼痛为阳性，提示半月板损伤。然后检查者用膝部压住患者股后，双手握踝将小腿向上牵拉并向内、外旋转小腿，引起疼痛为阳性，提示膝关节韧带损伤。做该试验时不可过分用力，以免加重损伤。

（5）髌骨软骨摩擦试验。用手掌按压患者髌骨，嘱患者屈伸膝关节或上下、左右错动髌骨，若有疼痛或粗糙的摩擦音、摩擦感为阳性，提示患髌骨软骨病。

（6）单足半蹲试验。嘱患者健腿提起，用伤腿站立并慢慢下蹲，出现膝痛膝软为阳性。提示髌骨周围腱止装置损伤或髌骨软骨病。

5. 踝及足部运动损伤的检查方法

（1）强迫内翻试验。检查者一手握住患肢小腿下部并固定，另一手握患足外侧将踝关节内翻，若外侧疼痛，踝关节无异常活动，提示踝关节外侧韧带扭伤。若两侧对比，距上关节外侧“开口”增大，出现异常的内翻活动，则提示距腓前韧带或与跟腓韧带同时断裂。

（2）强迫外翻试验。检查者一手握住患肢小腿下部并固定，另一手握住患足内侧将踝关节外翻，若出现踝关节内侧疼痛，无关节不稳，提示内侧三角韧带扭伤；若伴有关节不稳，出现异常外翻活动，提示三角韧带断裂。

（3）踝关节抽屉试验。检查者一手握患肢小腿下部，另一手握足跟，使距骨向前或向后错动。两踝对比，若患侧活动范围较大为阳性，提示踝关节外侧韧带或内侧韧带全断裂。

(4)捏住拇趾足外翻抗阻力试验。检查者捏住患肢拇趾,嘱患者踝关节跖屈做足的外翻,若第五跖骨基底部疼痛则为阳性,提示第五跖骨基管骨折。

(5)捏小腿三头肌试验。患者俯卧,两足置床沿外。检查者用手捏患肢小腿三头肌肌腹,正常者捏肌肉时踝关节立即跖屈,若踝关节无跖屈活动则为阳性,提示跟腱完全断裂。

第七节　按　摩

一、按摩的要求及注意事项　【选择】

考点1　按摩的要求

按摩时,按摩者应首先考虑操作时所站的位置、身法、步法、手法和用力。

(1)位置:按摩者与被按摩者所处的距离和方向。一般操作时,按摩者与被按摩者的距离应保持在10~20 cm,太远不宜发力,太近不宜操作。操作时要面向被按摩者,精力要集中,意识要专一。被按摩者所处位置要便于长时间固定不动和肌肉长时间处于放松状态。

(2)身法:按摩者操作时要自然站立,下肢可根据所操作部位的高低采用弓箭步的形式及时调整身体位置。

(3)步法:一般在操作时可两脚自然开立,与肩同宽,双腿伸直,以使身体转动灵活,移动自如。操作面积较大、用力较重时,可用弓箭步侧对被按摩者进行加力操作。

(4)手法:多数手法要求沉肩坠肘,掌虚指实,自然放松。

(5)用力:发力在脚,用力在腰,促动肩臂,力贯指端。

考点2　按摩的注意事项

(1)按摩的环境要求:室内要清洁、安静,温度、光线适宜。

(2)按摩者的双手应保持清洁、温暖,指甲应修剪,指上不戴任何装饰品,以免损伤被按摩者的皮肤。

(3)全身按摩时应注意操作方向,要顺着血液和淋巴液回流的方向。

(4)按摩时,要注意按身体部位顺序进行,用力要由轻到重,再逐渐减轻而结束。

(5)注意按摩的禁忌证。

真题面对面

[2019 河北邢台桥东区,多,1 分]下列按摩的注意事项中正确的是(　　)

A. 按摩者的双手应保持清洁、温暖,指甲应修剪,指上不戴任何装饰品,以免擦伤被按摩者的皮肤

B. 按摩者的体位应便于用力,被按摩者的肌肉应充分放松

C. 按摩的方向一般沿着血液和淋巴液回流的方向进行

D. 要注意顺序,用力由轻到重,再逐渐减轻而结束

答案:ABCD。四个选项中的说法,都是正确的。

二、常用按摩手法

常用按摩手法的作用及应用

按摩手法	作用	应用
按法	放松肌肉，消除疲劳，整复小关节	多用于对腰背、四肢、关节的按摩
摩法	轻推摩对神经起镇静作用；重推摩可加速静脉、淋巴回流，可消肿、散瘀和提高局部皮肤温度	推摩多应用于按摩开始和结束时；在按摩中间变换手法过渡时使用，应结合擦摩，适用人体各部位
揉法	轻揉可缓和重手法的刺激，有镇静止痛作用；重揉可促进局部血液循环，松解深部组织，软化瘢痕	适用于人体全身大小各部位
揉捏法	促进肌肉血液循环和新陈代谢，消除肌肉疲劳，消除肌肉痉挛，松解肌肉组织	多用于肌肉肥厚的部位
搓法	松解肌肉，消除肌肉疲劳	多用于腰背、胁肋及四肢部，以上肢部最为常用，一般作为推拿治疗的结束手法
运拉法	改善关节活动度，提高关节韧带的弹性、韧性	主要用于关节部位和按摩结束时
颤法（含抖法）	放松肌肉和关节	多用于肌肉肥厚部位（颤法）和四肢（抖法）
叩打法	消除肌肉疲劳，调节神经的兴奋性，松解深部组织	主要用于腰背部、四肢和关节的按摩

第八节　中国传统体育养生方法

一、气功

气功是指着眼于“精、气、神”进行锻炼的一种健身术，它通过调身、调息、调心等方法来调整精、气、神的和谐和统一。

通常人们把“练形、练意、练气”称为气功练习的三要素。气功是将心理、体力、呼吸的锻炼有机地结合在一起共同起作用的一种健身益寿的健身功法。

二、太极拳

1. 太极拳的特点

太极拳是我国流传较广的传统健身手段，在功法和体疗上有以下特点：(1)动作柔和、稳定、圆活、缓慢进行，适用于体弱和慢性病患者练习。(2)动作复杂、前后连贯，有助于训练协调性和平衡性。(3)动作涉及全身主要关节和肌群，长期练习可增进关节活动性，增强韧带的机能。(4)练太极拳时用意不用力，练习时全神贯注，使大脑皮质兴奋和抑制过程能够很好集中。(5)练太极拳时，呼吸要调整得深沉稳定、匀细柔长，呼吸和动作要配合一致，能够很好地活跃腹腔血液循环，促进胃肠蠕动，从而改善消化器官功能。(6)太极拳运动负荷可大可小，老幼强弱皆可练习。对某些疾病的患者可以根据病情特点和体疗要求，选用其中某些动作或突出某些要领。

2. 太极拳的体育康复功效

太极拳对改善高血压病、动脉粥样硬化、溃疡病、神经衰弱、慢性腰腿痛、肺结核等病症都有较好功效。

三、五禽戏

五禽戏是后汉名医**华佗**参照**虎、鹿、熊、猿、鸟**五种动物的动作编成的一套"仿生式"导引术，以活动筋骨、疏通气血、防病治病、健身延年为目的。五禽戏运动负荷较太极拳大，常用于外伤关节功能障碍、慢性关节疾病、慢性腰痛等，练习时可针对某些疾病选用其中的某些动作。

真题面对面

[2023 江苏南通启东市，单，1 分]五禽戏模仿的五种动物是（　　）

A. 虎、豹、熊、猿、鸟　　B. 虎、马、熊、猿、鸟

C. 虎、鹿、熊、猿、鸟　　D. 虎、鹿、豹、猿、鸟

答案：C。

四、八段锦　【简答】★

八段锦是中国民间流传的一套健身防病导引法。长期坚持练习八段锦可有利于发展肌肉力量，防治不良姿势和腰背痛，从而达到增强体质，防治疾病的效果。八段锦由 8 个动作组成，分别为：①两手托天理三焦；②左右开弓似射雕；③调理脾胃单举手；④五劳七伤向后瞧；⑤摇头摆臂去心火；⑥两手攀足固肾腰；⑦攒拳怒目增气力；⑧背后七颠诸病消。

真题面对面

[2020 湖南长沙县，简答，5 分]简述八段锦各式名称。

参考答案：参见上文"八段锦"中的内容。

五、易筋经

易筋经是活动肌肉、筋骨，使其变得强壮有力，以增进健康，祛病延年的一种养生健身方法。

六、练功十八法

练功十八法是在我国传统体疗手段和我国医学推拿术的基础上，依据颈肩腰腿痛的病因病理，整理成的一套防治颈肩腰腿痛及其他疾病的锻炼方法。它由三套共 18 个动作组成，即第一套防治肩颈痛；第二套防治腰背痛；第三套防治臀腿痛的练功法。每套中包括 6 节动作，每节可做 2 ~ 4 个 8 拍。

七、"六字诀"功法

六字诀，即六字诀养生法，正所谓六种气，一吹、二呼、三嘻、四呵、五嘘、六呬，是我国古代流传下来的一种养生方法，为吐纳法。它的最大特点是强化人体内部的组织机能，通过呼吸导引，充分诱发和调动脏腑的潜在能力来抵抗疾病的侵袭，防止人随着年龄的增长而出现过早的衰老。

八、自然力锻炼

自然力锻炼是利用日光、空气和水等自然因素的作用来改善机体调节功能，提高人体对外界环境变化

的适应能力，活跃生命过程，增强人体对疾病的抵抗力的方法。常用的有日光浴、空气浴和水浴。

考点大默写

1. 健康一般包括身体健康、________、道德健康、________四个方面。

2. 脂溶性维生素包括维生素 A、维生素 D、________和维生素 K。

3. 维生素________可以促进骨与软骨的正常生长，促进牙齿的正常发育。

4. 运动中补液应该坚持________的原则。

5. 凡身体发育和健康状况有轻微异常，功能状况虽无明显不良反应，但平时较少参加体育活动且身体素质较差者，可编入________。

6. 大课间体育活动一般在上午第________节课后安排一次或上、下午第二节课后各安排一次进行。

7. 维生素________可以促进伤口愈合。

8. 疾跑后突然停止而引起的晕厥称为________。

9. ________是指人们由于运动而引起体内水分和电解质丢失过多的现象。

10. ________是目前最常用的一种止血方法，适用于小静脉和毛细血管出血的止血。

11. ________包扎法适用于肢体粗细均匀的部位；________包扎法适用于肢体粗细相差不大的部位。

12. 肱骨骨折后固定，可采用的方法是________。

13. 按摩时，按摩者应首先考虑操作时所站的________、身法、步法、手法和________。

14. 肩部和上臂出血需压迫________动脉。

15. 传统体育项目“五禽戏”的创编者是________。

【参考答案】

1. 心理健康；社会适应良好 2. 维生素 E 3. D 4. 少量多次 5. 准备组 6. 二 7. C 8. 重力性休克 9. 运动性脱水 10. 加压包扎法 11. 环形；螺旋形 12. 小悬臂带 13. 位置；用力 14. 锁骨下 15. 华佗

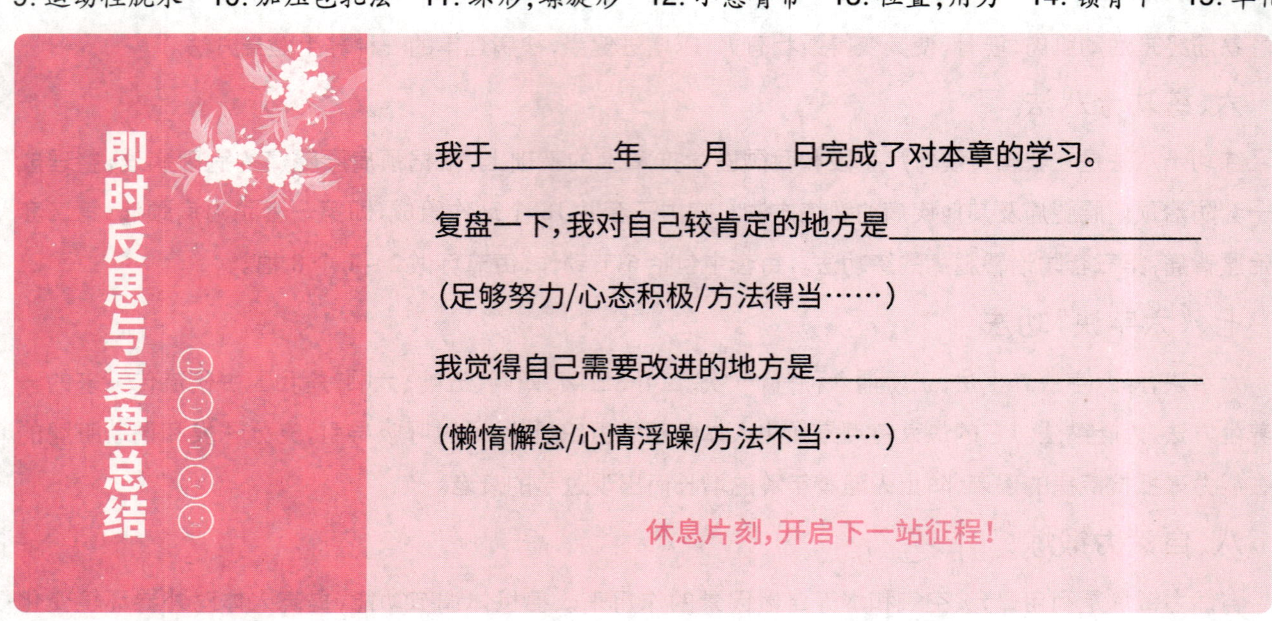

第六章 运动训练学

思维导图

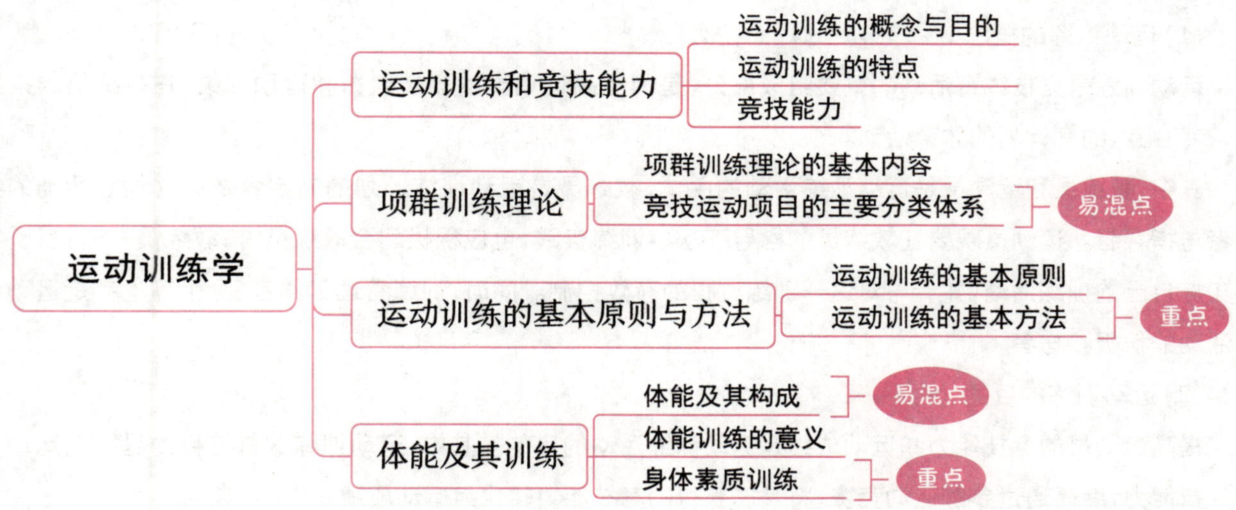

考向分析

本章属于学科专业基础知识中的基础章节，也是体育教师招聘考试考查的基础章节，内容简单，需要理解的知识较多。现对本章考向分析如下：

高频考点	考点细化	常考题型	能力要求	考查热度
竞技运动项目的主要分类体系	体能主导类和技能主导类	选择	识记	★★
运动训练的基本方法	分解训练法、完整训练法、重复训练法、间歇训练法、变换训练法、比赛训练法等	选择、判断	理解	★★★
体能及其构成	与健康有关的体能；与运动技能有关的体能	判断、简答	识记	★★
身体素质训练	力量素质训练、速度素质训练、柔韧素质训练等	选择、填空、名词解释、简答	理解	★★★

核心考点

第一节　运动训练和竞技能力

一、运动训练的概念与目的

(1)运动训练的概念

运动训练是竞技体育活动的重要组成部分，是为提高运动员的竞技能力和运动成绩，在教练员的指导下，专门组织的有计划的体育活动。

其中，教练员和运动员是运动训练活动的主体，教练员是运动训练计划的制定者及运动训练活动的组织者与指导者。运动员既要在教练员的指导下从事训练实践，也应积极配合教练员，与教练员一起设计、组织实施自己的训练活动，并参与对这一训练过程的有效控制。同时，训练管理工作者、医生等也都是运动训练活动的积极参与者。

(2)运动训练的目的

提高运动员的竞技能力和运动成绩是运动训练活动的目的。其中，运动训练的直接目的是提高运动员的竞技能力，继而通过参加运动竞赛，将其已获得的竞技能力转化为运动成绩。

二、运动训练的特点

现代运动训练的特点：①训练目标的专一性与实现途径的多元性；

②竞赛能力结构的整体性与各子能力之间的互补性；

③运动训练过程的连续性与组织实施的阶段性；

④不同训练负荷影响下机体的适应性及劣变性；

⑤训练调控的必要性及应变性；

⑥现代科技支持的全面性及导向性。

三、竞技能力

竞技能力即指运动员的参赛能力，是运动员参加比赛的主观条件或自身才能，由具有不同表现形式和不同作用的体能、技能、战术能力、运动智能以及心理能力所构成，并综合地表现于专项竞技的过程之中。

第二节　项群训练理论

项群训练理论
- 项群训练理论的基本内容
- 竞技运动项目的主要分类体系
  - 体能主导类（快速力量性、速度性、耐力性）
  - 技能主导类（表现难美性）
  - 技心能主导类（表现准确性）
  - 技战能主导类（同场对抗性、隔网对抗性、格斗对抗性、轮换攻防对抗性）

一、项群训练理论的基本内容

运动训练理论的研究主要针对“为何练、练什么、练多少、怎样练”，即训练目标、训练内容、负荷量度及训练的组织这样四个问题而进行。不同层次的训练理论都担负着在各自层次上回答上述问题的任务。

可以把项群训练理论的基本内容概括为以下四个方面：(1)各项群的形成与发展；(2)各项群竞技能力决定因素的系统分析；(3)各项群运动成绩决定因素的系统分析；(4)各项群训练的基本特点（负荷内容与量度，训练的组织与控制）。

二、竞技运动项目的主要分类体系　【选择】★★

考点1　依决定竞技能力的主导因素分类

依据运动项目所需运动能力的主导因素，可将所有的运动项目首先分为体能主导类、技能主导类、技心能主导类、技战能主导类4大类。继而以各项目体能或技能的主要表现形式或特征作为二级分类标准，把体能主导类项目分为快速力量性、速度性及耐力性三个亚类，把技能主导类项目分为表现难美性，技心能主导类项目分为表现准确性，技战能主导类项目分为同场对抗性、隔网对抗性、格斗对抗性及轮换攻防对抗性四个亚类。

按竞技能力的主导因素对竞技运动项目的分类

大类	亚类	主要项目
体能主导类	快速力量性	跳跃、投掷、举重
	速度性	短距离跑（100米、200米、400米）；短游（100米）；短距离速度滑冰（500米）；短距离赛场自行车
	耐力性	中长距离走、跑、速滑；中长距离游泳；越野滑雪；长距离自行车；划船
技能主导类	表现难美性	体操、艺术体操、技巧、跳水、花样滑冰、花样游泳、冰舞、武术（套路）等
技心能主导类	表现准确性	射击、射箭、弓弩
技战能主导类	同场对抗性	足球、篮球、手球、冰球、水球、曲棍球
	隔网对抗性	排球、乒乓球、羽毛球、网球
	格斗对抗性	摔跤、柔道、拳击、击剑、武术（散打）
	轮换攻防对抗性	棒球、垒球、板球

真题面对面

1.[2020 湖南长沙县,单,1 分]跳水、花样滑冰属于技能主导类(　　)项群。

A. 表现难美性　　B. 表现准确性

C. 格斗对抗性　　D. 同场对抗性

答案:A。表现难美性的项目有体操、艺术体操、技巧、跳水、花样滑冰、花样游泳、冰舞、武术(套路)。

2.[2020 陕西特岗,单,2 分]项群训练理论依运动员竞技能力的主导因素分类,800 米跑属于(　　)项目。

A. 体能主导类　　B. 技能主导类

C. 技心能主导类　　D. 技战能主导类

答案:A。800 米跑属于耐力性项目,属于体能主导类。故选 A。

考点2　依运动项目的动作结构分类

吸取马特维耶夫按动作结构分类基本思想的内核,首先把所有的竞技运动项目划分为单一动作结构、多元动作结构及多项组合结构三大类,然后以各类动作的组合形式为二级分类标准,将单一动作结构类再分为周期性、非周期性及混合性三个亚类,将多元动作结构类再分为固定组合和变异组合两个亚类,将多项组合结构类再分为同属多项组合和异属多项组合两个亚类。

按动作结构对竞技运动项目的分类

大类	亚类	主要项目
单一动作结构	周期性	跑、竞走、游泳、自行车、射击、射箭、长距离滑雪、速度滑冰、划船
	非周期性	铁饼、铅球、链球、举重、跳台滑雪、高尔夫球
	混合性	跳高、跳远、标枪、三级跳远、撑竿跳高
多元动作结构	固定组合	体操单项、武术单项、艺术体操单项、技巧、花样滑冰、马术、回旋滑雪、自由式滑雪、单板 U 型池滑雪
	变异组合	篮球、手球、足球、水球、曲棍球、冰球、乒乓球、羽毛球、网球、排球、拳击、摔跤、柔道、棒球、垒球等
多项组合结构	同属多项组合	田径男子十项全能和女子七项全能、速滑全能、体操全能、艺术体操全能、武术全能等
	异属多项组合	现代五项、冬季两项、北欧两项

考点3　依运动成绩的评定方法分类

按照各项比赛成绩的评定方法,可将众多竞技运动项目分为测量类、评分类、命中类、得分类及制胜类五大类。

按运动成绩的评定方法对竞技运动项目的分类

类别	主要项目
测量类	田径、游泳、速度滑冰、滑雪、自行车、划船、举重、射击、射箭
评分类	艺术体操、体操、技巧、跳水、花样滑冰、花样游泳、武术、马术等
命中类	篮球、足球、手球、水球、曲棍球、冰球、击剑等
得分类	乒乓球、羽毛球、网球、排球、棒球、垒球
制胜类	摔跤、拳击、柔道、跆拳道

第三节　运动训练的基本原则与方法

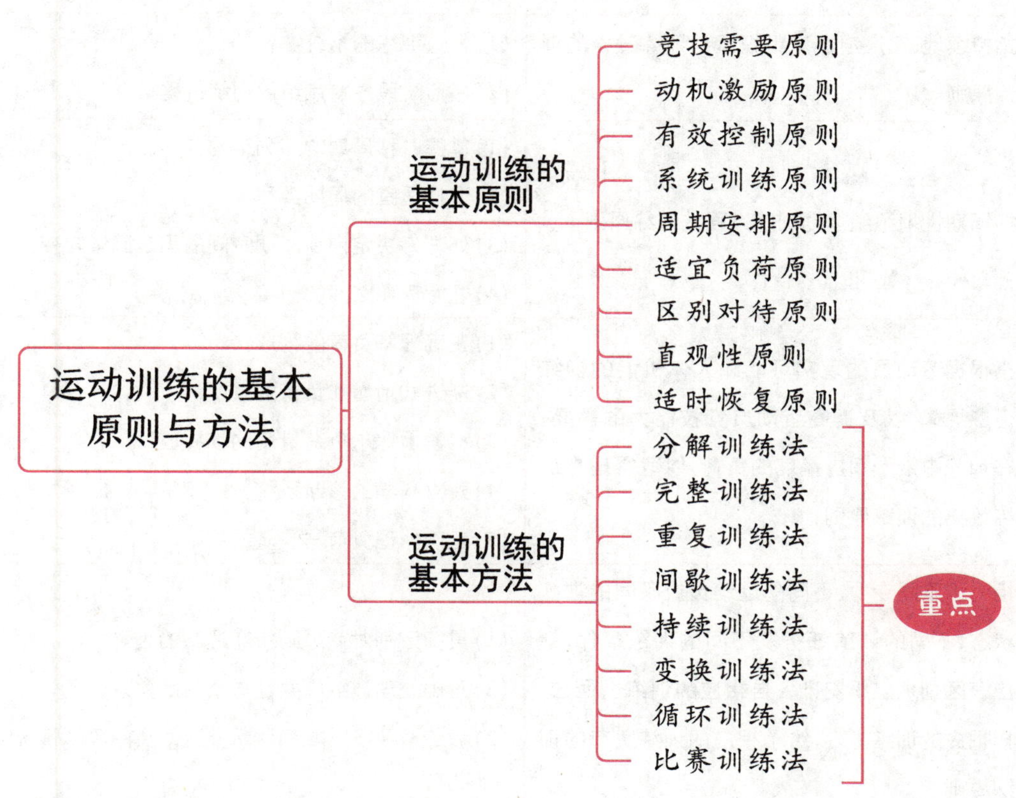

一、运动训练的基本原则　【填空】★

运动训练的基本原则及其训练学要点

基本原则	定义	训练学要点
竞技需要原则	指根据提高运动员竞技能力及运动成绩的需要，从实战出发，科学安排训练的阶段划分及训练的内容、方法、手段和负荷等因素的训练原则	(1)要围绕运动训练的基本目标，全面安排好训练和比赛； (2)正确分析专项竞技能力的结构特点； (3)按照竞技的需要确定负荷内容和手段； (4)注意负荷内容的合理结构

续表

基本原则	定义	训练学要点
动机激励原则	指通过多种方法和途径,激发运动员主动从事艰苦训练的动机和行为的训练原则	(1)加强训练的目的性教育和正确价值观教育; (2)满足运动员的合理需要; (3)激发运动员参与训练和比赛的兴趣; (4)发挥运动员在训练工作中的主体作用; (5)注意教练员自身的榜样作用; (6)注意正确地运用动力
有效控制原则	指要求对运动训练活动实施有效控制的训练原则	(1)制定科学的训练计划; (2)高度重视训练信息的采集和运用; (3)及时对训练计划进行必要的修正和调整
系统训练原则	指持续地、循序渐进地组织运动训练过程的训练原则	(1)保持训练的系统性; (2)按照阶段性特点组织训练过程
周期安排原则	指周期性地组织运动训练过程的训练原则	(1)掌握各种周期的序列结构; (2)选择适宜的周期类型; (3)处理好决定训练周期时间的固定因素与变异因素的关系; (4)注意周期之间的衔接
适宜负荷原则	指根据运动员的现实可能和人体机能的训练适应规律,以及提高运动员竞技能力的需要,在训练中给予相应量度的负荷,以取得理想训练效果的训练原则	(1)正确理解负荷的构成; (2)渐进式地增加负荷的量度; (3)科学地探求负荷量度的临界值; (4)建立科学的诊断系统; (5)正确处理负荷与恢复的关系
区别对待原则	指对于不同专项、不同的运动员或不同的训练状态、不同的训练任务及不同的训练条件,都应有区别地组织安排各自相应的训练过程,选择相应的训练内容,给予相应的训练负荷的训练原则	(1)贯彻区别对待原则所需注意的因素; (2)正确处理训练中共性与个性的关系; (3)教练员要及时准确地掌握运动员的具体情况
直观性原则	指在运动训练中运用多种直观手段,通过运动员的视觉器官,激发活跃的形象思维,建立正确的动作表象,培养运动员的观察能力和思维能力,提高运动员竞技水平的训练原则	(1)教练员应高度重视直观性原则的运用; (2)注意应用科学技术的新成果; (3)注意直观教练与积极思维的有机结合
适时恢复原则	指及时消除运动员在训练中所产生的疲劳,并通过生物适应过程产生超量恢复,提高机体能力的训练原则	(1)准确判别疲劳程度; (2)积极采取加速机体恢复的适宜措施

真题面对面

[2020 山东枣庄山亭区,填空,1 分]________原则是指持续地、循序渐进地组织运动训练过程的训练原则。这一原则的确立与运动训练过程的连续性与阶段性的基本特性密切相关。

答案:系统训练

二、运动训练的基本方法 【选择、判断】★★★

训练方法是指为提高某一竞技能力或完成某一训练任务而采用的途径和方法。

运动训练的基本方法常以单项选择或案例分析等题型出现,要注意区分重复训练法、变换训练法、循环训练法和比赛训练法的概念、作用以及特点。

1. 分解训练法

分解训练法

分解训练法是指将完整的技术动作或战术配合过程合理地分成若干个环节或部分,然后按环节或部分分别进行训练的方法。

分解训练法的基本类型主要分为:(1)单纯分解训练法;(2)递进分解训练法;(3)顺进分解训练法;(4)逆进分解训练法。分解训练法的应用及应用特点如下表所示。

分解训练法的应用及应用特点

类型	应用	应用特点
单纯分解训练法	需首先把训练内容分成若干部分,分别学习、掌握各个部分或环节的内容,再综合各部分进行整体学习	(1)分解后的各个部分可以独立训练; (2)对练习的顺序并不刻意要求,便于教练员安排训练
递进分解训练法	需把训练内容分成若干部分,先训练第一部分;掌握后,再训练第二部分;掌握后,将第一、二两部分合起来训练;掌握两部分后,再训练第三部分;掌握后,将三部分合成起来训练;如此递进式地训练,直至完整地掌握技术或战术	对练习内容各个环节的练习顺序并不刻意要求,但对相邻环节的衔接部分则有专门的要求
顺进分解训练法	需把训练内容分成若干部分,先训练第一部分;掌握后,再训练包括第一部分的第二部分;掌握后,再训练包括前两部分的第三部分;如此步步前进,直至完整地掌握技术或战术	(1)训练内容的进程与技术动作、战术配合过程的顺序大体一致; (2)后一步骤的练习内容包括前一部分的内容
逆进分解训练法	与顺进分解训练方法相反,应用时把训练内容分成若干部分,先训练最后一部分;逐次增加训练内容到最前一部分;如此进行,直至掌握完整的技术或战术	(1)训练内容的进程与技术动作、战术配合过程的顺序相反; (2)多用于最后一个环节为关键环节的技术和战术的训练

2. 完整训练法

完整训练法是指从技术动作或战术配合的开始到结束，不分部分和环节，完整地进行练习的训练方法。运用完整训练法便于运动员完整地掌握技术动作或战术配合；保持技术动作或战术配合的完整结构和各个部分之间的内在联系。

3. 重复训练法

重复训练法是指在不改变动作结构及外部运动负荷的情况下，反复进行同一练习，各次练习间的间歇时间较充分并能使机体基本恢复的训练方法。重复训练法有利于运动员掌握和巩固技术动作，有利于运动员发展和提高身体素质。

重复训练法依单次练习时间长短分为短时间重复训练方法、中时间重复训练方法、长时间重复训练方法。重复训练法的应用及应用特点如下表所示。

重复训练法的应用及应用特点

类型	应用	应用特点
短时间重复训练方法	适用于磷酸原系统供能条件下的爆发力强、速度快的运动技术和运动素质的训练工作	一次练习的负荷时间短，负荷强度大，动作速度快，间歇时间充分
中时间重复训练方法	适用于乳酸能系统供能条件下的运动技术、战术、素质的训练工作	一次练习的负荷时间应较长；练习时，负荷时间可略长于主项比赛的时间或负荷距离可略长于主项比赛的距离；负荷强度应较大，并与负荷时间呈现负相关性
长时间重复训练方法	适用于无氧、有氧混合供能条件下的运动技术、战术、素质的训练工作	一次练习过程的负荷时间更长；技能主导类项群技术动作的练习种类较多

真题面对面

[2022 湖北统考，单，2 分]教师在一节课中安排学生练习 5 组 50 米跑，这种练习方法是（ ）

A. 循环练习法　　B. 诱导练习法

C. 不间断练习法　　D. 重复练习法

答案：D。重复训练法是指在不改变动作结构及外部运动负荷的情况下，反复进行同一练习，各次练习间的间歇时间较充分并能使机体基本恢复的训练方法。题干中“学生练习 5 组 50 米跑”属于重复训练法，故选 D。

4. 间歇训练法

间歇训练法是一种对练习动作结构和运动负荷强度、间歇时间具有严格的要求，以使机体处于不完全恢复状态下，反复进行训练的方法。其特点是对练习后的间歇时间进行适当控制。

间歇训练法的基本类型主要分为：高强性间歇训练方法、强化性间歇训练方法、发展性间歇训练方法。间歇训练法的应用及应用特点如下表所示。

间歇训练法的应用及应用特点

类型	应用	应用特点
高强性间歇训练方法	适用于体能主导类速度性和耐力性运动项群的素质、技术的训练；适用于技能主导类对抗性运动项群中的攻防技术或战术的练习	每次练习的负荷时间较短；速度力量的负荷强度较大；间歇时间极不充分；练习内容多为单个技术或组合技术；练习的动作结构基本稳定
强化性间歇训练方法	适用于一切需要混合系统供能能力和良好心脏功能的竞技运动项目的技术、战术、素质的训练工作。该方法的练习动作或是单一结构的动作练习，或是各种负荷强度不同的技术动作的组合练习等	每次练习的负荷时间稍长；负荷强度通常以略低于主项比赛时运动员本人所能承受的最大强度（比赛强度）为限；间歇时间较不充分，都以心率降至每分钟 120 次左右作为下次（组）练习开始时间的依据
发展性间歇训练方法	适用于需要较高耐力素质的运动项群的训练工作。体能主导类耐力性项群运用此方法最多	一次练习的负荷时间较长，负荷时间至少应在 5 分钟以上，负荷强度控制在平均心率为 160 次/分左右，间歇时间以心率降至 120 次/分为开始下一次练习的确定依据；持续训练的动作种类可单一，也可多元

5. 持续训练法

持续训练法是一种负荷强度较低，负荷时间较长，练习过程不中断的练习方法。

持续训练法的基本类型主要分为：(1) 短时间持续训练方法；(2) 中时间持续训练方法；(3) 长时间持续训练方法。

持续训练法的应用要求：(1) 采用适宜的方法配置；(2) 制订严密的实施方案；(3) 掌握辩证的负荷关系；(4) 实施必要的营养补充。

6. 变换训练法

变换训练法是一种对运动负荷、练习内容、练习形式以及条件实施变换，以提高运动员的积极性、趣味性、适应性及应变能力的训练方法。

变换训练法可分为：(1) 负荷变换训练方法；(2) 内容变换训练方法；(3) 形式变换训练方法。

变换训练法的应用要求：(1) 搭配不同的变换方法；(2) 制订明确的变换方案；(3) 辩证认识各种变换方法。

真题面对面

[2020 陕西特岗，单，2 分] 通过变换负荷强度、练习内容、练习形式等提高运动员训练的趣味性和积极性的训练方法是（　　）

A. 重复训练法　　B. 变换训练法　　C. 循环训练法　　D. 竞赛训练法

答案：B。变换训练法是一种对运动负荷、练习内容、练习形式实施变换，以提高运动员的积极性、趣味性、适应性及应变能力的训练方法。故选 B。

7. 循环训练法

循环训练法是一种根据训练的具体任务，建立若干练习站(点)后，运动员按照既定顺序、路线，依次循环完成每站(点)所规定的练习内容和要求的训练方法。

循环训练法可分为：(1)循环重复训练方法；(2)循环间歇训练方法；(3)循环持续训练方法。

循环训练法的应用要求：(1)选择熟练的练习手段；(2)编排合理的练习顺序；(3)安排适宜的运动负荷；(4)采用合理的循环类型。

8. 比赛训练法

比赛训练法(也称竞赛训练法)是指在近似、模拟或真实、严格的比赛条件下，按比赛的规则和方式，以提高训练质量为目的的训练方法。

比赛训练法可分为：(1)教学性比赛训练方法；(2)模拟性比赛训练方法；(3)检查性比赛训练方法；(4)适应性比赛训练方法。

比赛训练法的应用要求：(1)明确运用比赛训练法的目的；(2)珍惜比赛训练的机会；(3)遵守比赛的基本规则；(4)制订严密的比赛方案。

真题面对面

[2019 安徽特岗，判断，1 分]在学生运动技能尚未熟练掌握之前，不宜采用竞赛法进行教学。(　　)

答案：√。竞赛训练法(竞赛法)是指在近似、模拟或真实、严格的比赛条件下，按比赛的规则和方式，以提高训练质量为目的的训练方法。所以，在学生运动技能尚未熟练掌握之前，不宜采用竞赛法进行教学。

重难点解读

运动训练的基本方法是小学体育教师招聘考试的高频考点，考生需要注意对各种训练方法进行归纳和总结，区分分解训练法的不同分类以及与完整训练法的优劣对比；理解重复训练法、间歇训练法和持续训练法的异同。

第四节 体能及其训练

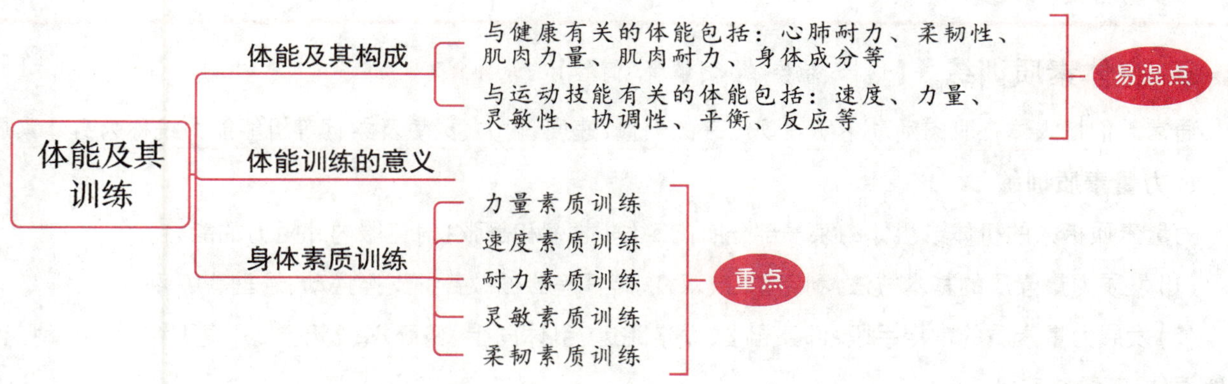

一、体能及其构成 【判断、简答】 ★★

体能及其构成

体能指人体各器官系统的机能在身体活动中表现出来的能力。体能包括与**健康**有关的体能和与**运动技能**有关的体能。与健康有关的体能包括心肺耐力、柔韧性、肌肉力量、肌肉耐力、身体成分等，与运动技能有关的体能包括从事运动所需要的速度、力量、灵敏性、协调性、平衡、反应等。还有一些体能成分既是与健康相关的体能，又是提高运动技能所需要的体能。

运动员体能指运动员机体的基本运动能力，是运动员竞技能力的重要构成部分。运动员体能发展水平是由其**身体形态**、**身体机能**及**运动素质**的发展状况决定的。

真题面对面

1. [2021 湖南特岗，判断，2 分]体能是指人体各器官系统机能在身体活动中表现出的能力。(　　)

答案：√。体能指人体各器官系统的机能在身体活动中表现出来的能力。体能包括与健康有关的体能和与运动技能有关的体能。

2. [2022 山西特岗，简答，5 分]发展与健康相关的体能，对身体的健康有积极的促进作用。与健康相关的体能包括哪些方面？

参考答案：参见上文。

二、体能训练的意义 【简答】 ★

良好的体能训练具有以下重要意义：

(1)良好的体能训练是技战术训练和提高运动成绩的基础。

(2)良好的体能训练是运动员承受大负荷训练和高强度比赛的前提条件。

(3)良好的体能训练是运动员在训练和比赛中保持稳定、良好的心理状态的身体保证。

(4)良好的体能训练是增进健康，预防伤病，延长运动寿命的物质保障。

真题面对面

[2019 福建统考,简答,5 分]简述体能训练的意义。

参考答案:参见上文。

三、身体素质训练 【选择、填空、名词解释、简答】 ★★★

通常人们把人体在肌肉活动中所表现出来的力量、速度、耐力、灵敏及柔韧等机能能力统称为身体素质。

1. 力量素质训练

力量素质指人的机体或机体的某一部分肌肉工作(收缩和舒张)时克服内外阻力的能力。

(1)发展力量素质的基本方法:利用单杠、双杠、爬杆等器械做各种支撑摆动、悬垂等练习。

(2)发展力量素质的常用手段:仰卧起坐、立定跳远、引体向上、俯卧撑、“元宝式”腹肌练习、上举杠铃、双臂屈伸、哑铃练习等。

(3)发展力量素质的注意事项:①准备活动做充分;②以动力性练习为主,少用或不用静力性练习;③要适合学生的年龄和性别特点;④要以轻重量为主,不做大重量练习;⑤与快跑、轻跳及放松练习结合起来;⑥力量练习完成后,要注意做好放松和整理活动,使肌肉张弛交替,以保持良好的弹力性活动。

2. 速度素质训练

速度素质指人体快速运动的能力,分为反应速度、动作速度和位移速度。

(1)发展速度素质的基本方法:①采用各种听信号起动、追逐和改变练习方式等来发展反应速度;②运用短时间的快速运动或短距离的快跑来发展位移速度和动作速度。

(2)发展速度素质的常用手段:①听信号后做加速跑;②听信号后做距离跑;③听信号后做原地快跑;④加速跑。

(3)发展速度素质的注意事项:①准备活动做充分;②体力充沛时进行,才能获得理想的效果。

速度练习一般应安排在课堂教学基本部分的前部。速度游戏等容易引起学生兴趣,对发展速度素质效果良好,可适当安排。

重难点解读

反应速度、动作速度和位移速度是小学体育教师招聘考试的高频考点,考生需要对其进行对比记忆。

(1)反应速度是指人体对各种信号刺激(声、光、触等)的快速应答能力,如短跑运动员从听到发令起到起动的时间。反应速度的快慢主要取决于反应时的长短。反应时是指由刺激作用于感受器开始到效应器开始活动为止所需要的时间。

(2)动作速度是指人体快速完成某一个动作的能力。动作速度的生理指标是动作时。动作时是指从动作开始到完成动作所需要的时间。

(3)位移速度是指在单位时间内人体快速位移的能力。影响周期性位移速度的因素较多,主要有步长、步频、条件反射巩固程度和肌肉的舒张能力。

真题面对面

1.［2022 山西特岗，填空，2 分］通常把身体素质分为力量、________、耐力、灵敏、________等几大因素。

答案：速度；柔韧

2.［2019 山东泰安，名词解释，2 分］身体素质

参考答案：通常人们把人体在肌肉活动中所表现出来的力量、速度、耐力、灵敏及柔韧等机能能力统称为身体素质。

3. 耐力素质训练

耐力素质指机体克服长时间工作过程中产生的疲劳的能力。

(1) 发展耐力素质的基本方法：定时慢跑或走跑交替，越野跑等。

(2) 发展耐力素质的常用手段：6～12 分钟慢跑或走跑交替，800～1500 米跑，越野跑。

(3) 发展耐力素质的注意事项：①要多进行有氧练习，逐渐提高要求，延长跑的距离和时间及做动作的次数；②六年级男女生的耐力有较大差异，所以教学时应区别对待；③根据学生的身心实际，合理安排运动负荷，逐渐提高要求，以达到最佳的锻炼效果；④进行耐力素质教学时，应事先了解学生健康状况，对于有病、不宜剧烈运动的学生，要安排适当活动，避免发生事故。

(4) 耐力素质训练的基本要求：①发展耐力素质要充分考虑年龄、性别及生理特点。②要重视耐力锻炼中的呼吸与动作的配合。氧的摄取是通过提高呼吸频率和加深呼吸深度实现的，在训练中应当培养运动员以加深呼吸深度为主的供氧能力。同时，还应注意强调呼吸节奏与动作频率配合的一致性，使呼吸与动作协调。③发展耐力素质应该在发展有氧耐力的基础上发展无氧耐力。④应考虑专项需要。⑤耐力锻炼必须持之以恒，要有顽强的意志品质。⑥耐力锻炼后，应加强营养补充和疲劳的消除。

4. 灵敏素质训练

灵敏素质指人体在各种突然变化的条件下，能够迅速、准确、协调、灵活地完成动作的能力。

(1) 发展灵敏素质的基本方法：运用变换方向、节奏和身体姿势的方法，改变运动状态，提高身体的灵敏性；利用器械做各种附加动作的练习，发展动作的灵敏性。

(2) 发展灵敏素质的常用手段：变向加速跑，变换姿势练习，跳绳练习等。

(3) 发展灵敏素质的注意事项：①灵敏素质是身体能力的综合反映，与各种技能的积极转移有关；②发展灵敏素质的手段要多种多样，以培养学生的定向能力和感觉能力，提高学生的协调性，青春期前是发展灵敏素质的最佳时期；③发展灵敏素质的练习宜放在体力充沛、兴奋度较高的时候进行。

5. 柔韧素质训练

柔韧素质指跨关节的肌肉、肌腱、韧带等软组织的伸展能力以及弹性，即关节活动幅度和范围的大小。

(1) 发展柔韧素质的基本方法：徒手做增加身体各部位肌肉和韧带活动范围的练习，利用固定器械和持轻器械做增加全身各关节肌肉、韧带活动幅度的练习等。

（2）发展柔韧素质的常用手段：①徒手做增加关节肌肉、韧带活动幅度的练习；②徒手和利用器械做腿和髋部柔韧性练习；③利用肋木和体操棍做手臂、肩带和躯干的柔韧性练习。

（3）发展柔韧素质的注意事项：①做好充分准备活动，使体温升高，以免由于肌肉韧带的黏滞性大而发生拉伤的现象；②要注意静力性练习和动力性练习相结合，以保证肌肉韧带的弹性；③柔韧素质的发展见效快，消退也快，因此要持之以恒，在各年级的体育课中都应穿插安排。

真题面对面

［2023 山西特岗，解答题，5 分］人的一般身体素质有哪些？

参考答案：参见上文。

★★ 考点大默写 ★★

1. ____________训练法是一种根据训练的具体任务，建立若干练习站（点）后，运动员按照既定顺序、路线，依次循环完成每站（点）所规定的练习内容和要求的训练方法。
2. 间歇训练法的特点是对练习后的____________进行适当控制。
3. 摔跤、跆拳道属于技能主导类____________项群。
4. 体能包括与健康有关的体能和与运动技能有关的体能，灵敏性属于与____________有关的体能。
5. 力量素质是指人的机体或机体的某一部分____________工作时克服阻力的能力。
6. 在各种突然变化条件下，运动员能够迅速、准确、协调地改变身体运动的能力称为____________。
7. 当发令员鸣枪后，运动员“从听觉感受器接受刺激到肌肉效应器产生兴奋”所需的时间称为____________速度。

【参考答案】

1. 循环　2. 间歇时间　3. 格斗对抗性　4. 运动技能　5. 肌肉　6. 灵敏素质　7. 反应

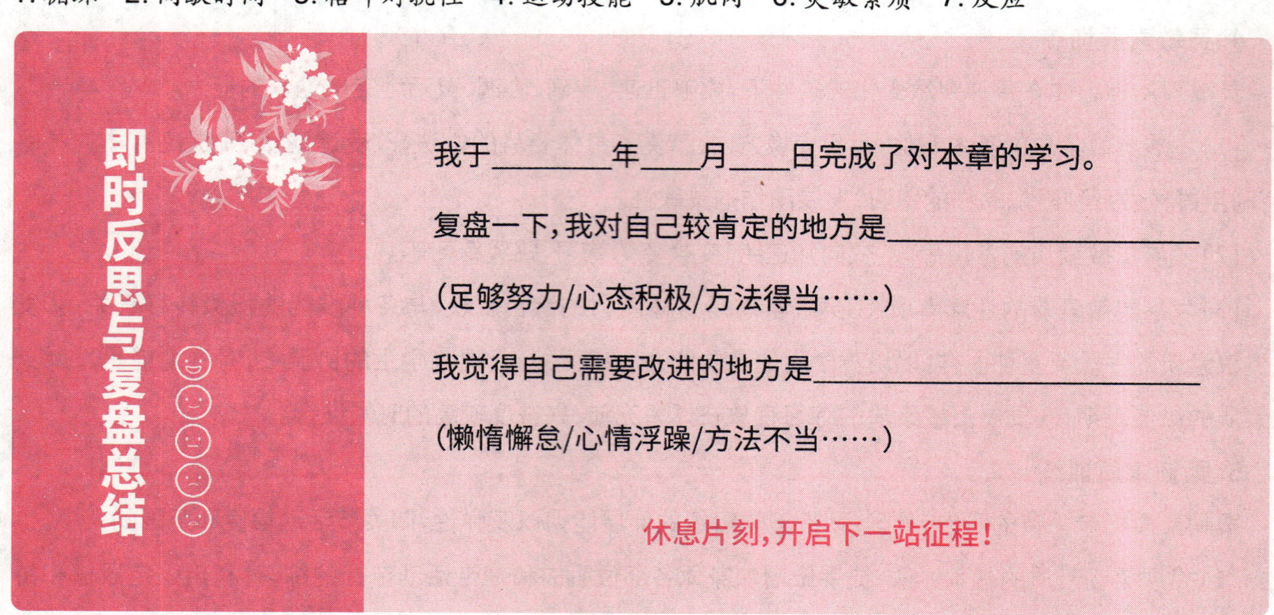

学科专业技能知识

SHAN XIANG

内容导学

- 小学体育与健康教师招聘考试学科专业技能知识部分，共有五章，各章详细内容分别为：
- 第一章主要是对跑的技术、跳跃的技术、投掷的技术等知识的讲解，考频很高，考查内容较为广泛，为重点章节。考试题型灵活，常以选择题、填空题、判断题和简答题的形式出现。
- 第二章主要是对篮球、排球、足球、羽毛球和乒乓球的基本技术、基本战术、竞赛规则以及球类竞赛制度与编排方法的讲解，考频很高，考查内容较为广泛，前三节为重点。常以选择题、填空题、判断题、简答题的形式出现。
- 第三章主要是对体操和健美操的基础知识及基本技术的讲解，考频适中，考查内容稳定。一般考查记忆性知识，常以选择题、判断题和简答题的形式出现。
- 第四章和第五章主要是对武术和游泳的相关知识的阐述，考频较低，内容稳定。常以选择题、判断题和简答题的形式出现。
- 其中，第一章、第二章和第三章为考生需要重点掌握的内容。结合历年考试情况，本部分的内容在考试中可能会出现各种样式的题型，内容繁多且琐碎。因此需要考生进行理解性的重点学习。

第一章 田 径

思维导图

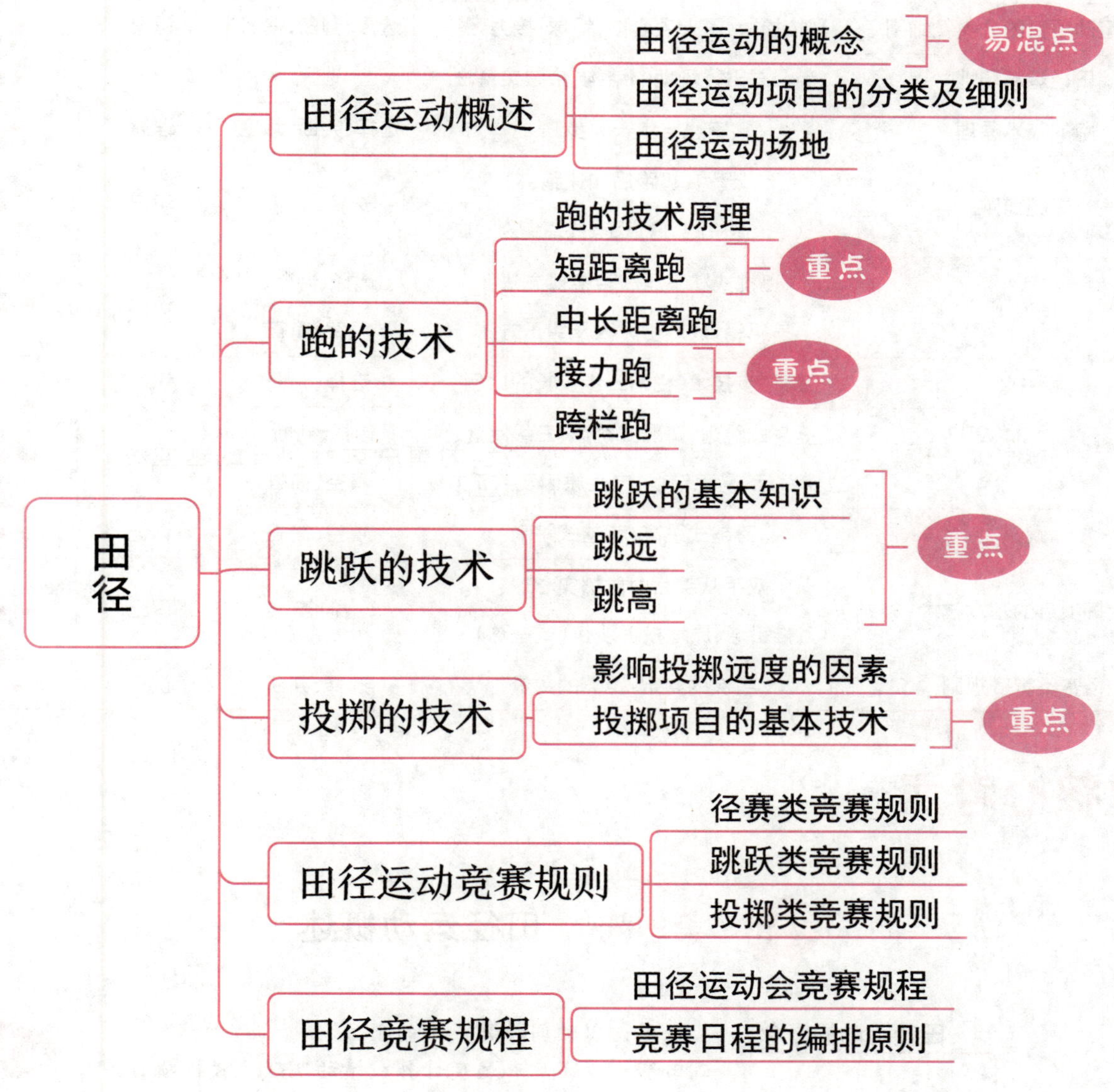

田径
田径运动概述
田径运动的概念
易混点
田径运动项目的分类及细则
田径运动场地
跑的技术
跑的技术原理
短距离跑
重点
中长距离跑
接力跑
重点
跨栏跑
跳跃的技术
跳跃的基本知识
跳远
跳高
重点
投掷的技术
影响投掷远度的因素
投掷项目的基本技术
重点
田径运动竞赛规则
径赛类竞赛规则
跳跃类竞赛规则
投掷类竞赛规则
田径竞赛规程
田径运动会竞赛规程
竞赛日程的编排原则

考向分析

本章属于学科专业技能知识中的基础章节，是体育教师招聘考试考查的重要章节，内容比较琐碎，需要理解的知识较多。现对本章考向分析如下：

高频考点	考点细化	常考题型	能力要求	考查热度
田径运动的概念	径赛；田赛	判断	识记	★★
田径运动项目的分类及细则	马拉松；女子七项全能；铅球；接力区等	选择、判断、简答	识记	★★
田径运动场地	半圆式田径场地的结构；余弦丈量法	选择	识记	★★
跑的技术原理	跑速＝步长×步频	选择、判断、填空	理解	★★
短距离跑	起跑、起跑后加速跑、途中跑、弯道跑、终点跑	选择、判断	识记	★★★
接力跑	上挑式和下压式传接棒方法；易犯错误、产生原因及纠正方法	选择、判断、填空、简答	识记	★★★
跨栏跑	跨栏步技术；栏间三步步长的比例	选择、判断	识记	★★
跳远	挺身式跳远、蹲踞式跳远、三级跳远、立定跳远；易犯错误、产生原因及纠正方法	选择、判断、填空、简答	识记	★★★
跳高	跨越式跳高、背越式跳高	填空、简答	识记	★★★
投掷项目的基本技术	双手从头后向前掷实心球、推铅球、原地投掷沙包（或垒球）	简答	识记	★★★
径赛类竞赛规则	名次的判定；距离的丈量	选择、判断	识记	★★

核心考点

第一节　田径运动概述

- 田径运动概述
  - 田径运动的概念
    - 径赛：以时间计算成绩的项目
    - 田赛：以高度和远度计算成绩的跳跃、投掷项目
    - （易混点）
  - 田径运动项目的分类及细则
    - 马拉松为42.195千米
    - 短距离跑：100米、200米、400米
    - 中距离跑：800米、1500米、3000米
    - 长距离跑：5000米、10000米
    - 接力跑的接力区
  - 田径运动场地
    - 半圆式田径场地的结构
    - 标准半圆式田径场跑道的计算

一、田径运动的概念 【判断】★★

田径运动是指人类从走、跑、跳、投这些自然运动而发展起来的身体练习和竞技项目，可以分为竞走、跑、跳跃、投掷和全能5个部分。其中，以时间计算成绩的项目称为径赛；以高度和远度计算成绩的跳跃、投掷项目称为田赛；由跑、跳、投部分项目组成的，用评分方法计算成绩的组合项目称为全能运动。田径被称为“运动之母”。田径与游泳、射击被称为奥运会三大项目。

真题面对面

1.［2023 江苏南通启东市，判断，0.5 分］田赛项目是以远度来计算成绩的。（　　）

答案：×。以高度和远度计算成绩的跳跃、投掷项目称为田赛。

2.［2021 湖南长沙县，判断，1 分］跨栏跑、跳高、掷标枪均属于田赛。（　　）

答案：×。跨栏跑属于以时间计算成绩的径赛项目，不属于田赛项目。

二、田径运动项目的分类及细则 【选择、判断、简答】★★

考点1　田径运动项目的分类

田径运动项目的分类

田赛	跳跃	跳远、跳高、三级跳远、撑竿跳高
	投掷	铅球、标枪、铁饼、链球
径赛	竞走	5000 米、10000 米、20000 米、50000 米
	短距离跑	100 米、200 米、400 米
	中距离跑	800 米、1500 米、3000 米
	长距离跑	5000 米、10000 米
	跨栏跑	男子组：110 米、400 米
		女子组：100 米、400 米
	障碍赛跑	2000 米、3000 米
	马拉松	42.195 千米
	接力跑	4×100 米、4×200 米、4×400 米、混合接力
全能	男子十项全能	第一天：100 米跑、跳远、推铅球、跳高、400 米；第二天：110 米栏、掷铁饼、撑竿跳高、掷标枪、1500 米
	女子七项全能	第一天：100 米栏、跳高、推铅球、200 米；第二天：跳远、掷标枪、800 米

真题面对面

1.［2022 山西特岗，单，2 分］马拉松全程为（　　），属超长距离跑项目。

A. 41.195 千米　　B. 42.195 千米

C. 43.195 千米　　D. 44.195 千米

答案：B。马拉松全程为 42.195 千米。

2. [2020 湖南长沙天心区,判断,1 分]女子七项全能有:100 米栏、跳高、推铅球、200 米、跳远、掷标枪、800 米。(　　)

答案:√。

考点2　田径运动部分项目的细则

田径运动部分项目的细则

<table>
<tr><td rowspan="8">田赛</td><td>跳高</td><td>横杆:应用玻璃纤维或其他适宜材料制成,不得使用金属材料;长 3.98 ~ 4.02 米,最大重量 2 千克</td></tr>
<tr><td>跳远</td><td>①起跳线:起跳线至落地区远端的距离应至少为 10 米;起跳线至落地区近端的距离应为 1 ~ 3 米
②助跑道:助跑道长度从起跳线开始丈量,至少应为 40 米,条件允许时,应为 45 米
③三级跳远:男子起跳线至落地区远端的距离不得少于 21 米;在国际比赛中,起跳线至落地区近端的距离,男子不少于 13 米,女子不少于 11 米</td></tr>
<tr><td>撑竿跳高</td><td>①横杆:应用玻璃纤维或其他适宜材料制成,不得使用金属材料;长 4.48 ~ 4.52 米,最大重量 2.25 千克
②撑竿:长度和直径不限,但表面必须光滑。运动员可使用自备撑竿参加比赛</td></tr>
<tr><td>铅球</td><td>①重量:男子铅球重量为 7.26 千克,直径为 11 ~ 13 厘米;女子铅球重量为 4 千克,直径为 9.5 ~ 11 厘米
②投掷圈:内沿直径 2.135 米 ±0.005 米,铅球投掷圈的正前方放着一个挡板,1.21 ±0.01 米长,铅球、链球和铁饼比赛的落地区的扇面角度都是 34.92°</td></tr>
<tr><td>标枪</td><td>①用金属或其他适宜的类似材料制成
②男子标枪重 800 克,全长 260 ~ 270 厘米
③女子标枪重 600 克,全长 220 ~ 230 厘米
④标枪比赛落地区的扇面角度约为 28.96°</td></tr>
<tr><td>铁饼</td><td>①铁饼可用木料或其他适宜材料制成
②男子铁饼直径约 0.22m ±0.001m
③女子铁饼直径约 0.181m ±0.001m,中心用水填满
④投掷圈:直径 2.50 米 ±0.005 米</td></tr>
<tr><td>链球</td><td>①链球由 3 个主要部分组成:金属球体、一条链子和一个把手
②男子链球重量为 7.26 千克,球直径 11 ~ 13 厘米
③女子链球重量为 4 千克,球直径 9.5 ~ 11 厘米
④掷链球场地与推铅球场地相同,但不安装抵趾板,需要在投掷圈外安装护笼</td></tr>
<tr><td>径赛</td><td>短距离跑</td><td>①跑道通常分为 6 ~ 8 分道(国际性大赛设第 9 道),分道宽 1.22 米 ±0.01 米(或 1.25 米),含 5 厘米宽的分道线
②标准田径场为半圆式 400 米跑道</td></tr>
</table>

续表

径赛	跨栏跑	①男子110米栏：栏高1.067米、栏间距离9.14米 ②男子400米栏：栏高0.914米、栏间距离35米 ③女子100米栏：栏高0.838米、栏间距离8.5米 ④女子400米栏：栏高0.762米、栏间距离35米
	障碍赛跑	①标准距离应为2000米和3000米 ②3000米障碍赛跑，应越过28次栏架和7次水池；2000米障碍赛跑，应越过18次栏架和5次水池
	接力跑	①接力棒：光滑的空心圆管，由整段木料、金属或其他适宜的坚固材料制成，长度为28～30厘米，外径为40毫米±2毫米，重量不少于50克。接力棒应涂成彩色，以便在比赛中明显可见 ②接力区：在4×100米、4×200米接力以及异程接力的第一、第二次交接棒中，各接力区的长度为30米，标志线位于距接力区开始分界线20米处。在异程接力的第三次交接棒和4×400米及更长距离的接力中，每个接力区的长度为20米，标志线位于中间。接力区的开始和结束都从接力区分界线跑进方向的后沿算起

知识再拔高

接力区的画法

每个接力区的长度为20米，在中心线前后各10米。前面的线称为接力区前沿，后面的线称为接力区后沿，前后沿线宽都为5厘米，接力区的开始和结束都从接力区分界线的后沿算起，所以，前沿线不包括在20米接力区内，后沿线包括在20米接力区内。直道上的接力区线应与内、外突沿垂直，弯道上的接力区线其延长线应通过弯道圆心。4×100米接力还应在各分道接力区后沿的10米处画一条虚线为预跑线，预跑线宽5厘米，包括在10米预跑区内。

真题面对面

1. [2023山西特岗，单，1分]田径比赛投掷项目中，铅球的投掷圈直径是(　　)

A. 2.035米　　B. 2.135米

C. 2.50米　　D. 3.135米

答案：B。铅球的投掷圈直径为2.135米。故选B。

2. [2020陕西特岗，单，2分]成年男子铅球标准重量是________，成年女子铅球标准重量是________。选(　　)

A. 7.26 kg；5 kg　　B. 7.26 kg；4 kg

C. 5 kg；4 kg　　D. 6 kg；4 kg

答案：B。成年男子铅球标准重量是7.26千克，成年女子铅球标准重量是4千克。

3. [2020 江西统考，简答，5 分] 田径接力比赛中，接力区为多少米？请简要表述接力区的画法。

参考答案：参见上文。

三、田径运动场地 【选择】 ★★

考点1 半圆式田径场地的结构

半圆式田径场地的跑道由两个相等的直段和两个半径相等的半圆弯道组成。半圆式田径场地的结构及有关名称说明如下：

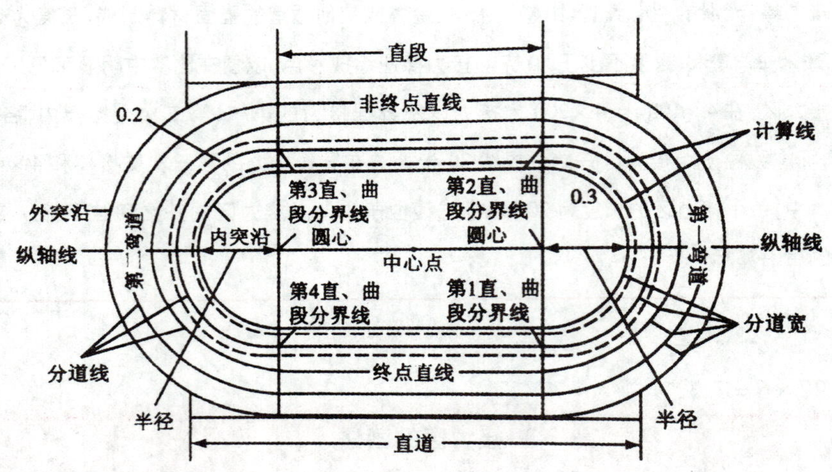

半圆式田径场地结构示意图(单位：m)

1. 纵轴线

纵轴线又称中线，处于田径场中间，把田径场按纵轴方向分成相等的两部分。纵轴线是绘图、设计和修建场地的基线，线上有中心点和两端弯道的圆心。

2. 中心点

中心点是整个田径场地的中心，是纵轴线的中心，是确定两端弯道圆心的基准点。

3. 圆心

半圆式田径场有两个圆心，都在纵轴线上，与中心点距离相等。它是弯道内突沿、外突沿和各条分道线的圆心。应用固定标志标出。

4. 内突沿和外突沿

标准 400 米跑道(人工合成的塑胶地面)必须有内突沿，外突沿规则没有规定。非人工合成的跑道(如煤渣地面)均安装有固定的内外突沿。内外突沿高约 5 厘米，宽至少 5 厘米，其宽度均不计入跑道的宽度之内。

5. 直、曲段分界线

直、曲段分界线是通过圆心，垂直于纵轴线，把跑道的直段和曲段分开的线。通常把终点线处的直、曲段分界线称为第一直、曲段分界线，然后按逆时针方向排列，依次为第二、第三、第四直、曲段分界线。

6. 直段和直道

直段是指两个弯道之间的直跑道，田径场有两个直段。一个直段长等于两个圆心之间的距离。直道是直段和直段两端延长的一段跑道的总和，它与弯道有部分重叠。标准半圆式田径场的直道长度不得少于140米。

7. 分道宽和跑道宽

分道宽是指每条分道的宽度，即从内侧分道线的外沿到外侧分道线外沿之间的宽度。田径竞赛规则规定分道宽为1.22±0.01米。跑道宽是指跑道内突沿外沿到外突沿内沿之间的宽度，也称跑道总宽。如果田径场有8条分道，则跑道宽为9.76米。

真题面对面

[2019安徽统考，单，1分]根据田径竞赛规则要求，只有六条跑道的田径场，其跑道宽是(　　)

A. 7.32米　　B. 9.76米

C. 6米　　D. 6.6米

答案：A。田径场的分道宽1.22米(±0.01米)，含5厘米宽的分道线。所以，只有六条跑道的田径场，其跑道宽=1.22×6=7.32米。

8. 分道线

在径赛跑道上两条跑道之间的界线称为分道线，分道线宽5厘米，包括在里侧分道的宽度之内。

9. 计算线

计算线是计算跑道周长和各条分道周长的线，也称实跑线。田径竞赛规则规定，第一分道周长的计算线在距离内突沿的外沿0.30米处，其余各条分道周长的计算线在距离内侧分道线的外沿0.20米处。

考点2　标准半圆式田径场跑道的计算

标准半圆式田径场第一分道周长400米，它的半径有不同的设计方案，常用的有36米、36.50米、37.898米等。这些都是国际田联批准使用的标准半圆式田径场。下面就以36.50米半径的田径场为例讲解跑道的计算。

1. 跑道周长的计算

(1)弯道长的计算

半圆式田径场的两个弯道长度之和，正好等于一个圆的圆周。根据圆周公式$C=2\pi r$，则第一分道两个弯道长为$2\pi(36.50+0.30)=231.22$米，一个弯道长为$\pi(36.50+0.30)=115.61$米。

(2)直段长的计算

两个直段长=跑道全长-两个弯道长=400米-231.22米=168.78米。

一个直段长=168.78÷2=84.39米。

(3)跑道全长计算

跑道全长＝两个弯道长＋两个直段长＝231.22＋168.78＝400 米。

2. 各分道弯道长度的计算(以分道宽 1.22 米为例)

田径竞赛规则规定，第一分道计算线是在距离内突沿外沿 0.30 米处，其余各条分道计算线是在距离里侧分道线外沿 0.20 米处。根据圆周公式 $C=2\pi r$，则各分道两个弯道的计算线长分别为：

第一分道(C_1) $=2\pi(r+0.30)=231.22$ 米

第二分道(C_2) $=2\pi[r+(1\times1.22)+0.20]=238.26$ 米

第三分道(C_3) $=2\pi[r+(2\times1.22)+0.20]=245.92$ 米

第四分道(C_4) $=2\pi[r+(3\times1.22)+0.20]=253.59$ 米

……

由以上计算，可得出第 2～8 分道弯道周长的计算公式：

$$C_n=2\pi[r+(n-1)d+0.20]$$

(C 代表弯道周长，n 代表道次，r 代表弯道半径，d 代表分道宽)

这个公式适用于计算任何半径、任何分道(第一分道除外)和任何分道宽的跑道的周长。

3. 起跑线前伸数的计算

通过各条分道弯道周长的计算，我们看到第二分道弯道周长比第一分道弯道周长长。为了使第二分道以后各条分道运动员在比赛时所跑的距离与第一分道运动员所跑的距离相等，第二分道以后各条分道的起点必须向前伸出一段距离。这种与第一分道相比所应向前伸出的距离，叫起跑线前伸数。起跑线前伸数的计算方法：$W_n=2\pi[r+(n-1)d+0.20]-2\pi(r+0.30)=2\pi[(n-1)d-0.10]$。

以上是计算两个弯道起跑线前伸数的公式(W 代表起跑线前伸数，n 代表道次，d 代表分道宽)。

若分道跑一个弯道或三个弯道，计算起跑线前伸数的公式分别为：

$$W_n=\pi[(n-1)d-0.10]\text{(一个弯道)}$$

$$W_n=3\pi[(n-1)d-0.10]\text{(三个弯道)}$$

4. 切入差

有的径赛项目，要求运动员先分道跑，跑完一定距离到抢道标志线后，再采用不分道跑。这样，外道运动员向里道切入时就要比第一分道运动员多跑一点距离，这段距离就叫切入差。

5. 弯道长度的丈量和计算

对跑道丈量的要求是准确、简便和从实际出发。主要有以下几种丈量法：

(1)直接丈量法

直接丈量法是用钢尺沿计算线直接丈量各种位置的方法。直接丈量法由于丈量弯道时不准确导致麻烦，仅用于直道上。

(2) 经纬仪丈量法

经纬仪丈量法是利用经纬仪来测量弯道上一定弧长所对的角度，确定该弧长在弯道上所处的位置。这种方法测量位置准确，目前塑胶跑道普遍采用。但由于受仪器的限制，操作时不如其他方法简便。

(3) 正弦丈量法

正弦丈量法也叫直弦丈量法，它是一种已知弧长，即各条分道弯道上各个位置之间的距离，然后用正弦定理计算其弦长，再以弦量弧丈量弯道长度的方法。正弦丈量法丈量简便，但丈量的连接点较多，实地丈量时稍有疏忽，易出现误差。

(4) 余弦丈量法

余弦丈量法是根据任意三角形中，已知的两边和它们的夹角，应用余弦定理计算角的对边长度丈量弯道长度的方法。余弦丈量法只要有一个丈量的基准点，就可以计算和向外丈量各条分道上所需要的位置，也称放射式丈量法。余弦丈量法是高效的丈量方法，因此被广为采用。

真题面对面

[2020 山东枣庄山亭区，单，1 分] 余弦丈量法只要有一个丈量的基准点，就可以计算和向外丈量各条分道上所需要的位置，也称(　　)

A. 直接丈量法　　B. 经纬仪丈量法

C. 正弦丈量法　　D. 放射式丈量法

答案：D。余弦丈量法也称放射式丈量法。

第二节　跑的技术

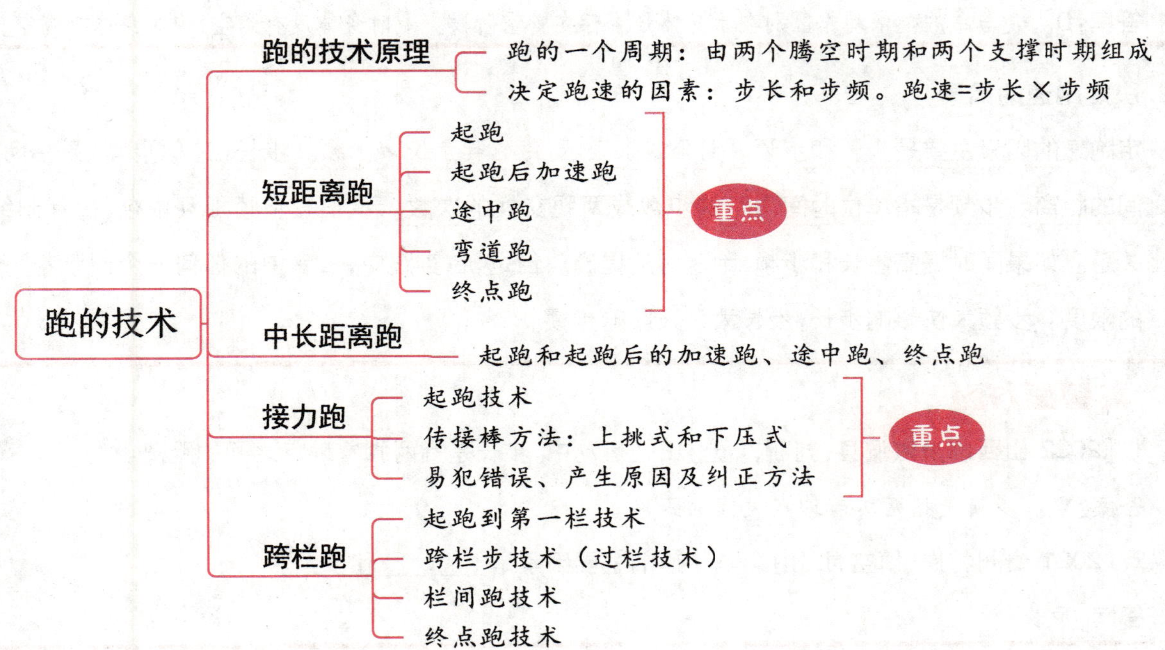

一、跑的技术原理 【选择、判断、填空】★★

跑是人体水平位移的一种基本运动形式，是单脚支撑和腾空相交替、蹬与摆相配合、动作协调连贯的周期性运动。

1. 跑的周期划分

跑的一个周期又叫一个复步，由两个腾空时期和两个支撑时期组成。支撑时期是指从脚着地时起到脚离地为止的时间段。腾空时期是指从一脚离地时起到另一脚着地为止的时间段。

知识再拔高

走与跑的技术动作区别

人体周期性水平位移的基本形式有两种，即走和跑。走是一种单脚支撑与双脚支撑相交替的周期性位移运动。跑则是一种单脚支撑与腾空相交替的周期性位移运动。运动员在跑的一个周期中经历两次单脚支撑状态和两次腾空状态。走与跑的技术动作区别在于身体是否存在腾空阶段。走时身体没有腾空，跑时身体有腾空。

真题面对面

[2021 浙江杭州，单，2 分]走和跑的技术动作区别在于(　　)

A. 跑的速度快，走的速度慢

B. 跑时身体重心起伏大，走时身体重心起伏小

C. 跑的步幅大，走的步幅小

D. 跑时身体有腾空，走时身体没有腾空

答案：D。走与跑的技术动作区别在于身体是否存在腾空阶段。走时身体没有腾空，跑时身体有腾空。

2. 决定跑速的因素

决定跑速的因素主要是步长和步频。用公式来表示：跑速 = 步长 × 步频。**步长**(又称步幅)是指两脚着地点之间的距离。**步频**是指单位时间内跑的步数或两腿交换的次数。步长与步频相互依存、相互制约，不成正比关系。如果同时提高步长和步频，跑速必然提高。但是，在实践中，二者中的任何一个因素都不能超过一定的限度。步频太快影响步长，步长太大又影响步频。

真题面对面

1. [2022 山西临汾洪洞县，判断，1 分]田径运动中，步长是指两脚着地点之间的距离。(　　)

答案：√。步长是指两脚着地点之间的距离。

2. [2021 贵州特岗，填空，1 分]影响跑速的主要因素是________和步频。

答案：步长

二、短距离跑 【选择、判断】 ★★★

短距离跑全程技术，可分为起跑、起跑后加速跑、途中跑、弯道跑和终点跑五个部分。短距离跑成绩是由起跑的反应速度，起跑后的加速能力，保持最高跑速的时间和距离，弯道跑（200 米、400 米）的协调能力，终点冲刺能力以及各部分的技术动作完成质量决定的。

1. 起跑

起跑是由静止到起动的过程，其任务是获得向前冲力，迅速摆脱静止状态，为起跑后加速跑创造条件。短距离跑竞赛要求采用**蹲踞式起跑**，起跑前要安装起跑器。起跑器的安装主要有拉长式和普通式两种。

短距离跑的起跑技术包括“各就位”“预备”和“鸣枪”三个阶段。

（1）“各就位”时，运动员应轻快地走到起跑器前，两手撑地，两脚依次踏在前、后起跑器的抵足板上，后膝跪地，两手收回紧靠起跑线后沿撑地，两臂伸直，两手间距离比肩稍宽，手指成拱形做弹性支撑，头与躯干保持在一条直线上，身体重量均衡地落在两手、前脚和后膝关节之间。

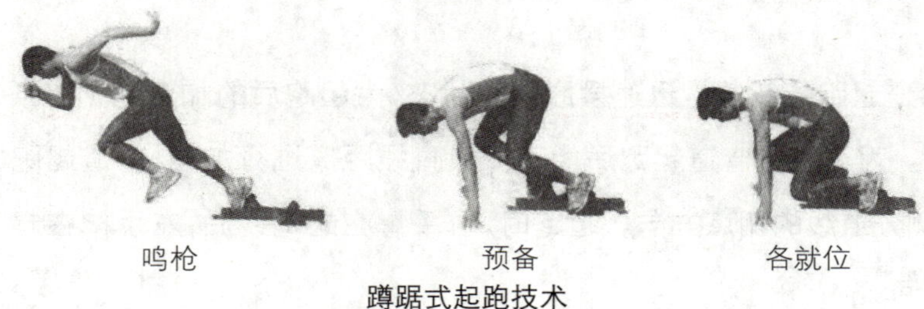

鸣枪　　预备　　各就位

蹲踞式起跑技术

（2）“预备”时，逐渐抬起臀部，使身体重心向前上方移动，此时身体重量主要落在两臂和前腿之间，臀部稍高于肩，两肩稍超出起跑线。

（3）“鸣枪”时，两臂屈肘有力地前后摆动，两腿迅速蹬离起跑器，使身体向前上方运动，后腿快速蹬离起跑器后，迅速屈膝向前上方摆出，前摆时脚掌不应离地过高，以利摆动腿迅速着地和过渡到下一步。前腿有力地蹬伸，当前腿充分伸展髋、膝、踝三关节蹬离起跑器时，后腿已完成前摆且积极下压着地完成第一步动作。

真题面对面

[2022 安徽统考，单，1 分] 田径比赛中，包含“各就位”“预备”“鸣枪”的项目是（　　）

A. 100 米　　B. 1500 米

C. 5000 米　　D. 10 000 米

答案：A。短距离跑的起跑技术包括“各就位”“预备”和“鸣枪”三个阶段。100 米属于短距离跑，故选 A。

2. 起跑后的加速跑

起跑后的加速跑是从后腿蹬离起跑器到途中跑开始的一个跑段，其主要任务是充分利用向前的冲力，尽快达到自己的最高速度。

加速跑开始时，上体保持较大的前倾，双臂摆动幅度大而有力，充分蹬伸支撑腿，与此同时，摆动腿迅速前摆，摆动腿前摆时，大、小腿折叠程度小，前摆幅度大。在整个加速跑阶段，随着速度加快，上体逐渐抬起；步幅逐渐加大；起跑后两脚逐渐落在一条直线的两侧。步幅的增加：一般第一步着地点应尽量靠近身体重心投影点，步长不宜过大，一般在三脚半至四个脚长，以后每步约增加半个脚长，逐渐增至途中跑的最大步长。加速跑阶段完成以后，应顺势做 2 ~ 3 步自然跑进，随即过渡到途中跑。

3. 途中跑

途中跑是全程跑速最快的一段，其任务是继续发挥和保持较长距离的最高速度。途中跑的每一单步均由支撑时期和腾空时期组成。支撑时期又可分为着地缓冲和垂直支撑腿的有力后蹬，为身体重心快速腾起和摆动腿的充分摆动创造有利的条件。同时摆动腿的快速摆动又能给予后蹬动作积极的影响。在途中跑时，上体应稍前倾，头部应正直并与上体保持一致，颈部放松。摆臂时，应以肩为轴，手指成半握拳或自然伸掌，轻快而有力地做前后摆动，前摆时手的高度稍超过下颌，后摆时肘关节稍向外，摆至大臂约与肩平，前后摆动幅度约为 115° ~ 125°。整体技术动作要做到轻松自然。

4. 弯道跑

（1）弯道起跑。弯道起跑的任务是迅速摆脱静止状态，为起跑后的加速跑创造条件。其技术要求是蹬腿摆臂有力，起动迅速。为了便于弯道起跑后能有一段直线距离进行加速，弯道起跑器的安装位置应靠近外侧分道线并正对里侧分道线的切点方向。起跑时，右手撑在起跑线后，左手撑在起跑线后约 5 ~ 10 厘米处，使身体正对切线方向。

（2）弯道起跑后加速跑。弯道起跑后加速跑的技术要求是前倾角适宜，蹬摆有力。要渐增步幅，渐抬重心，渐成直线。在弯道起跑后加速跑阶段，上体要早些抬起，以利于跑入弯道时和继续跑进中，保持身体平衡。

（3）弯道途中跑。弯道途中跑的技术要求是保持途中跑动作技术，其特点是身体技术动作幅度右侧大于左侧。从直道进入弯道跑时，身体应有意识地逐渐向内倾斜，加大右腿和臂的摆动力量和幅度。进入弯道跑后，两脚着地时，右脚脚掌内侧先着地，左脚脚掌外侧先着地；后蹬时，右脚前脚掌内侧用力，左脚前脚掌外侧用力。从弯道跑进直道时，应在弯道的最后几米处，身体逐渐减小内倾程度，顺惯性放松跑 2 ~ 3 步后恢复到直道跑姿势。

知识再拔高

弯道跑的技术特点

弯道跑时，为了克服产生的离心力，整个身体应向内倾斜。摆动腿前摆时，左膝稍向外展，右膝稍向内扣，并加大右腿前摆的幅度。左脚以前脚掌外侧着地，右脚以前脚掌内侧着地。左臂摆动幅度较小，靠近体侧摆动。右臂摆动幅度和力量都稍大，且前摆时稍向左前方，后摆时肘关节稍向外。

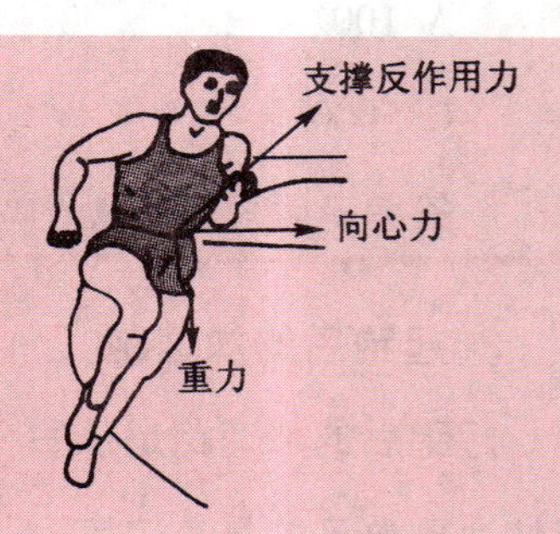

真题面对面

[2023 安徽统考,判断,1 分]弯道跑时,人体向圆心方向倾斜是为了克服向心力作用。(　　)

答案:×。弯道跑时,为了克服产生的离心力,整个身体应向内倾斜。

5. 终点跑

终点跑的任务是尽可能保持途中跑的最高速度冲过终点。终点跑应力求在疲劳情况下保持途中跑的正确技术,动员全部力量,以最快的速度跑过终点。技术上要求上体适当前倾,并注意加强后蹬和两臂的用力摆动。到离终点最后一步时,上体迅速前倾,用身体有效部位撞终点线。跑过终点后应逐渐减速,不要突停,以免跌倒受伤。

终点跑技术

真题面对面

[2021 湖南特岗,单,2 分]在小学高年级的快速跑的教学中,50 m 快速跑的完整技术过程包括起跑和起跑后的加速跑、(　　)、终点跑等。

A. 途中跑　　B. 牵引跑

C. 间歇跑　　D. 快速跑

答案:A。

三、中长距离跑 【选择】 ★

中长距离跑的完整技术可分为起跑、起跑后的加速跑、途中跑和终点跑。

1. 起跑和起跑后的加速跑

起跑和起跑后的加速跑是中长距离跑比赛或测验时,运动员使身体摆脱静止状态迅速出发,并根据战术需要尽快发挥正常跑速和占据有利位置的过程。

中长距离跑比赛或测验时,采用**站立式起跑**。起跑前,先做 1 ~ 2 次深呼吸,然后站在起跑线后 3 米集合线处听候起跑口令。当“各就位”口令下达后,慢跑或走向起跑线;两脚前后开立,将有力腿的脚放在起跑线的后沿,另一脚放在距离前脚跟约一脚长的地方,两脚左右间隔约半脚长。两腿弯曲,上体前倾,体重落在前脚上,后脚用前脚掌着地。两臂在体前自然下垂或前腿异侧臂在前,同侧臂在后。身体保持稳定,集中注意力听枪声。

听到枪声后，后腿立即蹬地以膝领先并迅速前摆，前腿也迅速用力充分蹬伸。两臂配合两腿动作做快速而有力的前后摆动，使身体迅速向前冲出，进入加速跑阶段。

加速跑时，上体前倾较大，两腿交替跑进速度较快，摆臂、摆腿和后蹬都应迅速而积极。应尽量按跑道内突沿的切线方向和朝着有利跑进位置跑去。加速跑的距离，根据项目的距离长短、个人特点与临场比赛情况而定。

2. 途中跑

途中跑是中长距离跑的主要阶段，它是运动员比赛时发挥训练水平和健身者获得锻炼效果的过程。因此，掌握途中跑技术是极其重要的。

后蹬阶段是途中跑技术的主要环节。后蹬动作应该迅速而积极，依次伸展髋、膝、踝三个关节，后蹬角度一般为55°左右。

3. 终点跑

终点跑是指临近终点时的冲刺跑。运动员要以顽强的意志，加快摆臂，加强腿部的蹬摆，奋力跑到终点。

知识再拔高

中长跑时采用的呼吸方式

长跑时，由于机体能量消耗大，因此对氧气的需要量增加。为了保证机体对氧气的需求，呼吸必须有一定的频率和深度，还必须与跑的步伐相配合。一般是跑2~3步一呼气，跑2~3步一吸气。随着跑速的加快和疲劳的出现，呼吸的频率也会增加，可采用跑1步一呼气，跑1步一吸气的方法。呼吸一般用鼻子与半张开的嘴同时进行。

真题面对面

[2023安徽统考，单，1分]长跑时采用的呼吸方式是(　　)

A. 屏气　　B. 憋气

C. 节奏性呼吸　　D. 无节奏呼吸

答案：C。长跑时，由于机体能量消耗大，因此对氧气的需要量增加。为了保证机体对氧气的需求，呼吸必须有一定的频率和深度，还必须与跑的步伐相配合。所以题干采用的呼吸方式是节奏性呼吸。

四、接力跑 【选择、判断、填空、简答】 ★★★

1. 起跑技术

第1棒队员采用蹲踞式起跑。通常右手持棒，其起跑技术同短跑起跑技术相同，但接力棒不得触及起跑线及起跑线前面的地面。持棒的方法一般用中指、无名指和小指握住棒的末端，用拇指和食指分开撑地。第2、3、4棒运动员多采用半蹲踞式或站立式起跑。第2、4棒选手站在跑道外侧，第3棒选手站在跑道内侧。

真题面对面

[2022 安徽统考,判断,1 分]4 × 100 m 接力跑的第 2、3、4 棒队员要求必须采用蹲踞式起跑。(　　)

答案:×。4 × 100 m 接力跑的第 1 棒队员采用蹲踞式起跑,第 2、3、4 棒运动员多采用半蹲踞式或站立式起跑。

2. 传接棒方法

传接棒方法主要有上挑式和下压式两种。

(1)传、接棒技术

①上挑式:接棒队员听到接棒信号后,手臂自然后伸至与躯干成 40° ~ 45°,掌心向后,拇指与并拢的四指分开,拇指在内、四指在外,虎口向下,传棒队员将棒的中部或前部由后下方向前上方挑送到接棒队员的手中。接棒队员握棒后,传棒队员立即松手。

②下压式:接棒队员听到接棒信号后,手臂自然后伸至与躯干成 50° ~ 60°,手腕内旋,掌心向上,拇指与并拢的四指分开,拇指在内,四指在外,虎口向后,传棒队员将棒的前端由后上方向前下方压送到接棒队员的手中。接棒队员握棒后,传棒队员立即松手。

上挑式

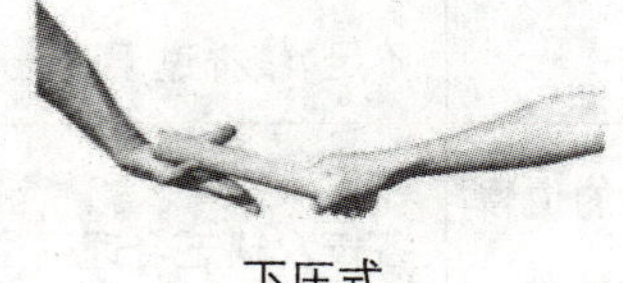
下压式

(2)“上挑式”和“下压式”传接棒技术的优、缺点

①上挑式:由于接棒队员手臂后伸的幅度较小,接棒技术较简单,因而动作自然、易掌握。但接棒队员接棒时手握棒的中部或前部,导致后续队员必须在跑进中调整手与棒的接触部位或换手。

②下压式:由于接棒队员每一次接棒时手均能握住棒的前端,避免了在跑进中调整手与棒的接触部位或换手的问题,还能够充分利用接力棒和接棒队员手臂的长度。但由于这种接棒方法相对复杂,会引起接棒队员身体的前倾和手臂在跑进中的晃动,影响其跑速。为了取得获益距离,还易导致传棒队员精力的分散和身体重心的失控,降低跑速。

真题面对面

1. [2023 安徽统考,单,1 分]4 × 100 米接力跑中,为使接棒队员第一次接棒时手均能握住棒的前端,避免在跑进中调整手与棒接触部位或换手的问题应采用的传接棒方法是(　　)

A. 立棒式　　B. 上挑式

C. 下压式　　D. 混合式

答案:C。“下压式”由于接棒队员每一次接棒时手均能握住棒的前端,避免了在跑进中调整手与棒的接触部位或换手的问题,还能够充分利用接力棒和接棒队员手臂的长度。故选 C。

2. [2021 山西特岗,填空,1 分]接力跑交接棒技术可分为上挑式和________两种。

答案:下压式

3. [2021 湖南特岗,简答,5 分]简述中小学各年级接力跑教学中常用的传接棒方法。

参考答案:参见上文。

3. 接力跑教学中的易犯错误、产生原因及纠正方法

接力跑教学中的易犯错误、产生原因及纠正方法

易犯错误	产生原因	纠正方法
传棒人追不上接棒人	接棒人过于紧张,高估了传棒人的跑速,起动过早或起跑标志线离接力区过远	缩短起跑标志线至接力区的距离,情绪放松,准确判断起动的时机
传棒人超过接棒人	接棒人低估了传棒人的跑速,反应迟缓,起动过晚或起跑标志线离接力区过近	延长起跑标志线至接力区的距离,全神贯注,准确判断起动的时机
接棒人接棒时回头	缺乏系统的训练,对顺利完成传接棒信心不足,精神过于紧张	在各种跑速下反复练习正确的传、接棒技术,形成动力定型,有把握面对比赛
传(或接)棒人没有按合理的位置跑进,给接(或传)棒人造成困难	各棒次缺乏合理站位的配合训练	明确各棒次合理的站位配合,并加强训练
传棒人持棒臂前送太早,或接棒人接棒臂后伸太早,或起跑时接棒臂即拖曳在体后,影响跑速的发挥	传棒人跑到接近传接棒时过于疲劳,担心不能及时赶上接棒人,或接棒人担心不能及时接到棒	传棒人根据两人之间的跑速、状态和情况以口令的形式反复进行练习
掉棒	传接棒动作过于紧张,在接棒人还未做好接棒动作即开始传棒,或手持棒的部位不正确	传棒人应确认已将棒安全地传递到接棒人手中时再松手,确保正确的传、接棒动作

真题面对面

[2019 安徽统考,简答,5 分]简述下压式传接棒练习时发生掉棒的原因及纠正方法。

参考答案:参见上文。

五、跨栏跑 【选择、判断】 ★★

跨栏跑属于速度性的径赛项目,它的成绩取决于运动员的平跑速度、完善合理的跨栏步技术和跑跨结合的能力。全程跑技术可以分为四个阶段,分别是起跑到第一栏技术、跨栏步技术(过栏技术)、栏间跑技术和终点跑技术。下面以男子 110 米栏为例进行介绍。

1. 男子 110 米栏起跑到第一栏技术

所有跨栏跑项目都采用蹲踞式起跑。起跑器安装的原则、方法和起跑动作与短跑基本相同。

男子 110 米栏从起跑到第一栏的距离为 13.72 米。起跑到第一栏一般跑 8 步，但根据个人的不同情况也有跑 7 步和 9 步的。

做“预备动作”时，臀部抬起明显高于肩部，这是为了起跑后前几步能取得较大的步长。当听到枪声以后，尽快地迈出第一步进入加速跑。为了上好第一栏，应特别注意加速跑步幅的稳定、准确和节奏，步长不能忽大忽小。

2. 男子 110 米栏跨栏步技术

跨栏步是从起跨腿的脚踏上起跨点开始到摆动腿的脚过栏后着地为止。其主要任务是在能够越过栏架高度的前提下，尽量减小起跨时的垂直速度，取得较大的腾空初速度和较低的身体重心抛物线轨迹，尽快地越过栏架。跨栏步技术包括起跨攻栏和腾空过栏两个过程。

(1)起跨攻栏是指起跨脚踏上起跨点到起跨腿后蹬结束离地瞬间。起跨攻栏动作直接决定过栏的速度，同时也会影响下栏后的继续跑进。

(2)腾空过栏是指从起跨腿离地瞬间到摆动腿下栏着地为止。下栏时，摆动腿**前脚掌**着地，缓冲、蹬伸，起跨腿高抬、快摆送髋。

真题面对面

[2021 湖南特岗，单，2 分]跨栏跑时，摆动腿跨过栏后积极下压，(　　)落地。

A. 全脚掌　　B. 前脚掌

C. 双脚　　D. 脚后跟

答案：B。跨栏跑时，摆动腿跨过栏后积极下压，用前脚掌着地。

3. 男子 110 米栏栏间跑技术

栏间跑是指下栏着地点到下一栏起跨点之间的快速跑动过程。其任务是发挥跑速，保持节奏，准备攻栏。由于栏间跑是在规定的距离内以固定的步数跑完，同时又要为过栏做好准备，所以栏间跑技术与短跑途中跑有所不同。特点是重心高、频率快、节奏强，栏间三步步长的比例是小、大、中。

真题面对面

[2020 湖南长沙天心区，判断，1 分]男子 110 米跨栏跑中，栏间三步的比例是小、大、中。(　　)

答案：√。

4. 男子 110 米栏终点跑技术

终点跑是跨越最后一个栏架后到终点这一段距离的跑。过最后一个栏时摆动腿应更积极地下压，着地点较近。终点跑应加强后蹬和摆臂，加快步频，以最快的速度冲向终点。离终点线最后一步时，上体要急速前倾，准确、及时地用胸部接触终点线垂直面。

第三节 跳跃的技术

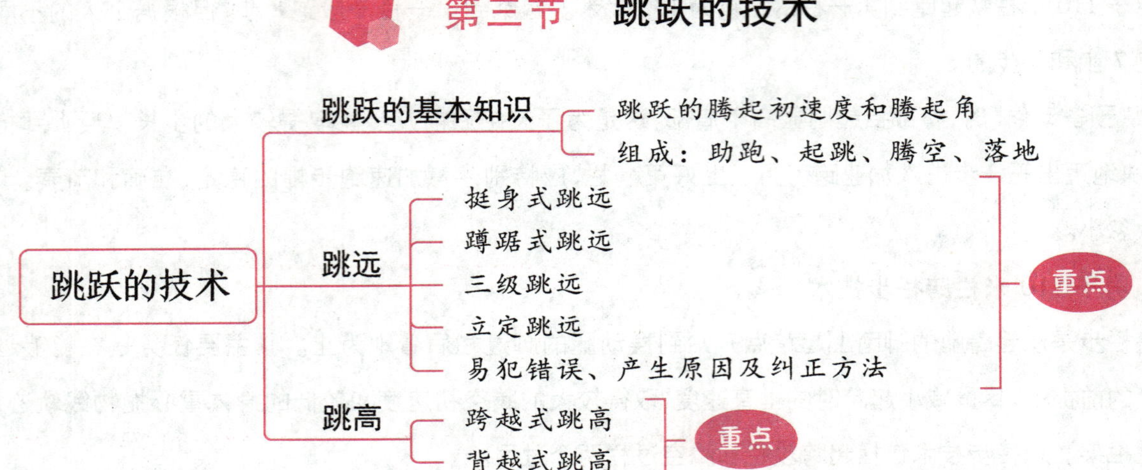

一、跳跃的基本知识 【判断】 ★★

跳跃运动是运用人体自身的能力或借助特定的器材，根据不同项目的特点和要求，通过一定的运动形式，使人体腾跃尽可能高的高度或尽可能远的远度。

1. 跳跃运动的力学基础

(1)腾起初速度。腾起初速度是决定跳跃的高度或远度的最重要因素。它由助跑水平速度与起跳中所产生的垂直速度相结合，由人的身体能力和技术水平所决定。在高度项目中，垂直速度是决定高度的关键；在远度项目中，水平速度是决定远度的关键。

(2)腾起角。腾起角是指起跳蹬离地面的瞬间，身体重心的腾起方向与水平线之间的夹角。目前，世界优秀跳远运动员的腾起角大致为 18 度～24 度。在跳跃项目中，根据各项目的特点，保持适宜的腾起角，提高腾起初速度，才能获得理想的腾空高度和远度。

> **真题面对面**
>
> [2021 贵州特岗，判断，1 分]在跳跃项目中，决定腾空高度(H)和腾空远度(S)的主要力学因素是腾起初速度(V_0)和腾起角(θ)。(　　)
>
> **答案：**√。在跳跃项目中，决定腾空高度和腾空远度的主要力学因素为腾起初速度和腾起角。

2. 跳跃运动技术的组成

各项跳跃运动都可以分成助跑、起跳、腾空、落地四个紧密相连的动作阶段。

(1)助跑。助跑是指人体向前水平位移阶段。其任务是获得较高的水平速度，为高效率地起跳创造有利条件，并保证起跳脚在助跑最后能准确地踏上起跳点或起跳板。

(2)起跳。起跳是指人体从向前水平位移转变为抛射运动前的阶段。其任务是充分利用助跑的水平速度，使人体按适宜的腾起角方向腾起，从而获得最高的腾跃高度或最大的跳跃远度。

(3)腾空。腾空是指人体离地后的空中腾跃阶段。充分利用腾起高度,尽快地越过横杆;或者有效地维持身体平衡,尽量延长腾空时间,达到跳跃最远的水平距离的目的。

(4)落地。落地是指人体抛射腾空后双脚落入沙坑或身体着垫的阶段。跳远运动中落地的主要任务是争取更好的跳远成绩。跳高运动中落地的主要任务是使整个身体脱离横杆。

在上述的四个动作阶段中,提高跳跃成绩的主要阶段是助跑和起跳,起跳阶段又是跳跃技术的关键部分。在跳跃远度项目中,落地时不仅要注意安全,而且还要注意不影响跳跃成绩。因此,落地前,一般要上体前倾,两腿向上举起,尽量延长腾空时间,以增加跳跃远度。

真题面对面

[2021 浙江杭州,判断,2 分]跳跃运动的技术结构一般可以分助跑、起跳、腾空和落地四个环节。(　　)

答案:√。各项跳跃运动都可以分成助跑、起跳、腾空、落地四个紧密相连的动作阶段。

二、跳远 【选择、判断、填空、简答】★★★

跳远是人体通过一定距离的助跑获得一定速度后,利用快速起跳,采用合理的空中姿势和动作,使身体腾越最远水平距离的运动项目。在跳远技术的发展过程中,曾出现过**蹲踞式**、**挺身式**和**走步式**三种不同的空中姿势。

跳远的完整技术由助跑、起跳、腾空和落地四个紧密相连的环节组成。跳远成绩主要取决于起跳离地瞬间人体重心腾起的初速度和腾起角度。跳远训练时,获得水平速度的助跑和获得垂直速度的起跳技术是最重要的两个部分。

真题面对面

1. [2023 江苏南通启东市,填空,3 分]跳远的空中姿势一般有________、________和________。

答案:蹲踞式;挺身式;走步式

2. [2022 福建统考,填空,2 分]跳远由助跑、起跳、________和落地四个技术环节组成。

答案:腾空

1. 挺身式跳远

挺身式跳远的动作要领:助跑放松、自然、平稳、准确,加速积极,具有节奏感。起跳时前脚掌踏板主动、快速准确,蹬伸有力,两臂配合协调。起跳进入腾空步后,摆动腿的小腿自然由向前、向下到向后方而成弧形摆动;起跳腿向摆动腿靠拢,挺胸展髋,身体在空中成展体姿势。快落地时,双脚、双手向身体前方合拢落地。

挺身式跳远分解图

真题面对面

[2021 广东广州增城区,单,1.16 分]下图所示的体育动作是(　　)

A. 蹲踞式跳远　　B. 挺身式跳远

C. 跨越式跳高　　D. 背身式跳高

答案:B。本题图片所示的体育动作是挺身式跳远。

2. 蹲踞式跳远

蹲踞式跳远的技术动作由助跑、踏跳、腾空、落地四个环节组成。

蹲踞式跳远的动作方法:助跑动作自然、轻松,逐渐加速,最后几步速度最快,最后一步步幅稍小。最后一步踏跳时以脚跟先着地并快速过渡到全脚掌蹬地起跳,同时摆动腿和两臂快速向前上方摆起,并在达到水平位置时制动,眼看前上方;身体蹬离地面后成“腾空步”,腾至最高点时,起跳腿屈膝收起与摆动腿靠拢,成蹲踞姿势;落地时,两小腿向前伸出,同时两臂后摆,以脚跟接触沙面后,立即屈膝缓冲,向前走出沙坑。

蹲踞式跳远分解图

知识再拔高

跳跃能力测试的方法

(1)深蹲跳:全蹲下去,双脚同时用力向上跳起,连续做。

(2)蛙跳:屈膝半蹲,上体稍前倾,双脚同时用力蹬地,充分伸直髋、膝、踝三关节,两臂同时迅速上摆身体向前跃出,双腿屈膝落地缓冲后再接着向前跳。

(3)跳台阶:原地双脚起跳,跃上台阶或其他物体,然后再跳下,反复进行。

真题面对面

1. [2022 江西统考,单,1.5 分]蹲踞式跳远的动作要求是助跑积极,踏跳果断,起跳腿积极向摆动腿靠拢,屈膝团身,身体在空中成(　　)的姿势。

A. 蹲踞　　B. 挺身　　C. 收腹　　D. 收腿

答案:A。

2. [2023 山西特岗,简答,5 分] 写出蹲踞式跳远的动作结构,并列出不少于三种跳跃能力测试的方法。

参考答案:参见上文。

3. 三级跳远

三级跳远是助跑后沿直线连续进行三次水平跳跃的运动项目。三级跳远属于田径运动中技术型项目,具有较强的观赏性。

三级跳远完整技术是由助跑、第一跳(**单足跳**)、第二跳(**跨步跳**)、第三跳(**跳跃**)组成的。三级跳远的第一跳须用起跳脚着地,第二跳用摆动腿着地,第三跳(跳跃)用双脚落入沙坑。

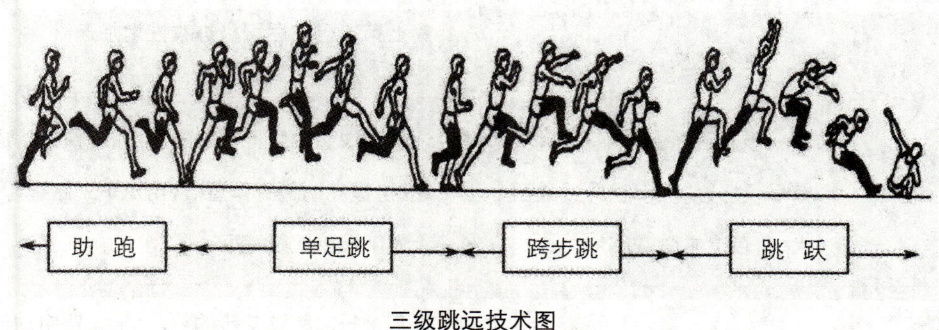

三级跳远技术图

真题面对面

1. [2023 江苏南通启东市,单,1 分] 三级跳远技术中的第二跳,又叫( )

A. 单脚跳　　B. 跨跳

C. 跨步跳　　D. 跳跃

答案:C。

2. [2022 山西特岗,判断,1 分] 三级跳远由快速助跑和沿直线向前的单脚跳、跨步跳、跳跃三次跳跃组成。( )

答案:√。

4. 立定跳远

立定跳远的动作要领:两脚自然开立,两腿屈膝,上体稍前倾,两臂后举。然后两臂向前上方用力摆,同时两脚用力蹬地,迅速向前上方跃起。落地时以脚跟先着地,同时两腿自然屈膝缓冲,保持平衡。

立定跳远分解图

5. 跳远的易犯错误、产生原因及纠正方法

跳远的易犯错误、产生原因及纠正方法

易犯错误	产生原因	纠正方法
助跑步点不准	助跑起动方法不固定；助跑加速节奏和步长不稳定；气候、场地、身体状况和心理因素的影响	固定助跑的起动方式，正确使用助跑标志；反复跑步点，固定助跑的动作幅度和节奏；在各种环境下练习，培养适应能力，提高助跑的稳定性
助跑最后几步减速	助跑步点不准，最后几步拉大步或倒小步；起跳前上体后仰，臀部后“坐”，后蹬不充分；害怕犯规和害怕跑快了跳不起来	助跑要果断，建立用速度去争取远度的意识，消除害怕心理；保持跑的直线性和动作结构，加快上板前几步的步频；踏上第二标志后积极进攻性地加速
起跳制动过大	最后一步起跳腿上板不积极，身体重心落后，过分前伸小腿导致最后一步过大；盲目追求腾空高度	注意加快起跳腿上板时的速度，在快速跑进中自然地完成起跳；提高助跑身体重心，用扒地式踏板起跳；在斜坡跑道上做下坡跑起跳练习
起跳后身体前倾、失去平衡	起跳时身体前倾，急于做落地动作	反复进行起跳腾空步的练习；加大空中动作幅度以加长旋转半径；注意起跳时头和上体的姿势
挺身式跳远中以挺腹代替挺胸展髋	起跳不充分，起跳后摆动腿膝关节紧张，摆动腿下放过晚，未向身体垂直面之后摆动；头和上体后仰	起跳要充分，上体肩要顶住保持正直；腾空后，摆动腿膝关节放松，积极圆滑地下放和后摆
走步式跳远中换步动作幅度小	换步时两大腿摆动不够，只倒小步；上下肢配合不协调	强调从髋发力，大腿带动小腿运动；重点放在下肢的换步动作上，在此基础上强调上肢动作
跳远落地小腿前伸不够	上体过分前倾，腰腹力量和下肢柔韧性差	做立定跳远，要求落地前大腿抬起小腿尽量前伸，落地后积极做屈膝缓冲；加强腰腹力量和下肢柔韧性的练习

真题面对面

[2021 湖南特岗，简答，5 分] 试述跳远助跑练习中步点不准产生的原因及纠正方法。

参考答案：参见上文。

三、跳高 【填空、简答】 ★★★

跳高的完整技术包括助跑、起跳、过杆、落地四个部分。跳高按过杆姿势可分为**跨越式**、**俯卧式**、**背越式**等。在这些不同姿势的跳高技术中，背越式跳高是最先进的技术，跨越式跳高是以最接近自然动作完成的

垂直高跳的跳高技术。

1. 跨越式跳高

①助跑：侧面直线助跑，逐渐加速。

②起跳：脚跟着地迅速过渡到全脚掌，同时双臂后摆；起跳腿充分蹬伸，双臂配合摆动腿用力上摆。

③过杆：摆动腿越过横杆后内旋下压，使臂部迅速移过横杆，同时上体前倾并向横杆方向扭转，接着起跳腿高抬外旋，完成过杆动作。

④落地：过杆后，身体稍内旋，用摆动腿先落地，接着起跳腿落地，稍有缓冲。

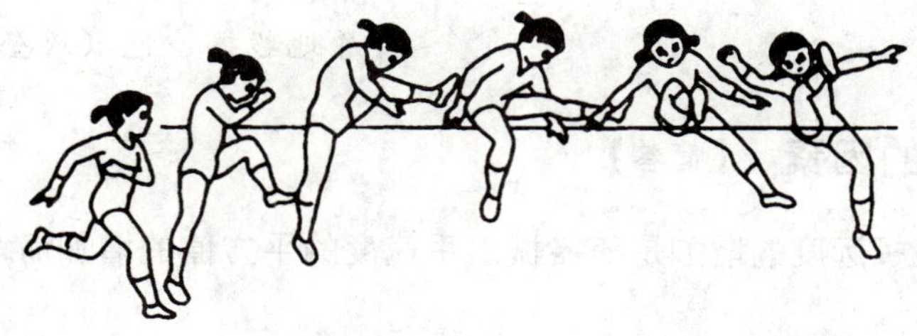

跨越式跳高动作示意图

真题面对面

1. [2023 山西特岗，填空，2 分] 田径比赛中，跳高项目的过杆姿势有________、________、俯卧式等。

答案：跨越式；背越式

2. [2020 福建统考，简答，5 分] 写出图片中的动作名称和动作要点。

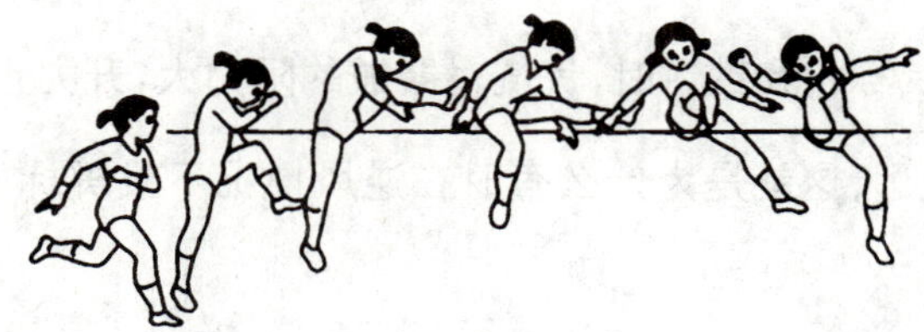

参考答案：(1) 动作名称：跨越式跳高。(2) 跨越式跳高的动作要点可参见上文。

2. 背越式跳高

①助跑起跳：采用前段直线、后段弧线（或弧线助跑）的助跑方式，起跳时脚跟先着地并快速过渡到前脚掌，摆动腿快速向上带起，两臂积极上摆。

②腾空过杆：身体由侧对横杆转向背对横杆，然后以手臂、头、肩顺序过杆，及时仰头、倒肩、展髋、挺腹，并稍后收双腿，形成杆上背弓姿势。

③落垫：身体过杆后，收腹举腿，以背部落在海绵包上。

第四节 投掷的技术

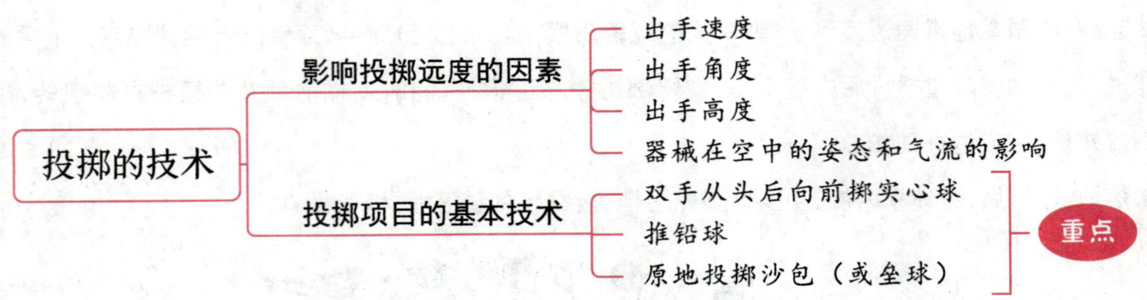

一、影响投掷远度的因素 【简答】 ★

(1)器械出手速度。投掷远度的增加是随器械出手速度的平方值的增加而增加的，这一因素在所有因素中影响最大。

(2)器械出手角度。除掷链球的出手角度略大于40度外，其他投掷项目的出手角度约在30～40度之间。投掷项目的出手角度有减小的趋势，以利于提高出手的速度。

(3)器械出手高度。器械的出手高度与人体的身高、臂长和最后用力的技术动作有关。在其他条件相同的情况下，出手点越高，投掷距离越远。但因人体条件的限定，出手高度对器械飞行的距离产生的影响是有一定限度的，只能在一定的范围内适当提高出手高度。

(4)器械在空中的姿态和气流的影响。由于标枪和铁饼器械形状较为特殊，它们在空中要受到气流的干扰和影响。在逆风情况下投掷标枪和铁饼时，气流对器械的阻力大，升力也大。如果升阻系数比值大，升力占优势时，器械飞行的距离就远，这就是为什么有时在逆风情况下投掷标枪和铁饼比无风或顺风时掷得远的原因。

真题面对面

[2021 贵州特岗，简答，4分]请简答影响投掷远度的因素。

参考答案：参见上文。

二、投掷项目的基本技术 【简答】 ★★★

考点1 双手从头后向前掷实心球

1.动作要领

两脚前后开立，两臂屈肘，两手持球于头后；上体稍后仰，重心落在后腿上，双手持球于头后，呈反弓；然后两腿用力蹬地、收腹、挥臂、甩腕，将球从头后向前上方掷出。

双手从头后向前掷实心球

2. 易犯错误与纠正方法

双手从头后向前掷实心球的易犯错误与纠正方法

易犯错误	纠正方法
只用两手臂掷球，而用不上全身力量	讲清动作方法，让学生多做徒手模仿练习或持物的练习，加深体会自下而上的蹬地、收腹、甩臂的用力顺序
球未掷出双脚跳起	①徒手练习。先用力蹬地，然后收腹、上体向前压送，最后挥臂，让学生体会用力顺序和力的传递。 ②加强学练提示：掷球时身体要放松，为保持身体平衡，后脚蹬地后随身体重心前移，向前迈一步
抛出的球太高或太低	在墙上或挡网上设置目标，让学生对目标进行投掷，体会球出手角度和用力方向。同时提示学生，球未出手前，眼睛要始终盯着投掷目标

真题面对面

[2021 安徽统考，简答，5 分]简述“双手从头后向前掷实心球”的易犯错误与纠正方法。

参考答案：参见上文。

考点2 推铅球

推铅球技术可以分为滑步推铅球技术和旋转推铅球技术两大类。滑步推铅球技术又可以分为侧向滑步推铅球技术和背向滑步推铅球技术两种。此处主要介绍背向滑步推铅球技术。一个完整的背向滑步推铅球技术可分为 7 个部分，即握持铅球、滑步前的预备姿势、预摆与准备滑步、滑步、过渡阶段、最后用力和铅球出手后的维持身体平衡。其中，最后用力是背向滑步推铅球技术教学的重点。

1. 背向滑步推铅球技术（以右手推铅球为例）

（1）握球方法

五指自然分开，把铅球放在靠近食指、中指和无名指的指根处，拇指扶在球体侧面，掌心空出，手腕背屈。手指和手腕力量较强者，可将铅球适当地移向手指的第二指节处。手指和手腕力量弱者，铅球可放在更靠近指根处。

(2)持球方法

握好铅球后，将铅球持于肩轴线前，抵住或靠近颈部或下颌，头部略向右转，拇指处在肩的上面、球体的下面，其余四指大体上处在球体的侧面，掌心向内，右臂屈肘，肘部略低于肩或与肩平，躯干保持正直，左臂前上举。

(3)滑步前的预备姿势(高姿势)

背对投掷方向，两脚前后站立，右脚以全脚掌着地，靠近投掷圈后沿。左脚位于右脚后20～30厘米处，以前脚掌或脚尖着地，脚跟提起。右腿伸直，重心放在右腿上，左腿自然屈膝，髋部稍向上提。右手持球于肩上，肘略外展。躯干正直放松，左臂前上举。目视投掷相反方向前下方3～5米处。

(4)预摆与准备滑步的高姿势

做好预备姿势后，上体前屈，使躯干接近水平位置。左腿向后上方摆动，右腿伸直，使体重均匀地分布在整个右脚掌上。

完成预摆动作并维持好身体平衡后，紧接着低头、含胸收腹，右腿屈膝下蹲，左腿屈膝回收至靠近右膝处，形成团身动作。随着屈膝团身动作的完成，开始向投掷方向平移臀部，完成准备滑步动作。

(5)滑步动作

完成准备滑步动作后，当身体重心向投掷方向平移且超过右腿支撑点时，左大腿带动小腿以脚跟为力点向抵趾板方位积极摆插；右腿积极向投掷方向用力蹬伸，当右腿蹬直、右脚跟(右脚掌)即将离地时，两大腿的夹角约为125°，躯干与右大腿夹角约为80°。身体在左右腿的摆蹬用力下形成一个低腾空形态，躯干保持前倾姿势，左臂伸向投掷反方向后下方，目视投掷反方向的后下方。在低腾空的下落阶段，右腿积极内收、提拉，超过投掷圈圆心10～30厘米，以右脚前脚掌内侧着地，右脚尖与投掷方向成135°左右，右腿弯曲，右膝关节在135°左右。

(6)过渡阶段动作

从右脚着地至左脚着地为过渡阶段。右脚着地后，立即向投掷方向前下方用力转动右髋、右腿、右脚。左腿在插向抵趾板时，以前脚掌为力点伸踝外翻，带动大腿小腿外展，以左脚掌内侧为力点着地。左脚外展与投掷方向夹角约30°，左脚的脚尖与右脚的脚跟在一条直线上，左膝角约160°。身体重心落在弯曲的右腿上。躯干保持前倾姿势与地面夹角约45°，左臂伸向投掷反方向后下方，目视投掷反方向的后下方。从整个动作的外形看，由左脚、左腿、左髋、左侧躯干至左肩形成一个圆滑的弧形，使身体处于背部拉紧、腰髋部拧紧和右腿压紧的“三紧”状态。

(7)最后用力动作

完成过渡动作后，左脚一着地即开始了最后用力动作。左臂屈肘积极快速向左前上方弧形运动，在左臂的积极引领下，躯干开始逐渐抬起，同时右髋向投掷水平方向前下方快速转动用力，在髋的作用下右腿积极转蹬用力，保持一定弯曲程度向前运动。由右脚掌内侧开始转动并向前滑动，躯干稍有抬起。此时，以左脚着力点到左膝、左髋、左侧躯干、左肩，形成与之对抗的左侧支撑轴。

左臂继续向投掷方向弧形运动停至身体左侧并固定左肩和左侧支撑轴。左臂大小臂夹角约为 90°，左手掌心朝向投掷方向。在左侧支撑轴的对抗用力下，右髋向投掷水平方向前下方继续转动用力，带动右腿继续向投掷方向转动蹬伸，足跟转向投掷反方向。右脚向投掷方向移动约两脚间距离的 1/3。由于右髋、右腿的运动，推动右侧躯干抬起，向投掷方向转动。抬头挺胸，眼睛看前上方。右臂屈肘外展朝向投掷反方向并略低于肩，将铅球用力顶在颈部。形成最后用力出手前的良好超越器械姿势。

在形成良好的超越器械的前提下，继续积极蹬伸右腿，使身体重心由低向高、由右向左移动，左侧支撑轴中的左腿用力撑蹬，右肩在胸的带领下向投掷方向积极运动，躯干转成正对投掷方向。头部转向左侧，右肩高于左肩，以大臂带动小臂呈匀加速的形式将铅球沿着 38°～42°的出手角度推出。在投掷臂伸直的同时手腕背屈，使铅球从指根向指尖滚动，当铅球离手瞬间，在指屈的作用下最后以右手中指指尖为力点作用在铅球的几何重心上，用力将铅球拨送出去。铅球离手后，右手五指并拢，指尖和掌心朝外，完成最后用力动作。

(8) 铅球出手后维持身体平衡动作

为了缓冲铅球出手时产生的向前的惯性作用和冲力，避免犯规，获得有效的运动成绩，应迅速弯曲双腿，降低身体重心，左右腿及时换步，维持身体平衡。在铅球落地和人体稳定后，从投掷圈的后半部走出。

2. 易犯错误、产生原因及纠正方法

推铅球的易犯错误、产生原因及纠正方法

易犯错误	产生原因	纠正方法
持球时，肘部过分上抬或过分下垂	动作概念不清	(1) 让学生认识错误动作的危害； (2) 帮助学生完成正确动作
最后用力时上体抬起过早、过大	动作概念不清，急于上体用力	反复进行起体动作的练习
推球时单纯用手臂的力量	(1) 投掷臂过早用力，用力顺序不明确； (2) 身体各部分动作不协调； (3) 最后用力时姿势不正确，身体重心在两腿之间	(1) 学生做好预备推球姿势，教师在前面抵住学生的右手，或在后面拉住学生的右手，要求学生反复做蹬腿、抬体动作； (2) 学生做好预备姿势，教师在后用左手压住学生左肩，结合学生做蹬腿时，用右手推右髋向投掷方向转动； (3) 原地(正面或侧面)推球，利用下肢和上体鞭打动作将球顺势推出

续表

易犯错误	产生原因	纠正方法
推球时身体向左侧倾倒	(1)左臂过分向左后方摆动; (2)左脚的位置过于偏左,形成两脚左右的间隔过大,造成左侧支撑不稳	(1)先将左臂屈肘固定于体侧,做原地推球; (2)右侧正前方固定标志物,原地推球时(也可徒手)按标志方向推出; (3)地上画出两脚的位置,要求滑步后两脚落在标志上; (4)背靠固定物体
滑步距离太短	蹬地和摆腿力量不够,或结合不好,或拉收小腿不积极	(1)徒手或持球反复练习蹬摆动作结合; (2)连续做拉收小腿的练习; (3)在地上画出两脚落地标志,要求学生滑步后落在标志上
滑步时身体重心上下起伏较大	(1)蹬地或摆腿过于向上; (2)右腿未蹬直,过早收小腿	(1)滑步前身体重心先稍后移; (2)左腿摆动时,要求触及后方(投掷方向)的标志物(标志物高度低于臀部)
滑步后停顿	(1)左腿摆动过高,着地不积极; (2)右腿力量弱,滑步后重心下降太大	(1)背对投掷方向,两脚左右开立,两腿弯曲,上体前倾,然后左脚后撤一步,积极着地后,右脚快速蹬地; (2)持球滑步后结合右腿蹬地动作; (3)加强腿部力量训练

☞考点3 原地投掷沙包(或垒球) 新增

原地投掷沙包(或垒球)的动作方法:以右手投掷为例。身体侧对投掷方向,两脚左右开立,左脚在前伸直,右腿弯曲在后,右手持器材向右侧后引伸与肩平,左臂自然置于体前;身体重心落于右腿,上体略向右倾斜;然后右腿蹬地、转髋,挺胸,身体左转,重心前移,右臂经肩上屈肘向前挥臂,将器材向前上方快速投出。

真题面对面

[2023 安徽统考,简答,5 分]简述原地投掷垒球的动作方法(以右手投掷为例)。

参考答案:参见上文。

第五节　田径运动竞赛规则

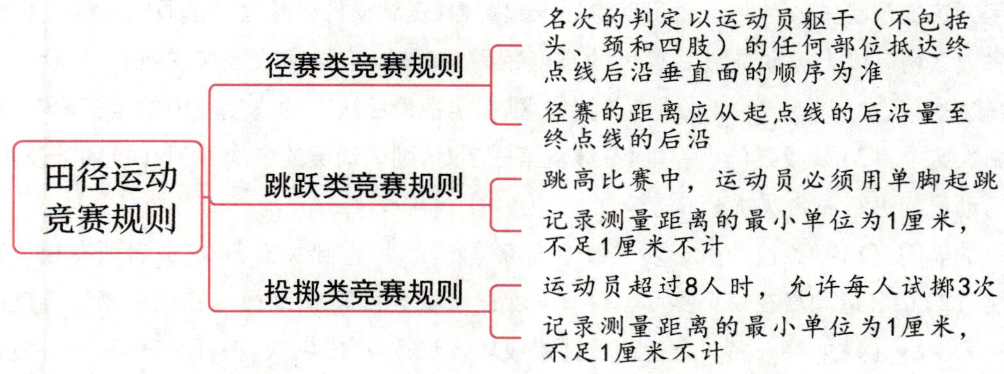

一、径赛类竞赛规则 【选择、判断】 ★★

径赛项目以决赛成绩判定该项目的最终名次。名次的判定以运动员**躯干**(不包括头、颈和四肢)的任何部位抵达终点线后沿垂直面的顺序为准。

径赛的距离应从起点线的后沿量至终点线的后沿。

400 米及 400 米以下(包括 4×200 米、异程接力及 4×400 米接力的第一棒)的径赛项目,必须使用起跑器进行蹲踞式起跑。口令为“各就位”“预备”。当所有运动员“预备”就绪时,发令员即可鸣枪或启动经批准的发令器材。

400 米以上的各个径赛项目均采用站立式起跑,起跑时只使用“各就位”口令。在所有运动员稳定时,发令员即可鸣枪或启动经批准的发令器材。800 米跑应在第一个弯道末端的抢道线之前为分道跑,允许运动员越过抢道线后沿后离开自己的分道切入里道。抢道线应为一条弧线,宽 5 厘米。

接力跑时,运动员应手持接力棒跑完全程,如果发生掉棒,需由掉棒人拾起,若在拾起过程缩短比赛距离或侵犯其他队员则取消比赛资格。运动员所有交接棒过程必须在接力区内完成。

从 2010 年开始,国际田联全面实行竞赛项目中的“零抢跑”规定(十项全能除外),也就是说,所有选手,只要在比赛中抢跑,就将失去参赛资格,而不再像以往累计两次警告才被罚下。

真题面对面

1. [2019 天津和平区,判断,1 分]径赛的距离应从起点线的后沿量至终点线的后沿。(　　)

答案:√。

2. [2019 山西特岗,单,2 分]在径赛项目的比赛中,判定运动员终点名次,应以(　　)的任何部位抵达终点线后沿垂直面的先后顺序为准。

A. 头　　B. 颈　　C. 躯干　　D. 四肢

答案:C。

二、跳跃类竞赛规则 【选择】 ★

1. 跳高

跳高比赛中,运动员必须用**单脚起跳**。

出现下列情况之者，应判为试跳失败：(1) 试跳后，由于运动员的试跳动作，致使横杆未能留在横杆托上；(2) 在越过横杆之前，运动员身体的任何部位触及横杆后沿(靠近助跑道)垂面以前的(在两个立柱之间或之外的)地面或落地区。如果运动员在试跳中一只脚触及落地区，而裁判员认为他并未从中获得利益，则不应因此原因判该次试跳失败；(3) 运动员助跑后未起跳，触及到横杆或两立柱垂面以前的地面或落地区。

如果两名或者两名以上运动员最后跳过的高度相同，将按以下程序决定名次：(1) 在最后跳过的高度上，试跳次数较少者名次列前；(2) 如成绩仍然相等，则在包括最后跳过的高度在内的全部比赛中，试跳失败次数较少者名次列前；(3) 如成绩仍相等，但不涉及第一名时，则运动员的名次并列；(4) 如涉及第一名时，在成绩相等的运动员间进行决名次跳。

决名次跳的规则：(1) 相关运动员必须在每个高度进行试跳，直到决出名次，或者所有相关运动员决定不再继续试跳；(2) 每名运动员在每个高度上只有一次试跳机会；(3) 运动员应在最后越过高度的下一高度上开始进行决名次跳；(4) 如果一名以上运动员试跳成功，但未能决出名次，横杆将升至下一高度，如果所有运动员都失败了，横杆将降低一个高度，横杆每次升降高度：跳高为 2 厘米，撑竿跳高为 5 厘米；(5) 如果运动员在某一高度上不进行试跳，他将自动失去争夺更高名次的资格，如果比赛中还剩下一名运动员，不管他是否试跳这一高度，他都将获得胜利。

跳高的免跳规则：运动员可以在主裁判事先宣布的横杆升高计划中的任何一个高度开始试跳，也可以在任何一个高度根据自己的意愿决定是否试跳。但在任何高度上，运动员只有 3 次试跳机会，只要运动员连续 3 次试跳失败，即失去继续比赛的资格。因第一名成绩相等而进行的决定名次赛的试跳除外。允许运动员在某一个高度上，第一次或第二次试跳失败后，在其第二次或第三次试跳时请求免跳，但在下一个高度上试跳次数只能是前一高度上试跳失败后所剩余的未跳次数。在某一高度上已请求免跳，则不准再在该高度上恢复试跳。因第一名成绩相等而进行决定名次赛的情况下不能免跳。

2. 跳远

跳远、三级跳远比赛中，运动员超过 8 人时，允许每人试跳 3 次，成绩较好的前 8 名运动员可再试跳 3 次，试跳的顺序与前 3 次试跳后的排名相反，其名次由全部试跳中最好的一次试跳成绩来判定。

如出现下列情况，应判为试跳失败：(1) 在起跳过程中，无论是助跑后未起跳还是做了试跳动作，运动员身体任何部位触及起跳线以前的地面(包括橡皮泥显示板的任何部分)；(2) 从起跳板两端之外起跳，无论是否超过起跳线的延长线；(3) 在助跑或试跳中采用任何空翻姿势；(4) 起跳后，在第一次触及落地区之前，运动员触及了助跑道、助跑道以外地面或落地区以外地面；(5) 在落地过程中(包括任何的失去平衡)触及落地区边沿或落地区以外地面，而落地区外的触地点较落地区内的最近触地点更靠近起跳线；(6) 完成试跳后向后走出沙坑。

此外，田径竞赛规则还规定，距离 200 米和 200 米以下的径赛以及跳远、三级跳远等项目，凡顺风时平均风速超过 2 米/秒者，所创纪录不予承认。

所有远度跳跃项目，记录测量距离的最小单位为 1 厘米，不足 1 厘米不计。

知识再拔高

裁判员团队

跳远和三级跳远比赛中，(1) 主裁判负责管控整场比赛。(2) 起跳点裁判员判断起跳是否成功并测量成绩。起跳点裁判携带两面旗子——举白旗表示试跳成功，成绩有效；举红旗表示试跳失败，成绩无效。

真题面对面

[2022 安徽统考,单,1 分]跳远运动员比赛中,试跳完成后,裁判举白旗表示(　　)

A. 试跳成绩无效　　B. 试跳失败

C. 试跳成绩有效　　D. 试跳犯规

答案:C。跳远运动员比赛中,试跳完成后,裁判举白旗表示试跳成功,成绩有效。

三、投掷类竞赛规则　【判断】 ★

(1)在铅球、铁饼、标枪比赛中,运动员超过 8 人时,允许每人试掷 3 次,成绩较好的前 8 名运动员可再试掷 3 次,试掷的顺序与前 3 次试掷后的排名相反,其名次由全部试掷中最好的一次试掷成绩来判定。

(2)铅球、铁饼项目运动员必须从静止姿势开始试掷。试掷后,身体任何部位触及圈外地面或铁圈上沿,以及掷出的铅球、铁饼没有完全落在落地区角度线内沿以内均判试掷失败。器械落地后,运动员方可离开投掷圈。

(3)掷标枪时,不得抛甩,只有标枪枪尖先于标枪的其他部位触地,且标枪必须完全落在落地区角度线内沿以内,试掷成绩方为有效,否则将判为该次试掷失败。

(4)在所有投掷项目中,记录测量距离的最小单位为 1 厘米,不足 1 厘米不计。

真题面对面

[2023 江苏南通启东市,判断,0.5 分]投掷比赛中,记录测量距离的最小单位是 1 cm,不足 1 cm 不计。(　　)

答案:√。

第六节　田径竞赛规程

田径竞赛规程
- 田径运动会竞赛规程
- 竞赛日程的编排原则
  - 对性质相近的项目要注意先后顺序
  - 同一时间不要排两个田赛长投项目

一、田径运动会竞赛规程　【简答】 ★

竞赛规程是田径运动会最重要的文件,它具有纲领性和法规性的特征,对于整个竞赛工作起着重要的规范和指导作用。竞赛规程应由运动会竞赛部门负责起草拟定,经组委会研究审定后,及时发放给各参赛单位和有关部门。

田径运动会的竞赛规程一般应包括以下基本内容:

(1)根据运动会组织方案,明确运动会名称、目的任务、主办与承办单位;比赛的日期、地点,参加单位与组别等。

(2)确定比赛项目、性别年龄组别,场地器械规格、要求等。

(3)规定参加比赛办法。包括参赛单位可报运动员组别、人数、队数,运动员资格要求,每项限制人数、每人限报项数,领队、教练员、队医和其他工作人员人数。

(4)规定竞赛办法。包括使用的规则,各项目赛次规定,器械使用规定,运动员服装、号码布要求,检录时运动员须出示的证件,对无故弃权者的处理,兴奋剂的检查,以及比赛录像的拍摄等方面。

(5)确定比赛计分和奖励办法。包括各项目录取名额,单项、接力、全能项目以及破纪录的计分方法,团体总分计算方法,成绩相等以及同名次奖励的计分方法,"精神文明奖"和"最佳运动员"的评选奖励办法等。

(6)制订参赛报名、报到办法。包括报名地点、组织机构,报名表的填写、寄送方法、联系人,报名的开始与截止日期,报名时应出示的相关文件、证明,报到时间、接待安排、技术会议等。

(7)明确裁判员队伍和仲裁机构的组成、人数、等级和要求等。

(8)说明注意事项。根据运动会特点和具体情况,提出对参赛单位和运动员的其他一些要求,说明竞赛规程的解释权、修改权归属,以及竞赛规程未尽事宜的解决办法等。

真题面对面

[2023 江苏南通启东市,简答,5 分]组织一个小型体育比赛,制定体育规程必须具备哪些方面的内容?

参考答案:参见上文。

二、竞赛日程的编排原则 【判断】★

(1)全能项目以及径赛各赛次之间,要保证有最短间隔休息的时间。比赛的最短间隔时间为:200 米及 200 米以下各项为 45 分钟;200 米以上至 1000 米各项为 90 分钟;1000 米以上各项目不在同一天。全能各单项间休息 30 分钟,以最后一人结束比赛到下项比赛第一人开始计算时间。

(2)按兼项的一般规律,尽量把相关项目分开编排,以减少兼项冲突,如 100 米与 200 米、4×100 米接力、跳远;800 米与 1500 米;5000 米与 10 000 米;跳远与三级跳远;铅球与铁饼等。

(3)对性质相近的项目要注意先后顺序。例如,一般先 100 米,后 200 米;先 5000 米,后 10 000 米;先跳远,后三级跳远。

(4)在时间允许情况下,尽量照顾到兼项之间的时间间隔。及格赛后间隔一天再进行正式比赛。

(5)不同组别的同一田赛项目,一般不连续安排在同一单元内进行。

(6)不同组别的同一径赛项目,最好衔接进行,如男子 100 米和女子 100 米等。短距离径赛项目赛次如果少,最好安排一天结束。

(7)跨栏项目一般应安排在各单元的第一项,还可安排在长距离跑、竞走之后进行。

(8)决赛时预计能破纪录的项目,可分配到各个比赛单元。

(9)同一时间不要排两个田赛长投项目。在进行竞走、长跑比赛时,场内最好不安排标枪等长投项目。

(10)撑竿跳高要考虑阳光的照射方向和比赛时间较长,最好安排在上午早些时候进行。

(11)接力比赛项目最好安排在单元最后或下午最后一项进行,以便保证兼项运动员参赛。

(12)在可能的情况下,把较精彩的决赛项目排在开幕式、闭幕式、节假日或晚上的单元里,以吸引更多的观众和提高收视率。

(13)最后一个单元临近结束之前,可考虑安排一项长距离项目或适当减少项目,以便闭幕式宣布团体成绩与发奖。

(14)田赛项目应防止场地的一端过分集中,另一端空场而冷落观众。

(15)每单元的比赛,尽量使径赛和田赛同时结束。

真题面对面

[2023 安徽统考,判断,1 分]编排田径竞赛秩序时,决赛项目和比较精彩的项目要安排在最后集中进行。( )

答案:×。在编排竞赛秩序时,须考虑其中决赛项目和精彩项目分开排列这一条原则。

考点大默写

1. 在田径运动中,以时间计算成绩的项目称为____________。
2. ____________被称为“运动之母”。
3. 男子 110 米栏起跑到第一栏距离为____________米。
4. 男子十项全能第一天的比赛项目有 100 米跑、____________、推铅球、跳高、400 米。
5. 田径竞赛规则规定,第一分道周长的计算线在距离内突沿的外沿____________米处,其余各条分道周长的计算线在距离内侧分道线的外沿 0.20 米处。
6. 跑的一个周期又叫一个复步,由两个____________时期和两个____________时期组成。
7. 短距离跑竞赛要求采用____________起跑。
8. 跳高的完整技术包括助跑、起跳、____________、落地四个部分。
9. ____________是背向滑步推铅球教学的重点。
10. 全能比赛每名运动员在上一项比赛结束之后至下一项比赛开始之前至少应有____________分钟的休息时间。
11. 在时间允许情况下,尽量照顾到兼项之间的时间间隔。及格赛后间隔____________天再进行正式比赛。
12. ____________要考虑阳光的照射方向和比赛时间较长,最好安排在上午早些时候进行。
13. 中长距离跑采用____________起跑。

14. 背越式跳高的助跑是采用____________的方式助跑。

【参考答案】

1. 径赛 2. 田径 3. 13.72 4. 跳远 5. 0.30 6. 腾空;支撑 7. 蹲踞式 8. 过杆 9. 最后用力 10. 30 11. 一 12. 撑竿跳高 13. 站立式 14. 直线加弧线

我于________年____月____日完成了对本章的学习。

复盘一下,我对自己较肯定的地方是______________________

(足够努力/心态积极/方法得当……)

我觉得自己需要改进的地方是__________________________

(懒惰懈怠/心情浮躁/方法不当……)

休息片刻,开启下一站征程!

第二章 球类

思维导图

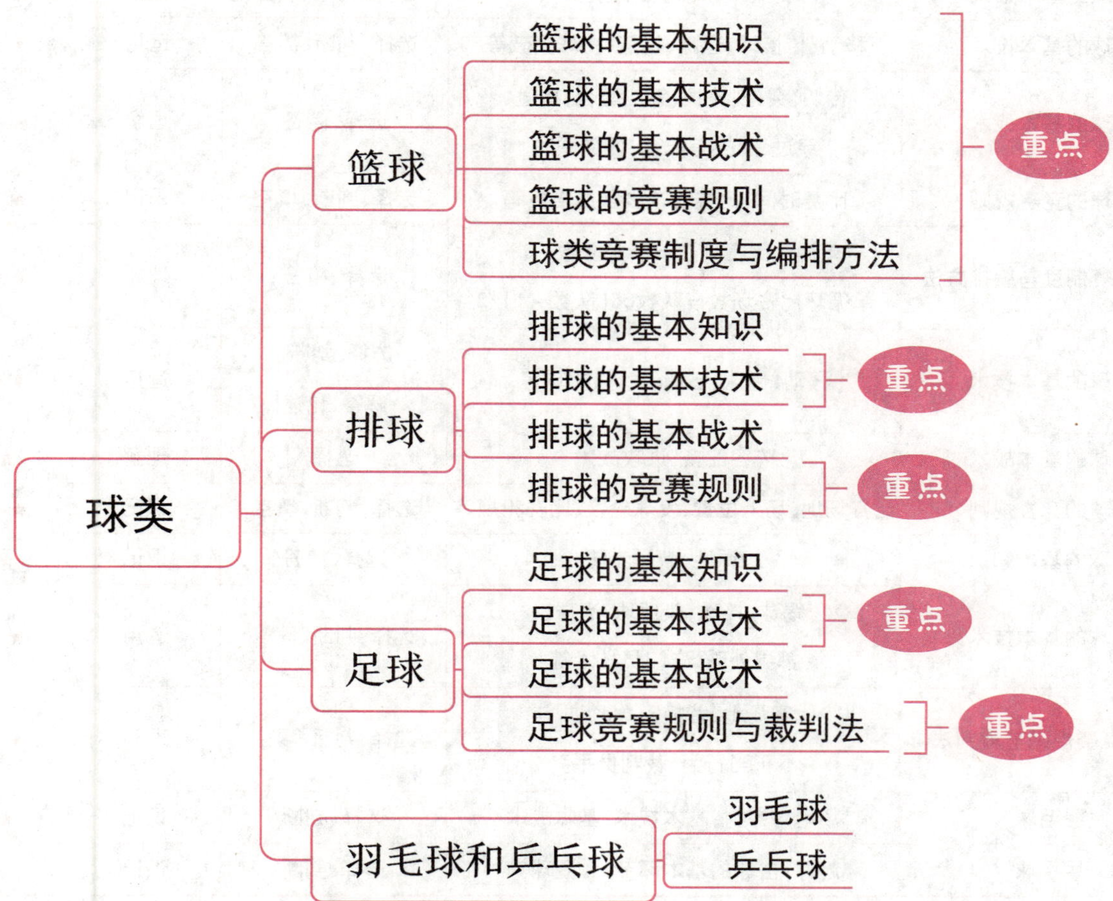
球类
篮球
篮球的基本知识
篮球的基本技术
篮球的基本战术
篮球的竞赛规则
球类竞赛制度与编排方法
重点
排球
排球的基本知识
排球的基本技术
重点
排球的基本战术
排球的竞赛规则
重点
足球
足球的基本知识
足球的基本技术
重点
足球的基本战术
足球竞赛规则与裁判法
重点
羽毛球和乒乓球
羽毛球
乒乓球

考向分析

本章属于学科专业技能知识中的基础章节，是体育教师招聘考试考查的重要章节，内容比较琐碎，需要理解的知识较多。现对本章考向分析如下：

高频考点	考点细化	常考题型	能力要求	考查热度
篮球的基本知识	起源；场地与器材规格	选择、判断、填空	识记	★★★
篮球的基本技术	移动、传接球、运球、投篮、持球突破等	选择、判断、简答	运用	★★★
篮球的基本战术	传切、突分、掩护、策应配合；挤过、穿过、交换等配合；区域联防	选择、简答	理解	★★★
篮球的竞赛规则	比赛时间；比赛因缺少队员告负等	选择、判断、填空	识记	★★★
球类竞赛制度与编排方法	单淘汰比赛场数＝参加队数－1； 单循环比赛场数＝队数×（队数－1）/2	选择、简答	理解	★★★
排球的基本技术	移动、传球、垫球、发球、扣球等	选择、判断、解答、论述	运用	★★★
排球的基本战术	阵容配备；进攻战术	选择	理解	★★
排球的竞赛规则	比赛场地、场上位置、发球轮换、比赛犯规等	选择、判断、填空	识记	★★★
足球的基本知识	起源地；教学步骤	选择、简答	识记	★★
足球的基本技术	踢球、接球、头顶球、运球、掷界外球、守门员技术等	选择、判断、简答	运用	★★★
足球竞赛规则与裁判法	比赛场地、替换人数、犯规与不正当行为；裁判员手势	选择、判断、填空	理解	★★★
羽毛球	场地与器材；基本技术；基本战术	选择、判断	识记	★★
乒乓球	起源；击球的基本环节；弧圈球等	选择、判断	识记	★★

核心考点

第一节 篮 球

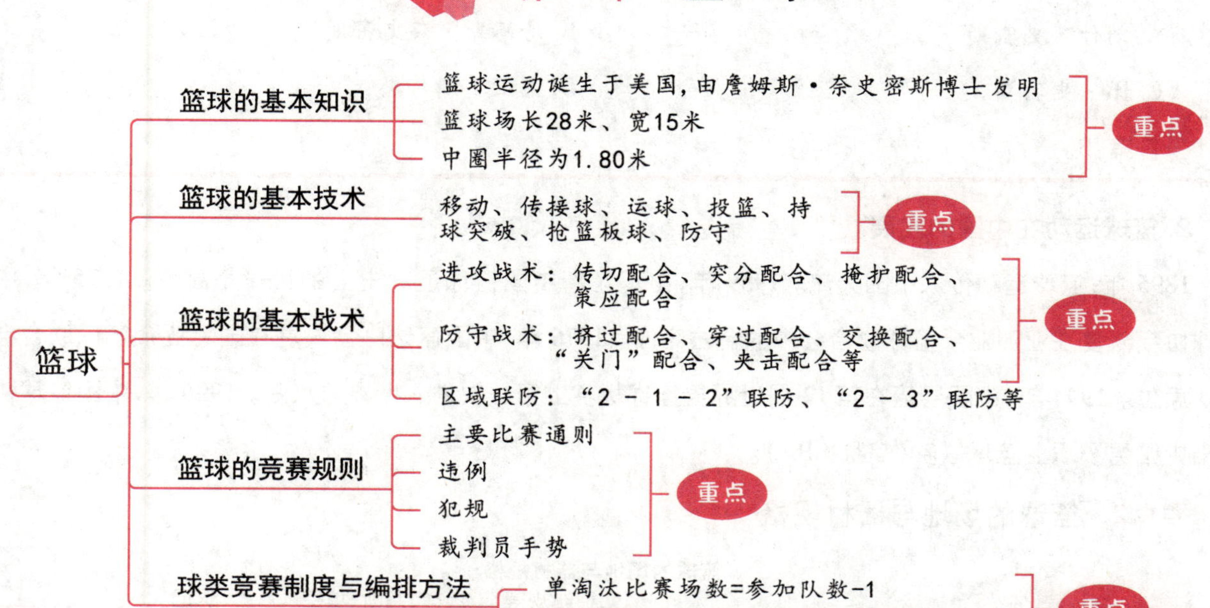

一、篮球的基本知识 【选择、判断、填空】★★★

考点1 篮球运动的起源和发展

1. 世界篮球运动的起源与发展

篮球运动诞生于美国，由詹姆斯·奈史密斯博士发明。

1904 年，在第 3 届奥林匹克运动会上，美国篮球队进行了表演比赛。此后，国际间的篮球比赛开始出现，规则不断完善。

1932 年，国际业余篮球联合会在日内瓦宣告成立，篮球运动成为世界性运动项目之一。

1936 年，男子篮球成为第 11 届奥林匹克运动会正式比赛项目。

1950 年，第一届世界男子篮球锦标赛在阿根廷举行，1953 年，第一届世界女子篮球锦标赛在智利举行，开创了世界男、女篮球专项运动会的先河。

1976 年，女子篮球被列为第 21 届奥运会正式比赛项目，苏联、美国两强抗衡的局面继续维持，中国女篮开始崛起。

世界男、女篮球锦标赛于 2014 年正式更名为篮球世界杯，更名后的首届男子篮球世界杯比赛在西班牙举行。

真题面对面

1. [2022 山西特岗,判断,1 分]篮球运动起源于英国,由奈史密斯在 1891 年发明。(　　)

答案:×。篮球运动诞生于美国,由詹姆斯·奈史密斯博士发明。

2. [2021 贵州特岗,单,1 分]现代篮球运动的创始人是(　　)

A. 约什·史密斯　　B. 詹姆斯·奈史密斯

C. JR·史密斯　　D. 大卫·斯特恩

答案:B。

2. 篮球运动在中国的发展

1895 年,篮球运动传入中国天津。1959 年,出现了新中国篮球运动史上的第一个高峰。1975 年,中国篮球协会恢复在亚洲业余篮球联合会中的合法席位。1976 年,中国篮球协会恢复在国际业余篮球联合会的合法席位。1994 年,中国男篮在第 12 届世界男篮锦标赛上第一次进入世界前八名。1996 年,中国篮球协会推出中国男子职业篮球联赛(简称 CBA)。

考点2　篮球的场地与器材规格

篮球的场地与器材规格

场地与器材	规格
篮球场	长 28 米、宽 15 米,三分线半径 6.75 米。从界线的内沿丈量
篮球	周长 74.9 ~ 78 厘米,重 567 克 ~ 650 克;篮球应是圆形的,最多有 12 条接缝,宽度不应超过 6.35 毫米;是单一暗橙色的,或是国际篮联批准的结合色。球应充气到使球从大约 1.80 米的高度(从球的底部量起)落到比赛地板上,反弹起来的高度在1.035 米 ~ 1.085 米之间(从球的底部量起)
篮球架	有 2 个篮球架,分别放置在比赛场地的两端,每个篮球架包括 1 块篮板、1 个带有固定篮圈钢板的篮圈、1 个篮网、1 个篮球支撑构架、包扎物
篮板	①横宽为 1.80 米,竖高为 1.05 米,其下沿距地面 2.90 米,篮板四周的边沿线条宽 0.05 米; ②在篮圈后面的篮板上画出一长方形,横宽为 0.59 米,竖高为 0.45 米,线条宽 0.05 米; ③篮板正面距离篮圈内沿的最近点为 0.15 米
篮圈	①要用实心钢材制成,其内沿直径最小为 0.45 米,最大为 0.459 米,漆成橙色; ②圈材的直径最小为 0.016 米,最大为 0.020 米; ③篮圈的顶沿应水平放置,距地面 3.05 米,与篮板的两条竖边等距离
篮网	篮网的网长 0.40 ~ 0.45 米

续表

场地与器材	规格
界线	球场的界线要用相同颜色（最好是白色）、清晰可辨、宽度为0.05米的线条界定。界线距离观众、广告牌或任何其他障碍物（包括球队席就座的人员）至少2米。球场长边的界线叫边线，短边的界线叫端线。场地的丈量从边线、端线内沿量起，场内各线均由其外沿量起
中线	连接两边线的中点并平行于端线的线叫中线。中线要向两边线外侧各延长0.15米
罚球线	罚球线要与端线平行，其外沿距离端线内沿5.80米，长为3.60米。它的中点应落在连接两条端线中点的假想线上
限制区	从罚球线两端画两条线至距离端线中点各2.45米的地方（均从外沿量起）所构成的地面区域叫限制区
罚球区	罚球区是限制区加上以罚球线中点为圆心，以1.80米为半径，向限制区外所画出的半圆区域。在限制区内的半圆要画成虚线
中圈	中圈要画在球场的中央，半径为1.80米（从圆周的外沿丈量）
3分投篮区	3分投篮区是除对方球篮附近被下述条件限制的区域之外的整个比赛场地的地面区域。这些条件包括：从端线引出的两条垂直于端线的平行线，其外沿距离边线的内沿0.90米；以对方球篮中心正下方场地上的点为圆心，画一个半径（圆弧外沿）为6.75米的圆弧，此圆心距离端线中点的内沿是1.575米，且该圆弧与两平行线相交。3分线不是3分投篮区域的部分

知识再拔高

小篮球运动竞赛场地与器材规格

场地与器材	规格
篮球场	长20米、宽11米
篮球	小学低年级(1~3年级)用球：周长57~59.5厘米，重330~379克 小学高年级(4~6年级)用球：周长64.5~67厘米，重420~480克
篮球架	篮板板面距立柱1.2米(竞赛型)
篮板	横宽1.20米，竖高不小于0.8米
球篮	篮圈用实心钢材制成，漆成橙色；圈材直径为0.016~0.020米，篮网长0.40~0.45米 篮圈上沿面距地面高度：小学低年级(1~3年级)为2.05米，小学高年级(4~6年级)为2.35米
罚球线	长2.64米，与端线平行，中点落在连接两条端线中点的假想线上
限制区	长4.43米、宽3.59米
罚球区	限制区加上以罚球线中点为圆心，以1.32米为半径，向限制区外所画出的半圆区域
中圈	中圈在球场中央，从圆周的外沿丈量，半径为1.32米
3分投篮区	三分线圆弧半径为5.20米，三分线直线部分与边线距离为0.66米

真题面对面

1.［2022 江西统考，单，1.5 分］标准篮球场地长 28 米、宽 15 米，小篮球场地长________米、宽________米。选（　　）

A. 17；9　　B. 18；10　　C. 19；11　　D. 20；11

答案：D。

2.［2022 山西特岗，填空，2 分］篮球场的中圈半径为________米。

答案：1.8

二、篮球的基本技术 【选择、判断、简答】★★★

考点1 移动

移动是篮球运动中队员为了改变位置、方向、速度和争取高度、空间等所采用的各种脚步动作的总称。移动技术是完成篮球各项技术的基础，也是比赛中运用最多的一项基本动作。移动技术的分类如下图所示。

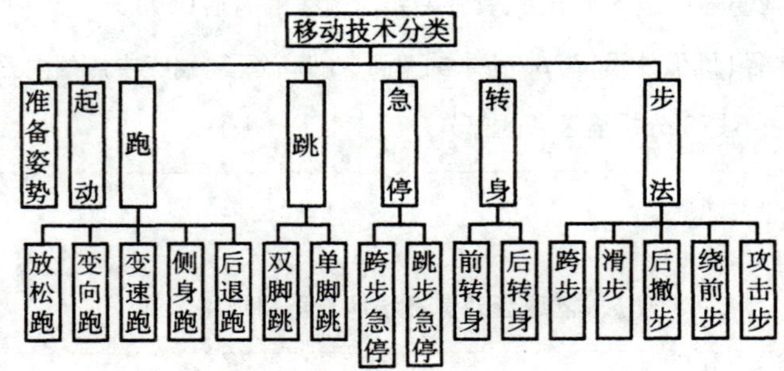

移动技术分类

(1)准备姿势的动作要领：两脚自然开立，稍屈膝，降低重心，上体稍前倾而放松，两眼注视前方。

(2)起动的动作要领：从基本站立姿势开始，向前起动时，重心前移，上体前倾，后脚用力蹬地。起动后，前两步应短促、迅速。向侧起动时，移动重心，异侧脚用力蹬转，同时上体迅速向起动方向侧转并前倾。

(3)跑。跑是指队员在球场上改变位置、争取时间完成攻防任务的脚步移动动作。跑具有快速、灵活、突然、多变的特点。比赛中常用的跑有以下几种：

①变向跑：队员在跑动中利用突然改变方向完成攻守任务的一种跑动方法。

②变速跑：队员在跑动中利用速度的变换争取主动的一种跑动方法。

③侧身跑：队员在跑动中为了抢位，摆脱防守接侧向或侧后方传来的球而采用的一种跑动方法。

④后退跑：队员在由攻转守时，为了观察场上情况，背对前进方向的一种跑动方法。

(4)跳。跳是指队员在比赛中争取高度和远度的一种动作方法。跳有双脚起跳和单脚起跳两种方法。

(5)急停。急停是指队员在快速移动中突然制动速度的一种方法，是各种脚步动作衔接和变化的过渡动作。比赛中,急停多与其他技术结合在一起运用。急停分跳步急停(一步急停)和跨步急停(两步急停)两种。

①跳步急停(一步急停)的动作要点:落地时动作轻盈,以缓和前冲速度,落地后迅速降低重心,保持身体平衡。

②跨步急停(两步急停)的动作要点:第一步要用脚跟着地过渡到脚前掌,膝微屈。第二步落地时,用前脚掌内侧蹬地制动前冲速度,屈膝降低重心,腰胯用力。

真题面对面

[2023 江苏南通启东市,判断,0.5 分]篮球的急停是快速移动中突然停止,借以甩开防守者的一种方式,动作有跨步急停和跳步急停。(　　)

答案:√。

(6)转身。转身是指队员以一脚做中枢脚进行旋转,另一脚蹬地向前后跨出,改变原来身体方向的一种动作方法。转身可分为前转身和后转身两种。

①前转身的动作方法:移动脚向中枢脚脚尖方向跨出改变身体方向为前转身。转身时,中枢脚前掌用力碾地,同时转头转腰肩,移动脚蹬地并迅速跨步,保持身体平衡。

②后转身的动作方法:移动脚向中枢脚脚跟方向跨出改变身体方向为后转身。转身时,中枢脚碾地旋转,同时转头转腰肩,移动脚蹬地并向自己身后撤步,腰胯主动用力旋转,身体重心随着转移,保持身体平衡。后转身可在原地或行进间运用。

(7)步法

①滑步是防守移动的一种主要方法之一。滑步易于保持身体平衡,可向侧、向前、向后方向滑动。

滑步的动作方法:两脚平行站立,两膝较深弯曲,上体保持正直,身体重心的投影置于两脚之间,两臂侧伸成半伸展状态并保持一定的紧张度。向左侧滑步时,左脚向左迈出后,右脚蹬地滑动,向左脚靠近,两脚保持一定距离,左脚继续跨出,右脚跟上。向后滑步时,一只脚向后撤步着地的同时,前脚紧随着向后滑动,保持前后开立姿势。与前脚同侧的手臂扬起,手掌向前,成封堵投篮状,另一只手侧下举,呈封堵突破状。向前滑步时,前脚向前迈出一步,后脚紧随着向前滑动,保持前后开立姿势,手臂姿势同后滑步。注意屈膝降低重心。

②撤步是前脚向后撤回的一种方法。撤步的动作方法:撤步时,用前脚的脚前掌内侧蹬地,同时腰部用力向后转动,后脚碾蹬地面,前脚快速后撤,紧接滑步调整防守位置。

考点2　传接球

传接球是指在篮球比赛中进攻队员之间有目的地支配球、转移球的方法。它是进攻队员在场上相互联系和组织进攻战术的纽带,也是实现战术配合的具体手段。

1. 传球技术

篮球传球技术的动作结构包括持球方法、传球用力方法、球的飞行路线和球的落点。

(1) 双手胸前传球

双手胸前传球是篮球比赛中最基本、最常用的一种传球方法，具有传球快速有力、准确性高、容易控制、便于与其他动作相结合的优点。

动作方法：双手持球于胸腹之间，两肘自然弯曲于体侧，身体成基本站立姿势，眼平视传球目标。传球时，后脚蹬地发力，身体重心前移，两臂前伸，两手腕随之旋内，拇指用力下压，食、中指用力拨球将球传出。球出手后，两手略向外翻。

双手胸前传球

真题面对面

1. [2023 安徽统考，判断，1 分] 传接球是指在篮球比赛中进攻队员之间有目的地支配球、转移球的方法。(　　)

答案：√。

2. [2023 江苏南通启东市，单，1 分] 篮球比赛中，双手胸前传球是一种(　　)的传球方法。

A. 准确性最高　　B. 最隐蔽

C. 最基本、最常用　　D. 传球距离最远

答案：C。

3. [2022 山西临汾洪洞县，单，1 分] 篮球传球过程由传球的持球方法、传球用力方法、球的飞行路线和球的(　　)组成。

A. 起点　　B. 落点

C. 速度　　D. 方向

答案：B。篮球传球技术的动作结构包括持球方法、传球用力方法、球的飞行路线和球的落点。

(2) 单手肩上传球

单手肩上传球是一种常用于中远距离传球的方法，传球时用力大，球飞行速度快，常在发动长传快攻时运用。

动作方法：双手持球于胸前，两脚平行开立，右手传球时，左脚向传球方向跨出半步，右手靠左手拨送球的力量将球引至右肩上方，右肩关节引展，大、小臂自然弯曲，手腕稍后屈，持球的后下方，左肩对着传球方向，重心落至右脚上。传球时，右脚蹬地发力同时转体带动上臂，以肘领先前臂，手腕前屈，食指、中指、无名指用力拨球将球传出。

单手肩上传球

真题面对面

[2022 福建统考,判断,2 分]单手肩上传球在篮球比赛中常用于中距离传球。(　　)

答案:×。篮球单手肩上传球是一种常用于中远距离传球的方法。

2. 接球技术

(1)双手接球

动作方法:两眼注视来球,两臂自然迎球伸出,双手手指自然张开,两拇指成“八”字形,其他手指向前上方伸出,两手成一个半圆形。当手指触球时,双手将球握住,两臂顺势屈肘后引缓冲来球力量,两手持球于胸腹之间,成基本站立姿势。来球的高度不同时,两臂伸出迎球的高低也有所不同。

(2)单手接球

动作方法:原地单手接球时,接球手向来球方向伸出,五指自然张开,掌心正对来球,手腕、手指放松。当手指触球时,顺球的来势迅速收臂,置球于身体前方或体侧,另一手迅速扶球,保持身体平衡,做好下一个进攻动作的准备姿势。在移动中接球时,要判断来球的时间和落点,及时向来球方向跨步移动,接球后要迅速降低重心,衔接下一个进攻动作。

3. 传接球易犯错误与纠正方法

传接球易犯错误与纠正方法

易犯错误	纠正方法
①双手胸前传球时,全手掌触球,手心没有空出,两拇指距离过大或过小,持球动作不正确。 ②双手胸前传球时,两肘外展过大,两臂用力不一,形成挤球,出手后两手上下交叉。 ③单手肩上传球时,没有摆臂、拨指、抖腕动作。 ④双手胸前接球时,两手指朝前,两手没有形成半圆;伸臂迎球时,臂、腕、指紧张,引球动作不及时。 ⑤接地滚球时,伸腿跨步不及时,身体重心过高	①两人一组,面对面站立,一人握球,一人做双手胸前传球的正确模仿练习。 ②两人一组,一人对墙传球,另一人纠正动作。 ③重复讲解双手接球的动作要点。 ④多做自抛自接球练习,养成张手、伸臂、迎球和及时屈肘引臂的习惯

4. 传接球技术的练习方法示例

传接球技术的练习方法示例

练习环节	练习方法示例
熟悉球性练习	①用双手手指、手腕连续拨翻球; ②双手胸前抛接球; ③球绕身体交换球; ④环绕双腿交接球
原地传接球练习	①两人一组面对面站立,做各种传接球练习; ②一人持球对墙做传接球练习; ③原地跨步,跳起接不同方向的传球
移动传接球练习	①两人一组一球,相距 4 米面对面站立,一人原地传球,另一人向左右、前后移动接球,传接球一定次数后,互相交换练习; ②迎面上步传接球练习:两路纵队迎面站立,相距 5 ~ 7 米,迎面穿梭传接球; ③两人全场行进间传接球练习
有防守情况下的传接球练习	①两人传球,一人防守练习:篮球半场,三人一组,两人相距 5 ~ 6 米相互传接球,另一人在中间防守,触球即防守成功,之后与传球失误队员交换位置,依次进行; ②三人传球,两人防守练习:篮球半场,五人一组,以中圈为界线,圈外三人做各种快速传接球,防守者站在中圈防守,触球即防守成功,之后与传球失误队员交换位置,依次进行

考点3　运球

运球技术是持球队员在原地或移动中用单手连续按拍球推进的一种动作技术。

1. 运球技术

(1)原地运球

动作方法:运球时,两脚左右或前后开立,两膝弯曲,重心落在两腿之间,上体略前倾,五指自然分开,用手指和指根部位触球(掌心不触球),以肩为轴,同时上臂带动肘关节和小臂,通过手腕、手指用力按拍篮球上部,做出随球与迎球的动作,目视前方。

原地运球

(2)行进间运球

动作方法:向前运球时,目视前方,上体稍前倾,以肘为轴,用力按拍球的后上方,同时后脚蹬地运球行进,球的落点在同侧脚的侧前方,跑动的步伐与球弹起的节奏协调一致。手、臂动作与原地运球相同。

行进间运球

(3)运球急停急起

在运球推进时,进攻队员利用速度变化摆脱防守的一种运球方法。

动作方法:在快速运球中突然急停时,采用两步急停,使重心降低,手按拍球的**前上方**,使球停止前运行。运球急起时,两脚用力后蹬,上体急剧前倾,迅速起动,同时按拍球的**后上方**,人、球同步快速前进。

运球急停急起

真题面对面

[2022 安徽统考,单,1 分]篮球运球急停时,手要按拍球的(　　)

A. 后部　　B. 前上方

C. 后中部　　D. 后上方

答案:B。在快速运球中突然急停时,采用两步急停,使重心降低,手按拍球的前上方,使球停止前运行。

(4)体前变向换手运球

体前变向换手运球是当对手堵截运球前进路线时,突然换手运球,向左或向右改变运球方向,借以摆脱防守的一种运球方法。

动作方法:以右手运球为例。运球队员从对手右侧突破时,先向防守左侧做变向运球假动作。当对手向左侧移动堵截运球时,运球队员突然按拍球的右后上方,使球经自己体前右侧反弹至左侧前方,右脚向左前方跨出,上体向左转,侧肩挡住对手,同时换左手按拍球的后上方,左脚跨出并用力蹬地加速,从对手的右侧突破。

体前变向换手运球

(5)体前变向不换手运球

体前变向不换手运球是当运球队员与防守队员接近时，为了摆脱和突破对手，运用上体的虚晃和左、右拨球动作不换手变向突破防守的一种运球方法。

动作方法：以右手运球为例。当体前变向时，将球从身体右侧拍向体前中间的位置，再将球迅速拨回右侧，然后按拍球的后上方，左脚向右侧前方跨出，上体右转，侧肩挡住对手，从防守的左侧突破，继续运球前进。

体前变向不换手运球

(6)运球转身

当对手逼近，不能用直线运球或体前变向运球突破时，可用运球转身摆脱防守。

动作方法：以右手运球为例。变向时，用左脚在前为轴，左后转身的同时，右手将球拉至身体的后侧方，并按拍球落在身体的外侧方，然后换左手运球，加速前进。

动作要点：最后一次运球要用力，转身迅速，重心不要起伏，按拍球的部位正确，转、蹬、转拍协调连贯。

运球转身

真题面对面

[2023 江苏南通启东市，简答，5 分]简述篮球运球转身的动作要点。

参考答案：参见上文。

(7)背后运球

当对手堵截运球一侧、距离较近、不便运用体前变向运球时，运球队员可采用背后运球，改变方向突破防守。

动作方法：右手运球从背后换左手时，右脚前跨，右手将球拉到右侧身后，迅速转腕按拍球的右后方，使球从背后反弹至左侧前方，左脚同时向左前方跨步，换左手运球加速前进。

背后运球

2. 运球易犯错误与纠正方法

运球易犯错误与纠正方法

易犯错误	纠正方法
①运球时低头，不观察场上情况； ②运球时掌心触球或单靠手指拨球； ③手、脚、躯干配合不协调； ④运球时用手打球，不是用手腕、手指按拍运球，球在手上停留的时间过长	①看教师手势运球，反复模仿正确技术； ②进行运球的熟悉球性练习； ③听信号练习各种运球动作； ④设置障碍架进行变向运球练习

3. 运球技术的练习方法示例

运球技术的练习方法示例

练习环节	练习方法示例
熟悉球性练习	①原地拍起静止不动的球； ②固定手臂运球； ③双手运球练习
原地运球练习	①原地高、低运球； ②原地体侧前后推拉运球； ③原地胯下左、右运球； ④原地胯下绕“8”字运球
行进间运球练习	①全场直线运球：学生分三组站立，做直线高、低运球练习； ②弧线运球：沿罚球圈、中圈做弧形运球到对面的底线，再沿边线直线运球返回； ③运球急停急起：每人一球，根据老师信号练习运球急停急起
运球对抗练习	①全场一攻一守练习：两组同时进行全场一攻一守的练习，然后分别站到对组的排尾； ②全场二防一练习：一人运球，两人防守，进行全场攻守练习； ③在全场或半场比赛中练习，提高运球能力

续表

练习环节	练习方法示例
运球综合练习	①运球与传接球结合练习； ②运球、传接球、投篮练习； ③运球交叉、传接球、投篮练习

考点4　投篮

投篮是进攻队员将球投入对方球篮而采用的各种专门动作方法的总称。投篮是篮球比赛中得分的唯一手段，是一切技术、战术运用的最终目的和全部攻守矛盾的焦点，是整个篮球技术体系的核心。

1. 投篮技术

投篮技术包括持球方法、瞄准点、协调用力、出手角度与出手速度、球的旋转、投篮弧线和入篮角等几个环节。

(1)原地单手肩上投篮

原地单手肩上投篮是其他各种投篮方法的基础，具有出手点高、便于结合其他技术动作和不易被防守的特点，是应用比较广泛的投篮方法。

原地单手肩上投篮

动作方法：以右手投篮为例。右脚在前，左脚稍后，两膝微屈，重心落在两前脚掌上。右手五指自然分开，翻腕持球的后部稍下部位，左手扶在球的侧上方，举球于同侧头或肩的前上方，目视球筐，大臂与肩关节平行，大、小臂约成90°，肘关节内收。投篮时，下肢蹬地发力，身体随之向前上方伸展，同时抬肘向投篮方向伸臂，手腕前屈，手指拨球，将球柔和地从食指、中指指端投出。球离手时，手臂要随球自然跟送，脚跟提起。

(2)原地双手胸前投篮

原地双手胸前投篮易于保持投篮前持球的稳定性，充分发挥全身的力量，也便于和传球、突破相结合，但由于投篮时持球和出手部位较低，容易被防守方干扰。

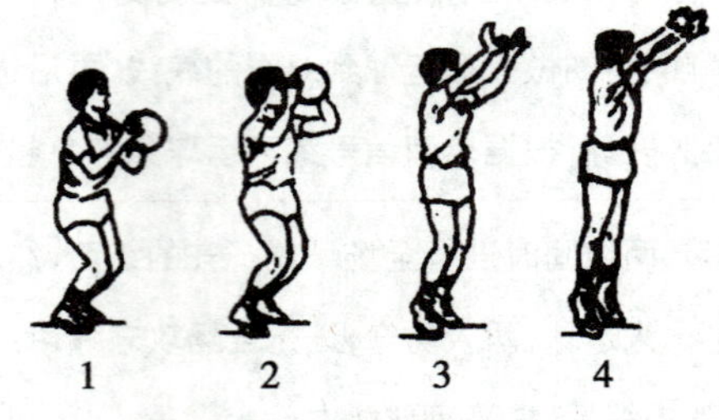

原地双手胸前投篮

动作方法：双手持球于胸前，肘关节自然下垂，两脚左右或前后开立，两膝微屈，重心落在两脚之间，目视瞄准点。投篮时，两脚蹬地，上肢随着脚蹬地向前上方伸展，两手腕同时外翻，拇指下压，手腕前屈，食指、中指用力拨球，使球通过拇指、食指、中指指端投出。球出手后，两手自然向下向外翻，脚跟提起，身体随投篮出手方向自然伸展。

真题面对面

1.［2022 安徽统考，判断，1 分］篮球原地双手胸前投篮具有突然性强、出球点高和不易防守的优点。(　　)

答案：×。(1)原地双手胸前投篮易于保持投篮前持球的稳定性，充分发挥全身的力量，也便于和传球、突破相结合，但由于投篮时持球和出手部位较低，容易被防守方干扰。(2)跳起投篮，简称跳投，具有突然性强、出球点高和不易防守的优点。故题干表述不正确。

2.［2020 山东枣庄山亭区，单，1 分］投篮技术由(　　)组成。

A. 瞄准方法、抛物线、球的旋转

B. 技术动作、瞄准方法、抛物线、球的旋转

C. 技术动作、出手动作、抛物线、瞄准方法

D. 持球方法、瞄准点、出手动作、球的旋转、抛物线

答案：D。投篮技术包括持球方法、瞄准点、协调用力、出手角度与出手速度、球的旋转、投篮弧线和入篮角等几个环节。故选 D。

(3)行进间单手肩上高手投篮

行进间单手肩上高手投篮是比赛中切入到篮下时常用的一种投篮方法。

行进间单手肩上高手投篮

动作方法：以右手投篮为例。右脚跨出一大步的同时接球，接着左脚跨一小步并用力蹬地起跳，右腿屈膝上抬，同时举球至头上方，当身体接近最高点时，右臂向前上方伸展，手腕前屈，食指、中指用力拨球，通过指端将球投出。

知识再拔高

三步上篮

行进间单手肩上投篮又称“三步上篮”，是在行进间接球或运球后做近距离投篮时所采用的一种方法，“三步”的动作特点是一大、二小、三高。

真题面对面

[2022 山西特岗,单,2 分]行进间单手肩上投篮又称“三步上篮”,是在行进间运球或接球后做近距离投篮时所采用的一种方法,“三步”的动作特点是(　　)

A. 一大、二小、三高

B. 一大、大二、三高

C. 一小、二大、三快

D. 一小、二小、三快

答案:A。行进间单手肩上投篮又称“三步上篮”,“三步”的动作特点是“一大、二小、三高”。

(4)行进间单手肩上低手投篮

行进间单手肩上低手投篮是在快速跑中超越对手后在篮下时最常用的一种快速投篮方法,具有伸展距离远、动作速度快、出手平稳的优点,多在快攻和突破后使用。

行进间单手肩上低手投篮

动作方法:以右手投篮为例。右脚跨出一大步的同时接球,接着左脚跨一小步并用力蹬地起跳,右腿屈膝上抬,身体重心前移,双手向前上方举球。当身体接近最高点时,左手离球,右手外旋,掌心向上托球,并充分向球篮上方伸展,接着屈腕,食指、中指用力拨球,通过指端将球投出。

(5)跳起投篮

跳起投篮,简称跳投,具有突然性强、出球点高和不易防守的优点。

动作方法:以右手投篮为例。两手持球于胸前,两脚左右或前后开立。两膝微屈,重心落在两脚之间。起跳时,迅速屈膝,脚掌用力蹬地向上起跳,同时双手举球到右肩上方,右手持球,左手扶球的左侧方,当身体接近最高点时,左手离球,右臂向前上方伸展,手腕前屈,食指、中指拨球,通过指端将球投出。落地时屈膝缓冲。

2. 投篮易犯错误与纠正方法

投篮易犯错误与纠正方法

易犯错误	纠正方法
①持球手法不正确,五指没有自然分开,用手心托球; ②肘关节外展,致使上肢各关节运动方向不一致;	①重复讲解和示范投篮的动作要点,使学生了解投篮动作的基本结构,建立明确概念。

续表

易犯错误	纠正方法
③急停时身体重心不稳,造成投篮时上下肢配合不协调,导致动作衔接不连贯; ④投篮时,抬肘伸臂不够,导致手臂前推,形成抛物线偏低; ⑤双手投篮时,两手用力不均匀,伸臂不充分; ⑥行进间急停时,第一步过小,第二步又未能缓冲,造成身体前冲,控制球的能力差; ⑦跳起投篮时身体前冲,投篮出手时间或早或晚,上下肢配合不协调	②借助外部条件限制、信号刺激等手段。如让学生以投篮手臂靠近墙壁做徒手或持球的投篮模仿练习,纠正肘部外展。用信号刺激,如用"抬肘、伸臂、压腕"等词语纠正肘关节过早前伸、伸臂不充分以及屈腕、拨指不够或球不旋转等错误。用"跨步""提膝""出手"等语言信号提示学生跨步接球、起跳、出手时机等。 ③多做徒手练习,使学生体会协调用力和掌握动作节奏

3. 投篮技术的练习方法示例

投篮技术的练习方法示例

练习环节	练习方法示例
模拟投篮练习	①徒手练习; ②持球练习:两人一组一球,互相对投
原地投篮练习	①正面定点投篮:学生每人一球,自投自抢,依次练习; ②不同角度投篮:学生列队站在投篮点,每人一球,排头自投自抢,并按顺时针方向换位至下一队队尾,依次连续练习
行进间投篮练习	①移动接球后投篮:斜线/直线/弧线/折线移动接球后投篮; ②半场传、接球上篮:两人半场传球投篮,互换位置,依次练习; ③全场运球投篮:投篮后自抢篮板球运球至另一组队尾
跳起投篮练习	队员在罚球线两侧成两路纵队,每人一球做跳起投篮练习
投篮技术综合练习	①连续投抢练习; ②5点移动接球综合投篮练习

考点5 持球突破

1. 持球突破技术的动作方法

持球突破是指持球队员运用脚步动作和运球技术等相结合,快速超越对手的一项攻击性很强的技术。持球突破技术动作主要由持球动作、蹬跨脚步、转体探肩、推放球加速4个环节组成。

真题面对面

[2020 陕西特岗,单,2分]篮球持球队员运用脚步动作和运球技术超越对手的一项攻击性很强的技术是(　　)

A. 移动　　B. 运球　　C. 投篮　　D. 持球突破

答案:D。持球突破是指持球队员运用脚步动作和运球技术等相结合,快速超越对手的一项攻击性很强的技术。故选D。

(1)持球交叉步突破

动作方法:以右脚做中枢脚为例。突破时,左脚向左前方跨出半步,做向左突破的假动作,当对手重心向右移动时,左脚前脚掌内侧迅速蹬地,向对手左侧跨出一大步,同时上体向右转探肩,贴近对手;球移至右手,向左脚右斜前方推放球,右脚迅速蹬地跨步,加速超越对手。

(2)持球顺步突破

动作方法:以左脚做中枢脚为例。突破时,左脚内侧蹬地,右脚迅速向对手左侧方跨出一大步,同时向右侧转体探肩,重心前移,球移至右手并推放球于右脚斜前方,用身体和左手臂保护球,左脚迅速跨步抢位,加速超越对手。

2. 持球突破易犯错误与纠正方法

持球突破易犯错误与纠正方法

易犯错误	纠正方法
①交叉步持球突破时,由于跨步脚尖方向不对,造成转体过大; ②突破时,侧身、探肩不够,身体重心高,后蹬无力,加速不快; ③运球突破时,球的落点靠后,没有放在脚的侧前方; ④推放球动作之后,身体及无球手保护球的动作不够; ⑤中枢脚离地面过早或中枢脚不以前脚掌作轴,突破瞬间未提踵,造成走步违例	①反复示范正确动作,讲清动作关键,明确中枢脚概念,剖析造成错误动作的原因,建立正确动作的表象; ②先多做徒手模仿练习,体会正确的动作要领,再在慢速中做持球突破练习,逐步提高突破速度; ③借助障碍架(或由他人用两手平举站立代替)进行练习,并提醒练习者转体探肩和降低重心,强调加快速度和蹬地力量

3. 持球突破技术的练习方法示例

持球突破技术的练习方法示例

练习环节	练习方法示例
突破的步伐练习	①原地徒手或结合球做持球突破的各种脚步动作的练习; ②每人一球,利用假动作做交叉步、顺步突破的脚步动作练习
无防守情况下的突破练习	①行进间自抛自接,接球后做交叉步、顺步突破练习; ②原地持球突破练习
有防守情况下的突破练习	①在有防守情况下三人做连续突破练习; ②接球急停突破上篮练习
持球突破技术综合练习	①一攻一守持球突破练习:学生两人一组一球,做半场的一对一"斗牛"练习; ②半场三对三攻守练习

考点6　抢篮板球

篮球比赛中,双方队员在空中争抢投篮未中的球称为抢篮板球。当进攻队投篮未中,自己或本方队员争抢在空中的球,称为抢进攻篮板球或前场篮板球;对方投篮未中,防守队员争抢在空中的球,称为抢防守篮板球或后场篮板球。

抢篮板球技术由抢占位置、起跳动作、空中抢球动作、获球后动作四个环节组成。其中，抢占位置，即正确判断，快速起动抢占有利位置是抢篮板球技术的关键。

真题面对面

[2023 安徽统考，单，1 分] 篮球比赛中，抢篮板球技术的关键是（　　）

A. 抢占位置　　B. 起跳动作

C. 空中抢球动作　　D. 获球后动作

答案：A。

1. 抢篮板球技术的动作方法

（1）抢进攻篮板球

动作方法：当同伴或自己投篮时，处在近篮区的进攻队员首先应预判球的反弹方向和飞行路线，然后向相反方向的侧前方跨步，做身体虚晃的假动作，诱开身前的防守队员，利用绕跨步挤到对手的前面或侧前面，抢占有利位置，借助跨步或助跑起跳，至最高点补篮或抢篮板球。落地时，两臂微弯曲，重心放在两脚之间，两肘外展将球持于胸腹之间。高大队员可将球置于头上，以便衔接其他进攻技术动作。

总之，进攻队员抢篮板球要准确判断时间，绕步卡位，及时起跳，补篮或组织第二次进攻。

（2）抢防守篮板球

动作方法：两膝弯曲，上体稍前倾，重心放在两脚之间，两臂屈肘侧张占据较大面积。当对方投篮出手后，应注意对手的动向，并根据当时与进攻队员所处的位置和距离的远近，抢占有利位置，把进攻队员挡在身后，同时还要判断球的落点准备起跳。起跳时，前脚掌用力蹬地，提腰向上摆臂，同时手向球的方向伸展。如果在空中没有传球，落地时应保持身体平衡，侧对前场，将球置于胸腹之间或头上，以便运用传、运、突破等技术。

总之，抢防守篮板球要准确判断球的反弹方向和落点，及时起跳，抢得球后迅速完成第一传。

2. 抢篮板球易犯错误与纠正方法

抢篮板球易犯错误与纠正方法

易犯错误	纠正方法
①对球反弹方向与落点判断不准，不会抢占有利位置； ②起跳时机掌握不好； ③抢篮板球时只顾挡球不挡人或只顾抢位挡人而不顾球； ④空中抢球不伸展，动作迟钝不果断或动作过猛造成犯规； ⑤抢到球后，保护意识差，易被人打掉或抢走	①可多做投篮后向球的方向快速移动到位接球的练习，提高学生的预判能力和快速移动的能力。 ②多做自抛自抢的空中练习，体会起跳时机，提高判断的准确性。练习时，教师可用语言提示来帮助学生体会和强化动作要领。 ③向学生讲明挡人抢位与抢球是相辅相成的，缺一不可。在学生练习时，教师可用语言提醒学生注意挡人或抬头看球。 ④强调正面技术的重要性。在训练中鼓励学生抢位抢球，对抢篮板球不积极的学生可用奖惩的方式来提高其积极性。对动作过猛的学生也可以用这种方法来促使其提高动作的准确性，同时加强对良好的心理素质的培养。 ⑤强调保护好球的重要性和抢篮板球的最终目的。进行保护技术和保护能力的训练

考点7 防守

防守技术分为防守移动、防守有球队员和防守无球队员，其中，防守有球队员的技术可分为防投篮、防突破、防运球、防传球、抢打球。防守无球队员的技术可分为防摆脱、防切入（防纵切、防横切）、防接球和断球。防守有球队员和防守无球队员的动作方法，此处不进行展开讲解。

真题面对面

[2022 安徽统考，单，1 分] 下列选项中，属于篮球防守无球队员的技术是（　　）

A. 防摆脱　　B. 防突破

C. 防传球　　D. 防投篮

答案：A。防守无球队员的技术可分为防摆脱、防切入、防接球和断球。故选 A。

1. 防守的移动步法

（1）滑步。滑步是防守移动的一种主要方法。主要用来阻截对方的移动路线，调整自己的防守位置。滑步分为侧滑步、前滑步、后滑步、后撤步四种。

（2）攻击步。攻击步是防守队员突然向前跃出，进行抢、打、断球的一种防守移动方法。

（3）绕步。绕步是用以抢占有利防守位置，阻挠、紧盯对手，破坏中锋接球的一种防守移动方法。

（4）碎步。碎步是一种能保持较大防守面积和具有机动性的防守移动方法，多用于外线防守。

2. 教学方法

（1）每次练习防守移动步法前，反复强调基本姿势的重要性，在练习中自始至终要求保持屈膝、弯腰、低重心的防守基本姿势。

（2）先纠正单个动作，进而在连续动作及组合练习中达到重心平稳的要求。

（3）讲解、示范正确的动作方法和动作要领，强调前脚掌内侧蹬地，后脚掌碾地，以后脚的前脚掌为轴，反复做蹬转撤步动作。

（4）加强下肢力量和腰腹力量，提高前脚掌内侧蹬地，后脚的前脚掌碾、抵地及腰腹用力的技巧，以提高移动的速度和灵活性。

三、篮球的基本战术 【选择、简答】★★★

考点1 进攻战术基础配合方法

（1）**传切配合**：指队员之间利用传球和切入技术所组成的简单配合。它包括一传一切和空切两种。传切配合是一种最基本的简单易行的进攻方法，一般在对方采用扩大盯人防守或区域联防时运用。

（2）**突分配合**：指持球队员突破对手后，遇到防守队员补防或协防时，及时将球传给进攻时机最佳的同伴进行攻击的一种配合方法。当对方采用人盯人防守或区域联防时运用突分配合，可打乱对方的整体防守部署，压缩防区，给同伴创造最佳的外围投篮或篮下进攻机会。

（3）**掩护配合**：指进攻队员选择正确的位置，运用规则规定的合理的身体动作挡住同伴防守者的移动路线，使同伴借以摆脱防守，获得接球投篮攻击或其他进攻机会的一种配合方法。原地双手低手传、接球是一种近距离的传、接球方法，适合在掩护配合下运用。

(4)**策应配合**：指进攻队员背对或侧对球篮接球后，通过多种传球方式与外线队员的空切、绕切相结合，借以摆脱防守，创造各种里应外合进攻机会的配合方法。

真题面对面

[2020 安徽特岗，单，1 分]篮球比赛中，利用传球和切入技术，摆脱对方防守并取得投篮机会的战术配合是( )

A. 掩护配合　　B. 传切配合

C. 突分配合　　D. 策应配合

答案：B。传切配合是指队员之间利用传球和切入技术所组成的简单配合。故选 B。

考点2　防守战术基本配合方法

防守战术基础配合是指在篮球竞赛中，防守队员两三人之间所采用的协同防守配合的方法，包括挤过、穿过、交换、关门、补防、夹击及围守中锋等。

配合方法	定义
挤过配合	指对方进行掩护时，防守队员在掩护队员接近自己的一刹那，迅速抢前横跨一步贴近自己的对手，并从两个进攻队员之间侧身挤过去，继续防守自己对手的配合方法
穿过配合	指当对方进行掩护时，防守掩护者的队员及时提醒同伴，并主动后撤一步，让同伴及时从自己和掩护队员之间穿过去，继续防守自己对手的配合方法
交换配合	指进攻队员做掩护配合时，防守掩护者的队员与防守被掩护者的队员及时主动地交换自己所防对手的配合方法
“关门”配合	指邻近的两名防守队员协同堵截进攻队员运球突破的一种防守配合方法，通常在区域联防和半场人盯人防守战术中运用
补防配合	指当防守队员被对手突破或出现漏防时，邻近的同伴大胆地放弃自己的对手，及时快速地进行补漏防守的一种配合方法
夹击配合	指两个以上的防守队员，利用对手在场地边角运球或运球停止时，突然快速上前封堵和围夹持球者的一种防守配合方法
围守中锋配合	指外围防守队员协同内线防守队员，共同围守对方中锋的一种配合方法

考点3　区域联防

区域联防是由进攻转为防守时，防守队员迅速退回后场，每个队员分工负责防守一定的区域，严密防守进入该区域的球和进攻队员，并与同伴协同防守，用一定的队形把每个防守区域有机地联系起来而组成的防守战术。

依据防守队员的站位形式，常把区域联防分为“2－1－2”联防、“2－3”联防、“3－2”联防、“1－3－1”联防等，其中“2－1－2”联防是最基本的区域联防。

真题面对面

[2021 湖南特岗，简答，5 分] 简述篮球的区域联防有哪几种类型。

参考答案：参见上文。

四、篮球的竞赛规则 【选择、判断、填空】★★★

考点1 主要比赛通则

1. 比赛时间

篮球比赛应由 4 节组成，每节 10 分钟。

在预定的比赛开始之前，应有 20 分钟的比赛休息期间。

在第 1 节和第 2 节（上半时）之间，第 3 节和第 4 节（下半时）之间，以及每一决胜期之前，应有 2 分钟的比赛休息期间。

两个半时之间的比赛休息期间应是 15 分钟。

2. 比赛因缺少队员告负

在比赛中，如果某队在比赛场地上准备比赛的队员少于 2 名，该队因缺少队员使比赛告负。

真题面对面

1. [2022 山西特岗，填空，4 分] 标准篮球场地的长为________米、宽为________米，篮球比赛分________节，每节________分钟。

答案：28；15；4；10

2. [2021 山东泰安，单，1 分] 在正式的篮球比赛中，如果参加正式比赛的一方球员低于（　　）人，则该队因缺少人数而被判输。

A. 5　　B. 4

C. 3　　D. 2

答案：D。

考点2 违例

违例是指在比赛中，既不属于侵人犯规、违反体育运动精神的犯规、取消比赛资格的犯规，也不属于技术犯规的违犯规则的行为。

篮球竞赛中常见的违例

常见的违例	简介
出界	1. 当队员身体的任何部分接触界线上方、界线上或界线外的除队员以外的地面或任何物体时，是队员出界。 2. 当球触及了：(1)在界外的队员或任何其他人员时；(2)界线上方、界线上或界线外的地面或任何物体时；(3)篮板支撑架、篮板背面或比赛场地上方的任何物体时，是球出界
带球走	在球场上持着一个活球的队员用一脚(称为中枢脚)始终接触着该脚与地面接触的那个点，而另一脚向任何一方踏出一次或多次的合法运动是旋转。当持球队员一脚向任何一方移动时，使中枢脚离开了与地面接触的点、违反持球旋转，或者双脚的移动超出规则的限制向任何一方非法的运动是带球走。判断“带球走”违例的前提和关键是确定中枢脚
两次运球	队员第一次运球结束后不得再次运球，若再次运球则是两次运球
3 秒钟	某队在前场控制活球并且比赛计时钟正在运行时，该队的队员不得在对方队的限制区内停留超过持续的 3 秒钟，否则为 3 秒钟违例
被严密防守的队员	一名队员在场上正持着一个活球，一名对方队员在距离他不超出 1 米处，并采取积极的、合法防守的动作时，该持球队员是被严密防守的队员。一名被严密防守的队员必须在5 秒内传、投或运球
8 秒钟	一名在后场的队员获得控制活球时，其所在的队必须在 8 秒内使球进入该队的前场，否则为 8 秒钟违例
球回后场	在前场控制活球的球队不得使球非法地回到他的后场，否则视为球回后场违例

真题面对面

[2021 浙江杭州，判断，2 分]篮球比赛中持球队员身体某部位接触端线或边线均判出界。(　　)

答案：√。篮球场地的边线或端线属于界外，在持球的同时身体任何部位接触边线或端线均算出界。

考点3 犯规

犯规是对规则的违犯，含有与对方队员的非法身体接触和违反体育运动精神的举止。

1. 侵人犯规

侵人犯规指无论在活球还是死球的情况下，攻守双方队员发生的非法身体接触的犯规。队员不应通过伸展手、臂、肘、肩、髋、腿、膝、脚或将身体弯曲成“不正常姿势”去拉、阻挡、推、撞、绊对方队员，或阻碍对方队员行进；也不得放纵任何粗野或猛烈的动作出现。一旦出现，裁判员都应根据规则的基本精神与原则，及时判罚。罚则如下：

(1)应登记犯规队员一次侵人犯规。

(2)如果对没有做投篮动作的队员发生侵人犯规：①应由非犯规的队在最靠近犯规的地点掷球入界重新开始比赛。②如果犯规的队处于全队犯规处罚状态，则应运用全队犯规的处罚规定。

(3)如果对正在做投篮动作的队员发生侵人犯规，应按下列所述判给投篮队员若干罚球：①如果从中篮区域的出手投篮成功，应计得分并追加1次罚球；②如果从2分中篮区域的出手投篮不成功，应得2次罚球；③如果从3分中篮区域的出手投篮不成功，应得3次罚球；如果发生了一起掷球入界时的犯规，无论违犯队是否已处于全队犯规处罚状态，应判给被犯规的队员执行1次罚球。比赛由非违犯队从最靠近违犯的地点执行掷球入界重新开始。

2. 双方犯规

双方犯规是指两名互为对方的队员大约同时相互发生侵人犯规或违反体育运动精神犯规/取消比赛资格犯规的情况。罚则如下：

(1)应给每一犯规队员登记一次侵人犯规或违反体育运动精神犯规/取消比赛资格犯规，不判给罚球。

(2)比赛应按下列所述重新开始：在发生双方犯规的大约同一时间，如果中篮得分或最后一次罚球得分，应将球判给非得分队从该队端线后的任何地点掷球入界；如果某队已控制球或拥有球权，应将球判给该队从最靠近犯规的地点掷球入界；如果任一队都没有控制球也没有球权，一次跳球情况发生。

3. 技术犯规

技术犯规是没有身体接触的犯规。

罚则如下：(1)如果宣判队员技术犯规，应作为队员的犯规登记该队员名下，并计入全队犯规次数中。(2)如果宣判球队席人员技术犯规，应登记在主教练名下，但不计入全队犯规次数中。(3)判给对方队员1次罚球，比赛应按下述重新开始：

①应立即执行罚球。罚球后，由宣判技术犯规时控制球队或拥有球权队在比赛停止时距离球最近的地点执行掷球入界。

②也应立即执行罚球，不管是否有其他犯规带来的罚则的先后顺序，也不管这些罚则是否已经开始执行。技术犯规的罚球后，由宣判技术犯规时，控制球队或拥有球权队在最靠近比赛被技术犯规的罚则中断时的最近地点重新开始比赛。

③如果一次有效的中篮得分或最后一次罚球得分，应在端线后任意地点掷球入界重新开始比赛。

④如果既没有球队控制球，也没有球队拥有球权，这是一起跳球情况。

⑤在中圈跳球开始第1节。

4. 违反体育运动精神的犯规

违反体育运动精神的犯规指根据裁判员的判定，一名队员不在本规则的精神和意图的范围内，以不合法的方式去尝试直接抢球而发生的身体接触的犯规。罚则如下：

(1)应给犯规队员登记一次违反体育运动精神的犯规。

(2)应判给被犯规的队员执行罚球，应按下述原则判给若干罚球：如果对没有做投篮动作的队员发生犯规，应判2次罚球；如果对正在做投篮动作的队员发生犯规，并且中篮应计得分并追加1次罚球；如果对正在做投篮动作的队员发生犯规，并且球未中篮，应判2次或3次罚球。

(3)当登记了一名队员2次违反体育运动精神的犯规或2次技术犯规，或1次技术犯规和1次违反体育运动精神的犯规时，应该取消他本场剩余比赛的资格。

（4）如果队员在上述（3）的情况下被取消比赛资格，应只处罚违反体育运动精神的犯规的罚则，不追加取消比赛资格的罚则。

5. 取消比赛资格的犯规

队员、替补队员、主教练、助理教练、出局的队员和随队人员的任何恶劣的违反体育运动精神的行为是取消比赛资格的犯规。罚则如下：

（1）应给犯规者登记一次取消比赛资格的犯规。

（2）每当犯规者依据这些规则的各个条款被取消比赛资格，他应去该队的休息室，并在比赛期间留在那里，或者如果他愿意，也可以选择离开体育馆。

（3）如果是一起非身体接触的犯规，罚球应判给由对方主教练指定的任一本队队员。

（4）如果是一起身体接触的犯规，罚球应判给被犯规的队员。

（5）罚球的次数应按如下规定：

①如果是一起没有身体接触的犯规，应判 2 次罚球；

②如果对没有做投篮动作的队员发生犯规，应判 2 次罚球；

③如果对正在做投篮动作的队员发生犯规，并且中篮应计得分并追加 1 次罚球；

④如果对正在做投篮动作的队员发生犯规，并且球未中篮，应判 2 次或 3 次罚球；

⑤如果是主教练的取消比赛资格的犯规，应判 2 次罚球；

⑥如果是第一助理教练、替补队员、出局的队员或随队人员的取消比赛资格的犯规，应登记主教练一次技术犯规，判 2 次罚球。

6. 打架

打架是 2 名或多名互为对方队的人员和任何允许坐在球队席的人员之间的肢体冲突。罚则如下：

（1）不论由于离开球队席区域而被取消比赛资格的球队席人员的数量有多少，应登记主教练一次单一的技术犯规。

（2）如果双方球队的球队席成员在本条规定下被取消比赛资格并且没有留下其他要执行的犯规罚则，比赛应按下面所述重新开始：由于打架而停止比赛，大约在同一时间，如果中篮得分或最后一次罚球得分，应将球判给非得分队从该队端线后的任何地点掷球入界；如果某队已控制球或拥有球权，应将球判给该队从打架开始时距离球最近的地点执行掷球入界；如果任一队都没有控制球也没有球权，一次跳球情况发生。

（3）所有涉及在场上打架的队员或在打架之前发生的任何情况的可能存在的犯规罚则，应按特殊情况处理。

考点4 裁判员手势

1. 违例

违例	裁判员手势
带球走	转动双拳
非法运球:两次运球	用手掌做轻拍动作
非法运球:携带球	半转手掌
3 秒违例	伸出手臂示 3 指
5 秒违例	伸出手臂示 5 指
8 秒违例	伸出手臂示 8 指
进攻计时钟	手指触肩
球回后场	身前摆动手臂
故意脚踢或拦阻球	手指指脚
干涉得分/干扰得分	伸出食指在另一只手上旋转一圈

带球走

非法运球:两次运球

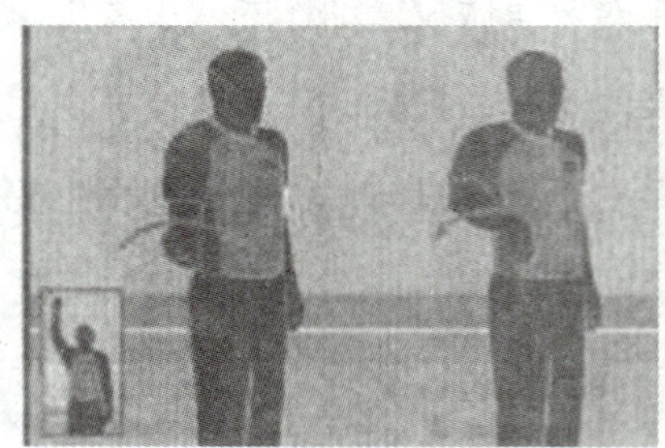
非法运球:携带球

3 秒违例

5 秒违例

8 秒违例

进攻计时钟

球回后场

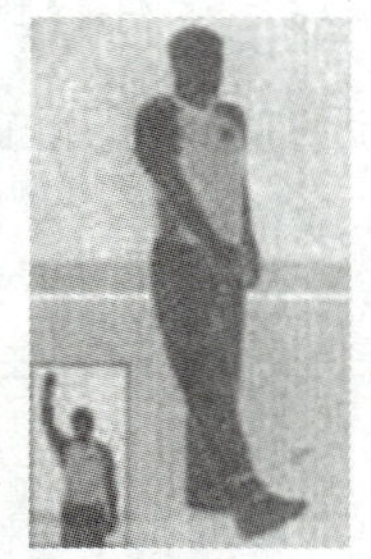
故意脚踢或拦阻球

干涉得分/干扰得分

2. 犯规的类型

犯规	裁判员手势
拉人	向下抓住手腕
阻挡(防守)非法掩护(进攻)	双手置髋部
推人或不带球撞人	模仿推
用手推挡	抓住手掌向前移动
非法用手	击腕
带球撞人	握拳击掌
对手的非法接触	击掌另一只前臂
勾人犯规	向后移动前臂

拉人

阻挡(防守)非法掩护(进攻)

推人或不带球撞人

用手推挡

非法用手

带球撞人

对手的非法接触

勾人犯规

3. 特殊犯规

特殊犯规	裁判员手势
双方犯规	挥动紧握的双拳
技术犯规	双手成“T”形,手掌示之
违反体育运动精神的犯规	向上抓住手腕
取消比赛资格的犯规	紧握双拳上举

双方犯规

技术犯规

违反体育运动精神的犯规

取消比赛资格的犯规

五、球类竞赛制度与编排方法 【选择、简答】★★★

球类比赛通常采用的比赛制度有**淘汰制**、**循环制**和**混合制**三种。选用比赛制度应根据比赛任务、参赛队数多少、时间、场地、经费等情况确定。

考点1 淘汰制

淘汰制又分单淘汰制和双淘汰制。淘汰制一般在比赛时间短、参加队数多、经费不足的情况下采用，能节省时间。但除了第一名以外，不能合理地确定其余各队的名次，比赛机会少，胜负有一定偶然性，目前很少采用。

1. 单淘汰赛制的编排方法

单淘汰场数与轮次计算

(1) 场数和轮次的计算

场数＝参加队数－1。

轮次＝参加队数的以2为底的幂的指数。如8个队参加比赛，即为三轮，因为$8=2^3$；如果参加比赛的队数不足2的乘方数，则比赛的轮次是稍大的一个以2为底的幂的指数，如14个队参加比赛，按16个队的轮数来计算，因为$16=2^4$，即为四轮。

真题面对面

[2023江苏南通启东市，单，1分]8个篮球队参加单淘汰比赛，共有(　　)场比赛。

A. 7　　B. 12　　C. 9　　D. 14

答案：A。单淘汰赛制比赛场数＝参加队数－1＝8－1＝7(场)。

(2) 第一轮参加比赛的队数的计算

用$(N-2^n)\times2$的公式计算。N代表队数，2^n代表略小于队数的2的乘方数。如13个队参加比赛，即$(N-2^3)\times2=(13-8)\times2=5\times2=10$，有10个队参加第一轮比赛，3个队轮空。

(3) 编排方法

①如果参加比赛的队数正好是2的乘方数，就按照图1所示，逐步进行淘汰。

②如果参加比赛的队数不是2的乘方数，要根据参赛队数，选择最接近的、较大的2的乘方数作为号码位置数，号码位置数减去参加队数，即为轮空队数。如13个队参加比赛，选用16为号码位置数，16－13＝3，

即3个队轮空，可选2、5、10为轮空的号码位置。轮空球队必须安排在第一轮，可采用抽签来决定轮空队(图2)。

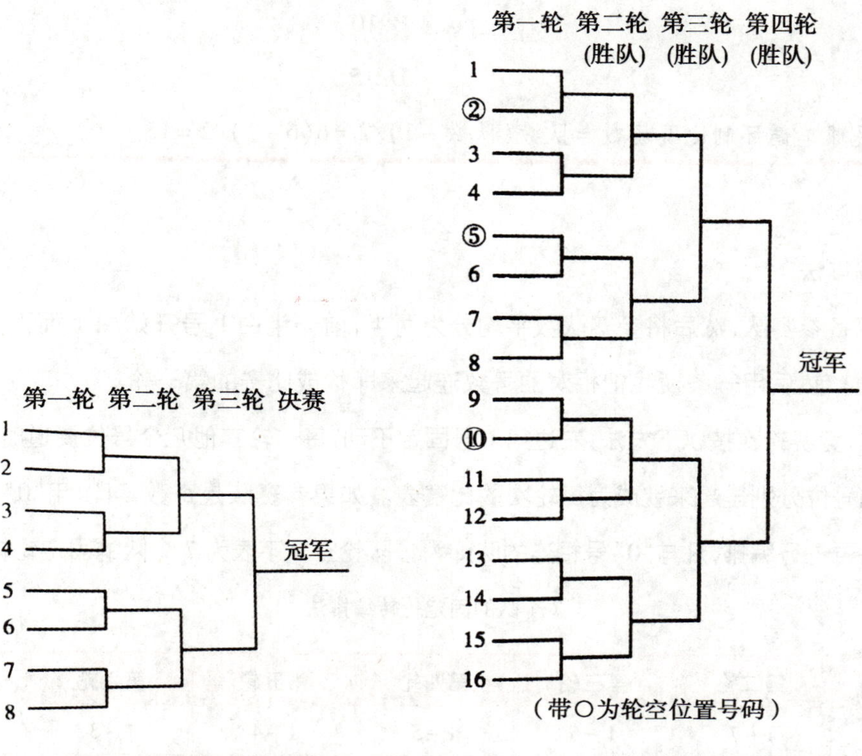

图1 8个队参赛的单淘汰比赛编排　　图2 13个队参赛的单淘汰比赛编排

为了避免水平高的队过早相遇而被淘汰，可设种子队，把种子队安排在不同的位置上，使之最后相遇。采用抽签的方法确定其他各队在秩序表上的位置，再填上队名、日期、场地、时间，即成为比赛日程表。

2. 双淘汰制的编排方法

双淘汰制的编排方法与单淘汰制的不同在于比赛进入第二轮后，把首次失败的球队再编排起来继续比赛，再次失败的队则被淘汰，胜者继续与上一轮其他失败的队进行比赛。只失败一次的队还能参加决赛，并有可能夺取冠军。

考点2 循环制

循环制包括单循环、双循环和分组循环三种。循环制能使所有参赛队有相遇机会，产生的名次比较客观。但竞赛场次多，时间较长。这种竞赛方法一般在参赛队不太多，而竞赛时间较长时采用。

1. 单循环制的编排方法

(1) 比赛场数和轮数的计算

比赛场数：$X=\frac{N(N-1)}{2}$（X：比赛场数；N：队数）

比赛轮数：$L=\begin{cases}N(N\text{为奇数})\\N-1(N\text{为偶数})\end{cases}$（$L$：比赛轮数）

真题面对面

[2023 山西特岗,单,1 分]有六支足球队采用单循环积分制比赛,需要进行(　　)场比赛。

A. 6　　B. 10

C. 12　　D. 15

答案:D。足球单循环制比赛场数 = 队数(队数 -1)/2 =6(6 -1)/2 =15。

(2)编排竞赛轮次表

①固定轮转编排法

先用号数代表各参赛队,然后将参赛队数平均分为两半,前一半由 1 号开始由上而下写在左边,后一半自下而上写在右边。然后用一条横线把相对的号数连起来即构成比赛的第一轮。

从第二轮开始,竞赛轮次按以下方法:左边第 1 号固定不动,每一轮其他几个号位要逆时针转动一个位置,再用横线把相对的号位分别连起来就成为每轮次的比赛表。如果参赛队是奇数,可以用“0”来代替一个队,使参赛队变成偶数后再进行编排,凡与“0”号相连的队即为该队轮空。下表为 7 个队的固定轮转编排法。

7 个队的固定轮转编排法

第一轮	第二轮	第三轮	第四轮	第五轮	第六轮	第七轮
1 -0	1 -7	1 -6	1 -5	1 -4	1 -3	1 -2
2 -7	0 -6	7 -5	6 -4	5 -3	4 -2	3 -0
3 -6	2 -5	0 -4	7 -3	6 -2	5 -0	4 -7
4 -5	3 -4	2 -3	0 -2	7 -0	6 -7	5 -6

②贝格尔轮转法

用贝格尔轮转法编排时,把参赛队一分为二。如果参赛队是奇数,用“0”来代替一个队,使参赛队变成偶数后再进行编排。第一轮的编排方法与“固定轮转法”的第一轮相同。从第二轮开始,竞赛轮次按以下方法:将第一轮右上角的编号(“0”或最大的一个代号数)移到左角上,第三轮又移到右角上,以此类推。即单数轮次时“0”或最大的一个代号在右上角,双数轮次时则在左上角。下表为 7 个队参赛轮次表。

7 个队的贝格尔轮转编排法

第一轮	第二轮	第三轮	第四轮	第五轮	第六轮	第七轮
1 -0	0 -5	2 -0	0 -6	3 -0	0 -7	4 -0
2 -7	6 -4	3 -1	7 -5	4 -2	1 -6	5 -3
3 -6	7 -3	4 -7	1 -4	5 -1	2 -5	6 -2
4 -5	1 -2	5 -6	2 -3	6 -7	3 -4	7 -1

备注:无论比赛队是单数还是双数,最后一轮时,必定是“0”或最大代号数在右上角,“1”在右下角。

真题面对面

[2021 山西特岗,简答,5 分]有五支球队参加篮球比赛,采用单循环赛,需赛几轮? 请写出单循环秩序表。

参考答案:(1)队数 5 为奇数,故比赛轮数 = 队数 =5。

(2)五支球队单循环秩序表:

第一轮	第二轮	第三轮	第四轮	第五轮
1 – 0	0 – 4	2 – 0	0 – 5	3 – 0
2 – 5	5 – 3	3 – 1	1 – 4	4 – 2
3 – 4	1 – 2	4 – 5	2 – 3	5 – 1

2. 双循环制的编排方法

双循环制比赛是指参加比赛的队先后进行两次单循环比赛,最后按各队在全部竞赛中的得分多少、胜负场数决定名次。

双循环制的编排方法与单循环相同,只是在第二循环时,是否重新抽签要视在比赛规程中有无明文规定。

第二节　排　球

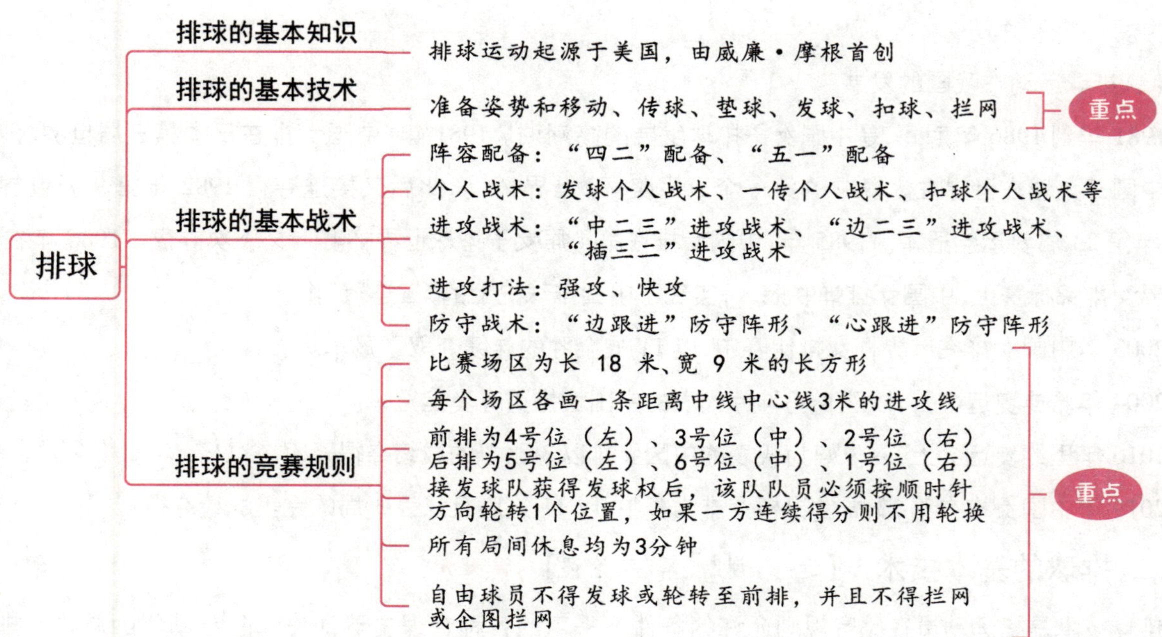

排球运动是指参与者以身体的任何部位(手、手臂为主)在空中击球,使球不落地,既可隔网进行集体的攻防对抗性的比赛,也可不设球网相互进行击球游戏的一种体育运动项目。

排球可分为竞技排球和娱乐排球。竞技排球有 6 人制排球、沙滩排球、残奥会坐式排球等，娱乐排球有软式排球、9 人制排球、草地排球、气排球等。其中，气排球是中国土生土长的一项群众性排球活动。

真题面对面

[2021 安徽统考，单，1 分] 近年来，流行于我国的群众性排球是(　　)

A. 沙滩排球　　B. 6 人制排球

C. 9 人制排球　　D. 气排球

答案：D。气排球是中国土生土长的一项群众性排球活动。

一、排球的基本知识

1. 排球运动的起源

1895 年，排球运动起源于美国，由威廉·摩根首创。1896 年，在美国马萨诸塞州斯普林菲尔德基督教青年会体育指导大会上进行了首次排球表演赛。1897 年，美国体育杂志上公开介绍了排球比赛的打法及简单规则。

2. 排球运动的发展

(1) 世界排球运动的发展

世界排球运动发展大体经历了三个阶段，即从娱乐排球向竞技排球过渡阶段；竞技排球迅速发展阶段；竞技排球的多元化和娱乐排球再兴起阶段。

1947 年，国际排联在巴黎成立。1964 年东京奥运会上，排球被列入奥运会正式比赛项目。1965 年举办第一届世界杯男子排球赛。1973 年举办第一届世界杯女子排球赛。世界排球联赛从 1993 年开始，每年举行一次。

(2) 排球运动在我国的发展

1981 年到 1986 年期间，是中国女子排球发展的高潮期。1981 年，中国女排在日本第三届世界杯赛中，夺得中国三大球在世界性比赛中的第一个冠军奖杯(世界杯)。此后又接连夺得 1982 年第 9 届世锦赛和 1984 年第 23 届奥运会冠军。1985 年，中国女排在第 4 届女子排球世界杯赛上又一次夺冠。1986 年在第 10 届世界女排锦标赛上，中国女排蝉联冠军，实现了中国排球史上的“五连冠”。

2003 年中国女排在世界杯女排比赛中，以 11 战全胜的佳绩夺取了冠军。

2004 年雅典奥运会上，以队长冯坤为代表的中国女排勇夺奥运冠军。

2016 年里约奥运会上，以朱婷为代表的中国女排以 3 比 1 的成绩夺得冠军。

2019 年中国女排在第 13 届世界杯女排比赛中，以 11 连胜且只丢 3 局的完美战绩夺得冠军。

二、排球的基本技术 【选择、判断、解答、论述】★★★

排球技术是指运动员在比赛规则允许的条件下采用的各种合理击球动作和配合动作的总称。排球技术有两种：一种是有球技术，包括传球、垫球、扣球、发球和拦网；另一种是无球技术，包括准备姿势、移动、起跳及各种掩护动作等。

考点1　准备姿势和移动

准备姿势和移动是排球的基本技术之一，属于无球技术，是完成发球、垫球、传球、扣球和拦网等各项有球技术的前提和基础。

1. 准备姿势

按身体重心的高低，准备姿势可分为半蹲准备姿势、稍蹲准备姿势和深蹲准备姿势三种。其中，半蹲准备姿势的动作方法：两脚开立，略比肩宽，两膝弯曲，脚跟自然提起，上体前倾，重心靠前，膝部的垂直线应在脚尖前面，两臂放松，自然弯曲置于腹前，两眼平视，注意来球，两脚始终保持微动。

2. 移动

移动的目的主要是及时接近球，保持好人与球的位置，以便击球，同时也是为了迅速占据场上有利位置。起动后，应根据临场技、战术的需要，灵活地采用多种移动步法进行移动。移动的主要步法有：并步、交叉步、跨步、跑步。

(1) 并步

动作方法：两脚前后站立，与肩同宽，两膝微屈，上体稍前倾，两手自然放松置于腰腹。并步时，前脚向来球方向跨出一步，后脚迅速蹬地跟上，并做好击球前的姿势。

(2) 交叉步

动作方法：两脚左右开立，向右侧交叉步移动时上体稍向右转，左脚从右脚前向右交叉迈出一步，然后右脚再向右侧方向跨出一大步，同时重心移至右脚，身体转向来球方向，保持击球前的姿势。

(3) 跨步

动作方法：跨步前膝部弯曲，上体前倾，身体重心移至跨出的脚上。跨步时，一腿用力蹬地，另一腿向来球方向跨出一大步，后腿随重心前移自然跟上，两臂做好迎球动作。

(4) 跑步

动作方法：跑步时，一脚蹬地起动，另一脚迅速向前迈出，两脚交替进行，两臂配合摆动，不要过早做击球动作的准备，以免影响跑步速度。球在侧方或后方时，应边转身观察球边跑。

3. 准备姿势与移动技术的练习方法示例

准备姿势与移动技术的练习方法示例

练习环节	练习方法示例
准备姿势的徒手练习	①学生试做准备姿势； ②学生分成两排面对面站立，一排做动作，另一排纠正对方错误动作，两排学生互教互学； ③学生听教师口令或看教师信号做动作
移动的徒手练习	①学生徒手试做各种移动步法，体会完整动作； ②学生由半蹲准备姿势开始，根据教师手势做各种步法的左右快速移动； ③两人一组，相对站立，一人随意做各种移动步法，另一人跟随着做同方向的移动

练习环节	练习方法示例
结合球的练习	①两人一组，相距2～3米，做好准备姿势，一人向各个方向抛球，另一人移动后把球接住再抛回，连续进行一定次数后两人交换； ②两人一组，相距4～5米，一人向各个方向抛球，另一人移动对准球后用头将球顶回，规定完成若干次后互换； ③两人一组，相距6～7米，各持一球，两人同时把球滚向对方体侧3米左右处，移动接住后再滚给对方，如此往复进行

考点2 传球

利用全身的协调力量并通过手指、手腕的弹力，将球传至一定目标的击球动作称为传球。传球是排球运动中一项重要的基本技术，是组织进攻战术的基础。

1. 正面传球

面对目标的传球称为正面传球。**正面传球是排球传球中最基本的传球技术**，是掌握和运用其他各种传球技术的基础。

正面传球的动作方法：

(1)准备姿势。采用稍蹲准备姿势，上体稍挺起，仰头看球，两手自然抬起，屈肘，放松置于额前。

(2)迎球动作。当来球接近额前时，开始蹬地、伸膝、伸臂，手指微张从脸前向前上方迎出。全身各部位动作应协调一致。

(3)击球点。在额前上方约一球距离处。

(4)手型。手触球时，十指应自然张开使两手成半球状，手腕稍后仰，以拇指内侧、食指全部、中指的二、三指节触球的后下部，无名指和小指在球两侧辅助控制球的方向。两拇指相对近似于"一"字形。

(5)用力方法。在迎球动作的基础上，在手和球即将接触前，手腕和手指要有前屈迎球的动作，当手和球接触时，各大关节应继续伸展，最后用手指、手腕的弹力将球击出。

1　2　3　4

正面传球示意图

真题面对面

1. [2022 湖北统考，单，2分]排球最基本的传球技术是(　　)

A. 侧传　　B. 背传　　C. 跳传　　D. 正面传球

答案：D。正面传球是排球传球中最基本的传球技术，是掌握和运用其他各种传球技术的基础。

2. [2022 山西临汾洪洞县，单，1分]排球正面双手传球，击球点应保持在额前上方约(　　)的位置。

A. 一臂　　B. 两臂　　C. 一球　　D. 两球

答案：C。

2. 背传

背对传球目标的传球动作称为背传。背传是传球技术中的一种基本方法，在比赛中运用较多。

背传的动作方法：

(1)准备姿势。上体比正面传球时稍后仰，双手自然抬起置于额前。

(2)迎球动作。抬臂、挺胸、上体后屈。

(3)击球点。在头上方，比正面传球偏后。

(4)手型。与正面传球相同，但触球时手腕要稍后仰，掌心向上，拇指托在球下，击球的下部。

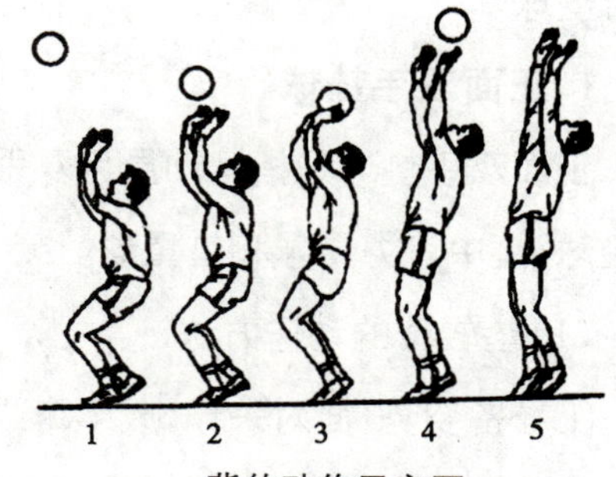

背传动作示意图

(5)用力方法。利用蹬腿、展体、抬臂、伸肘和手指、手腕的弹力，把球向后上方传出。

3. 侧传

身体侧对传球目标的传球称为侧传。

侧传的动作方法：侧传的准备姿势、手型及迎球动作同正面传球，但击球点应偏向传出方向一侧。迎球时，通过下肢蹬地使身体重心向上伸展，上体和双臂向传球方向一侧伸展。异侧手臂动作的幅度要大些，伸展的速度也应快些，以双臂和上体侧屈的协调动作将球传出。

4. 传球技术的练习方法示例

传球技术的练习方法示例

练习环节	练习方法示例
徒手模仿练习	①原地传球模仿练习； ②两人一组，模仿练习
原地传球练习	①每人一球，向自己额前上方抛球练习； ②原地自传练习； ③对墙自传练习
移动传球练习	①每人一球，行进间自传练习； ②每人一球，向前、后、左、右移动传球练习； ③两人一组，一抛一传练习
背传球练习	①每人一球，自抛背传练习； ②三人一组，背传练习：3 人各相隔 3 米左右，两边人抛球或传球，中间人背传球；
调整传球练习	①两人一组相距 6 米在网前，用调整传球动作传高弧度球练习； ②移动调整传球练习：4 号位传球至 5 号位，5 号位传球至 6 号位，1 号位移动至 6 号位将球调整到 4 号位
跳传球练习	①每人一球，对墙连续跳传球练习； ②两人一组，连续面对面跳传球练习

考点3　垫球

用除手指弹击动作外的身体任何部位击球的动作称为垫球。垫球是排球的基本技术之一，最常用的是前臂垫球。

1. 正面双手垫球

正面双手垫球是指运动员用双手在腹前将球垫起的动作方法。正面双手垫球按来球力量大小可分为垫轻球、垫中等力量球和垫重球。

(1)垫轻球的动作方法

①准备姿势：面对来球，成半蹲或稍蹲准备姿势站立。

②垫球手型：两手掌根相靠，两手手指重叠，手掌互握，两拇指平行向前，手腕下压，两前臂外翻成一个平面。

③垫球动作：当球飞到腹前约一臂距离时，两臂夹紧前伸，插入球下，同时配合蹬地、跟腰、提肩、顶肘、压腕、抬臂等全身协调动作迎向来球，身体重心随着击球动作向前上方移动。

④击球点：保持在腹前高度。

⑤球触手臂部位和击球部位：用前臂的手腕关节以上10厘米左右的两小臂桡骨内侧所构成的平面击球的后下部。

⑥击球后动作：在击球瞬间，两臂要保持稳定，身体重心继续协调地向抬臂方向伴送球。垫击动作结束后，立即松开双臂做好下一动作的准备。

(2)垫中等力量球

动作方法：准备姿势、击球点和手型与垫轻球相同。由于来球有一定力量，手臂迎击球动作的速度要放慢，手臂要适当放松，主要靠来球本身的反弹力将球垫起。击球时，要运用蹬地、跟腰、提肩、压腕、向前抬臂的动作击球的后下部。

(3)垫重球

动作方法：采用半蹲或低蹲准备姿势，两臂放松置于腹前。击球时，由于来球速度快、力量大，触球后球体自身的反弹力也大，因此不但不能主动用力迎击来球，还应采用含胸收腹的动作，帮助手臂随球后撤并适当放松肌肉，以缓冲来球力量。同时，用手臂和手腕动作来控制垫球的方向和角度。击球的手型和部位，应根据来球的情况而作变动。当击球点稍高并靠近身体时，仍可用前臂垫球；当击球点低且距身体较远时，就要用屈肘翘腕的动作把球垫在手腕部位的虎口处。

真题面对面

[2021 浙江杭州，解答题，5分]请简述排球正面双手垫球的技术动作要领。

参考答案：参见上文。

2. 体侧双手垫球

在身体侧面用双手垫球的动作方法称为体侧双手垫球。体侧双手垫球的特点是伸臂动作快，控制范围大，但不易控制垫球方向，准确性不如正面垫球。

动作方法：右侧垫球时，先以左脚前脚掌内侧蹬地，右脚向右跨出一步，重心移至右脚，保持两膝弯曲，同时，两臂向右侧伸出，右臂高于左臂，左肩微向下倾斜。击球时，用左转体和收腹的动作，配合提肩抬臂，在身体右侧稍前的位置截住来球，用两前臂垫击球的后下部。左侧垫球时，以相反方向的动作击球。

3. 背向双手垫球

背对垫球目标，从体前向背后双手垫球的动作方法称为背向双手垫球。一般在接应同伴起球后，球飞得较远而又无法正面垫球时，以及须将球处理过网时运用较多。其特点是垫击点较高，准确性稍差。

动作方法：背向垫球时，要判断好来球的方向，快速移动到球的落点处，背对垫出球的方向，两臂夹紧伸直。击球时，用蹬地、抬头、挺胸、展腹和上体后仰的动作带动两臂向后上方摆动抬送，以前臂触球的前下方，将球向后上方击出。背垫的击球点一般应在肩前上方。

4. 垫球技术的练习方法示例

垫球技术的练习方法示例

练习环节	练习方法示例
徒手模仿练习	①双手叠掌或抱拳互握的垫球手形练习； ②结合半蹲准备姿势的原地集体徒手模仿垫球练习；③原地或移动的徒手垫球动作练习
结合球的练习	①击固定球练习； ②抛垫球练习； ③对墙垫球练习
结合移动的练习	①移动自垫球练习； ②两人或三人一组，一人抛球，另一人或两人轮流向各个方向移动垫球练习； ③三人一组跑动垫球或四人一组三角移动垫球练习
结合接发球的练习	①两人一组相距 8 米，先一抛一垫练习，再过渡到一人下手或上手发球，一人接发球练习； ②三人隔网或不隔网，一发一垫一传练习
结合接扣球、吊球的练习	①两人一组，一扣一防练习； ②三人一组，一扣一防一传练习； ③轮流连续接扣球练习

考点4　发球

1 号位队员在发球区用一只手或手臂将自己抛起的球直接击入对方场区的技术动作称为发球。

真题面对面

[2019 安徽统考，单，1 分] 排球比赛中，发球队员所在的位置是（　　）

A. 1 号位　　B. 2 号位　　C. 3 号位　　D. 4 号位

答案：A。

1. 正面上手发球

正面上手发球是指发球队员面对球网站立，利用收腹转体动作带动手臂加速挥动，在头的右前上方用全手掌击球过网的发球方法。这种发球击球点高，可以充分利用胸腹和上肢的爆发力，加之运用手掌的推压动作使球呈上旋飞行，不易出界，因此它具有较大的攻击性和准确性。

正面上手发球

正面上手发球的动作方法：

(1)准备姿势。面对球网，两脚自然开立，左脚在前，左手托球于体前。

(2)抛球与引臂。左手将球平稳地抛于右肩的前上方，高度适中，同时右臂抬起，屈肘后引，肘与肩平，上体稍向右侧转动，抬头、挺胸、展腹、手掌自然张开。

(3)挥臂击球。利用蹬地，使上体向左转动，同时收腹，带动手臂向前上方快速挥动。在右肩前上方伸至手臂的最高点处，用全掌击球的后中下部。击球时，手指和手掌要张开与球吻合，手腕要迅速做推压动作，使击出的球呈上旋飞行。击球后，随着重心前移，迅速入场。

2. 正面下手发球

正面下手发球是指发球队员面对球网，手臂由后下方向前摆动，在体前腹部高度击球过网的发球方法。其特点是动作简单，容易掌握，准确性大。由于击球点低，球速慢，攻击性不强，这种发球方法适合初学者。初学者学习这种技术后，有利于进行接发球练习和教学比赛。

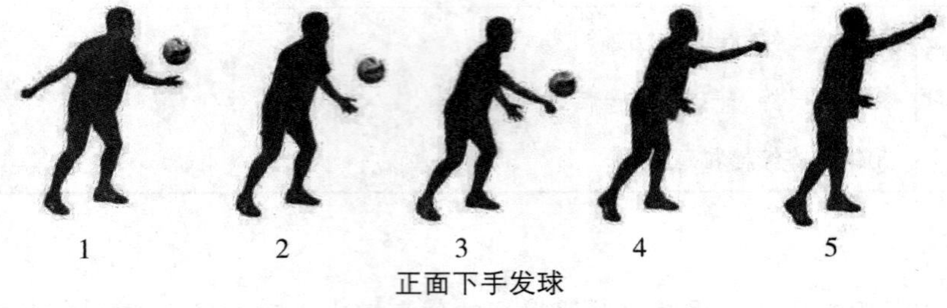

正面下手发球

正面下手发球的动作方法：

(1)准备姿势。面对球网，两脚前后开立，左脚在前，两膝弯曲，上体前倾，左手持球置于腹前。

(2)抛球。左手将球轻轻抛起在体前右侧，球离手约一球高度，同时右臂伸直，以肩为轴向后摆。

(3)击球。右脚蹬地，身体重心随着右臂由后向前摆动而前移，在腹前以掌根或鱼际部位击球后下部。击球后，随击球动作重心前移，迅速进场比赛。

排球正面下手发球的易犯错误与纠正方法

易犯错误	纠正方法
发球不过网	①多做增强臂力的练习，提高臂力，反复做抛球、挥臂、击球的模仿练习，体会动作的连贯性、协调性； ②鼓励学生根据自己的实际能力，选择发球位置
击球不准	①反复练习抛球，要求将球控制在一定高度； ②练习中，教师反复强调击球时机和击球部位，即球下落至腹前上方时击球，用掌根或虎口击球的后下方

真题面对面

[2023 江苏南通启东市，论述，7 分]请你谈一谈排球正面下手发球时易犯错误一般有哪些？采用哪些手段或方法加以纠正？

参考答案：参见上文。

3. 侧面下手发球

侧面下手发球的发球动作较简单，容易掌握，可借助转体力量来击球，便于用力，适合于女子初学者。侧面下手发球失误少，但攻击性不强。

侧面下手发球

侧面下手发球的动作方法：

(1)准备姿势。左肩对网，两脚左右开立，约与肩同宽，两膝微屈，上体稍前倾，重心落在两脚之间，左手持球置于腹前。

(2)抛球。左手将球平稳上抛于胸前，距身体约一臂远，球离手高度约一个半球。抛球同时，右臂摆至右侧后下方。

(3)挥臂击球。利用右脚蹬地向左转体的力量，带动右臂向前上方摆动，在腹前用全掌、虎口或掌根击球后下方。击球后，身体转向球网，并顺势进场。

4. 正面上手发飘球

正面上手发飘球是指采用近似正面上手发球的形式，使发出的球不旋转、不规则地飘晃飞行的一种发球方法。

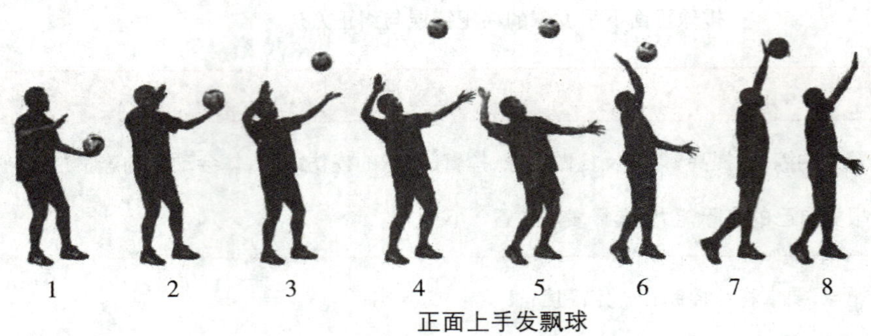

正面上手发飘球

正面上手发飘球的动作方法：

（1）准备姿势。近似正面上手发球，但左手持球的位置较高，约在胸前。所站位置离端线的距离变化较大，可站在靠近端线处，也可站在离端线8米左右处发球。

（2）抛球与引臂。左手将球平稳地抛在右肩前上方，高度应稍低于正面上手发球，并稍靠前些。在抛球的同时，右臂上举后引，肘部适当弯曲，并高于肩，两眼盯住球的击球部位。

（3）挥臂击球。与正面上手发球一样做鞭甩动作，但击球前手臂的挥动轨迹不呈弧形，而是自后向前作直线运动。击球时五指并拢，手腕稍后仰，用掌根的坚实平面击球的中下部，使作用力通过球体重心。击球用力要快速，击球面积要小，触球瞬间，手指、手腕要紧张，不加推压动作。击球结束，手臂要有突停动作。

5. 发球技术的练习方法示例

发球技术的练习方法示例

练习环节	练习方法示例
徒手模仿练习	①徒手模仿发球挥臂动作练习； ②徒手做抛球挥臂击球动作练习
抛球练习	①原地抛球手法练习； ②固定目标的抛球练习； ③做抛球、抬臂和引臂的配合练习
击固定球练习	①模仿发球挥臂动作击固定球练习； ②击固定球或吊球练习； ③两人对击练习
抛击结合练习	①抛球与挥臂击球练习； ②对墙或挡网做抛球与挥臂击球练习； ③两人站在两条边线上对发练习
巩固和提高发球技术的练习	①巩固发球练习； ②发球准确性练习； ③发球攻击性练习

考点5 扣球

扣球是排球的基本技术之一，是跳起在空中将高于球网上沿的球有力地击入对方场区的一种击球方法。

1. 正面扣球

正面扣球是扣球技术中最基本的一种方法。由于面对球网，便于观察，故准确性较高，进攻效果较好。初学者必须掌握好正面扣球技术后，再学习其他扣球技术。

正面扣球的动作方法：

(1)准备姿势。扣球助跑前采用稍蹲姿势，两臂自然下垂，站在离网3米左右处。身体转向来球方向，观察来球，做好向各个方向助跑起跳的准备。

(2)助跑。助跑开始时，左脚先向前迈出一步，紧接着右脚再快速跨出一大步，左脚及时并上，踏在右脚之前，两脚尖稍向右转。两臂绕体侧向上引摆。

(3)起跳。在助跑跨出最后一步(即第二步)，左脚并上踏地制动的同时，两臂自后向前积极摆动，随着双脚蹬地向上起跳，两臂配合起跳有力地向上摆动。

(4)空中击球。起跳后，挺胸展腹，上体稍向右转，右臂向后上方抬起，身体成反弓形。挥臂时，以迅速转体、收腹动作发力，依次带动肩、肘、腕各部位关节向前上方成鞭甩动作挥动。击球时，五指微张，以掌心为主，全掌包满球，在手臂伸直最高点的前上方击球的后中部，同时主动用力屈腕、屈指向前推压，使扣出的球呈上旋状。

(5)落地。落地时，以两脚前脚掌先着地再迅速过渡到全脚掌着地，同时顺势屈膝、收腹，以缓冲下落的力量，并立即做好下一个动作的准备。

真题面对面

[2021 湖南长沙望城区，单，1分]排球中，队员跳起在空中，用力将本场区上空高于球网的球拍击进入对方场区的球是(　　)

A. 扣球　　B. 垫球

C. 传球　　D. 发球

答案：A。扣球是跳起在空中将高于球网上沿的球有力地击入对方场区的一种击球方法。故选A。

2. 扣近体快球 新增

扣球队员在二传队员体前或体侧约一臂距离处扣的快球叫近体快球。这种快球一般在一传到位而靠近网的情况下进行，动作方法与正面扣球大致相同，特点是二传距离短、速度快、节奏快，因而实扣效果和掩护作用好。

3. 扣短平快球 新增

在二传队员体前2~3米处，扣二传队员传来的快速平弧度球，称为扣短平快球。由于这种球飞行速度快、弧度平，因而进攻节奏快，进攻区域宽，有利于避开拦网。

真题面对面

[2023 安徽统考,判断,1 分]排球扣球队员在二传队员体前 3 ~4 米,扣其传来的快速平弧度球称近体快球。(　　)

答案:×。扣球队员在二传队员体前或体侧约一臂距离处扣的快球叫近体快球。故题干表述错误。

4. 扣球技术的练习方法示例

扣球技术的练习方法示例

练习环节	练习方法示例
助跑起跳练习	①原地双脚起跳练习; ②一步或两步助跑起跳练习; ③两人一组,模仿练习
扣球挥臂动作的击球手法练习	①徒手模仿扣球挥臂练习; ②扣固定球练习; ③自抛自扣练习; ④扣抛球练习
完整扣球练习	①4 号位扣球练习; ②结合一传的扣球练习; ③个人跑步扣球或结合"边二三"进攻战术的扣球练习

考点6　拦网

靠近球网的队员,将手伸向高于球网处阻挡对方来球的行动,称为拦网。

1. 单人拦网

单人拦网的动作方法:

(1)准备姿势。队员面对球网,两脚左右开立,约与肩同宽,距网 30 ~40 厘米,两膝微屈,两臂屈肘置于胸前。

(2)移动。常用的步法有一步、并步、交叉步、跑步等。

(3)起跳。原地起跳时,两腿屈膝,重心降低,随即用力蹬地,两臂以肩发力,在体侧近身处,做划弧前后摆动,帮助身体迅速跳起。移动后的起跳,其起跳动作与原地起跳一样,但要注意制动并使移动与起跳动作紧密衔接。

(4)空中动作。起跳时,两手从额前沿球网向上方伸出,两臂伸直并保持平行,两肩上提。拦网时,两臂应伸过网去接近球。两手自然张开,屈指、屈腕成半球状,当手触球时,两手要突然紧张,手腕下压盖在球的前上方。

(5)落地。拦球后,要做含胸动作,以保持身体平衡。手臂要先后摆或上提,从网上收回至本方上空,再屈肘向下收臂,以免触网。与此同时屈膝缓冲,双脚落地,随即转身面向后场,准备接应来球或做下一个准备动作。

2. 集体拦网

(1)双人拦网。由前排两名队员互相靠近，同时起跳组成的拦网，称为双人拦网。双人拦网是集体拦网的一种，也是比赛中最常用的一种拦网形式，主要在对方大力扣球时采用。拦网的技术动作与单人拦网相同。

(2)三人拦网。三人拦网是集体拦网的一种形式，一般在对方扣球进攻力强、路线变化多，而且很少轻扣和吊球时才采用。三人拦网的动作方法与双人拦网相似。其关键在于迅速移动，取位恰当，配合密切。

3. 拦网技术的练习方法示例

拦网技术的练习方法示例

练习环节	练习方法示例
拦网手型练习	①徒手模仿练习； ②原地扣拦练习； ③原地结合低网一扣一拦练习
移动起跳拦网练习	①网前原地起跳拦网练习； ②网前左右移动一步起跳拦网练习； ③隔网盯人移动拦网练习
结合球的拦网练习	①一抛一拦练习； ②拦固定线路的扣球； ③拦对方 4 号位或 2 号位的扣球练习
集体拦网练习	①双人原地起跳配合拦网练习； ②双人移动后配合拦网练习； ③结合各种进攻扣球的双人拦网练习

三、排球的基本战术 【选择】 ★★

考点1 阵容配备

阵容配备的基本形式有以下两种：

1. “四二”配备

“四二”配备由四名进攻队员(两名主攻队员与两名副攻队员)和两名二传队员组成，他们分别站在对角的位置上。这样每个轮次前后排都能保持有一名二传队员、两名进攻队员，便于组织和发挥本队的攻击力量。目前，在水平一般的球队中，采用这种配备形式的较多。

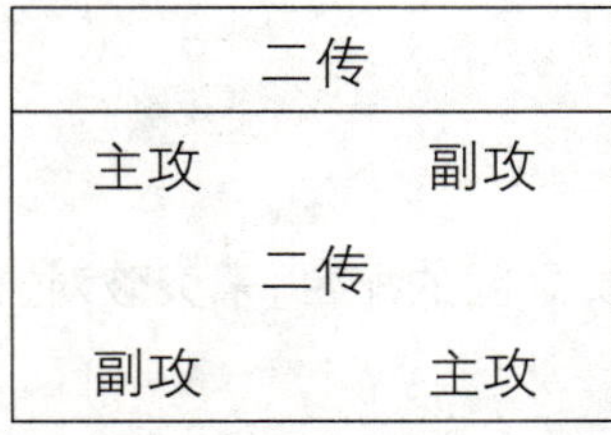

“四二”配备

2. “五一”配备

“五一”配备由五名进攻队员和一名二传队员组成。队员位置的站位与“四二”配备基本相同。五名进攻队员中的其中一名作为接应二传。接应二传在主二传队员来不及传球时承担传球任务，但主要还是承担进攻任务。目前，在水平较高的队中普遍采用这种配备形式。当二传轮转到后排时，可采用插上进攻的形式，组织前排进行三点进攻。

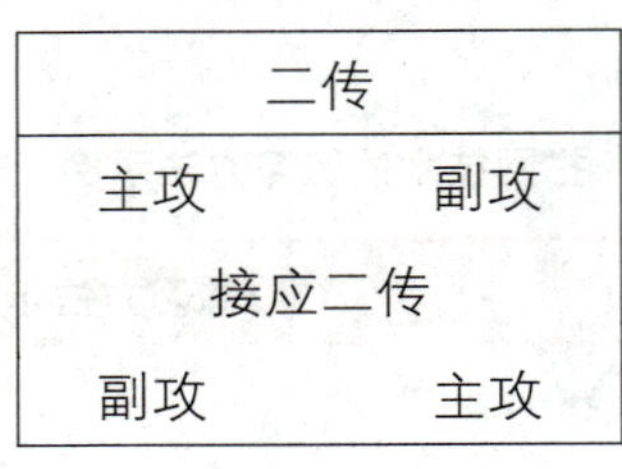

“五一”配备

考点2　个人战术

(1)发球个人战术

发球技术不受对方和同伴的制约，也没有集体配合的问题，全凭个人技术和个人战术的作用。在观察和分析对方的具体情况后，有针对性地采用不同的发球战术，可以取得先发制人的效果。

(2)一传个人战术

一传个人战术的基本任务是在第一次接对方来球时，为了组成本队的进攻战术而采用有目的、有意识的击球动作。由于各种进攻战术对一传的要求不同，所以一传的方向、弧度、速度、落点也不一样。

(3)二传个人战术

二传个人战术的基本任务是有效地组织进攻战术，给扣球队员创造有利的进攻条件，突破对方的拦网。

(4)扣球个人战术

扣球个人战术的任务是扣球队员根据比赛中对方拦网和防守的情况，选择合理的扣球技术和路线，更有效地突破对方的防御。

(5)拦网个人战术

拦网个人战术的任务是拦网队员根据对方扣球的情况，利用时间、空间等变化因素，采用不同手法，达到阻拦对方进攻的目的。

(6)接扣球防守的个人战术

接扣球防守个人战术的任务是队员在防守时，选择最有利的位置，并采用合理的接球动作，按战术要求把球防起。

考点3　集体战术

集体战术是指在比赛中，通过几个队员之间的配合，来突破对方的防守或克制对方的进攻。

1. 进攻战术

(1)“中二三”进攻战术(又称“中一二”进攻战术)：由前排一名队员在**3**号位担任二传，其他队员将来球垫传给二传队员,再由二传队员将球传给4号位、2号位或后排队员进行扣球的进攻战术。"中一二"进攻战术的优点是简单易学,容易掌握。由于二传手在中间,传垫球较容易,有利于组织进攻,适合初学者采用。缺点是变化少,进攻意图容易被对方识破。

(2)"边二三"进攻战术(又称"边一二"进攻战术):由前排一名队员在**2号位担任二传**,其他队员将球传给二传队员,再由二传队员将球传给3号位、4号位或后排队员进行扣球的进攻形式。

(3)"插三二"进攻战术(又称"插上"进攻战术):由后排任意一名队员插到前排担任二传,将球传给前排三名队员或后排两名队员进行扣球的进攻形式。"插三二"进攻战术有三种基本站位,即1号位插上、6号位插上、5号位插上。高水平的队多采用"插三二"进攻战术,因为"插三二"进攻战术更具有突然性和攻击性。

真题面对面

1.[2023江苏南通启东市,单,1分]"边一二"进攻战术由前排一名队员在(　　)号位担任二传,将球传给同队其他队员进行进攻的战术配合方法。

A. 1　　B. 2　　C. 3　　D. 4

答案:B。

2.[2023安徽统考,单,1分]排球比赛中,由3号位队员担任二传,将球传给4号位、2号位或后排队员进行扣球的进攻战术是(　　)

A."中三二"进攻战术　　B."边二三"进攻战术

C."中二三"进攻战术　　D."插三二"进攻战术

答案:C。

2. 进攻打法

排球进攻打法

进攻打法是指在排球比赛中,一传队员、二传队员与扣球队员之间所进行的各种进攻战术配合的方法,其目的是避开对方的拦网、突破对方的防线、争取主动。进攻打法可以分为强攻、快攻、两次及其转移进攻、立体进攻等。此处仅介绍强攻和快攻。

(1)强攻

①四号位强攻。四号位强攻是排球进攻战术中最基本、最方便实施的战术。因为对于右手选手来说,在四号位扣球,最方便发力和变化。手臂是自然挥舞,力量损失小,起跳之后的视线最开阔,而且符合右手选手的助跑习惯。四号位强攻涉及排球基本所有的发力部位和要素,对身体力量素质的要求极高。

②二号位强攻。二号位强攻和四号位强攻一样,都可以打出有力量、速度快的强攻,但由于多数运动员是右手打球,在二号位扣球时,不好控制击球点和击球时机。因此,通常认为二号位比四号位强攻能力弱。但随着排球战术的发展,二号位不仅有强攻,还有各种各样的快攻手段。

③调整进攻。当接对方来球一传不到位，球的落点离网较远，无法组成预定的战术时，由二传手或其他队员把球高弧度传起（调整传球），从而给同伴创造扣球进攻的机会，称为“调整进攻”。这一战术传球的弧度高、线路长、进攻点较明显，使对方容易有足够的时间来组织双人或三人集体拦网。但扣球队员如果能采用打手出界、吊球、快抹、过渡板等方法来突破对方的拦网，仍具有相当大的威力。因此，这对进攻队员（一般为主攻手）提出了较高的技术要求。

④轻打和吊球。轻打和吊球也属扣球的一种。因为前期过程是一样的，只是在扣球的瞬间，改扣为轻打或吊球，整个动作与大力扣球有一致性。

（2）快攻

①近体快。近体快球是快攻中最常见的一种。扣球队员助跑至二传手身边，在二传手还没有出手之前跳起，待二传手将球传送到网口时，扣球队员快速挥臂甩腕击球，将刚刚传出网口的球扣入对方场区。由于近体快球的传球距离短，所以速度快，节奏快，与队友配合也有很强的掩护作用。

②短平快。短平快是快球的一种。扣球队员和二传手相距 1.5 ~2.0 米，在二传手传球的同时或二传手出手前起跳并挥臂截击平飞过来的球，扣球方法与近体快相同。

③单脚背溜。单脚背溜是现代排球中（特别是女排）广泛采用的一种二号位快攻战术，扣球队员绕到二传手身后单脚起跳扣球。

考点4　防守战术

排球防守战术根据比赛中不同来球的情况可以将其分为接发球、接扣球、接拦回球和接传垫球防守战术。

（1）**“边跟进”防守阵形**：双人拦网的“边跟进”防守阵形也称“1、5 号位跟进”防守阵形。其优点是对防守对方大力扣杀有利；缺点是球场中间空隙较大，容易形成“心空”；防守对方直线进攻的能力减弱。

（2）**“心跟进”防守阵形**：这种阵形也称为“6 号位跟进”防守。其优点是对防吊球和防拦起球有利，也便于接应和组织进攻；缺点是后场空隙较大，容易形成空当。

四、排球的竞赛规则　【选择、判断、填空】★★★

1. 比赛场地

· 比赛场地为对称的长方形，包括比赛场区和无障碍区。

· 比赛场区为长 18 米、宽 9 米的长方形，其四周至少有 3 米宽的无障碍区。

· 比赛场区上空的无障碍空间从地面量起至少高 7 米。

· 国际排联、世界和正式比赛，比赛场区边线外的无障碍区宽应 5 米，端线外的无障碍区宽应 6.5 米。比赛场地上空的无障碍空间从地面量起至少高 12.5 米。

· 所有的界线宽 5 厘米，其颜色应该是与地面以及其他画线不同的浅色。

· 两条边线和两条端线划定了比赛场区。边线和端线均包括在比赛场区面积之内。

· 每个场区各画一条距离中线中心线 3 米的进攻线。

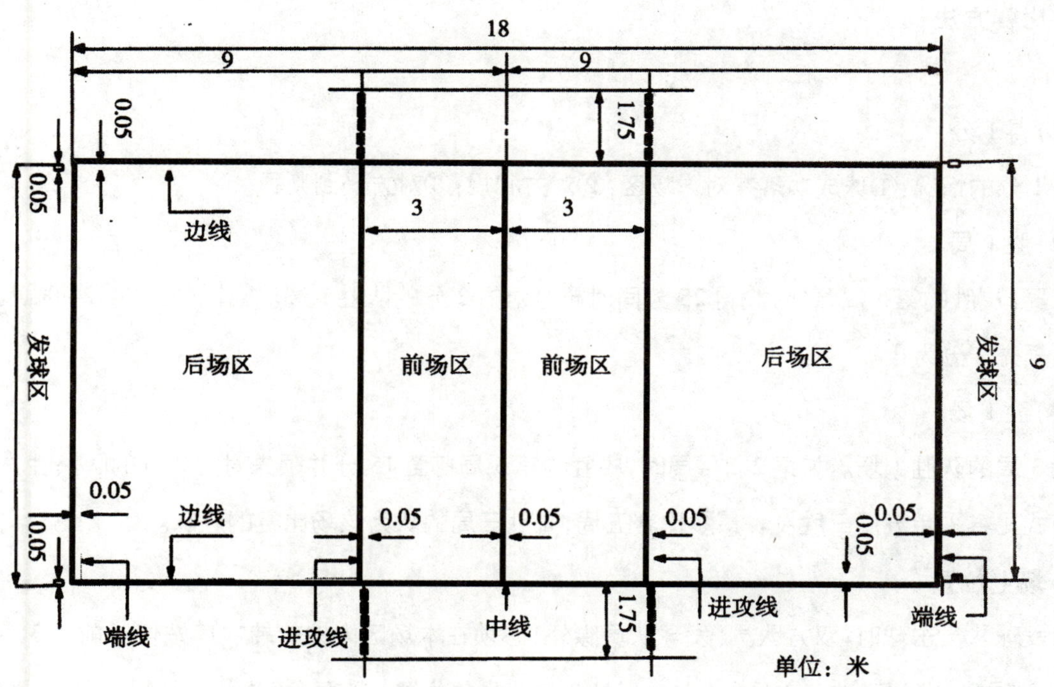

排球比赛场地示意图

真题面对面

1.［2023 山西特岗，单，1 分］标准排球场的长和宽分别是（　　）

A. 28 米和 14 米　　B. 28 米和 15 米

C. 18 米和 9 米　　D. 18 米和 8 米

答案：C。

2.［2021 湖南特岗，判断，2 分］在排球比赛中，进攻限制线距离中线 5 米。（　　）

答案：×。在排球比赛中，进攻限制线距离中线 3 米。

2. 球网

（1）球网高度

球网架设在中线上空，高度为男子 2.43 米、女子 2.24 米。

（2）标志杆

标志杆是有韧性的两根杆子，长 1.8 米，直径 10 毫米。两根标志杆分别设置在标志带外沿球网的不同侧面。标志杆高出球网 80 厘米。

3. 球

比赛用球是圆形的，其颜色可以是一色的浅色或是彩色。

球的圆周为 65 ~ 67 厘米，球的重量为 260 ~ 280 克。

4. 比赛参加者

一个队最多有 12 名队员，另加 1 名教练员，最多两名助理教练员，1 名理疗师和 1 名医生。

5. 比赛方法

比赛采用每球得分制，胜一球即得一分。

(1)得1分

得1分的情况：①球成功落在对方场区；②对方犯规；③对方受到判罚。

(2)胜1局

每局(决胜的第5局除外)先得25分同时超过对方2分的队胜1局。当比分为24:24时，比赛继续进行至某队领先2分为止。

(3)胜1场

胜3局的队胜1场。如果2:2平局时，决胜的第5局打至15分并领先对方2分的队获胜。

正式比赛采用五局三胜制。最多比赛五局，先胜三局的队为该场比赛的胜队。

6. 场上位置

在发球队员击球时，双方队员(发球队员除外)必须在本场区内按轮转次序站位。前排3名队员的位置为4号位(左)、3号位(中)、2号位(右)，后排3名队员的位置为5号位(左)、6号位(中)、1号位(右)。

真题面对面

[2022 安徽统考，判断，1分]排球比赛中，前排队员应位于1、2、3号位。(　　)

答案：×。排球比赛中，前排位置为4、3、2号位，后排位置为5、6、1号位。

7. 发球与发球轮换

(1)发球

发球队员必须在第1裁判员鸣哨允许发球后8秒内将球发出。

(2)发球轮换

接发球队获得发球权后，该队队员必须按顺时针方向轮转1个位置(2号位队员转至1号位，1号位队员转至6号位等)，如果一方连续得分则不用轮换。

真题面对面

1. [2023 山西特岗，判断，1分]排球比赛中，获得发球权的队，6名队员可以任意方向轮转一个位置。(　　)

答案：×。

2. [2021 湖南特岗，单，2分]排球比赛中，一方连续得分，该方运动员场上位置应(　　)

A. 顺时针轮转　　B. 逆时针轮转

C. 不轮转　　D. 前后排轮转

答案：C。排球比赛中，如果一方连续得分，则该方运动员场上位置不轮换。

8. 比赛间断

间断是完整的比赛过程后至下一次裁判员鸣哨发球之间的时间。正常比赛间断只有"暂停"和"换人"。每局比赛中,每队最多可以请求两次暂停和 6 人次换人。只有教练员或教练员缺席时场上队长可以请求正常比赛间断。

(1)暂停

①所有被请求的暂停时间均为 30 秒钟。

②国际排联、世界和正式比赛第 1 ~4 局中,每局另外有两次时间各为 60 秒的技术暂停,每当领先队达到 8 分和 16 分时自动执行。

③决胜局(第 5 局)没有技术暂停,每队可以请求时间各为 30 秒钟的两次正常暂停。

④所有的暂停,比赛队员必须离开比赛场区,到球队席附近的无障碍区。

(2)换人

①当一名受伤队员被强制替换时,教练员或场上队长须做出换人手势。

②每局开始阵容中的队员,在同一局中可以退出比赛和再上场 1 次,而且只能回到原阵容的位置。

③替补队员每局只能上场比赛 1 次,替换开始阵容的队员,而且他只能由被他替换下场的队员来替换。自由人除外。

9. 局间休息

所有局间休息均为 3 分钟。

局间休息用于交换场区和在记录表上登记球队的阵容。

应比赛主办者或组织者的要求,第 2、3 局之间的休息时间可延长至 10 分钟。

10. 界内球

任何时间,球的任何部分触及比赛场区地面包括界线为界内球。

11. 界外球

(1)球接触地面的部分完全在界线以外。

(2)球触及场外物体、天花板或非场上比赛队员的人员。

(3)球触及标志杆、网绳、网柱或球网标志带以外部分。

(4)球的整体或部分从过网区以外过网。

(5)球的整体从网下空间穿过。

12. 比赛犯规

(1)发球犯规

发球犯规包括发球次序错误、发球区外发球、发球 8 秒犯规、发球时球未抛起或持球手未撤离。

(2)击球时的犯规

击球时的犯规包括四次击球、持球、连击、借助击球。

①四次击球：一个队连续触球四次（拦网一次除外）为四次击球犯规。

②持球：规则规定，球必须被击出，不得接住或抛出，击出的球可以向任何方向弹出。

③连击：一名队员连续击球两次或球连续触及身体的不同部位为连击犯规（拦网一次除外）。

④借助击球：队员在比赛场地以内借助同伴或任何物体的支持进行击球，为借助击球犯规。

真题面对面

[2021 山西特岗，填空，1 分] 排球比赛中，某队员击球时将球接住或抛出，裁判员判该队员________犯规。

答案：持球

（3）拦网犯规

拦网犯规包括过网拦网犯规、**后排队员拦网犯规**、拦对方的发球、拦网出界、从标志杆以外伸入对方空间拦网。

真题面对面

[2023 江苏南通启东市，单，1 分] 排球比赛中，对后排队员的限制有（　　）

A. 传球　　B. 垫球　　C. 拦网　　D. 扣球

答案：C。

（4）对延误比赛的判罚

在一场比赛中，对一个队的成员的第 1 次延误比赛，给予“延误警告”。若该队员造成不论任何类型的第 2 次以及其后的延误比赛，都给予“延误判罚”，失 1 分并由对方发球。

（5）对球队成员不良行为的判罚

①粗鲁行为：违背道德原则和文明举止，有侮辱性行为。第一次，判该队失一球；同一队员在一场比赛中的第二次，判罚出场；第三次，取消比赛资格。

②冒犯行为：诽谤、侮辱的言语或形态。第一次，罚离开比赛场地一局；同一队员一场比赛中的第二次，取消比赛资格。

③侵犯行为：人身侵犯或企图侵犯。直接判罚取消比赛资格。

13. 不良行为的种类与红黄牌的使用

（1）警告：不处罚，但要口头警告或出示黄牌。

（2）判罚：出示红牌。

（3）判罚出场：单手出示红牌 + 黄牌。

（4）取消比赛资格：双手分别出示红牌 + 黄牌。

14. 自由防守队员

“自由防守队员”或“自由人”是国际排联于 1996 年世界女排大奖赛中试行的一项规则，称为自由球员。

自由防守队员的功能是加强防守达到平衡攻守的效果。自由防守队员的规则如下：(1)球队可以没有自由防守队员，但最多只能登记2人。国际排联、世界和正式的成年比赛中，如果记录表中登记的队员人数超过12人，则名单中必须有2名自由防守队员。(2)一队在比赛时只能有一位自由防守队员在场上。(3)自由防守队员必须身着与其他同队球员明显不同颜色的球衣。(4)自由防守队员的替换不计入普通球员的替换次数(不记录)。(5)记录表须注明自由防守队员。(6)自由球员不得发球或轮转至前排，并且不得拦网或企图拦网。(7)作为受限制的后排队员，不可以在任何位置上(包括场区和无障碍区)完成球整体高于球网上沿的进攻性击球。(8)如果自由防守队员在前场区进行上手传球，其他队员在球的整体高于球网上沿的情况下不能进行进攻性击球，同样的传球行为在进攻区之外无妨。(9)自由球员不得为球队队长。

真题面对面

[2022 安徽统考，判断，1 分]排球比赛中，自由人可以参与拦网。(　　)

答案：×。排球比赛中，自由人不可以参与拦网。

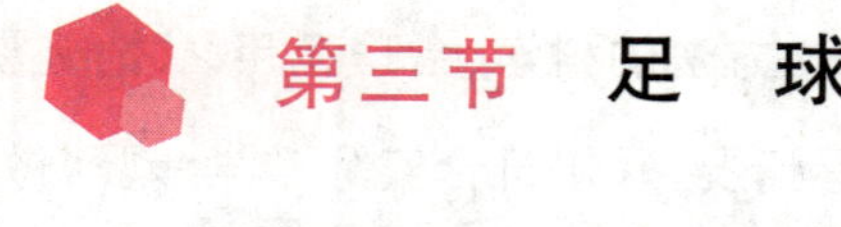

第三节　足　球

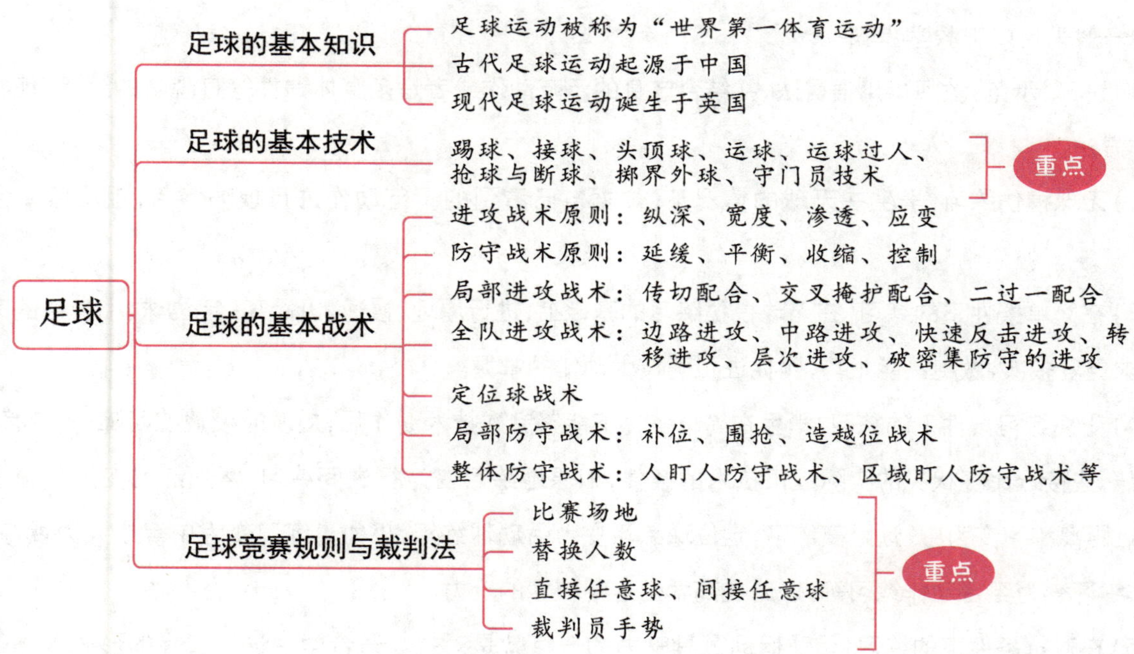

一、足球的基本知识 【选择、简答】 ★★

足球运动是世界上开展最广泛、影响最巨大的体育运动项目之一，被称为“世界第一体育运动”。

1. 足球运动的起源

古代足球运动起源于中国。据史书记载，我国早在春秋战国时期，就有了足球运动，当时被称为“蹴鞠”或“蹋鞠”。2004年，国际足联副秘书长热罗姆·项帕涅宣布：足球起源于中国的“蹴鞠”。2004年，在北京第三届中国国际足球博览会开幕式上，国际足联和亚洲足联一致认同：中国是足球的故乡，中国山东淄博是足球最早的发源地。

现代足球运动诞生于英国。1863 年，英格兰足球协会成立。1904 年 5 月 21 日，国际足球协会联合会（简称国际足联）在法国巴黎正式成立。1930 年起，每四年举办一次的世界足球锦标赛（又称世界杯足球赛）取消了对职业运动员的限制。国际足联是国际奥委会的单项组织之一，它举办的重大比赛有四年一届的世界杯足球赛、奥运会足球赛、世界青年足球锦标赛和女子世界杯足球赛，还有许多洲际比赛。

真题面对面

[2020 江西统考，单，1 分]足球发源于中国，古代称为“蹴鞠”，而现代足球运动的起源地是（　　）

A. 英国　　B. 德国

C. 巴西　　D. 丹麦

答案：A。现代足球运动诞生于英国。

2. 足球教学中常用的教学步骤

教师在教学过程中除了要注重教学方法的科学、合理运用之外，还要十分注意教学步骤的实施。要根据不同年龄、不同运动能力学生的实际情况，采用符合实际教学步骤，做到由浅入深、由易到难、循序渐进。教学中一般采用以下教学步骤：

（1）讲解、示范：教师运用语言法，并结合亲身的示范动作或者是多媒体课件等直观法的运用，使学生明确动作方法。

（2）无球模仿练习：学生在无球的情况下，依据自己看到的示范动作进行模仿练习，粗略地体会动作过程。

（3）在简单条件下的练习：在无球模仿练习的基础上，进行原地、慢速、近距离、定位球、小力量的有球练习，要求重复多次，做到熟能生巧，以促进正确技术动作的掌握。

（4）变换练习条件下的练习：学生在简单条件下能够完成技术动作后，应及时设置练习障碍，变换条件，即设置一些接近比赛状况的实际运用技术的条件，如原地练习变为行进间练习，慢速练习变为中速或快速练习，近距离练习变为中、远距离练习，定位球练习变为活动球练习，小力量练习变为中等或大力量练习，单个动作练习变为组合动作练习等，以此提高学生运用技术的能力。

（5）在对抗条件下的练习：足球运动最具魅力的一点就是对抗。适合学生进行实际的形式多样的对抗性练习，可以调动学生的学习热情，提高学生的学习兴趣。需要注意的是，对抗程度要适当，一般都是由消极对抗逐步过渡到积极对抗。

（6）在竞技比赛和游戏中运用所学技能：学习技术的最终目的还是要加以实际运用。学生在实战或游戏中如果能够成功地用上自己所学到的技术，便会获得一种成就感和满足感。因此，教师应该在教学过程中根据学生的实际情况注意安排一些教学比赛和具有对抗性质的游戏活动，鼓励学生多运用自己所学到的技术和技能。

真题面对面

[2020 福建统考,简答,5 分]简述足球教学中常用的教学步骤。

参考答案:参见上文。

二、足球的基本技术 【选择、判断、简答】 ★★★

足球的基本技术主要包括踢球、接球、头顶球、运球、掷界外球等。足球技术按实战技术可分为进攻技术和防守技术。进攻技术包括接控球、运球过人、传球和射门。防守技术包括争顶球、断球、铲球、堵截、抢球。

考点1 踢球

踢球是运动员有目的地用脚的某一部位把球击向预定目标的技术动作。踢球技术是足球比赛活动中运用得比较多的技术手段。其表现形式为**传球和射门**两种。

踢球脚法有很多,动作要领和方法也不尽相同。但不论哪一种踢球技术,其完整的动作过程都包括助跑→支撑脚站位→踢球腿摆动→脚击球→随前动作 5 个技术环节。其中,支撑脚站位→踢球腿摆动→脚击球 3 个环节是决定踢球力量及准确性的重要环节。

①**助跑**是为了获得身体前移的速度和调整人与球的位置与方向的关系,以选择适当的支撑脚的位置,为准确地踢球和增大踢球力量创造条件。

②**支撑脚站位**的主要作用是维持身体在踢球过程中的平衡,保证摆踢发力动作的顺利完成。

③**踢球腿摆动**是踢球的主要力量来源,摆动的幅度越大,摆动速度越快,力量就越大。

④**脚击球**是踢球技术的核心,是**决定出球质量的关键**,它包括击球部位、击球时间和击球动作等因素。

⑤**随前动作**可以对尚未达到最高速度的球起进一步加速的作用,同时有助于**控制出球方向的稳定**。

真题面对面

1. [2023 江苏南通启东市,单,1 分]足球踢球的主要表现形式是(　　)

A. 过人　　B. 传球和破坏球

C. 射门　　D. 传球和射门

答案:D。踢球的主要表现形式为传球和射门两种。

2. [2023 江苏南通启东市,单,1 分]足球踢球技术中随前动作的作用有助于(　　)

A. 减力　　B. 控制出球方向的稳定

C. 保持身体平衡　　D. 加大踢球力度

答案:B。

3.[2022 安徽统考,单,1 分]足球踢球时,决定出球质量的关键是(　　)

A. 助跑　　　　B. 脚击球

C. 支撑脚站位　　　　D. 踢球腿摆动

答案:B。脚击球是踢球技术的核心,是决定出球质量的关键。

1. 脚内侧踢球(又称脚弓踢球)

(1)场上运用

常用于踢定位球、短中距离的传球、近距离的射门、罚点球、直接踢来自不同方向的地滚球、空中球。脚内侧是踢球时最常使用的部位,它触球的面积比脚的其他部位都大,这使得在踢球时可以更容易地控制球。因此,脚内侧踢球是进行短距离传球和射门的理想方法。

脚内侧踢球示意图

(2)动作要点

①踢定位球:直线助跑,支撑脚踏在球侧,膝关节微屈,脚趾指向出球方向。踢球腿以髋关节为轴由后向前摆动,膝踝关节外展,脚尖稍翘,以脚内侧对准来球,当膝关节摆至接近球体上方时,小腿加速前摆。击球刹那,脚跟前顶,脚型固定,用脚内侧击球的**后中部**。

②踢地滚球:要考虑来球的速度、方向以及摆腿的时间,来调整支撑脚的选位,保证踢球腿能顺利地摆踢发力。

③踢弧线球:小腿略呈弧线摆击,用内侧蹭踢球的侧面,使球侧旋运行。

④踢空中球:大腿要抬起,小腿应拖后,利用小腿加速前摆击球,抬腿的高度和摆腿的时间应与来球速度相对应,并根据出球的目标调整击球部位。

⑤踢反弹球:根据来球落点,及时移动到位,支撑脚的站位应与落点保持在踢定位球时支撑脚与球的相对位置。踢球腿摆动与踢定位球时相同。在球着地后刚弹离地面的瞬间用脚内侧击球的中部。

真题面对面

[2021 湖南特岗,单,2 分]足球脚内侧踢定位球时,应击球的(　　)

A. 侧中部　　　　B. 侧下部

C. 后中部　　　　D. 后上部

答案:C。足球脚内侧踢定位球时,应击球的后中部。

（3）易犯错误与纠正方法

脚内侧踢球的易犯错误与纠正方法

易犯错误	纠正方法
①踢球腿膝、踝关节外展角度不够，脚趾没勾翘，击球脚型不正确，影响击球效果； ②踢球腿直腿摆击球，出球乏力； ③支撑脚位置靠后，击球刹那，脚型不固定，出球不顺畅	①可进行分解练习或无球模仿练习，也可结合固定球进行练习； ②在练习中强调支撑腿最后一步跨出的距离，使腿后摆充分伸展，膝关节放松； ③踢定位球时，确定支撑脚的支撑点，运用敲击的方式固定脚型

2. 脚背内侧踢球

（1）场上运用

脚背内侧踢球时腿的摆动幅度大，摆速快，踢球的力量大，助跑方向、支撑脚选位灵活性较大，出球的方向变化幅度较大，多用于踢定位球（平直球、弧线球）、过顶球、中长传、转身踢球及中远距离的射门。

脚背内侧踢球示意图

（2）动作要点

①踢定位球：**斜线助跑**，助跑方向与出球方向约成45度角，支撑脚踏在球侧后，屈膝脚尖指向出球方向，身体稍向支撑脚一侧倾斜，支撑脚一侧的肩部侧对出球方向，支撑脚着地的同时，踢球腿以髋关节为轴，大腿带动小腿由后向前摆动，当膝关节摆至接近球的内侧正上方时，小腿加速前摆，脚尖稍外展，脚趾扣紧，以脚背内侧击球的后中部，踢球后踢球腿随球前摆落地。

②踢弧线球：如踢内弧线球，击球点在球的后外侧，击球刹那，踝关节内旋发力，脚趾勾翘，使球内旋并呈弧线运行。

（3）易犯错误与纠正方法

脚背内侧踢球的易犯错误与纠正方法

易犯错误	纠正方法
①支撑脚选位不当，脚趾没对准出球方向，影响摆踢动作的完成； ②击球刹那，膝关节不向前顶送，而是顺势内拐，出球呈侧内旋； ③踢球腿后摆动作紧张，影响前摆速度，击球发力不足； ④支撑脚偏后，击球时上体后仰，出球偏高	①进行助跑后的模仿踢球练习，体会支撑脚的位置，注意身体的协调配合； ②在练习中，增大支撑腿最后一步跨出的距离，使后摆腿充分伸展，膝关节前顶，放松做随前动作； ③踢内弧线球时，强调触球的正确部位，踢球脚翘起，向出球方向顺势前摆

3. 脚背正面踢球

(1) 场上运用

脚背正面踢球的特点是踢球腿的摆幅相对较大，摆速快，踢球的力量大，出球的性能变化小，出球方向比较单一。比赛中，适用于远距离的发球和大力射门。

脚背正面踢球示意图

(2) 动作要点

①踢定位球：**直线助跑**，支撑脚的最后一步稍大并积极着地，踏在球侧，脚尖正对出球方向，膝关节微屈，踢球腿在支撑脚着地的同时，以髋关节为轴，大腿带动小腿由后向前摆，在膝关节摆至球垂直上方的瞬间，小腿做爆发式前摆，脚背绷直，脚趾扣紧，以脚背的正面击球的后中部。击球后，踢球腿顺势前摆落地。

②踢反弹球：要准确判断来球落点、反弹时间和角度，选好支撑脚的位置，在球落地时，踢球腿小腿加速前摆抢点击球，在球反弹离地时击球的后中部。

③踢空中球：支撑脚的选位要稍远，以使踢球腿能顺利摆踢发力为原则，并可根据来球高度和出球目的选用抽击、弹击或摆击等踢球方法。

(3) 易犯错误与纠正方法

脚背正面踢球的易犯错误与纠正方法

易犯错误	纠正方法
①支撑脚选位不当，影响摆踢发力和击球效果； ②击球刹那，脚型不稳，脚尖上挑，影响出球力量和方向； ③踢球腿摆踢路线不直，身体后仰，膝关节没有顺势上提，出球方向不正，将球踢高	①进行徒手模仿练习，在强调支撑脚位置的同时，采用分解动作和固定球的方式，体会动作； ②在练习中固定脚型，稳固脚的击球部位，增大支撑腿最后一步跨出的距离，使后摆腿充分伸展，膝关节放松； ③强调用中等以下力量击球，控制击球点，运用敲击的方式固定脚型，使踢出的球低、平、直

4. 脚背外侧踢球

(1) 场上运用

脚背外侧踢球的特点是预摆动作小、出脚快，能利用膝、踝关节的灵活变化改变出球方向和性质，具有一定的隐蔽性，是一种具有较强实用性的技术，同时也是一种较难掌握的踢球技术。比赛中，脚背外侧踢球常用于各种距离的传球、射门和“二过一”战术配合。

脚背外侧踢球示意图

(2)动作要点

①踢定位球：脚背外侧踢球的动作方法类似脚背正面踢球，只是摆踢时，脚面绷直，脚趾向内扣紧并斜下指，用脚背外侧击球的后中部，击球后，踢球腿顺势前摆着地。

②踢地滚球：对踢球腿同侧的来球多用直线助跑，对异侧来球则多用斜线助跑，支撑脚要适当提前选位着地，其他动作则类似踢定位球。

③踢外弧线球：支撑脚踏在球侧后方，踢球腿略呈弧形摆踢，作用力方向与出球方向约成45°，击球点在球内侧后部，脚型同踢定位球。击球后，踢球脚向支撑脚侧斜摆，以加大球的外旋力量。

(3)易犯错误与纠正方法

脚背外侧踢球的易犯错误与纠正方法

易犯错误	纠正方法
①支撑脚选位不当，影响摆踢发力； ②摆腿时髋关节内转或直腿击球，击球发力不足； ③膝、踝关节旋内不够，影响击球的准确性和前摆速度，击球发力不足； ④击球刹那，脚型不稳，脚尖上撩，出球不稳	①进行模仿踢球练习，确定支撑脚的位置，或结合固定球的练习，注意体会触球点和脚的触球部位； ②在练习中，身体伸展，重心前移，使后摆腿充分伸展，强调击球后膝关节和踝关节固定； ③踢外弧线球时，强调触球的正确部位，踢球脚向前摆动时，脚尖向支撑脚一侧略微转动，膝关节前顶，向支撑腿一侧内旋，并放松做随前动作

5. 踢球技术的练习方法示例

踢球技术的练习方法示例

练习环节	练习方法示例
踢球基本方法练习	①无球模仿练习； ②踢固定球练习
踢地滚球练习	①可踢从正面、侧面或侧后方传来的球； ②可限定脚法，也可视来球任意选用脚法进行练习
踢空中球或反弹球练习	①自踢练习：对足球墙、足球网自抛自踢练习； ②两人配合抛踢练习：练习方式可从正面抛球，也可从侧面抛球
踢弧线球练习	①原地踢弧线球练习：不设防守队员“人墙”的练习； ②移动踢弧线球练习：设防守队员“人墙”的练习
传接球练习	两人进行原地或行进间传接球练习

续表

练习环节	练习方法示例
射门练习	①罚球区前横向或纵向运球过标志杆后射门练习; ②两人一组传球射门(长传或短传)练习; ③突破射门练习

考点2 接球

接球是指运动员在比赛中用规则允许的身体部位,即除手和手臂以外的脚、大腿、腹部、胸部、头等部位接球,运用推压、撤引等动作,将来球调整到有利于连接下一步动作(如传球、射门、带球等)的位置上。接球部位通常以脚为主,尤以脚弓和脚外侧使用最多。一个完整的接球动作应包括判断选位→接球前的支撑→触球动作→接球后跟进四个技术环节。

知识再拔高

常见的接球方式

比赛中常见的接球方式有以下几种:

(1)迎撤:是指以接球部位前迎来球,触球刹那向回引撤以缓冲来球力量的动作方法。

(2)压推:是压和推合二为一的连贯动作,多用于接反弹球。

(3)切挡:是指通过下切动作加快球的上旋速度,增大球与地面的摩擦阻力,使来球力量得到削弱,并利用接球部位挡住球路,从而达到控球的目的。

(4)拨转:是指拨球与转体连贯合一的动作过程。

(5)收挺:收是指身体或接球部位的后缩动作,具有引撤缓冲动作的功效;挺是指身体或接球部位呈一定的角度主动迎球推送的动作,其作用是通过向上改变来球方向以达到控球目的。该动作多用于接空中球。

1. 脚内侧接球

(1)场上运用

脚内侧接球比较容易掌握。由于脚内侧接触球的面积较大,容易停稳,并且便于改变方向和结合下一个动作,可以用来接地滚球、反弹球和空中球。

(2)动作要点

①脚内侧接地滚球:判断来球的速度和方向,及时调整身体正对来球,观察周围情况,选好支撑脚位置,膝关节微屈。接球脚根据来球的状态相应提起,膝、踝关节旋外,脚趾稍翘,用脚内侧对准来球。触球刹那,接球部位做相应的引撤或变向接球,将球控在所需要的位置上。

②脚内侧接反弹球:选择最佳支撑脚的位置,同时身体要跟上,接球腿小腿与地面形成一定的夹角,向下做压推动作时,膝关节要领先,小腿留在后面。

③脚内侧接空中球：选择最佳支撑脚的位置，根据来球确定接球动作的方向，接球腿要屈膝抬起，可根据需要采取引撤或切挡动作，接球落地后，应随即将球在地面控制住或控制在下一个动作的准备中。

2. 脚掌接球

(1)场上运用

由于脚掌接触球的面积大，容易将球停稳，因此在比赛中常用于接迎面地滚球或反弹球。

(2)动作要点

①脚掌接地滚球：支撑脚站在球的侧后方，膝关节微屈，脚尖正对来球，同时停球脚提起，膝关节自然弯曲，脚尖翘起高过脚跟，踝关节放松，用前脚掌触球的中上部，还可以根据下一个动作需要用脚掌推球或拉球。

②脚掌接反弹球：接反弹球时，支撑脚踏在球落点的侧后方，当球着地的瞬间，用前脚掌对准球的反弹路线，触球的后上部。

3. 大腿接球

(1)场上运用

大腿接球技术的特点是接触球部位面积大，而且大腿肌肉丰厚有弹性，所以该动作简单易做，适用于接有一定弧度的高球。

(2)动作要点

①大腿接高落球：面对来球，接球腿屈膝上抬，以大腿中前部对准下落的球，肌肉适当放松，在大腿与球接触的瞬间，大腿迅速撤引挡球，使球落于衔接下一个动作需要的位置上。

②大腿接低平球(该球高度不过腰间)：面对来球，接球以大腿中部对准来球，肌肉适当放松，屈膝稍前迎。当大腿与球接触的瞬间，快速后撤挡球，使球落在衔接下一个动作需要的位置上。

真题面对面

[2021 湖南长沙望城区，单，1 分]简单易做、适用于接有弧度的停球是(　　)

A. 脚掌接球　　B. 脚背正面接球

C. 大腿接球　　D. 胸部接球

答案：C。大腿接球技术简单易做，适用于接有一定弧度的高球。

4. 胸部接球

(1)场上运用

胸部接球有挺胸式接球和缩胸式接球两种方法。由于胸部的面积较大，有弹性，位置高，因此在比赛中能接高球和空中平直球。

(2)动作要点

①挺胸式接球：要判断来球的落点，选择适当的接球位置，接球时，身体正对来球，两腿自然开立，膝微屈，两臂自然放置在体侧，上体稍后仰与来球形成一定的角度。触球刹那，胸部主动挺送，使球触胸后向前

上方弹起落于体前。

②缩胸式接球：适用于接齐胸的平直球。缩胸式接球与挺胸式接球的动作差异在于触球刹那。当球接近时，将手臂向后放并张开胸部。当球触胸瞬间，迅速收腹、缩胸，缓冲来球的力量，使球落于体前。

5. 接球技术的练习方法示例

接球技术的练习方法示例

练习环节	练习方法示例
基本部位接球练习	①自抛自接练习； ②在相互传球过程中进行多个部位的接球练习
停地滚球、接空中球练习	①原地接球练习； ②两侧移动接球练习； ③接球转身练习
接反弹球练习	①自抛自接练习； ②接不同弧度球练习

考点3 头顶球

头顶球是运动员有目的地用前额把球击向预定目标的动作。头顶球是一个自下而上全身协调发力的动作过程，它的动作结构主要包括以下 4 个环节：判断与选位→蹬地与摆动→头触球→触球后身体的控制。头顶球可分为额正面顶球和额侧面顶球两种。

1. 额正面顶球

额正面顶球是头顶球技术中最为常见的方式，其特点是触球部位平坦，动作发力顺畅，容易控制出球方向，准确性强，出球平稳有力。

(1) 动作要点

①原地顶球时，身体正对来球，两脚前后站立或平行站立，膝关节微屈，两眼注视来球，上体稍后仰，两臂自然张开，挺胸展腹，下颌收紧，顶球时，蹬地、收腹、摆体、顶送发力，当头摆至身体垂直部位时，用前额正面顶击球的后中部，顶击球瞬间，颈部肌肉保持紧张，顶球后继续前送，以便于控制出球的方向。

②转身顶球时，身体稍侧对来球，出球方向一侧的支撑脚靠前站立，以便转体发力。击球刹那，后脚用力向出球方向蹬转带动身体转动，当身体转向出球方向时加速摆体，用前额部顶击球。

③跳起顶球时，要选好起跳位置，两脚前后站立，维持身体平衡，掌握好起跳时机，起跳脚积极蹬跳发力，手臂协调向上提摆，以加强跳起力量。起跳后，挺胸展腹，形成背弓，两眼始终注视来球。跳至最高点时，迅速收腹摆体，下颌收紧，前额积极迎球顶送发力，顶球后屈膝缓冲落地时，看清球的飞行路线，以便进行下一步动作。

④鱼跃顶球时，要准确判断来球，掌握好起跳时机和击球点，利用积极后蹬使身体向前水平跃出，两臂微屈前伸，眼睛注视来球。利用身体的水平冲力将球顶出。击球后，两臂屈肘伸手撑地，随后胸、腹和大腿依次缓冲着地。

(2) 易犯错误与纠正方法

额正面顶球的易犯错误与纠正方法

易犯错误	纠正方法
①击球刹那闭眼缩颈，不是主动地用前额击球，而是被动地让球击打头部； ②击球时机掌握不好，使头在被动位击球，影响顶球发力的效果； ③上、下肢与身体的配合不协调，发力动作出现脱节和停顿； ④跳起顶球时，起跳点、起跳时机和击球时机掌握不好；腾空后对身体的控制能力差，影响顶球动作的质量和出球效果	①可采取本人持球，做主动击球练习，要求击球刹那不闭眼，找准前额的击球部位； ②进行徒手的模仿练习，体会上、下肢与身体的配合发力动作； ③自抛自顶或两人一抛一顶的配合练习，掌握击球时机，体会顶球发力的效果

2. 前额侧面顶球

在实际比赛中，运用该技术对球门的威胁很大。因为其特点是击球动作快捷，变换方向突然，顶出球的运行线路难以预测。但该动作难度较大，侧摆发力和出球方向较难控制，适用于应急时破坏球和门前的头球攻门。

(1) 动作要领

①原地顶球时，选择好击球的方向，身体稍侧对来球，两脚自然前后站立，击球一侧的支撑腿在前，身体稍向侧后微屈，重心落在后腿上，两臂自然张开，眼睛注视来球。顶击球时，后脚向击球方向猛力蹬伸，身体随之向出球方向转动侧摆，同时颈部侧甩发力，用额侧部将球击出。

②跳起顶球，类似额正面的跳顶，只是在起跳上升阶段，上体应向出球的相反方向侧屈转体。跳至最高点时，上体向出球一侧加速转动，摆体侧甩，可利用脚的侧下方蹬地，加快侧摆速度，用额侧部将球顶出。

(2) 易犯错误与纠正方法

前额侧面顶球的易犯错误与纠正方法

易犯错误	纠正方法
①支撑脚站位不当，不能充分利用腰腹力量发力击球； ②身体侧屈转体和回转侧摆动作不协调，影响顶球发力的效果； ③起跳后，上、下肢与身体的配合不协调，发力动作出现脱节和停顿； ④起跳点和起跳时机掌握不好，影响顶球动作的质量和出球效果	①进行徒手的模仿练习，体会原地和跳起时上、下肢与身体的配合发力动作； ②可采取两人配合的练习，一抛一顶，掌握击球时机，体会转体时腰腹发力的效果

3. 头顶球技术的练习方法示例

头顶球技术的练习方法示例

练习环节	练习方法示例
模仿性练习	①原地无球模仿练习； ②跑动中无球模仿练习或跳起无球模仿练习

续表

练习环节	练习方法示例
原地顶球练习	①自抛自顶练习; ②用额头正面顶同伴的手抛球练习; ③三人练习:B 将 A 抛来的球顶给 C,转身再将 C 抛来的球回顶给 A,三人交换练习
移动与跳起头顶球练习	①在移动中将正面和侧面抛来的球依次顶回练习; ②在移动中相互抛顶练习; ③跳起将同伴抛来的球顶回练习

考点4　运球

运球是指运动员在跑动中有目的地用脚连续**推拨球**的动作方法。

1. 运球的动作分析

运球技术包括**跑动**与**触球**两种要素。

(1)运球的跑动具有步幅小、频率快、重心低的基本特征。这种跑动方式有助于队员及时调整身体与球的位置关系,适应运球急停、变速和变向等需要。

(2)运球的触球动作是一种推拨式的触球,这种方式有助于队员在运球时,在力量、方向上对球进行有效的控制。

跑动与触球动作的协调转换和有序交替,便构成运球的动作过程。完成一次运球动作都要经历三个阶段:①支撑脚踏地蹬送阶段;②运球脚前摆触球阶段;③运球脚踏地支撑阶段。

真题面对面

1. [2021 安徽统考,判断,1 分]足球运球是指运动员在跑动中有目的地用脚连续踢球的动作方法。(　　)

答案:×。足球运球是指运动员在跑动中有目的地用脚连续推拨球的动作方法。

2. [2019 福建统考,简答,5 分]写出足球运球的两种要素。

参考答案:参见上文。

2. 运球的技术动作

(1)脚背正面运球

特点:直线推拨,速度快,但路线单一。多在前方纵深距离较长的情况下运用。

动作方法:运球跑动时身体自然放松,上体稍前倾,步幅稍小,两臂屈肘自然摆动。在运球脚提起时,膝关节微屈,脚跟提起,脚背绷紧,脚尖向下,在迈步前伸着地前,用脚背正面推拨球前进。

易犯错误:①运球脚触球时松动不稳定,难以控制运球的力量和方向。②膝、踝关节僵硬,变推拨为捅击动作,控制不住球。③支撑脚离球过远,推球后重心滞后,人球分离。

纠正方法:①可采取放慢运球速度的练习,固定触球脚的稳定性。反复练习并体会,步幅可小些,固定脚踝,掌握好蹬、摆用力方向。②放慢运球速度,要求按照蹬、摆、推拨的顺序,做完一次,向前慢跑两步,再做一次,反复练习并体会,在熟练的基础上扩大视野。

(2)脚背内侧运球

特点:运球动作幅度大,控球稳,虽不能加快速度,但是左右转换方向都很容易。主要适用于掩护性运球或运球变向,它是比赛中使用得最多的运球方法。

动作方法:跑动时身体自然放松,支撑脚落在球侧方,身体稍向支撑脚一侧倾斜,运球脚膝关节微屈,脚尖稍外转,用脚背内侧部位推拨球的后中部,拨球后运球脚及时落地支撑。

易犯错误:①身体重心过高或侧倾不够,影响对运球方向的控制。②触球时脚型不稳,影响控制效果。

纠正方法:①采用固定球练习,确定支撑脚的位置,进行反复练习,体会重心前移的动作要领。②在练习中,可放慢运球速度,固定脚型,强调推拨的动作顺序,体会如何控制运球方向。

(3)脚背外侧运球

特点:易于变化运球方向和发挥奔跑速度,还具有掩护球的作用。运用时灵活性、可变性强,运球形式可分为直线运球、弧线运球和转换方向运球。

动作方法:运球跑动时身体自然放松,上体稍前倾,两臂屈肘自然摆动,步幅稍小。运球脚提起,膝关节微屈,脚跟提起,脚尖稍内转。在迈步前伸着地前,用脚背外侧推拨球前进。

易犯错误:①运球脚直腿前摆,难以控制推拨力量。②膝、踝关节僵硬,影响控球效果。③身体重心偏高或后坐,影响重心跟进。

纠正方法:①在练习中,确定支撑脚的位置和触球脚的部位,进行走步式练习,体会动作要领。②在练习中,可变换运球方向,强调推拨的动作顺序。

(4)脚内侧运球

特点:与其他运球技术相比,速度最慢,容易控制,多用于掩护性运球或运球变向。

动作方法:运球时,支撑脚稍向前跨,踏在球的前侧方,膝关节稍弯曲,上体前倾向里转。随着身体向前移动,运球脚提起,用脚内侧推球的侧后中部。

易犯错误:①支撑脚选位不好,挡住球路或影响运球脚做动作。②推拨球时,踝关节松动或脚尖外转不够,影响控制运球的方向。

纠正方法:①在练习中,确定支撑脚的位置,进行走步式练习,体会动作要领。②在练习中,固定脚型,强调触球时脚尖外转。

3. 运球技术的练习方法示例

运球技术的练习方法示例

练习环节	练习方法示例
直线运球	①慢速用单脚推拨球前进，初步掌握之后再进行两只脚交替推拨球前进练习； ②直线变速运球：运球变速的距离可长可短，变化节奏可紧可缓
曲线运球	队员分成两组，各成一路纵队，分别站在中圈外的左侧和右侧，各组的排头按同一方向沿中圈运球，运球到起点把球交给本组的下一个同伴，然后跑到队尾依次循环
运球综合练习	①两人一组，每人一球，前面的人在运球中变向变速，后面的人运球模仿跟踪； ②两人一组，一人运球，另外一人做消极防守，运球者在运球中变向变速，防守的人封堵到位，但不抢球，只做各种防守动作来干扰控球队员的注意力

考点5　运球过人

1. 运球过人动作分析

运球过人是在运控球的基础上，根据战术需要以及对手的防守位置和重心变化情况，利用速度、方向或动作变化，获得时间和空间位置上的优势，从而突破防守的一种技术手段。运球过人从动作过程上大体可分为三个阶段，即逼近调动阶段、运球超越阶段、跟进保护阶段。

2. 运球过人的技术方法

①强行突破是指突然推球与快速起动相结合的动作越过对手的过人方法。

②运球假动作突破是指运球队员利用腿部、上体、头部虚晃或眼神，佯作传球或射门动作以迷惑对手，使其产生错误判断，从而乘机突破的过人方法。

③快速拉、扣、拨球突破是指以单、双脚快速拉、扣、拨球，不断变换运球方向，使对手很难判断运球突破的方向和时机。当对手在堵截中露出空当时，快速运球突破的过人方法。

④变速运球突破是指在侧身掩护运球的同时，利用运球速度的变化，达到摆脱位于自己侧面对手的目的的过人方法。

⑤穿裆球突破是指运球时如果对手从正面阻截、距离较近而又企图伸腿抢球时，可突然推球使其从防守者胯下穿过，并快速起动从防守者一侧越过，从而突破对手的过人方法。

⑥人球分过突破是指运球者和球分别从防守者的两侧越过的一种过人方法。

3. 运球过人的基本动作

①拨球。拨球是用脚踝的拨动动作，以脚背内侧或脚背外侧触球，使球向侧方或侧前方滚动。用脚背内侧拨球的动作叫“里拨”，用脚背外侧拨球的动作叫“外拨”。

②扣球。扣球是运动员突然转身和脚踝急转扣压动作，以脚背内侧或脚背外侧触球，使球向侧后方停下或改变运动方向。用脚背内侧扣球的动作叫“里扣”，用脚背外侧扣球的动作叫“外扣”。

③拉球。拉球是指用脚掌将球向前、向后或向左、向右做拖拉动作。

④挑球。挑球一般是用脚背部位与脚尖翘起上挑的动作或用脚背上撩的动作，使球向上改变方向，从对手身侧或头上越过。

4. 运球过人技术的练习方法示例

①一过一练习：两人一球，一人运球，一人消极防守，待熟练后，转为积极防守。

②一对一运球突破对抗练习：两人（A 和 B）相距 5 ~ 8 米，B 传球给 A 后迎上逼抢，A 接球后运球突破 B，突破后打开相应的距离。

考点6 抢球与断球

抢球是指防守队员将进攻队员控制的球直接争夺过来或破坏掉所做的动作方法。断球是指用规则所允许的动作，把对方队员间的传球截获的动作方法。

1. 正面抢球

（1）场上运用：正面抢球适用于对手正面运过来的球。

（2）动作要点

①正面跨步抢球：两脚前后开立，两膝微屈，身体重心落在两脚之间，面向对手。在对手运球脚触球即将着地或刚着地时，支撑脚用力蹬地，抢球脚以脚内侧对着球跨出，同时膝关节弯曲，上体前倾，身体重心迅速移至抢球脚上，另一脚立即前跨。如果双方的脚同时触球，则要顺势向上提起，使球从对方脚背滚过，同时身体重心迅速跟上，把球控制好。

②正面铲球：两脚前后开立，两膝弯曲，身体重心下降并落在两脚之间，面向对手。在对手运球脚触球即将着地或刚着地时，一脚立即用力后蹬，另一脚沿地面向前滑铲，同时上体侧转后仰倒地，接着蹬地脚迅速沿地面成弧形扫踢球，屈肘用手扶地或接着侧滚。

> **真题面对面**
>
> [2018 湖南湘潭，简答，5 分] 请简述足球技术中的正面铲球的动作要领。
>
> **参考答案：**参见上文。

2. 侧面合理冲撞抢球

（1）场上运用：侧面合理冲撞抢球是与运球者平行跑动或从后面追赶成平行时采用的方法。

（2）动作要点：当与对手并肩跑动时，身体重心稍下降，同对手接触一侧的手臂要紧贴身体。当对手靠近自己一侧的脚离地时，用肘关节以上、肩关节以下部位冲撞对手的相应部位，使其重心失去平衡离开球，乘机将球控制住。

3. 断球

断球是比赛中经常使用的动作，有踢断、顶断、铲断和接断等技术动作。凡是需要直接进行传、射等的断球，就需要用踢断、顶断、铲断动作来完成。凡是需要使球处于自己控制之下的断球，则必须使用接球动作来实现。同时还应对于对方的传球路线有预见性;对于对方传球的时间、力量、落点有迅速判断的能力;起动要迅速果断,不使对手有所准备。

4. 抢、断球技术的练习方法示例

抢、断球技术的练习方法示例

练习环节	练习方法示例
正面抢球练习	两人一组的攻守练习
侧面抢球练习	①跑动中或跳起做徒手冲撞练习; ②两人一组行进间交替运球和抢球练习
侧后抢球(铲球)练习	①一人一球,将球放在前面某一位置,练习者选择适当位置站立,原地蹬出做铲球动作练习; ②当基本掌握铲球动作后,练习者可将球沿地面缓慢抛出,自己追球将球铲掉,以体会如何对滚动的球实施铲球动作; ③一人直线运球前进,另一人由侧后追赶至适当位置看准时机进行铲球练习。运球者要给予适当的配合,使铲球者能在对手运球过程中体会铲球动作
断球练习	①行进间向左、右侧前交替做蹬、跨、断、抢模仿动作练习; ②从侧后方上前抢断同伴的传球练习

考点7 掷界外球

掷界外球是指运动员按规则的规定用双手将球掷入场内预定目标的动作方法。

1. 原地掷界外球

动作方法:面对场内出球方向,两脚前后或左右开立,膝关节弯曲,上体后仰呈背弓,重心移到后脚上(左右开立时,重心在两脚间),两手自然张开拇指相对,持球的侧后部,屈肘将球置于头后。掷球时,后脚用力蹬地,两腿迅速伸直快速摆体,同时两臂急速前摆。当球摆到头上时,用力甩腕将球掷入场内。掷球时,脚可沿地面向前滑动,但不得离地或踏入场内。

2. 助跑掷界外球

动作方法:助跑时,双手持球于胸前,在迈出最后一步时,上体后仰或背弓,同时两手持球,两脚前后开立。若助跑速度较快,在最后两步也可采用垫步的方法以控制身体向前的冲力。掷球动作同原地掷界外球。

考点8 守门员技术

守门员技术是指守门员围绕球门所采取的有效防御性动作和组织发动进攻时所采用的动作方法的总称。从守门员防守行动的过程来分析,可大致分为五个阶段:(1)观察判断;(2)移动选位;(3)准备姿势;(4)防守应答;(5)接球后的行动。

守门员的有球技术包括接球、扑球、拳击球、托球和发球等动作方法。其中,扑球可分为倒地侧扑扑球和跃起侧扑扑球(鱼跃扑球)两种。此处仅讲解倒地侧扑扑球。

倒地侧扑扑球的动作要领:扑两侧球时,首先要做好准备姿势,两眼注视来球,身体重心置于两腿之间,

两脚时刻准备蹬地,精力集中。扑球时,异侧脚内侧侧蹬发力,同侧脚屈膝迎球跨出,上体顺势压扑以加速重心的前移倒地,双臂同时迎出接球,腕关节稍内扣,用手掌挡压控球。触球后,屈臂收球于胸前,并快速抱球起身。侧倒过程以小腿、大腿、臀部、肩和手臂外侧顺序缓冲着地。

真题面对面

1. [2023 安徽统考,判断,1 分]足球守门员倒地侧扑接球的缓冲着地顺序依次为小腿、大腿、臂部、肩和手臂外侧。(　　)

答案:√。

2. [2021 湖南特岗,判断,2 分]足球技术包括传球、接球、运球、射门和守门。(　　)

答案:×。足球的基本技术主要包括踢球、接球、头顶球、运球、掷界外球等,传球不属于足球的基本技术。

三、足球的基本战术 【选择】★

考点1 攻防战术原则

1. 进攻战术原则

(1)纵深:主要指"深度",需要有前场队员有利的接应,为有球队员创造向前传球的机会,尽快将球向前推进。

(2)宽度:指利用场地拉开空间,拉开防守队员,为传球和突破创造机会。

(3)渗透:指在拉开深度和宽度的基础上,利用同伴的纵向或横向接应,实现向前场的推进。

(4)应变:进攻的结束阶段,是最关键的时刻,队员要能在复杂的条件下,快速应变,把握住机会完成射门。

2. 防守战术原则

(1)延缓:指快速地对有球队员和接应队员实施逼抢,防止对方有足够的空间和时间把球传向前场。

(2)平衡:指其他队员应尽快回收至相应的防守位置,对应防守,并侧重向有球区域的移动防守。

(3)收缩:指越靠近本方球门,防守队形越应压缩收紧,最大限度地压缩球门危险区域的进攻空间。

(4)控制:指对进入射程的有球队员和插上队员进行严密控制,盯紧逼牢,不给对方任何突破和射门的机会,并在逼抢和逼防时,防止不必要的犯规。

考点2 局部进攻战术

局部进攻战术是指进攻中两个或几个队员之间的配合方法,它是集体配合的基础。局部进攻战术的基本配合形式有传切配合、交叉配合掩护和二过一配合。

1. 传切配合

传切配合是指控球队员将球传给切入的进攻队员的配合方法,是局部进攻战术中运用最多的方法。传切配合的形式有局部传切和转移长传切入。

2. 交叉掩护配合

交叉掩护配合是指在局部地区两名进攻队员在运球交叉换位时，以自己的身体掩护同伴越过防守队员的配合方法。

3. 二过一配合

二过一配合是指在局部地区两名进攻队员通过两次连续传球配合，越过一名防守队员的配合方法。根据传球和跑位的路线，二过一配合的形式有斜传直插二过一、直传斜插二过一、斜传斜插二过一、回传反切二过一。

(1)斜传直插二过一配合：当防守队员身后有一定空当，防守队员距插入队员较近时，采用此种二过一配合效果较好。

(2)直传斜插二过一配合：当防守队员身后有较大空当或防守队员移向接应队员时，采用此种二过一配合效果较好。直传球力量要适当。

(3)斜传斜插二过一配合(踢墙式二过一)：当防守队员身后空隙较小或采用连续二过一时，采用此种二过一配合效果较好。

(4)回传反切二过一配合：当接应队员与控球队员有一定的纵深距离，而且防守队员贴身逼抢时，可主动向后扯动，拉出空当，采用此种二过一配合。

真题面对面

[2020 安徽统考，单，1 分]在足球运动中，当防守队员身后有一定空当，防守队员距插入队员较近时，易采用的进攻战术是(　　)

A. 直传斜插二过一配合　　　　B. 斜传直插二过一配合

C. 斜传斜插二过一配合　　　　D. 回传反切二过一配合

答案：B。

考点3　全队进攻战术

全队进攻战术是指比赛中一方获得球后，通过队员之间的传递配合达到射门的目的而采用的配合方法。与局部进攻战术相比较，全队进攻战术的进攻面比较广，参加进攻和快速反击的队员人数比较多。

(1)**边路进攻**：利用球场两侧地区发起进攻的方法。边路进攻是全队进攻战术的主要形式之一，其主要特点是有利于发挥进攻速度，打破对方防线制造缺口。

(2)**中路进攻**：利用球场中间区域组织的进攻。中路进攻虽然能直接射门，但是因为中路防守最为严密，所以进攻难度很大，若是一旦成功，则威胁效果也很大。

(3)**快速反击进攻**：比赛中当攻方进攻时，后卫线往往压至中场附近，防守人数也由于插上进攻和助攻而相对减少。此时如能抓住对方防区空隙较大和回防较慢的机会，乘其失球发动快速反击，往往能取得良好的效果。

（4）**转移进攻**：是指中路进攻受阻转移到边路组织进攻，或者边路进攻受阻转移到中路，或另一侧边路组织进攻。转移进攻的特点是充分利用场地的空间和足球比赛进攻没有时间和传球次数限制的规则，及时转移攻击点，迫使对方防线横向扯动，出现空当，从而成功地突破防线。

（5）**层次进攻**：是指在对方已组织好防守队形的情况下，所采用的有组织、有步骤、层层推进的一种进攻方式。层次进攻的特点是有较充裕的时间和随机选择的空间进行配合来寻找对方的防守漏洞，进行逐层突破，以获取进攻的成功率。

（6）**破密集防守的进攻**：是指针对对方全队收缩在后场，防守人员密集情况下的进攻配合。破密集防守的进攻方法：①拉开进攻的宽度；②传切配合；③运球突破；④“二过一”配合；⑤外围吊中；⑥插上远射；⑦任意球配合射门。

考点4　定位球战术

定位球战术是指在比赛中，利用“死球”后重新开始比赛的机会，组织进攻与防守配合的战术方法。它包括中圈开球、角球、任意球、点球、掷界外球等。

在势均力敌的高水平比赛中，定位球战术有时起决定胜负的作用，在配合上要利用简练的一次配合取得射门机会，配合越复杂成功率就越低，因此要进行专门性的练习，才能在比赛中奏效。

考点5　局部防守战术

（1）补位：是足球比赛中局部地区集体配合进行防守的一种方法。当防守过程中一个防守队员被对手突破时，另一个队员则应立即上前进行堵封。

（2）围抢：是指比赛中在某局部位置上，防守一方利用人数上的相对优势（通常是两三个队员）同时围堵对方的持球队员，以求在短暂时间内达到抢断或破坏对方进攻的目的。

（3）造越位战术：是利用规则而设计的一种防守战术，多用于防守定位球，是一种重要的防守手段。但由于其配合难度较大，搞不好会适得其反，让对手钻空子，因此往往被水平较高的球队所采纳，但在一场比赛中也不会多次运用。

考点6　整体防守战术

整体防守战术是指全队所采取的防守配合。整体防守战术按形式分为人盯人防守、区域盯人防守和混合盯人防守。

1. 人盯人防守战术

人盯人防守战术是指每个人专门盯防自己的防守对象，不交换防守对象，不受防守区域限制，后方队员间的保护主要由最后的拖后中卫进行区域保护和补位。通过压迫式的凶猛抢断来压制对手的进攻和技术优势，队员分工明确，对对方的限制力强，对防守球员的体能、意志、防守能力的要求高。

2. 区域盯人防守战术

区域盯人防守战术是指全队在防守时，层层设防，形成层层盯人加保护的整体防守体系。在区域防守体系中，每个队员在自己相对稳定的区域内进行盯人防守。对进入自己防守区域的对方队员实施盯人防守，当对方进攻队员交叉跑位到另一个防守区域时，我方防守队员和该区域防守队员交换防守任务，不越区盯人，不受对方的牵引。防守队员由在其身后的队员来保护和补位。当对方强行突破或无球跑动切入接球时，防守队员就要紧追盯防。

3. 混合盯人防守战术

混合盯人整体防守战术是人盯人防守和区域防守结合的一种防守形式，在某些区域实行人盯人防守，在某些区域实行区域盯人防守。对对方进攻组织者和主要得分手实行人盯人防守，限制他们的行动。

四、足球竞赛规则与裁判法 【选择、判断、填空】 ★★★

考点1 足球的竞赛规则

1. 比赛场地

(1)场地

比赛场地形状必须为长方形，且由不具危险性的连续标线标示。

两条较长的边界线为边线，两条较短的边界线为球门线。

比赛场地由一条连接两侧边线中点的中线划分为两个半场。

中线的中心位置为中点，以中点为圆心画一个半径为 9.15 米的圆圈。

可在比赛场地外，距角球弧 9.15 米处，分别做垂直于球门线和边线的标记。

所有标线宽度必须一致，且不得超过 12 厘米。球门线、球门柱和横梁的宽度必须一致。

场地长(边线)90～120 米，宽(球门线)45～90 米。竞赛方可以在长 100～110 米、宽 64～75 米的尺寸范围内规定球门线和边线的长度。

(2)球门区

从距两根球门柱内侧 5.5 米处，画两条垂直于球门线的标线。这两条标线向比赛场地内延伸 5.5 米，与一条平行于球门线的标线相连接。由这些标线和球门线围成的区域是球门区。

(3)罚球区

从距两根球门柱内侧 16.5 米处，画两条垂直于球门线的标线。这两条标线向比赛场地内延伸 16.5 米，与一条平行于球门线的标线相连接。由这些标线和球门线围成的区域是罚球区。

在每个罚球区内，距两根球门柱之间的中点 11 米处，设置一个罚球点。

在每个罚球区外，以罚球点为圆心，画一段半径为 9.15 米的圆弧。

(4)角球区

在比赛场地内，以各角旗杆为圆心，画一半径为 1 米的四分之一圆，这部分区域为角球区。

(5)旗杆

必须在比赛场地各角竖立高度不低于 1.5 米的平顶旗杆。

可在中线两端、边线外不少于 1 米处竖立旗杆。

(6) 技术区域

技术区域是指设在场地内，与比赛相关，供球队官员、替补队员和已替换下场的队员使用的有座席的区域。

(7) 球门

必须在两条球门线的中央，各放置一个球门。

球门由两根距角旗杆等距离的直立球门柱和一根连接球门柱顶部的水平横梁组成。球门柱和横梁必须由经批准的材料制成。其形状必须为正方形、矩形、圆形或椭圆形，且不具危险性。

两根球门柱内侧之间的距离为**7.32 米**，从横梁下沿至地面的距离为**2.44 米**。

球门柱和横梁颜色必须为白色，且宽度和厚度必须一致，不得超过 12 厘米。

真题面对面

[2022 山西临汾洪洞县，填空，2 分] 足球项目球门的宽是________米，高是________米。

答案：7.32；2.44

2. 球

所有比赛用球必须是球形，由合适的材料制成。

球的周长为 68 ~ 70 厘米，重量在比赛开始时为 410 ~ 450 克。

3. 队员

(1) 场上队员人数

一场比赛由两队参加，每队最多可有 11 名上场队员，其中 1 名必须为守门员。如果任何一队场上队员人数少于 7 人，则比赛不得开始或继续。

如果某队因 1 名或多名场上队员故意离开比赛场地，而造成队员人数少于 7 人，则裁判员不必停止比赛，可继续比赛，但随后比赛停止时，如果某队场上队员人数仍不足 7 人，则比赛不得恢复。

如果竞赛规程规定，在比赛开始前必须提交所有上场队员和替补队员名单，而一队以不足 11 名上场队员的情况开始比赛，则只有在提交名单内的上场队员和替补队员可在到达赛场后参加比赛。

(2) 替换人数

①正式赛事

国际足联、各洲际联合会或各国足球协会可决定在其正式赛事中可使用的替补队员人数，但最多不能超过**5 次替换**。涉及顶级联赛球队一队及国家队 A 队的男、女子赛事最多可进行 3 次替换。

竞赛规程必须明确：

- 可提名的替补队员人数，从 3 名到最多不超过 12 名。
- 如果比赛进行至加时赛，是否可以多使用一名替补队员（不论该球队是否已用完规定的换人名额）。

②其他比赛

在国家 A 队之间的比赛中，每队最多可使用 6 名替补队员。

其他所有比赛，遵从如下规定即可增加替换人数：

· 双方球队就替换人数上限达成一致。

· 比赛开始前告知裁判员。

如果赛前未告知裁判员、双方球队未达成一致，则每队最多可使用 6 名替补队员。

③替换程序

替补队员遵从如下规定方可进入比赛场地：a. 在比赛停止时；b. 从中线处；c. 被替换的队员已离开比赛场地；d. 在得到裁判员信号后。

真题面对面

1. [2023 江苏南通启东市，判断，0.5 分] 足球比赛中替换球员应从底线入场。(　　)

答案：×。足球比赛中替换球员应从中线入场而不是底线，故题干表述错误。

2. [2021 安徽统考，单，1 分] 国际足联主办的正式比赛中，每场比赛可以替补上场的队员人数最多为(　　)

A. 2 名　　B. 3 名　　C. 4 名　　D. 5 名

答案：D。

4. 比赛时间

(1) 比赛阶段

一场比赛分为两个 45 分钟相同时长的半场。依照竞赛规程，在比赛开始前经裁判员和双方球队同意后，方可缩短各半场比赛时长。

(2) 中场休息

队员享有中场休息的权利，休息时间不得超过 15 分钟。加时赛中场阶段可短暂补水(时长不超过一分钟)。竞赛规程必须明确中场休息的时长，在经裁判员许可的情况下方可调整中场休息时长。

(3) 罚球点球

如需执行罚球点球或重罚球点球，应延长该半场时长直至罚球点球程序完成。

5. 比赛的开始

一场比赛各半场、加时赛各半场、进球后均以开球恢复比赛。开球可直接射入对方球门得分，如果直接射入了本方球门，则判给对方角球。

开球的程序：

· 掷硬币猜中的一队决定上半场进攻方向或者开球。

· 根据以上情况，另一队在上半场开球或进攻方向。

· 上半场选择进攻方向的球队将在下半场开球。

· 下半场,双方球队交换半场和进攻方向。

· 当一队进球后,由另一队开球。

6. 比赛进行与停止

(1)比赛进行

所有其他时间,均为比赛进行中,包括球触及比赛官员以及从球门柱、横梁或角旗杆弹回,且仍在比赛场地内。

(2)比赛停止

当出现如下情况时,比赛即为停止:①球的整体从地面或空中越过球门线或边线;②裁判员停止了比赛。

7. 进球得分

当球的整体从球门柱之间及横梁下方越过球门线,且进球队未犯规或违规时,即为进球得分。

8. 越位

(1)越位位置

处于越位位置并不意味着构成越位犯规。

①如果队员的头、躯干或脚的任何部分处在对方半场(不包含中线),且头、躯干或脚的任何部分较球和对方倒数第二名队员更接近于对方球门线,判队员处于越位位置。

②如果队员与对方倒数第二名队员齐平或与对方最后两名队员齐平,判队员不处于越位位置。

(2)不存在越位犯规

如果队员直接从球门球或掷界外球或角球得球,不存在越位犯规。

(3)处罚

如果出现越位犯规,裁判员在越位发生的地点判罚间接任意球。

9. 犯规与不正当行为

只有在比赛进行中犯规或违规,才可判罚直接任意球或间接任意球,以及球点球。

(1)直接任意球

如果裁判员认为,一名场上队员草率地、鲁莽地或使用过分力量对对方队员实施如下犯规,则判罚直接任意球:①冲撞;②跳向;③踢或企图踢;④推搡;⑤打或企图打(包括用头顶撞);⑥用脚或其他部位抢截;⑦绊或企图绊。

(2)间接任意球

如果一名场上队员犯有如下行为时,则判罚间接任意球:①以危险方式进行比赛;②在没有身体接触的情况下阻碍对方行进;③以语言表示不满,使用攻击性、侮辱性或辱骂性的语言或动作,或其他口头的违规行为;④在守门员发球过程中,阻止守门员从手中发球、踢或准备踢球;⑤犯有规则中没有提及的,又需裁判员停止比赛予以警告或罚令出场的任何其他犯规。

知识再拔高

任意球

足球任意球可分为直接任意球和间接任意球。

(1)任意球的球进门

· 如果直接任意球直接踢入对方球门,则判为进球得分。

· 如果间接任意球直接踢入对方球门,则判为球门球。

· 如果直接或间接任意球直接踢入本方球门,则判为角球。

(2)任意球恢复比赛

在比赛恢复前,所有对方队员必须:

· 距球至少 9.15 米,除非他们已经处在本方球门柱之间的球门线上。

· 守方队员在本方罚球区内罚任意球时,处在罚球区外。

真题面对面

1. [2023 山西特岗,判断,1 分]足球比赛中,无论直接任意球还是间接任意球,在球未踢出之前,裁判罚一方队员必须离球 11 米之外。(　　)

答案:×。根据足球竞赛规则规定,足球比赛中,无论直接任意球还是间接任意球,在球未踢出之前,裁判罚一方队员至少离球 9.15 米之外。

2. [2021 山西特岗,填空,2 分]足球任意球共分两种,分别是________和________。

答案:间接任意球;直接任意球

(3)罚令出场的犯规

场上队员、替补队员或已替换下场的队员犯有如下行为时,应被罚令出场:①通过手球破坏对方球队进球或明显的进球得分机会(守门员在本方罚球区内除外);②通过可判罚任意球的犯规,破坏对方的进球或总体上朝犯规方球门方向移动的明显的进球得分机会;③严重犯规;④咬人或向任何人吐口水;⑤暴力行为;⑥使用攻击性、侮辱性或辱骂性的语言或动作;⑦在同一场比赛中得到第二次警告;⑧进入视频操作室。

(4)罚球点球

队员在本方罚球区内,被判有直接任意球的犯规,则判罚球点球。罚球点球可直接射入球门得分。

罚球点球的程序:①球必须放定在罚球点上;②必须清晰指定主罚的队员;③守方守门员必须停留在球门柱之间的球门线上,面向主罚队员直至球被踢出;④主罚队员和守门员以外的其他场上队员必须做到距离罚球点至少 9.15 米,在罚球点后,在比赛场地内,在罚球区外。

真题面对面

[2022 江西统考,单,1.5 分]足球罚球点球时应从(　　)踢出,必须明确主罚队员。

A. 任意点　　B. 界外　　C. 罚球点　　D. 罚球区外

答案:C。

(5)掷界外球

当球的整体从地面或空中越过边线时，由最后触球队员的对方掷界外球。界外球不能直接掷进球门得分：如果球直接掷入对方球门，判踢球门球；如果球直接掷入本方球门，判踢角球。

①掷界外球的程序

在掷出球的瞬间，掷球队员必须：a. 面向比赛场地；b. 任何一只脚的一部分在边线上或在边线外的地面上；c. 在球离开比赛场地的地点，用双手将球从头后经头顶掷出。

②违规与处罚

如果比赛已经恢复，掷球队员在其他队员触及球前再次触球，则判罚间接任意球。如果掷球队员在其他球员触球前，手球犯规：

· 判罚直接任意球。

· 如果违规情况出现在掷球队员本方罚球区内，则判罚球点球。除非掷球队员为守门员，这种情况下判罚间接任意球。

对方队员通过不正当的方式干扰或阻碍掷球队员（包括移动至距掷球位置少于 2 米的地点）应以非体育行为予以警告，如果界外球已被掷出，则判罚间接任意球。

对于其他任何违反本条文的情况，应由对方队员掷界外球。

(6)球门球

当球的整体从地面或空中越过球门线，而最后由攻方队员触及，且并未出现进球，则判为球门球。球门球可以直接射入对方球门而得分。如果球离开罚球区后直接进入踢球队员本方球门，则判给对方角球。

(7)角球

当球的整体从地面或空中越过球门线，而最后由守方队员触及，且并未出现进球，则判为角球。角球可以直接射入对方球门而得分。如果角球直接射入踢球队员本方球门，则判给对方角球。

考点2 裁判法

☞1. 裁判员手势 新增

(1)直接任意球：单臂前平举或侧平举，指向罚球方向。

(2)间接任意球：单臂上举，掌心向前。

(3)罚球点球：单臂向前斜下举，指向罚球点。

直接任意球手势

间接任意球手势

罚球点球手势

(4)角球:单臂斜上举,指向执行角球的角球区。

(5)球门球:单臂前平举,指向球门区。

(6)警告或罚令出场:一手持牌直臂上举,面向被处罚的队员。

角球手势

球门球手势

警告或罚令出场手势

真题面对面

[2023 安徽统考,单,1 分]在足球比赛中,裁判员鸣哨且单臂上举,掌心向前,该手势的术语是(　　)

A. 角球　　B. 罚球点球

C. 直接任意球　　D. 间接任意球

答案:D。间接任意球裁判员手势为单臂上举,掌心向前。

2. 裁判员哨声

(1)比赛中裁判员主要通过鸣哨判罚和运用手势来控制比赛。在比赛开始、比赛时间终了、执行罚球点球、发生犯规而暂停比赛时,必须鸣哨。除特殊情况需要鸣哨外,其他情况应尽量减少鸣哨,如球出界、发定位球、坠球等一般不鸣哨,以使比赛进行得更紧凑。手势要准确,大方,使场内外一目了然。

(2)裁判员鸣哨要及时、果断、响亮,通过哨声长短与轻重缓急的变化,使人们易于辨别场上发生的情况。

裁判员哨音及对应的判罚

哨音的变化	裁判员判罚
长音响亮	比赛开始
短促有力	一般犯规
有力洪亮,声音有爆发力	严重犯规
一短一长或两短一长	比赛结束
连续短声	制止有可能引发纠纷的行为

(3)裁判员鸣哨判罚后,手势是给予重新恢复比赛的信号,要及时、准确、大方,防止手势不明或过分模

仿队员犯规动作的情况。

第四节 羽毛球和乒乓球

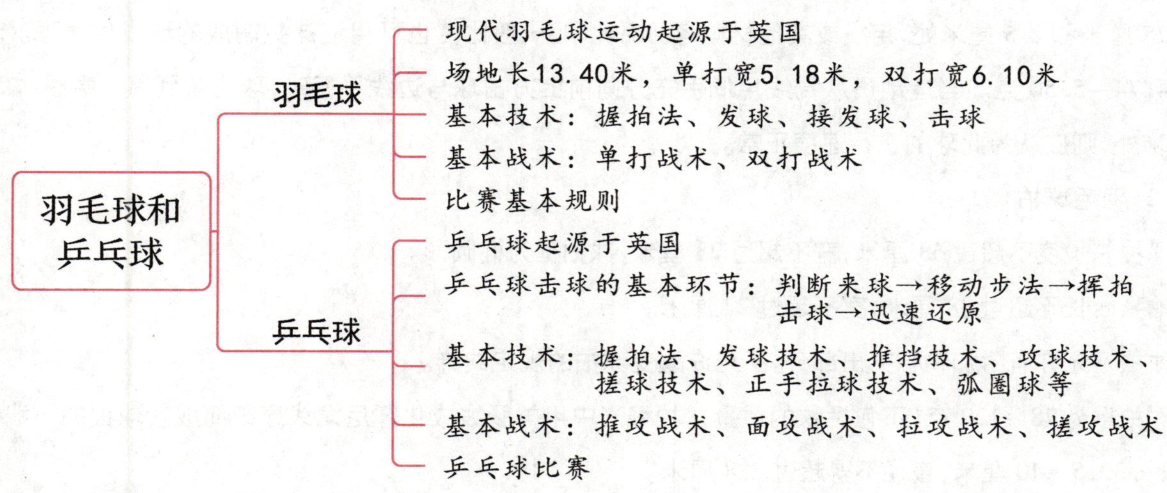

一、羽毛球 【选择、判断】 ★★

考点1 羽毛球的相关常识

现代羽毛球运动起源于英国。1992 年起，羽毛球成为奥运会的正式比赛项目。

目前，由国际羽联主办的世界重大羽毛球赛有汤姆斯杯（又称世界男子团体羽毛球锦标赛）、尤伯杯（又称世界女子团体羽毛球锦标赛）、世界羽毛球锦标赛（又称世界羽毛球单项锦标赛）、苏迪曼杯（又称世界羽毛球混合团体比赛）、世界杯羽毛球赛、全英羽毛球锦标赛、奥运会羽毛球比赛和世界羽联超级系列赛。其中，“汤姆斯杯”是世界上最高水平的男子羽毛球团体赛。

考点2 羽毛球的场地与器材

1. 场地

羽毛球场呈长方形，长 **13.40 米**，单打宽 **5.18 米**，双打宽 **6.10 米**，各条线宽均为 4 厘米，场地上空最低 9 米以内和四周最少 2 米以内不应有障碍物，场地中央被球网（两边柱子高 1.55 米，中间网高 1.524 米）平均分开。

真题面对面

1. [2022 江西统考，单，1.5 分] 羽毛球比赛中，球网中间高（　　），两端柱子高 1.55 米。

A. 1.524 米　　B. 1.534 米

C. 1.544 米　　D. 1.554 米

答案：A。

2. [2021 山西特岗，判断，1 分] 标准羽毛球场地的长度为 13.40 米。（　　）

答案：√。

2. 器材

(1) 羽毛球

羽毛球应用16根羽毛插在半球形的软木球托上。软木球托直径为25～28毫米，托底为圆形，包有一层白色薄皮革或类似材料制成的皮。羽毛长62～70毫米。羽毛上端围成圆形，直径为58～68毫米。在球托上1.25厘米和2.5厘米处，用线或其他材料将羽毛扎牢，一般比赛也可用泡沫头制成的球或尼龙球。球重应为4.74～5.50克。当运动员从端线用低手充分向前上方击球与边线平行时，球能落到另一端线内53～99厘米处，则应认为此球的飞行速度正常。

(2) 羽毛球拍

球拍总长度不超过68厘米，宽不超过23厘米，球拍框为椭圆形。

拍弦面长不超过28厘米，宽不超过22厘米。

球拍不允许有附加物和突出部分，不允许改变球拍的规定式样。

球拍重为78～120克(不包括弦的重量)，拍框当中用羊肠线或化纤尼龙线穿织而成。球拍的一端有握把，把长39.5～40厘米，直径不得超过2.8厘米。

考点3 羽毛球的基本技术

1. 握拍法

(1) 正手握拍法

正确的正手握拍法(以右手持拍为例)，首先用左手拿住拍杆，使拍面与地面成垂直状，然后，张开右手，以握手状把拍柄握住，使手掌小鱼际部分靠在球拍握柄底把，虎口对着拍柄窄面内侧的小棱边，拇指与食指自然地贴在拍柄两面的宽面上，中指、无名指和小指自然并拢握住拍柄，食指与中指稍微分开，掌心不要贴紧拍柄，要留有空隙。

(2) 反手握拍法

反手握拍法有如下两种形式：第一种，在正手握拍的基础上，把球拍稍微外旋，拇指上提，食指收拢，拇指压住拍框的宽面，食指、中指、无名指和小指并拢；第二种，在正手握拍的基础上，把球拍稍微外旋，拇指上提，食指收拢，拇指压住拍框的内侧小棱边，食指、中指、无名指和小指并拢。

2. 发球

羽毛球发球按发球时的基本姿势分为正手发球和反手发球两种。按发出的球在空中飞行的弧线不同，正手发球可分为发高远球、发平高球、发平快球和发网前球四种；反手发球可分为发网前球、发平高球、发平快球。

(1) 发高远球

把球发得既高又远，使球近乎垂直落在对方后发球线附近的发球区内，称为发高远球。

(2) 发平高球

发出球的弧线以比高远球低，但对方又不能拦截的高度飞向后发球线附近的发球区内下落，称为发平高球。

(3)发平快球

发出的球又平又快,径直飞向对方后发球线附近的发球区内,称为发平快球。

(4)发网前球

发出的球贴网而过,落在对方前发球线附近的发球区内,称为发网前球。

知识再拔高

正手发网前小球

正手发网前小球是用正手握拍以正拍面击球,使球轻轻贴网而过,落在对方前发球线后的一种发球方法。由于它的飞行弧度低、距离短,可以有效地限制对方直接进行强有力的进攻,是单、双打中较常见的一种发球方法。

真题面对面

[2023 安徽统考,单,1 分]羽毛球发球时,用正手握拍,从正拍面击球,使球轻轻贴网而过,落在对方前发球线附近,该发球技术是(　　)

A. 反手发平快球　　B. 正手发网前小球

C. 反手发高远球　　D. 正手发后场高远球

答案:B。

3. 接发球

(1)接发球的准备姿势(以右手持拍为例)

①单打接发球的准备姿势:左脚在前,右脚在后,侧身对网,重心放在前脚,膝关节微屈,后脚跟稍提起,收腹含胸,注视对方发球的动作。

②双打接发球的准备姿势:与单打基本相同,膝关节屈的程度更大一些,以便能直接进行后蹬起跳。

(2)接发球的站位

①单打接发球站位

单打接发球站在离前发球线约 1.5 米处,在右区时应站在靠近中线的位置,以防发球方以平快球攻击头顶区域;在左区时则站在中线与边线的中间。

②双打接发球站位

双打接发球站位

站位方法	场上位置
一般站位法	站在离中线和前发球线适当的距离处
抢攻站位法	站在离前发球线很近,前脚紧靠前发球线,且身体倾斜度较大,球拍高举

续表

站位方法	场上位置
稳妥站位法	站在离前发球线有一定距离处,身体类似单打站法
特殊站位法	以右脚在前,站位和一般站位法类似,接网前球时右脚蹬一步上网接球

4. 击球

击球技术分类

分类依据	击球技术
按拍面的不同	正拍面击球技术和反拍面击球技术
按击球点与身体部位的不同	上手击球技术、体侧击球技术和下手击球技术
按击球区域的不同	后场击球技术、中场击球技术和网前击球技术

考点4　羽毛球的基本战术

羽毛球运动战术是指运动员在比赛中根据双方的情况合理运用技术,有针对性地组织自己的球路以争取胜利的策略。

1. 单打战术

羽毛球单打战术主要包括发球战术、接发球战术、发球抢攻战术、压后场战术、攻前场战术、四方球结合突击战术、"杀上网""吊上网"战术。

2. 双打战术

羽毛球双打战术的指导思想是"快、狠、平、压"。羽毛球双打战术主要包括发球与接发球战术、发球抢攻战术、攻中路战术、避强打弱战术、"后攻前封"战术、"快攻压网"战术、"抽压底线、拉开突击"战术。

真题面对面

[2022 安徽统考,单,1 分]下列选项中,属于羽毛球单打战术的是(　　)

A. 攻人战术　　B. 攻中路战术

C. 后攻前封战术　　D. 杀、吊上网战术

答案:D。杀、吊上网战术属于羽毛球单打战术。

考点5　羽毛球比赛基本规则

1. 挑边

比赛开始前,采用挑边的方法(抛硬币)来决定比赛开始时的发球方和场区。

2. 计分方法

(1)除非另有规定,一场比赛应采取三局两胜制。

(2)先得到 21 分且领先至少 2 分的一方赢得该局比赛。

(3)对方"违例"或球触及对方场区内的地面成死球,则该方胜这一回合并得 1 分。

(4)20 平后，获胜方需要超过对手 2 分才算取胜。

(5)29 平后，先到 30 分的一方赢得该局比赛。

(6)一局的胜方在下一局首先发球。

3. 赛间休息与换边规则

在一局比赛中，当领先的一方达到 11 分时，双方有 60 秒休息时间；在两局比赛间，双方有 2 分钟的休息时间；在决胜局比赛中，当领先的一方达到 11 分时，双方交换场地。

4. 单打

(1)一局中，发球方的分数为 0 或双数时，双方运动员应在各自的右发球区发球或接发球；一局中，发球方的分数为单数时，双方运动员应在各自的左发球区发球或接发球。

(2)发球方胜一回合则得 1 分；随后，发球方再从另一发球区发球。接发球方胜一回合则得 1 分；随后，接发球方成为新发球方。

5. 双打

(1)一局中，发球方的分数为 0 或双数时，双方运动员应在各自的右发球区发球或接发球；一局中，发球方的分数为单数时，双方运动员应在各自的左发球区发球或接发球。

(2)发球方每得 1 分后，原发球员则变换发球区继续发球。接发球方得 1 分后，随后，接发球方成为新发球方。

(3)运动员在比赛中不得有发球、接发球顺序错误或在一局比赛中连续两次接发球。

(4)一局胜方的任一运动员可在下一局先发球；一局负方的任一运动员可在下一局接发球。

(5)如果发现发球区错误，应予以纠正，已得比分有效。

6. 违例

(1)发球违例：过腰、过手(指整个拍框没有明显低于握拍的手)、未先击球托、发球方位错误、顺序错误(双打)、脚违例(踩线、任何一脚离开地面、移动等动作)。

(2)击球违例：连击、持球、过网击球、触网、侵入对方场区。

☞**7. 比赛项目** 新增

羽毛球比赛项目有男子团体、女子团体、男女混合团体、男子单打、女子单打、男子双打、女子双打和混合双打。

关于团体赛常用的几种比赛方式介绍如下：

(1)三场制：每队 2 ~ 4 人参加比赛，两名单打，一对双打(可由单打运动员兼)，共进行三场比赛。比赛的场序为：单、双、单，或单、单、双。

(2)五场制：每队 4 ~ 9 人参加比赛，三名单打，两对双打(可由单打运动员兼)，共进行五场比赛，比赛场序为单、单、双、双、单，或单、单、单、双、双，或单、双、单、双、单。

混合团体赛为两名单打、三对双打(可由单打运动员兼)，共进行五场比赛，比赛场序为：男单、女单、男双、女双、混双。

真题面对面

[2023 安徽统考，判断，1 分]羽毛球团体赛五场制比赛中，混合团体比赛出场顺序为男双、女双、男单、女单、混双。(　　)

答案：×。羽毛球团体赛五场制比赛中，混合团体比赛场序为男单、女单、男双、女双、混双。

二、乒乓球 【选择、判断】 ★★

考点1　乒乓球概述

1. 乒乓球的起源与发展

乒乓球是中华人民共和国的**国球**，是一种世界流行的球类体育项目。乒乓球起源于 19 世纪末网球盛行的**英国**，英语官方名称是"table tennis"，意即"桌上网球"。起初，乒乓球是塑料制成的空心玩具球，这种球有较大的弹力，在与球拍和球台的碰击中发出"Ping Pang"的声音，因此有人就将它称之为"乒乓球"。

乒乓球比赛项目有男子单打、女子单打、男子双打、女子双打、男女混合双打和男子团体、女子团体七个比赛项目。1988 年第 24 届奥运会，乒乓球被列为正式比赛项目，设有男子单打、男子双打、女子单打、女子双打四个比赛项目。从 2008 北京奥运会开始，乒乓球分为男子单打、女子单打、男子团体、女子团体四个比赛项目。2021 年东京奥运会新添加了男女混合双打项目。

我国 1952 年加入国际乒联。1959 年在第 25 届世乒赛上**容国团**获得了男子单打世界冠军。在第 26 届和第 27 届世乒赛上我国运动员均夺得了三项冠军。第 28 届世乒赛上我国运动员夺得了五项冠军。1981 年第 36 届世乒赛上我国乒乓球队员夺得了全部比赛项目的七个冠军。2001 年第 46 届世乒赛中又包揽了全部比赛的七项冠军，创造了世界锦标赛历史上的新纪录，中国被世界公认为"**乒乓球王国**"。

真题面对面

[2020 湖南长沙天心区，判断，1 分]乒乓球起源于英国，由网球诞生，也被称为桌上网球。(　　)

答案：√。乒乓球起源于 19 世纪末网球盛行的英国，英语官方名称是"table tennis"，意即"桌上网球"。

2. 乒乓球的特点及健身价值

乒乓球运动趣味性强，球小，速度快，变化多。它不受年龄、性别和身体条件的限制，便于开展，锻炼价值较高。经常参加乒乓球运动，不仅可以发展身体的灵活性和协调性，提高反应能力和上下肢的活动能力，改善心血管系统的机能，增强体质，而且有助于培养机智果断、沉着冷静、敢于拼搏等优秀品质。

考点2　乒乓球基本理论

1. 乒乓球击球的基本原理

衡量一个乒乓球运动员技术质量和水平高低，主要通过打得准、打得快、打得狠、打得转、打得落点好五个方面来判断，这就使准确、速度、旋转、力量、落点成为提高乒乓球击球技术的五种要素。

2. 乒乓球击球的基本环节

乒乓球击球的基本环节：判断来球→移动步法→挥拍击球→迅速还原。其中，判断来球是乒乓球击球动作的第一个环节，判断是移动、击球的根据，是提高击球质量的重要方面，它包括判断来球路线、落点和旋转性质。

真题面对面

[2020 安徽统考，单，1 分]乒乓球击球动作过程中的第一个环节是(　　)

A. 判断来球　　B. 移动

C. 击球　　D. 还原

答案：A。

考点3　基本技术

1. 握拍法

握拍法一般有两种，即直拍握法和横拍握法。

直拍握法示意图

横拍握法示意图

(1)直拍握法

直拍握法的主要特点：出手较快，正手攻球快速有力；相比横拍，直拍握法应用方便，灵活；攻斜线、直线球时拍面变化不大，对手不易判断。但反手攻球因受身体阻碍，较难掌握，防守时照顾面积较小。

(2)横拍握法

横拍握法的主要特点：照顾面积比直拍握法大，攻球和削球时手法变化不大，反手攻球时便于发力，也便于拉弧圈球。但还击左右两面来球时，需要转动拍面，攻直线球时动作变化明显，容易被对手识破，台内正手攻球较难掌握。

2. 基本站位与准备姿势

(1)基本站位：乒乓球常见的站位有左推右攻站位、直拍两面攻站位、弧圈球站位、横拍攻削结合型站位和削中结合进攻型站位五种。

(2)准备姿势：两脚开立，左右略比肩宽，两腿微屈，上体稍前倾，持拍臂自然弯曲在胸腹前，球拍稍高于台面。

3. 基本步法

(1)乒乓球基本步法包括并步、跳步、单步、跨步、交叉步五种步法。

(2)练习方法：①左右并步练习；②左右前后跳步练习；③左右脚单步移动练习；④交叉步来回跑动练习。

(3)动作要求：①正确判断；②抢到最好击球点；③移动平稳。

4. 发球技术

常见的发球技术及技术要领

发球技术		技术要领(以右手持拍为例)
正反手平击发球	正手平击发球	向右后方引拍,向前发力,击球中部后稍前送
	反手平击发球	向左后方引拍,向前发力,轻击球中部
正反手发上旋球	正手发上旋球	向右后上方引拍,左前方挥拍,击球中部向中上部摩擦
	反手发上旋球	向左后方引拍,右前方横摆球拍,击球中上部
正手发左侧上、下旋球	正手发左侧上旋球	向右上方引拍,左下方挥拍,击球中部并向左上方摩擦
	正手发左侧下旋球	向右上方引拍,左下方挥拍,击球中下部并向左侧下方摩擦
反手发右侧上旋球		右臂稍内旋,向左后方引拍,向右上方挥动球拍,击球中部并向右侧上方摩擦
正手发下旋加转球		持拍手腕做略外展和伸,从右后上方向左前下方挥动,击球中下部并向底部摩擦
正手发不转球		持拍手腕做略外展和伸,从右后上方向左前方挥动,轻触球中部

练习方法:(1)徒手模仿各种发球动作;(2)重复做第一落点的各种发球练习;(3)做规定线路的各种发球练习;(4)用多球进行发球练习。

5. 推挡技术

推挡技术是推球和挡球的总称,是左推右攻型打法的主要技术之一,主要包括平挡、减力挡、快推、快挡、推下旋、推侧旋和加力推技术。

(1)平挡技术

动作要点:以右手持拍为例。身体靠近球台,两脚平行开立,两膝微屈。球拍向后引至腹部(反手平挡)或引至体侧前方(正手平挡)。拍面角度呈垂直位。球拍向前方推出,主要借对方来球的力量将球击回。击球后,球拍随势向前推,并还原。

(2)快推技术

动作要点:以右手持拍为例。身体靠近球台,两脚平行或左脚稍前,两膝微屈,上体稍向前倾。持拍手向后方稍下处,引拍至腹前,肘关节贴靠在身体侧部,不要张开。球拍要略低于来球。前臂向来球方向迎球伸出,击球的中部,以手腕发力为主,前臂用力为辅。在球的上升期击球。击球后,击球手持拍继续向前挥动,并还原。

(3)加力推技术

动作要点:以右手持拍为例。身体离台较快推稍远些,左脚站前,双膝微屈。持拍手引拍至腹前,引拍距离比快推长一些,稍收腹。并根据来球调整好引拍的高度和拍面角度。迎球向前方挥拍,并逐步加速,并在球拍速度最快的一瞬间,在球的高点期击球的中部或中部偏上。击球后,随势挥拍,并还原。

练习方法:①徒手推挡模仿练习;②利用多球连续推挡练习;③两人对推练习;④一人攻球一人推挡练习。

6. 攻球技术

攻球技术是乒乓球比赛中争取主动和取得胜利的重要技术,是最强有力的得分手段。

(1)正手近台攻球技术

动作要点:以右手持拍为例。身体靠近球台,左脚稍前,双膝微屈,上体稍前倾,重心在两脚之间。持拍手向右后下方引拍,肘关节保持约 120～130 度的角,引拍距离以与身体平行为宜。拍面稍向前倾,身体重心稍偏右脚。球拍向前左上方挥拍,以前臂发力为主,拍略微前倾,在球的上升后期或高点期击球的中上部位。击球时前臂快速收缩,手腕控制好拍形和摩擦球部位,身体重心移至左脚。击球后,击球手随势挥拍并迅速还原。

(2)反手近台攻球技术

动作要点:以右手持拍为例。身体靠近球台,右脚稍前,持拍手自然弯曲置于腹前偏左,重心偏于左脚,顺来球线路向后引拍。当球从台上弹起,持拍手由左后向右前上方加速挥拍,以前臂发力为主,手腕外转,拍面前倾,重心移至右脚,或置于两脚之间,在球的上升时期击球的中上部。击球后,击球手随势挥拍并迅速还原。

练习方法:①徒手模仿正、反手攻球练习;②两人对练,一人攻球,另一人挡球;③两人对攻斜线练习;④两人对攻中路直线练习。

知识再拔高

乒乓球的击球时机

乒乓球落到己方球台弹起后飞行轨迹大致可分为:上升期、高点期和下降期三个阶段。如果进一步细化可分成上升前期、上升后期、高点期、下降前期、下降后期 5 个部分。在这几个阶段进行击球都是有效回击。一般来说,上升前期、上升后期和高点期适合攻球;高点期、下降前期适合前冲弧圈球;下降后期适合加转弧圈球或削球。

真题面对面

[2022 安徽统考,单,1 分]乒乓球比赛的攻球对攻中,最合理的击球时机是(　　)

A. 下降前期　　B. 下降后期

C. 高点后期　　D. 上升或高点期

答案:D。一般来说,上升前期、上升后期和高点期适合攻球。故选 D。

7. 搓球技术

搓球技术分直拍和横拍两大类,包括快搓、慢搓和搓下旋球等技术。

(1)慢搓技术

动作要点:以右手持拍为例。近台站位,右脚稍前,持拍手臂自然弯曲。击球时用前臂和手腕向前下方用力,拍面后仰,在下降期击球中下部。

(2)快搓技术

动作要点:以右手持拍为例。站位及击球方法与慢搓相同,击球时拍面稍横立避免出界或回球过高。

搓球的重点和难点分别是前臂及手腕的挥拍路线和用力方法。

练习方法:①徒手模仿搓球动作;②自己抛球,并将球搓过球网;③一人发下旋球,另一人搓球;④两人对搓球练习。

8. 正手拉球技术

正手拉球是对付下旋球的有效手段,它可发展拉前冲弧圈、高吊弧圈、侧弧圈等技术。其技术要领(以右手持拍为例):身体略右转,向右后下方引拍,稍前倾,大臂带小臂由下向上前挥拍,击球中部或中上部。

☞9. 弧圈球 新增

弧圈球技术是一种将速度、力量、旋转结合为一体的具有强烈上旋的攻击力强、威力大的进攻技术,是比赛中主要的得分手段。

弧圈球可分为加转(高吊)弧圈球,前冲弧圈球以及侧旋弧圈球,假弧圈球(不太转的高吊拉球)等。

真题面对面

[2023 安徽统考,单,1 分]乒乓球比赛中,将力量、速度和旋转结合为一体的进攻技术是(　　)

A. 搓球　　B. 削球　　C. 弧圈球　　D. 正手扣球

答案:C。

考点4　基本战术

乒乓球的基本战术

基本战术	内容
推攻战术	(1)左推右攻; (2)推挡侧身攻; (3)推挡、侧身攻后扑正手; (4)左推结合反手攻; (5)左推、反手攻后侧身攻; (6)左推、反手攻、侧身攻后扑正手
面攻战术	(1)攻左扣右进攻对方左角,寻找机会,猛扣对方正手空当; (2)攻打两角,猛扣中路
拉攻战术	(1)正手拉后扣杀; (2)反手拉后扣杀(一般为两面攻运动员遇到左侧大角度的削球时所采用)
搓攻战术	(1)正、反手搓球结合正手快拉、快点、突击或扣杀; (2)正、反手搓球结合反手快拉、快点、突击或扣杀

考点5　乒乓球比赛

1. 比赛场地与器材

(1)球台:球台的上层表面叫作比赛台面,应为与水平面平行的长方形,长 2.74 米,宽 1.525 米,由地面向上至台面高 76 厘米。台面为暗色，无光泽，漆有 2 厘米宽的白色的边线，中线线宽为 3 毫米，将台面划分为两个相等的“半区”。

(2)球网：网高 15.25 厘米、台外突出部分长 15.25 厘米，颜色与球台颜色相同。

(3)球：乒乓球应为圆球体，直径为 40 毫米，重 2.7 克。球应用塑料或类似的材料制成，呈白色、黄色或橙色，且无光泽。

2. 比赛规则

(1)合法发球

①发球时，球应放在不执拍手的手掌上，手掌张开和伸平。球应是静止的，在发球方的端线之后和比赛台面的水平面之上。

②发球员须用手把球几乎垂直地向上抛起，**不得使球旋转**，并使球在离开不执拍手的手掌之后上升不少于 16 厘米。

③当球从抛起的最高点下降时，发球员方可击球，使球首先触及本方台区，然后越过或绕过球网装置，再触及接发球员的台区。在双打中，球应先后触及发球员和接发球员的右半区。

④从抛球前球静止的最后一瞬间到击球时，球和球拍应在比赛台面的水平面之上。

⑤击球时，球应在发球方的端线之后，但不能超过发球员身体(手臂、头或腿除外)离端线最远的部分。

⑥运动员发球时，有责任让裁判员或副裁判员看清他是否按照合法发球的规定发球。

⑦运动员因身体伤病而不能严格遵守合法发球的某些规定时，可由裁判员做出决定免予执行，但须在赛前向裁判员说明。

真题面对面

[2020 安徽特岗，单，1 分]属于乒乓球发球违例的是(　　)

A. 垂直向上抛起

B. 使球旋转

C. 抛球高度至少 16 厘米

D. 球下降至被击出前不能碰到任何物体

答案：B。不得使球旋转属于合法发球，故 B 项属于乒乓球发球违例。

(2)合法还击

对方发球或还击后，本方运动员必须击球，使球直接越过或绕过球网装置，或触及球网装置后，再触及对方台区。

(3)比赛次序

在单打中，首先由发球员合法发球，再由接发球员合法还击，然后两者交替合法还击。

在双打中，首先由发球员合法发球，再由接发球员合法还击，然后由发球员的同伴合法还击，再由接发球员的同伴合法还击。此后，运动员按此次序轮流合法还击。

(4)重发球

不予判分的回合出现下列情况,应判重发球:

①如果发球员发出的球,在越过或绕过球网装置时触及球网装置,此后成为合法发球或被接发球员或其同伴阻挡。

②如果接发球员或同伴未准备好时,球已发出,而且接发球员或其同伴均没有企图击球。

③由于发生了运动员无法控制的干扰,而使运动员未能合法发球、合法还击或未能遵守规则。

④裁判员或副裁判员暂停比赛。

⑤在双打时,运动员错发、错接。

(5)比赛中应暂停比赛的情况

①纠正发球、接发球次序或方位错误。

②实行轮换发球法。

③警告或处罚运动员。

④比赛环境受到干扰以致该回合结果有可能受到影响。

(6)得一分

除被判重发球的回合,下列情况运动员得一分:

①对方运动员未能合法发球;

②对方运动员未能合法还击;

③运动员在发球或还击后,对方运动员在击球前,球触及了除球网装置以外的任何东西;

④对方击球后,球越过本方端线而没有触及本方台区;

⑤对方阻挡;

⑥对方连击;

⑦对方用不符合规定的拍面击球;

⑧对方运动员或他穿戴的任何东西使球台移动;

⑨对方运动员或他穿戴的任何东西触及球网装置;

⑩对方运动员不执拍手触及比赛台面;

⑪双打时,对方运动员击球次序错误;

⑫执行轮换发球法时,接发球运动员或其双打同伴,包括接发球一击,完成了13次合法还击。

(7)一局比赛

在一局比赛中,先得11分的一方为胜方;比分出现10平后,先多得2分的一方为胜方。

(8)一场比赛

①一场比赛应采用三局两胜制或五局三胜制或七局四胜制。

②一场比赛应连续进行,但在局与局之间,任何一名运动员都有权要求不超过一分钟的休息时间。

(9)方位的选择

①选择发球、接发球和场地的权力应由抽签来决定,中签者可以选择先发球或先接发球或选择先在某

一场地。

②当一方运动员选择了先发球或先接发球或选择先在某一方后，另一方运动员应有另一个选择的权力。

③在获得每 2 分之后，接发球方即成为发球方，以此类推，直至该局比赛结束，或者直至双方比分都达到 10 分或实行轮换发球法，这时，发球和接发次序仍然不变，但每人只轮发一分球。

④在双打的第一局比赛中，先发球方确定第一发球员，再由先接发球方确定第一接发球员。在以后的各局比赛中，第一发球员确定后，第一接发球员应是前一局发球给他的运动员。

⑤在双打中，每次换发球时，前面的接发球员应成为发球员，前面的发球员的同伴应成为接发球员。

⑥一局中首先发球的一方，在该场下一局应首先接发球。在双打决胜局中，当一方先得 5 分时，接发球方应交换接发球次序。

⑦一局中，在某一方位比赛的一方，在该场下一局应换到另一方位。在决胜局中，一方先得 5 分时，双方应交换方位。

(10) 方位的错误

①裁判员一旦发现发球、接发球次序错误，应立即暂停比赛，并按该场比赛开始时确立的次序，按场上比分由应该发球或接发球的运动员发球或接发球；在双打中，则按发现错误时那一局中首先有发球权的一方所确立的次序进行纠正，继续比赛。

②裁判员一旦发现运动员应交换方位而未交换时，应立即暂停比赛，并按该场比赛开始时确立的次序按场上比分运动员应站的正确方位进行纠正，再继续比赛。

③在任何情况下，发现错误之前的所有得分均有效。

(11) 轮换发球法

如果一局比赛进行到 10 分钟仍未结束（双方都已获得至少 9 分时除外，或者在此之前任何时间应双方运动员要求），应实行轮换发球法。当时限到时，球仍处于比赛状态，裁判员应立即暂停比赛，由被暂停回合的发球员发球，继续比赛。当时限到时，球未处于比赛状态，应由前一回合的接发球员发球，继续比赛。

此后，每位运动员都轮发 1 分球，直至该局结束。如果接发球方进行了 13 次合法还击，则判发球方失 1 分。

轮换发球法一经实行，该场比赛的剩余部分必须继续实行，直至该场比赛结束。

真题面对面

[2023 山西特岗，解答题，5 分] 写出不少于五项球类运动的项目。

参考答案：篮球、排球、足球、乒乓球、羽毛球。

★★ 考点大默写 ★★

1. 篮球运动员在跑动中利用突然改变方向完成攻守任务的一种跑动方法称为__________。
2. 篮球运动中的急停是指队员在快速移动中突然制动速度的一种方法。急停可分为__________急停和__________急停两种。
3. 篮球比赛中，进攻队员选择正确的位置，运用规则规定的合理的身体动作挡住同伴防守者的移动路线，使同伴借以摆脱防守，获得接球投篮攻击或其他进攻机会的一种配合方法是__________。

4. 排球运动于 1895 年诞生于美国，创始人是__________。

5. 排球正面双手垫球时，用前臂的手腕关节以上__________厘米左右的两小臂桡骨内侧所构成的平面击球的后下部。

6. "心跟进"防守阵形也称为"__________号位跟进"防守。

7. 排球比赛采用每球得分制，胜一球即得__________分。

8. 排球比赛中，胜 3 局的队胜 1 场，如果 2∶2平局时，决胜的第 5 局打至 15 分并领先对方__________分的队获胜。

9. 足球完整的踢球技术中，__________是踢球的主要力量来源，摆动的幅度越大，摆动速度越快，力量就越大。

10. 踢球技术完整的动作过程包括助跑→__________→踢球腿摆动→脚击球→__________五个技术环节。

11. 一场足球比赛时间应分为两个相同时长的半场，每半场时间为__________分钟。

12. 标准羽毛球场地长 13.40 米，单打场地宽 5.18 米，双打场地宽__________米。

13. 羽毛球比赛中，如每局双方打到 20 平后，一方领先__________分算该局获胜。

14. "__________"配备由四名进攻队员和两名二传队员组成，他们分别站在对角的位置上。目前，在水平一般的球队中，采用这种配备形式的较多。

15. 排球中的__________发球的发球动作较简单，容易掌握，可借助转体力量来击球，便于用力，适合于女子初学者。

【参考答案】

1. 变向跑　2. 跨步；跳步　3. 掩护配合　4. 威廉·摩根　5. 10　6. 6　7. 1　8. 2　9. 踢球腿摆动
10. 支撑脚站位；随前动作　11. 45　12. 6.1　13. 2　14. 四二　15. 侧面下手

即时反思与复盘总结

我于________年____月____日完成了对本章的学习。

复盘一下，我对自己较肯定的地方是____________________

（足够努力/心态积极/方法得当……）

我觉得自己需要改进的地方是____________________

（懒惰懈怠/心情浮躁/方法不当……）

休息片刻，开启下一站征程！

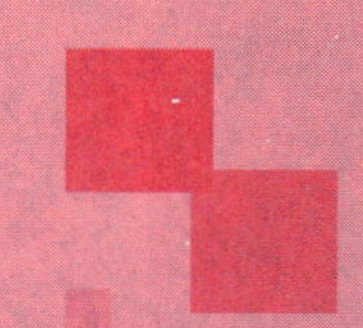

第三章　体操和健美操

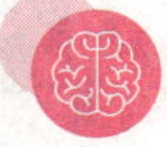

思维导图

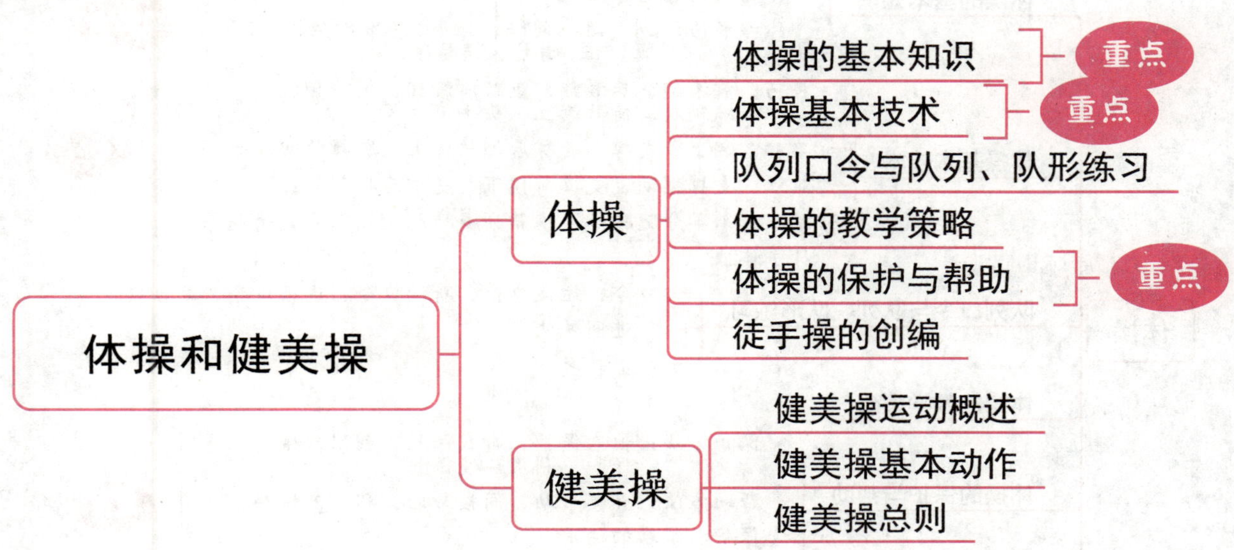

考向分析

本章属于学科专业技能知识中的基础章节，是体育教师招聘考试考查的重要章节，内容比较琐碎，需要理解的知识较多。现对本章考向分析如下：

高频考点	考点细化	常考题型	能力要求	考查热度
体操的基础知识	体操的内容与分类；体操术语	选择、判断	识记	★★★
体操基本技术	技巧；单杠；双杠；跳跃；徒手体操	选择、判断、简答	识记	★★★
队列口令与队列、队形练习	口令；行进间转法；队形变化等	选择、判断	理解	★★
体操的保护与帮助	保护与帮助的方法及意义	选择、判断、填空、简答	理解	★★★
徒手操的创编	创编原则、创编要素	选择、判断	理解	★★

第一节 体 操

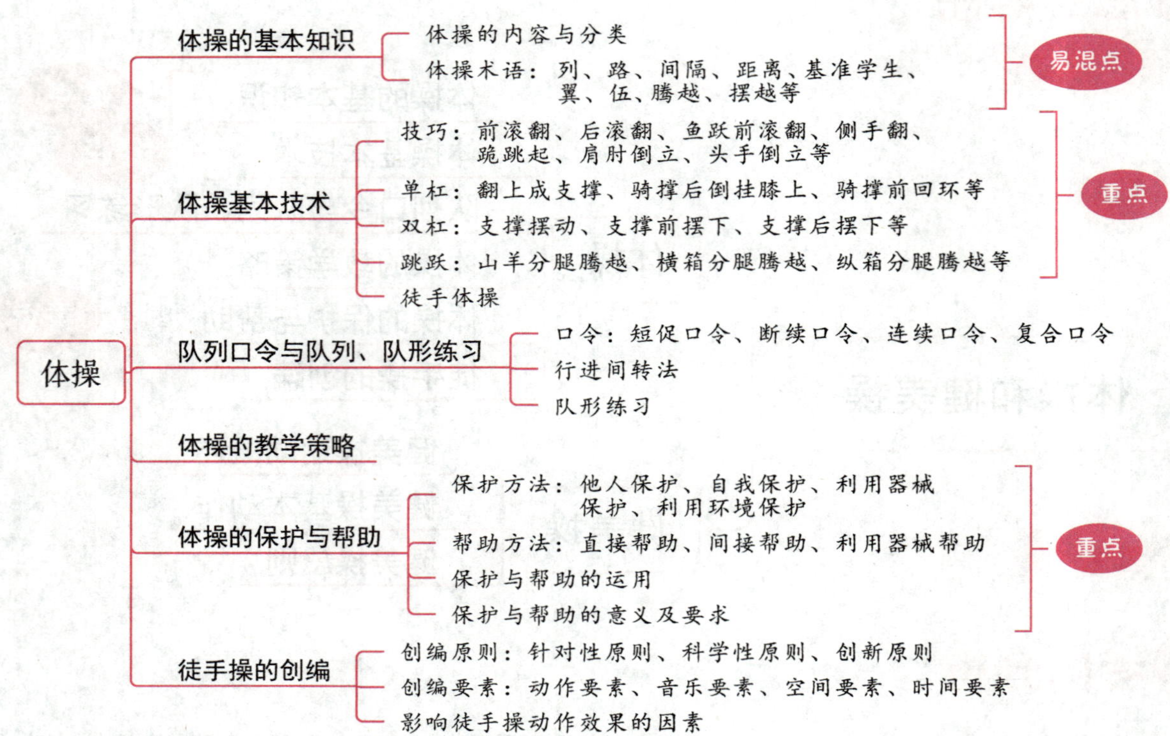

一、体操的基础知识 【选择、判断】 ★★★

体操是根据人体解剖生理特征，通过徒手、手持轻器械或在器械上进行各种身体操练，借以完成不同类型和难度的，且具有一定艺术性的单个、组合或成套动作的体育项目。

考点1 体操的内容与分类

1. 体操的内容

(1)队列队形练习。队列队形练习分为队列练习和队形练习两部分。队列练习有原地队列动作和行进间队列动作。队形练习有图形行进、队形变换、散开和靠拢等。

(2)徒手体操。徒手体操是根据人体各部位的特点，由举、踢、摆、振、蹲、转体、绕环、屈体、跳跃等一系列徒手动作，以不同的方向、路线、幅度、频率和节奏，按照一定的编排所组成的身体练习，包括单人动作、双人动作和集体动作。

(3)轻器械体操。轻器械体操是在徒手体操的基础上，通过手持哑铃、体操棍等轻器械所进行的身体练习。

(4)技巧运动。技巧运动包括滚动、滚翻、平衡、倒立、手翻、空翻等动作。技巧运动能发展力量、速度、灵敏、协调等身体素质。

(5)器械体操。器械体操包括单杠、双杠、吊环、鞍马、平衡木、高低杠等竞技器械项目。

(6)支撑跳跃。支撑跳跃指经过手或身体其他部位支撑山羊、跳箱、跳马等器械的跳跃练习和腾越练习。通过支撑跳跃练习,可以发展腿部、上肢和肩带肌群的力量。

(7)实用类体操。实用类体操包括攀登、爬越、负重搬运、翻越障碍和撑杆爬墙等内容。

(8)自由体操。自由体操主要由徒手动作、翻腾动作、跳跃动作、静止用力动作、柔韧动作和倒立、平衡等编排的成套动作。

(9)健美操。健美操是融体操、舞蹈、音乐于一体,通过徒手和使用健身器械进行的身体锻炼和竞赛项目。

(10)艺术体操。艺术体操是在音乐的伴奏下徒手或持轻器械进行的身体练习,是女子特有的、符合女子生理和心理特点的艺术性较强的体操项目。

(11)蹦床运动。蹦床运动是一项利用弹网的反弹来表现练习者空中技巧的竞技运动。蹦床运动是体操、跳水等运动的辅助性训练手段,也是竞技运动项目之一。

2. 体操的分类

体操的分类

分类依据	类别
练习形式	(1)徒手体操; (2)轻器械体操 (3)器械体操(其内容有单杠、双杠、吊环、鞍马、平衡木、高低杠、跳马、跳箱、山羊等); (4)专门器械体操
目的与任务	(1)基本体操(其内容有队列队形、徒手体操、轻器械体操、器械体操的简易练习、专门器械体操、生活技能体操等); (2)竞技性体操(其内容有竞技体操、竞技健美操、蹦床运动、艺术体操、技巧运动等); (3)表演体操(团体操和舞台体操)

知识再拔高

体操比赛项目分类

(1)竞技体操是国际竞赛项目之一。男子项目有自由体操、鞍马、吊环、跳马、双杠、单杠六项;女子项目有跳马、高低杠、平衡木和自由体操四项。

(2)艺术体操是女子比赛项目,有团体赛、个人赛。

(3)技巧比赛设有男子双人、女子双人、男女混合双人、女子三人、男子四人共五个项目,均为自选动作。

真题面对面

1. [2023 江苏南通启东市,单,1 分]体操的内容根据竞赛项目可分为竞技体操、竞技健美操、(　　)、蹦床运动和艺术体操。

A. 徒手体操　　B. 队列队形　　C. 技巧运动　　D. 跳跃运动

答案:C。

2. [2021 湖南特岗,单,2 分]徒手体操属于(　　)

A. 基本体操　　B. 器械体操　　C. 竞技体操　　D. 队列队形

答案:A。基本体操包括队列队形、徒手体操等。故选 A。

3. [2021 山西特岗,判断,1 分]竞技体操男子项目共六项,分别是自由体操、鞍马、吊环、跳马、双杠和平衡木。(　　)

答案:×。竞技体操男子项目有自由体操、鞍马、吊环、跳马、双杠、单杠六项;平衡木属于女子项目。

考点2　体操术语

体操术语是体操理论和技术等方面的专门用语。体操术语一般分为结构术语和命名术语两种类型。

1. 徒手体操术语

(1)立:指人体站立的姿势,如直立、并立、开立、点地立和起踵立等。

(2)撑:指两手支撑在地上的姿势,如俯撑、仰撑、侧撑、蹲撑、跪撑等。

(3)倾:指身体偏离垂直面又不失去平衡的一种姿势。

(4)桥:指身体背向地面,手和脚支撑成弓形的一种姿势。

(5)蹲:指两膝并拢同时屈膝的一种姿势。

(6)跪:指膝盖与小腿前面着地,两腿并拢,上体与地面垂直。

(7)举:指四肢移动范围不超过 180 度而停止在某一部位的动作。

(8)屈:指关节角度缩小或弯曲的动作。

(9)伸:指关节角度扩展或伸直的动作。

(10)绕:是指关节某环节做大于 180 度且小于 360 度以下的弧形动作。

(11)绕环:是指身体某部位做 360 度或大于 360 度的圆形动作。

2. 队列队形术语

(1)列:左右排成一直线称为列,一般由右向左按高矮顺序排列。

(2)路:前后重叠成一直线称为路,一般从前到后按高矮顺序排列。

(3)横队:按"列"排成的队形称为横队,一般横队的宽度大于纵深。

(4)纵队:按"路"排成的队形称为纵队,一般纵队的纵深大于宽度。

(5)间隔:成员之间左右的间隙称为间隔,横队之间左右间隔一般为一拳。

(6)距离:成员之间前后的间隙称为距离,纵队成员之间前后距离一般为一臂长,队与队之间的距离约为两步。

(7)**排头**:位于纵队之首或横队右翼者为排头。

(8)**排尾**:位于纵队最后或横队左翼者为排尾。

(9)**基准学生**:被指定为看齐目标者称为基准学生。教师下达口令后,基准学生应举手示意,排头和排尾者除外。

(10)**翼**:队列左右两端称为翼。左端为左翼,右端为右翼。

(11)**伍**:成数列(路)队形时,前后(左右)排成一行(列)的学生称为伍。各伍人数与列(路)数相同时称为满伍,人数少于列(路)数称为缺伍。

(12)**步幅与步速**:一步的长度(前后脚脚跟之间的距离)称为步幅;每分钟所走的步数称为步速。

真题面对面

1.[2023 江苏南通启东市,单,1 分]下列说法错误的是(　　)

A. 路:学生前后重叠成一直线称为路　　B. 列:学生左右排成一直线称为列

C. 翼:队列左右两端称为翼　　D. 基准学生:每一排的排头称为基准学生

答案:D。

2.[2023 安徽统考,判断,1 分]前后重叠成一直线称为列,一般从前到后按高矮顺序排列。(　　)

答案:×。题干表述为路的队列队形术语。左右排成一直线称为列,一般由右向左按高矮顺序排列。

3. 器械体操和技巧动作术语

(1)悬垂:是指手、臂或身体某(些)部位悬挂在器械上的动作(肩轴低于器械轴),分为单纯悬垂和混合悬垂。

①单纯悬垂:即只用手或身体某部位悬挂在器械上的动作,如单杠悬垂。

②混合悬垂:即除手握器械外,还有身体其他部位接触器械或地面,如单杠单挂膝悬垂。

(2)支撑:是指手、臂或身体某(些)部位撑于器械,肩轴高于(或平于)器械轴的动作,分为单纯支撑和混合支撑。

(3)摆动:是指在悬垂或支撑中做向前、向后或向左右钟摆式的摆动动作,如单杠悬垂摆动。

(4)转体:是指绕身体纵轴转动的动作。

(5)滚翻:是指身体的不同部位依次支撑器械或地面并经过头部的翻转动作,如屈体后滚翻。

(6)腾越:是指整个身体腾起后从器械上越过,如跳马分腿腾越。

(7)摆越:是指腿从器械的上面或下面越过的动作,如单杠支撑单腿摆越成骑撑。

(8)全旋:是指腿做一周或一周以上的绕环式动作,如鞍马单腿同侧全旋。

(9)倒立:是指头在下,脚在上的一种支撑姿势,如手倒立。

真题面对面

[2020 安徽统考,判断,1 分]摆越是指整个身体腾起后从器械上面或下面越过。(　　)

答案:×。

二、体操基本技术 【选择、判断、简答】★★★

考点1 技巧

1. 前滚翻

(1)动作要领:由蹲撑姿势开始,重心前移,两腿向后下方蹬直离地,同时屈臂、低头、提臀,经后脑、背、腰、臀部依次向前滚动,当背部着地时,迅速收腹屈膝,上体紧跟大腿团身抱腿成蹲立。

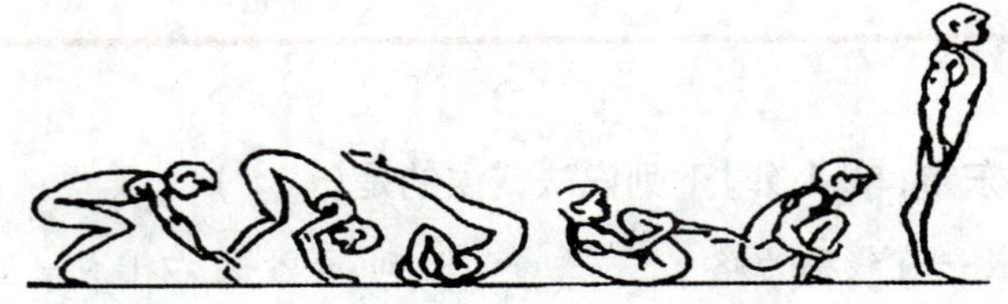

前滚翻示意图

(2)保护与帮助:保护与帮助者单膝跪立在练习者的侧前方,用手顺势推其背帮助成蹲立。

2. 前滚翻直腿起

(1)动作要领:开始同前滚翻,但两手比前滚翻稍远撑地,顺势屈臂、低头前滚,当滚至臀部时,上体迅速前屈缩小髋角,同时两手在膝部外侧撑地向后快速用力推起,以脚跟先着地再过渡到全脚掌,经屈体立起成直立。

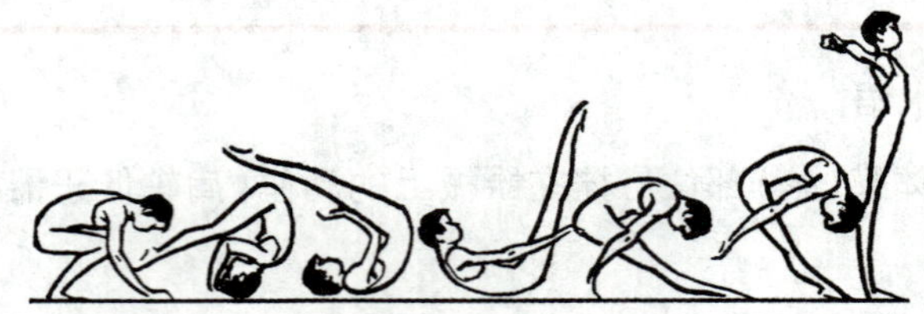

前滚翻直腿起动作示意图

(2)保护与帮助:保护与帮助者位于练习者侧前方,当练习者上体折叠推撑时,推其背部或提拉两臂帮助完成动作。

3. 后滚翻

(1)动作要领:由蹲撑姿势开始,身体稍向前移;随即两手推垫,使身体迅速后倒;接着低头、团身向前兜腿,向后滚动,同时屈膝夹肘,两手放在肩上,使臀、腰、背依次着垫。当后滚至肩、头着垫时,臀上翻,两手用力推垫面,两脚落垫成蹲撑。

后滚翻动作示意图

（2）保护与帮助：保护与帮助者单腿跪立在练习者侧后方，当练习者后滚至头部时，一手托肩，一手托背，助其翻转。

真题面对面

［2020 江西统考，单，1 分］后滚翻教学中，保护者应（　　）

A. 站在练习者正前方

B. 站在练习者侧后方

C. 单腿跪立在练习者正前方

D. 单腿跪立在练习者侧后方

答案：D。

4. 鱼跃前滚翻

（1）动作要领：由半蹲两臂后举姿势开始，两臂前摆，同时两脚用力蹬地，向前上方跃起，身体腾空时保持含胸、紧腰、梗头，髋关节大于 90°，腿处于臀部水平位。接着两臂前伸撑地、屈臂、低头经后脑着地做前滚翻。

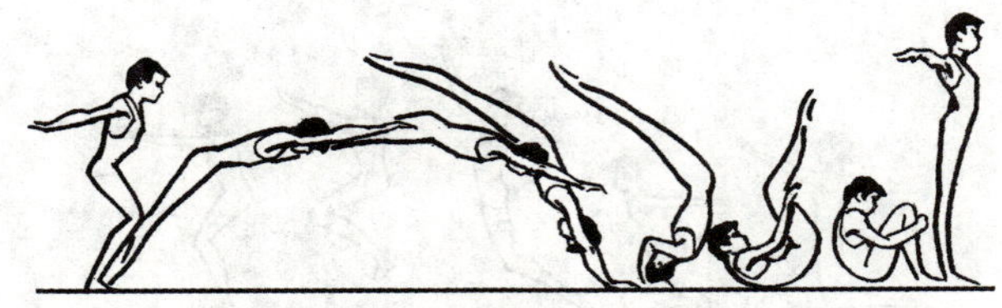

鱼跃前滚翻动作示意图

（2）保护与帮助：保护与帮助者站在练习者起跳点的侧方，当练习者跃起腾空时，顺势托其大腿前送。

5. 前手翻

（1）动作要领：助跑 2 ~ 3 步后趋步跳起同时两臂上举，上体前压，两臂前伸撑地，同时后腿快速向后上方摆起，接着前腿蹬地，接近倒立部位时并腿、顶肩推手、紧腰、梗头，使身体腾空保持反弓形姿势至落地。落地时，膝踝关节缓冲，成两臂上举的直立姿势。

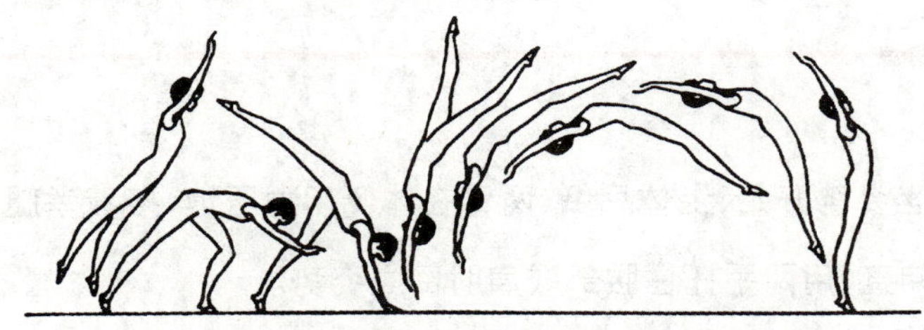

前手翻动作示意图

（2）保护与帮助：保护与帮助者站在练习者手撑地点的侧前方，一手托其肩部，另一手托其腰部帮助翻转。

6. 侧手翻（以向左为例）

（1）动作要领：由站立开始，两臂向前上方摆起，左腿前举向前跨出一大步成弓箭步，接着后腿向后上方摆起，同时上体积极下压，前腿蹬地摆起，同时左手在两脚延长线前，手掌外展 90°撑地并带动肩、头、身体向左转体 90°，右手依次向前撑地经分腿倒立，接着左右手依次顶肩推手，一腿落地屈膝蹬直，另一腿侧伸落地成两臂侧举分腿站立姿势。

侧手翻动作示意图

(2) 保护与帮助：保护与帮助者应站在练习者前跨腿的一侧，两臂交叉两手扶托练习者的腰部，随着其动作翻转给予助力，帮助完成侧手翻动作。

7. 跪跳起

(1) 动作要领：由跪立两臂前上举开始，臀部后坐，同时两臂后摆。接着两臂迅速向前上方摆起，摆至前上举时即制动。顺势展髋，脚背和小腿用力下压；当身体向上腾起时，迅速收腿成半蹲站立。

跪跳起动作示意图

(2) 保护与帮助：保护与帮助者站在练习者的侧面，当两臂摆至前上举时，迅速用两手握其上臂，提拉帮助腾起。

真题面对面

[2021 安徽统考，简答，5 分] 简述跪跳起的动作方法。

参考答案：参见上文。

8. 肩肘倒立

(1) 动作要领：由直腿坐姿势开始，上体后倒，两臂在体侧用力压地，接着举腿、翻臀，当脚尖至头部上方时，两腿上伸、髋关节充分伸直，用两手托住腰部成肩肘倒立姿势。

肩肘倒立动作示意图

(2) 保护与帮助：保护与帮助者站在练习者侧方，上提其小腿，必要时可用膝盖顶其腰背部。

☞(3)易犯错误和纠正方法 新增

易犯错误	纠正方法
伸腿方向不正,不能一步到位	仰卧屈体伸髋伸腿成肩臂倒立,还原成仰卧屈体
倒立不稳或立不住	①原地站立,练习两手撑腰背的方法(两肘内收); ②练习屈腿的肩肘倒立,立稳后,再慢慢将腿伸直
倒立不直,屈髋	①语言提示,立腰、挺髋、挺腹、伸腿、绷脚尖; ②两人合作,在帮助下练习(两手上提练习者踝部的同时一膝抵住腰部); ③帮助者托练习者的脚做45°的肩肘倒立进行挺髋练习

真题面对面

[2023 安徽统考,简答,5 分]简述肩肘倒立的易犯错误和纠正方法。

参考答案:参见上文。

9. 头手倒立

(1)动作要领:由蹲撑姿势开始,手指自然张开在体前撑地,用头的前额上部与两手成等边三角形撑地,身体重心前移,同时提臀,一腿上摆,一脚蹬地,接近倒立时,两腿并拢上伸,身体挺直成头手倒立。

头手倒立动作示意图

(2)保护与帮助:保护与帮助者站在练习者的前或侧方,两手扶髋或腿,帮助维持身体平衡。

考点2 单杠

1. 翻上成支撑

(1)动作要领:(以单足蹬地为例)由站立正握杠悬垂开始,上一步屈臂引体,后腿取捷径向后上方摆腿,另一腿用力蹬地并前腿,腹部尽早靠杠。当上体翻至杠前水平部位时,制动两腿,抬上体挺身,翻腕成支撑。

翻上成支撑动作示意图

(2)保护与帮助:保护与帮助者站在杠前侧方,一手托其腰,另一手托其肩;当腹部靠杠时,换成一手托其肩,另一手托其腿。

2. 骑撑后倒挂膝上

(1)动作要领:由两手正握右腿骑撑开始,直臂撑杠将身体提起,左腿后举,身体后移,前腿屈膝勾杠,上体后倒前摆。当前摆腿接近杠前水平时,制动摆动腿。当身体回摆臀部过杠下垂直部位后,摆动腿加速后摆,屈膝腿压杠,同时两臂快速压杠直臂撑起上体抬起,前腿前伸抬上体成骑撑。

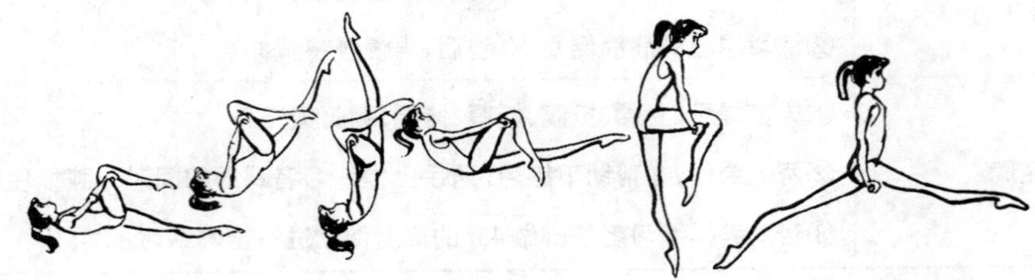

骑撑后倒挂膝上动作示意图

(2)保护与帮助:保护与帮助者站在杠前,当练习者摆动腿一侧时,先一手托膝帮助其身体重心后移左腿后举。当练习者挂膝前摆时,一手扶其肩,一手扶其摆动腿的膝部,助其往前上方摆腿送髋。回摆挂膝上时,换一手托背,另一手拨其大腿,成骑撑时迅速换成一手扶其肩,一手扶其腿,以防前倒。

3. 骑撑后腿摆越转体 180 度成支撑

(1)动作要领:由右腿骑撑开始,右手离身体约 10 厘米处反握杠,左臂顶杠身体重心移向右臂,上体积极向右后方倒体,同时展髋,左腿后举,以头和上体带动转体,左腿摆越杠转体 180 度成支撑。

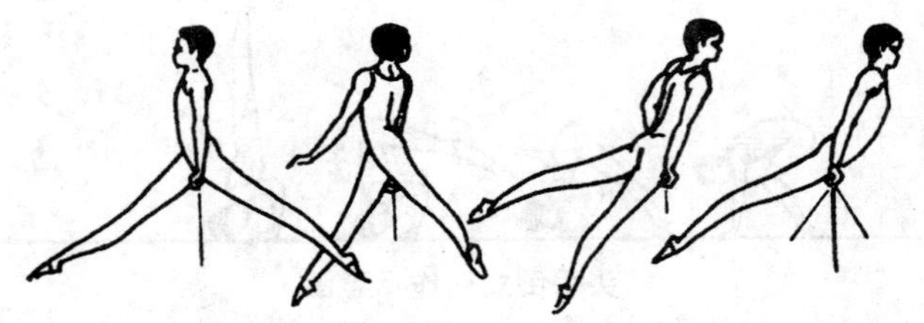

骑撑后腿摆越转体 180 度成支撑动作示意图

(2)保护与帮助:①保护与帮助者站在杠前练习者的正前方,两手托握其前脚,帮助其转体成支撑。②保护或帮助者站在杠后转体方向的同侧,一手扶支撑臂,另一手从杠下托住练习者的前腿,助其转体成支撑。

4. 骑撑前回环

(1)动作要领:由两手反握右腿骑撑开始,直臂顶肩撑杠,前腿向前远跨,后大腿上部压杠,同时立腰、挺胸、梗头,上体积极前倒,使身体重心尽量远离握点。当上体回环过杠下垂直面后前跨腿下压使前大腿根部靠杠。当上体回环至杠后水平部位时,直臂压杠、挺胸、翻腕、制动腿成骑撑。

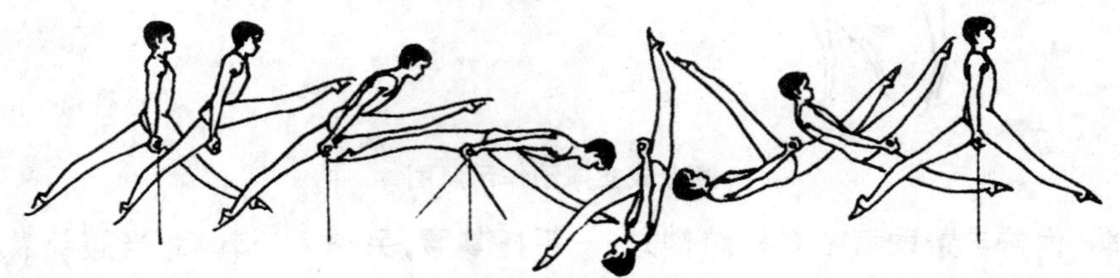

骑撑前回环动作示意图

（2）保护与帮助：保护与帮助者站在杠后练习者前腿的同侧，一手从杠下翻握其手腕，当上体回环过杠下垂面后，另一手托其腰背部，或一手扶其前腿或肩，帮助其上成骑撑。

5. 支撑后摆下

（1）动作要领：由支撑开始，当两腿前摆时低头含胸拱背上体稍前倾。两腿后摆过杠下垂直面后，加速向后上方摆起，直臂顶肩撑杠，肩部保持在杠上垂直位。当后摆接近最高点时，两腿制动下压，猛推杠，同时抬上体挺身下。

支撑后摆下动作示意图

（2）保护与帮助：保护与帮助者站在杠后一侧，一手扶上肩，一手顺势向后方托大腿，助其后摆。落地时，一手扶上臂，一手扶背。

考点3　双杠

1. 支撑摆动

（1）动作要领：由支撑开始，举腿送髋前伸，后摆时紧腰夹臂直体自然下落，直臂顶肩以肩为轴前后摆动。前摆时，身体由后上方保持顶肩直体自然下摆，当身体前摆过垂直位后主动收腹屈髋向前上方用力摆腿，同时两臂用力向后下方撑杠顶肩，并积极拉开肩角、伸髋、送腿，自然伸直身体至最高点；后摆时，身体由前摆至最高点保持顶肩、紧腰、夹臂、直体自然下摆，当身体下摆至杠垂直位时，用力向后上方甩腿加速后摆，并逐渐顶开肩角，保持含胸、紧腰、夹臂，直体上摆到最高点。

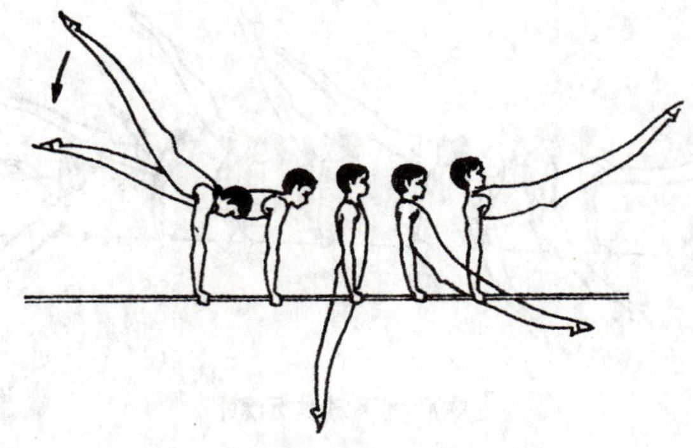

支撑摆动动作示意图

（2）保护与帮助：保护与帮助者站在杠侧，一手扶练习者上臂，帮助其控制支撑，另一手扶其腰部顺势助其前送，或两手扶其上臂助其支撑。

（3）易犯错误：①摆动节奏不好，肩紧张或塌肩。②前倒后仰，后摆没有顶肩，前摆兜腿晚。③前摆时肩下掉，兜腿太早，两臂太吃力。

真题面对面

[2019 山东泰安,单,1 分]在双杠的支撑摆动动作中,应以(　　)为轴摆动。

A. 手　　B. 肩　　C. 髋　　D. 腰

答案:B。

2. 支撑前摆下

(1)动作要领:由支撑后摆开始(以向右侧下为例),当支撑身体前摆过垂直面后,两腿加速向前上方摆起并主动屈髋,重心开始右移。当腿将至最高点时,迅速制动腿并积极向前下方伸髋展体,同时两臂用力顶肩推杠,左手换握右杠,右臂侧举,挺身落下。

支撑前摆下动作示意图

(2)保护与帮助:保护与帮助者站在练习者下杠一侧,一手扶练习者上臂,另一手托其腰部帮助出杠。

3. 支撑后摆下

(1)动作要领:由支撑摆动开始(以向左侧下为例),身体后摆过垂直面时,两腿用力向后上方摆起,将至极点时右手迅速推杠换握左杠(在左手前),接着左手推杠侧举,身体重心左移,保持抬头、挺身、紧腰至落地。

支撑后摆下动作示意图

(2)保护与帮助:保护与帮助者站在练习者下杠一侧,一手握其上臂,另一手从杠中托其腹部帮助出杠;帮助者站在下杠的另一侧,左手握练习者上臂,当其换握杠时顺势推其臂去换握左杠,左手顺势推其髋部帮助出杠。

4. 杠端跳起分腿坐——前进

(1)动作要领:由杠端站立开始,两手前握杠,跳起撑杠两腿顺势前摆。当两腿出杠面后积极伸髋制动腿并分腿侧摆，大腿靠近两手虎口成分腿坐；由分腿坐开始，推手侧上举立腰，两腿夹杠挺身前倒，两手直臂在肩垂直处撑杠，同时两腿顺势后摆进杠，并腿前摆。当两腿前摆出杠后，主动前伸髋、制动腿、分腿侧摆成分腿坐。

杠端跳起分腿坐——前进动作示意图

(2)保护与帮助：保护与帮助者站在练习者侧面，一手扶其上臂，另一手托其腰部，帮助控制平衡和腿前摆。两名保护与帮助者分别站在练习者的两侧，各自一手扶练习者一上臂，另一手顺势托其一大腿帮助进杠。

考点4 跳跃

跳跃包括一般跳跃和支撑跳跃两大类。一般跳跃有跳上、跳下、跳越障碍等动作，是支撑跳跃的基础。支撑跳跃动作由助跑、上板、踏跳、第一腾空、推手、第二腾空、落地七个技术环节组成。其中，第二腾空动作的高、飘、远、美及落地的稳定性是评定整个动作质量的主要环节。下面主要讲解支撑跳跃中的主要技术动作。

1. 跳上成蹲撑接挺身跳下

(1)动作要领：3～5 步助跑起跳，两臂同时迅速前摆，含胸，头稍低，撑器械时提腰，屈膝靠胸，前脚掌踏在器械上成蹲撑。两臂推离器械向前上方摆，同时腿用力蹬离器械，使身体向前上方高高腾起，展体挺身至落地。

跳上成蹲撑接挺身跳下动作示意图

(2)保护与帮助：保护与帮助者站在器械正前方，当练习者跳上成蹲撑时两手顶肩部；帮助者站在器械前侧，一手扶顶练习者上臂，另一手托大腿后部帮助成蹲撑，练习者跳下时两手挡扶其腹、背部，防止跌倒。

真题面对面

[2020 福建统考，简答，5 分]简述“跳上成蹲撑接挺身跳下”(跳箱横放，80～90 cm 高)的动作要点及保护和帮助。

参考答案：参见上文。

2. 山羊分腿腾越

（1）动作要领：助跑，双脚踏跳，双手支撑器械，提臀，两腿伸直向侧分开，迅速推离器械，使身体向前上方越过器械，两腿向前制动挺身，两臂斜上举；并腿用前脚掌落地，屈膝成半蹲。

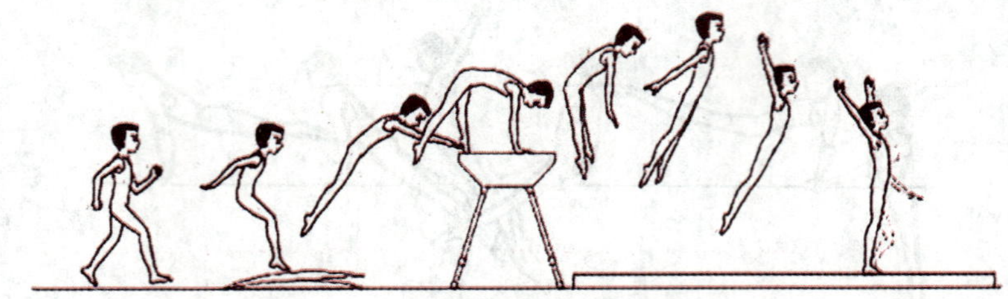

山羊分腿腾越动作示意图

（2）保护与帮助：①保护与帮助者站在练习者落地点侧方，一手握其上臂，另一手扶其腰部帮助越过山羊；②保护与帮助者站在山羊的正前方，当练习者撑山羊时，两手握其臂顶肩并顺势上提，同时后退帮助完成腾越动作。

真题面对面

［2022 福建统考，判断，2 分］侧手翻和山羊分腿腾越都属于支撑跳跃类中的典型动作。（　　）

答案：×。侧手翻属于技巧类中的动作，不属于支撑跳跃类中的典型动作。

3. 横箱分腿腾越

（1）动作要领：有节奏地逐渐加速助跑，单跳双落，积极摆臂踏跳，起跳后含胸、紧腰，两腿后摆，两臂主动前伸，向下撑横箱并用力快速顶肩推手，同时稍提臀，两腿侧分，有意识下压制动，接着两臂顺势上举、起肩、抬上体挺身，迅速并腿前伸落地。

横箱分腿腾越动作示意图

（2）保护与帮助：①保护与帮助者站在横箱的正前方，当练习者撑横箱时，两手握其臂顶肩并顺势上提，同时后退帮助完成腾越动作；②保护与帮助者也可站在横箱前练习者落地一侧，一手握其上臂，另一手托其腰部帮助越过器械。

4. 纵箱分腿腾越

（1）动作要领：有节奏地逐渐加速助跑，单跳双落，积极摆臂踏跳，起跳后要迅速向前上摆臂，拉开肩角，含胸、紧腰，尽量撑纵箱的远端并用力快速顶肩推手，同时稍提臀，两腿侧分，有意识下压制动，接着两臂顺势上举、起肩、抬上体挺身，迅速并腿前伸落地。

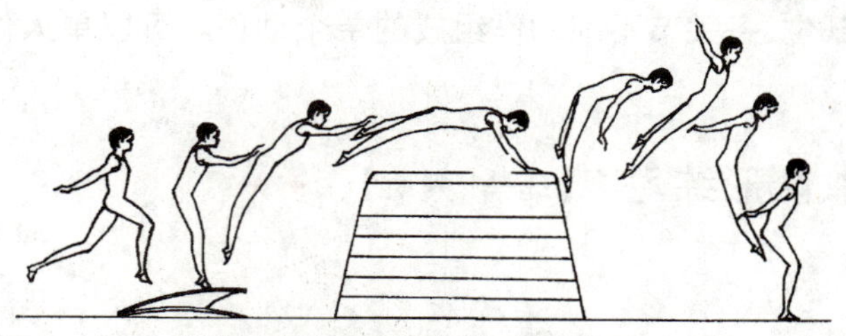

纵箱分腿腾越动作示意图

(2)保护与帮助:保护与帮助者站在练习者落地一侧,落地时两手扶挡腹部帮助维持平衡。

真题面对面

1.[2023 江苏南通启东市,判断,0.5 分]纵箱分腿腾越练习时,保护者应站在跳箱前方。(　　)

答案:×。纵箱分腿腾越练习时,保护者应站在练习者落地一侧而不是跳箱前方。

2.[2019 江西统考,简答,5 分]请用简笔画画出体操——纵箱分腿腾越的动作示意图,并写出动作名称。

参考答案:(1)动作示意图:

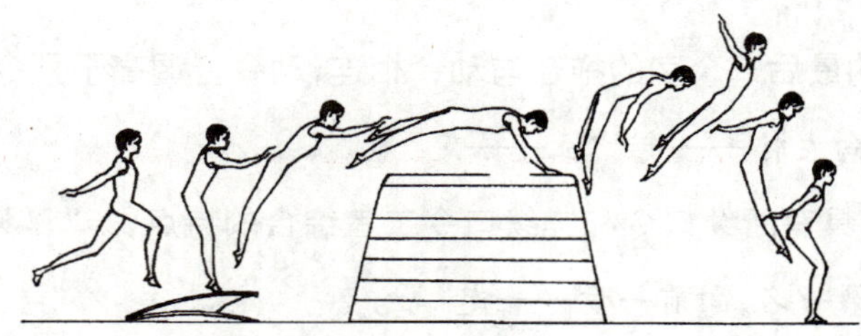

(2)动作名称:助跑—上板—踏跳—第一腾空—推手—第二腾空—落地。

5. 横箱屈腿腾越

(1)动作要领:有节奏地加速助跑,积极踏跳,含胸、紧腰,两臂主动前伸撑横箱,用力向前下顶肩快速推手,同时提臀、屈膝前引经"蹲"的姿势,迅速举起两臂,梗头、起肩、立腰、伸直两腿,展体落地。

(2)保护与帮助:保护与帮助者站在横箱前一侧,当练习者撑横箱时,一手握其上臂,另一手托其腰部帮助越过器械。

横箱屈腿腾越动作示意图

考点5　徒手体操

徒手体操是指以徒手形式进行的身体操练,在均匀节拍指挥下,徒手进行身体各部位简单、对称动作的练习。徒手体操主要包括各部位、各关节不同动作组成的单个动作。可以单人做、双人做或集体做,可以定位做也可以行进做。

三、队列口令与队列、队形练习 【选择、判断】 ★★

考点1 队列口令

口令的组成是根据动作的特点和行动的目的要求来确定的。口令一般由预令(指示词)和动令(动词)组成。根据发音特点,口令可分为短促口令、断续口令、连续口令和复合口令。

(1)**短促口令**。口令一般由预令和动令两部分组成,但短促口令只有动令而没有预令,如“集合”“解散”“稍息”“立正”“起立”“坐下”“报数”“投”“跳”“停”等。

(2)**断续口令**。断续口令是预令和动令之间有微歇或有停顿的口令,如“第一排,报数”“全体,集合”“第一、三、五名,出列”等。其特点是无论是预令还是动令,在发出时都要清晰、有力。

> **小香课堂**
>
> 短促口令、断续口令、连续口令和复合口令之间的分类,容易混淆,考生需要重点记忆。

(3)**连续口令**。连续口令就是预令和动令之间有拖音或有时有微歇的口令。其特点是预令的最后一个字的拖音与动令相连,动令音调高于预令音调,如“向左——转”“向右看——齐”“齐步——走”“向左转——走”“立——定”等。

(4)**复合口令**。复合口令具有断续口令和连续口令二者综合的特点,如“以排头为基准,向右看——齐”“左转弯,齐步——走”“前排第一名,向前一步——走”等。

> **真题面对面**
>
> [2023 安徽统考,单,1 分]下列选项中,属于短促口令的是( )
>
> A. 立定　　B. 立正　　C. 踏步走　　D. 向左转
>
> 答案:B。短促口令有“集合”“解散”“稍息”“立正”“起立”等。故选 B。

考点2 队列练习

1. 队列定位动作

(1)立正

口令:“立正!”

动作方法:学生听到口令后,两脚跟靠拢并齐,两脚尖向外分开约 60 度,两腿挺直,小腹微收,自然挺胸;上体正直微向前倾;两肩要平并稍向后张;两臂自然下垂,手指并拢自然微屈,中指贴于裤缝;头要正,颈要直,口要闭,下颌微收,两眼平视前方。

(2)稍息

口令:“稍息!”

动作方法:学生听到口令后,左脚顺脚尖方向伸出约全脚的 2/3,两腿自然伸直,上体保持立正姿势,身体重心大部分落于右脚。稍息过久,可自行换脚,动作同前。

(3)看齐

口令:"向右(左)看——齐!"或"向中看——齐!"

动作方法:看齐时,左右间隔(两肘间的间隙)为10厘米(约一拳),前后距离为75厘米(约一臂之长)。看齐完毕则发"向前——看!"的口令,听到口令后,立即将头转正,恢复立正姿势。另外,当教师有必要指定"以队列中某人为基准"时,基准学生左手握拳高举(体育课不持器械时,可举右手),听到"向中看——齐!"的口令后,将手放下,其他学生按照向右(左)看齐的要领实施。看齐完毕则发"向前——看!"的口令,听到口令后,立即将头转正,恢复立正姿势。

(4)报数

口令:"报数!"

动作方法:横队从右至左(纵队由前向后)依次以短促洪亮的声音转头(纵队向左转头)报数,最后一名不转头。在排数列横队时,后列最后一名报"满伍"或"缺 n 名"。在排数路纵队时,右路最后一名报"全到"或"缺 n 名"。

(5)踏步

口令:"踏步——走!"

动作方法:两脚在原地上下起落,抬起时,脚尖自然下垂,离地面约15厘米;下落时,前脚掌先落地,上体保持正直,两臂按齐步或跑步摆臂的要领摆动。听到"前进"的口令后,继续踏两步,再换齐步或跑步行进。听到"立——定"口令,左、右脚各踏一步成立正姿势。做原地跑步时,口令是"原地跑步——走"。

(6)集合

口令:"成某列横队——集合!"或"成某路纵队——集合!"

动作方法:集合时,教师应先发出预告或信号,如"全体(或某组)注意",然后站在预定队形的中央前,面向预定队形成立正姿势,下达"成某队——集合"的口令。学生听到预告或信号后,原地面向教师成立正姿势,听到口令后,迅速跑向集合地点(凡是在教师后侧的人员,均应从教师右侧绕过)。横队集合时,第一列排头站在教师的左前方。纵队集合时,第一路排头站在教师的右前方。其他学生以排头为准,按指示队形迅速依次排列起来,自行对正、看齐。

2. 队列定位转法

(1)正方向转法

口令:"向右(左)——转!"或"向后——转!"

动作方法:学生听到口令后,以右(左)脚跟为轴,右(左)脚跟和左(右)脚掌前部同时用力,向右(左)转90度,身体重心落在右(左)脚上,左(右)脚靠拢右(左)脚,成立正姿势。转动和靠脚时,两腿挺直,上体保持立正姿势。向后转时,按向右转的要领向后转体180度。

(2)斜方向转法

口令:"半面向右(左)——转!"

动作方法:按向右(左)转的要领向右(左)转体45度。

3. 行进间队列动作

(1)齐步走

口令:"齐步——走!"

动作方法:学生听到口令后,左脚向正前方迈出约75厘米,身体重心前移,右脚动作同左脚;上体正直,微向前倾;手半握,两臂自然摆动,向前摆时肘部弯曲,小臂自然向里合,手心向内稍向下,拇指根部对正衣扣线,并与第5衣扣同高,离身体约25厘米。行进速度每分钟116~122步。

(2)正步走

口令:"正步——走!"

动作方法:左脚向正前方踢出约75厘米,腿要绷直,脚尖下压,脚掌与地面平行,离地面约25厘米,落地时全脚掌着地并适当用力;身体重心前移,上体正直,微向前倾;手指半握(拇指贴于食指第二节);向前摆臂时,肘部弯曲,小臂略平,手心向内稍向下,手腕摆到第3、4衣扣之间,离身体约10厘米。向后摆臂时,摆到不能自然摆动为止,右脚动作同左脚。行进速度每分钟110~116步。

(3)便步走

口令:"便步——走!"

动作方法:学生听到口令后,用适当的步速、步幅行进,两臂自然摆动,上体保持正常姿态。

(4)跑步走

口令:"跑步——走!"

动作方法:听到预令,两手迅速握拳提到腰际,约与腰带同高,拳心向内,肘部稍向里合。听到动令,上体微向前倾,两腿微弯,同时左脚利用右脚掌的弹力跃出约80厘米,前脚掌先着地,身体重心前移,两臂自然摆动,向前摆臂时,不露肘,小臂略平,稍向里合,两拳不得超过衣扣线;向后摆臂时,不露手。右脚动作与左脚相同。行进速度约每分钟170~180步。

(5)立定

口令:"立——定!"(动令落在右脚)

动作方法:齐步走时,听到动令,左脚再向前移大半步着地,两腿挺直,右脚迅速靠拢左脚,成立正姿势。跑步时,听到动令,再跑两步,然后左脚向前迈大半步(两臂不摆动)着地,右脚靠拢左脚,同时将手放下,成立正姿势。

4. 行进间转法

(1)向右(左)转走

口令:"向右(左)转——走!"(动令落在右(左)脚)

动作方法:左(右)脚向前半步,脚尖向右(左)约45度,身体向右(左)转90度时,左(右)脚不转动,同时出右(左)脚按原步法向新方向行进。

(2)向后转走

口令:"向后转——走!"

动作方法:学生听到口令后,左脚向前半步,脚尖稍向右,以两脚的前脚掌为轴,自右向后转体180度,出左脚向新方向行进。转体时,两臂自然摆动,不得外张,两腿自然挺直,上体保持正直。跑步向后转走时,听到动令后,要继续跑两步,然后按照上述要领做。

真题面对面

[2023 江苏南通启东市,判断,0.5分]"向右转——走"的动令应落在右脚上。( )

答案:√。

考点3 队形练习

1. 图形行进

(1)直线行进

①绕场行进

口令:"绕场——走!"

动作方法:全队在教师规定的场地线路上行进,每到一角,排头带领自行转弯。

②错肩行进(即纵队迎面相遇的对走)

a. 从左(右)边走

口令:"从左(右)边——走!"

动作方法:两路迎面相遇时,各靠左(右)边走过,彼此互错右(左)肩,间隔为一步。

b. 一路隔一路走

口令:"一路隔一路从左(右)边——走!"

动作方法:各路参差隔开从左(右)边通过。

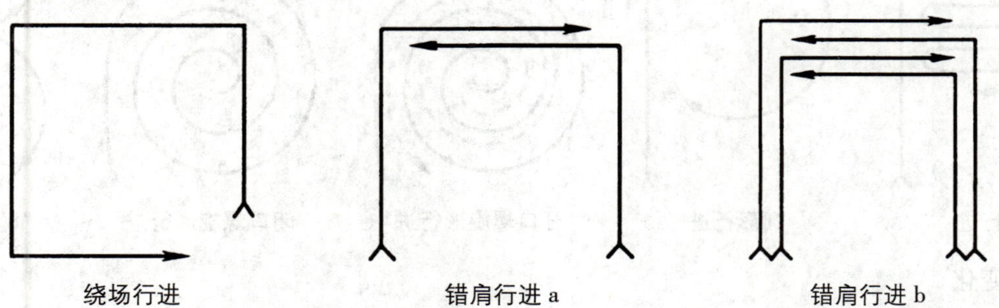

绕场行进　　错肩行进 a　　错肩行进 b

(2)斜线行进

①对角线行进:口令为"沿对角线——走!"

动作方法:由一角转体135度向相对的一角行进。

②交叉行进:口令为"交叉——走!"

动作方法:两路纵队斜向相遇,依次交叉穿过中点向不同方向行进。

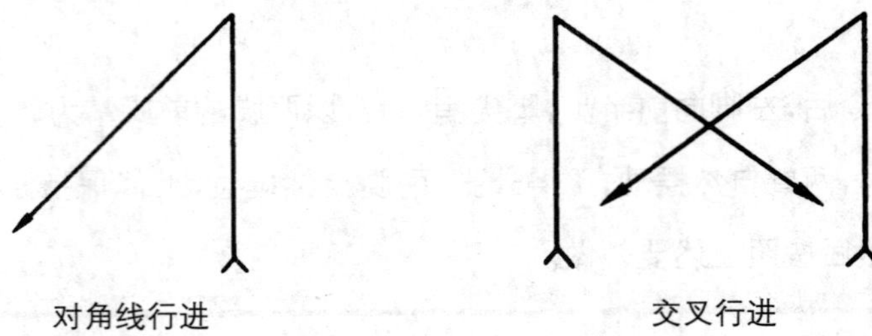

对角线行进　　交叉行进

(3)曲线行进

①蛇形行进:口令为"成蛇形——走!"

动作方法:听到口令后,排头左(右)后转弯走至一定距离后,再右(左)后转弯走,以此循环来回行进两次以上。

②圆形行进:口令为"成圆形——走!"

动作方法:听到口令后,排头以该中点至场中点的距离为半径,沿弧线用大步走成圆形。

③螺旋形行进:口令为"成开(闭)口螺旋形——走!"

动作方法:在成开口螺旋形行走时,排头循圆周向内做螺旋形行进到场地中心,排头自行向右后转向相反的方向,由内向外成螺旋形走出来。其他学生依次由场地中心,跟随排头走出来。

在成闭口螺旋形走时,当排头旋绕至场地中心时,教师应发"立定和向后转"的口令,全体向后转,由原排尾带领按教师指示的方向继续前进。在做闭口螺旋形走时,应注意保持一定的间隔。

④"8"字形行进:口令为"成'8'字形——走!"

动作方法:按"8"字形沿弧线走两个相连的圆形。排头遇队身时,依次交叉通过。

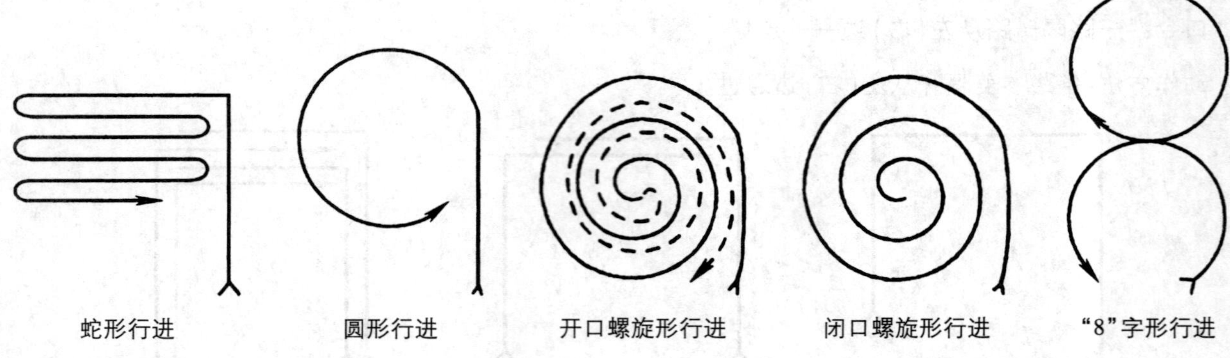

蛇形行进　　圆形行进　　开口螺旋形行进　　闭口螺旋形行进　　"8"字形行进

2. 队形变化

(1)分队走和合队走

口令:"分队——走!"和"合队——走!"

动作方法:听到分队走口令后,单数者左转弯走,双数者右转弯走。在两个纵队迎面走接近相遇时,听到合队走口令后,左路左转弯走,右路右转弯走,右路依次插在左路后面,成一路纵队前进。

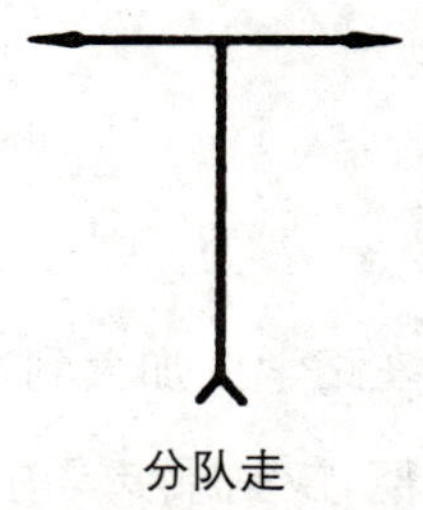
分队走

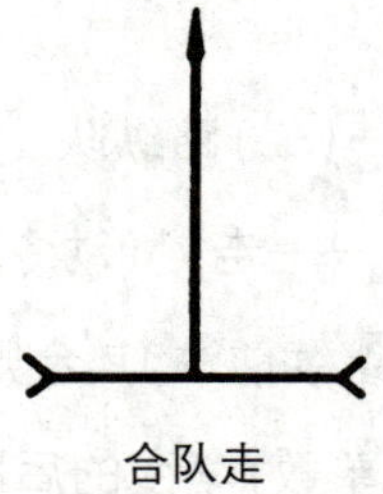
合队走

真题面对面

[2019 天津和平区,判断,1 分]在队形练习中,分队走是一路纵队行进间在某点听到分队走的口令后,单数做左转弯走,双数做右转弯走,形成方向相反的两个一路纵队。(　　)

答案:√。

(2)裂队走和并队走

口令:“裂队——走!”和“并队——走!”

动作方法:听到裂队走口令后,左路左转弯走,右路右转弯走。在两个纵队迎面走接近相遇时,听到并队走口令后,左路左转弯走,右路右转弯走,成并列纵队前进。

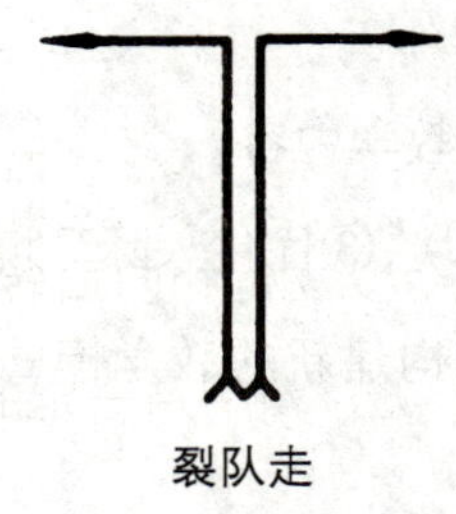
裂队走

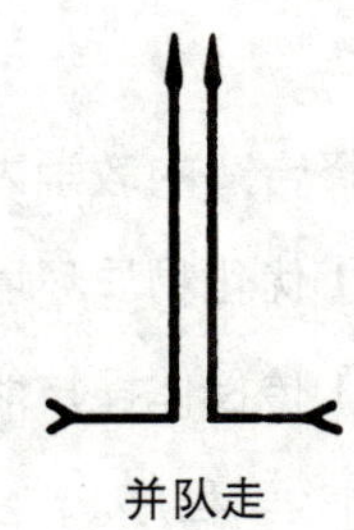
并队走

(3)行进间由一路纵队变成多路纵队及还原

口令:“成某路纵队左转弯——走!”和“成一路纵队左转弯——走!”

动作方法:听到口令后,前面 n 名队员同时向左转走,后面 n 名队员走到同一地点也同时向左转走,依次跟随前进。还原时,听到口令后,各路排头同时向左转走,其他依次行进到同一地点也同时向左转走,跟排头走成一路纵队。

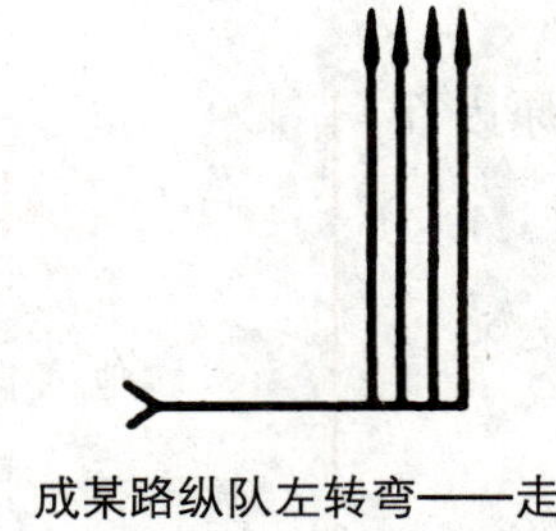
成某路纵队左转弯——走

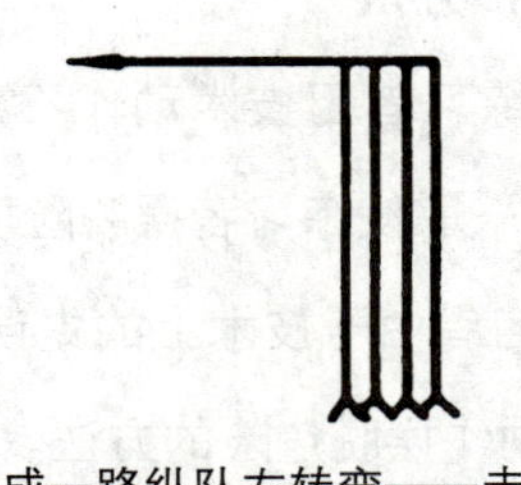
成一路纵队左转弯——走

3. 行进间队列变化

(1)由一(二)路纵队变二(四)路纵队

口令:“成二(四)路纵队——走!”(动令落在右脚上)

要领:听到口令后,单数学生以小步前进,双数学生出右脚进到单数学生右侧,调整好间隔距离,恢复原来的步幅继续前进。

(2)由二(四)路纵队变一(二)路纵队

口令:"成一(二)路纵队——走!"(动令落在左脚上)

要领:听到口令后,排头继续前进,其余则以小步行进,待左路学生加大到适当的距离后,右路学生(原双数)依次向左插到左路(原单数)学生的后面,并保持规定距离,恢复原步幅前进。

(3)由一(二)列横队变二(四)列横队

口令:"成二(四)列横队——走!"(动令落在左脚上)

要领:听到动令后,单数学生继续前进,双数学生左脚向前迈一步,原地踏一步,第三步左脚向左跨一步到单数学生后面,随之继续前进。

(4)由二(四)列横队变一(二)列横队

口令:"成一(二)列横队——走!"(动令落在左脚上)

要领:听到动令后,单数(前列)学生原地踏两步,双数(后列)学生应左前上两步至单数学生的左侧,成一列横队前进。

四、体操的教学策略

(1)优选教学内容:①选择合适的教学内容;②合理组织教学内容。

(2)优化体操教学环境:①优化物质环境;②优化心理环境;③优化人际环境。

(3)优化教学活动程序:①传授体操技能的教学程序;②构建新的教学模式;③"主动性教学模式"的教学程序;④"情景教学模式"的教学程序。

(4)优选教学方法:①要有利于体操教学目标的达成;②要针对教材与学生的特点;③要重视学生的学法;④要合理组合教学方法。

五、体操的保护与帮助 【选择、判断、填空、简答】★★★

考点1 保护与帮助的方法

1. 技术类动作的保护方法

(1)**他人保护**:指当练习者因技术动作不熟练或因意外原因而发生危险时,保护者及时采取使练习者摆脱险境的措施。

(2)**自我保护**:指练习者由于技术上的失误而发生意外时,独立运用特定的技巧和自救动作摆脱危险的方法。

(3)**利用器械保护**:指在体操练习中,合理利用各种保护器械来缓解练习者的紧张和害怕心理的方法。

(4)**利用环境保护**:指在体操练习中,教师有意识地给练习者营造一个良好的练习环境,帮助其更好地完成教学任务的方法。

他人保护、自我保护、利用器械保护、利用环境保护这四种保护的概念,容易混淆,考生需要重点记忆。

真题面对面

[2023 江苏南通启东市,填空,3 分]体操中的保护分为他人保护、________保护、________保护和________保护。

答案:自我;利用器械;利用环境

2. 技术类动作的帮助方法

(1)直接帮助:指在体操技术类动作的练习中,帮助者为了使练习者更快地建立正确的动作概念,更好地掌握、改进和提高动作技术质量而直接助力于练习者的措施。

(2)间接帮助:指帮助者不直接助力于练习者身上,而是通过信号、标志物和限制物等,帮助练习者正确掌握动作的用力时机、节奏和所在的空间、方位,尽快地掌握和完成动作的一种手段。

(3)利用器械帮助。在体操技术类动作的教学与训练中,常采用的帮助器械有保护滑车、保护腰带、轴承保护带、保护手套以及各种形式的高台和桌、凳等。

真题面对面

[2022 安徽统考,单,1 分]下列选项中,属于体操中间接帮助的是( )

A. 提拉法　　B. 托顶法　　C. 信号法　　D. 推送法

答案:C。

考点2 保护与帮助的运用

1. 运动技能形成各阶段的运用

体操的保护与帮助在运动技能形成各阶段的运用

运动技能形成各阶段	保护与帮助的运用
初学阶段	一般以帮助为主
掌握阶段	保护与帮助交替运用
巩固、提高阶段	以保护为主,直至学生能独立完成动作

2. 保护与帮助的正确运用

(1)正确站位

在体操练习和训练中,只有正确地选择好合适的位置,才能充分发挥保护与帮助的作用。

保护与帮助的正确站位

体操项目	练习者的动作	保护与帮助者的站位
技巧	向前做动作时	站在练习者的前侧方
	向后做动作时	站在练习者的后侧方
	向侧做动作时	站在练习者的背侧方

续表

体操项目	练习者的动作	保护与帮助者的站位
支撑跳跃	第一腾空时	站在主跳板与跳马(或山羊)的侧前方,帮助练习者顶肩和推手
	落地动作时	站在练习者落地点的侧方
	斜向助跑动作时	站在跳马近端
双杠	悬垂与挂臂动作时	站在杠外一侧,从杠下给予帮助
	杠上动作时	站在杠外,最好站在高台上进行帮助
	落地动作时	站在练习者落地点的外侧
单杠	向前做摆动时	站在器械垂直面的前侧方
	向后做摆动时	站在器械垂直面的后侧方或高台上进行保护与帮助

(2)灵活移动

单个动作:根据动作特点,采用两脚左右或前后开立的姿势,配以小步移动。

组合动作:随练习者动作变化,配以前后左右步伐移动,保持最佳站位。

(3)时机恰当

时机恰当是获得实效的关键。助力过早或过晚会破坏动作节奏,造成动作失误,甚至是运动损伤。

(4)助力适度

助力适度是指根据动作类型,选择好助力的大小和方向,也就是说要顺势助力。初学时助力要大;对身体素质较差、体重较大的学生助力要大。

(5)部位准确

助力部位是指保护与帮助者给予练习者助力帮助的作用点。部位正确、合理能够发挥帮助的最大效应。一般来说,作用点在人体总重心的附近或运动轴两侧的身体重心附近。

(6)适时脱保

脱保时的措施要落实,高难度动作第一次脱保的成败,往往直接影响练习者继续攻克该动作的信心和勇气,甚至影响对体操的兴趣。因此,要根据练习者的思想、体力、技能等要素进行适时脱保。

真题面对面

[2021 湖南长沙望城区,判断,1 分]保护与帮助时,晚一些脱保有利于练习者提高运动质量,保证安全。(　　)

答案:×。在保护与帮助时,应该适时脱保。过早脱保容易造成伤害事故,脱保过晚又会使练习者产生依赖性而延缓完成动作时间。

考点3 保护与帮助的意义及要求

1. 保护与帮助的意义

(1)有利于练习者的身心健康;(2)有利于练习者正确掌握动作与技能;(3)有利于练习者熟练掌握一门专业技能;(4)有利于练习者团结互助等良好品质的形成。

2. 对保护与帮助者的要求

(1)具有高度的责任感;(2)了解练习者的情况;(3)熟悉动作技术;(4)掌握扎实的保护与帮助技能;(5)要重视培养教学骨干。

真题面对面

[2020 安徽统考,简答,5 分]简述体操教学中保护与帮助的意义。

参考答案:参见上文。

六、徒手操的创编 【选择、判断】 ★★

1. 创编原则

(1)针对性原则

针对性原则是基本体操创编的一项关键性原则。贯彻针对性原则就是在创编中针对学生的不同年龄特点,设计不同类型的动作风格和运动负荷量。同一目的不同性别,所编内容和运动负荷不同。

(2)科学性原则

全面锻炼身体、科学安排运动负荷是徒手体操和轻器械体操创编的宗旨。

①全面锻炼身体

成套操的创编首先是徒手基本动作,主要包括头颈动作、上肢动作、下肢动作、躯干动作和全身性动作;持轻器械动作是在徒手动作的基础上,利用不同器械动作的变化,达到丰富练习内容,改变练习形式,提高练习强度,取得良好练习效果的目的。其次,成套动作还应合理安排力量、速度、柔韧、协调、灵敏等素质练习的比重,尽可能充分动员整个机体参与运动,使身体各部位的肌肉、关节、韧带及内脏器官得到全面锻炼,使练习者达到身材匀称、健美和提高各器官、系统功能的锻炼目标。

②科学安排运动负荷

成套动作的运动负荷应符合人体机能活动的规律,做到动作由简到繁、强度由弱到强、速度由慢到快,逐步增加运动负荷。通常的顺序是:头颈→上肢→肩部→胸部→躯干→下肢→全身→跳跃→整理等。成套动作由局部到整体,高潮在跳跃运动。

(3)创新性原则

创新是徒手体操、轻器械体操成套动作创编的一项重要原则。一套操的创新应从多方面着手,如动作的创新、顺序的创新、动作连接的创新、队形路线变化的创新、音乐的创新及难易程度的创新等。

真题面对面

1. [2023 安徽统考,单,1 分]小学生广播体操《希望风帆》将"旗语"动作编进广播体操,这体现了( )

A. 创新性原则　　B. 科学性原则　　C. 针对性原则　　D. 全面性原则

答案:A。题干中将"旗语"动作编进广播体操中是对广播体操动作的创新,故选 A。

2. [2023 安徽统考,判断,1 分]徒手操成套动作编排应由整体到局部。( )

答案:×。徒手操成套动作由局部到整体,高潮在跳跃运动。所以题干表述错误。

2. 创编要素

(1)动作要素。创编一套操的基本单位是动作,动作是编排的基础,也是确定整套操风格及难度的关键。因此,教师在创编过程中首先要考虑的是动作要素,即核心动作。

(2)音乐要素。音乐是创编整套动作的灵魂,在创编的过程中尤其重要。

(3)空间要素。创编整套动作要充分利用场地和空间变化。

(4)时间要素。徒手体操和轻器械体操的成套动作在时间上虽无严格规定,可长可短,但也应根据目的、任务及对象的不同来确定成套动作适宜的时间长度,以达到预期效果。

3. 影响徒手操动作效果的因素

影响徒手操动作效果的因素:(1)身体姿势;(2)动作方向;(3)动作幅度;(4)动作路线;(5)动作频率;(6)动作速度;(7)动作节奏。

知识再拔高

体操动作错误的等级划分

(1)小错:指与正确动作、姿势和节拍等有微小的偏差,或动作角度和方向与正确动作的偏差小于15°。

(2)中错:指与正确动作、姿势和节拍等有明显的偏差,或动作角度和方向与正确动作的偏差在15°~45°之间。

(3)大错:指动作变形,严重偏离正确的动作、姿势和节拍,动作角度与方向与正确动作的偏差在45°~90°之间。

(4)附加动作:在同节操中出现规定动作之外的多余动作。

真题面对面

[2023 安徽统考,单,1 分]广播体操比赛中,将两臂侧平举做成两臂前举,该动作错误等级为( )

A. 小错　　B. 中错　　C. 大错　　D. 未完成

答案:C。题干中"将两臂侧平举做成两臂前举",动作角度和方向与正确动作的偏差为90°,故选 C。

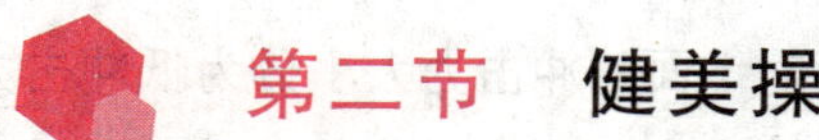

第二节　健美操

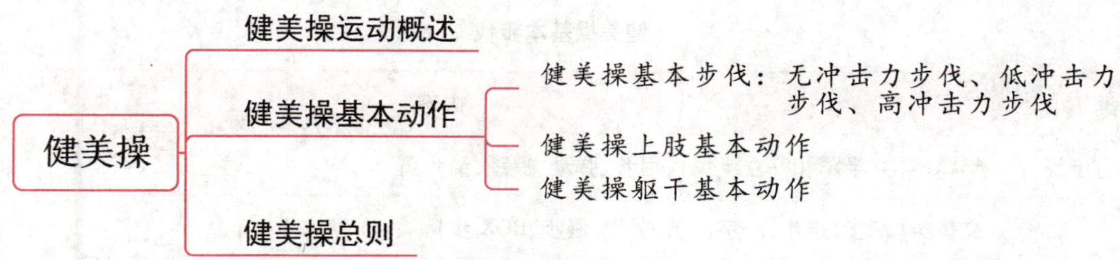

一、健美操运动概述

健美操融体操之健、舞蹈之美和音乐之韵于一体，在音乐的伴奏下，以身体练习为基本手段、以有氧运动为基础，达到增进健康、塑造形体和娱乐的一项体育运动。健美操通常采用徒手或轻器械进行练习，是在氧供应充足的情况下，以人体有氧系统提供能量的一种运动形式，其运动特征是持续一定时间的、中低强度的全身性运动，主要锻炼练习者的心肺功能，是有氧耐力素质的基础。健美操运动从影响人体健康的角度来说，具有良好的作用，尤其对于控制体重、减肥和改善体型体态、提高协调性和韵律感具有良好的效果。

根据当今世界和我国健美操运动的发展状况和未来的发展趋势，按照不同的目的和任务，健美操运动可分为健身健美操、竞技健美操和表演健美操三大类。

1. 健身健美操

健身健美操练习的主要目的是锻炼身体、保持健康。健身健美操的动作简单，实用性强，音乐速度可控制，动作多有重复并均以对称的形式出现，能够保证一定的运动负荷和锻炼的全面性。健身健美操按练习形式分为徒手健美操、器械健美操和特殊场地健美操。

2. 竞技健美操

竞技健美操是一项在音乐的伴奏下，能够表现连续、复杂、高强度成套动作的运动项目。竞技健美操只进行自编动作的比赛，自编动作必须符合规则要求。

3. 表演健美操

表演健美操是根据所参加的表演目的预先设计、编创和排练的成套健美操，人数不限，时间不等。表演健美操注重表演的效果，所以对音乐效果、动作设计、队形变化、表演者的动作质量及表现力要求极高。

知识再拔高

健美操队形的设计原则

健美操队形设计的原则：(1)构图清晰；(2)丰富新颖；(3)对比鲜明；(4)变化流畅、显示动作。其中，构图清晰是最基本、最首要的原则。

二、健美操基本动作　【选择】

健美操基本动作主要由基本步伐、上肢基本动作和躯干基本动作等组成。

1. 健美操基本步伐

健美操基本步伐根据人体运动时对地面的冲击力大小分为低冲击力步伐、高冲击力步伐和无冲击力步伐三大类。许多低冲击和无冲击的动作通过改变用力方法也可以做成高冲击力动作。

健美操基本步伐

分类	内容
无冲击力步伐	半蹲(并立半蹲和开立半蹲)、弓步、弹动、提踵、箭步蹲
低冲击力步伐	交替类(踏步、走步、一字步、V 字步、漫步、BOX 步)
	迈步类(并步、迈步点地、迈步吸腿、迈步后屈腿、侧交叉步、拖步、恰恰步)
	点地类(脚尖点地和脚跟点地)
	抬腿类(吸腿、摆腿和踢腿)
高冲击力步伐	双腿起跳类(并腿小跳、开合跳、弓步跳)
	交替起跳类(后踢腿跑动作)
	迈步起跳类(迈步吸腿跳、迈步后屈腿跳、侧交叉步跳、侧并小跳)
	单腿起跳类(吸腿跳、钟摆跳、弹腿跳、踢腿跳、踏步跳)

真题面对面

[2021 湖南长沙望城区,单,1 分]下列属于健美操高冲击力步伐的是(　　)

A. 脚尖前点地　　B. 侧交叉步

C. 弹动　　D. 侧并小跳

答案:D。

2. 健美操上肢基本动作

(1)常用手型

①掌:并掌、开掌、立掌、花掌;

②指:响指、剑指、一指;

③拳:实拳、空心拳;

④其他手型:西班牙舞手型、芭蕾舞手型。

(2)手臂基本动作

手臂基本动作及动作要领

动作	动作要领
举	臂移动范围在 180 度内,并稍停止在某一方位上的动作
屈臂	大臂与小臂关节角度减小。肘关节屈,大小臂收紧,肱二头肌收缩

续表

动作	动作要领
伸臂	大臂与小臂关节角度增大
摆动	以肩关节为轴,屈臂或直臂在 180 度以内依次运动
绕与绕环	以肩关节为轴,手臂在 180 度至 360 度之间的为绕;大于 360 度的圆周运动为绕环

3. 健美操躯干基本动作

躯干基本动作及动作要领

部位	动作	动作要领
胸部	含胸	直臂或屈臂做内收动作
	扩胸	两臂水平方向向后运动,要有震动
肩背部	外展	屈臂或直臂做外展动作
	沉肩	两肩用力上提、下拉
	举拉	两臂由侧上举下拉至髋侧
腰腹部	仰卧起坐	仰卧,屈膝,两脚同肩宽,腹肌收缩,上体抬起,腰部始终保持与地面接触
	侧卧抬起	屈膝侧卧,两肩接触地面,腰侧部肌肉收缩,上体抬起,腰部始终保持侧卧与地面接触
	仰卧提髋	仰卧,两腿稍屈膝上举,腹直肌收缩,使髋关节向上抬起。注意不要使用惯性
	站立侧屈	分腿站立,稍屈膝,侧腰肌收缩使上体侧屈,还原
	站立体转	分腿站立,稍屈膝,腹斜肌和腰肌收缩使上体向侧水平扭转
	俯卧两头起	俯卧,竖脊肌收缩,异侧的手臂和腿同时抬起,还原

三、健美操总则 【选择】

1. 竞技健美操竞赛项目

竞技健美操的竞赛项目分为男子单人、女子单人、混合双人操、三人、集体五人。

真题面对面

[2020 湖南长沙县,单,1 分]竞技性健美操的比赛不包括(　　)

A. 混双　　B. 三人　　C. 混五　　D. 男单

答案:C。竞技性健美操的比赛不包括混五。

2. 比赛场地

(1)比赛场地:健美操比赛场地为 7×7 平方米。健美操混双、三人、五人(集体)比赛场地为 10×10 平方米。

(2)赛台:高 80~140 厘米,后面有背景遮挡,赛台不得小于 14×14 平方米。竞赛地板必须是 12×12 平方米,并清楚地标出 7×7 平方米的单人比赛场地,10×10 平方米的混双、三人和五人比赛场地。标记带为 5 厘米宽的红色带,标记带包括在 7 米宽的比赛场地内。

(3)座位区：艺术裁判、完成裁判和难度裁判坐在赛台正前方，总裁判和裁判长坐在其正后方的高台上，视线员座位安置在赛台的两个对角。

(4)限制：在没有叫到之前，教练员和运动员禁止进入等候场地，在运动员比赛时，教练员必须留在等候场地。教练员和运动员禁止进入裁判区，违反规定将由裁判长取消其比赛资格。

★★ 考点大默写 ★★

1. ＿＿＿＿＿＿指手、臂或身体某(些)部位悬挂在器械上的动作。

2. 成员之间左右的间隙称为＿＿＿＿＿＿，成员之间前后的间隙称为＿＿＿＿＿＿。

3. 单杠骑撑前回环动作正确的握杠方法是＿＿＿＿＿＿。

4. 口令一般由＿＿＿＿＿＿和＿＿＿＿＿＿组成。

5. "第一排，报数""全体，集合"等口令属于＿＿＿＿＿＿口令。

6. 技术类动作的帮助方法有＿＿＿＿＿＿帮助、＿＿＿＿＿＿帮助和利用器械帮助。

7. "以排头为基准，向中看——齐"该口令属于＿＿＿＿＿＿口令。

8. 在体操运动中，练习者由于技术上的失误而发生意外时，独立运用特定的技巧和自救动作摆脱危险的方法，叫＿＿＿＿＿＿。

9. 在徒手操的创编中，＿＿＿＿＿＿是创编整套动作的灵魂，在创编的过程中尤其重要。

10. 创编一套操的基本单位是＿＿＿＿＿＿，＿＿＿＿＿＿是编排的基础，也是确定整套操风格及难度的关键。

【参考答案】

1. 悬垂　2. 间隔；距离　3. 反握　4. 预令；动令　5. 断续　6. 直接；间接　7. 复合　8. 自我保护　9. 音乐　10. 动作；动作

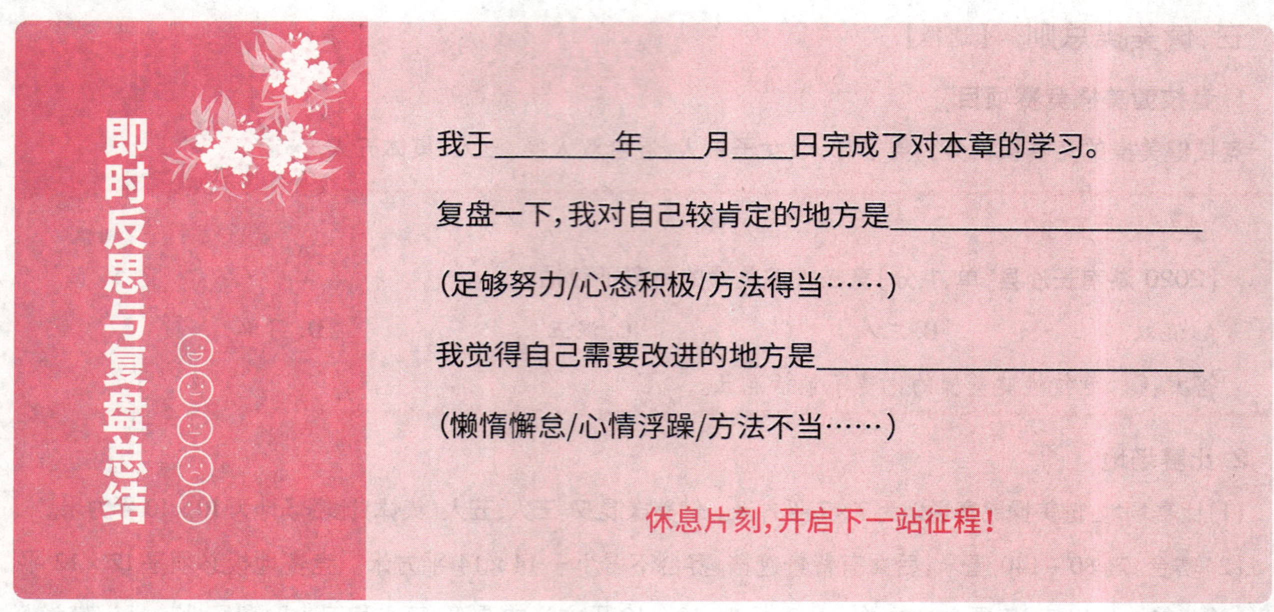

第四章 武 术

思维导图

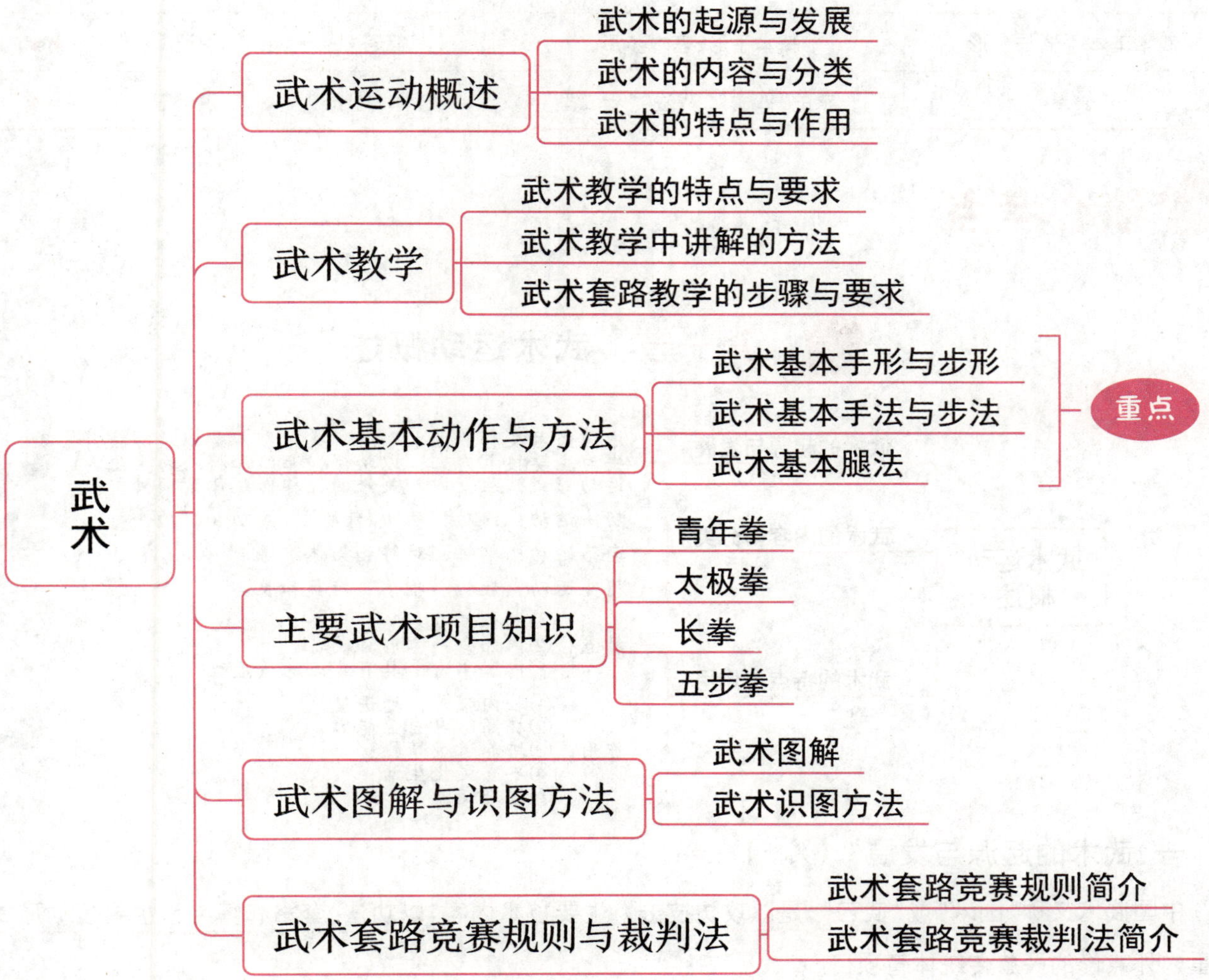

- 武术
  - 武术运动概述
    - 武术的起源与发展
    - 武术的内容与分类
    - 武术的特点与作用
  - 武术教学
    - 武术教学的特点与要求
    - 武术教学中讲解的方法
    - 武术套路教学的步骤与要求
  - 武术基本动作与方法（重点）
    - 武术基本手形与步形
    - 武术基本手法与步法
    - 武术基本腿法
  - 主要武术项目知识
    - 青年拳
    - 太极拳
    - 长拳
    - 五步拳
  - 武术图解与识图方法
    - 武术图解
    - 武术识图方法
  - 武术套路竞赛规则与裁判法
    - 武术套路竞赛规则简介
    - 武术套路竞赛裁判法简介

考向分析

本章属于学科专业技能知识中的基础章节，是体育教师招聘考试考查的重要章节，内容简单，需要理解的知识较多。现对本章考向分析如下：

高频考点	考点细化	常考题型	能力要求	考查热度
武术的特点与作用	特点、作用	判断、简答	理解	★★
武术基本手形与步形	基本手形、基本步形	简答	识记	★★
长拳	长拳的“四击”“八法”“十二型”	选择、判断	识记	★★

核心考点

第一节　武术运动概述

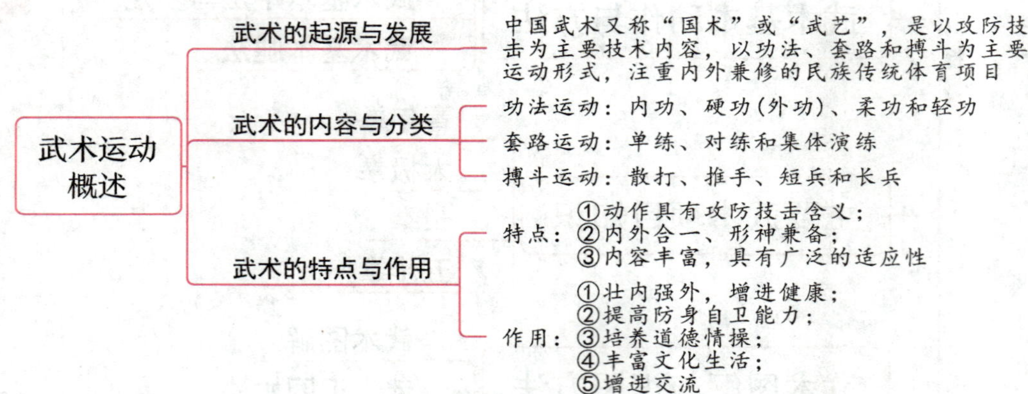

一、武术的起源与发展　【判断】　★

中国武术又称“国术”或“武艺”，是以攻防技击为主要技术内容，以功法、套路和搏斗为主要运动形式，注重内外兼修的民族传统体育项目。

武术萌芽于原始社会时期。武术的起源可追溯到古代人类的生产劳动。

中华人民共和国成立后，武术得到了蓬勃发展。

真题面对面

[2023 山西特岗，判断，1 分]武术是以技击为主要内容，以套路和搏斗等运动形式来增强体质，培养意志的民族传统体育项目。(　　)

答案：√。中国武术又称“国术”或“武艺”，是以攻防技击为主要技术内容，以功法、套路和搏斗为主要运动形式，注重内外兼修的民族传统体育项目。

二、武术的内容与分类 【选择】 ★

武术的内容丰富而且分类方式很多，一般按其运动形式可分为功法运动、套路运动和搏斗运动。

1. 功法运动

功法运动是以单个动作为主进行练习，以达到健体或增强某方面体能的运动。

传统功法运动按其形式与功用又可进一步分为内功、硬功（外功）、柔功和轻功。

真题面对面

[2021 湖南特岗，单，2 分]武术运动中，传统的功法运动按其形式与功能又可进一步分为内功、外功、轻功和（　　）

A. 散打　　B. 柔功

C. 推手　　D. 拳术

答案：B。

2. 套路运动

套路运动是指以技击动作为内容，以攻守进退、动静疾徐、刚柔虚实等矛盾运动的变化规律为依据编成的整套练习形式。按练习时的人数多少，套路运动又分为单练、对练和集体演练。

（1）单练包括徒手拳术和器械运动两类。

（2）对练包括徒手对练、器械对练、徒手与器械的对练。

（3）集体演练是指多人（竞赛中通常要求六人以上）徒手、器械或徒手与器械同时进行演练的套路形式。

3. 搏斗运动

搏斗运动是两个人在一定的条件下，按照一定的规则进行斗智、较技、较力的实战攻防格斗。目前开展较为普遍的竞赛项目有散打和推手，尚未普遍开展的有短兵和长兵。

知识再拔高

武术中的器械

武术中的器械分为短器械（刀、剑、锤等）、长器械（枪、棍等）、双器械（双刀、双剑、双钩、双鞭、双头枪、单刀加鞭等）和软器械（二节棍、三节棍、四节镗、九节鞭、流星锤、绳镖等）。

三、武术的特点与作用 【判断、简答】 ★★

1. 武术运动的特点

（1）动作具有攻防技击含义。武术动作具有攻防技击性是武术的本质特性。

（2）内外合一、形神兼备。既讲究动作的形体规范，又要求精气神传意、内外合一的整体运动观，是中国武术的一大特点。

(3)内容丰富,具有广泛的适应性。武术的内容和练习形式丰富多样,不同类别的武术项目的练功方法、动作结构、技术要求、运动风格和运动负荷不尽相同,分别适应不同年龄、性别、职业、体质的需要,人们可以根据自己的条件和兴趣爱好加以选择。同时,武术运动较少受时间、季节的限制,对场地器材的要求较低,为开展群众性体育活动创造有利条件。

真题面对面

[2020 陕西特岗,判断,1 分]武术的本质特征是具有攻防技击性。( )

答案:√。

2. 武术运动的作用

(1)壮内强外,增进健康。武术注重内外兼修,对身体有着多方面的良好影响,经常练习能收到壮内强外的健身效果。

(2)提高防身自卫能力。“防身自卫”是其最根本的目的。

(3)培养道德情操。“习武以德为先”,武术练习历来十分重视武德教育。尚武与崇德是武术修炼过程中的两个重要方面,培养习武者尊师重道、讲礼守信、宽以待人、严于律己等良好的心理素质和高尚的道德情操。

(4)丰富文化生活。武术具有很高的观赏价值,无论是套路表演,还是散打、推手比赛,历来为人们喜闻乐见,极大地丰富了人们的文化生活。

(5)增进交流。群众性的武术活动讲究“以武会友”,即通过习武的共同爱好,切磋技艺、交流思想、扩大交往、增进友谊。随着武术在世界上的广泛传播,还可以促进与国外武术爱好者的交流。

真题面对面

[2019 天津和平区,简答,5 分]简述武术的特点和作用。

参考答案:参见上文。

第二节　武术教学

- 武术教学
  - 武术教学的特点与要求
  - 武术教学中讲解的方法
    - 术语化讲解，如“弓步冲拳”“马步架打”等
    - 形象化讲解，如“提膝亮掌”犹如金鸡独立
    - 单词化讲解，如“腾空飞脚”可归纳为“蹬、摆、提、拍”4个字讲解
    - 口诀化讲解，如讲弓步，口诀可为“前腿弓、后腿绷、挺胸立腰莫晃动”
  - 武术套路教学的步骤与要求

一、武术教学的特点与要求

1. 武术教学的特点

武术教学的特点：(1)重视尚武崇德的思想教育；(2)注重直观教学，以领做为主；(3)结合攻防动作讲解示范；(4)强调动作规范，突出不同拳种风格；(5)注重内外兼修，提高演练技巧。

2. 武术教学的要求

武术教学的要求：(1)注重示范教学，运用多种形式教学；(2)了解各拳种风格特点；(3)提高安全教育意识。

二、武术教学中讲解的方法 【选择】 ★

(1)术语化讲解：指运用动作名称和武术术语进行讲解。动作名称是根据动作结构、形象和运动方法而取名。一般能表达动作的全貌，如“弓步冲拳”“马步架打”等。顺序上一般先讲下肢，再讲上肢，然后讲上下肢配合。

(2)形象化讲解：指用自然景物和动物来比喻动作，便于理解和记忆。如“提膝亮掌”犹如金鸡独立，将“仆步穿掌”比喻为燕子抄水。

(3)单词化讲解：指把动作过程归纳为简明、扼要的几个字进行讲解。如“腾空飞脚”可把蹬地起跳、摆腿、提腰提气、拍手拍脚击响的过程，归纳为“蹬、摆、提、拍”4 个字讲解。

(4)口诀化讲解：指把动作和动作要领按顺序编成顺口溜进行讲解。如讲弓步，口诀可为“前腿弓、后腿绷、挺胸立腰莫晃动”；讲冲拳、推掌的高度要求，口诀可为“冲拳不过肩，掌指齐眉尖”。

真题面对面

[2023 安徽统考，单，1 分] 侧手翻教学中，将动作过程归纳为“蹬、摆、撑、推、转”，运用的讲解方法是(　　)

A. 术语化讲解　　B. 形象化讲解　　C. 口诀化讲解　　D. 单词化讲解

答案：D。

三、武术套路教学的步骤与要求

1. 武术套路教学的步骤

武术套路教学一般可分为五个步骤：(1)基本动作学习；(2)基本功练习；(3)组合动作学习；(4)套路学习；(5)技术创新实践。

2. 武术套路教学的要求

武术套路教学的要求：(1)重视基本技术动作和基本功教学；(2)研究技术动作的趣味性；(3)注重技术动作的规范性；(4)围绕重点动作分节施教；(5)结合攻防技术解析动作；(6)突出器械的基本技法教学。

第三节　武术基本动作与方法

武术基本动作与方法
- 武术基本手形与步形
  - 基本手形：掌、拳、勾、爪
  - 基本步形：马步、弓步、仆步、虚步、独立步
- 武术基本手法与步法
  - 基本手法：开立步手法、前后步手法
  - 基本步法：上步、进步、退步、闪步、垫步、插步
- 武术基本腿法
  - 弹腿、蹬腿、侧踹腿、鞭腿、勾踢腿、前冲膝、后扫腿 —— 易混点

一、武术基本手形与步形　【简答】★★

考点1　基本手形

(1)拳：四指并拢卷握，拇指紧扣食指的第二指节处。

(2)掌：四指并拢伸直，拇指弯曲紧扣于虎口处为柳叶掌，拇指外展呈八字掌。

(3)勾：屈腕，五指尖捏拢。

(4)爪：立掌背伸，五指弯曲内抓。

拳　　掌　　勾　　爪

考点2　基本步形

(1)马步：两脚平行开立(约为本人脚长的3倍)，屈膝半蹲，大腿接近水平，身体重心放在两脚之间。

(2)弓步：两脚前后开立(约为本人脚长的4倍)，前腿脚尖微内扣，屈膝半蹲，后脚尖内扣，后腿挺膝伸直，后髋下沉内扣，上体正对前方。左腿在前为左弓步，右腿在前为右弓步。

(3)仆步：两脚开立，一腿全蹲，大小腿贴紧，全脚掌着地，膝关节外展；另一腿侧仆伸直，脚尖内扣，全脚掌着地；开胯、挺胸、塌腰，上体微前倾。仆左腿为左仆步，仆右腿为右仆步。

(4)虚步：两脚前后开立，重心放在后腿；后腿屈蹲，脚尖外展约45°，前腿微屈膝，脚尖绷直稍内扣，虚点地面；挺胸塌腰。左脚在前为左虚步，右脚在前为右虚步。

(5)独立步：一腿伸直站立，支撑身体重心；另一腿屈膝上提，绷脚尖，上体要正直。

马步　弓步　仆步　虚步　独立步

真题面对面

[2021 广东广州增城区，简答，6 分]试述武术中马步的动作要点。

参考答案：参见上文。

二、武术基本手法与步法

☞考点1　基本手法　新增

1. 开立步手法

(1)开立步抱拳预备式：身体直立，两脚分开与肩同宽；双手握拳，两臂屈肘抱于腰间，拳心向上；头正颈直，平视前方。

(2)冲拳：开立步抱拳预备，右拳拳心向上，从腰间向前伸臂冲出，接近顶点时拳加速拧转，手臂伸直，使拳心内旋向下；上体拧腰左转，目视右掌。左拳冲出同于右拳；在左拳冲出的同时右拳外旋屈肘回收至腰间，拳心向上。如此依次反复进行。

(3)推掌：开立步抱拳预备，右掌指尖朝前快速前伸，当右臂接近伸直时加速内旋，以掌根外侧为力点向前立掌推击，上体拧腰左转，目视右拳。左掌推出同于右掌，在左掌推出的同时右掌外旋屈肘回收至腰间抱拳。如此依次反复进行。

(4)蝶掌：两脚分开呈开立步；左臂屈肘收于右胸前，左掌心向右，掌指向上；右臂屈肘于腰间，右掌心向前，掌指向下；目视前方。双掌左上右下同时向正前方推出，两掌根相距约一掌宽。左掌外旋屈肘收于腰间，掌心向前，掌指向下；右掌内旋屈肘收于左胸前，掌心向右，掌指向上；目视前方。双掌右上左下同时向正前方推出，两掌根相距约一掌宽。如此依次反复进行。

(5)虎爪：两脚分开呈开立步，左臂屈肘在胸前抓按，左爪心向下，爪指向右；右臂屈肘于腰间，右爪心向前，爪指向下；目视前方。右爪向正前方内旋推抓，臂微屈；同时左爪微内收，置右肘下，目视右爪。右臂屈肘,爪内旋向左在胸前抓按,左爪心向下,爪指向右;同时左爪外旋屈肘收于腰间,爪心向前,爪指向下。左爪向正前方内旋推抓,臂微屈;同时右爪微内收,置右肘下;目视右爪。如此依次反复进行。

(6)穿掌顶肘:开立步抱拳预备。右拳变掌,掌心向上;从腰间向左前方伸臂穿出,目视右掌。右臂内旋屈肘向右侧顶击;头向右转,目视右侧。左拳变掌,掌心向上;从腰间向右前方伸臂穿出,同时右臂屈肘收于腰间,目视左掌。左臂内旋屈肘向左侧顶击;头向左转,目视左侧。如此依次反复进行。

(7)亮掌:开立步抱拳预备。右拳变掌,拇指向上;向身体右侧直臂甩出;目随右掌;上动不停,右掌继续上甩,至头部右上方时,抖腕甩掌使臂成弧形,掌心向前,拇指向下;同时头向左甩,目视左侧方。左侧亮掌动作相反,过程相同。

2. 前后步手法

(1)冲拳

冲拳是直线击打对手的进攻手法。

①左冲拳

动作过程:实战姿势预备。右脚蹬地,左腿保持身体平稳;身体向右拧转,左臂伸展,拳向前直线冲出;还原时要以腰带肘回收,迅速还原成实战姿势。

②右冲拳

动作过程:实战姿势预备。冲拳时右脚蹬地,右髋内合,转腰送肩,直线向前冲出,**力达拳面**;同时左拳变掌或握拳回收至右肩内侧。还原时以腰带肘,主动还原成实战姿势。

③冲拳的主要攻防含义

多用于进攻对手的头部和躯干。

左冲拳　　右冲拳

(2)掼拳

掼拳是平弧线击打对手的进攻手法。

①左掼拳

动作过程:实战姿势预备。右脚蹬地,左腿保持身体平稳;身体向右拧转;左拳先向外、再向前、向里横击,臂微屈,拳心朝下,力达拳面或偏于拳眼侧;还原时以腰带肘,主动还原成实战姿势。

主要攻防含义:左掼拳是一种横向型进攻动作,可以结合身体姿势的高、低变化击打对方的侧面。上盘可击太阳穴，中盘可击腰肋部位。

②右掼拳

动作过程：实战姿势预备。右脚蹬地，右髋内合，转腰送肩，右拳先向外、再向前、向里横击，臂微屈，拳心朝下，力达拳面或偏于拳眼侧；还原时以腰带肘，主动还原成实战姿势。

主要攻防含义：右掼拳是侧向进攻的重拳。它的特点是能充分借助右脚蹬地转腰的力量，进攻时击打力度大，多用于连击或防守反击，攻击对手的头部和躯干。

左掼拳　　　　右掼拳

(3)抄拳

抄拳是上弧线击打对手的进攻手法。

①左抄拳

动作过程：实战姿势预备。身体略向左转，重心略下沉；随即左脚蹬地，身体向右拧转；左拳由下向前上方勾击，大小臂夹角90°~110°，拳心朝里，力达拳面。击出后要迅速还原成实战姿势。

②右抄拳

动作过程：右脚蹬地、扣膝转腰的同时，右拳由下向前、向上抄起，发力由下至上；大小臂夹角在90°~110°，拳心朝里，力达拳面；左拳回收至右肩内侧。击出后要迅速还原成实战姿势。

③抄拳的主要攻防含义

左右抄拳多用于近距离实战时，由下向上进攻对手的胸、腹或下颏。

(4)鞭拳

转身鞭拳是防守反击的击打手法。

①动作过程(以右鞭拳为例)

身体向右后转180°，右脚经左腿后插步；同时左拳与右拳一起回收至胸前；动作不停，上体继续向右转体90°，同时右拳反臂向右侧横向鞭打，拳眼向上，力达拳背。鞭打后要迅速还原成实战姿势。

②主要攻防含义

鞭拳是横向型进攻的动作之一，并能借助于转体的惯性，动作幅度大，运动路线长，力度较大。多在防守对手的进攻后，旋转反击对手的头部。用于退守反击时，动作要隐蔽和突然。

(5)横摆肘

横摆肘是平弧线击打对手的进攻手法。

①左横摆肘

动作过程：实战姿势预备。右脚蹬地，左腿保持身体平稳；身体向右拧转；左臂屈肘向内横击，拳心朝下，力达肘端。还原时沉肘，成实战姿势。

主要攻防含义：左横摆肘是横向型进攻动作，可以结合身体姿势的高、低变化，多用于进攻对手的头部和躯干侧面。

②右横摆肘

动作过程：实战姿势预备。右脚蹬地，右髋内合，转腰送肩；右臂屈肘向内横击，拳心朝下，力达肘端。还原时沉肘，成实战姿势。

主要攻防含义：右横摆肘的特点是能充分借助右脚蹬地转腰的力量，进攻时击打力度大，多用于进攻或防守反击对手的头部和躯干侧面。

考点2 基本步法

在接近对手和与对手对峙时的身体移动是“步法”。一般是在保持“实战姿势”的前提下进行各种步法。常用的步法主要有：上步、进步、退步、闪步、垫步、插步。

主要步法	动作过程
上步	后脚经过前脚向前上一步
进步	前脚先向前进半步，后脚再跟进半步
退步	后脚先退半步，前脚再退回半步。或前脚经过后脚向后退一步，同时左右拳前后交换
闪步	左脚向左侧移半步，右脚随之向左滑步，同时身体向右转动约 90 度
垫步	后脚蹬地向前脚内侧并拢，同时前腿屈膝提起
插步	后脚向左横移一步，脚跟离地，两脚略呈交叉

三、武术基本腿法 【选择】 ★

拳谚“手似两扇门，全凭腿打人”表明腿法在武术中的重要作用。腿法属于武术踢、打、摔、拿“四击”技术中较有难度的一类，必须经过加大腿部运动幅度的柔韧性练习以及踢沙袋等硬度练习，腿法运用才能达到一定水平，收放自如地进攻和防守。腿法按其运动形式可分为直摆性腿法，如正踢腿、外摆腿；伸屈性腿法，如弹腿、蹬腿；扫转性腿法，如前扫腿、后扫腿；击响性腿法，如前拍脚、里合腿击响等。

武术主要腿法的动作过程、动作要点及主要攻防含义

主要腿法	动作过程	动作要点	主要攻防含义
弹腿	左腿直立或稍屈支撑；上体向左拧转；同时右腿屈膝上提，绷脚背；随即挺膝向前弹踢小腿，力达脚背。弹踢后要快速收小腿，迅速还原成实战姿势	以膝带腿，抓紧脚趾，脚背紧张	弹腿距离对方的要害近，出腿隐蔽、预兆小、有力度。因此，既可主动进攻，又能防守反击。在实战中配合手法，踢击对方腰部以下的部位

续表

主要腿法	动作过程	动作要点	主要攻防含义
蹬腿	身体前移并向左拧转，左腿支撑身体重心，右腿屈膝上提，勾脚尖向前蹬出，力达脚跟，也可送髋，脚掌下压，力达脚前掌。右蹬腿后要快速收小腿，迅速还原成实战姿势	以膝领腿，屈膝提起再挺膝发力；要快速连贯	多用于攻击对方的躯干
侧踹腿	左腿直立或稍屈支撑，身体向左转 180 度，同时右腿屈膝前抬，小腿外摆，脚尖翘起，脚掌正对攻击目标，用力向前踹出，力达脚掌，上体可侧倾。踹后快速收小腿，立即还原成实战姿势	踹出时一定要以大腿推动脚直线向前发力；踹出后上体、大腿、小腿、脚掌要呈一条直线	多用于攻击对方的躯干和膝关节，有时也可以突然攻击对方头部，是比赛和实战中使用率较高的腿法
鞭腿	左腿支撑，上体左转，带动右腿绷脚背向前上方展髋弹踢，力达脚背或小腿下端。随即快速收小腿，迅速还原成实战姿势	脚背紧张，膝关节内扣；以膝带腿，快速连贯有力	多用于侧向攻击对方躯干和头部
勾踢腿	左腿弯曲，膝外展，身体左转 180 度；收腹合胯，带动右腿直腿勾脚向左前方弧线擦地勾踢，脚背屈紧并内扣，力达脚弓内侧，随即迅速还原成实战姿势	斜方向起腿；预摆要小；勾踢快速有力	常用于对方身体重心瞬间转移到前脚时，勾踢其脚后跟，达到破坏其支撑稳定性的目的
前冲膝	左腿微屈支撑；身体左转并稍后仰；右髋前送，同时右腿屈膝向前撞击，力达膝盖处，随即迅速还原成实战姿势	以髋推膝前撞，上体可仰身，身体重心要稳固	主要攻击对手小腹、裆部，配合手法可攻击头部。前冲膝主要在冲破对手的防守或对手正面冲来向前迎击时使用
后扫腿	实战姿势或弓步双推掌。左腿跪膝下蹲的同时身体向右拧转，随即双手扶地；以左前脚掌为轴，右腿屈髋直膝向右后方扫转一周，脚掌内扣并勾紧，力达脚后跟。扫腿后迅速还原成预备式	左脚跟要提起；左腿跪膝下蹲要叠紧；转体扫转要迅速连贯；右脚掌要贴地，以增强后扫的力度	多在对手的攻击之前或之后，当身体重心在前脚的瞬间使用

真题面对面

[2019 安徽特岗，单，1 分]武术运动中多用于侧向攻击对方躯干和头部的腿法是(　　)

A. 鞭腿　　B. 弹腿　　C. 前冲膝　　D. 蹬腿

答案：A。鞭腿是一种多用于侧向攻击对方躯干和头部的腿法。

第四节　主要武术项目知识

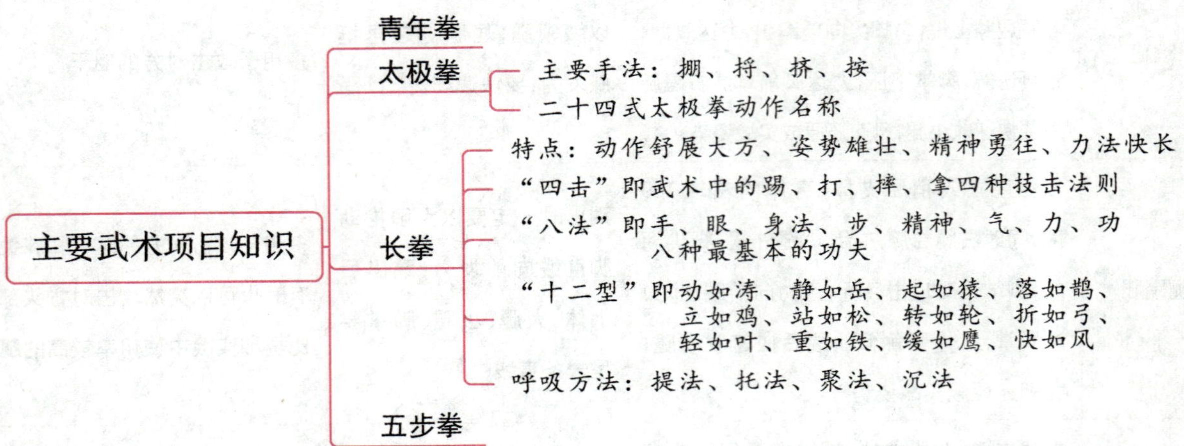

一、青年拳

青年拳的动作简单、方法明确、节奏流畅，并具有鲜明的攻防意识。青年拳的全套动作分为两段，一个直线来回即可完成套路。两人同时练习套路第一段和第二段，即构成了对练形式的套路。青年拳甲段和乙段的动作组合如下：

【甲段】（起势）上步架打；右架打；弓步托掌；虚步挂掌；上步踢腿；退步勾挂；上步架打；架踹；弓步击掌；勾踢；小缠冲拳；上步击掌；退步横肘；跳步横肘；撤步按掌（收势）。

【乙段】（起势）垫步冲拳；退步横掌；弓步击掌；右横掌；退步砸拳；跳踢；马步横打；退步横掌；退步勾挂；退步击掌；换步击掌；挂压；横肘；上步击拳；跳步捋打；撤步按掌（收势）。

二、太极拳　【选择】　★

太极拳的动作柔和、轻灵、缓慢，其特点是动劲如抽丝，处处有弧形，似展非展，圆活不滞，动中有静，静中有动。太极拳的运动强度和运动负荷较为适中，练习后不易出现代谢机能的激烈变化，适合于不同体质和不同年龄的人群，特别是体弱及慢性病患者。

太极拳是一种符合人体生理、心理特点的科学健身方法，也是治疗疾病的有效手段。

考点1　太极拳的基本技术

1. 手型

太极拳的基本手型：拳、掌、勾。

2. 主要手法

（1）掤：手臂呈弧形，前臂由下向上、向外张架，劲力圆满有张力、有弹性。

（2）捋：常以两手一前一后、掌心一下一上相辅助，有随腰旋转向后下方回捋之势。

（3）挤：通常前手手背向外，另一手辅助，手臂呈弧形，向前方挤出，同时腰身有前进中寓后坐之意。

(4)按:两手心向前、向下按,有迎截外力并引为向下之意。

记忆有妙招

揽雀尾动作包括掤、捋、挤、按四种手法。

3. 步法

(1)进步:由开立步起,两腿微屈,右脚外撇,两手背于身后。左脚经右脚内侧向前迈出,脚跟先着地,重心前移,左脚踏实,成左弓步。重心后移,左脚尖外撇,重心前移,右脚经左脚内侧向前迈出,脚跟先着地,重心前移,成右弓步。重心后移,右脚尖外撇,重心再前移,准备左脚再向前迈。可重复若干次。

(2)退步:开立步站立,两手相叠放于丹田处,男子左手在下,女子右手在下。两膝微屈,重心移到左腿,右脚提起经左脚内侧向右后退。由前脚掌先落地,随重心慢慢后移过渡到全脚掌着地,成左虚步。然后左脚提起经右脚内侧向左后退。由前脚掌先落地,随重心慢慢后移过渡到全脚掌着地,成右虚步。再右脚提起经左脚内侧向右后退。可重复若干次。

(3)横移步:并步站立,两腿微屈,左脚向左横移一步。重心左移,右脚向左脚内侧跟进一步,前脚掌先着地,然后过渡到全脚掌着地;重心换至右脚,左脚向左横移一步。重心再左移,右脚向左脚内侧跟进一步。可重复若干次。

4. 腿法

(1)蹬腿:屈伸性腿法。支撑腿微屈,站稳;另一腿屈膝提起,然后小腿上摆,脚尖勾起,脚跟向前蹬出,腿伸直,脚高不过肩。

(2)分腿:基本要求同蹬腿。唯脚面绷直,脚尖向前。

考点2 二十四式太极拳动作名称

(1)起势;(2)左右野马分鬃;(3)白鹤亮翅;(4)左右搂膝拗步;(5)手挥琵琶;(6)左右倒卷肱;(7)左揽雀尾;(8)右揽雀尾;(9)单鞭;(10)云手;(11)单鞭;(12)高探马;(13)右蹬脚;(14)双峰贯耳;(15)转身左蹬脚;(16)左下势独立;(17)右下势独立;(18)左右穿梭;(19)海底针;(20)闪通臂;(21)转身搬拦捶;(22)如封似闭;(23)十字手;(24)收势。

三、长拳 【选择、判断】 ★★

长拳是在华拳、红拳、少林拳等传统拳术的基础上发展起来的一种新拳术。

(1)长拳的基本手型为拳、掌、勾。长拳的基本步型为弓步、马步、仆步、虚步、歇步。

(2)长拳的主要特点:动作舒展大方、姿势雄壮、精神勇往、力法快长。长拳讲究动迅静定、快速灵活、刚劲勇猛、节奏鲜明;在技击上讲究放长击远,出拳要拧腰送肩,以发挥"一寸长一寸强"的优势。其运动均衡全面,能有效地提高人体的柔韧、力量、耐力、协调、灵敏、反应、平衡等身体素质,尤其适合大学生锻炼。

(3)长拳的"二十四要",即"四击""八法""十二型"。

①"四击"即武术中的踢、打、摔、拿四种技击法则。

②“八法”即手、眼、身法、步、精神、气、力、功八种最基本的功夫。

③“十二型”即动如涛、静如岳、起如猿、落如鹊、立如鸡、站如松、转如轮、折如弓、轻如叶、重如铁、缓如鹰、快如风。

(4)长拳运动中的呼吸方法包括提法、托法、聚法和沉法。

①提法即提气、吸气,凡向上腾空跳跃,或向前翻腾的动作采用提气的方法,借以提高身体的重心。

②托法指吸气后将气暂存体内,以托住身体的静止、平衡动作。

③聚法指深呼吸后将气聚于胸膛,用于做短暂、刚脆的大幅度活动动作。

④沉法指深呼吸后将气沉于腹部丹田处,使腹部充实,根基稳健,用于做架势较低,或由高到低的动作。

真题面对面

1.[2022 安徽统考,单,1 分]不能体现武者日常行动准则的是(　　)

A. 坐如钟,立如松

B. 动如涛,静如岳

C. 转如轮,折如弓

D. 缓如鹰,快如风

答案:A。武术中的“十二型”即动如涛、静如岳、起如猿、落如鹊、立如鸡、站如松、转如轮、折如弓、轻如叶、重如铁、缓如鹰、快如风。故排除 B 项、C 项和 D 项,答案选 A。

2.[2021 湖南特岗,判断,2 分]在长拳中的四击为“踢”“打”“摔”“拿”。(　　)

答案:√。

四、五步拳

五步拳是中国青少年学习武术的初级必学套路,它包含武术中最基本的弓步、马步、仆步、虚步、歇步五种步型和拳、掌、勾三种手型及上步、退步步法和搂手、冲拳、按掌、穿掌、挑掌、架打、盖打等手法。

五步拳的动作组合顺序:预备式(并步抱拳)—左弓步搂手冲拳—弹踢冲拳—马步架打—歇步盖冲拳(插步盖掌、歇步冲拳)—提膝穿掌—仆步穿掌—虚步挑掌—收式(并步抱拳)。

第五节　武术图解与识图方法

一、武术图解 【判断】★

武术图解是通过图示和文字来说明和解释武术动作的技术要领及动作特点的一种书面表现形式。武术图解是记录武术动作和套路的主要方法,它包括文字说明和插图两部分,文字说明叙述动作的详细过程和要领,插图描绘动作姿势和身体各部位的运动路线。

武术图解的一般知识主要包括运动方向、动作路线、附加图、往返路线、运动方位、动作名称、术语的运用、要领说明、常用叙述词等方面的内容。其中，在武术图解中一般所指的运动方向，是以图中人的躯干姿势为准，并且随着躯干姿势所处位置的变化而变。

真题面对面

[2023 安徽统考，判断，1 分]武术图解中的运动方向是以图中人的躯干姿势为准。(　　)

答案：√。

二、武术识图方法

(1)个人自学法

个人自学法是在无人帮助的情况下，借助一定的条件自学套路和动作的方法。这种方法一般适用于有一定武术技术基础和基本知识的学生，要具备基本的武术技术自学基础。

(2)合作自学法

合作自学法是与他人结合共同学习的自学方法。这种方法在武术套路动作学习中比较普遍，也比较简单易行。对有一定武术运动基础的自学者，突击学习一定的套路动作或者解决在习武过程中因个别动作难题而进行合作性的学习较为适宜。

合作自学法的主要步骤：①分工；②检查学习；③互教互学。

第六节　武术套路竞赛规则与裁判法

一、武术套路竞赛规则简介

规则	简介
竞赛分类	①按类型可以分为个人赛、团体赛、个人及团体赛； ②按年龄可分为成年赛、青少年赛、儿童赛
竞赛项目	长拳、太极拳、南拳、剑术、刀术、枪术、棍术、太极剑、南刀、南棍、传统拳术、传统器械、对练项目和集体项目
竞赛年龄分组	成年组、青少年组、儿童组
比赛顺序	在竞赛监督委员会和总裁判长的监督下，由编排记录组抽签决定比赛顺序
检录	运动员须在赛前 30 分钟到达指定地点报到，参加检录，并检查服装和器械
礼仪	运动员听到上场点名时和完成套路比赛及现场成绩宣布时，应向裁判长行抱拳礼
得分相等的处理	个人赛分别以难度分高者、完成高等级难度数量多者、演练水平分高者、演练水平扣分少者、动作质量扣分少者的顺序排列名次。全能赛或团体赛以比赛中获单项第一名多者列前，依此类推

续表

规则	简介
竞赛有关规定	①难度填报：参赛的运动员必须根据竞赛规则和规程要求选择难度和必选主要动作，于赛前20天在规定网站填报“武术套路难度及必选动作申报表”，并确认打印，签字、盖章后寄往赛会。 ②套路完成时间：长拳、南拳、剑术、刀术、枪术、棍术、南刀、南棍套路，成年组不得少于1分20秒，青少年组（含儿童）不得少于1分10秒。太极拳、太极剑自选套路为3～4分钟；太极拳规定套路为5～6分钟。对练不得少于50秒。集体项目为3～4分钟。传统项目，单练不得少于1分钟。 ③比赛音乐：规程规定的配乐项目必须在音乐（不带歌词）伴奏下进行，音乐可以根据套路的编排自行选择。 ④比赛服装：裁判员应穿统一的服装，佩戴裁判等级标志；运动员应穿武术比赛服装。 ⑤竞赛场地：个人项目的场地为长14米、宽8米，集体项目的场地为长16米、宽14米。场地四周内沿，应标明5厘米宽的白色边线。场地的地面空间高度不少于8米。两个比赛场地之间的距离应在6米以上。 ⑥比赛器械：国家体育总局武术运动管理中心指定的器械。 ⑦比赛设备：大型比赛必须配备摄像机4台，放像设备3台，电视机3台以及全套电子评分系统和音响系统

知识再拔高

抱拳礼

（1）抱拳礼的规格：右手握拳，左手拇指屈回，其余四指并拢掩掌于右拳。拳掌距胸20～30 cm，两臂屈圆与胸齐平，在行抱拳礼时，要求下肢并步站立，头正身直，目视对方。

（2）抱拳礼的含义：右手握拳喻“尚武”“以武会友”。以左掌掩右拳，喻拳由理来，屈拇指，喻不自大。左掌四指并拢，喻四海武林同道团结齐心，发扬武术。

二、武术套路竞赛裁判法简介

武术套路竞赛的裁判评分是以规则为准绳，以运动员现场技术发挥为依据，采用减分、给分和加分的办法进行的。

1. 对动作质量分的评判

对于动作质量的评分，原则是动作出现错误内容，扣0.10分；一个动作出现多种错误内容，均一次性扣0.10分。比赛场上，运动员的演练速度很快，裁判员应在边看边记的过程中，切实把动作规格方面的扣分点清楚地一一表示出来，以便达到快速而准确的评判目的。

2. 对整套演练水平的评判

整套演练分的评分属抽象部分评分，不像动作质量分的评判那样扣分依据较为明显、能够具体实扣，它是通过比较法得出结果的。整套演练部分的评分要纵观全面，综合判断，整体比较，按三档九级给分。

3. 对难度动作的评分

评判难度动作首先要熟练难度动作的规格要求，熟悉完成难度动作过程中常见的毛病与扣分要点，善于总结评判经验，能眼明手快地对难度动作进行准确判断。

4. 对其他错误的扣分

其他错误扣分是指裁判员对比赛中运动员完成动作技术失误时的扣分。自选套路、其他拳术、器械、对练项目、集体项目都有相对应的“其他错误内容及扣分标准”。裁判员应对规则规定的扣分内容和相应的扣分分值熟记在心；评分过程中做到熟练执行。按其他错误出现一次扣一次，将扣分点及时记入评分表中。一个动作同时出现两种以上错误时，应累计扣分。

★★ 考点大默写 ★★

1. 中国武术又称“国术”或“武艺”，是以____________为主要技术内容，以功法、套路和搏斗为主要运动形式，注重内外兼修的民族传统体育项目。
2. 武术的基本手形：拳、____________、勾、爪。
3. 武术教学注重直观教学，以____________为主。
4. 将“仆步穿掌”比喻为燕子抄水，采用的是____________讲解。
5. ____________指把动作和动作要领按顺序编成顺口溜进行讲解。如讲弓步，口诀可为“前腿弓、后腿绷、挺胸立腰莫晃动”；讲冲拳、推掌的高度要求，口诀可为“冲拳不过肩，掌指齐眉尖”。
6. 拳谚“手似两扇门，全凭腿打人”表明____________在武术中的重要作用。
7. 正踢腿、外摆腿属于____________腿法。
8. 武术动作中，右冲拳的力点是____________。
9. “白鹤亮翅”技术动作所属的拳种是____________。
10. ____________讲究动迅静定、快速灵活、刚劲勇猛、节奏鲜明。
11. 长拳的“二十四要”，即“四击”“八法”“____________”。
12. 武术图解是记录武术动作和套路的主要方法，它包括文字说明和____________两部分。
13. 武术竞赛按类型可以分为个人赛、____________、个人及团体赛。
14. 武术比赛中，运动员须在赛前____________分钟到达指定地点报到，参加检录，并检查服装和器械。

【参考答案】

1. 攻防技击　2. 掌　3. 领做　4. 形象化　5. 口诀化讲解　6. 腿法　7. 直摆性　8. 拳面　9. 太极拳
10. 长拳　11. 十二型　12. 插图　13. 团体赛　14. 30

即时反思与复盘总结

我于________年____月____日完成了对本章的学习。

复盘一下，我对自己较肯定的地方是________________________

（足够努力/心态积极/方法得当……）

我觉得自己需要改进的地方是________________________

（懒惰懈怠/心情浮躁/方法不当……）

休息片刻，开启下一站征程！

游　泳

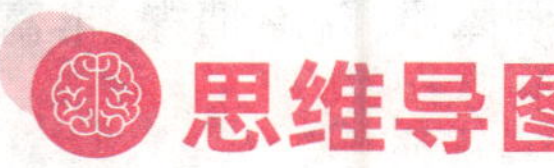

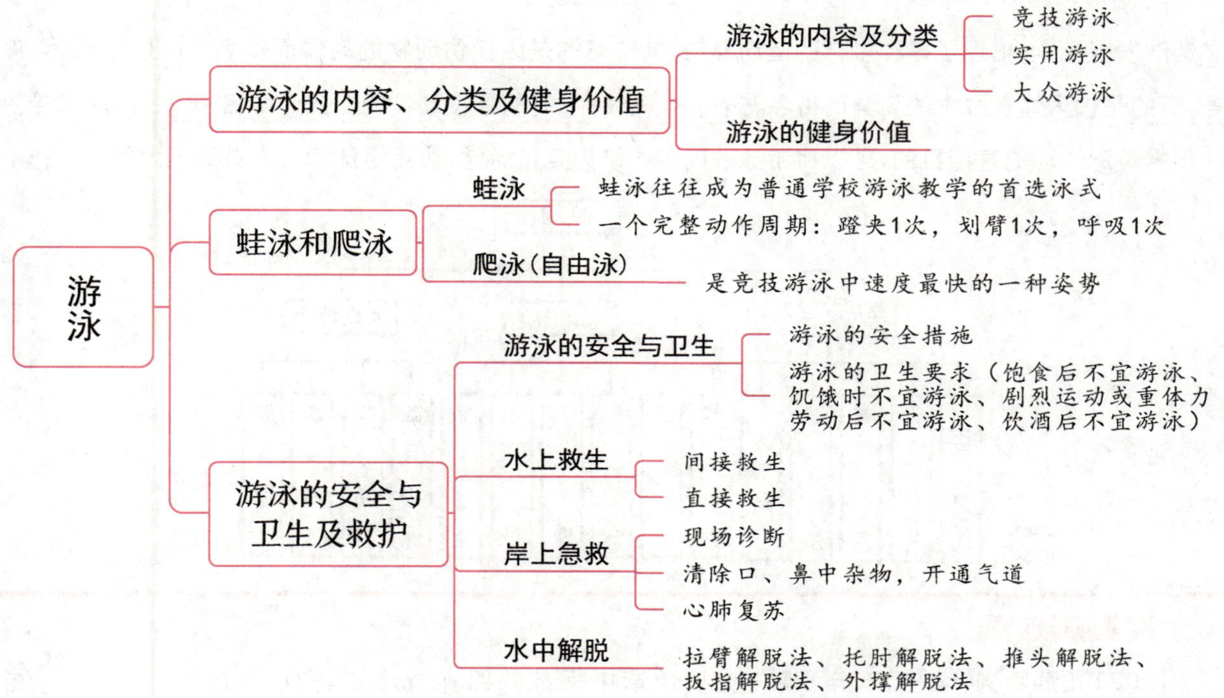

考向分析

本章属于学科专业技能知识中的基础章节，也是体育教师招聘考试考查的基础章节，内容比较琐碎，需要识记的知识较多。现对本章考向分析如下：

高频考点	考点细化	常考题型	能力要求	考查热度
游泳的内容、分类及健身价值	分类及健身价值	判断、填空	识记	★
蛙泳	技术分析	选择、判断	识记	★★
游泳的安全与卫生及救护	游泳的卫生要求；岸上急救	选择、判断	识记	★

第一节　游泳的内容、分类及健身价值

游泳内容丰富，形式多样，它将水浴、空气浴、日光浴三者很好地结合起来，对增强体质、陶冶情操、丰富生活、促进身心全面发展具有很好的作用。

☞一、游泳的内容及分类　【填空】★ 新增

游泳发展至今，出现了多种多样的运动姿势，其中有的是因**模仿动物的动作**而得名，**如蛙泳、蝶泳、海豚泳等**；有的是按人体在水中的姿势而得名，**如仰泳、侧泳等**；有的是按动作的形象而得名，**如爬泳、踩水等**。

根据游泳活动的直接目的，可以将游泳的内容归纳为竞技游泳、实用游泳和大众游泳三大类。

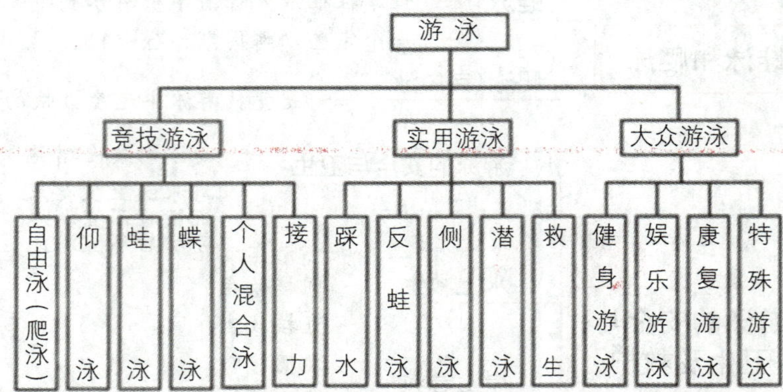

真题面对面

［2023 山西特岗，填空，2 分］现代竞技游泳中规范的四种游泳姿势有：自由泳、________、蛙泳、________。

答案：仰泳；蝶泳

二、游泳的健身价值　【判断】★

（1）提高呼吸系统的机能

经常进行游泳锻炼，可以增强呼吸肌的力量，增大肺的容量。

（2）提高血液循环系统的机能

经常进行游泳锻炼，心脏会出现明显的运动性增大现象，表现为心腔容积扩大，心肌纤维增粗，心脏收缩强而有力，每搏输出量增多。游泳时水对肌肉的刺激和按摩作用，还可以提高血管壁的弹性，从而有利于减小血液循环的外周阻力。

（3）改善体温调节机能

经常进行游泳锻炼，可以改善人体的体温调节机能，使大脑皮质对热的产生及散热的调节形成条件反射，提高对外界温度变化的适应性，增强身体的抵抗力。

(4)发展身体素质,提高运动能力

坚持游泳锻炼,能促进速度、力量、耐力、柔韧、灵敏等身体素质的全面协调发展,从而使人体的运动能力得到提高。

(5)促进体格匀称发展

经常参加游泳锻炼,不仅能使人体颈、肩、脊柱、髋、膝、踝各关节及全身肌肉都得到锻炼,而且有利于矫正和改善身体姿势,使人体匀称协调地发展,塑造健美的形体。

(6)培养良好的心理品质

经常进行游泳锻炼,一方面可以激发人们为保持健康而积极参加体育运动的良好愿望和要求,另一方面还可以锻炼意志,培养自信、果敢、坚毅、临危不惧等优良心理品质。

真题面对面

[2022 安徽统考,判断,1 分]游泳不仅能愉悦心情,塑造流畅、优美的体型,还能改善心血管、呼吸等系统的功能。(　　)

答案:√。

第二节　蛙泳和爬泳

一、蛙泳 【选择、判断】 ★★

游蛙泳时,身体俯卧水中,两臂同时并对称地划水,两腿同时并对称地做收、翻、蹬夹动作。蛙泳的身体姿势平稳,动作省力,呼吸自然,每个完整动作结束后都有一定的滑行时间,较容易学会,掌握动作节奏后很快就能游较长的距离。所以,蛙泳往往成为普通学校游泳教学的首选泳式。蛙泳还具有动作隐蔽、易于观察目标和转换方向的特点,在渔猎、泅渡、水上作业及救护等方面有着广泛的应用。

考点1　技术分析

1. 身体姿势

蛙泳的身体姿势不是固定不变的,而是随着臂、腿及呼吸动作的周期性变化而不断变化着。在一个动作周期中两臂前伸、两腿向后蹬直并拢时,身体是几乎水平地俯卧于水中,头部夹在两臂之间,两眼注视前下方,腹部与大、小腿位于同一水平面上,臀部接近水面,身体纵轴与水平面成5°~10°夹角。这种身体姿势,要求胸部自然伸展,稍收腹,微塌腰,两腿并拢,脚尖伸直,两臂并拢尽量前伸,全身拉伸成一直线。

在游进过程中,身体会按一定的节奏上下起伏。在划水和抬头吸气时,上体会向前上方抬起,肩和背部的一部分上升露出水面,此时躯干与水平面的角度较大。当两臂前伸、两腿向后蹬夹时,随着低头的动作,肩部又浸入水中,身体恢复比较平直的流线型姿势向前滑行。

2. 腿部技术

蛙泳的腿部动作是保持身体平衡、推动身体前进的一个重要因素。蛙泳腿部技术可以分为收腿、翻脚、蹬夹、滑行四个紧密相连的动作环节。

(1)收腿

收腿是翻脚、蹬夹的准备动作,是从身体伸直成流线型向前滑行的姿势开始的。收腿时,腿部肌肉略为放松,大腿自然下沉,两膝开始弯曲并逐渐分开,小腿和脚跟在大腿后面向前运动。收腿结束时,两膝内侧的距离约同肩宽;大腿与躯干成130°~140°角,大、小腿折叠紧,小腿接近于与水面垂直,为翻脚和蹬夹做好准备。

(2)翻脚

当收腿使脚跟接近臀部时,大腿内旋,两膝稍内扣,小腿向外张开,两脚背屈使脚掌勾紧向外翻开,脚尖转向两侧,使小腿和脚的内侧面向后,形成良好的对水面,为蹬夹动作做好准备。

(3)蹬夹

蹬夹动作是推动身体前进的重要动力来源。蹬夹动作的推进效果主要取决于蹬夹时腿的运动方向、对水面的大小及运动速度。

(4)滑行

蹬夹结束后,腿处于较低的位置,脚距离水面为30~40厘米。此时两腿伸直并拢,腰、腹、臀及腿部的肌肉保持适度紧张,使身体成流线型向前滑行,准备开始下一个腿部动作周期。

3. 臂部技术

蛙泳的手臂动作是推动身体前进的重要因素,现代蛙泳尤其重视发挥手臂划水的作用。游蛙泳时,整个手臂动作都是在水下完成。为便于分析,把蛙泳的一个划水动作分为外划、下划、内划、前伸四个紧紧相连的动作阶段。

4. 完整配合技术

游蛙泳时臂、腿交替做动作推动身体前进,其配合技术比较复杂,是学习的一个难点。正常蛙泳一般采用1:1:1的配合技术,即在一个完整动作周期中,蹬夹1次,划臂1次,呼吸1次。配合游时应在充分发挥臂、腿力量的基础上,努力做到协调、连贯、有节奏,尽量保持匀速前进。

真题面对面

[2023安徽统考,判断,1分]蛙泳初学者划水、蹬腿、呼吸次数的比例为1:1:2。(　　)

答案:×。正常蛙泳一般采用1:1:1的配合技术。

考点2　蛙泳教学方法

1. 腿部技术的教学

(1)蛙泳腿部技术口诀:边收边分慢收腿,向外翻脚对准水,用力向后蹬夹水,并拢伸直漂一会儿。

(2)陆上模仿练习:跪撑翻脚压腿、俯卧模仿蹬腿、仰坐模仿蹬腿、站立模仿蹬腿。

(3)水中练习:趴池沿蹬腿、站立蹬腿、扶边蹬腿、反蛙泳蹬腿、滑行蹬腿、扶板蹬腿、脚触手蹬腿。

2. 臂部技术及臂与呼吸配合技术的教学

蛙泳臂部技术的教学,必须使学生掌握屈臂高肘技术和正确的划水路线,形成连贯圆滑、加速划水的正确节奏。对于初学者来说,两臂划水的动作宜小不宜大,以配合好呼吸为主要目的。蛙泳的呼吸技术是教学的一个难点,应认真过好呼吸关。初学者宜采用“早吸气”配合技术,并且要注意避免吸气时抬头过高的错误。

(1)蛙泳臂部技术口诀:向外向下再向内,屈臂高肘加速划,两手颌下转向前,伸直并拢稍滑行。

(2)陆上模仿练习:原地模仿划臂。

(3)水中练习:原地划臂、行进划臂、托扶划臂、夹板划臂。

3. 完整配合技术的教学

蛙泳的完整配合是教学的重点。在腿、臂的分解教学后应及时向完整配合过渡。蛙泳完整配合技术的教学,主要是臂、腿配合技术的教学,关键在于建立起“臂先腿后”的动作概念。在掌握了臂、腿的正确配合技术后,逐渐加上呼吸动作,就形成了完整的蛙泳技术动作。

(1)蛙泳臂、腿配合技术口诀:外划腿不动,内划始收腿,前伸翻好脚,加速蹬夹腿,臂腿都并拢,放松漂一会。

(2)陆上模仿练习:原地模仿臂、腿配合。

(3)水中练习:臂、腿分解配合游;多次蹬腿一次划臂配合游;臂、腿连贯配合游;完整配合游;长滑行配合游;晚吸气配合游。

二、爬泳(自由泳) 【选择】 ★

爬泳是竞技游泳中速度最快的一种姿势。游泳竞赛规则规定,自由泳比赛中可采用任何一种姿势,因为人们通常都采用爬泳技术,所以爬泳也称自由泳。

真题面对面

[2021 安徽统考,单,1 分]下列泳姿中,适合救援者快速游近溺水者的是( )

A. 潜泳　　B. 仰泳　　C. 蝶泳　　D. 爬泳

答案:D。爬泳也称自由泳,是竞技游泳中速度最快的一种姿势。故选 D。

考点1 技术分析

1. 身体姿势

游爬泳时,身体几乎水平地俯卧水中,躯干肌适度紧张,身体自然伸展成流线型,身体纵轴与水平面成 3°~5°的角。头部保持自然稍后屈的姿势,水面齐发际,两眼注视前下方。

游爬泳时,要注意避免过于挺胸抬头或含胸低头的错误。过于挺胸抬头会出现背弓,造成臀部和下肢下沉,使身体在游进方向上的投影截面增大,从而使游进阻力增大。而含胸低头则会使头、肩过于沉入水中,不仅容易造成屈髋打腿,增加转头吸气的困难,而且破坏了身体的流线型,影响游进速度。

2. 腿部技术

爬泳的打腿动作不仅能抬高下肢位置,维持身体平衡,使身体保持流线型以减小游进阻力,还能起到配合两臂协调用力的作用。此外,打腿动作还能提供一定的推进力。

爬泳的打腿是两腿交替进行的,以髋、膝、踝三个关节为支点的多关节运动,即以髋关节为轴,大腿发力，通过膝关节带动小腿和脚掌上下鞭状打水。踝关节的灵活性对打腿动作的实效有很大的影响。打腿时，腿要稍内旋，踝关节要自然放松，脚掌伸直并略内旋，使脚背形成良好的对水面。

爬泳的打腿基本是在纵切面上绕髋部的横轴进行的，左右两腿的动作一样，由向上打水和向下打水两个阶段构成。

3. 臂部技术

爬泳两臂的划水是推动身体前进的主要动力。爬泳臂的一个划水周期可以分为入水、划水、出水和空中移臂等几个动作阶段。其中，划水是指手臂从入水结束到提肘出水前在水下的整个动作过程，可划分为抓水、拉水、推水三个阶段。

4. 完整配合技术

爬泳中臂、腿、呼吸协调一致的配合，是保持游进速度均匀性的基本条件。由于手臂的动作是推进力的主要来源，因而呼吸及腿的动作都是紧紧围绕臂的动作进行的。正常爬泳，一般采用6∶2∶1的配合技术，即在一个完整动作周期中，打腿6次(左、右腿各3次)，划水2次(左、右臂各1次)，呼吸1次。

呼吸配合技术有两种：三次臂一次呼吸和两次臂一次呼吸。

考点2　爬泳教学方法

1. 腿部技术的教学

爬泳两腿的鞭状打水是整个爬泳技术的基础。初学者必须首先学会正确的打腿技术，并通过大量的练习，使打腿动作熟练、放松、自如。在教学中，通常先练比较简单的直腿打水，在体会到大腿带动小腿和脚运动的要领后，再逐步向鞭状打水过渡。

(1)爬泳腿部技术口诀：大腿发力髋为轴，脚掌伸直稍内旋，两腿交替上下打，动作要快像甩鞭。

(2)陆上模仿练习：俯卧模仿打腿、仰坐模仿打腿。

(3)水中练习：扶边打腿、滑行打腿、扶板打腿。

2. 臂部技术及臂与呼吸配合技术的教学

爬泳两臂的划水是推进力的主要来源。只有掌握正确的划水技术，才能轻快地游进。因此，教学中要进行大量的划水练习。对于初学者，可先学习"前交叉"技术。手臂动作的分析宜粗不宜细，以免造成动作脱节停顿。爬泳手臂技术的教学应与呼吸动作紧密结合起来，使学生尽早突破难点，掌握头和肩部绕纵轴转动、与手臂动作协调一致的侧面呼吸技术，为完整配合创造条件。

(1)爬泳臂部技术口诀：肩前拇指先入水，前伸下划抓住水，屈臂高肘拉推水，大腿旁边提出水，放松前移再入水，两臂交替须连贯。

(2)爬泳臂与呼吸配合技术口诀：身体绕着纵轴转，移臂入水稍闭气，边划边转慢呼气，提肘出水快吸气。

(3)陆上模仿练习：原地模仿划臂、原地模仿转头呼吸、原地划臂配合呼吸。

(4)水中练习：原地划臂、原地划臂配合呼吸、行进划臂、夹板单臂划臂、夹板交替划臂、夹板划臂配合呼吸。

3. 完整配合技术的教学

爬泳完整配合技术的教学，首先应抓好闭气的臂、腿配合游，不必强调臂划水和腿打水的严密配合时相，只要求在练习中两腿不停顿地打水即可，通过大量的练习，逐渐达到臂、腿动作的协调配合。臂、腿动作熟练后，加上呼吸动作即形成完整配合技术。

(1) 爬泳臂、腿配合技术口诀：身体俯卧平又直，绕着纵轴左右转，上下打腿不停顿，两臂交替须连贯。

(2) 陆上模仿练习：小踏步模仿配合。

(3) 水中练习：单臂划水配合游、分解划水配合游、连贯划水配合游、单臂前伸打腿加呼吸、完整配合游、双侧呼吸配合游。

第三节　游泳的安全与卫生及救护

一、游泳的安全与卫生 【判断】 ★

1. 游泳的安全措施

游泳的安全措施包括：(1) 强化安全教育；(2) 选择安全的游泳场所；(3) 加强游泳活动的组织工作。

2. 游泳的卫生要求

(1) 了解健康状况

①凡发现患有严重高血压、心脏病、活动性肺结核、传染性肝炎、细菌性痢疾、妇科病（如滴虫病）、性病、化脓性中耳炎、皮炎、精神病及有开放性创伤的病人，都不宜游泳。

②凡患有腹泻、伤风感冒、咳嗽、严重沙眼、急性结膜炎等疾病的人也暂时不宜下水游泳，经过治疗和休息，待病愈后方可下水游泳。

③女子在月经期间除了采取特殊的防护措施外，一般不宜下水游泳，以免引起感染而致病。

(2) 选择游泳的时机

①饱食后不宜游泳。②饥饿时不宜游泳。③剧烈运动或重体力劳动后不宜游泳。④饮酒后不宜游泳。

(3) 做好准备活动

游泳的准备活动一般可做慢跑、徒手操、拉长肌肉与韧带的练习及游泳模仿动作。做准备活动时，要特别注意颈、肩、腰、髋、膝、踝、肘、腕等大关节的活动，对负担较重的部位更要活动充分。准备活动的量可根据气温高低而定，一般应做到身体微微出汗为止。游泳者下水后，还可以做一些水中换气练习，以更快地适应水环境。

(4) 掌握好游泳时间与运动负荷

天气热、水温高时，水中活动的时间可长些；天气冷、水温低时，水中活动的时间不宜太长。一般人游泳的适宜水温为 26 ~ 32 ℃。少年儿童的皮肤较薄，身体表面积与体积之比大于成人，相对散热速度快，在水中活动的时间不宜太长。

游泳锻炼时还要注意控制好运动负荷，即游泳的强度和量。游泳的强度指的是游泳的速度，依锻炼的目的不同而不同。一般来说，短距离快速游强度较高，主要发展速度和肌肉爆发力；长距离中速或慢速游强度较低，主要发展心肺功能和肌肉耐力。下水后，活动的强度应逐渐增大，以使身体机能逐步调动起来适应运动的需要。游泳锻炼的量指的是游泳的距离，应因人而异，强度高时量宜少些，强度低时量可多些。

(5)注意个人和公共卫生

在参加游泳活动前，要备好干净不透明的游泳衣、裤；要修短指甲，以免划伤自己或他人；要清除耳垢，以防耳道积水诱发耳病。

游泳时，要自觉维护公共卫生。入池前应先淋浴，将头发、身体冲洗干净，脚要经过浸脚池消毒。游泳时必须睁开双眼，以免撞到他人或被他人撞到而受伤。游泳结束前应做些整理活动，如放松慢游、水中抖动肢体等，以使身体逐渐恢复安静状态。上岸后应马上冲洗身体，注意清洗眼、耳和口腔。游泳后最好能用眼药水滴洗眼睛，以防感染沙眼或结膜炎。另外，还要检查耳道内是否有积水。

真题面对面

[2021 湖南长沙望城区，判断，1 分]为保证身体健康，游泳时必须强调个人和公共卫生，养成良好的卫生习惯。(　　)

答案：√。

☞二、水上救生 新增

水上救生是指采取各种有效措施，将溺水者救上岸的过程。水上救生分为间接救生和直接救生。

1. 间接救生

间接救生是指利用各种救生器材对神志比较清醒的离岸或离船不远的溺水者施救的方法。间接救生省力、安全、迅速、实用。常用方法有手援、救生圈、救生竿、救生球、其他救生器物。

(1)手援

在离池岸较近处发生溺水事故时，救生员可直接用手将溺水者拖救上岸。

(2)救生圈

间接救生中最常使用的是救生圈。一般是在救生圈上扎一根长绳，发现溺水者时，救生者一手抓住绳头，另一手用力将救生圈准确地抛向溺水者，待溺水者抓住救生圈后，即开始收绳将其拖上岸或救上船。

(3)救生竿

救生竿是游泳池内常用的间接救生专用器材之一。当发现溺水者距离池岸、堤岸或船边较近，处于救生竿的施救范围内时，可将救生竿固定橡皮圈的一端递给溺水者，待其抓住后将其拖至岸边或船边。没有特制的救生竿时，用一般竹竿也可以施救。

(4)救生球

将救生球装在网兜里并系在长绳上，绳长 15～20 米。当发现溺水者距离池岸、堤岸或船边较远时，救生者可一手抓住绳头，另一手用力将救生球准确地抛向溺水者，待溺水者抱住救生球后，即开始收绳将其拖上岸或救上船。

(5)其他救生器物

发生溺水情况时，如果一时找不到专用救生器材，则可根据实际情况，利用就近可得的其他物品进行施救。

2. 直接救生

直接救生是指不借助任何救生器材徒手对溺水者施救的方法。直接救生包括入水前的观察、入水、游近和控制溺水者、拖带、上岸、运送。

(1)入水前的观察。入水前,要对周围环境做简单的观察,如辨别水流方向、流速、水面的宽窄等,并准确判断溺水者的位置。

(2)入水。入水要快,既要看清目标,又要注意安全。应根据不同的环境,采用不同的入水方式。入水方式主要有跨步入水、蛙腿式入水、鱼跃入水、团身入水、探滑入水、直立式入水。

(3)游近和控制溺水者。入水后,一般采用速度较快又便于观察的抬头爬泳游向溺水者,也可以采用抬头蛙泳游近溺水者。

(4)拖带。拖带是救生者徒手控制住溺水者后,采用各种游法将其运送到岸边或船边的一项专门技术。常用的拖带方法有托腋拖带、夹胸拖带、扣臂拖带、双人拖带。

(5)上岸。当救生者将溺水者拖带到岸边或船边时,需将其扶拉上岸,以便抢救。常用的上岸方法有压手提拉法、肩背上梯法。

(6)运送。救生者将溺水者救上岸后,往往需要将其送到平坦处、现场急救室或者邻近的医院进行抢救。搬运前应判断溺水者是否有身体损伤,如有脊柱损伤则必须用担架搬运。对于一般溺水者,采用单人肩扛法运送对提高急救成功率有很好的效果。

☞三、岸上急救 【选择】 ★ 新增

岸上急救的直接目标是迅速恢复严重溺水者的呼吸和心跳,然后再转送医院抢救。

1. 现场诊断

将溺水者救上岸后,抢救者应立即进行现场诊断,迅速对溺水者的生命状况作出准确判断,以便采取相应的措施。现场诊断应在几秒钟内完成,可采用一看、二听、三摸的方法来判定溺水者有无自主呼吸及心跳是否停止。一看,观看溺水者胸部(或上腹部)有无起伏;二听,用耳或面颊贴近溺水者的口、鼻,聆听有无呼吸气流声,感觉有无气息拂面;三摸,用手触摸溺水者的颈动脉(婴儿为肱动脉),判断溺水者有无脉搏。

2. 清除口、鼻中杂物,开通气道

畅通气道是复苏成功的重要环节。上岸后,应迅速将溺水者的衣服和腰带解开,擦干身体,清除口、鼻中的淤泥、杂草、泡沫和呕吐物,使上呼吸道保持畅通。

3. 心肺复苏

现场心肺复苏是针对呼吸、心跳停止的溺水者所采取的最初级、最基本的抢救措施,是在没有任何设备的情况下徒手进行抢救的方法,在许多场合下还是唯一有效的方法。心肺复苏的作用是尽快使溺水者恢复自主呼吸和正常血液循环,避免脑功能的损伤,达到挽救生命的目的。

①人工呼吸。人工呼吸是使溺水者恢复呼吸的关键步骤,应不失时机尽快施行,且不要轻易放弃努力,应坚持做到溺水者完全恢复正常呼吸为止。

②人工循环。人工循环最主要的方法是胸外心脏按摩。

真题面对面

[2023 安徽统考,单,1 分]溺水者被救上岸后,正确的紧急抢救措施顺序为(　　)

①适当保暖　②判断其意识　③畅通呼吸道　④人工呼吸　⑤将溺水者放置适当体位

A. ①②③④⑤　　B. ⑤④①②③　　C. ②⑤③④①　　D. ②⑤①③④

答案:C。

四、水中解脱

水中解脱是救生者在水上直接救生的过程中被溺水者抓抱住时使自己迅速摆脱困境的专门技巧。水中解脱一般都是利用杠杆原理和反关节原理进行的。解脱动作要迅速、果断。常用的解脱方法有拉臂解脱法、托肘解脱法、推头解脱法、扳指解脱法、外撑解脱法。

考点大默写

1. 游泳发展至今,出现了多种多样的运动姿势,其中________、________是按人体在水中的姿势而得名。
2. 根据游泳活动的直接目的,可以将游泳的内容归纳为________、________和大众游泳三大类。
3. 普通学校游泳教学的首选泳式是________。
4. 蛙泳腿部技术可以分为收腿、________、蹬夹、________四个紧密相连的动作环节。
5. 蛙泳的一个划水动作分为外划、下划、________、________四个紧紧相连的动作阶段。
6. 划水是指手臂从入水结束到提肘出水前在水下的整个动作过程,可划分为________、________、________三个阶段。
7. 游泳的水中解脱方法有拉臂解脱法、____________、推头解脱法、____________、外撑解脱法。

【参考答案】

1. 仰泳;侧泳　2. 竞技游泳;实用游泳　3. 蛙泳　4. 翻脚;滑行　5. 内划;前伸　6. 抓水;拉水;推水
7. 托肘解脱法;扳指解脱法

我于________年____月____日完成了对本章的学习。

复盘一下,我对自己较肯定的地方是____________________

(足够努力/心态积极/方法得当……)

我觉得自己需要改进的地方是____________________

(懒惰懈怠/心情浮躁/方法不当……)

休息片刻,开启下一站征程!

第三部分

小学体育课程与教学论

SHAN XIANG

内容导学

- 小学体育教师招聘考试小学体育课程与教学论部分共有四章，各章详细内容分别为：
- 第一章主要是对小学体育与健康课程标准的相关知识点的阐述，考试题型既有主观题又有客观题；
- 第二章至第四章主要是对体育教学知识、体育教学设计、体育课的组织实施与教学评价的相关知识的讲解，考试题型既有主观题又有客观题。
- 其中，第一章、第三章和第四章为考生需要重点掌握的内容。结合历年考试情况，本部分的内容在考试中可能会出现各种样式的题型（例如选择题、填空题、简答题等），因此考生要在深刻理解本部分知识的基础上，有效地与其他部分的相关知识进行结合，以便更好地进行理解性的记忆。

第一章 《义务教育体育与健康课程标准（2022年版）》（小学阶段节选）

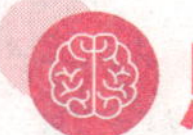

思维导图

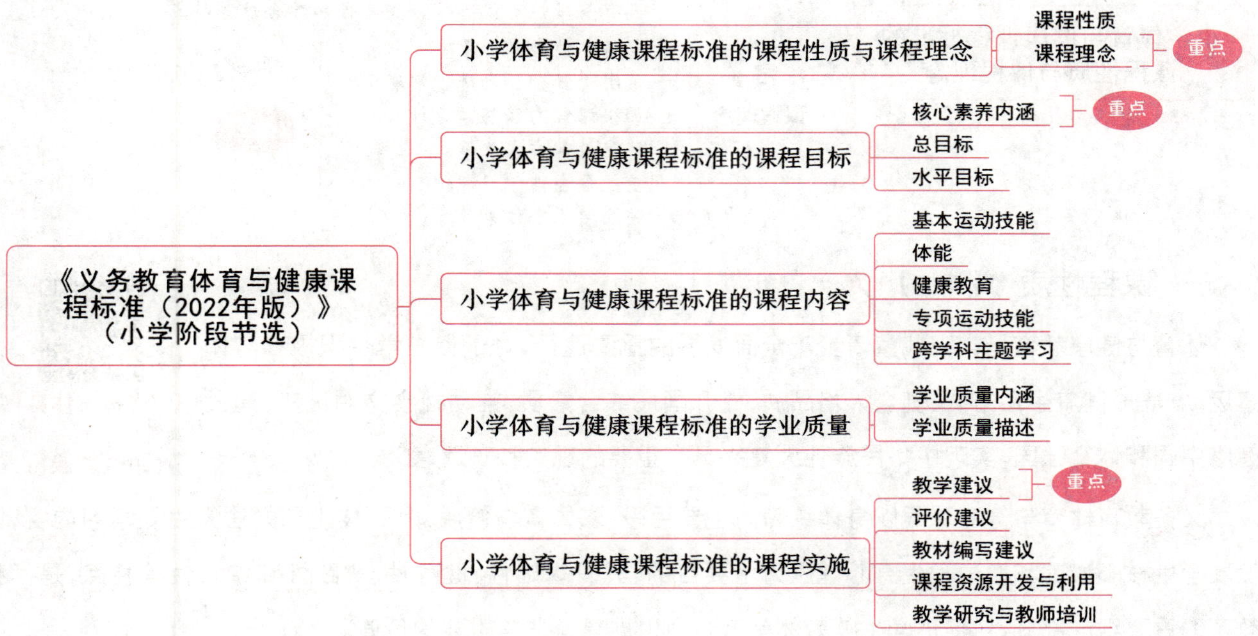

考向分析

本章属于小学体育课程与教学论中的基础章节，也是小学体育教师招聘考试考查的基础章节，内容比较简单，需要识记的知识较多。现对本章考向分析如下：

高频考点	考点细化	常考题型	能力要求	考查热度
课程理念	坚持“健康第一”；落实“教会、勤练、常赛”等	简答、案例分析	识记	★★★
核心素养内涵	运动能力、健康行为和体育品德	填空、判断、简答	识记	★★★
教学建议	“以教为主”向“以学为主”的真正转变；科学设置运动负荷	选择、判断、论述	识记	★★★

核心考点

第一节　小学体育与健康课程标准的课程性质与课程理念

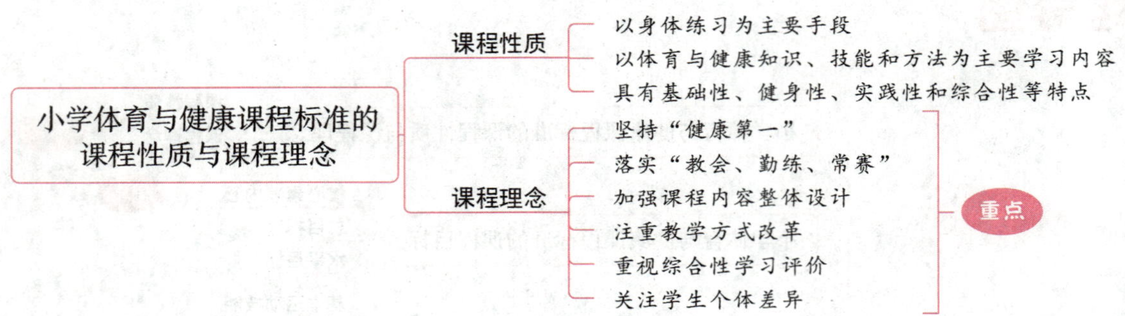

一、课程性质　【填空】★

《义务教育体育与健康课程标准（2022 年版）》

体育与健康教育是实现儿童青少年全面发展的重要途径，对于促进学生积极参与体育运动、养成健康生活方式、健全人格品质，提升国民综合素质，推动社会文明进步，建设健康中国和体育强国，实现中华民族伟大复兴具有重要的现实和长远意义。

义务教育体育与健康课程以**身体练习**为主要手段，以体育与健康知识、技能和方法为主要学习内容，以发展学生核心素养和增进学生身心健康为主要目的，具有**基础性**、**健身性**、**实践性**和**综合性**等特点，是学校教育的重要组成部分，对促进学生德智体美劳全面发展具有非常重要的价值。

真题面对面

[2023 江苏南通启东市，填空，5 分]《义务教育体育与健康课程标准（2022 年版）》规定，义务教育体育与健康课程以________为主要手段，以体育与健康________、________为主要学习内容，以发展学生________和增进学生________为主要目的，具有基础性、健身性、实践性和综合性等特点，是学校教育的重要组成部分，对促进学生德智体美劳全面发展具有非常重要的价值。

答案：身体练习；知识；技能和方法；核心素养；身心健康

二、课程理念　【简答、案例分析】★★★

1. 坚持“健康第一”

体育与健康课程以习近平新时代中国特色社会主义思想为指导，全面贯彻党的教育方针，落实立德树人根本任务，坚持“健康第一”教育理念，以中国学生发展核心素养为引领，重视育体与育心、体育与健康教育相融合，充分体现健身育人本质特征，引导学生形成健康与安全的意识及良好的生活方式，促进学生身心健康、体魄强健、全面发展。

2. 落实“教会、勤练、常赛”

体育与健康课程依据学生的学习需求和兴趣爱好，面向全体学生，落实“教会、勤练、常赛”要求，注重“学、练、赛”一体化教学。坚持课内外有机结合，指导学生学会基本运动技能、体能和专项运动技能，提供更多时间让学生进行充分练习，巩固和运用所学运动知识与技能，参与形式多样的展示或比赛。激发学生参与运动的兴趣，让学生体验运动的魅力，领悟体育的意义，发扬刻苦学练的精神，逐渐养成“校内锻炼 1 小时、校外锻炼 1 小时”的习惯。

3. 加强课程内容整体设计

体育与健康课程根据学生运动技能形成规律和身心发展规律，整体设计课程内容，体现保证基础、重视多样、关注融合、强调运用等理念。保证学生学习和掌握结构化的基本运动技能、体能、专项运动技能和健康技能等，为学生参与运动和养成健康的生活方式奠定基础；重视系统安排多种运动项目的学练，促进学生形成丰富的运动体验，协调发展运动能力；关注体育与健康教育内容、体能与技能、学练与比赛、体育与其他相关学科等方面的有机融合，提高学生举一反三、融会贯通的能力；强调引导学生将体育与健康知识、技能和方法运用到体育学习、体育锻炼、运动竞赛和日常生活中，增强学生的理解能力和实践能力。

4. 注重教学方式改革

体育与健康课程根据体育学习实践性和健康教育实用性的特点，强调从“以知识与技能为本”向“以学生发展为本”转变。创设丰富多彩、生动有趣的教学情境，倡导将教师的动作示范、重点讲解与学生的自主学习、合作学习、探究学习有机结合，将集体学练、小组学练与个人学练有机结合，注重将健康教育教学理论讲授、交流互动与实践应用相结合，激发学生的学习热情，帮助学生理解和掌握知识与技能，提高解决体育与健康实际问题的综合能力。

5. 重视综合性学习评价

体育与健康课程重视学习评价的激励和反馈功能，注重构建评价内容多维、评价方法多样、评价主体多元的评价体系。评价内容围绕核心素养，既关注基本运动技能、体能与专项运动技能，又关注学习态度、进步情况及体育品德；既关注健康基本知识与技能，又关注健康意识和行为养成。评价方法要重视过程性评价与终结性评价结合、定性评价与定量评价结合、相对性评价与绝对性评价结合。评价主体以体育教师为主，鼓励学生、其他学科教师、家长等参与到评价中。同时，重视制定明确、具体、可操作的学业质量合格标准，为教师有效教学、学生积极学习及学习评价指明方向。通过综合性学习评价，促进学生达成学习目标，形成核心素养。

6. 关注学生个体差异

体育与健康课程在高度关注对所有学生进行激励与指导的基础上，针对不同身体条件、运动基础和兴趣爱好的学生因材施教；提出不同的学习目标，选择适宜的教学内容，采用多样的教学方法与学习评价方式，为学生创造公平的学习机会，促进每一位学生产生良好的学练体验，增强学习的自信心，在原有的基础上获得更好发展。

真题面对面

[2023 山西特岗,简答,5 分]《义务教育体育与健康课程标准(2022 年版)》提出的课程理念是什么?

参考答案:参见上文。

第二节　小学体育与健康课程标准的课程目标

- 小学体育与健康课程标准的课程目标
  - 核心素养内涵：运动能力、健康行为、体育品德 —— 重点
  - 总目标
    - 掌握与运用体能和运动技能，提高运动能力
    - 学会运用健康与安全的知识和技能，形成健康的生活方式
    - 积极参与体育活动，养成良好的体育品德
  - 水平目标：水平一、水平二、水平三

一、核心素养内涵 【填空、判断、简答】★★★

体育与健康课程要培养的核心素养,主要是指学生通过体育与健康课程学习而逐步形成的正确价值观、必备品格和关键能力,包括运动能力、健康行为和体育品德等方面。

1. 运动能力

运动能力是指学生在参与体育运动过程中所表现出来的综合能力。运动能力包括体能状况、运动认知与技战术运用、体育展示或比赛三个维度,主要体现在基本运动技能、体能、专项运动技能的掌握与运用。

真题面对面

1. [2023 江苏南通启东市,填空,3 分]《义务教育体育与健康课程标准(2022 年版)》中的运动能力主要体现在________、________和________的掌握与运用。

答案:基本运动技能;体能;专项运动技能

2. [2023 山西特岗,判断,1 分]运动能力是指学生参与体育运动过程中所表现出来的综合能力。运动能力包括体能状况、运动认知与技战术运用、体育展示或比赛三个维度。(　　)

答案:√。

2. 健康行为

健康行为是指学生增进身心健康和积极适应外部环境的综合表现。健康行为包括体育锻炼意识与习惯、健康知识与技能的掌握和运用、情绪调控、环境适应四个维度,主要体现在养成良好的锻炼、饮食、用眼、作息和卫生习惯,树立安全意识,控制体重,远离不良嗜好,预防运动损伤和疾病,消除运动疲劳,保持良好心态,适应自然和社会环境等。

3. 体育品德

体育品德是指学生在体育运动中应当遵循的行为规范和体育伦理，以及形成的价值追求和精神风貌。体育品德包括体育精神、体育道德和体育品格三个维度。体育精神主要体现在积极进取、勇敢顽强、不怕困难、坚持到底、团队精神等；体育道德主要体现在遵守规则、尊重裁判、尊重对手、诚信自律、公平竞争等；体育品格主要体现在自尊自信、文明礼貌、责任意识、正确的胜负观等。

核心素养的上述三个方面密切联系，相互影响，在体育与健康教育教学过程中得以全面发展，并在解决复杂情境的实际问题过程中整体发挥作用。

真题面对面

[2023 安徽统考，简答，5 分] 简述体育与健康课程核心素养内涵。

参考答案：参见上文。

二、总目标

1. 掌握与运用体能和运动技能，提高运动能力

通过体育与健康课程的学习，学生能享受运动乐趣，掌握各种体能的学练方法，积极参与各种体能练习，达到《国家学生体质健康标准(2014 年修订)》的相应要求，改善体形，保持良好的身体姿态；在学练多种运动项目技战术和参与展示或比赛的基础上掌握 1～2 项运动技能；认识体能和运动技能发展的重要性，掌握所学运动项目的基础知识和基本原理，了解并运用所学运动项目的规则；经常观看体育比赛，并能简要分析体育比赛中的现象与问题；形成积极的体育态度，提高分析问题和解决问题的能力。

2. 学会运用健康与安全的知识和技能，形成健康的生活方式

通过体育与健康课程的学习，学生能理解体育锻炼对健康的重要性，积极参加校内外体育锻炼，逐步形成体育锻炼意识和习惯；掌握个人卫生保健、营养膳食、青春期生长发育、常见疾病和运动伤病预防、安全避险等知识与方法，并运用在学习和生活中；了解和体验体育活动对心理健康的积极影响，学会调控自己的情绪，积极应对挫折和失败，保持良好的心态；主动同他人交流与合作，知道在不同环境下进行体育锻炼的方法和注意事项，逐步适应自然环境和社会环境。

3. 积极参与体育活动，养成良好的体育品德

通过体育与健康课程的学习，学生能理解参与体育学练、展示或比赛对个人品德塑造的重要性；积极参与体育活动，在遇到困难或挑战自身身体极限且保证安全的情况下能克服困难、坚持到底，与同伴一起顽强拼搏；遵守体育游戏、展示或比赛规则，相互尊重，诚实守信，具有公平竞争的意识和行为；充满自信，乐于助人，表现出良好的礼仪，承担不同角色并认真履行职责，正确对待成败；能将体育运动中养成的良好体育品德迁移到日常学习和生活中。

三、水平目标

水平目标

课程总目标	水平一	水平二	水平三
掌握与运用体能和运动技能，提高运动能力	·积极参与各种体育游戏，感受体育活动的乐趣。 ·学练和体验移动性技能、非移动性技能、操控性技能等基本运动技能。	·积极参与多种运动项目游戏，感受运动乐趣。 ·学练体能和多种运动项目的知识与技能，能进行体育展示或比赛。 ·运用所学知识观看体育展示或比赛。	·积极参与运动项目学练，形成运动兴趣。 ·体能水平显著提高；掌握运动项目的基本知识，学练运动项目的技战术，并能在体育展示或比赛中运用。 ·运用比赛规则参与裁判工作，观看体育比赛并能进行简要评价。
学会运用健康与安全的知识和技能，形成健康的生活方式	·感受体育锻炼对健康的重要性，参与校内外体育活动。 ·知道个人卫生保健、营养膳食、安全避险等健康知识和方法，并将其运用于日常生活中。 ·活泼开朗，体验快乐。 ·乐于与他人交往，适应自然环境。	·了解体育锻炼对健康的重要性，积极参与校内外体育活动。 ·了解个人卫生保健、营养膳食、青春期生长发育、运动伤病、安全避险等健康知识和方法，并将其运用于日常生活中。 ·关注自己情绪的变化。 ·积极与他人沟通和交流，适应自然环境的变化。	·理解体育锻炼对健康的重要性，主动参与校内外体育锻炼。 ·将健康与安全知识和技能运用于日常生活中。 ·遭受挫折和失败时保持情绪稳定。 ·交往与合作能力提升，适应自然环境的能力增强。
积极参与体育活动，养成良好的体育品德	·在体育活动中表现出不怕困难，努力坚持学练的意志品质。 ·按照要求参与体育游戏。 ·在体育活动中尊重教师、爱护同学，能扮演不同的运动角色。	·在有一定难度的体育活动中表现出勇敢顽强、克服困难的意志品质。 ·按照规则和要求参与体育活动。 ·在体育活动中表现出文明礼貌、乐于助人的行为。	·在有挑战性的体育活动中能迎难而上，表现出自信和抗挫折能力。 ·遵守各种规范和规则，尊重裁判，尊重对手，表现出公平竞争的意识。 ·具有团队精神和集体意识，能接受比赛结果。

第三节 小学体育与健康课程标准的课程内容

义务教育阶段体育与健康课程内容主要包括基本运动技能、体能、健康教育、专项运动技能和跨学科主题学习(见下图)。

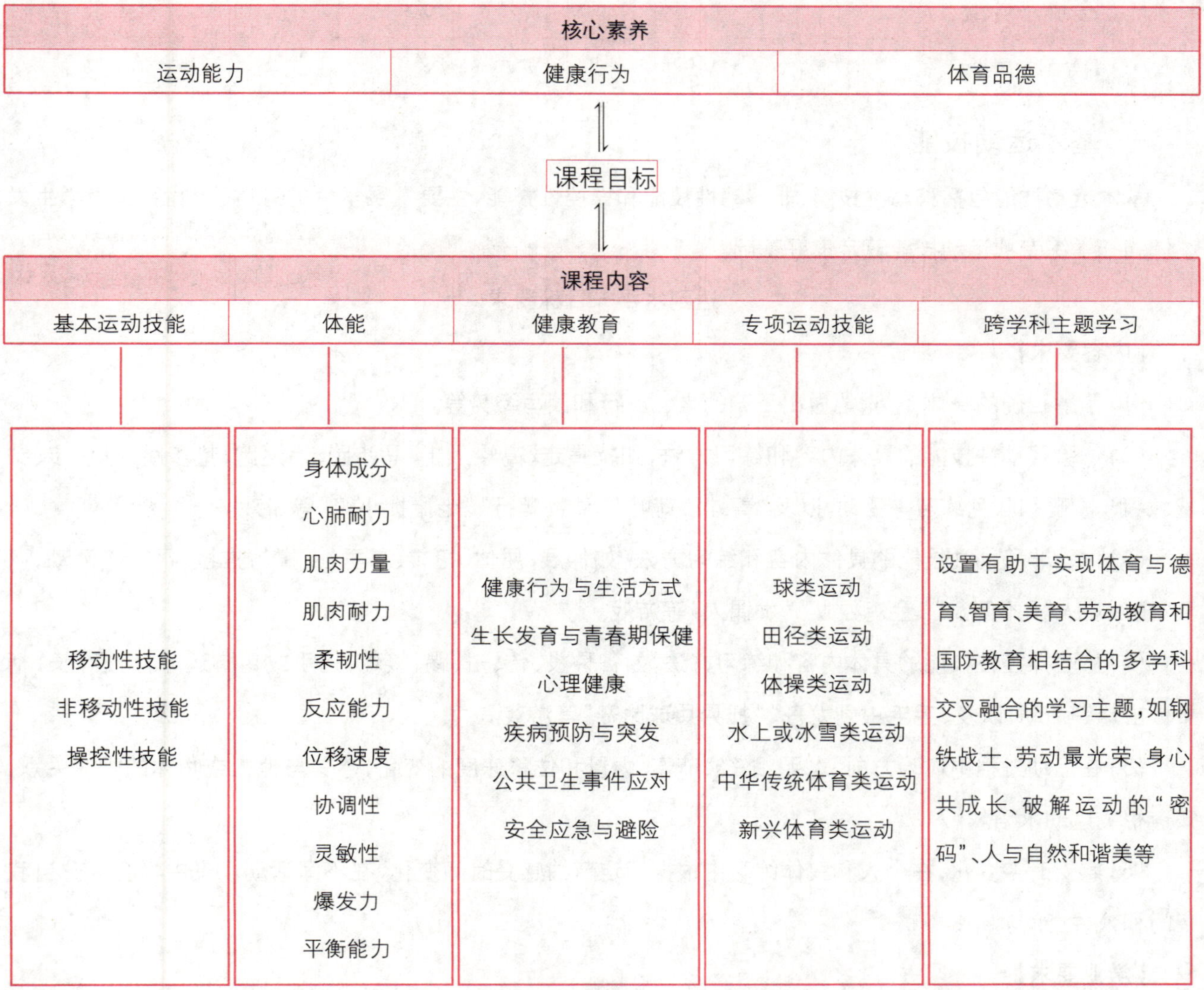

核心素养		
运动能力	健康行为	体育品德

⇅

课程目标

⇅

课程内容				
基本运动技能	体能	健康教育	专项运动技能	跨学科主题学习
移动性技能 非移动性技能 操控性技能	身体成分 心肺耐力 肌肉力量 肌肉耐力 柔韧性 反应能力 位移速度 协调性 灵敏性 爆发力 平衡能力	健康行为与生活方式 生长发育与青春期保健 心理健康 疾病预防与突发 公共卫生事件应对 安全应急与避险	球类运动 田径类运动 体操类运动 水上或冰雪类运动 中华传统体育类运动 新兴体育类运动	设置有助于实现体育与德育、智育、美育、劳动教育和国防教育相结合的多学科交叉融合的学习主题,如钢铁战士、劳动最光荣、身心共成长、破解运动的"密码"、人与自然和谐美等

体育与健康课程内容结构

根据课程目标的四个水平，设计相应内容。针对水平一目标，专门设置基本运动技能的课程内容，为体能和专项运动技能学练奠定基础；针对水平二、水平三目标，分别设置体能和专项运动技能的课程内容；健康教育和跨学科主题学习贯穿整个义务教育阶段（见下表）。其中，健康教育由体育与健康、道德与法治、生物学、科学等多门课程共同承担，体育与健康是落实健康教育的主要课程。体育文化和体育精神主要融入体育与健康课程内容之中。

课程内容与水平目标对应表

课程内容	水平目标		
	水平一	水平二	水平三
基本运动技能	√		
体能		√	√
健康教育	√	√	√
专项运动技能		√	√
跨学科主题学习	√	√	√

一、基本运动技能

基本运动技能包括移动性技能、非移动性技能和操控性技能，主要发展学生的身体活动能力，为学生发展体能和学练专项运动技能奠定良好基础。

达到水平一目标要求

【内容要求】

（1）了解正确的身体姿势，能做出正确的坐、立、行和读写姿势等。

（2）体验移动性技能的具体内容和练习方法，如提踵走、高矮人走、马步跑、追逐跑、垫步跳、跑跳步、钻越、躲避、攀爬和队列练习等活动，以及“青蛙跳荷叶”“动物爬行”“老鹰捉小鸡”等游戏。

（3）体验非移动性技能的具体内容和练习方法，如伸展、屈体、扭转、悬垂、支撑与推拉、平衡等活动，以及“高人矮人”“不倒翁”“金鸡独立”“木偶人”等游戏。

（4）体验操控性技能的具体内容和练习方法，如各种投、传、击、踢、接球，用手或用脚运球，用短（长）柄器械击球等活动，以及“毛毛虫划龙舟”“托乒乓球比赛”等游戏。

（5）在运动过程中体验方向、水平、路径、节奏、力量和位移速度的变化，感受与他人或物体的相对关系，知道相关运动术语。

（6）感受时空变化，在个人和集体练习中根据指定节拍感受时间变化，在不同活动场景中学会区分自我空间和公共空间。

【学业要求】

（1）知道基本运动技能的内容，能说出表示方向变化、速度快慢、力量大小等的运动术语，协调发展移动性技能、非移动性技能和操控性技能，能保持良好的身体姿态，快乐地参与体育活动。

(2) 乐于参与基本运动技能学练和游戏，能说出参与体育活动前后的感受；具有时空意识和安全运动意识，能在运动中做好安全方面的自我检查，与他人保持安全距离。

(3) 在活动中与同伴友爱互助，遵守纪律，文明礼貌，不怕困难，努力坚持学练。

【教学提示】

(1) 创设生动形象的情境开展游戏化教学，引导学生模仿教师动作或跟随语言提示做动作，通过扮演某种角色或对象进行学练，如模仿熊、兔子等动物的移动方式或飞机、火车等交通工具的通行方式，提高柔韧性、灵敏性、平衡能力及自我展示能力，学会与同伴友好相处。

(2) 运用启发性问题，如"能不能用身体展示一个圆形的苹果?""如何能像青蛙那样从一片荷叶跳到另一片荷叶上?"等，引导学生发挥想象力，以多种形式探索各种可能的运动，加深对不同形状及身体表达的认知，促进学生积极参与和主动思考。

(3) 重视组织学生进行身体双侧协调练习，如左右手交替运球、左右脚交换跳、不同方向的追逐与躲闪游戏等，促进学生大脑均衡发展，提高学生的反应能力、身体控制能力和协调能力。

(4) 注意与艺术、劳动等相结合，创设丰富多样的情境，用有创意的方式引导学生参与活动，激发学生的学习热情和兴趣。

(5) 注意引导学生参与多样化的活动，如运球时进行变换方向、路径、节奏的练习，追逐跑中根据不同信号做出不同的停止动作，与同伴做镜像游戏等，丰富运动体验，培养学生对时空变化和身体变化的感知。

二、体能

体能学练主要针对改善身体成分，发展心肺耐力、肌肉力量、肌肉耐力、柔韧性、反应能力、位移速度、协调性、灵敏性、爆发力、平衡能力等，为学生增进体质健康和学练专项运动技能奠定良好基础。

达到水平二目标要求

【内容要求】

(1) 知道身体成分的基础知识，如身体成分是肌肉、脂肪、骨骼及其他机体组成成分的相对百分比；知道身体成分的改善方法，如体育活动、合理膳食等。

(2) 体验并知道发展心肺耐力的多种练习方法，如 1 分钟跳绳、较长距离的游泳或滑冰、折返跑、障碍跑和校园定向运动等。

(3) 体验并知道发展肌肉力量的多种练习方法，如上坡跑、沙地跑、跳越障碍、攀登、仰卧起坐等。

(4) 体验并知道发展肌肉耐力的多种练习方法，如支撑、悬垂、举轻哑铃、连续单脚跳、连续双脚跳、匍匐前进等。

(5) 体验并知道发展柔韧性的多种练习方法，如横/纵叉、仰卧推起成桥、握杆转肩、体侧屈和坐位体前屈等。

(6)体验并知道发展反应能力的多种练习方法，如正反口令练习，听口令变向跑、起动与制动等。

(7)体验并知道发展位移速度的多种练习方法，如30米跑、5秒快速高抬腿跑和变速跑等。

(8)体验并知道发展协调性的多种练习方法，如投掷、抓握、抛接等简单的手眼协调练习，踢毽子、跑动中踢准和射门等眼脚协调练习。

(9)体验并知道发展灵敏性的多种练习方法，如翻越、十字象限跳、绕杆跑、折返跑、变向跑和追逐跑等。

(10)体验并知道发展爆发力的多种练习方法，如立卧撑、纵跳摸高和快速斜身引体等。

(11)体验并知道发展平衡能力的多种练习方法，如燕式平衡和多点支撑等静态平衡练习，在狭窄路径上行走、跳上或跳下低矮物体和双足脚尖走等动态平衡练习。

【学业要求】

(1)参与体能练习、游戏和比赛，能说出相关的体能术语和游戏名称，体能有所发展。

(2)与同伴合作完成体能学练，根据身体感受调整练习节奏，并乐在其中。

(3)按照规则和要求参与体能游戏和比赛，表现出克服困难、奋勇拼搏、相互尊重、乐于助人等意识和行为。

【教学提示】

(1)本水平学生注意力持续时间短，要注重体能学练内容的多样性及活动的科学性与安全性，开展简便易行的游戏和比赛等，让学生积极参与体能活动，培养学生持续学练的意识和行为。

(2)创设趣味性强的活动情境，如发展柔韧性的身体造型练习、发展心肺耐力的校园定向运动等，激发学生的想象力和学习兴趣，培养学生遇到困难团结协作和继续坚持学练的意志品质，提高学生对环境的适应能力。

(3)注重学生体能的全面协调发展，一方面特别关注本水平学生的体能发展敏感期，重点发展学生的柔韧性、协调性、灵敏性、平衡能力、反应能力、位移速度等，促进学生体质健康水平的提高；另一方面注意多种体能学练与运用的整合，设计的每一个体能练习不只用于提升某一种体能，而是可以综合提升多种体能，如跳越障碍、匍匐前进等。

(4)引导学生参与课外体能练习，与家长或同伴开展简便易行的体能活动，如跳绳、踢毽子、骑行、健身操等，增进学生与家长、同伴的交流，培养学生参与课外体能锻炼的意识。

达到水平三目标要求

【内容要求】

(1)了解并运用体能发展的基础知识和多种练习方法，以及科学的体能测评方法，如通过单脚闭眼站立时长测量静态平衡能力，用《国家学生体质健康标准(2014年修订)》评价体能水平等。

(2)了解并运用身体成分的基础知识和改善身体成分的多种练习方法，如能量摄取和消耗、合理饮食和体育锻炼等。

(3)了解并运用发展心肺耐力的基础知识和多种练习方法，如50米×8往返跑、长距离跑、负重校园定向运动、定时高抬腿跑和游泳等。

(4)了解并运用发展肌肉力量的基础知识和多种练习方法,如跳台阶、团身跳、举哑铃、角力等。

(5)了解并运用发展肌肉耐力的基础知识和多种练习方法,如连续做俯卧撑、仰卧卷腹、俯卧两头起和负重匍匐前进等。

(6)了解并运用发展上肢、下肢与腰腹柔韧性的基础知识和多种练习方法,如坐位体前屈、体侧屈、跪姿肩部拉伸、横/纵叉和站姿小腿肌群拉伸等。

(7)了解并运用发展反应能力的基础知识和多种练习方法,如根据不同信号进行追逐跑、变向跑和传接球练习等。

(8)了解并运用发展位移速度的基础知识和多种练习方法,如快速高抬腿跑、50 米跑、追逐跑和接力跑等。

(9)了解并运用发展协调性的基础知识和多种练习方法,如抛球、击球、接反弹球等手眼协调练习,跳绳、健美操、接力跑等四肢协调练习。

(10)了解并运用发展灵敏性的基础知识和多种练习方法,如原地空中换腿跳、交叉步、跳跃接冲刺跑、跳越障碍、抢夺、躲闪和往返跑等。

(11)了解并运用发展爆发力的基础知识和多种练习方法,如双手快速推墙、纵跳摸高、蛙跳、踢打和抗阻跑等。

(12)了解并运用发展平衡能力的基础知识和多种练习方法,如燕式平衡和多点支撑平衡等静态平衡练习,悬吊、翻滚后变向和跳越障碍后变向等动态平衡练习。

【学业要求】

(1)描述各种体能的练习方法并能在游戏和比赛中积极运用,体能水平明显提高,能做到"站如松、坐如钟、卧如弓、行如风"。

(2)适应体能练习中运动密度与强度的变化,在遇到困难时能及时应对,主动克服,积极调控情绪。

(3)根据身体条件和体能基础选择适宜的锻炼方式,在体能活动中自尊自信,积极进取,勇敢顽强。

【教学提示】

(1)重视让学生参与不同主题、不同形式、不同情境的体能游戏和比赛,如负重校园定向运动、军体主题运动会等,循序渐进地提升学练难度,培养学生迎难而上、顽强拼搏的精神。

(2)关注体能的关联性与完整性,引导学生参与结构化、整合性的体能学练,如让学生参与发展心肺耐力的情境式负重校园定向运动的同时,加入发展肌肉力量、肌肉耐力、位移速度、灵敏性和协调性等体能的钻过、跨过、跳过、绕过、翻越障碍、卧倒、匍匐前进、模拟投弹等练习,促进学生体能全面协调发展,培养学生解决问题的综合能力。

(3)根据本水平学生身体机能尚处在发育阶段的特点,应注重体能活动的安全性与科学性,如在肌肉力量练习时注重以克服自身重量的练习为主,在柔韧性练习时注意量力而行等,培养学生的安全意识和自我保护意识。

(4)引导学生在日常体能锻炼中定期对各项体能进行自测，根据结果合理调整锻炼目标，提高锻炼效果。

三、健康教育

健康教育包括健康行为与生活方式、生长发育与青春期保健、心理健康、疾病预防与突发公共卫生事件应对、安全应急与避险五个领域，主要帮助学生逐步养成健康与安全的行为习惯和生活态度。

达到水平一目标要求

【内容要求】

(1)知道适量饮水的重要性，知道瓜果蔬菜需要清洗干净才能烹调或入口食用，了解常见食物的种类，了解偏食、挑食、暴饮暴食的危害，了解基本的餐桌礼仪。

(2)保持卫生，勤洗手，勤洗澡，勤刷牙，勤剪指甲，勤换衣服；不咬手指，不随地吐痰，文明如厕；知道公共场所咳嗽、打喷嚏时遮掩口鼻，患有流行性感冒等传染性呼吸道疾病时戴口罩；知道接种疫苗的注意事项和请病假的程序。

(3)知道体育锻炼有益健康，经常参与户外运动或游戏；知道基本的运动安全知识和方法；伏案学习时保持坐姿端正，行走时身姿挺拔，关注自己的体重。

(4)知道眼睛的重要性和保护视力的常用方法，树立爱眼意识，预防眼外伤；知道视力异常的症状和正确配戴眼镜的方法，能做到定期检查视力。

(5)知道生命孕育的过程、人体主要器官的名称及功能、男女生的生理差异。

(6)知道积极情绪有益健康，能识别、表达情绪，能与他人沟通交流。

(7)知道受伤外出血时及时止血的方法，知道预防溺水的知识和基本的自救方法，知道被常见动物蜇伤、咬伤或抓伤后的简单处理方法，知道遇到意外伤病时拨打急救电话。

【学业要求】

(1)说出体育锻炼对健康的益处，并参与户外运动或游戏，愿意与同伴交往，尽量避免可能存在的安全隐患。

(2)适量饮水，不食用不健康的食物，做到不偏食、不挑食、不暴饮暴食，用餐时注意基本的餐桌礼仪；讲究个人和环境卫生；保证充足睡眠时间；保持正确的坐、立、行和读写姿势；合理使用电子产品，读写时正确使用灯光，正确做眼保健操；能说出生命孕育的过程、人体主要器官的名称及功能、男女生的生理差异；配合预防接种，能按规定程序请病假。

(3)受伤外出血时能及时止血，懂得溺水时基本的自救方法，被动物蜇伤、咬伤或抓伤后能进行简单处理，遇到意外伤病时能拨打急救电话；表现出积极的情绪，初步适应体育活动环境和学习环境。

【教学提示】

(1)设置不同的场景，引导学生开展学习活动，如指导学生看图或视频说出餐桌上哪些行为不礼貌、如何保护视力等，培养学生在活动中获取多方面知识的能力。

(2)注重体验式教学，引导学生在实践活动中学习健康知识。例如：指导学生调查了解家庭成员的饮食习惯，使学生懂得不偏食、不挑食、不暴饮暴食；指导学生设计板报，宣传正确坐姿、健康饮水饮食、游戏中的安全注意事项等，培养学生的动手能力和实践能力。

(3)注意将内容的知识性与趣味性有机结合，采用通俗易懂、直观形象的教学方法，如通过儿歌、图画、游戏、故事、表演等激发学生的学习兴趣。

(4)注重将教学与学生的认知水平和生活经验相结合，可以从日常生活中的事例导入，也可以让家长参与健康教育教学，提升学生的学习效果。

达到水平二目标要求

【内容要求】

(1)了解健康食品和饮料的种类及成分，知道碳酸饮料对身体健康可能造成的危害。

(2)了解吸烟、被动吸烟的危害，拒绝吸烟并抵制二手烟，发现周围有人吸烟时能进行劝阻。

(3)了解参与体育锻炼、充足睡眠、合理膳食对生长发育和身心健康的益处；知道自身身体状况，参加适合的体育锻炼，选择合理的运动负荷。

(4)了解近视的成因和科学矫正视力的方法，知道户外运动对预防近视的作用。

(5)了解生长突增、第一性征、第二性征的概念和意义，以及青春期身体的各种变化，知道运动和日常交往中的身体边界，学会保护自己的身体不受侵犯。

(6)掌握一些情绪调控方法，能积极同他人交流与合作。

(7)了解体育与健康课上和课外体育活动中常见的运动伤病及简单处理方法，如割伤、刺伤、擦伤、挫伤、扭伤、冻伤和中暑的预防及简单处理方法。

【学业要求】

(1)说出参与体育活动的益处，积极参与体育锻炼；能列举体育活动和比赛中的安全注意事项，表现出主动规避运动伤害和危险的意识与行为；发生运动伤病时能进行简单处理。

(2)识别并且避免食用“三无产品”，合理饮用饮料；能列举吸烟的危害，拒绝吸烟并抵制二手烟；注意用眼卫生，能识别近视症状，并运用科学的方法预防近视和矫正视力。

(3)接受青春期的身体变化并注意保健，能说出促进人体生长发育的主要因素并在生活中加以运用；表现出调控情绪的意识，适应体育运动环境和学习环境。

【教学提示】

(1)创设不同的生活情境，引导学生积极开展学习活动，如让学生给亲友讲解碳酸饮料对健康的危害，劝自己的家长戒烟，在他人吸烟时通过言行劝阻，抵制二手烟等。

(2)注重引导学生开展实践调查和讨论式学习，结合实践调查结果讨论饮食卫生、睡眠等方面的不健康行为，检查自己的相关行为是否符合健康要求，并探索改进的方法等。

(3)将知识性和趣味性有机结合，如结合学生的认知水平和生活经验，采用形象生动的教学方法，激发学生的学习兴趣，提高学生主动学习的积极性。

达到水平三目标要求

【内容要求】

(1)理解一日三餐的营养要求与作用、合理膳食的意义，以及营养均衡和饮食多样化的益处，知道适当运动有利于食物的消化和营养的吸收。

(2) 理解饮酒对健康和生长发育的影响、毒品的常见种类和危害。

(3) 理解健康和常见疾病的概念、影响健康的因素及定期体检的必要性；理解正常体重、超重、肥胖和体重不足的概念，以及超重、肥胖与健康问题的关系；了解保持正常体重的方法。

(4) 理解视力不良对自身生活质量等方面的影响。

(5) 描述青春期生理与心理的变化，具有预防运动过程中性骚扰的意识和行为。

(6) 掌握并运用一些情绪调控方法，主动同他人交流与合作。

(7) 理解科学锻炼的注意事项，知道骨折和心肺复苏的处理原则与正确处理方法，如固定骨折部位、搬运骨折患者的方法及心肺复苏的操作步骤。

【学业要求】

(1) 认同体育锻炼是健康生活方式的重要组成部分，通过有规律的科学锻炼保持正常体重，促进生长发育，能在运动中保护自己。

(2) 平衡膳食，做到饮食多样；拒绝饮酒，远离毒品；接受青春期生理与心理的各种变化；通过户外运动缓解眼疲劳，预防近视的发生或发展；向家庭成员讲解定期体检的必要性。

(3) 知道骨折后要正确固定相关部位，不能强行搬运患者；能根据伤情的轻重和周围环境进行搬运处置；掌握实施心肺复苏的简单方法；保持情绪稳定，能适应自然环境和社会环境。

【教学提示】

(1) 根据生活实际，引导学生主动开展学习活动，如从营养、锻炼等角度调控自己的体重等，提高学生综合运用知识的能力。

(2) 重视调研活动，引导学生开展自主学习和合作学习，如查阅网络、报刊中相关的资料和报道，调查家人和朋友日常生活中饮食、作息、运动等方面的行为习惯，收集酗酒、吸毒等对健康造成危害的一些实例，并在讨论的基础上设计以健康教育为主题的板报等，提高学生的探究意识和实践能力。

(3) 注重采用多种教学方式，通过课堂讲授、演讲汇报、交流研讨、健康主题日活动、外出参观学习等方式或途径，促进学生获取健康教育的知识和方法，养成健康行为。

四、专项运动技能

专项运动技能包括球类运动、田径类运动、体操类运动、水上或冰雪类运动、中华传统体育类运动、新兴体育类运动六类，每类包含若干运动项目。为使学校更好地设计和安排某类运动项目的课程内容，本标准归纳和提出了每类运动的总体内容要求、学业要求和教学提示，并各选择 3 个项目作为案例，分水平提出具体内容要求。其中，内容要求主要包括基础知识与基本技能、技战术运用、体能、展示或比赛、规则与裁判方法、观赏与评价。学校可据此举一反三，结合实际情况，创造性地设计其他运动项目的课程内容。

1. 球类运动

球类运动是人们为了实现自我发展和休闲娱乐而创造的以球为载体，在开放和对抗情境中合理运用攻防技战术，以战胜对方为直接目的的体育活动。球类运动的主要特点是结果的不确定性、应激反应的即时性、技能操控的复杂性、战术选择的针对性和有效性等。本标准中的球类运动项目，可分为同场对抗项目和隔网对抗项目，前者是双方在同一场地内进行的有身体接触的对抗性运动项目（如篮球、橄榄球等），后者是双方在各自区域内进行的无直接身体接触的对抗性运动项目（如排球、乒乓球等）；又可分为集体性球类运动项目和个体性球类运动项目，前者是多人相互合作的对抗性运动项目（如足球、手球等），后者是以个人为主的对抗性运动项目（如羽毛球、网球等）。

球类运动除了与其他类运动具有共同的育人价值和能力要求外，在激发学生的运动兴趣，提高学生的快速反应能力、预判能力和决策能力，培养学生勇敢顽强、遵守规则、公平竞争等体育品德方面具有独特的育人价值。其中，集体性球类运动项目有助于培养学生的协作能力和团队精神，个体性球类运动项目有助于培养学生的独立判断、快速反应和调控情绪等能力。

达到水平二目标要求

【内容要求】

内容	总体要求	项目具体要求		
		足球	篮球	乒乓球
基础知识与基本技能	在所学球类运动项目的游戏中学习和体验基本动作与简单组合动作；知道所学球类运动项目的基础知识、基本技能和基本方法。	在传球、接球、运球、射门等足球游戏中学习和体验基本动作与简单组合动作，如在足球游戏中学习和体验脚控球动作；知道足球运动的基础知识。	在传球、接球、运球、投篮等篮球游戏中学习和体验基本动作与简单组合动作，如在篮球游戏中学习和体验手控球动作；知道篮球运动的基础知识。	在发球、接发球、攻球、移动步法等乒乓球游戏中学习和体验基本动作与简单组合动作，如在乒乓球游戏中学习和体验持拍控球动作；知道乒乓球运动的基础知识。
技战术运用	在游戏中运用所学球类运动项目的基本动作和简单组合动作。	在足球游戏中运用所学的足球基本动作和简单组合动作，如两人、三人传球过障碍，运球摆脱防守者等。	在篮球游戏中运用所学的篮球基本动作和简单组合动作，如一手运球一手与同伴手拉手拔河、运球突破投篮等。	在乒乓球游戏中运用所学的乒乓球基本动作和简单组合动作，如发球抢攻、接发球抢攻等。
体能	知道所学球类运动项目需要的体能简单学练方法，并乐于参与体能游戏。	知道足球运动需要的体能简单学练方法，并乐于参与体能游戏，如通过各种滚翻与起动跑、跟着视觉信号做动作等发展灵敏性、协调性与反应能力，通过单脚站立两人相互传球等发展平衡能力。	知道篮球运动需要的体能简单学练方法，并乐于参与体能游戏，如通过运球折返跑、交叉跑、绳梯跑等发展灵敏性和反应能力，通过双手运不同大小或不同重量的球发展协调性。	知道乒乓球运动需要的体能简单学练方法，并乐于参与体能游戏，如通过绕台滑步、交叉换腿跳等发展灵敏性、协调性和反应能力，通过负重挥拍、跳绳、左右滑步、交叉步等发展位移速度和肌肉力量。

续表

内容	总体要求	项目具体要求		
		足球	篮球	乒乓球
展示或比赛	在所学球类运动项目的游戏中敢于根据不同方向、不同水平要求进行基本动作和简单组合动作展示，并参与形式多样的比赛。	在足球游戏中敢于根据不同方向、不同水平要求进行运球、传球和射门动作展示，并参与形式多样的足球比赛。	在篮球游戏中敢于根据不同方向、不同水平要求进行运球、传球和投篮动作展示，并参与形式多样的篮球比赛。	在乒乓球游戏中敢于根据不同方向、不同水平要求进行发球、接发球、攻球和移动步法展示，并参与形式多样的乒乓球比赛。
规则与裁判方法	知道所学球类运动项目游戏的基本规则和要求；能指出违反规则的行为，并尝试进行判罚。	知道足球游戏的基本规则和要求；能指出足球游戏中违反规则的行为，并尝试进行判罚。	知道篮球游戏的基本规则和要求；能指出篮球游戏中违反规则的行为，并尝试进行判罚。	知道乒乓球游戏的基本规则和要求；能指出乒乓球游戏中违反规则的行为，并尝试进行判罚。
观赏与评价	知道所学球类运动项目比赛的观看方式和途径；每学期通过现场、网络或电视观看不少于 8 次所学球类运动项目的比赛，如观看班级内、校队、全国或国际比赛等。	知道足球比赛的观看方式和途径，每学期通过现场、网络或电视观看不少于 8 次足球比赛。	知道篮球比赛的观看方式和途径，每学期通过现场、网络或电视观看不少于 8 次篮球比赛。	知道乒乓球比赛的观看方式和途径，每学期通过现场、网络或电视观看不少于8次乒乓球比赛。

【学业要求】

(1)做出所学球类运动项目的基本动作和简单组合动作，并在游戏和比赛中运用；能参与班级内简化规则与要求的游戏和比赛；体能水平有所提高；说出与所学球类运动项目相关的动作术语；每学期观看不少于 8 次所学球类运动项目的比赛。

(2)体验所学球类运动项目游戏的乐趣，能与同伴一起参与学练，适应新的合作环境，与同伴互爱互助，发扬团队精神。

(3)按照所学球类运动项目的规则和要求参与游戏和比赛，在挑战自身身体极限且保证安全的情况下能坚持完成学练任务，表现出克服困难、勇敢坚毅的意志品质。

【教学提示】

(1)创设多种形式的游戏情境，激发学生学习兴趣，让学生在游戏中学练，既产生愉悦的体验，又习得运动技能，如在篮球运球教学中设计“交通信号灯”游戏，在足球传球教学中设计“穿越隧道”游戏等，引导学生在游戏情境中逐步了解运动项目的规则，学会按照运动规则和要求参与学习和比赛，培养学生的规则意识和团队合作意识。

(2)活动内容设计应体现所学球类运动项目的特征，活动方法要相对简单、具有一定变化，如在篮球运球或传球教学中，通过从无人防守到有人防守、从消极防守到积极防守的变化，培养学生适应不同环境的能力。

(3)重视球类运动项目游戏中比赛情境的创设，适当调整规则与要求、变换场地与器材等，如在足球教学中可以缩小场地、不设守门员、放大球门或设置多个小球门等，增加进球机会，激发学生学习的积极性，使学生获得成就感，建立自信心。

(4)注重精讲多练的原则，把更多时间留给学生体验，让学生充分地动起来。在教学中，不要过度强调动作细节，更不能一节课只让学生学练单一动作，应让学生尽早体验多种动作之间的联系，参与所学球类运动项目的完整活动，加深对所学项目的体验和理解。

(5)引导学生主动思考学练过程中遇到的问题，如组织小组讨论“如何把足球停稳?”“如何把篮球投准?”“为什么打不着乒乓球?”等，提高学生合作学习的意识及分析问题、解决问题的能力。

(6)重视体能练习的多样性、趣味性、补偿性和整合性，促进学生体能全面发展，培养学生遇到困难努力克服和继续坚持学练的意志品质。

达到水平三目标要求

【内容要求】

内容	总体要求	项目具体要求		
		足球	篮球	乒乓球
基础知识与基本技能	学练所学球类运动项目主要的基本动作技术和组合动作技术，并描述基本要领；了解所学球类运动项目的相关知识和文化，以及常见运动损伤的处理方法。	学练掷界外球，行进间脚背正面推球，脚背内、外侧推拨球，移动中脚内侧传、接地面球，脚背正面、外侧传球，正面抢球、捅球防守等主要的基本动作技术，以及运球射门、接球射门等主要的组合动作技术，并描述基本要领；了解足球运动的相关知识和文化，以及常见足球运动损伤的处理方法。	学练传接球(双手胸前、击地、头上等)、运球(高低、快慢)、投篮(双手胸前、单手肩上)等主要的基本动作技术，以及运球投篮、接球投篮等主要的组合动作技术，并描述基本要领；了解篮球运动的相关知识和文化，以及常见篮球运动损伤的处理方法。	学练发球、接发球、推挡球、攻球等主要的基本动作技术及左推右攻等主要的组合动作技术，并描述基本要领；了解乒乓球运动的相关知识和文化，以及常见乒乓球运动损伤的处理方法。

续表

内容	总体要求	项目具体要求		
		足球	篮球	乒乓球
技战术运用	在所学球类运动项目的对抗练习中运用组合动作技术和简单战术配合；学会设法得分和阻止对方得分的基本方法。	在足球对抗练习中运用运球过人、运球射门、接球射门等组合动作技术，以及两人间的传接配合、补防等简单战术配合；学会在足球运动中设法得分和阻止对方得分的基本方法。	在篮球对抗练习中运用运球突破、运球投篮、接球投篮等组合动作技术，以及侧掩护、传切配合、“关门”等简单战术配合；学会在篮球运动中设法得分和阻止对方得分的基本方法。	在乒乓球对抗练习中运用发球转与不转、左推右攻等组合动作技术，以及发球抢攻、接发球抢攻等简单战术配合；学会在乒乓球运动中设法得分和阻止对方得分的基本方法。
体能	在所学球类运动项目中加强体能练习。	在足球运动中加强体能练习，如通过多种动作的运球过障碍练习发展灵敏性，通过固定区域 1 分钟持续运球发展心肺耐力等。	在篮球运动中加强体能练习，如通过交换手运球练习发展灵敏性，通过固定线路的运球折返跑发展心肺耐力等。	在乒乓球运动中加强体能练习，如通过摸台角练习发展灵敏性和协调性，通过移动击球练习发展心肺耐力和灵敏性等。
展示或比赛	运用所学球类运动项目的技战术参与班级内教学比赛，表现出所学球类运动项目比赛的基本礼仪。	参与班级内四对四、五对五足球教学比赛，表现出足球比赛的基本礼仪。	参与班级内三对三、五对五篮球教学比赛，表现出篮球比赛的基本礼仪。	参与班级内单打、双打乒乓球教学比赛，表现出乒乓球比赛的基本礼仪。
规则与裁判方法	了解所学球类运动项目比赛的基本规则和裁判基本知识，并能承担班级内比赛的部分裁判工作。	了解足球比赛的基本规则及判罚动作，并能承担班级内比赛的部分裁判工作。	了解篮球比赛的基本规则及判罚动作，并能承担班级内比赛的部分裁判工作。	了解乒乓球比赛的基本规则及判罚动作，并能承担班级内比赛的部分裁判工作。
观赏与评价	学习如何观赏所学球类运动项目的比赛；每学期通过现场、网络或电视观看不少于 8 次所学球类运动项目的比赛，如观看班级内、校队、全国或国际比赛等；了解与所学球类运动项目有关的重要比赛，并能对这些比赛进行简要评价。	学习如何观赏足球比赛；每学期通过现场、网络或电视观看不少于 8 次足球比赛；了解重要的足球比赛，并能对这些比赛进行简要评价。	学习如何观赏篮球比赛；每学期通过现场、网络或电视观看不少于 8 次篮球比赛；了解重要的篮球比赛，并能对这些比赛进行简要评价。	学习如何观赏乒乓球比赛；每学期通过现场、网络或电视观看不少于 8 次乒乓球比赛；了解重要的乒乓球比赛，并能对这些比赛进行简要评价。

【学业要求】

(1) 掌握所学球类运动项目主要的基本动作技术和组合动作技术,并运用所学的技战术参与班级内的教学比赛;体能水平进一步提高;能描述所学球类运动项目的基本动作技术要领和基本规则;每学期观看不少于 8 次所学球类运动项目的比赛,并能进行简要评价。

(2) 运用所学球类运动项目积极地参与体育锻炼,在学练和比赛中与同伴交流合作,能调控情绪,运用预防运动损伤的简单方法。

(3) 在所学球类运动项目的学练和比赛中自尊自信,能正确看待运动中的正常碰撞与摔倒,关注同伴,遵守规则,尊重对手,履行自己的职责。

【教学提示】

(1) 根据球类运动项目技战术学练的不同阶段,有针对性地创设活动情境。在初始学练阶段,可以设计游戏情境下的活动,如足球的“过山洞”游戏、篮球的“猫捉老鼠”游戏、乒乓球的“托球接力”游戏等;在动作技术学练阶段,可以设计对抗情境下提高控球能力与合作能力的活动,如足球学练中的固定区域设防守者破坏运控球练习、篮球学练中的“逃脱追捕”运球练习、乒乓球学练中的两人向墙上指定区域击球比赛等;在战术学练阶段,可以设计特定规则情境下的活动,如无越位规则的足球比赛、降低持球走步要求的篮球比赛、规定发球抢攻成功得两分的乒乓球比赛等,培养学生进攻与防守的意识和能力。

(2) 在教学中注意增加球感练习和运动时间,提高学生对已学动作技术的熟练程度,如为了保证练习或比赛持续进行,可以在场地周围摆放一定数量的备用球,节省捡球时间。

(3) 活动内容设计应体现技战术学习的进阶性和连贯性,要让学生由易到难、循序渐进学练基本技战术,并在不同情境中加以运用,如传接球射门活动,可以由设置障碍向设置防守者过渡,进攻路线由中路向边路过渡等。每节课应安排 8 ~ 10 分钟教学比赛,培养学生的运动能力,以及团队合作和公平竞争的意识。

(4) 在球类运动项目的体能教学中,可以提高体能练习的强度和密度,逐步融入专项体能练习。练习方法要适当,练习形式要多样,尊重个体差异,培养学生吃苦耐劳、坚持不懈的意志品质。

(5) 在教学比赛中,注意让学生了解所学球类运动项目的文明礼仪,如比赛开始和结束时向观众敬礼、与对方队员握手或拥抱,同伴进球后主动上前击掌祝贺等,培养学生良好的体育品格。

(6) 引导学生通过报刊、网络等途径学习所学球类运动项目的文化知识,加深对该运动项目的理解。

2. 田径类运动

田径类运动是走、跑、跳、投掷等运动项目,以及由以上部分项目组成的全能运动项目的总称,其特点是以个人为主独立完成速度、高度或远度等的较量。本标准中的田径类运动项目可分为跑(如短跑、中长跑、跨栏跑、接力跑等)、跳(如跳高、跳远等)、投掷(如推铅球、掷实心球、掷垒球等)三类。

田径类运动除了与其他类运动具有共同的育人价值和能力要求外,在发展学生的心肺耐力、肌肉力量、肌肉耐力、位移速度,提高学生的反应能力、注意力,培养学生勇于进取、坚忍不拔、挑战自我的体育精神等方面具有独特的育人价值。田径类运动中的短跑项目主要发展学生的快速移动能力,提高学生的无氧代谢水平;中长跑项目主要发展学生的耐久力,增强学生的心肺功能;跳跃项目主要发展学生的弹跳力、身体控制能力和灵敏性,增加学生跳跃的远度和高度;投掷项目主要发展学生的肌肉力量和爆发力,增加学生投掷的远度。

达到水平二目标要求

【内容要求】

内容	总体要求	项目具体要求		
		100 米跑	跳远	掷实心球
基础知识与基本技能	在所学田径类运动项目的游戏中，学习和体验基本动作和简单组合动作；知道所学田径类运动项目的起源与发展、健身价值、动作名称和练习方法等基础知识。	在降低技术要求的起跑、加速跑、途中跑、冲刺跑等的游戏中，学习和体验 100 米跑的基本动作和简单组合动作；知道短跑运动的基础知识，如短跑运动的起源与发展、健身价值、动作名称和练习方法等。	在降低技术要求的助跑、起跳、腾空、落地等的游戏中，学习和体验跳远的基本动作和简单组合动作；知道跳跃运动的基础知识，如跳跃运动的起源与发展、健身价值、动作名称和练习方法等。	在简化规则的推掷、抛掷、投掷等的游戏中，学习和体验掷实心球的基本动作和简单组合动作；知道投掷运动的基础知识，如投掷运动的起源与发展、健身价值、动作名称和练习方法等。
技战术运用	在游戏和比赛中运用所学田径类运动项目的技能。	在不同信号和姿势的起跑、30 米迎面接力赛、50 米追逐跑或间歇跑等游戏和比赛中运用各种跑的技能。	在单脚跳、双脚跳等游戏和比赛中运用各种跳跃技能。	在抛地滚球、传递实心球、打保龄球、前抛实心球过不同高度横绳等游戏和比赛中运用各种投抛技能。
体能	知道所学田径类运动项目需要的体能简单学练方法，并乐于参与体能游戏。	知道短跑项目需要的体能简单学练方法，并乐于参与体能游戏，如通过快速摆臂、小步跑、大步跑、高抬腿跑、30 米加速跑、50 米达标测试跑练习发展位移速度、下肢肌肉力量等。	知道跳远项目需要的体能简单学练方法，并乐于参与体能游戏，如通过跳山羊游戏发展上肢肌肉力量和灵敏性，通过跳台阶练习发展下肢肌肉力量和心肺耐力等。	知道投掷项目需要的体能简单学练方法，并乐于参与体能游戏，如根据视听觉信号准确完成各种投掷练习发展反应能力、灵敏性、下肢肌肉力量和协调性，通过不同姿势的抛掷练习发展上肢肌肉力量和协调性等。
展示或比赛	在所学田径类运动项目的游戏中敢于根据不同要求展示运动技能，并参与形式多样的比赛。	在 100 米跑游戏或比赛中敢于展示不同距离、不同形式的短跑技能，如不同起点或终点的短距离计时跑、不同距离的小组接力赛等。	在跳远游戏或比赛中敢于展示单脚、双脚、不同方向的跳跃技能，如猜拳跨步跳、摸高挑战等。	在投掷游戏或比赛中敢于展示单手、双手、不同姿势的投抛技能，如不同姿势（站或坐）、不同目标（移动或固定）的投准、掷远、抛高比赛等。

续表

内容	总体要求	项目具体要求		
		100 米跑	跳远	掷实心球
规则与裁判方法	知道所学田径类运动项目游戏的基本规则和要求，尝试判定该运动项目的有效成绩。	知道短距离跑游戏的基本规则和要求，尝试判定 100 米跑的有效成绩。	知道跳远游戏的基本规则和要求，尝试判定跳远的有效成绩。	知道投掷游戏的基本规则和要求，尝试判定掷实心球的有效成绩。
观赏与评价	知道所学田径类运动项目比赛的观看方式和途径；每学期通过现场、网络或电视观看不少于 8 次所学田径类运动项目的比赛，如观看班级内、校队、全国或国际比赛等。	知道 100 米跑比赛的观看方式和途径，每学期通过现场、网络或电视观看不少于 8 次 100 米跑比赛。	知道跳远比赛的观看方式和途径，每学期通过现场、网络或电视观看不少于 8 次跳远比赛。	知道投掷项目比赛的观看方式和途径，每学期通过现场、网络或电视观看不少于 8 次投掷项目比赛。

【学业要求】

（1）在降低规则要求的情境下做出所学田径类运动项目的基本动作和简单组合动作，并运用于跑、跳、投掷游戏和比赛中；体能水平有所提高；说出发展跑、跳、投掷能力的动作名称和练习方法；每学期观看不少于 8 次所学田径类运动项目的比赛。

（2）适应跑、跳、投掷游戏和比赛的环境变化，主动与同伴交流合作，学练有一定难度的动作时能保持情绪稳定，初步树立安全意识。

（3）在田径类运动项目游戏和比赛中积极进取，不怕困难，勇敢顽强。

【教学提示】

（1）以游戏为主开展教学，如运用喊数抱团、30 米迎面接力赛、“斗鸡”、袋鼠跳接力赛、打移动靶、抛地滚球等，激发学生学练田径类运动项目的兴趣。

（2）重视跑与跳、跑与投掷、跳与投掷等不同动作之间的组合练习，如助跑摸高物，助跑投掷轻物，各种跑、跳、投掷组合接力赛等，提高学生运用跑、跳、投掷技能的能力。

（3）设置有一定难度的跑、跳、投掷练习活动，如在“快速跑”教学时采用负重跑、上坡跑等，在“跳远挑战赛”教学活动中让学生根据自己的能力选择适合的高度，努力越过起跳区前设置的不同高度的橡皮带和横杆等，培养学生不断挑战自我的精神。

（4）注意结合学生体能发展敏感期，侧重发展与所学田径类运动项目相关的体能，引导学生注意发展其他体能，促进其体能全面发展。

达到水平三目标要求

【内容要求】

内容	总体要求	项目具体要求		
		100 米跑	跳远	掷实心球
基础知识与基本技能	学练所学田径类运动项目主要的基本动作技术、组合动作技术和完整动作技术；描述所学田径类运动项目的动作技术要领和练习方法；了解所学田径类运动项目的相关知识和文化，以及常见运动损伤的处理方法。	学练小步跑（步频）、大步跑（步幅）、起跑等主要的基本动作技术，高抬腿跑后加速跑、加速跑后途中跑等主要的组合动作技术，以及100 米跑的完整动作技术；描述 100 米跑的动作技术要领和练习方法；了解短跑运动的相关知识和文化，以及常见短跑运动损伤的处理方法。	学练短、中距离助跑起跳板（区）起跳等主要的基本动作技术，助跑与起跳、起跳与腾空等主要的组合动作技术，以及蹲踞式跳远的完整动作技术；描述跳远的动作技术要领和练习方法；了解跳跃运动的相关知识和文化，以及常见跳跃运动损伤的处理方法。	学练坐蹲与站立、背向与正向等主要的基本动作技术，蹬地与满弓、挥臂与拨指等主要的组合动作技术，以及掷实心球的完整动作技术；描述投掷的动作技术要领和练习方法；了解投掷运动的相关知识和文化，以及常见投掷运动损伤的处理方法。
技战术运用	在游戏或比赛中运用所学田径类运动项目主要的基本动作技术和组合动作技术，对所学田径类运动项目有较完整的体验和理解。	在游戏或比赛中运用100 米跑主要的基本动作技术和组合动作技术，如通过追逐游戏体验加速跑、途中跑与冲刺跑等组合动作技术的节奏变化等。	在游戏或比赛中运用跳远主要的基本动作技术和组合动作技术，如通过踏准游戏体验适合自己的助跑距离、步数与节奏等。	在游戏或比赛中运用掷实心球主要的基本动作技术和组合动作技术，如通过站位—持球—转体—引球—出手的连贯组合动作技术体验发力顺序等。
体能	在所学田径类运动项目中加强体能练习。	在短跑项目中加强体能练习，如通过 50 米匀速跑、60～80 米变速跑练习发展位移速度和肌肉力量等。	在跳远项目中加强体能练习，如通过连续跨跳及各种相关跑跳组合动作练习发展下肢肌肉力量和灵敏性等。	在投掷项目中加强体能练习，如通过掷高、掷远练习发展上肢和腰腹肌肉力量等。

续表

内容	总体要求	项目具体要求		
		100 米跑	跳远	掷实心球
展示或比赛	参与所学田径类运动项目的个人或小组比赛;在比赛中正确展示该项目的动作技术,表现出相关的运动能力,以及所学田径类运动项目比赛的基本礼仪。	参与不同距离、不同形式的个人或小组短跑比赛,如参加学校田径运动会 100 米跑和 60~80 米迎面接力比赛等;在比赛中正确展示短距离跑的动作技术,表现出反应敏捷、快速奔跑的运动能力,以及 100 米跑比赛的基本礼仪。	参与不同起跳点和不同形式的个人或小组跳远比赛,如参加学校田径运动会跳远比赛等;在比赛中正确展示跳远动作技术,表现出节奏稳定、下肢爆发力强的运动能力,以及跳远比赛的基本礼仪。	参与不同重量、不同姿势的个人或小组投掷项目比赛,如参加学校田径运动会掷垒球、掷实心球比赛等;在比赛中正确展示投掷动作技术,表现出全身协调用力的运动能力,以及投掷项目比赛的基本礼仪。
规则与裁判方法	了解所学田径类运动项目的比赛规则、比赛秩序和成绩测试方法,学习组织班级内该运动项目的小型比赛,学会与同伴合作完成比赛场地、器材、着装的安全检查和成绩记录等。	了解 100 米跑比赛规则、比赛秩序和成绩测试方法,学习组织班级内 100 米跑个人比赛或接力赛,学会与同伴合作完成比赛场地、器材、着装的安全检查,以及发令、成绩记录等。	了解跳远比赛规则、比赛秩序和成绩测试方法,学习组织班级内跳远比赛,学会与同伴合作完成比赛场地、器材、着装的安全检查和成绩记录等。	了解投掷项目比赛规则、比赛秩序和成绩测试方法,学习组织班级内投掷比赛,学会与同伴合作完成比赛场地、器材、着装的安全检查和成绩记录等。
观赏与评价	学习如何观赏所学田径类运动项目比赛;每学期通过现场、网络或电视观看不少于 8 次该运动项目的比赛,如观看班级内、校队、全国或国际比赛等;了解所学田径类运动项目的重要比赛,并能对这些比赛进行简要评价。	学习如何观赏 100 米跑比赛;每学期通过现场、网络或电视观看不少于 8 次 100 米跑比赛;了解与 100 米跑有关的重要比赛,并能对这些比赛进行简要评价。	学习如何观赏跳远比赛;每学期通过现场、网络或电视观看不少于 8 次跳远比赛;了解与跳远有关的重要比赛,并能对这些比赛进行简要评价。	学习如何观赏投掷项目比赛;每学期通过现场、网络或电视观看不少于 8 次投掷项目比赛;了解与投掷项目有关的重要比赛,并能对这些比赛进行简要评价。

【学业要求】

(1) 掌握所学田径类运动项目主要的基本动作技术、组合动作技术和完整动作技术，并运用于多种游戏和比赛中；体能水平进一步提高；能描述所学田径类运动项目的动作技术要领、练习方法和比赛基本规则；每学期观看不少于 8 次所学田径类运动项目的比赛，并能进行简要评价。

(2) 表现出学练田径类运动项目的信心，适应教学比赛环境，情绪稳定，与同伴交流合作；安全地参与所学田径类运动项目的活动，能简单处理田径类运动中的轻度损伤。

(3) 在田径类运动项目学练与比赛中不畏困难，勇敢果断，刻苦学练，能接受比赛结果。

【教学提示】

(1) 创设自主探究情境，帮助学生加深对所学田径类运动项目的理解，培养学生分析问题与解决问题的能力。例如：100 米跑全程的体力如何分配？跳远时如何根据自己的体能状况和助跑跳远能力选择助跑距离？掷实心球时，全身怎样协调用力，如何增加投掷用力距离，怎样获得最适宜的出手角度？

(2) 以所学田径类运动项目的完整动作技术学练为主，通过限制练习条件、降低难度要求等方法，引导学生自主体验所学田径类运动项目的完整动作技术，增强学生对所学运动项目的全面理解。例如：初学跳远时可以不固定起跳点或设置宽度为 35～40 厘米的起跳区，随着学生助跑技术的熟练和步点的稳定，逐渐缩小起跳区宽度，直到学生能准确踏板起跳为止；让学生通过投掷排球或足球反复体验全身协调用力掷实心球的动作要领。

(3) 注意采用丰富多样的教学内容和教学方法，避免田径类运动项目学习的单一枯燥；结合游戏练习，创设生动活泼的教学情境，提高学生参与田径类运动项目学练的兴趣。例如：采用“环形追逐跑”游戏提高学生在追逐过程中的加速能力；在跳远教学中选择适宜的起跳高度，引导学生体验空中展体、收腹和落地前伸小腿的动作；标明投掷距离和“靶心”，让学生能看到自己掷实心球的效果和与同伴竞争的胜负。

(4) 重视运用安全防护措施，引导学生学习并掌握预防和处理伤害事故的方法，结合所学田径类运动项目的特点充分做好准备活动，遵守练习秩序等，培养学生安全参与运动的意识和能力。例如：跑步类运动项目要明确跑进与返回的方向及前后左右间隔的距离，避免碰撞；跳跃类运动项目要挖松沙坑或铺平海绵垫等，不能有坚硬物体，保证落地安全；投掷类运动项目要背向阳光，留有足够距离，在统一口令下投掷和取回器材，不能在投掷区域内随意穿行。

3. 体操类运动

体操类运动是通过徒手、持轻器械或在器械上完成不同类型与难度的成套动作，充分展现身体控制能力，塑造健美形体，并具有一定艺术表现力的体育活动。本标准中的体操类运动项目可分为两类：一类是技巧与器械体操（如支撑跳跃、技巧运动、低单杠运动等），其特点是身体做出支撑、倒置、滚动、旋转、跳跃、翻腾、环绕、伸展等动作；另一类是艺术性体操（如韵律操、健美操等），其特点是伴随音乐展现节奏明快、刚劲有力、舒展优美的动作。

体操类运动除了与其他类运动具有共同的育人价值和能力要求外，对于增强学生的身体控制能力，提高学生的动作准确性、方位意识、时空概念等有着不可替代的作用，还能有效提高学生的肌肉力量、肌肉耐力和灵敏性等，在培养学生的自立自强、勇敢坚毅、不怕挫折、自尊自信、乐观开朗等优良品质方面具有独特的育人价值。技巧与器械体操有助于培养学生的自立、勇敢、坚忍等意志品质，艺术性体操有助于培养学生的节奏感、美感、想象力和表现力等。

达到水平二目标要求

【内容要求】

内容	总体要求	项目具体要求		
		技巧运动	低单杠运动	韵律操
基础知识与基本技能	在所学体操类运动项目游戏中学习和体验基本动作和简单组合动作，完成多个动作的衔接和组合练习；说出所学体操类运动项目的相关动作术语，知道参与体操类运动对身心健康的益处和安全防护知识。	在技巧运动游戏中学习和体验前滚翻、后滚翻、仰卧推起成桥等基本动作，以及前滚翻交叉转体起立、后滚翻交叉转体接挺身跳等简单组合动作，完成多个动作的衔接和组合练习；说出技巧运动的相关动作术语，知道参与技巧运动对身心健康的益处和安全防护知识。	在低单杠运动游戏中学习和体验低单杠跳上、跳下、跳上成支撑、单腿摆越上、前翻下、斜身引体等基本动作和简单组合动作，完成多个动作的衔接和组合练习；说出低单杠运动的相关动作术语，知道参与低单杠运动对身心健康的益处和安全防护知识。	在韵律操游戏中学习和体验韵律操步法、上肢动作等基本动作，完成由多个动作衔接和组合成的 4 个八拍的韵律操小组合；说出韵律操的相关动作术语，知道参与韵律操运动对身心健康的益处和安全防护知识。
技战术运用	在游戏中运用所学体操类运动项目的基本动作进行衔接练习，并完成多个动作的小组合练习。	在游戏中运用前滚翻、后滚翻、仰卧推起成桥等基本动作进行衔接练习，并完成多个动作的小组合练习。	在游戏中运用低单杠跳上、跳下、前翻下等基本动作进行衔接练习，并完成多个动作的小组合练习。	在游戏中运用所学的步法和肢体动作进行衔接练习，并完成 4 个八拍的韵律操小组合练习。
体能	知道所学体操类运动项目需要的体能简单学练方法，并乐于参与体能游戏。	知道技巧运动需要的体能简单学练方法，并乐于参与体能游戏，如通过俯卧撑、仰卧起坐练习发展上下肢、腰腹肌肉力量，通过横/纵叉、仰卧推起成桥等练习发展柔韧性等。	知道低单杠运动需要的体能简单学练方法，并乐于参与体能游戏，如通过单杠斜身引体、仰卧起坐练习发展上肢、腰腹肌肉力量，通过横/纵叉、仰卧推起成桥等练习发展柔韧性等。	知道韵律操需要的体能简单学练方法，并乐于参与体能游戏，如通过俯卧撑、仰卧起坐练习发展上肢、腰腹肌肉力量，通过纵跳、下蹲起等练习发展下肢肌肉力量等。

续表

内容	总体要求	项目具体要求		
		技巧运动	低单杠运动	韵律操
展示或比赛	在小组和班级内敢于展示所学体操类运动项目的基本动作，知道展示这些动作的具体要求，初步学会展示前和结束时的礼仪。	在小组和班级内敢于展示各个方向的滚动、滚翻等基本动作，知道技巧运动中动作的连贯与稳定要求，初步学会展示前和结束时的礼仪。	在小组和班级内敢于展示跳上、跳下、跳上成支撑、单腿摆越上、前翻下等基本动作，知道低单杠运动中动作的准确与规范要求，初步学会展示前和结束时的礼仪。	在小组和班级内敢于展示4个八拍的韵律操小组合动作，知道韵律操动作的流畅性与表现力等要素，初步学会展示前和结束时的礼仪。
规则与裁判方法	知道所学体操类运动项目游戏的基本规则和要求；能基本判断动作的对错，并尝试进行打分。	知道技巧运动游戏中动作的稳、美、新等方面的基本规则和要求；能基本判断动作的对错，并尝试进行打分。	知道低单杠运动游戏中关于握法、摆动、转体与下法等方面的基本规则和要求；能基本判断动作的对错，并尝试进行打分。	知道韵律操游戏中关于活力、健与美等方面的基本规则和要求；能基本判断动作的对错，并尝试进行打分。
观赏与评价	知道所学体操类运动项目比赛或表演的观看方式和途径，每学期通过现场、网络或电视观看不少于8次所学体操类运动项目的比赛或表演，如观看班级内、校队、全国、国际比赛或表演等。	知道技巧运动比赛的观看方式和途径，每学期通过现场、网络或电视观看不少于8次技巧运动比赛。	知道单杠运动比赛的观看方式和途径，每学期通过现场、网络或电视观看不少于8次单杠运动比赛。	知道韵律操比赛或表演的观看方式和途径，每学期通过现场、网络或电视观看不少于8次韵律操比赛或表演。

【学业要求】

(1)做出所学体操类运动项目的基本动作和简单组合动作，并把所学体操类运动知识与技能运用到游戏和展示中；体能水平有所提高；说出所学体操类运动项目的相关动作术语；每学期观看不少于8次所学体操类运动项目的比赛或表演。

(2)乐于参与所学体操类运动项目的学练；学练有一定难度的体操类运动项目时，情绪比较稳定；能与同伴合作，做出自我保护、相互保护与帮助的动作。

(3)按照要求进行学练，敢于在同伴和团队面前展示自己的动作，表现出面对困难与克服困难的勇气。

【教学提示】

(1)注意采用游戏化、辅助性的教学手段和方法，使学生在丰富多样的学练环境中感受体操带来的愉悦。

(2)注意创设特定的教学情境。例如:让学生在斜坡条件下做前后滚翻动作,体验做团身滚动动作时的身体感受;创设"自我保护"情境,让学生学练摔倒时顺势做前后滚翻动作,提高自我保护能力。

(3)重视学生学练体操类运动项目时的安全问题,指导学生学习正确的相互保护与帮助的方法,如在做低单杠跳上、跳下、跳上成支撑、单腿摆越上、前翻下等动作时,让学生充分做好准备活动,预防运动损伤,并通过相互轮换保护与帮助,形成安全运动、团队协作和关心他人的意识。

(4)注重体操类运动项目的结构化技能学练,避免单个动作的简单重复,适当增加组合动作学练。例如:在技巧运动学练中,让学生学习前滚翻分腿坐、并腿后倒、连续侧滚动三个动作后,在教师的指导下尝试三个动作的组合练习;在韵律操学练中,让学生学习两三个动作后尝试进行小组合学练,增强对所学运动项目的完整体验。

达到水平三目标要求

【内容要求】

内容	总体要求	项目具体要求		
		技巧运动	低单杠运动	韵律操
基础知识与基本技能	学练所学体操类运动项目主要的基本动作技术和组合动作技术,并描述基本要领;了解所学体操类运动项目的相关知识和文化,以及常见运动损伤与处理方法。	学练前滚翻成直腿坐、侧手翻、肩肘倒立等主要的基本动作技术,以及前滚翻成直腿坐—后倒—仰卧推起成桥、侧手翻一直立转体—燕式平衡一挺身跳等主要的组合动作技术,并描述基本要领;了解技巧运动的相关知识和文化,以及常见技巧运动损伤的预防与处理方法。	学练低单杠跳上成支撑一支撑后摆下、低单杠跳上成支撑一前翻下等主要的基本动作技术和组合动作技术,并描述基本要领;了解低单杠运动的相关知识和文化,以及常见单杠运动损伤的预防与处理方法。	学练由 5 ~ 6 个韵律操步法、3 ~ 4 个上肢动作组成的 8 个八拍韵律操主要的基本动作技术和组合动作技术,并描述基本要领;了解韵律操运动的相关知识和文化,以及常见韵律操运动损伤的预防与处理方法。
技战术运用	在所学体操类运动项目练习中合理运用该运动项目主要的基本动作技术和组合动作技术,并将创编的动作运用到个人、小组、班级的游戏或比赛中。	在多种技巧运动练习中合理运用主要的基本动作技术和组合动作技术,并将创编的动作运用到个人、小组、班级的游戏或比赛中。	在多种低单杠运动练习中合理运用主要的基本动作技术和组合动作技术,并将创编的动作运用到个人、小组、班级的游戏或比赛中。	在多种韵律操练习中合理运用主要的基本动作技术和组合动作技术,并将创编的动作运用到个人、小组、班级的游戏或比赛中。

续表

内容	总体要求	项目具体要求		
		技巧运动	低单杠运动	韵律操
体能	在所学体操类运动项目中加强体能练习。	在技巧运动中加强体能练习，如通过横/纵叉、仰卧推起成桥练习发展柔韧性等。	在低单杠运动中加强体能练习，如通过低单杠运动的斜身引体、仰卧起坐练习发展上肢和腰腹肌肉力量等。	在韵律操运动中加强体能练习，如通过伴随音乐进行有节律的单脚跳、双脚跳、并脚跳、开合跳、弓步跳、转体跳练习发展灵敏性、协调性、柔韧性等。
展示或比赛	参与所学体操类运动项目的个人展示或小组比赛；在展示或比赛中做出正确、规范的动作，表现出所学项目展示或比赛的基本礼仪。	参与技巧运动组合动作展示，参加小组挑战赛；在展示或比赛中做出正确、规范的动作，表现出技巧运动展示或比赛的基本礼仪。	参与低单杠运动组合动作展示，参加小组挑战赛；在展示或比赛中做出正确、规范的动作，表现出低单杠运动展示或比赛的基本礼仪。	参与韵律操的多人、小组比赛，展示个人和小组创编成果；在展示或比赛中做出正确、规范的动作，充满青春活力，表现出韵律操展示或比赛的基本礼仪。
规则与裁判方法	了解所学体操类运动项目的比赛规则与裁判方法，能担任组内展示或比赛的裁判。	了解技巧运动中动作连贯性与稳定性的比赛规则与裁判方法，能担任组内展示或比赛的裁判。	了解低单杠运动中动作准确性与规范性的比赛规则与裁判方法，能担任组内展示或比赛的裁判。	了解韵律操运动中动作流畅与表现力的比赛规则与裁判方法，能担任组内展示或比赛的裁判。
观赏与评价	学习如何观赏所学体操类运动项目的比赛或表演；每学期通过现场、网络或电视观看不少于8次所学体操类运动项目的比赛或表演，如观看班级内、校队、全国、国际比赛或表演等；了解所学体操类运动项目的重要比赛或表演，并能对这些比赛或表演进行简要评价。	学习如何观赏技巧运动比赛；每学期通过现场、网络或电视观看不少于8次技巧运动比赛；了解与技巧运动有关的重要比赛，并能对这些比赛进行简要评价。	学习如何观赏单杠比赛；每学期通过现场、网络或电视观看不少于8次单杠运动比赛；了解与单杠运动有关的重要比赛，并能对这些比赛进行简要评价。	学习如何观赏韵律操比赛或表演；每学期通过现场、网络或电视观看不少于8次韵律操比赛或表演；了解与韵律操运动有关的重要比赛或表演，并能对这些比赛或表演进行简要评价。

【学业要求】

(1)掌握所学体操类运动项目主要的基本动作技术和组合动作技术，并运用这些动作技术主动参与小组、班级的动作展示或比赛；体能水平进一步提高；能描述所学体操类运动项目的动作技术要领、练习方法和比赛基本规则；每学期观看不少于8次所学体操类运动项目的比赛或表演，并能进行简要评价。

(2)积极参与所学体操类运动项目的学练，能独立或与同伴合作完成所学组合动作技术，情绪比较稳定，积极与同伴交流；能在学练之前检查体操器械与场地安全，认真做好准备活动，初步形成安全运动的行为习惯。

(3)按照规则和要求参与所学体操类运动项目的展示或比赛，并能充满信心，积极进取，勇敢顽强，不怕挫折。

【教学提示】

(1)有意识地引导学生体验做体操类运动时的身体感受，提高学生的感知能力和身体控制能力。

(2)注意加强动作技术之间的关联，如让学生学练技巧侧手翻—直立转体—燕式平衡—挺身跳等组合动作技术，增强学生对所学项目的完整体验和理解。

(3)加强动作技术与生活实际的联系，如让学生模拟在遇到突发的自行车冲撞等危险时灵活运用鱼跃前滚翻动作化险为夷，培养学生的自我保护意识和学以致用的能力。

(4)创设小组探究学习情境，启发学生通过改变动作技术方向、动作节奏、合作人数等方式，主动创编并展示所学体操类运动项目的组合动作技术，培养学生的创新意识和能力。

(5)为学生提供更多机会展示所学体操类运动项目的学习成果，并引导学生相互评价。

(6)运用现代信息技术手段开展体操类运动项目的教学，如引导学生使用体操相关视频资料分析动作技术的特点等，培养学生的信息素养及分析问题和解决问题的能力。

4. 水上或冰雪类运动

水上或冰雪类运动是人们在水环境或冰雪环境中开展的体育活动。水上或冰雪类运动不同于旱地运动，具有独特的环境特征。本标准中的水上或冰雪类运动项目可分为两类：一类是水上运动项目(如蛙泳、自由泳、仰泳、蝶泳等)，另一类是冰雪运动项目(如速度滑冰、高山滑雪、冰球等)。

水上或冰雪类运动除了与其他类运动具有共同的育人价值外，在发展学生快速适应水环境或冰雪环境的能力，提高学生的肌肉力量、心肺耐力、位移速度、协调性和平衡能力等体能，培养学生克服困难、勇往直前、坚忍不拔、挑战自我的体育精神等方面具有独特的育人价值。其中，水上运动项目能显著提升学生的心肺耐力、肌肉力量和肌肉耐力，培养学生自救和救人的能力，是可以受用一生的健身手段；冰雪运动项目有利于提高学生的心肺耐力、协调性、灵敏性和平衡能力，增强学生的耐寒能力，培养学生不怕挫折、敢于挑战的精神。

5. 中华传统体育类运动

中华传统体育类运动起源于生产劳动、典礼祭祀、军事战争、娱乐健身等，是经过历代传承、具有浓厚民族文化色彩和特征的体育活动。该类运动的主要特点是地域特色鲜明、技法形式多元、健身养生一体、文化形态多样。本标准中的中华传统体育类运动项目可分为武术类运动项目（如长拳、形意拳、八卦掌、中国式摔跤、太极拳、射箭、射弩等）和其他民族民间传统体育类运动项目（如舞龙、舞狮、摇旱船、跳竹竿、赛龙舟、荡秋千、抢花炮、珍珠球、毽球、蹴球等）。

中华传统体育类运动除了与其他类运动具有共同的育人价值外，在培养学生的中华民族认同感、文化自信等方面具有重要作用。其中，武术类运动项目有助于弘扬立身正直、见义勇为、自强不息、厚德载物的尚武精神，促进学生理解和践行中华传统体育与养生文化；其他民族民间传统体育类运动项目有助于学生形成对中华优秀传统体育的文化认同，增强民族自信和民族自豪感。

真题面对面

［2023 安徽统考，单，1 分］下列选项中，属于武术类运动项目的是（　　）

A. 舞龙　　B. 毽球　　C. 荡秋千　　D. 中国式摔跤

答案：D。中华传统体育类运动项目可分为武术类运动项目（如长拳、形意拳、八卦掌、中国式摔跤、太极拳、射箭、射弩等）和其他民族民间传统体育类运动项目。

6. 新兴体育类运动

新兴体育类运动是指在国际上比较流行、在国内开展不久或国内外新创的、大众运动色彩浓郁、深受青少年喜爱的体育活动。该类运动的主要特点是形式新颖，具有较强的时尚性和挑战性。本标准中的新兴体育类运动项目可分为生存探险类项目（如定向运动、野外生存、远足、登山、攀岩等）和时尚运动类项目（如花样跳绳、轮滑、滑板、极限飞盘、跆拳道、独轮车、小轮车、飞镖等）。

新兴体育类运动除了与其他类运动具有共同的育人价值和能力要求外，在增进学生对不同国家和地域体育文化的了解，激发学生的求知欲与探索欲、好奇心与冒险精神等方面具有独特的育人价值。其中，生存探险类项目主要在自然场地进行，具有较强的挑战性、探险性及结果的不可预测性，有利于促使学生运用多学科的知识与技能，提高应对各种突发事件的能力；时尚运动类项目是随着社会发展与健康生活需求而衍生出来的，具有娱乐性、休闲性和实用性等特点，有助于培养学生参与体育运动的兴趣，提高学生的创新意识，增强学生对新鲜事物的接受能力与适应能力。

五、跨学科主题学习

跨学科融合一直是学生提高运动能力、学习健康知识和传承中华优秀传统体育的重要方式和途径。体育与健康课程应融合多门课程，充分发挥育人功能，促进学生全面发展。体育与健康课程的跨学科主题学习部分主要立足于核心素养，结合课程的目标体系，设置有助于实现体育与德育、智育、美育、劳动教育和国防教育相结合的多学科交叉融合的教学内容。教师可以参照本标准提供的跨学科主题学习活动和案例进行创造性设计。

1. 钢铁战士

体育运动与国防教育具有许多共通之处，主要体现在培养学生的爱国主义和集体主义精神，合理运用战略战术和发展体能，强调纪律意识、勇敢顽强、不畏艰难、责任担当等。体育与健康课程和国防教育的跨学科学习，可以结合英雄事迹、历史战役、国家国防事业发展等内容，组织学生观看阅兵典礼、军事训练等视频资料，模拟战场战斗、救援救护等情境演练，恰当运用《孙子兵法》的战术思维分析体育比赛中“敌我双方”的特点等；帮助学生在主题学习过程中发展体能，运用和巩固适应环境、应对突发事件等技能，提高战术思维和应变能力，培养学生不怕困难、顽强拼搏、敢于担当的高尚品格。（学习主题示例参见下表）

“钢铁战士”学习主题示例

水平	学习主题	说明
水平一	小小特种兵	结合中国人民解放军的发展壮大历程等开展国防启蒙教育，在创设的情境中融入走、跑、跳、攀、爬、越等基本运动技能学练，培养学生不怕困难、勇敢顽强的意志品质，激发学生不怕吃苦的精神。
水平二	英雄小少年	结合中国人民解放军的优良传统教育，在体能学练中引导学生扮演战士、消防员等不同角色，促进学生理解发展体能的作用，以及所承担角色任务的重要性。
水平三	智勇双全小战士	结合国防科普、武装力量和国防建设成就等资料学习，在对抗性的武术、球类等运动项目学练中创设多变的情境，培养学生的战术思维、预判能力和应变能力。

2. 劳动最光荣

体育与健康课程和劳动课程的跨学科融合主要体现在身体活动、能量消耗、意志锤炼、责任担当和健康生活等方面。体育与健康课程教学可以运用学生在劳动课程中习得的日常生活自理、个人卫生、生产劳动和职业体验等知识，通过具体的劳动实践促进学生体育与健康知识和技能的学习。体育与健康课程和劳动课程的跨学科学习，可以增强学生的移动性、非移动性和操控性基本运动技能，发展学生的协调性、肌肉力量和肌肉耐力等体能，培养学生的劳动意识和吃苦耐劳、坚忍不拔等优良品质。（学习主题示例参见下表）

“劳动最光荣”学习主题示例

水平	学习主题	说明
水平一	自己的事情自己做	结合日常劳动行为，创设生活化的劳动情境，在提高学生基本运动技能的同时，引导学生感受劳动乐趣，爱惜劳动成果，树立自己的事情自己做的意识，培养学生的生活自理能力。
水平二	争做小劳模	结合重复性、模仿性较强的体力劳动，宣传劳模精神，创设家务劳动情境，在发展学生体能的同时，帮助学生体会劳动者的艰辛，感受劳动的光荣，提高劳动的意识与能力。
水平三	巧手小工匠	结合各种劳动知识，在田径、球类等运动技能学练中创设由简单到复杂的劳动场景，通过多样的运动技能学练活动提高学生的运动技能水平，引导学生体会平凡劳动者的伟大，增强对劳动的认识，形成良好的劳动习惯和品质。

3. 身心共成长

体育与健康课程与学生的生活实际具有密切联系，不同水平的体育与健康学习也深刻影响着学生身心的成长。为了帮助学生认识和把握自己的成长过程，可以结合道德与法治、劳动、科学、信息科技、生物学等内容，通过阅读、演说、绘画、辩论、生活观察、知识探究等活动，引导学生了解身体的结构和功能、不同成长阶段心理和情绪的变化、健康饮食的益处、运动对健康的影响、生活中的疾病防控、保护视力的重要性，以及紧急情况下的自救和互救等基础知识，提升学生的身体认知能力和情绪调控能力，帮助学生形成健康的生活方式，实现身心健康发展。（学习主题示例参见下表）

"身心共成长"学习主题示例

水平	学习主题	说明
水平一	会说话的身体	结合道德与法治中"我与他人"等相关知识，通过课外资料阅读、主题班会、海报制作等方式，引导学生关注和了解自己的身体形态和生理机能，树立正确的身体意识和自我意识。
水平二	藏在身体里的秘密	结合科学中遗传、生理与健康等相关知识，在预防脊柱侧弯、睡眠等健康教育内容学习中，通过专题讨论、板报制作、主题班会、演讲等方式，帮助学生探索生命现象与成长规律，树立主动锻炼和关注健康的意识。
水平三	成长的少年	结合信息科技相关知识，在体能和运动技能学练中，通过建立成长观察、成长记录的电子档案，引导学生关注自我成长中的身心变化及其对运动技能学练的影响，培养学生的观察能力，强化学生的自我意识和健康意识。

4. 破解运动的"密码"

体育与健康是一门基于身体活动的综合性非常强的课程，无论是基本运动技能和体能的学练，还是专项运动技能的学练，在控制身体和运动器械的过程中都涉及多学科知识与技能。为了帮助学生破解运动的"密码"，理解体育的真谛，可以通过观察、演讲、分析、绘图等活动，引导学生了解不同学科知识与方法对运动技能学练和运用的作用，以及运动所蕴含的科学价值和文化内涵，培养学生分析问题、解决问题的能力。（学习主题示例参见下表）

"破解运动的'密码'"学习主题示例

水平	学习主题	说明
水平一	妙用体育器材	结合科学相关知识，在运动技能学练中帮助学生了解运动器材和运动装备的基本特征，以及科学知识对运动技能学练的重要性，满足学生的好奇心，培养学生的探究意识和安全运动观念。
水平二	脑洞大开的运动	结合数学等相关知识，设计丰富多彩的运动形式和内容，引导学生强化体能，了解机体的功能，主动探究运动的共性与特性，培养学生的逻辑思维能力。
水平三	运动的学问	结合科学等相关知识，引导学生在运动技能学练中开展互动交流活动，透过现象看本质，更好地了解运动技能的形成、迁移和遗忘规律，了解运动的科学属性，培养学生的深度学习能力。

5. 人与自然和谐美

体育运动是展现人体之美的最佳载体之一，人体在运动中所体现出的蓬勃活力和生命律动能培养学生正确的身体观和审美观。定向越野、水上运动、冰雪运动等在自然环境中进行的体育运动更是兼具锻炼身心和感悟自然的双重价值。在运动认知、体能练习、运动技能学习等活动中，可以运用绘画、音乐、形体表演等艺术形式，以及重心、地理环境、抛物线、动植物等知识，引导学生观察并描述大自然中的各种现象，增进对自然的认识，感受人与自然的和谐之美，体验体育活动的趣味性，加深对运动美的理解，增强热爱自然和保护环境的意识。（学习主题示例参见下表）

"人与自然和谐美"学习主题示例

水平	学习主题	说明
水平一	美丽的大自然	结合科学、艺术相关知识，在体育游戏中创设大自然情境，引导学生在发展基本运动技能的同时，了解人与自然的密切关系，在身体活动中接受大自然美的熏陶，提高学生欣赏生活中美的能力。
水平二	大自然的神奇之旅	结合科学中生命进化历程和地球结构等相关知识，引导学生在多种身体活动中主动观察自然，感受自然的神奇，提升对大自然的敏感力和直觉力，培养学生发现问题的能力。
水平三	做自己身体的雕刻家	结合科学、艺术中人体生理和人体美学等相关知识，在多种运动技能教学中引导学生了解、尊重、珍惜自己的身体，树立正确的身体观和审美观，促进学生主动欣赏美，展示美，表现美，培养学生的创造性思维。

第四节　小学体育与健康课程标准的学业质量

- 小学体育与健康课程标准的学业质量
  - 学业质量内涵
    - 以核心素养为主要维度
    - 用以反映课程目标的达成度
  - 学业质量描述
    - 基本运动技能的学业质量合格标准
    - 体能的学业质量合格标准
    - 健康教育的学业质量合格标准
    - 专项运动技能的学业质量合格标准

一、学业质量内涵

学业质量是学生在完成体育与健康课程某一水平学习后的学业成就表现，是以核心素养为主要维度，结合体育与健康课程内容，对学生学业成就具体表现特征的整体刻画，用以反映课程目标的达成度。本标准依据不同水平学业成就表现的关键特征，将学业质量划分为不同水平，并描述了不同水平的具体表现。

二、学业质量描述

本标准针对基本运动技能、体能、健康教育和专项运动技能，分别制定了不同水平的学业质量合格标准。

1. 基本运动技能的学业质量合格标准

对应水平目标	学业质量描述
水平一	· 能说出移动性、非移动性和操控性技能的练习方法和动作名称。 · 能参与基本运动技能练习和游戏，基本运动技能有一定程度的提高，达到相应年级《国家学生体质健康标准（2014 年修订）》的合格水平。 · 乐于参与各种活动或游戏，能适应教学环境的变化，积极与同伴交流交往。 · 能做到每周进行 3 次课外基本运动技能练习。

2. 体能的学业质量合格标准

对应水平目标	学业质量描述
水平二	· 在教师指导下能参与多种体能活动、游戏和比赛，体能水平有一定程度的提高，达到相应年级《国家学生体质健康标准（2014 年修订）》的合格水平。 · 在体能练习中积极向上，遇到困难时能努力克服和继续坚持学练，表现出稳定的情绪，与同伴交流合作。 · 能做到每周进行 3 次（每次至少 0.5 小时）课外体能练习。
水平三	· 能描述体能对生活和健康的重要性，了解体能的分类和循序渐进的体能发展原则，并在练习中加以运用；能运用心率描述运动强度。 · 能独立参与体能练习，体能水平进一步提高，达到相应年级《国家学生体质健康标准（2014 年修订）》的合格水平。 · 表现出参与体能练习的热情，练习中意志顽强，勇于挑战自我，相互尊重，具有合作精神和公平竞争意识。 · 能做到每周进行 3 次（每次 1 小时左右）课外体能练习。

3. 健康教育的学业质量合格标准

对应水平目标	学业质量描述
水平一	· 能说出体育活动对健康的益处，参与户外游戏或身体活动，知道其中可能存在的危险并尽力避免。 · 能说出饮水、饮食的健康要求，注意个人卫生习惯，坐、立、行和读写姿势正确；知道生命孕育过程和人体主要器官；知道视力异常的症状，定期检查视力，正确配戴眼镜。 · 表现出乐于交流交往的行为，遵守纪律。
水平二	· 能举例说出参与体育运动的益处，积极参与多种体育活动，关注自己的身高和体重变化，能说出体育活动中的安全常识。 · 能说出饮食卫生和食品安全知识，合理、安全地饮食，知道吸烟的危害并抵制二手烟，能说出睡眠的作用并养成健康睡眠的习惯；知道近视的成因，了解预防近视和矫正视力的方法，通过户外运动预防近视；了解青春期的身心变化，以及生活习惯对身体健康的影响。 · 积极与同伴交流交往，表现出合作行为。

续表

对应水平目标	学业质量描述
水平三	·知道体育锻炼是健康生活方式的重要组成部分,定期进行体育锻炼,能描述一些运动损伤的预防措施与简单处理方法,并在生活中加以运用。 ·说出平衡膳食的要求,列举酗酒的危害;能运用青春期的保健方法,养成健康的生活习惯;能描述视力不良对自身生活质量等的影响。 ·表现出稳定的情绪,参加各种活动时能尊重他人。

4. 专项运动技能的学业质量合格标准

(1)球类运动

对应水平目标	学业质量描述
水平二	·能做出所学球类运动项目的基本动作和简单组合动作,并在竞赛性游戏中运用,参与班级内对抗性游戏和简化规则要求的教学比赛;能说出与球类运动项目相关的动作术语。 ·能在教师指导下参与体能练习,体能达到相应年级《国家学生体质健康标准(2014 年修订)》的合格水平。 ·能做到每学期通过现场或多种媒介观看不少于 8 次所学球类运动项目的比赛。 ·乐于与同伴一起参与所学球类运动项目活动,能适应新的合作环境,做到互爱互助,表现出稳定的情绪。 ·能说出所学球类运动项目的一些安全知识,并注意防范运动中的安全隐患。 ·能按照要求参与所学球类运动项目游戏和学练,在挑战自身身体极限且保证安全的情况下继续坚持。 ·能做到每周运用所学球类运动技能进行 3 次(每次至少 0.5 小时)课外体育锻炼。
水平三	·掌握所学球类运动项目主要的基本动作技术和组合动作技术,参与班级内较为正式的教学比赛,并运用简单的技战术配合;能描述所学球类运动项目的动作技术要领和基本比赛规则。 ·能独立参与体能练习,体能达到相应年级《国家学生体质健康标准(2014 年修订)》的合格水平。 ·能做到每学期通过现场或多种媒介观看不少于 8 次所学球类运动项目的比赛,并能进行简要评价。 ·在运动学练和比赛中能做到情绪饱满,善于与同伴交流合作。 ·安全地进行球类运动,能简单处理运动损伤。 ·能按照规则参与所学球类运动项目的比赛,做到关注同伴、尊重对手,履行自己的职责,表现出自信,比赛中发生碰撞、摔倒时能坚持不懈,能接受比赛的结果。 ·能做到每周运用所学球类运动技能进行 3 次(每次 1 小时左右)课外体育锻炼。

(2) 田径类运动

对应水平目标	学业质量描述
水平二	·能做出所学田径类运动项目的基本动作和简单组合动作，并参与简化规则、降低要求的跑、跳、投掷游戏和比赛；能说出发展跑、跳、投掷能力的田径类运动的动作名称和练习方法。 ·能在教师指导下参与体能练习，体能达到相应年级《国家学生体质健康标准(2014 年修订)》的合格水平。 ·能做到每学期通过现场或多种媒介观看不少于 8 次所学田径类运动项目的比赛。 ·参与所学田径类运动项目学练和比赛时，表现出稳定的情绪，能与同伴交流交往，适应游戏和比赛环境的变化。 ·能列举跑、跳、投掷学练的一些安全注意事项，有安全意识。 ·能按照要求参与所学田径类运动项目的学练和比赛，克服学练和比赛时的恐惧心理，表现出不惧困难的意志品质。 ·能做到每周运用所学田径类运动技能进行 3 次(每次至少 0.5 小时)课外体育锻炼。
水平三	·掌握所学田径类运动项目主要的基本动作技术和组合动作技术，并在跑、跳、投掷学练和比赛中运用；能描述参与田径类运动的体验，以及发展跑、跳、投掷能力的基本方法；了解田径类运动项目的比赛规则并加以运用。 ·能独立参与体能练习，体能达到相应年级《国家学生体质健康标准(2014 年修订)》的合格水平。 ·能做到每学期通过现场或多种媒介观看不少于 8 次所学田径类运动项目的比赛，并能进行简要评价。 ·对学练田径类运动有信心，积极与同伴交往，具有合作精神，适应自然环境变化的能力提高。 ·能描述跑、跳、投掷学练和比赛中的安全注意事项，表现出预防安全隐患的行为，知道处理运动损伤的简单方法。 ·能按照规则参与田径类运动项目的比赛，表现出积极进取、勇敢顽强的精神，能接受比赛的结果。 ·能做到每周运用所学田径类运动技能进行 3 次(每次 1 小时左右)课外体育锻炼。

(3) 体操类运动

对应水平目标	学业质量描述
水平二	·能做出所学体操类运动项目的基本动作和简单组合动作，并参与简化规则、降低要求的体操类游戏和比赛；能说出所学体操类运动项目的相关动作术语。 ·能在教师指导下参与体能练习，体能达到相应年级《国家学生体质健康标准(2014 年修订)》的合格水平。 ·能做到每学期通过现场或多种媒介观看不少于 8 次所学体操类运动项目的比赛或表演。 ·学练有一定难度的体操类运动项目的动作时，情绪比较稳定，能与同伴交流合作，互相保护与帮助。 ·能说出所学体操类运动项目的安全注意事项，具有安全意识。 ·能按照要求参与所学体操类运动项目的游戏和比赛，关心同伴，尊重对手，能面对困难，不怕困难。 ·能做到每周运用所学体操类运动技能进行 3 次(每次至少 0.5 小时)课外体育锻炼。

续表

对应水平目标	学业质量描述
水平三	·掌握所学体操类运动项目主要的基本动作技术和组合动作技术，运用所学的 3～4 个动作技术组成组合动作技术参与展示或比赛；能描述该运动项目的相关知识，了解该运动项目比赛的基本规则。 ·能独立参与体能练习，体能达到相应年级《国家学生体质健康标准（2014 年修订）》的合格水平。 ·能做到每学期通过现场或多种媒介观看不少于 8 次所学体操类运动项目的比赛或表演，并能进行简要评价。 ·在所学体操类运动项目的学练和比赛中做到情绪稳定，积极与同伴交流，具有合作精神，能适应学练和比赛环境的变化。 ·能描述所学体操类运动项目学练和比赛中的安全注意事项，做出自我保护的动作。 ·能按照规则参与所学体操类运动项目的展示或比赛，并表现出克服困难、积极进取、尊重同伴和对手等行为，能接受比赛的结果。 ·能做到每周运用所学体操类运动技能进行 3 次（每次 1 小时左右）课外体育锻炼。

（4）水上或冰雪类运动

对应水平目标	学业质量描述
水平二	·能做出所学水上或冰雪类运动项目的基本动作和简单组合动作，并参与简化规则、降低要求的游戏和比赛；能说出所学水上或冰雪类运动项目的相关动作术语。 ·能在教师指导下参与体能练习，体能达到相应年级《国家学生体质健康标准（2014 年修订）》的合格水平。 ·能做到每学期通过现场或多种媒介观看不少于 8 次所学水上或冰雪类运动项目的比赛。 ·乐于参与所学水上或冰雪类运动，表现出稳定的情绪，能与同伴交流交往，适应水上与冰雪环境。 ·能说出所学水上或冰雪类运动项目的行为准则，与同伴一起安全地进行游戏。 ·能按照要求参与所学水上或冰雪类运动项目的学练和比赛，表现出敢于尝试、不怕失败的意志品质。 ·能做到每周运用所学水上或冰雪类运动技能进行 3 次（每次至少 0.5 小时）课外体育锻炼。
水平三	·掌握所学水上或冰雪类运动项目主要的基本动作技术和组合动作技术，并参与比赛；能描述参与该运动项目的感受、比赛规则和器材保护方法。 ·能独立参与体能练习，体能达到相应年级《国家学生体质健康标准（2014 年修订）》的合格水平。 ·能做到每学期通过现场或多种媒介观看不少于 8 次所学水上或冰雪类运动项目的比赛，并能进行简要评价。 ·喜欢在水上和冰雪环境中进行学练活动，情绪稳定，表现出交往合作能力和抗寒能力。 ·能安全地进行所学水上或冰雪类运动，并运用简单的运动损伤处理方法。 ·能按照规则参与所学水上或冰雪类运动项目的比赛，做到克服困难、积极进取，表现出互帮互助、共同进步的行为，能接受比赛的结果。 ·能做到每周运用所学水上或冰雪类运动技能进行 3 次（每次 1 小时左右）课外体育锻炼。

（5）中华传统体育类运动

对应水平目标	学业质量描述
水平二	·能做出所学中华传统体育类运动项目的基本动作和简单组合动作，参与学练基本动作和简单组合动作的游戏；能说出该运动项目的动作术语。 ·能在教师指导下参与体能练习，体能达到相应年级《国家学生体质健康标准（2014 年修订）》的合格水平。 ·能做到每学期通过现场或多种媒介观看不少于 8 次所学中华传统体育类运动项目的比赛或表演。 ·能说出自己在对抗演练中的情绪变化，在教师或同伴的帮助下保持情绪稳定；能适应对抗的情境，按要求做出相应的防护动作。 ·能使用所学中华传统体育类运动项目的礼仪向教师、裁判、同伴行礼，在与该运动项目相关的游戏中不怕摔跤，遵守规则，尊重裁判，尊重对手。 ·能做到每周运用所学中华传统体育类运动技能进行 3 次（每次至少 0.5 小时）课外体育锻炼。
水平三	·掌握所学中华传统体育类运动项目主要的基本动作技术和组合动作技术，并运用所学知识与技能参与对抗演练和半实战比赛；能列举该运动项目的特点，说出该运动项目的起源与发展。 ·能独立参与体能练习，体能达到相应年级《国家学生体质健康标准（2014 年修订）》的合格水平。 ·能做到每学期通过现场或多种媒介观看不少于 8 次所学中华传统体育类运动项目的比赛或表演，并能进行简要评价。 ·在对抗演练或半实战比赛中情绪稳定，能关注同伴，尊重对手。 ·在教师的提示下做到点到为止，熟悉与所学中华传统体育类运动项目相关的安全防护动作并能运用。 ·能按照所学中华传统体育类运动项目的规则，与同伴配合展示所学的动作技术或进行半实战比赛，尊重裁判，具有合作精神和公平竞争意识，能接受比赛的结果。 ·能做到每周运用所学中华传统体育类运动技能进行 3 次（每次 1 小时左右）课外体育锻炼。

（6）新兴体育类运动

对应水平目标	学业质量描述
水平二	·能做出所学新兴体育类运动项目的基本动作和简单组合动作，并参与班级内简化规则与要求的游戏和比赛；能说出该运动项目的基本动作术语。 ·能在教师指导下参与体能练习，体能达到相应年级《国家学生体质健康标准（2014 年修订）》的合格水平。 ·能做到每学期通过现场或多种媒介观看不少于 8 次所学新兴体育类运动项目的比赛。 ·乐于参与所学新兴体育类运动项目的学练，积极与同伴进行交流与合作；表现出稳定的情绪。 ·能说出所学新兴体育类运动项目的安全注意事项，具备安全意识。 ·能按照规则和要求参与所学新兴体育类运动项目的游戏和比赛，能挑战自我，表现出不畏困难、关心同伴的意志品质。 ·能做到每周运用所学新兴体育类运动技能进行 3 次（每次至少 0.5 小时）课外体育锻炼。

续表

对应水平目标	学业质量描述
水平三	·掌握所学新兴体育类运动项目主要的基本动作技术和组合动作技术，并参与该运动项目的展示或比赛；能说出该运动项目的动作要领与学练方法，了解基本的比赛规则并能组织班级内比赛。 ·能独立参与体能练习，体能达到相应年级《国家学生体质健康标准（2014 年修订）》的合格水平。 ·能做到每学期通过现场或多种媒介观看不少于 8 次所学新兴体育类运动项目的比赛，并能进行简要评价。 ·乐于与同伴分享自己的感受；在遭受挫折和失败时保持情绪稳定，适应学练环境与场地器材的变化。 ·能安全地进行所学新兴体育类运动，并简单处理运动损伤。 ·主动参与班级、学校或社区内新兴体育类运动项目的展示或比赛，并能遵守规则；勇于克服困难，具有团队精神，能接受比赛的结果。 ·能做到每周运用所学新兴体育类运动技能进行 3 次（每次 1 小时左右）课外体育锻炼。

第五节　小学体育与健康课程标准的课程实施

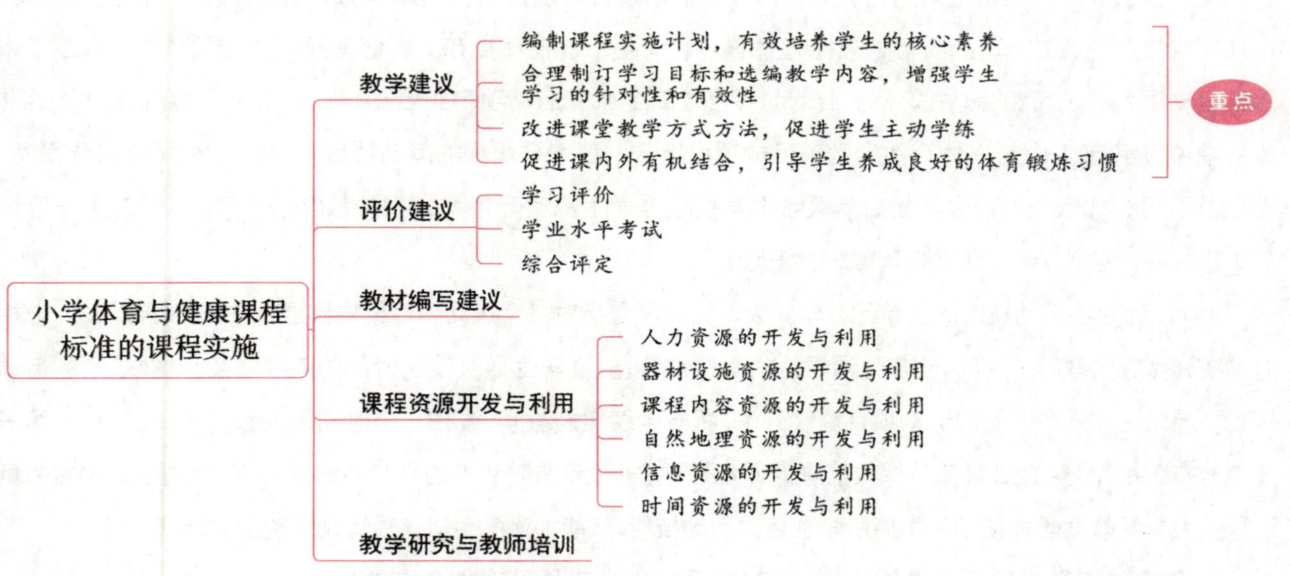

一、教学建议　【选择、判断、论述】★★★

体育与健康课程教学是教师广泛运用各种资源，选择有效教学内容，采用多样化教学方法，指导学生在面对问题、解决问题的真实情境中形成核心素养的实践活动。教师应依据核心素养的内涵、课程总目标与水平目标、课程内容、学业质量，创造性地设计教学和实施课程。

1. 编制课程实施计划，有效培养学生的核心素养

体育与健康课程要培养的核心素养是学生通过较长时间的学习，在知识内化、行为养成、品德修为基础上逐渐形成的，是学生在体育与健康活动和情境中体验、探索、感悟和解决问题的结果。各校在编制各类教学计划时，应根据不同水平学生的实际，制订明确的体育与健康课程学习目标，整体设计基本运动技能、体能、健康教育、专项运动技能和跨学科主题学习的教学内容。在教学中，要关注体育与健康知识和技能的学习，更要关注体育与健康课程的育人成效。

（1）树立明确的课程育人意识。课程实施计划应从过分关注知识与技能的传授转向重视核心素养的培养，将核心素养的培养贯穿在学年、学期、单元、课时等各层次的学习目标、教学内容、教学情境、教学方法、学习评价等设计中。

（2）根据学生的身心发展规律、运动技能形成规律和课程的育人特点设计各水平的教学单元。在1～2年级，重点通过体育游戏发展学生的基本运动技能，让学生在玩中学、玩中练，激发学生的运动兴趣；在3～6年级，主要根据学生的兴趣爱好从六类专项运动技能中各选择至少1个运动项目进行教学，原则上每学期指导学生学练2个不同的运动项目，在重点发展学生各种体能的基础上发展多项运动技能，以满足学生多样化的运动需求。

学校在选择各年级学练的运动项目时，可先让学生在六类专项运动技能中分别选择自己喜爱的运动项目，再根据学生的选择结果及学校的实际情况确定各年级学练的运动项目。学校应至少开设以下运动项目：1个集体性球类运动项目、1个个体性球类运动项目、1个田径类运动项目或项目组合（从跑、跳、投掷3个亚类中各选择1个项目进行组合）、1个体操类运动项目或项目组合（技巧与器械体操项目可由技巧运动、单杠或双杠运动、跳山羊组合而成，艺术性体操项目可由1套韵律操和1套健美操组合而成）、1个水上或冰雪类运动项目或项目组合（由2个水上运动项目或2个冰雪运动项目组合而成）、1个中华传统体育类运动项目或项目组合、1个新兴体育类运动项目或项目组合。各水平学练的运动项目可以完全相同或部分相同，也可以不同。各运动项目学习起始年级可由学校根据学生的实际情况和相关教学条件确定，如游泳项目可从3年级开始开设，也可从其他年级开始开设。

（3）设计专项运动技能的大单元教学。大单元教学是指对某个运动项目或项目组合进行18课时及以上相对系统和完整的教学。同时，要加强课内外的有机结合，促进学生通过较长时间的连续学练，掌握所学的运动技能。要避免把一个完整的运动项目割裂开来、断断续续实施教学，或在一个时间段内教授不同项目，如第一节课教排球的垫球技术，第二节课教篮球的原地运球，第三节课教武术的马步冲拳等，导致运动技能学习的负迁移。大单元教学既能使学生掌握所学项目的运动技能，又能加深学生对该项运动完整的体验和理解。

2. 合理制订学习目标和选编教学内容，增强学生学习的针对性和有效性

教师在制订学习目标和选编教学内容时，既要关注学生体能发展与运动技能学练的外在表现和效果，也要关注学生在体育与健康课程学习过程中表现出的态度和价值观。

（1）基于核心素养制订明确的学习目标。首先，教师应将学生核心素养的培养有机渗透到基本运动技能、体能、健康教育、专项运动技能、跨学科主题学习的学习目标中。其次，教师应注重学习目标的可观察性与表现性，使用体现不同层次的表现性行为动词。不同层次的学习目标应包括条件（在什么情境中）、行为与表现（做什么和怎么做）、结果（做到什么程度）三个部分，使学习目标明确、具体、可操作。

（2）针对学习目标和学生特点合理选编教学内容。第一，教师应根据学习目标，从有利于促进学生核心素养形成和发展的角度，认真分析、选择和设计教学内容，避免孤立、静态地进行单个动作技术、单个知识点的碎片化教学，注重采用结构化知识与技能教学，加强学生对所学运动项目的完整体验和理解，提高学生在真实活动或比赛情境中运用知识与技能分析问题、解决问题的能力。第二，教学内容的选择和设计要充分考虑学生的生长发育特点、体质状况、运动基础、兴趣和需求等，保证教学的基础性、多样性和系统性，引导学生在体验不同运动项目魅力的基础上掌握专项运动技能。掌握某一项运动技能的基本标准主要包括两个方面：一是掌握和运用该项目的基本技战术，如篮球运动的运球、传接球、投篮、移动、卡位等基本动作技术，传球与运球、传球与投篮、运球与投篮、移动与抢断球等组合动作技术，传切配合、侧掩护配合、“关门”、补防等基础配合，联防与破联防、人盯人与破人盯人防守等全队配合；二是能完整地参加该项目的班级内、班级间的展示或比赛，如完整地展示一套健美操动作或参加所学球类运动项目的比赛等，能有效运用该项目的主要比赛规则。第三，学校必须保证规定课时的健康教育，加强健康教育知识与学生生活的联系，引导学生把所学的健康知识与技能运用到体育锻炼、学习和生活中，逐渐形成健康文明的生活方式。第四，教学内容的选择和设计应充分考虑当地的气候特点、场地设施、安全环境、民族传统文化等情况，因时、因地制宜实施体育与健康课程教学。第五，要加强对中华传统体育类运动项目的教学，尤其要重视具有对抗性的中华传统体育类运动项目，减少花拳绣腿式的比画动作教学，培养学生的尚武精神和阳刚之气，加深学生对中华优秀传统体育的理解。

3. 改进课堂教学方式方法，促进学生主动学练

体育与健康课程教学要实现从“以教为主”向“以学为主”的真正转变，将过分关注传授知识与技能转变为培养学生核心素养，促进学生形成积极的学习动机、学习态度和学习行为。

(1) 设计完整的学习活动。教师要摒弃说教课、“放羊课”、安全课、单一技术课、测试课等，设计目的明确、内容丰富、情境真实、方法多样、互动良好的完整学习活动，将“学、练、赛”有机结合，引导学生在充分动起来的过程中享受运动乐趣，形成丰富、深刻的运动体验，在做中学、学中思、思中得。

(2) 创设多种复杂的运动情境。根据学习目标、教学进度等引导学生在对抗练习、体育展示或比赛等真实、复杂的运动情境中获得丰富的运动体验和认知，提高技战术水平和体能水平，培养学生良好的体育精神、体育道德和体育品格。

(3) 采用多样化的教学方式方法。在教学中，要将教师示范讲解与学生自主学练、合作学练和探究学练有机结合，将集体学练、分组学练和个体学练相结合，引导学生积极思考，主动探索，自觉实践，培养学生分析问题和解决问题的能力及创新意识。

(4) 科学设置运动负荷。运动负荷由群体运动密度、个体运动密度和运动强度衡量。群体运动密度是指一节体育实践课所有学生总体运动时间占课堂总时间的比例；个体运动密度是指一节体育实践课单个学生的运动时间占课堂总时间的比例；运动强度是指动作用力的大小和身体的紧张程度，常用心率表示。应尽量减少教师讲解、示范、队形调动等时间，让所有学生充分动起来，改变“不出汗”的体育课，增进学生体质健康，促进学生掌握运动技能。每节课群体运动密度应不低于75%，个体运动密度应不低于50%；每节课应达到中高运动强度，班级所有学生平均心率原则上在140～160次/分。每节课应有10分钟左右体现多样性、补偿性、趣味性和整合性的体能练习。同时，要引导学生做好充分的准备活动，循序渐进，逐步提高运动负荷，在保证运动安全的基础上增强学习效果。

(5)运用信息化教育手段和方法。在教学中，根据小学生感性认知能力强、初中生感性认知与理性认知快速发展的特点，积极开发与利用多种现代信息技术，开展微课、慕课、翻转课堂等教学，帮助学生通过线下线上相结合的方式，打破学习的时空壁垒，拓宽体育与健康课程的学习视野。

真题面对面

1. [2023 安徽统考，单，1 分]《义务教育体育与健康课程标准(2022 年版)》中建议，每节课个体运动密度不低于(　　)

A. 30%　　B. 40%　　C. 50%　　D. 75%

答案：C。个体运动密度是指一节体育实践课单个学生的运动时间占课堂总时间的比例，每节课个体运动密度应不低于 50%。

2. [2023 安徽统考，判断，1 分]《义务教育体育与健康课程标准(2022 年版)》中建议，每节课班级所有学生平均心率原则上在 140 ~ 160 次/分。(　　)

答案：√。每节课应达到中高运动强度，班级所有学生平均心率原则上在 140 ~ 160 次/分。

3. [2023 江苏南通启东市，论述，8 分]根据义务教育新课标理念，请你谈一谈体育教学应该如何实现从"以教为主"向"以学为主"的真正转变?

参考答案：参见上文。

4. 促进课内外有机结合，引导学生养成良好的体育锻炼习惯

落实"教会、勤练、常赛""学生每天校内锻炼 1 小时、校外锻炼 1 小时"的要求，加强课内教学与课外体育活动的有机结合，以及学校、家庭和社区体育的多元联动。教师应在提高课内教学质量的基础上，积极组织、指导学生参与校内多种形式的课外体育活动和竞赛活动；布置学生独立或合作完成、与家长共同完成的体育家庭作业等，促进学生经常锻炼、刻苦练习，逐渐培养学生的体育锻炼习惯，缓解学生的学习压力，丰富学生的课余文化生活，促进学生更好地形成核心素养。

二、评价建议

体育与健康课程学习的评价与考试是通过系统收集学生的课内体育学习态度与表现、课外体育锻炼情况与成效、健康行为等信息，依据学业质量对所反映的核心素养水平及学生的体育与健康课程学习情况进行判断和评估的活动，是不断完善课程建设的重要环节和途径。通过多样化的学习评价，促进学生达成课程目标，发展核心素养。

1. 学习评价

(1)确定评价目的

评价的主要目的是对学生的学习行为进行观察、诊断、反馈、引导和激励，以判断课程目标达成度，给教师和学生提供即时、多元的有效反馈，促使学生更积极地学与教师更有效地教。

(2)选择评价内容

评价内容的选择应围绕核心素养,紧扣学业质量,结合具体的教学内容,评估学生核心素养的发展水平。具体评价内容主要包括以下三个方面。

①运动能力的发展。包括基本运动技能、体能、专项运动技能的提高程度,运用所学体育知识与技能解决实际问题的能力,在展示或比赛中的表现等。

②健康行为的形成。包括体育锻炼情况、所学健康知识与方法的掌握程度、运用所学健康知识与技能解决实际问题的能力、情绪调控与环境适应能力、健康意识与行为习惯的养成等。

③体育品德的养成。包括学练、展示或比赛中表现出的体育精神、体育道德和体育品格等。

(3)选择适宜的评价方式

依据评价目的、评价内容、评价主体、评价情境等实际情况,注重过程性评价与终结性评价、定性评价与定量评价、相对性评价与绝对性评价、教师评价与学生评价相结合,积极探索增值评价,健全综合评价。应特别注意以下三点:

①注重评价方法多样化。教师可根据学生实际,综合运用清单式评价、观察评价、等级评价、展示或比赛评价、书面测评、口头测验、成长档案袋等方法,充分发挥不同方法的特点和优势,多角度评定学生的核心素养水平。

②重视过程性评价。教师应将评价贯穿于学生学习的整个过程,不仅要关注学生学习的结果,更要关注学生成长和发展的过程。教师应结合具体的内容,选择适宜的方法,记录学生的课内外表现与进步情况,并及时向学生提供个人学习情况信息,帮助学生反思和改进学习方法,有效评价学生核心素养的提升过程和程度。

③加强运用现代信息技术开展实时和精准的评价。教师可以充分利用信息技术跟踪学生的学习过程,采集数据并基于数据分析结果,及时反馈和评估学生的学习情况,如利用运动监测设备记录学生的课堂行为表现和运动负荷,准确分析和评价学生的运动能力等。

(4)合理利用评价结果

教师应充分发挥评价的反馈、导向、激励和改进功能,采用口头评价、记录表呈现等不同方式,及时将评价结果反馈给学生,帮助学生改进学习。

2.学业水平考试

义务教育体育与健康学业水平考试是以学业质量标准、课程内容为依据,由省级教育行政部门统筹,地方教育行政部门组织实施的考试,旨在检测和衡量学生在义务教育阶段结束时的学业成就,反映学生核心素养发展状况,为判断学生是否达到国家规定的毕业要求提供主要依据。在具体命题设计过程中应注重以下四个方面:

(1)以考查核心素养水平为测试目的

学业水平考试命题应基于核心素养内涵,以四个水平的学习内容和学业质量合格标准为依据,从学业质量描述中提炼出具体的测试指标,为命题设计做准备。

(2)创设贴近生活、具有较强应用性的情境

学业水平考试命题离不开情境和学科知识。在具体情境中,学生利用已学的知识与技能分析问题和解决问题,反映出学生核心素养的发展水平及学业质量的达成情况。考试情境可以由考核内容、应用场所和参与方式组合而成。其中,考核内容主要包括体能与运动技能的学习情况、展示或比赛中的表现、日常锻炼的行为、体育欣赏与评价能力等。

(3)以结构化的知识与技能为主要命题内容

基于核心素养的命题设计重在评估学生在特定情境中解决问题的能力,应主要关注学生在具体情境中如何处理自己与他人、环境的关系,以及在此互动过程中如何更好地完成具体任务。因此,要注重设计结构化的知识与技能命题内容,引导学生关注知识的完整性、结构性和关联性,重视评价学生对知识与技能的运用能力,尽量避免对单一知识或技能的考查,避免从孤立的、过细的知识点角度命题。

(4)命题形式以实践测试为主

学业水平考试主要包含实践测试和纸笔测试两种类型,以实践测试为主。纸笔测试侧重健康教育、体育文化和体育精神内容。

3. 综合评定

采取过程性评价与学业水平考试相结合的评定方式,将评定结果作为高一级学校招生录取、地区教育质量评估等参考依据。

三、教材编写建议

体育与健康教材根据课程内容分类编写,就健康教育、体育文化和体育精神内容编写学生使用的教科书,就基本运动技能、体能和专项运动技能内容编写教师用书。应根据内容需要,开发相应数字演示资源,嵌入教材中。

1. 教材编写原则

①坚持正确的政治方向。②注重以核心素养培养为导向。③遵循学生身心发展规律。④体现体育与健康课程特点。

2. 教材内容选择

(1)精选基本内容和最新成果。选择符合学生学习、锻炼与比赛需求的必备基础知识、基本技能和基本方法,反映体育与健康的新知识、新成果。

(2)重视运动和健康情境与活动。创设与学生体育学练、健康成长等相关的情境,设计丰富多样的主题活动;鼓励学生积极思考,运用结构化、综合性知识与技能解决实际问题,建立正确的身体认知和健康认知。

(3)突出中华优秀传统体育的内容。注重传承中华武术和具有地域特色的民族民间体育活动,引导学生感悟中华优秀传统体育的魅力,涵养家国情怀,增强文化自信。

(4)重视跨学科融合。教材内容设计应体现与不同学科知识的关联及整合,提高学生综合运用多学科知识与技能解决实际问题的能力。

3. 教材内容的编排与呈现

（1）框架结构清晰，内容编排合理。学生使用的教科书内容新颖、有趣，文字表述生动活泼，语言风格符合学生认知特点，图文并茂，吸引学生阅读和学习。

（2）编写体例规范，精心设计正文和相关栏目，文图比例得当。

（3）充分利用现代信息技术，重视纸质教材与数字资源优势互补。

（4）开本、纸张、字号、版式等应符合国家有关标准，符合学生视力健康和阅读的要求。

四、课程资源开发与利用 【选择】 ★

体育与健康课程充分考虑我国不同地区在经济社会发展和文化传统等方面的差异，根据运动项目的可替代性和健康教育的必要性，鼓励各地各校结合师资队伍、场地器材、学生运动基础等实际情况，充分开发和利用体育与健康课程资源，提高课程教学质量，形成学校体育与健康课程特色，增强课程实施的成效。

1. 人力资源的开发与利用

体育教师是体育与健康课程最重要的人力资源，对课程教学具有决定性影响。体育教师应具有良好的师德师风、强烈的敬业精神、崇高的使命感和高度的责任感；应从教书匠向育人者转变，从教学型教师向研究型教师转变，从技能型教师向高素质教师转变；不仅能承担体育教学工作，而且能承担健康教育教学工作。学校和体育教师应动员学生、班主任、其他学科教师、校医、团干部、少先队辅导员、社会体育人员、社区医生和学生家长等参与指导课内外体育与健康活动。

2. 器材设施资源的开发与利用

应按照教育部发布的《小学体育器材设施配备标准》《中小学健康教育指导纲要》建设相关场地，配齐器材、设施，保证体育与健康课程有效实施。同时，还要积极开发和充分利用其他场地、器材、设施资源。

（1）开发与利用校内外的场地和设施资源。学校既要充分开发与利用校内场地和器材等开展体育与健康活动，创造性地实施一场多用，如台阶、墙面、树林、较宽阔的走廊、空地等，也要利用社区的体育场馆和卫生中心等资源辅助教学。

（2）发挥器材的多种功能。体育与健康教育器材一般都可以一物多用、一物巧用。例如：栏架可以用来跨栏，也可以用作钻越的障碍；摄像机既可以记录健康教育课堂上的学习行为，又可以记录日常生活中的健康技能运用情况。

（3）妥善保养场地和器材。学校要通过优化管理，加强对场地和器材的维护与保养，提高使用效率，延长使用寿命。

3. 课程内容资源的开发与利用

应根据体育与健康课程的特点，开发与利用课程内容资源。结合学校和学生实际，创编一些新的体育运动项目，改造现有的运动项目，精选体现地域特色的、学生喜闻乐见的运动项目；挖掘与学生日常生活密切相关的健康教育内容。

4. 自然地理资源的开发与利用

应利用校内与学校附近的地形地貌，根据当地气候和季节特点开展教学，如在保证安全的前提下，利用山林开展定向运动和登山运动，利用雪原滑雪橇，利用沙地开展排球和足球运动，利用良好的自然环境调节学生的身心健康状态等。

真题面对面

[2023 安徽统考，单，1 分]下列选项中，属于自然体育课程资源的是（　　）

①学校附近的场馆　②山峦　③田野　④沙滩

A. ①②③　　B. ①②④　　C. ①③④　　D. ②③④

答案：D。学校附近的场馆属于开发与利用校内外的场地和设施资源。故排除 A、B、C 三项，答案选 D。

5. 信息资源的开发与利用

应指导学生充分利用图书馆、阅览室、各种媒体（如广播、电视、互联网）等，多渠道获取体育与健康的有关信息，丰富学生的健康知识以及与体育文化和体育精神有关的知识，帮助学生学会学习和锻炼，形成健康的意识和生活方式。

6. 时间资源的开发与利用

应提高场地和器材的使用效率，保证足够的体育与健康教育时间和空间。应指导学生充分利用课余时间，通过布置体育与健康家庭作业等方式，引导学生积极参与课外体育锻炼和健康实践活动，不断巩固和提高学习效果。

五、教学研究与教师培训

教学研究与教师培训是落实本标准精神和要求的有效手段与途径，是提高课程教学设计与实施质量的重要保障。教育行政部门、教研部门、学校应承担起落实和推进课程改革的重要职责，有效开展体育与健康课程教学研究与教师培训，确保课程有效实施。

1. 教学研究建议

教师要树立“教学即研究”的课程意识，在深入学习、准确领会本标准精神和要求的基础上，开展体育与健康教学实践问题研究。要重视总结教学实践中的成功经验和存在的问题，形成“发现问题——明确课题——实践研究——解决问题——专业提升”的研究路径，提高教研能力和水平，促进自身专业发展。

各校应立足学校实际，完善教研体系，健全教研制度。以体育教研组为主，协同其他学科教师形成教研共同体。倡导专家引领、交流合作、自我反思的教研方式，形成民主、开放、共享、创新的教研文化和教研特色。各地还应加强区域教研，尤其是县级教研，可以积极运用现代信息技术开展网络教研，提高体育与健康教研的成效。

2. 教师培训建议

各地应根据本标准精神开展省、市、县三级培训，主要面向教育行政部门管理人员、教研部门管理人员、学校校长，以及学校教学管理人员、体育教研员和体育教师等。面向教育行政部门管理人员和学校校长，重点开展有关课程实施整体工作方案和管理的培训；面向教研部门管理人员，重点开展推进区域体育与健康课程改革发展的培训;面向学校教学管理人员,重点开展学校体育与健康课程规划与管理的培训;面向体育教研员,重点开展指导体育教师进行教学设计、教学实施、考试评价等方面的培训;面向体育教师,重点开展水平教学设计、学年教学设计、学期教学设计、单元教学设计、课时教学设计,以及课堂教学实践、课内外“学、练、赛”一体化等方面的培训。

注重采用专家讲座、案例分析、参与式研讨、现场实践等形式,开展线下线上培训,提高培训的质量和效果,同时注重常态教研活动与专题培训的有机融合,促进全体教师更新教育教学观念,提高对本标准的基本精神、要求和实施意义的认识,充实与拓展课程教学的相关知识,提升专业素养,为本标准的贯彻落实奠定良好基础。

★★ 考点大默写 ★★

1. 义务教育体育与健康课程以________为主要手段,以体育与健康知识、技能和方法为主要学习内容,以发展学生________和增进学生身心健康为主要目的。
2. 义务教育体育与健康课程具有基础性、健身性、________和________等特点,是学校教育的重要组成部分,对促进学生德智体美劳全面发展具有非常重要的价值。
3. 体育与健康课程教学要实现从“以教为主”向“________”的真正转变,将过分关注传授知识与技能转变为培养学生核心素养,促进学生形成积极的学习动机、学习态度和学习行为。
4. ________是指学生在参与体育运动过程中所表现出来的综合能力。
5. 体育品德是指学生在体育运动中应当遵循的行为规范和体育伦理,以及形成的价值追求和精神风貌。体育品德包括________、体育道德和________三个维度。
6. 体育与健康课程依据学生的学习需求和兴趣爱好,面向全体学生,落实“________、________、________”要求,注重“学、练、赛”一体化教学。
7. 体育与健康课程要培养的核心素养,主要是指学生通过体育与健康课程学习而逐步形成的正确价值观、必备品格和关键能力,包括运动能力、________和________等方面。
8. 《义务教育体育与健康课程标准(2022 年版)》中规定,在________年级,重点通过体育游戏发展学生的基本运动技能,让学生在玩中学、玩中练,激发学生的运动兴趣。
9. 大单元教学是指对某个运动项目或项目组合进行________课时及以上相对系统和完整的教学。
10. 《义务教育体育与健康课程标准(2022 年版)》中规定,基本运动技能包括移动性技能、________和________。
11. 足球教学中学生参与班级内四对四、五对五足球教学比赛,为《义务教育体育与健康课程标准(2022 年版)》中水平________的项目具体要求。
12. 《义务教育体育与健康课程标准(2022 年版)》根据课程目标的四个水平,设计相应课程内容。其中,水平二的课程内容不包括________。
13. 学业质量是学生在完成体育与健康课程某一水平学习后的学业成就表现,是以________为主要维度,结合体育与健康课程内容,对学生学业成就具体表现特征的整体刻画,用以反映课程目标的达成度。

14. “能说出移动性、非移动性和操控性技能的练习方法和动作名称”属于水平一＿＿＿＿＿＿＿的学业质量合格标准。

15. “在教师指导下能参与多种体能活动、游戏和比赛，体能水平有一定程度的提高，达到相应年级《国家学生体质健康标准(2014 年修订)》的合格水平”属于水平＿＿＿＿体能的学业质量合格标准。

【参考答案】

1. 身体练习；核心素养　2. 实践性；综合性　3. 以学为主　4. 运动能力　5. 体育精神；体育品格
6. 教会；勤练；常赛　7. 健康行为；体育品德　8. 1～2　9. 18　10. 非移动性技能；操控性技能
11. 三　12. 基本运动技能　13. 核心素养　14. 基本运动技能　15. 二

即时反思与复盘总结

我于＿＿＿＿年＿＿月＿＿日完成了对本章的学习。

复盘一下，我对自己较肯定的地方是＿＿＿＿＿＿＿＿＿＿

(足够努力/心态积极/方法得当……)

我觉得自己需要改进的地方是＿＿＿＿＿＿＿＿＿＿＿＿

(懒惰懈怠/心情浮躁/方法不当……)

休息片刻，开启下一站征程！

第二章 体育教学知识

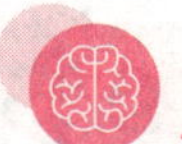

思维导图

- 体育教学知识
  - 体育教学概述
    - 体育教学的特点与原则
    - 体育教学主体
  - 体育教学方法
    - 体育教学方法的概念及分类
    - 选择体育教学方法的依据
    - 常用体育教学方法 —— 重点
  - 体育教学模式
    - 体育教学模式的概念与基本要素
    - 几种较常见的体育教学模式
  - 体育教学过程
    - 体育教学过程的含义及性质
    - 体育教学过程的五大规律
    - 体育教学过程的基本要素

考向分析

本章属于小学体育课程与教学论中的基础章节，也是体育教师招聘考试考查的基础章节，内容简单，需要理解的知识较多。现对本章考向分析如下：

高频考点	考点细化	常考题型	能力要求	考查热度
体育教学的原则	合理安排身体活动量原则、因材施教原则等	简答、案例分析	运用	★★
常用体育教学方法	讲解法、问答法、动作示范法、分解练习法、完整练习法、运动竞赛法等	选择、判断、简答、论述、案例分析	运用	★★★

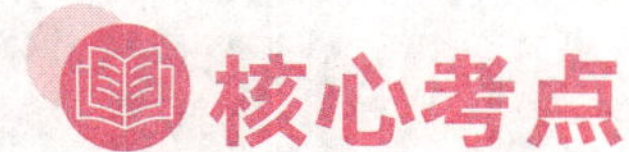

第一节　体育教学概述

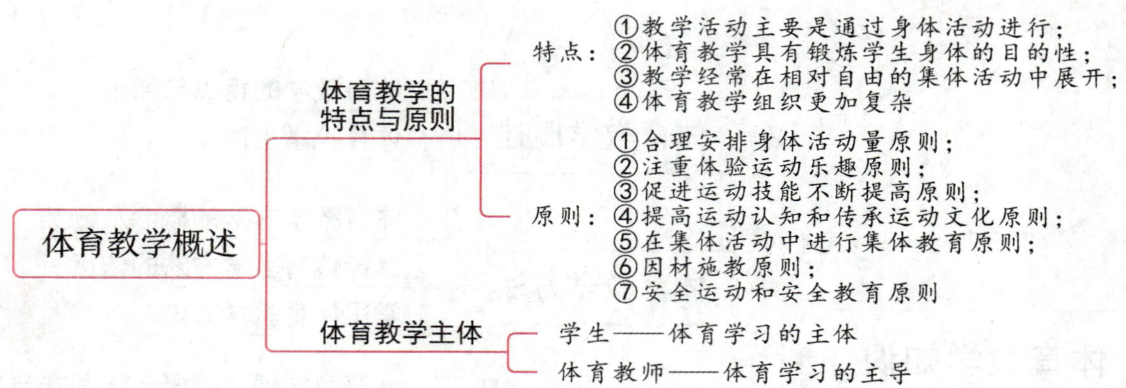

体育教学是学校体育的重要组成部分，是实现学校体育目标的基本组织形式。

体育教学可界定为：在学校教育中，学生在教师有目的、有计划、有组织的指导下，积极主动地学习和掌握体育与健康的基本知识、技能和方法，增进身心健康，提高身体活动能力，强化对自然和社会环境的适应能力，培养良好的思想品德，促进个性发展的过程。

一、体育教学的特点与原则

考点1　体育教学的特点

体育教学与其他学科的教学一样，都是“教”与“学”的双边活动，都是在教师的指导下进行的有目的、有计划、有组织的教学和教育活动。这是体育教学与其他学科的教学的相同点。由于每个学科在教育中担负不同的任务。因此，体育教学与其他学科的教学之间还存在着区别。与其他学科相比，体育教学的主要特点如下：

1. 教学活动主要是通过身体活动进行

掌握运动技能是体育教学的主要任务，而运动技能的学习主要是在身体活动过程中进行的。学生只有通过大量的身体活动进行练习，才能更好地掌握运动技能，因此身体活动性是体育教学的最主要特点。

2. 体育教学具有锻炼学生身体的目的性

体育教学作为学校体育的主要环节，还担负着锻炼学生身体并增强学生体质的任务，这是与其他学科所不同的，也是体育学科与其他学科的本质区别之一。

3. 教学经常在相对自由的集体活动中展开

体育教学是围绕着运动技能的传授展开的，运动技能在相对较开阔的空间和特殊的体育器械上进行，有的运动项目还是小群体组合的运动（如篮球、排球等），这使得一部分运动技能的教学不能全班一起进行，需要在小组这样比较自由的群体条件中进行；而且在体育教学中学生的行动也相对自由，运动技能学习还经常要依赖学生之间的相互观察、交流以及保护与帮助等。因此，体育教学在人际交流和合作方面与其他在教室中全班一起学习的学科课程有很大不同。

4. 体育教学组织更加复杂

体育教学主要在体育场馆或室外进行，教学环境开放，教学空间较大，需要实施控制的因素较多，教师要根据学生的性别、年龄、身体条件、运动技能以及季节、气候、体育场馆、运动器材等各种不同情况来选择教学方法和组织教学，因此体育教学比教室内的教学组织更为复杂。

对体育教学特点具有明确的认识，是合理制定体育教学原则不可缺少的重要条件。只有对体育教学特点认识得全面、深刻，教师才能更好地把握体育教学规律，进而构建出科学的、能够对体育教学发挥指导作用的体育教学原则体系。

考点2 体育教学的原则 【简答、案例分析】 ★★

1. 合理安排身体活动量原则

(1)含义

合理安排身体活动量原则是指在体育教学中必须要体现体育教学的本质特点——身体活动性，还要使学生身体所承受的运动负荷有效、合理，满足学生锻炼身体和掌握运动技能的需要。

(2)贯彻合理安排身体活动量原则的基本要求

①身体活动量的安排要服从体育教学目标；②身体活动量的安排要服从学生的身体发展状况与发展需要；③要通过科学的教程、教材和教法设计来合理地安排身体活动量；④要因人而异地考虑运动量；⑤要逐步提高学生自我控制运动量的能力。

2. 注重体验运动乐趣原则

(1)含义

注重体验运动乐趣原则是指在体育教学中要让学生进行身体锻炼和掌握运动技能的同时，体验运动的乐趣，以使学生喜爱运动并养成参加运动的习惯。

(2)贯彻注重体验运动乐趣原则的基本要求

①要正确理解和对待运动中的乐趣；②注重“从学生的立场去理解教材”；③要让每个学生都不断地获得成功的体验；④要处理好体验运动乐趣与掌握运动技能的关系；⑤要开发多种有利于学生体验乐趣的教学方法；⑥体验乐趣不忘“磨炼”，体验成功莫怕“失败”。

真题面对面

[2022 福建统考，简答，5 分]简述体育教学注重体验运动乐趣原则的基本要求。

参考答案：参见上文。

3. 促进运动技能不断提高原则

(1)含义

促进运动技能不断提高原则是指在体育教学中要不断提高学生的运动技能，提高学生的运动成绩，实现有效的体育教学。

(2)贯彻促进运动技能不断提高原则的基本要求

①正确认识运动技能提高在体育学习中的重要意义；②明确运动技能学习的目的，有层次地掌握运动

技能；③钻研“学理”和“教法”，提高教学质量；④创造提高运动技能的环境和条件。

4. 提高运动认知和传承运动文化原则

(1) 含义

提高运动认知和传承运动文化原则是指在体育教学中通过运动知识和运动技术的学习，培养学生的运动认知能力，提高学生对运动与文化的理解，传承运动文化。

(2) 贯彻提高运动认知和传承运动文化原则的基本要求

①重视体育学习中的“认知”因素，要完成“学懂”的目标；②重视培养运动表象和再造想象；③要重视“发现式学习”和“问题解决式教学法”；④开发有利于学生认知的教学方法与手段。

5. 在集体活动中进行集体教育原则

(1) 含义

在集体活动中进行集体教育原则是指在体育教学中要发挥运动集体的作用，在集体中，特别是在小群体的自主性活动中对学生进行集体教育，培养学生正确的集体意识和良好的集体行为。

(2) 贯彻在集体活动中进行集体教育原则的基本要求

①分析、研究和挖掘体育活动和体育学习中的集体要素；②善于设立“集体学习”的场景；③开发有助于集体学习的教学技术和手段；④处理好集体学习和个性发展之间的关系。

6. 因材施教原则

(1) 含义

因材施教原则是指在体育教学中要贯彻“面向全体学生”的精神，根据每一位学生的具体情况，实施各不相同的、有针对性的教育，使每一位学生的运动技能和身心健康都能在各自的基础上得到充分的发展。

(2) 贯彻因材施教原则的基本要求

①深入细致地研究和了解学生；②正确看待和引导学生对待个体差异；③通过各种体育教学组织形式创造因材施教的条件；④采用各种体育教学方法进行因材施教；⑤把因材施教与统一要求结合起来。

7. 安全运动和安全教育原则

(1) 含义

安全运动和安全教育原则是指在体育教学中要使学生安全地从事运动，并对学生进行如何安全运动的教育。

(2) 贯彻安全运动和安全教育原则的基本要求

①教师必须周到地设想所有可预测的危险因素；②时刻对学生进行安全运动的教育；③要建立相关的运动安全制度和安全设备；④在体育教学中要安排负责安全的学生干部。

知识再拔高

循序渐进的原则

循序渐进的原则是指在教学中根据学生认识活动的特点和人体机能活动规律，正确地安排教学内容、方法和运动量。使学生能够系统地学习和迅速掌握基本知识、技能，科学地锻炼身体。

贯彻循序渐进的原则时要注意：(1)教师在安排教材时，要由易到难，由简到繁。(2)在教学中，运动量的安排要逐步加大，教师应根据人体机能活动变化的规律和学生的健康状况、体质基础，适当安排每次课的运动量。

二、体育教学主体 【选择】★

1. 学生——体育学习的主体

学生的主体性是指在体育教学活动中，作为学习主体的学生在教师的教授、指导和引导下所表现出的积极态度和有独立性、创造性的学习行为。学生在体育学习中的主体性主要体现在他们在体育学习过程中的选择性、自主性、能动性和创造性等方面。

真题面对面

[2019 河北邢台桥东区，单，0.8 分] 在体育教学实践中，学生在教师的教授、指导和引导下所表现出独立和创造的积极态度，体现了体育教学的哪一特性(　　)

A. 条件性　　B. 客观性

C. 目标性　　D. 主体性

答案：D。学生的主体性是指在体育教学活动中，作为学习主体的学生在教师的教授、指导和引导下所表现出的积极态度和有独立性、创造性的学习行为。

2. 体育教师——体育学习的主导

教师的主导性表明了教师在教学中的主要地位和主要责任。主导性包括对学生的领导、诱导和指导等综合的作用与责任。

体育教师在体育教学中的主导性主要体现在：(1) 贯彻体育教学指导思想；(2) 对教学内容的选择与加工；(3) 选用与学生学习需要相适应的教学方法和手段；(4) 对体育学习做出正确的评价；(5) 创造适合学生学习的体育教学环境；(6)“导航”学生的体育学习方式。

第二节　体育教学方法

- 体育教学方法
  - 体育教学方法的概念及分类
  - 选择体育教学方法的依据
  - 常用体育教学方法（重点）
    - 以语言传递信息为主的体育教学方法（讲解法、问答法、口令与指示等）
    - 以直接感知为主的体育教学方法（动作示范法、纠正错误动作与帮助法等）
    - 以身体练习为主的体育教学方法（分解练习法、完整练习法、领会教学法等）
    - 以情景和竞赛活动为主的体育教学方法（运动游戏法、运动竞赛法、情景教学法等）
    - 以探究活动为主的体育教学方法（发现法、小群体教学法等）

一、体育教学方法的概念及分类

1. 体育教学方法的概念

体育教学方法是指在体育教学过程中，为达到一定的教学目标和任务，教师指导学生所进行的一系列活动方式、途径和手段的总和，可以分为“教学理论”的宏观层次、“教学方略”的中观层次、“教学方法手段”的微观层次。最早提出体育教学法的是瑞典体育教师 W. 斯卡斯特罗姆，他编著的《体育教学法》一书于 1914 年在美国出版。

2. 体育教学方法的分类

(1) 按照教师的教法和学生的学法可分为教授法、学练法或指导法、练习法。

(2) 按学生获得信息的主要途径可分为以语言传递信息为主的体育教学方法、以直接感知为主的体育教学方法、以身体练习为主的体育教学方法、以情景和竞赛为主的体育教学方法、以探究活动为主的体育教学方法。

二、选择体育教学方法的依据 【简答】 ★

(1) 要依据体育课目的与任务来选择教学方法。(2) 要根据教材内容的特点来选择教学方法。(3) 要根据学生的实际情况来选择教学方法。(4) 要根据教师本身的条件和特点来选择教学方法。(5) 根据各种体育教学方法的功能、适用范围和使用条件等来选用教学方法。(6) 根据教学时间和效率的要求选用教学方法。

真题面对面

[2022 安徽统考，简答，5 分] 简述选择体育教学方法的依据。

参考答案：参见上文。

三、常用体育教学方法 【选择、判断、简答、论述、案例分析】 ★★★

考点1 以语言传递信息为主的体育教学方法

以语言传递信息为主的体育教学方法是指教师通过运用口头语言向学生传授体育知识、运动技能的教学方法。在体育教学过程中，常用的以语言传递信息为主的体育教学方法有讲解法、问答法、讨论法和口令与指示等。

1. 讲解法

讲解法是指教师通过简明、生动的口头语言向学生系统地传授体育知识、运动技能的方法。体育教师可以运用逻辑分析、论证、形象的描绘、陈述、启发诱导性的设疑、解疑，使学生在较短的时间内清晰地获得全面而系统的知识。

在体育教学过程中不能过多地使用讲解法，不能形成“满堂说”和“满堂讲”的局面，要以“精讲多练、生动形象”为原则。但是也不能“只练不讲”，因为“既懂又会”的教学目标要求教师要有高超的讲解水平，“精讲”正是高超的讲解水平的表现。

2. 问答法

问答法也称“谈话法”，是教师和学生以口头语言问答的方式完成体育教学的方法。

问答法的优点是便于启发学生的思维，培养学生的思考能力和语言表达能力，也有唤起和保持学生注意力和兴趣的作用。

知识再拔高

提问的四种类型

美国体育教学论的学者西登拓扑很早就将体育中的提问归纳为以下四种类型:

(1)回顾性提问:这是记忆性的问题,一般用“是”和“不是”来回答。如运球时,你的眼睛离开过球吗?

(2)归纳性提问:这是对以前提出问题的归纳,回答这类问题往往需要说明理由,通常要求两个以上的记忆内容,而且回答可能是多样性的。

(3)演绎性提问:这是运用以前提出的有关知识来解决新问题的一种提问方法,回答要求有一定的创造性,但不必都是经过实证性的事实,可以是一种假说,学生在回答这类问题时会有各种各样的回答,也可能都是正确的。

(4)价值判断式提问:这种提问要求学生进行选择,是一种态度上、认识上的提问和判断,但回答却不是“正确”和“不正确”这类绝对性的判断。

真题面对面

[2023 安徽统考,单,1 分]武术课中,教师问:“做并步抱拳时,你的头是转向右边吗?”这里的提问类型是(　　)

A. 归纳性提问　　B. 回顾性提问

C. 演绎性提问　　D. 价值判断式提问

答案:B。回顾性提问一般用“是”和“不是”来回答。如运球时,你的眼睛离开过球吗? 故选 B。

3. 讨论法

讨论法是在教师指导下,学生以全班或小组为单位,围绕所学习的问题各抒己见,通过讨论或辩论活动,获得体育知识的一种教学方法。

讨论法的优点是能促进全体学生积极参加学习活动,培养合作精神和参与集体思考的能力,同时还可以激发学生的学习兴趣,提高学习情绪。

4. 口令和指示

口令是指按一定的形式和顺序,有确定的内容并以命令的方式指导学生活动的语言方式,如队列队形练习、基本体操、队伍调动等需要运用相应的口令。口令的运用应做到洪亮、准确、清晰、及时,并注意根据人数、队形、内容、对象等特点控制声音的大小,节奏的快慢等。指示是指运用比较简明的语言,组织指导学生活动的语言方式。口头指示一可以在组织教学中运用,如布置场地、收拾器材时;二可以在学生练习未能意识到的、关键的动作时用简洁的语言表达出来,口头指示应准确、及时、简洁,尽量使用正面词。

运用以语言传递信息为主的体育教学方法要遵循以下基本要求:(1)科学地组织教学内容。体育教师要在课前认真钻研教材,仔细组织教学内容,做到系统性强、概念明确、条理清楚、重点突出、难易适度等。(2)教师的语言要清晰、简练、准确、生动,并富有感染力。(3)多用设问和解疑。(4)适当结合视频、挂图等进行讲授和讨论。

真题面对面

1. [2021 山西临汾洪洞县,判断,1 分]口令与指示属于体育教学方法中的直观法。(　　)

答案:×。口令与指示属于以语言传递信息为主的体育教学方法。

2. [2019 广东广州增城区,论述,10 分]讲解法、问答法、讨论法等以语言传递信息为主的体育教学方法是体育课堂教学最常用的方法之一。运用以语言传递信息为主的体育教学方法时应遵循哪些基本要求?

参考答案:参见上文。

考点2　以直接感知为主的体育教学方法

以直接感知为主的体育教学方法是指教师通过对实物或直观教具的演示,使学生利用各种感官直接感知客观事物或现象而获得知识的方法。以直接感知为主的体育教学方法有动作示范法、演示法、纠正错误动作与帮助法等。

1. 动作示范法

动作示范法是教师(或教师指定的学生)以自身完成的动作为范例,用以指导学生进行学习的方法。

(1)动作示范的"示范面"

由于运动动作的多样性,因此动作示范更要注意"示范面"的问题。示范面是指学生观察示范的视角,也包括示范的速度和距离等要素。示范面有正面、背面、侧面和镜面示范。

①**正面示范**:教师与学生相对站立所进行的示范是正面示范。正面示范有利于展示教师正面动作的要领,如球类运动的持球动作多用正面示范。

②**背面示范**:教师背向学生站立所进行的示范是背面示范。背面示范有利于展示教师背面动作或左右移动的动作以及动作的方向、路线变化较为复杂的动作,有利于教师的领做和学生的模仿,如武术的套路教学常采用背面示范。

体育教学方法是教师招聘考试的高频考点,考生要注意区分动作示范法中的正面示范、背面示范、侧面示范和镜面示范。如正面示范和镜面示范的区别:(1)教师与学生相对站立所进行的示范是正面示范;(2)学生和教师的动作两相对应是镜面示范。

③**侧面示范**:教师侧向学生站立所进行的示范是侧面示范。侧面示范有利于展示动作的侧面和按前后方向完成的动作,如跑步中摆臂动作和腿的后蹬动作。

④**镜面示范**:镜面示范的特点是学生和教师的动作两相对应,适用于简单动作的教学,便于教师领做和学生模仿。例如,做徒手操,开始时学生完成动作是左脚左移半步成开立,教师的示范动作与学生的动作相对应,则是右脚右移半步成开立。

镜面示范是指教师面向学生站立进行的与学生同方向的示范。(来源于《体育教学论》)

镜面示范是指教师面对练习者做相反方向动作。(来源于《体操》)

上述镜面示范的解释均正确，遇到对应考题时，只要符合上述任一定义的内容则正确。

真题面对面

1.［2023 江苏南通启东市，单，1 分］武术套路教学常用的动作示范是（　　）

A. 正面示范　　B. 背面示范　　C. 侧面示范　　D. 镜面示范

答案：B。背面示范有利于展示教师背面动作或左右移动的动作以及动作的方向、路线变化较为复杂的动作，有利于教师的领做和学生的模仿，如武术的套路教学就常采用背面示范。故选 B。

2.［2023 安徽统考，单，1 分］为方便学生观察"蹬踢架打""虚步架打"动作，教师采用的最佳示范面为（　　）

A. 正面示范　　B. 侧面示范　　C. 背面示范　　D. 镜面示范

答案：C。背面示范有利于展示教师背面动作或左右移动的动作以及动作的方向、路线变化较为复杂的动作，利于教师的领做和学生的模仿，如武术的套路教学就常采用背面示范。故选 C。

3.［2022 安徽统考，单，1 分］为方便学生观察仰卧推起成桥的"桥"形和"桥"高，教师采用的最佳示范面是（　　）

A. 正面示范　　B. 侧面示范　　C. 背面示范　　D. 镜面示范

答案：B。侧面示范有利于展示动作的侧面和按前后方向完成的动作，如跑步中摆臂动作和腿的后蹬动作。

（2）动作示范的几个要素

①速度：教师要根据情况运用不同的速度进行示范，当为突出显示动作结构的某些环节时应采用慢速示范。

②距离：应根据完成动作示范的活动范围、学生人数和安全需要等恰当地选择学生观察动作示范的距离。

③视线：学生视线与动作示范面越接近垂直越有利于观察。

④视线干扰：让学生要背风沙、背阳光、背干扰，有利于观察。

⑤多种媒介途径配合。示范应与讲解（听的媒介）、学生思维（想的媒介）等紧密结合。

（3）动作示范法的应用要求

①认知示范：是使学生知道学什么的示范，其重点是给学生建立动作的整体形象，形成大致的概念。

②学法示范：是告诉学生怎样学的示范，其重点是使学生了解完整动作的顺序、要领、关键、难点等。

③错误示范：是展示错误动作的示范，其重点是使学生了解自己动作的错误的外部特征。在教学中与对比示范法配合使用，对比示范法是指针对学生在学习中出现的常见错误，相继做出正确的动作和典型的错误动作，以此引导学生对正误动作进行比较和鉴别，帮助学生纠正错误动作的方法。

2. 演示法

演示法是教师在体育教学中通过展示各种实物、直观教具，让学生通过观察获得感性运动认识的教学方法。在教学中采用人体模型、战术板、图片和图画等小道具以及多媒体设备等增强教学效果。

3. 纠正错误动作与帮助法

纠正错误动作与帮助法是体育教师为了纠正学生的错误动作所采用的教学方法。

使用该方法需注意：

(1)运用语言和直观的方法，帮助学生建立正确的动作概念，明确动作的顺序、要领，及时纠正错误。

(2)要运用各种诱导性、转移性练习，防止受旧技能干扰所产生的错误动作。

(3)根据错误动作的性质，可采用限制练习法、诱导练习法、自我暗示法等进行纠正。

限制练习法、诱导练习法和自我暗示法的含义

限制练习法	诱导练习法	自我暗示法
如练习铅球正确的出手角度，在学生头顶上设置后低前高的斜竿，避免产生过早直起身来投的错误	如在垫上做肩肘倒立时，学生不能挺直腰腹部，对此可在垫子上方悬挂一吊球，诱使学生用脚尖触球而挺直腰腹部	如奔跑时后腿蹬地不充分，应在练习中击掌予以提示

4. 助力与阻力

助力与阻力是指借助外力的帮助，使学生通过触觉和肌肉的本体感觉，体验正确的用力时机、大小、方向、时空等特征，从而正确掌握动作的一种直观方法。

5. 定向与领先

定向是以相对静态的具体视觉标志，如标志物、标志线、标志点，给学生指示动作方向、幅度、轨迹、用力点。领先则是以相对动态的、超前的视觉为信号。在运用定向与领先方法时，要根据教学内容、对象特点合理设置视觉标志。

考点3 以身体练习为主的体育教学方法

以身体练习为主的体育教学方法是通过身体练习和技能学习使学生掌握和巩固运动技能、进行身体锻炼的教学方法。

在体育教学实践中，以身体练习为主的体育教学方法有分解练习法、完整练习法、领会教学法和循环练习法等。

1. 分解练习法

分解练习法是指将完整的动作分成几部分，逐段进行体育教学的方法。分解练习法主要适用于运动技术难度较高而又可分解的运动项目。分解练习法的优点是把动作技术的难度相对降低，便于学生掌握和突出教学重点和难点，同时还有利于提高学生的信心。其缺点是不利于学生对完整动作的领会，有可能妨碍学生完整地掌握动作。

分解教学的顺序是多样的，基本顺序有分进式、连进式、逆进式和递进式四种。

(1)分进式是将动作的各段按一定顺序逐段教学后，再全部连接起来完整地教学。

(2)连进式是先教学第一段；第二步是将第一、二段连接教学；第三步是将第一、二、三段连接教学。如此相连，直至全部动作的完整教学。

(3)逆进式是先训练最后一段，逐次增加训练内容到最前一段；如此进行直至掌握完整的技术或战术。

(4)递进式是先教学第一段；第二步教学第二段；第三步将第一、二段连接起来教学；第四步教学第三段；第五步再将第一、二、三段连接起来教学，直至全部动作的完整教学。

真题面对面

[2022 福建统考，简答，5 分]简述体育教学方法中的分解练习法及其优缺点。

参考答案：参见上文。

2. 完整练习法

完整练习法是从动作开始到结束，不分部分和段落，完整、连续地进行教学和练习的方法。完整练习法适用于“会”和“不会”之间没有质的区别，或运动技术难度不高而没有必要进行或根本不可分解的运动项目。完整练习法的优点是教学中能保持动作结构的完整性，易于形成动作技术的整体概念和动作间的联系；其缺点是不易突出动作的关键点。

在体育教学中使用完整练习法时，为了减少学生学习的困难和便于学生掌握动作，可采用以下做法：(1)利用示范和演示帮助学生建立动作表象。(2)抓住教学重点进行突破。(3)通过帮助与辅助降低难度。(4)有意识地降低对动作质量的要求。(5)开发多样的辅助练习和诱导性练习。

真题面对面

[2019 安徽统考，双，2 分]下列教学内容中，更适宜采用完整练习法的是(　　)

A. 广播体操　　B. 正踢腿　　C. 五步拳　　D. 前滚翻

答案：BD。完整练习法适用于“会”和“不会”之间没有质的区别，或运动技术难度不高而没有必要进行或根本不可分解的运动项目。

3. 领会教学法

领会教学法是体育教学方法指导思想的一项重大改革，它从强调动作技术转向培养学生认知能力和兴趣。领会教学法的教学过程主要包括六个部分：(1)项目介绍；(2)比赛概述；(3)战术意识培养；(4)瞬间决断能力的训练；(5)技巧演示；(6)动作完成。

领会教学法有如下特点：

(1)从项目整体特征入手，再回到具体技能学习，最后再回到整体的认识和训练中。

(2)强调从战术意识入手，把战术意识贯穿在各个教学环节中，突出整体意识和以战术为主导的特征。

(3)突出主要的运动技术，可忽略一些枝节性的运动技术。

(4)注重比赛的形式，并在比赛和实战中培养学生对项目的理解，教学往往从“尝试性比赛”开始，以“总结性比赛”结束。

4. 循环练习法

循环练习法是根据教学和锻炼的需要选定若干练习手段，设置若干个相应的练习站(点)，学生按规定顺序、路线和练习要求，逐站依次练习并循环的方法。它既是练习的方法，又是一种教学方法。循环练习的方式有多种，主要有**流水式**和**分组轮换式**两种。

循环练习法的特点是练习内容多样，运动量、练习节奏和身体锻炼的部位比较容易调整，能较全面地发展学生体能，提高运动能力，还能较好地提高学生学、练的兴奋性。

在教学中运用以身体练习为主的体育教学方法的基本要求：(1)科学对待身体练习中的运动负荷因素。(2)选用练习法要符合运动技能形成的规律，要符合教材的特性。(3)选用练习法要与培养动脑、动口、动手的实际操作能力相结合。(4)运用练习法时要注意培养学生自我监督、自我检查和自我评定等能力和良好习惯。

考点4　以情景和竞赛活动为主的体育教学方法

以情景和竞赛活动为主的体育教学方法是指教师在教学中创设一定的情境和比赛活动，使学生通过生动的情境陶冶性情，提高运动参与兴趣的一类体育教学方法。

以情景和竞赛活动为主的体育教学方法主要有运动游戏法、运动竞赛法、情景教学法等。

1. 运动游戏法

运动游戏法是教师组织学生做游戏来达到教学任务的一种教学方法。游戏法通常设有一定的情节和竞争成分，内容与形式多种多样。借助游戏中的情节性、趣味性、竞争性、合作性等要素培养学生做事的能力与实施心理健康锻炼。

运用运动游戏法应注意以下几点：(1)选择游戏法的内容与形式，应符合教学任务的需要，要有明确的目的，并采取相应的规则和要求，才能取得预定的效果；(2)在游戏时裁判应认真、严格、公正、准确，只有客观评定游戏的结果，监督不良行为，才能激发学生参加游戏的兴趣；(3)要布置好游戏的场地与器材，加强游戏的组织工作；(4)游戏结束时，要做好讲评，指出优点与缺点。

2. 运动竞赛法

运动竞赛法是指在比赛形式下进行技能学习和练习的一种方法。一般地讲，比赛也是游戏的一种形式，但与游戏法有区别，游戏有竞争、合作、表现等多种类型，而比赛则偏重于竞争，具有强烈的竞争性，因此对学生的技战术和体能都提出了更高的要求。

运用竞赛法应注意以下几点：(1)要依据教学目标、教材性质、教学过程的时机、学生的技能熟练程度和场地器材的条件等合理地运用竞赛方法，如果运用不合理反而会影响教学效果、影响学生技能的提高。(2)体育教师要严格控制与调节学生的运动负荷，巧妙地进行比赛分组和轮换，使学生既有平等的比赛机会，又不至于过度劳累。(3)要注意在提高学生运动技能的同时，对学生进行良好的体育风格教育，如让学生自觉遵守比赛规则、留意伤害事故、培养比赛中的互助精神等。

现在提出的“领会教学法”从让学生领会运动项目特性的角度出发，也非常注重比赛的教学方法，如尝试性比赛、限制性比赛、总结性比赛等具有明确教学目的的比赛形式。

☞尝试性比赛、限制性比赛、总结性比赛的形式与特点 新增

比赛方法	目的意义	形式与要求	适用场合
尝试性比赛	让学生在正式学习技术和战术之前，体验一下所学项目的比赛特征，既能满足他们急不可待参与比赛的欲望，又可以通过肯定不能成功的比赛来激发学生的学习欲望和对技术、战术的问题意识，为下一步的正规学习作好准备	(1)按照正规的规则进行； (2)教师不要干预，但要发现问题； (3)要纵容学生出现技术和战术问题	一般安排在教学单元的前半部分
限制性比赛	在学习某个技术和战术的时候，特设置一种限制某个比赛因素，降低学习的难度，以便学生进行更有效的和更有针对性的技术和战术的学习。如进行“限制防守的比赛(只许移动用身体防守而不能用手)”等来帮助学生更容易地学习进攻的战术配合	(1)必须进行规则上的修正； (2)比赛以学习为目的，告诉学生不要太关注结果； (3)限制是为降低难度，但不能太多地降低难度	一般安排在战术学习阶段
总结性比赛	在学习即将结束的时候，让学生进行总结性的比赛，既可以让学生总结自己的进步，也可以帮助学生进一步发现自己的不足。学生依靠自己所学的技术和战术进行实战还可以帮助学生体验该运动项目的乐趣，加深他们对所学原理的理解	(1)按照正规的规则进行； (2)比赛以总结学习为目的，告诉学生既关注胜负，更关注技术、战术总结； (3)比赛胜负要有不确定性	一般安排在教学单元的结束部分

真题面对面

[2019 广东广州增城区，简答，6 分]运动竞赛法是体育教学中的重要教学方法之一，请简述运用该方法的注意事项。

参考答案：参见上文。

3. 情景教学法

情景教学法是一种主要适用于小学低、中年级学生，利用低年级学生模仿力强、想象力丰富、形象思维占主导的年龄特点，进行生动活泼和富有教育意义的教学方法。这种教学方法主要遵循幼儿认识和情感变化的规律，在教学过程中设定一个“情景”，甚至由一个“情景”来贯穿整个单元和课的教学过程，如“夏令营”“唐僧取经”“小八路送情报”等，让学生参与以情节串联起来的各种运动，学习和练习运用配合讲解(讲故事)、情景诱导、保护与帮助的方法。

在教学中运用以情景和竞赛活动为主的体育教学方法的基本要求：(1)活动前，要调动情景诱导和竞争欲望；(2)活动中，要不断激发学生强烈的情感反应；(3)要注意在比赛等活动中的个体差异；(4)活动后，要将学习和比赛等有机结合起来，不能“为游戏而游戏”“为比赛而比赛”“为情景而情景”。

真题面对面

[2019 安徽统考,单,1 分]下列学段中,最适合采用情景教学法的是(　　)

A. 水平一　　B. 水平三　　C. 水平四　　D. 水平五

答案:A。情景教学法是一种主要适用于小学生、中年级学生,利用低年级学生模仿力强、想象力丰富、形象思维占主导的年龄特点,进行生动活泼和富有教育意义的教学方法。水平一对应小学 1 ~2 年级。故选 A。

考点5　以探究活动为主的体育教学方法

以探究活动为主的体育教学方法主要有发现法、小群体教学法等。

1. 发现法

发现法又称探究法,是指在学生面对体育的概念和原理学习时,教师只是给他们一些事例和问题,让学生自己通过观察、验证、思考、讨论等自行发现并掌握相应的原理和结论的一种方法。

发现法的基本过程是:(1)创设问题情境,向学生提出要解决或研究的课题;(2)学生利用有关材料,对提出的问题作出各种可能的假设和答案;(3)从理论上或实践上检验假设,学生中如有不同观点可以展开争辩;(4)对结论做出补充、修改和总结。

2. 小群体教学法

小群体教学法也被称为“小集团教学模式”,是通过体育教学中的集体因素和学生间交流的社会性作用和学生的互帮互学来提高学生的学习主动性,提高学习的质量,并达到对学生社会性培养的一种教学方法。

运用以引导探究为主的体育教学方法的基本要求:(1)依据教材特点和学生实际,确定探究发现的课题和过程;(2)严密组织教学,积极引导学生的发现活动;(3)努力创设一个有利于学生进行探究发现的良好情境。

知识再拔高

三种新型体育教学方法的分类与运用

教学方法	目的	优点	缺点	适用教学对象	适用教材
探究式教学法	让学生通过探究性学习过程对某些难题进行理解,并通过典型的探究过程帮助学生学会学习	有利于学生认识学习的过程,有利于提高学生发现问题和解决问题的能力	学习效率不高,不可多用,对教材的加工和教师的教学能力有很高的要求	具有一定知识基础的、有一定发现和归纳问题能力的学生	有典型意义的、有学习深度(通常是有一连串问题)的教材
合作性学习	通过建立学生共同拥有的学习课题,建立适合学生交流的学习形态,促进学生互帮互学和共同提高	有利于学生之间的相互交流和同学间的取长补短,有利于培养学生的社会性和集体性	学习效率不太高,要求有很好的学生集体形成为基础,对教师的教学能力有很高的要求	已经形成了一定集体意识的、已经具有交流意识的学生	集体性项目或需要在集体环境下进行学习的个人性项目教材

续表

教学方法	目的	优点	缺点	适用教学对象	适用教材
自主性学习	通过建立学生的“自我学习目标”和有意地设置一段“自我练习时间”，让学生进行有独立性和自主性的学习	有利于学生进行有个性的学习，有利于培养学生的独立性和思考	教学不容易组织，要求学生有很强的自觉性和学习能力，在安全方面有一定的隐患	掌握了一定基础技能的、明确了学习目标的、有学习自觉性的学生	不需要进行有难度的学习、以练习为主的、比较安全的教材

真题面对面

[2023 山西特岗，简答，5 分]解释什么是教学方法？快速跑教学中常用的教学方法有哪些？

参考答案：(1)体育教学方法是指在体育教学过程中，为达到一定的教学目标和任务，教师指导学生所进行的一系列活动方式、途径和手段的总和。

(2)快速跑教学中常用的教学方法：①讲解法。讲解法是教师通过简明、生动的口头语言向学生系统地传授体育知识、运动技能的方法。

②动作示范法。动作示范法是教师(或教师指定的学生)以自身完成的动作为范例，指导学生进行学习的方法。

③分解练习法。分解练习法是指将完整的动作分成几部分，逐段进行体育教学的方法。

④完整练习法。完整练习法是从动作开始到结束，不分部分和段落，完整、连续地进行学和练习的方法。

⑤运动游戏法。运动游戏法是教师组织学生做游戏来完成教学任务的一种教学方法。

⑥运动竞赛法。运动竞赛法是指通过组织学生比赛进行技能学习和练习的一种教学方法。

第三节 体育教学模式

- 体育教学模式
  - 体育教学模式的概念与基本要素
    - 基本要素：教学指导思想、教学过程结构、相应的教学方法体系
  - 几种较常见的体育教学模式
    - 技能掌握式体育教学模式
    - 快乐体育的“目标学习”教学模式
    - 小群体学习型的体育教学模式
    - 发现式的体育教学模式

一、体育教学模式的概念与基本要素

体育教学模式是在某种体育教学思想和理论指导下建立起来的体育教学的程序，它包括相对稳定的教

学过程结构和相应的教学方法体系，主要体现在体育教学单元和教学课的设计和实施上。

体育教学模式概念由三个基本要素组成，即教学指导思想、教学过程结构、相应的教学方法体系。这三者的关系是：教学过程结构是支撑教学模式的"骨骼"，教学方法体系是填充教学过程的"肌肉"，而教学指导思想则是内含在"骨骼"与"肌肉"中并起到协调和指挥作用的"神经"。教学指导思想（神经）体现了教学模式的理论性；教学过程结构（骨骼）体现了教学模式的稳定性；教学方法体系（肌肉）则体现了教学模式的直观性和可操作性。

二、几种较常见的体育教学模式

考点1 技能掌握式体育教学模式（又称传统的体育教学模式）

技能掌握式体育教学模式主要受苏联传统教学理论的影响。它主要是依据运动技能的形成规律而设计的，是以系统地传授运动技能为主要目的的体育教学过程。

教学过程结构特征：教学的单元设计以某一运动技术教学为主线，以一定难度达到的需要来判断单元的规模，多采用中大型单元，单元教学内容的排列主要以技术难度为顺序。教学课的设计以某个技能的学习和练习为主线，注重练习的次数和必要的运动量安排，主张精讲多练，注重对运动技能掌握效果的评价，有人也称这种教学过程为"三段制教学"。

考点2 "快乐体育"的"目标学习"教学模式

"快乐体育"是针对学生厌学体育的现状，并为实现学校体育教学与终身体育的连接而提出并发展起来的。快乐体育依据游戏理论，主要依据体育活动中体验运动乐趣的规律而设计的，"目标学习"教学模式的主要特点是让学生很好地掌握运动技能和身体锻炼的同时，让学生能够体验到运动和体育学习的乐趣，从而为形成学生终身参加体育实践的志向服务。

教学过程结构特征：具有"让学生充分体验运动的乐趣""让学生挑战新的技能体验学习的乐趣""让学生进行探究、体验创新乐趣"这样2～3个体验运动和学习乐趣的教学环节，这些环节互相连接，层层推进，使学生分别体验到运动、学习、挑战、交流和创造的多种体育乐趣。"目标学习"教学模式多采用自主学习法、探究学习法、比赛法、讨论法、小集团学习法等教学方法。

考点3 小群体学习型的体育教学模式

小群体教学模式也称小集团教学模式，以提高体育教学质量，发挥学生的学习自主性、适应学生的个体差异，促进学生交往和提高社会性为目的，主要依据体育学习集体发展和发挥教育作用的规律而设计。根据班级学生情况和教学需要，将全班同学分成几个异质（或同质）的学习小组，在教学中的某个阶段进行以小组为单位的学习，最后组织小组间的比赛与展示，促进师生之间、同组同学之间、异组同学之间相互切磋与交流，从而提高教学效益的教学过程。

教学过程结构特征：一般在单元的开始，教师都要根据学生的年龄、素质、兴趣爱好等特点，将学生分成若干个学习小组，而且要让各个小组推选组长，形成团队精神，要求各小组要拥有本组的学习目标。在单元的前半部分，教学一般以教师指导性较强的班级学习形式和小组学习形式为主，全班学习内容一样；而在单元的后半部分，教学一般以自主性较强的小组学习形式为主，各组学习目标和内容不尽相同，此时，教师主要负责指导、参谋和保证安全；单元的前半段以学习活动为主，单元的后半段则以练习和探究活动为主；在单元结束时，一般有小组间比赛、小组内总结、发表感想和全班总结等教学步骤。

考点4 发现式的体育教学模式

发现式的体育教学模式是以发展学生创造性思维为目标，以提高学生解决问题能力，让学生通过自己获取新知识和解决问题的体验，掌握学习和思考方法为主要目的的体育教学过程。该教学模式主要遵循学生认知的规律来考虑教学过程。

教学过程结构特征：这种教学过程是将运动教材中有关知识和原理进行归纳、整理后，组成“问题串”和“探究课题串”，对每个问题和探究的课题都设有其验证、讨论和归纳的方法，然后将几个大的问题分别设计在各节课中。发现式的体育教学模式的教学过程一般有问题提出—验证性学习—集体讨论—归纳问题—得出结论等几个主要的学习阶段，而运动的学习和练习则紧密地穿插其中，在教学中除教学法和练习法之外，还比较多地运用提问—回答、设疑—假说、验证—发现、讨论—思考、归纳—总结等教学方法。

第四节 体育教学过程

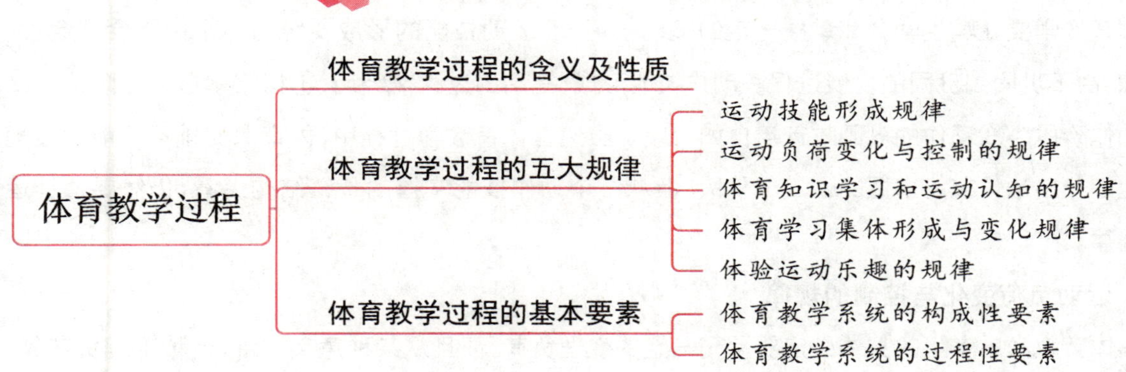

一、体育教学过程的含义及性质

1. 体育教学过程的含义

体育教学过程是为实现体育教学目标而计划、实施，为使学生掌握体育知识和运动技能并接受各种体育道德和行为教育的教学程序。这个程序具有学段、学年、学期、单元和课时等不同的时间概念。

体育教学过程大体上可以分为四个层次：

(1) 超学段体育教学过程

超学段体育教学过程可理解为总的体育教学过程，它是学生从小学到大学毕业所接受的国家规定的体育教育过程，这一过程纵贯九年义务教育、高中教育和高等教育几个阶段，因此也可以理解为是体育课程的总教学过程。

(2) 学段体育教学过程

学段体育教学过程是指小学阶段（1～6 年级）、中学阶段（7～9 年级）的体育教学过程。

(3) 学年或学期体育教学过程

某一学年的教学过程如小学 5 年级的体育教学过程、某一学期的教学过程如小学 6 年级上半学期的体育教学过程。

(4)单元体育教学过程

如8学时的跨栏单元教学过程、30学时的篮球单元教学过程。

(5)课堂体育教学过程

课堂体育教学过程是从上体育课开始到体育课结束的体育教学过程。

2. 体育教学过程的性质

(1)体育教学过程是学生掌握运动技能的过程。

(2)体育教学过程是提高运动素质的过程。

(3)体育教学过程是学习知识和形成运动认知的过程。

(4)体育教学过程是集体学习和集体思考的过程。

(5)体育教学过程是体验运动乐趣的过程。

二、体育教学过程的五大规律 【选择】

1. 运动技能形成规律

体育教学要让学生学会和掌握一定的运动技能,而运动技能的形成要经历一个由不会到会、由不熟练到熟练、由不巩固到巩固的发展过程。动作技能形成、提高的过程需经历:①粗略掌握动作阶段→②改进与提高动作阶段→③动作的巩固与运用自如阶段。虽然在体育教学过程中,体育课安排不可能明显地体现和准确地划分出动作技能掌握的这三个阶段,但从一个动作技能掌握的长链结构上看,仍然要遵循运动技能形成规律。

2. 运动负荷变化与控制的规律

在体育教学中学生的身体必定要承受一定的生理负荷,而且从某种意义上讲,这种生理负荷越大,对学生身体产生的生物性痕迹效应越深,对体能提高的效果也越强。但是作为教育的体育教学与一般的体育锻炼和运动训练不同,其追求的并不仅仅是生理负荷和生物性改造,还有其他方面的教育意义,所以在体育教学过程中既要合理地利用生理负荷,又要合理地控制生理负荷,这就是运动负荷变化与控制的规律。

体育教学中的运动负荷变化与控制过程是:①热身和逐渐加强运动负荷的阶段→②根据教学的需要调整和控制运动负荷的阶段→③恢复和逐渐降低运动负荷的阶段。

3. 体育知识学习和运动认知的规律

在体育教学中,学生学习的重要内容之一是体育运动文化和身体锻炼的知识,在体育教学中所培养的认知也是其他学科不能替代的运动认知,体育学科具有独特的运动认知体系,因此在体育教学中要遵循体育知识学习和运动认知的规律。

体育教学中的运动认知过程有:①广泛进行感性认知形成感性基础的阶段→②进行理性的概括形成理性认知的阶段→③将理性的认知演绎到各种运动情景的应用阶段。

4. 体育学习集体形成与变化规律

体育学习集体形成与变化规律主要是指在体育教学过程中,学生的学习主要是在集体合作、配合和相互帮助中进行的。因为体育项目和活动中大多数都是以集体形式呈现练习的，所以体育教学过程中的集体性学习也体现了体育的特性和目标指向。因此，体育教学中要注重突出学生体育学习的集体性规律。

体育教学中的集体教育过程是：①组成集体，形成集体因素的阶段→②集体巩固，在集体中接受教育的阶段→③集体成熟，自觉进行集体性行为的阶段→④集体分解，形成新学习集体的阶段。

5. 体验运动乐趣的规律

在体育教学过程中，要让学生不断地体验运动的乐趣，这是培养学生体育兴趣，形成运动爱好和专长的首要条件，也是学生掌握运动技能、增强健康的前提条件，更是体育教学过程中教师自始至终要把握的客观规律。

体育教学中的乐趣体验过程是：①学生在自己原有的技能水平上充分地运动从而体验运动乐趣的阶段→②学生向新的技能水平进行挑战从而体验运动学习乐趣的阶段→③学生在运动技能习得以后进行技术和战术的创新从而体验探究和创新乐趣的阶段。

知识再拔高

人体机能适应性规律

人体机能适应性规律是指体育活动过程中，人体机能对运动负荷适应性变化的必然趋势，是体育教学的特殊规律。适应过程可分为工作阶段、相对恢复阶段、超量恢复阶段、复原阶段。

当人体开始运动时，身体承受一定的生理负荷，体内异化作用加强，能量储备逐渐下降，这一时期称为工作阶段。经过休息和调整，体内能量储备逐渐恢复到接近或达到运动前的水平，称为相对恢复阶段。再经过合理休息，机体的恢复功能可以超过原来的水平，称为超量恢复阶段。根据这一规律，为了使学生达到增强体质的实效，必须合理安排体育课的间隔时间，才能产生运动动作练习的效果积累，提高学生的机能水平。如果间隔时间过长，失去了负荷后的痕迹效应和最佳时间，机体工作能力就会降到原来水平，称为复原阶段。

教学和训练中，每次课应安排在上次课后的超量恢复阶段及已达到的机能水平基础上进行，使身体在原有水平上继续适应新的负荷刺激，不断提高身体机能水平。

真题面对面

[2022 山西特岗，单，2 分]运动后，如间隔时间过长，机体工作能力降低到原来水平，称为（　　）

A. 超量恢复阶段　　B. 工作阶段

C. 相对恢复阶段　　D. 复原阶段

答案：D。

三、体育教学过程的基本要素

1. 体育教学系统的构成性要素

体育教学过程是体育教学活动所经历的时间行程，是一个多层次的活动系统，是教师与学生双边统一活动的过程。

目前关于体育教学过程基本要素有几种不同的观点，但不管是哪种观点，均有三个基本要素，即体育教师、学生和体育教材。在体育课堂教学的构成要素中，学生起主体作用，教师起主导作用，教材起媒介作用。

2. 体育教学系统的过程性要素

体育教学系统的过程性要素是指组成体育教学系统、维护体育教学系统正确运行的各个要素。

体育教学过程作为体育教学活动的展开和运行过程，是体育教师在具体的教学环境中，根据具体的教学内容，选择恰当的体育教学方法和手段，指导学生进行练习，从而达到一定体育教学目标的过程。体育教学过程性要素包括体育教学目标、教学内容、人际关系、体育教学方法与手段、体育教学环境和体育教学反馈等。

★★ 考点大默写 ★★

1. ________是指在比赛形式下进行技能学习和练习的一种方法。
2. 讨论法属于以______为主的体育教学方法。
3. 以探究活动为主的体育教学方法主要有______、______等。
4. 在体育课堂教学的构成要素中，______起主体作用，教师起主导作用，______起媒介作用。

【参考答案】

1. 运动竞赛法　2. 语言传递信息　3. 发现法；小群体教学法　4. 学生；教材

即时反思与复盘总结

我于______年____月____日完成了对本章的学习。

复盘一下，我对自己较肯定的地方是____________

（足够努力/心态积极/方法得当……）

我觉得自己需要改进的地方是____________

（懒惰懈怠/心情浮躁/方法不当……）

休息片刻，开启下一站征程！

第三章 体育教学设计

思维导图

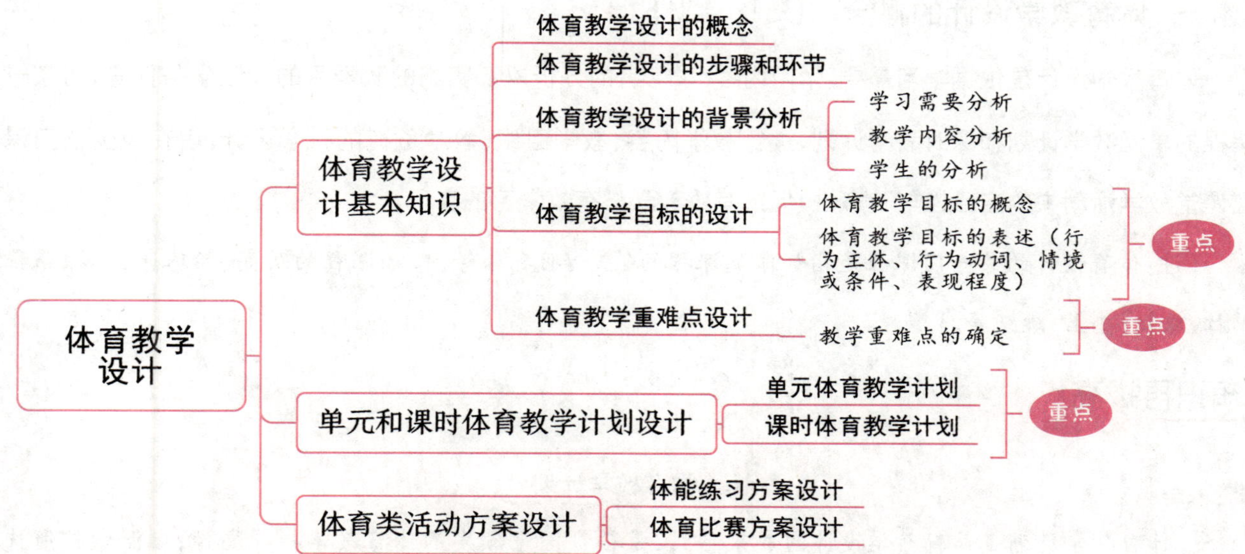

考向分析

本章属于小学体育课程与教学论中的基础章节，也是体育教师招聘考试考查的基础章节，内容简单，需要理解的知识较多。现对本章考向分析如下：

高频考点	考点细化	常考题型	能力要求	考查热度
体育教学目标的设计	行为主体、行为动词、情境或条件、表现程度	教学设计	运用	★★★
体育教学重难点设计	教学重难点的确定	教学设计	运用	★★★
单元体育教学计划	基本方法与步骤	教学设计	运用	★★★
课时体育教学计划	教学目标；教学重难点；教学过程 （准备、基本、结束部分）	选择、论述、教学设计	运用	★★★

核心考点

第一节 体育教学设计基本知识

一、体育教学设计的概念 【选择、判断】★

体育教学设计是依据学习需要、学习内容、学习者的分析以及实施的教学目的和教学条件等，对某一门课程的单元教学计划和课时教学计划，进行教学内容、教学组织、教学负荷的科学设计，旨在减少该门课程在课堂教学活动中的盲目性与随意性，促进有效教学与有效学习的实现。

（注：体育设计的某一门课程是指如球类课程的篮球、羽毛球等，田径课程的跳高、铅球等，体操课程的单杠、双杠、垫上、跳跃等。）

知识再拔高

体育教学计划

体育教学计划是体育教学设计的成果形式，是根据国家颁发的体育教学指导文件，参照学校所选用的体育教科书，结合学校的体育教学实际而制订的体育教学指导方案和教学过程实施方案。包括学段、学年、学期、单元和课时等层次的教学计划。

①学段体育教学计划一般是指各个学段以年级为单位，参考所选用的体育教科书，结合本校的体育实际，将教学总课时数合理地分配到各年级的体育教学内容中去，并制订相应的体育教学指导方案。

②学年体育教学计划是以年级为单位，根据学段体育教学计划和本学年学生的身心特点和发展需要以及两个学期的气候条件，将学段规定的本年度教学内容分配到两个学期中，同时确定每学期的考核项目与标准的教学文件。学年体育教学计划一般由各学校的体育部门来制订。

③学期体育教学计划又称教学进度，是根据学年体育教学计划和本学期的气候条件，将学年体育教学计划所规定的本学期的教学内容，组成规模、目标不同的教学单元，同时制订出单元评价项目的教学文件。学期教学计划一般由各学校的体育部门和体育教师共同制订。

④单元体育教学计划也称单项教学计划，是根据学期教学计划对各个单元的设计，把某个教学内容按照某种教学模式体例安排各个课次的教学文件。单元体育教学计划一般由体育教师制订。

⑤课时体育教学计划又称教案，是根据单元的设计和时数的安排，设计本节课教学过程的教学方案。课时教学计划一般由任课体育教师进行设计和撰写。

真题面对面

1.［2022 湖北统考，单，2 分］体育教师将某一教材内容按授课时数制订的教学计划是（　　）

A. 学年体育教学计划

B. 学期体育教学计划

C. 单元体育教学计划

D. 课时体育教学计划

答案：C。

2.［2020 山东威海环翠区，判断，0.48 分］学期体育教学计划又称教学进度，一般由各学校的体育部门和体育教师共同来完成。（　　）

答案：√。

二、体育教学设计的步骤和环节

1. 体育教学设计的步骤

首先，教学设计要从“为什么学”入手，确定学生的学习需要和教学目的。

其次，根据教学目的，进一步确定通过哪些具体的教学内容和教学目标才能达到教学目的，从而满足学生的学习需要，即确定“学什么”。

再次，要实现具体的教学目标，使学生掌握需要的教学内容，应采用什么策略，即“如何学”。

最后，要对教学的效果进行全面的评价，根据评价的结果对以上各环节进行修改，以确保促进学生的学习，获得成功的教学。

2. 体育教学设计的环节

(1)教学设计的背景分析(学习需要分析、学习内容分析、学生分析)；(2)教学目标的设计；(3)教学重难点的确定；(4)教学方法和策略的选择；(5)教学媒体的选择；(6)教学过程的设计。

三、体育教学设计的背景分析

1. 学习需要分析

学习需要是指学生目前的学习状况与所期望达到的学习状况之间的差距。要找到学习需要，就必须分别确定期望学生达到的学习状况和他们目前的学习状况，这个分析过程就是学习需要分析。

学习需要分析的主要任务是发现教育教学中的问题，分析问题的根源并确定解决相应教育教学问题的方法和手段。

学习需要分析有以下几个基本步骤：①确定期望的状态；②确定现状；③分析产生差距的原因。

2. 教学内容分析

对体育教学内容的分析和组织应该兼顾以下几个方面：①从整体到部分不断分化；②由已知到未知不断深化；③按事物发展规律排列；④注意内容之间的横向联系。

3. 学生的分析

学生分析的主要内容有以下几个方面：

(1) 学生起点能力的分析

学生起点能力的分析是确定体育教学的出发点的依据。起点能力一般是指学生对从事课程的学习已具备的有关知识、技能的基础，以及对有关学习内容的认识与态度。

(2) 学生一般特点的分析

学生的一般特点是指他们具有与具体学科内容无关，但影响其学习的生理、心理和社会等方面的特点，包括年龄、性别、认知成熟度、学习动机、生活经验等内容。在教学设计过程中，分析学生的一般特点，以此作为制订教学策略、选择教学方法和媒体等工作的依据。

(3) 学生学习风格的分析

学习风格由学习者特有的认知、情感和生理行为构成，它是反映学习者如何感知信息、如何与学习环境相互作用并对之做出反应的相对稳定的学习方式。

四、体育教学目标的设计 【教学设计】 ★★★

1. 体育教学目标的概念

概念一：体育教学中师生预期达到的教学效果和教学标准。(源自《学校体育学》杨文轩 张细谦 邓星华 主编)

概念二：体育教学目标是体育教育活动预期达到的结果、标准或蓝图，是教育目的和培养程度的具体化标识。具有导向、选择、计划、评价的功能与可预期、可观察、可测量的特点。可分为接受、反应、生成三个层次，有着普遍性、行为性、生成性和表现性四种取向形式。(源自《体育教学论》毛振明 主编)

2. 体育教学目标设计的依据与基本要求

(1) 体育教学目标设计的依据：①学校体育的主要功能；②学校体育总目标及每一目标层次的上位目标；③体育教学内容；④学生的条件；⑤学校物质条件的制约。

(2) 体育教学目标设计的基本要求

①设计体育教学目标要注意合理把握、整体协调、全面体现，从而形成一个和谐的整体系统；②体育教学目标的表述力求明确、具体，尽可能量化，避免一些模糊不清的语言；③体育教学目标要分解成细致的操作目标(即行为目标)；④体育教学目标要有一定的弹性。

体育教学目标的设计是教师招聘考试中的重难点，在进行体育教学目标设计时，要注意以下两点：

(1) 表述行为主体时是否以学生为主体。

错误表述："教会学生……"或"培养学生……"或"使学生……"(此表述的行为主体是教师)。

正确表述："(学生)能够……"(此表述的行为主体是学生)。

(2) 应避免目标过于宏大模糊，学生无法具体操作，学生在规定课时内无法完成，表述空洞等。

3. 体育教学目标的表述

一个规范、明确的教学目标表述应包含四个要素：行为主体(Audience)、行为动词(Behavior)、情境或条件(Condition)、表现程

度(Degree),简称 ABCD 形式。例如:

全体学生　　在一分钟内　　完成单足跳短绳　　100 次以上。

(行为主体)　(行为条件)　　(行为动词)　　(表现程度)

(1)行为主体

行为主体是指学生。体育教学目标所预期和描述的是学生的行为,而不是教师的行为。因此,规范的教学目标开头应该是"学生……"。事实上,在表述教学目标时,行为主体一般略去不写,但目标表述的方式仍应较明确地体现出学生是行为完成的主体。

(2)行为动词

行为动词用以描述学生所形成的可观察、可测量的具体行为,可分为模糊的与明确的动词。模糊的动词包括指导、了解、喜欢、相信等。明确的动词包括陈述、选出、比较、模仿、示范、改编、接受、服从、拒绝等。在表述体育教学目标时,应尽可能选用那些意义明确、易于观察的行为动词。

(3)情境或条件

情境或条件是指影响学生产生学习结果的特定限制或范围,主要说明学生在何种情境或条件下完成指定的操作。对行为条件的表述,体育教学中常用的有:①环境因素,包括学习空间、学习地点的限制,如"在沙坑里完成纵跳";②作业条件因素,包括对器材的高度和重量的规定,以及允许或不允许使用器材与辅助手段等,如"用四公斤的实心球向前或向后抛";③提供信息或提示,如"借助人体解剖图,说出……";④完成行为的情境,如"在课堂讨论时,叙述出……"。

(4)表现程度

表现程度是指学生对目标所达到的最低表现水准,用以评价学生表现或学习结果所达到的程度。表现程度一般采用定量的指标或标准,一般包括:①完成行为的时间限制;②准确性,如投篮命中率;③成功的特征,如引体向上一组至少完成 5 次。

4. 体育教学目标的设计要求

(1)整体性。体育教学目标的设计要根据具体的教学内容、教学进程、学生实际体现等方面进行目标的整体性设计。

(2)连续性。体育教学目标的制订,无论是年级、单元,还是课时之间应注意相互的连续性。

(3)层次性。无论是体育认知目标、情感目标、运动技能目标还是体能目标,本身都有一个从低到高的过程,各方面目标都有从低到高的层次。

5. 教学目标设计案例

排球正面下手发球的教学目标:

(1)建立正面下手发球的动作概念,了解正面下手发球的动作要领。

常用词:(学生)"能"——说出、列举、复述、识别、解释、说明、分类等。

(2)在学练中，能掌握正确的动作，发展灵敏、速度、力量等身体素质。

常用词：掌握动作，发展力量、速度、耐力、灵敏、柔韧等身体素质。

(3)养成积极参与、自主锻炼以及充分展现自我的能力，养成克服困难的品质。

常用词：养成吃苦耐劳、克服困难、勤奋刻苦、坚持不懈、团结协作、坚强的意志品质，形成终身体育、健康第一、关心同学、爱护同学等的精神。

五、体育教学重难点设计 【教学设计】★★★

1. 教学重难点的概述

教学重点是教材或教学内容本身固有的，是在教学中必须理解或掌握的最主要的知识、运动技术环节或运动能力。对于这一内容的正确理解或掌握，将直接影响整个教学的顺利进行。教学重点是依据教学目标，在对教材进行科学分析的基础上而确定的最基本、最核心的教学内容，一般是一门学科所阐述的最重要的原理、规律，是学科思想或学科特色的集中体现。它的突破是一节课必须要达到的目标，也是教学设计的重要内容。

教学难点包含两层意思：一是教学中对于学习者而言难以掌握、理解的主要知识点、运动技术环节或运动能力，二是学习者容易出错或混淆的内容。

2. 教学重难点的确定

(1)根据教材的内在结构确定教材的单元教学重点与难点

每一个教材都有它内在的逻辑关系，以蹲踞式跳远为例，这一教学内容可分为5课时，若各课时的教学内容安排如下：第1课时——助跑练习+起跳方式介绍；第2课时——助跑与起跳的结合；第3课时——腾空；第4课时——落地；第5课时——完整练习。那么在这5节课中，第2~3节是该教材的技术核心内容，应作为教学重点，这个重点就是所指的单元教学重点。如果某教材单元教学中只是一节或两节课(即学习运动技术比较简单易学)，那么直接确定每节课的教学重点与难点就可以了。

(2)根据单元内在结构确立各次课的教学重点与难点

在5次课时的蹲踞式跳远教学内容中，每节课的内容都是一个相互衔接但又有区别的有机整体的一部分，是必不可少的。因此在确定了该运动单元教学重点之后，就可以安排每节课的教学重点，而难点可以根据每节课教学的重点和学生学习的基础与情况加以确定。

(3)从学生实际出发确定教学的重点与难点

重难点的确定，不仅要从教师对教材的理解出发，更要从学生的实际情况出发，要充分考虑他们的学习能力、身体素质等，从而来确定他们学习的重点和难点。相同的教材对于不同的学生而言，难点也是有区别的。

(4)把课堂教学中的运动技能目标与教学重点、难点结合起来

体育教学目标是体育教学指导思想的具体体现，是体育教师进行体育教学的出发点和归宿。运动技能目标是进行体育教学设计、确定教学重难点的具体依据。

（5）根据上一课次的学习实际情况来调整教学重难点

教学效果虽具有一定的预设性，但它的本质是生成的，因此课堂教学实践与课前教师预设的教学设计之间必然存在着一定的距离。教学实践中会经常出现课前无法预料的情况，而教师的备课又具有一定的延续性，不可能备一节课上一节课，因此体育教师在制订下节课的教学重难点时，应根据上节课的教学实际情况对已经预设好的单元教学计划灵活地进行微调，才能更好地适应新情况、新问题，做到有的放矢，提高教学重难点的针对性。

第二节　单元和课时体育教学计划设计

一、单元体育教学计划 【教学设计】 ★★★

体育教学单元是一个相对完整的教学阶段，是在一定时间的范围内将某一教学内容分解成有机联系的几个部分，逐步进行教学，以达到预期学习目标的教学组织形式。

在体育实践课的教学中，基本上以各项运动技术来划分教学单元，如“跳远”教学单元、“篮球”教学单元、“啦啦操”教学单元等。但也有一些辅助性的教学单元，如“体能”教学单元、“体育游戏”教学单元等。

1. 单元体育教学设计与计划的基本要求

（1）要有明确教学指导思想。在不同的教学思想的指导下，会有不同的教学设计和教学计划。如“精讲”“简教”“体验”“探究”等不同的教学指导思想下，就会有不同的教学设计，就会形成不同的单元教学计划。

（2）要认真钻研体育教材。制订单元教学计划前，要认真地钻研体育教材，把握住该教材的技术结构、重点和难点。

（3）要努力优化教学条件。收集并开发一切可利用的场地、器材和教具资源，使学生的体育学习条件更好，使学习环境得到最大的优化。

（4）适当增强单元模式的多样性。不同类型的运动项目可以形成不同类型的教学计划方案，同一运动项目也可以形成不同的单元体育教学计划。要适当增强单元形式和规模的多样性。

2. 单元体育教学计划的基本方法与步骤

（1）根据教学目标和教材，明确单元的性质。

（2）根据单元的性质，确定单元的教学时数。

（3）设计单元教学过程，确定每课时的教学任务和教学目标。

（4）对应教学内容和教学目标，选择合适的教学方法。

（5）确定该教学单元的考核方法和评价方法。

3. 单元体育教学计划设计模板及案例

[单元体育教学计划设计模板]

<table>
<tr><td rowspan="3">单元目标</td><td colspan="4">例如：知道动作要领；基本掌握技术动作，能在比赛中顺利使用</td></tr>
<tr><td colspan="4">例如：发展力量、身体的协调性和对身体的控制能力</td></tr>
<tr><td colspan="4">例如：养成的精神品质，养成的习惯</td></tr>
<tr><td>课次</td><td>教学内容</td><td>教学目标</td><td>教学重难点</td><td>练习步骤</td></tr>
<tr><td>1</td><td></td><td></td><td></td><td></td></tr>
<tr><td>2</td><td></td><td></td><td></td><td></td></tr>
<tr><td>3</td><td></td><td></td><td></td><td></td></tr>
<tr><td>4</td><td></td><td></td><td></td><td></td></tr>
<tr><td>5</td><td></td><td></td><td></td><td></td></tr>
<tr><td>6</td><td colspan="4">考评课</td></tr>
</table>

注：单元体育教学计划中课次教学内容的设计要根据具体教学内容的特征，按照循序渐进的原则进行设计。

[经典案例]

请以“30 米跑”（水平二）为教学内容进行单元教学设计，完成表格中的内容。

<table>
<tr><td rowspan="3">单元目标</td><td colspan="3">1. 掌握动作的要领与方法</td></tr>
<tr><td colspan="3">2. 学会 30 米跑的动作，发展灵敏、协调及快速奔跑的能力</td></tr>
<tr><td colspan="3">3. 在学习和比赛中表现出顽强拼搏、奋勇争先的态度和行为，养成动体、动脑的习惯</td></tr>
<tr><td>课次</td><td>教学内容</td><td>教学重难点</td><td>练习步骤</td></tr>
<tr><td>1</td><td>快速起动练习</td><td>重点：反应灵敏；
难点：反应快速</td><td></td></tr>
<tr><td>2</td><td>站立式起跑</td><td>重点：起跑姿势正确；
难点：起动迅速</td><td></td></tr>
<tr><td>3</td><td>加速跑</td><td>重点：摆臂有力；
难点：重心稳定</td><td></td></tr>
<tr><td>4</td><td>途中跑</td><td>重点：蹬摆结合；
难点：身体协调</td><td></td></tr>
<tr><td>5</td><td>30 米跑</td><td>重点：蹬摆积极有力；
难点：身体协调</td><td></td></tr>
<tr><td>6</td><td colspan="3">考评课</td></tr>
</table>

[设计思路]

1. 分析教学内容

(1)分析单元教学的内容

由题干可知,单元教学的内容是30米跑。要根据30米跑的教学与练习的整体过程对“练习步骤”进行设计。不仅要涉及30米跑动作要领的教学,还要加强跑的辅助练习的学练。

(2)分析课时教学的内容

①课时1的教学内容:快速起动练习。说明:本节课的教师的“教”和学生的“学”要围绕学生能够做到快速起动而设计。

②课时2的教学内容:站立式起跑。说明:本节课的教师的“教”和学生的“学”要围绕学生能够掌握站立式起跑的动作而设计。

③课时3的教学内容:加速跑。说明:本节课的教师的“教”和学生的“学”要围绕学生能够学会加速跑的方法而设计。

④课时4的教学内容:途中跑。说明:本节课的教师的“教”和学生的“学”要围绕学生能够学会途中跑的方法而设计。

⑤课时5的教学内容:30米跑。说明:本节课的教师的“教”和学生的“学”要围绕学生能够掌握完整的30米跑的动作而设计。

2. 分析教学对象

由题干可知,教学对象为水平二的学生。水平二的学生活泼好动、好玩、精力旺盛,模仿能力和求知欲较强。这个阶段的学生热爱体育活动,但动作的协调能力较差,身体柔韧性强,耐力性较差。要根据水平二学生的特点,设计练习内容、练习方式和练习强度。

3. 设计练习步骤

根据课时教学内容和学生特点,进行课时练习步骤的设计。练习步骤要围绕教学内容展开,贴合学生的身心特点,帮助学生达到教学目标。

[参考设计]

<table>
<tr><td rowspan="3">单元目标</td><td colspan="3">1. 掌握动作的要领与方法</td></tr>
<tr><td colspan="3">2. 学会30米跑的动作,发展灵敏、协调及快速奔跑的能力</td></tr>
<tr><td colspan="3">3. 在学习和比赛中表现出顽强拼搏、奋勇争先的态度和行为,养成动体、动脑的习惯</td></tr>
<tr><td>课次</td><td>教学内容</td><td>教学重难点</td><td>练习步骤</td></tr>
<tr><td>1</td><td>快速起动练习</td><td>重点:反应灵敏;
难点:反应快速</td><td>(1)听口令快速起动和停止;
(2)以不同的方式进行快速起动练习;
(3)反应速度游戏</td></tr>
</table>

续表

课次	教学内容	教学重难点	练习步骤
2	站立式起跑	重点:起跑姿势正确; 难点:起动迅速	(1)原地站立式起跑动作练习; (2)站立式起跑3~5米练习; (3)向相反方向站立式起跑3~5米练习
3	加速跑	重点:摆臂有力; 难点:重心稳定	(1)原地快速摆臂练习; (2)加速跑5~10米练习; (3)加速跑接力赛
4	途中跑	重点:蹬摆结合; 难点:身体协调	(1)途中跑辅助动作练习; (2)途中跑20米练习; (3)途中跑游戏
5	30米跑	重点:蹬摆积极有力; 难点:身体协调	(1)起跑练习; (2)完整的30米跑练习; (3)30米迎面接力赛
6	考评课		

二、课时体育教学计划 【选择、论述、教学设计】 ★★★

课时体育教学计划(以下简称"教案")是根据单元体育教学计划的内在学理逻辑性分解而成的课时教学的方案。

体育教案的格式和写法多种多样,概括起来主要有文字叙述式和表格式两种。文字叙述式教案一般按课的顺序依次书写,这种教案书写比较容易;表格式教案是按表格形式填写内容,比较清晰明了,但书写复杂。

1. 制订课时体育教学计划(教案)的基本内容与步骤

(1)确定课的教学目标。(2)排列教学内容。(3)针对教学内容组织教法。(4)安排各项教学内容、时间和练习的次数。(5)设计课的生理负荷和练习密度。(6)计划本课所需的场地器材和用具。(7)课后小结。

真题面对面

1. [2022安徽统考,单,1分]下列选项中,属于体育课时设计的内容的是(　　)

A. 年度教学计划　　B. 单元教学计划　　C. 教学目标　　D. 教学进度

答案:C。四个选项中,C项教学目标属于体育课时设计的内容。

2. [2019山东泰安,论述,8分]试述体育与健康课时计划的设计步骤。

参考答案:参见上文。

2. 课时体育教学计划设计模板及案例

[文字叙述式教案模板]

一、教学内容

教学内容:

二、教学目标

1.

2.

3.

三、教学重难点

教学重点:

教学难点:

四、教学过程

1. 准备部分

(1)课堂常规

①体育委员整队,报告人数;②师生问好;③教师宣布本节课的内容及目标;④教师安排见习生;⑤强调课堂纪律和安全

(2)热身活动

①一般准备活动

活动内容:

②专门性准备活动

活动内容:

2. 基本部分

(1)教学内容导入

导入方法:

(2)教师示范完整的技术动作

示范方法:

(3)教师讲解技术动作的动作要领及练习方法

动作要领:

练习方法:

(4)教师组织学生练习

组织方法:

(5)教师指导纠正

指导方法:

续表

(6)学生示范,教师讲解 组织方法: (7)学生继续练习 组织方法: (8)课堂游戏 游戏目的: 游戏方法: 组织方法: 3. 结束部分 (1)放松恢复活动 活动内容: 组织方法: (2)教师小结 (3)师生再见,收还器材

注:课时体育教学计划的设计要注重课堂的组成结构和学练的系统性。

[经典案例]

教材:田径——跨越式跳高。

教学对象:水平三(小学五年级)。

学生人数:男生20人,女生20人。

根据体育与健康课程标准,按照水平三学习方面目标和水平目标的相关要求,完成"田径——跨越式跳高"第一课时的教学设计(仅需要对基本部分做出设计)。要求从教学目标、教学重点和难点、教学步骤及设计理由方面进行设计。

[设计思路]

1. 分析教学内容,确定教学重难点

(1)分析跨越式跳高的动作要领,确定跨越式跳高的教学步骤。跨越式跳高的完整技术可分为助跑、起跳、过杆和落地四个部分。教学步骤要根据这四个部分进行设计,并设计辅助动作的练习。

(2)根据跨越式跳高的动作要点,确定教学重难点。跨越式跳高的动作要点是直线助跑,有节奏;起跑快而有力;摆动腿内旋下压;上体前倾并扭转向横杆;摆动腿先落地,落地后屈膝缓冲。根据跨越式跳高的动作要点可以确定,其教学重点是助跑和起跳的协调配合,教学难点是摆动腿过杆内旋下压移髋。

2. 分析教学对象，制订教学目标

教学对象为水平三的学生。水平三的学生在水平二的阶段已经初步学习了跨越式跳高的基本知识和动作技术，在水平三阶段教学时，可以适当提高对动作技术的要求。水平三的学生开始有独立的见解，能认识和掌握一定的道德观念，已有的行为习惯日趋稳定，但易受新事物的影响。水平三的学生具有一定的理解、探究、思考能力，好奇心增强，学习兴趣广泛，对新鲜事物开始思考、追求、思索。根据以上分析，制订合理的教学目标。

3. 设计教学环节的步骤

根据本节课的教学内容，结合教学条件和学生特点，设计教学环节的教学过程、组织教法和学生学法。教学环节应是循序渐进的过程，一个技术动作的教学流程一般由以下几个部分组成：(1)教师示范并讲解；(2)学生模仿练习；(3)学生展示，教师纠错指导；(4)学生分组练习，教师巡回指导；(5)教师再次强调练习重点，并做示范讲解，学生分组自由练习；(6)学生展示，教师点评；(7)学生分组练习，教师巡回指导。

[参考设计]

跨越式跳高

一、教学目标

1. 能够说出跨越式跳高的动作要领，多数学生能够正确做出摆腿过杆动作。

2. 经过练习和游戏，学会起跳技术，并用跨越式跳高越过横杆，同时发展灵敏、协调素质和跳跃的能力。

3. 养成克服困难、坚持不懈、勇于尝试的精神。

二、教学重难点

教学重点：助跑和起跳的协调配合。

教学难点：摆动腿过杆内旋下压移髋。

三、教学步骤

【准备部分】

1. 课堂常规

(1)体育委员整队，报告人数；(2)师生问好；(3)教师宣布本节课的内容及目标；(4)教师检查服装，安排见习生；(5)教师强调课堂纪律与安全。

2. 热身活动

(1)一般准备活动：绕操场慢跑两圈、基本热身操。

(2)专门性准备活动：绕膝运动、蹲起运动和脚踝关节运动。

【基本部分】

1. 教师示范完整的技术动作。

组织方法：学生站在跳高架两侧认真观看并建立动作表象。

2. 教师讲解跨越式跳高的动作要领。

组织方法:教师展示跨越式跳高的挂图,学生以扇形队形站立观看并认真听讲。

3. 教师邀请学生尝试练习,并做点评和指导。

组织方法:尝试练习的学生出列,其余学生站在跳高架两侧观察。教师适当地点评、指导。

4. 教师讲解跨越式跳高的助跑和起跳的动作方法。

组织方法:学生站在跳高架两侧观察。

5. 学生原地集体进行上一步起跳练习。

组织方法:学生成体操队形散开,在教师口令下统一做练习。教师观察指导。

6. 学生分组进行上一步跳过皮筋练习。

组织方法:学生分成四组,每组派两名学生拉一定高度的皮筋,其余学生依次练习,练习过后安排轮换。教师巡回指导。

7. 学生分组进行助跑5~7步的跳过皮筋练习。

组织方法:学生按照分组依次进行,教师巡回指导。

8. 学生分组进行助跑5~7步的跳过横杆练习。

组织方法:学生按照分组依次进行,教师巡回指导。

9. 学生展示,教师纠错、指导,并再次进行动作示范。

组织方法:展示的学生出列,其余学生站在跳高架两侧观察。教师纠错、指导,并再次示范。

10. 学生分组继续练习,体会动作要领,教师巡回指导。

组织方法:学生分成四组进行练习,教师巡回指导。

11. 游戏——抢占岛屿

组织方法:全班分成四组,教师发令,每组第一名同学开始越过“雷区”,然后再跨过障碍,最后抵达岛屿。抵达岛屿后举手示意,然后第二名可以开始,以此类推,最先完成的小组获胜,送小红花一枚。

【结束部分】

1. 教师组织学生做放松操。

2. 课堂小结,并对个别同学提出表扬。

3. 下课,师生再见。

4. 教师组织学生收还器材。

【设计理由】

(1)本课学习的主体是水平三的学生,这个阶段的学生思维敏捷、模仿能力强。

(2)本课以“健康第一”为指导思想,以促进学生身心发展及兴趣爱好为出发点。

［表格式教案模板］

<table>
<tr><td>教学内容</td><td colspan="4"></td></tr>
<tr><td>教学目标</td><td colspan="4">1.
2.
3.</td></tr>
<tr><td>教学重难点</td><td colspan="4">教学重点：
教学难点：</td></tr>
<tr><td rowspan="2">教学过程</td><td colspan="2">教学安排</td><td colspan="2">练习强度</td></tr>
<tr><td>教师活动</td><td>学生活动</td><td>次数</td><td>时间</td></tr>
<tr><td>准备部分</td><td>1. 课堂常规
(1)体育委员整队，报告人数；
(2)师生问好；
(3)教师宣布本节课的内容及目标；
(4)教师安排见习生；
(5)教师强调课堂纪律和安全
2. 热身活动
(1)一般热身活动
①慢跑；②徒手操
(2)专门性热身活动
活动内容：(对本节课教学内容有针对性的活动)</td><td>集中注意力，调整身心状态，明确所学内容和目标

1. 慢跑时成两路纵队，节奏明快；
2. 成广播体操队形散开做徒手操</td><td>1 次

1 次</td><td>7 分钟</td></tr>
<tr><td>基本部分</td><td>1. 教师示范技术动作
示范动作方法：
2. 教师讲解
动作要领：
动作重点：
易犯错误：
3. 教师指导纠正
4. 教师请学生示范
5. 教师再次讲解
6. 体育游戏
游戏方法：</td><td>1. 学生认真观察，建立动作表象；
2. 学生认真听讲；
3. 学生分组练习；
4. 学生认真观察；
5. 学生认真听讲；
6. 学生分组参与体育游戏</td><td>5～6 次</td><td>28 分钟</td></tr>
<tr><td>结束部分</td><td>1. 恢复活动
活动内容：
2. 总结评价
3. 师生再见
4. 安排值日生收还器材</td><td>在教师带领下认真做恢复活动，值日生收还器材</td><td>1 次</td><td>5 分钟</td></tr>
</table>

注：在表格条件下进行课时教学设计时，要特别注意教师活动和学生活动的对应。

[经典案例]

教材:原地投掷沙包。

教学对象:水平二(小学三年级学生)。

学生人数:男生20人,女生20人。

根据体育与健康课程标准设计理念,按照课程标准水平二的目标要求,完成“原地投掷沙包”第一课时的教学设计。要求从教学目标、教学重难点、教学方法、场地器材及运动负荷等方面进行设计。

[设计思路]

1. 分析教学内容,确定教学目标

(1)确定原地投掷沙包的动作方法及要点

①动作方法:以右手投掷为例,身体侧对投掷方向,两脚左右开立,左脚在前伸直,右脚弯曲在后,右手持器材向后引申与肩平,左臂自然置于体前;身体重心落于右腿,上体略向右倾斜;然后右腿蹬地、转髋,挺胸,身体左转,重心迁移,右臂经肩上屈肘向前挥臂,将沙包向前上方快速投出。

②动作要点:蹬地、转体、挥臂动作连贯,全身协调用力,经肩上掷出。

(2)设计本节课的教学目标

根据学生基础和教学内容特点,确定本节课的教学目标。本节课属于新授课,在此之前,水平二的学生在水平一阶段已经基本掌握了原地投掷沙包的技术动作,拥有一定的技术基础。水平二的学生活泼好动、兴趣广泛,感知动作的能力较差,时间和空间感较差,学习和掌握技术动作较快,但完成动作不规范;这个阶段是学生速度素质、柔韧素质的发展关键期,灵敏素质发展也很敏感,力量素质发展较弱,且身体易疲劳易恢复。根据学生特点和项目特征,设计本节课的教学目标。

2. 设计本节课的教学重难点

根据本节课的教学内容和教学目标,确定本节课的教学重难点。由于是原地投掷沙包的第一次课,学生掌握的重点是对技术动作形成动作表象,能基本完成技术动作,能说出动作要领。教学难点是身体能够协调用力、动作连贯。

3. 设计基本部分的教学过程

根据本节课的教学内容,结合教学条件和学生特点,设计基本部分的教学过程、组织教法和学生学法。此部分考查考生对该技术教学的系统性理解和掌握能力,需要熟知该技术的教学步骤,根据教学步骤进行分解动作和基础动作的教学安排。

根据水平二学生的生理和心理特点,教学内容的组合应包括教材教学、体能练习和游戏比赛。

4. 设计运动负荷和场地器材

根据本节课开始部分、基本部分和结束部分的教学过程,考虑所需的教学环境和器材,设计符合本课程设计的运动负荷量。

[参考设计]

<table>
<tr><td>教学内容</td><td colspan="4">原地投掷沙包</td></tr>
<tr><td>教学目标</td><td colspan="4">(1)了解投掷的原理和基本动作,并能表述出原地投掷沙包肩上屈肘的技术要领;
(2)经过学习,发展力量、灵敏、协调等身体素质,提高投掷的准确度和远度;
(3)养成果断、合作、积极进取的良好品质</td></tr>
<tr><td>教学重难点</td><td colspan="4">重点:蹬地、转体,快速挥臂;
难点:动作连贯,协调用力</td></tr>
<tr><td>教学方法</td><td colspan="4">运动游戏法,讨论法,讲解法,动作示范法,完整练习法,运动竞赛法</td></tr>
<tr><td rowspan="2">教学过程</td><td colspan="2">教学安排</td><td colspan="2">练习强度</td></tr>
<tr><td>教师活动</td><td>学生活动</td><td>次数</td><td>时间</td></tr>
<tr><td rowspan="2">准备部分</td><td>1. 课堂常规
(1)体育委员整队,报告人数;
(2)师生问好;
(3)教师宣布本节课的内容及目标;
(4)教师安排见习生;
(5)教师强调课堂纪律和安全</td><td>集中注意力,调整身心状态,明确所学内容和目标</td><td>1次</td><td rowspan="2">8分钟</td></tr>
<tr><td>2. 热身活动
①慢跑;②徒手操</td><td>1. 慢跑时成两路纵队,节奏明快;
2. 成广播体操队形散开做徒手操</td><td>1次</td></tr>
<tr><td rowspan="3">基本部分</td><td>1.“反恐特工”
①“篮板”作为“恐怖分子”,教师示范、讲解使用沙包击打“恐怖分子”的动作,击打中篮板上的小方框得1分;学生分组练习,教师巡回观察;
②学生集合,教师和学生畅谈“反恐特工”的感受,教师引出本节课主要学习内容</td><td>1. 学生分组参与,体会投掷的乐趣</td><td>1次</td><td rowspan="3">28分钟</td></tr>
<tr><td>2. 原地投掷沙包
①教师示范完整动作并讲解动作要点;
②教师邀请学生进行模仿练习,师生评价;
③学生分组练习,教师巡回指导;
④设置投掷目标,学生分组练习,教师巡回指导;
⑤学生集合,教师纠正错误动作;
⑥学生练习,教师巡回指导</td><td>2. 学生认真听讲,建立动作表象,根据要求分组练习</td><td>5次</td></tr>
<tr><td>3. 游戏:换沙包
游戏规则:将学生分为两组,每组派投手投下沙包,然后组中第一个学生快速跑动,捡起投手投的沙包,与场地中间放的沙包交换,然后拿着交换后的沙包快速跑至对面,再作为投手将沙包投出。游戏依照此方法进行,完成用时少的一组获胜</td><td>3. 学生分组参与体育游戏,遵守游戏规则</td><td>1次</td></tr>
</table>

续表

教学过程	教学安排		练习强度	
	教师活动	学生活动	次数	时间
结束部分	1. 恢复活动 活动内容:全身放松操 2. 总结评价 3. 师生再见 4. 安排值日生收还器材	在教师带领下认真做恢复活动,值日生做好收还器材工作	1次	4分钟
预计负荷	练习密度:40% ~55% 平均心率:140 ~145次/分			

第三节 体育类活动方案设计

一、体能练习方案设计

1. 体能练习的主要内容

体能练习的主要内容是以促进身体素质的发展的身体练习为主。儿童少年的体能练习要严格按照身体机能发展规律进行。

2. 体能练习方案设计要求

体能练习方案侧重于练习目的、练习方法、练习手段和组织形式。设计要求如下:(1)注意不同身体素质的协调发展;(2)选择适宜的训练手段;(3)处理好训练负荷与恢复的关系;(4)注意激发学生练习的兴趣;(5)将适宜的训练内容进行组合;(6)做到因材施教、因地制宜。

3. 体能练习方案设计模板及案例

[设计模板]

一、练习目的

练习目的:______________________________

二、练习重难点

练习重点:______________________________

练习难点:______________________________

三、练习内容

(1)第一组

动作名称:______________________________

动作方法：______

注意事项：______

(2)第二组

动作名称：______

动作方法：______

注意事项：______

(3)第三组

动作名称：______

动作方法：______

注意事项：______

[经典案例]

依据下列提供的教学条件，设计一份发展学生体能的循环练习方案，并说明其练习方法、组织形式与时间分配。

场地：足球场1块；

对象：水平三男生30人；

器材：绳梯2个、哑铃10对、体操垫10个。

[参考设计]

一、练习目的：发展各项基本身体素质。

二、练习重难点

1. 练习重点：学会发展身体素质的练习方法；

2. 练习难点：动作连贯、身体协调。

三、练习内容

(1)第一组

动作名称：灵敏性和协调性练习(10人)

动作方法：绳梯分脚跳练习。双脚站在绳梯的外面，且面向绳梯。双脚同时跳出到前面一格的两侧，双脚再一起跳进这个格中。依次类推完成绳梯练习，循环5次。(所用器材：绳梯2个)

(2)第二组

动作名称：力量练习(10人)

动作方法：10人分成两组进行练习，每组5人。第一组哑铃弯举20次，第二组哑铃平举10次。两种练习循环交替进行2次。(所用器材：哑铃10对)

(3)第三组

动作名称：柔韧练习(10人)

动作方法：大腿后侧肌群拉伸。坐在体操垫上，屈起一侧腿，另一腿伸直，上半身保持腰背挺直伸手缓慢向前伸。保持10秒钟后，交换腿练习。练习2次。（所用器材：体操垫10个）

注意事项：循环完成全部动作为一个组合，做3个组合。每个组合之间休息3分钟。

二、体育比赛方案设计

1. 体育比赛方案的主要内容

体育比赛方案主要包括比赛目的、比赛对象、比赛地点、比赛时间、比赛项目、比赛规则、比赛日程、报名时间及比赛具体要求、录取名次及奖励方法等。

2. 体育比赛方案设计步骤

体育比赛的方案设计侧重于比赛的组织与编排。设计步骤如下：(1)明确比赛目的；(2)确定比赛时间；(3)确定比赛项目和比赛规则；(4)确定比赛日程和参赛单位；(5)确定比赛报名时间及其他注意事项。

3. 体育比赛方案设计模板及案例

[设计模板]

________比赛方案

1. 比赛目的

____

2. 比赛对象

____

3. 比赛地点

____

4. 比赛时间

____

5. 比赛项目

____

6. 比赛规则

____

7. 比赛日程

____

8. 报名时间

____

9. 比赛具体要求

____

10. 录取名次及奖励方法

---

11. 未尽事宜，另行通知。

[经典案例]

为迎接即将到来的"六一"儿童节和30年校庆，本校准备在5月底举行篮球比赛。教导主任王老师将此项工作任务交给了李老师，若你是李老师，该怎么策划本次活动呢？请根据以上要求，写出篮球比赛方案。

[参考设计]

小学篮球比赛方案

1. 活动目的

迎校庆、庆六一

2. 比赛对象

3、4、5年级男同学

3. 比赛地点

学校篮球场

4. 比赛时间

5月28日~5月30日

5. 比赛方法

(1)比赛采用半场4对4的形式进行。

(2)比赛采用同学年对抗赛形式，采用单淘汰的比赛方式，决出冠亚季军。

(3)比赛采用上下半场制，上下半场各15分钟，中场休息10分钟；上半场3次暂停，下半场3次暂停；每人有4次犯规机会；全队累计犯规数达4次后，对方可在下次被犯规时执行罚球。

6. 比赛规则

比赛采用国际篮联规定的最新的小篮球规则进行。

7. 比赛具体要求

(1)超过10分钟仍未到场或人员不齐则视为自动弃权。

(2)各班严格按照要求报名，如有违反报名要求则取消报名球员的比赛资格。

(3)每班球员必须统一比赛服装。

(4)所有参赛球员要保证"友谊第一、比赛第二"的原则，注意比赛安全。

(5)所有球员都应尊重裁判判罚。

(6)班主任为球队领队及教练员。

8. 录取名次及奖励方法

每年级决出冠亚季军。冠军奖品为篮球短袖，亚军奖品为篮球帽，季军奖品为篮球袜。

9. 未尽事宜，另行通知。

★★ 考点大默写 ★★

1. ____________是依据学习需要、学习内容、学习者的分析以及实施的教学目的和教学条件等，对某一门课程的单元教学计划和课时教学计划，进行教学内容、教学组织、教学负荷的科学设计，旨在减少该门课程在课堂教学活动中的盲目性与随意性，促进有效教学与有效学习的实现。
2. 一个规范、明确的教学目标表述应包含四个要素：____________、行为动词、情境或条件、表现程度。
3. ____________是依据教学目标，在对教材进行科学分析的基础上而确定的最基本、最核心的教学内容，一般是一门学科所阐述的最重要的原理、规律，是学科思想或学科特色的集中体现。

【参考答案】

1. 体育教学设计　2. 行为主体　3. 教学重点

我于________年____月____日完成了对本章的学习。

复盘一下，我对自己较肯定的地方是______________________

（足够努力/心态积极/方法得当……）

我觉得自己需要改进的地方是______________________

（懒惰懈怠/心情浮躁/方法不当……）

休息片刻，开启下一站征程！

第四章 体育课的组织实施与教学评价

思维导图

- 体育课的组织实施与教学评价
  - 体育课的类型与结构
    - 体育课的类型
      - 体育理论课：讲授课和考核课
      - 体育实践课：新授课、复习课、综合课、考核课
    - 体育课的结构与实施
      - 准备部分
      - 基本部分
      - 结束部分
    - 体育课的准备
    - 体育课堂常规
      - 课前常规
      - 课中常规
      - 课后常规
  - 体育课的教学
    - 体育教学组织形式的类型（重点）
      - 班级教学：行政班、男女分班、兴趣爱好分班
      - 分组教学：①随机分组、同质分组、异质分组、合作型分组、友伴型分组 ②分组轮换和分组不轮换
      - 个别教学
      - 复式教学
    - 体育课的密度和运动负荷（重点）
      - 体育课密度的分类：一般密度（也称综合密度）、专项密度、练习密度
      - 运动负荷
  - 体育教学评价
    - 体育教学评价的概念及类型
      - 类型：诊断性评价、形成性评价、总结性评价、相对评价、绝对评价
    - 体育教学评价的原则与目的
      - 原则：科学性原则、全面性原则、激励性原则、客观性原则、可行性原则、一致性原则
      - 目的：选拔、甄别、改进学习、促进发展

考向分析

本章属于小学体育课程与教学论中的基础章节，也是体育教师招聘考试考查的基础章节，内容简单，需要理解的知识较多。现对本章考向分析如下：

高频考点	考点细化	常考题型	能力要求	考查热度
体育课的类型	理论课；实践课	填空	识记	★★
体育教学组织形式的类型	班级教学、分组教学	选择、判断、填空、简答	运用	★★★
体育课的密度和运动负荷	一般密度、专项密度、练习密度；运动负荷	判断、填空、简答、案例分析	理解	★★

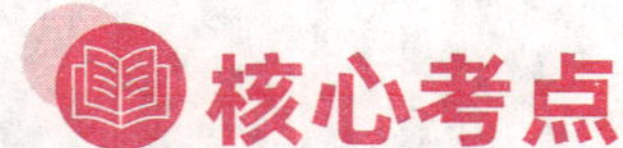

核心考点

第一节 体育课的类型与结构

一、体育课的类型 【填空】 ★★

体育课的类型是指根据体育教学目标、教材内容特点和学生学习的需要所划分的课的种类。从体育教学目标和教材内容的性质上分，通常可将体育课分为**理论课**与**实践课**两大类。

考点1 体育理论课

体育理论课是指向学生传授体育与健康的基础理论知识和基本方法的一类课型。根据体育教学目标的要求不同，体育理论课又可分为讲授课和考核课两种类型。

(1)**讲授课**。讲授课是体育理论课的主要形式，是教师按照体育教学计划，在课堂上向学生系统地讲授体育与健康基本理论知识的课型。理论课应紧密联系实际，起到指导体育实践的作用。

(2)**考核课**。考核课是检查学生掌握所学理论知识情况的一种课型。它一般安排在期中或期终进行。考核的方式有抽查个人或小组，课堂测验，期中、期末考试等。考核后要进行评分和试卷分析，对存在的问题向学生进行讲评。

考点2 体育实践课

体育实践课是指根据教学进度所规定的教学内容要求，组织学生在体育场馆进行身体活动练习的课。它的目的是帮助学生掌握锻炼身体的基本动作、技能与方法，发展体能，增强体质，促进学生身心健康。根据每次课的具体教学目标的不同，体育实践课可分为新授课、复习课、综合课、考核课。

(1)**新授课**。新授课是指以学习新教材内容为主的课型，其主要任务是帮助学生形成正确的身体活动动作的概念与表象，使学生初步掌握身体活动动作的要领与方法。

(2)**复习课**。复习课是对学过的教材内容进行复习、改进和巩固提高的课。复习课是在原内容的基础上逐步熟练、巩固动作技术，提高动作质量，形成正确、牢固的动力定型。

(3)**综合课**。综合课是新授内容和复习内容合理搭配的一种课型，即学生在课中既要学习新内容，又要复习已学过的内容。它是目前小学体育课中最常用的一种课型。

(4)**考核课**。考核课是以检查学生阶段或学期学习成绩为目的的一种课型，即教师给予学生某一教材内容或某一阶段的学习情况的终结性评价。

真题面对面

1. [2022 山西临汾洪洞县,填空,2 分]体育课的类型可分为________和________两大类。

答案:理论课;实践课

2. [2022 山西临汾洪洞县,填空,4 分]根据每次课的具体教学目标的不同,体育实践课可分为________、________、________、________。

答案:新授课;复习课;综合课;考核课

二、体育课的结构与实施 【填空】 ★

体育课的结构是指课的准备、基本、结束三个阶段及各部分之间相互联系、相互作用的顺序和时间分配。

考点1 准备部分(阶段)的结构与实施

准备部分是体育课的组成部分之一,其主要任务就是迅速将学生组织起来,明确学习的内容和要求,做好准备活动(包含身体的热身和心理学习兴趣的热身),为基本部分学习做好准备。

准备部分组织与实施的要求,需要做好以下几个方面的工作:

1. 课堂常规练习

课堂常规练习包括整队、体育委员向教师报告学生出席人数,教师宣布课的任务、内容与要求,检查服装,安排见习生以及集中注意力和队列、队形的练习等。

2. 一般性准备活动

一般性准备活动包括各种走跑练习、各项运动的基本动作、各种活动性的游戏等。

3. 专门性准备活动

专门性准备活动包括有针对性的模仿练习、辅助练习、诱导练习以及与学习内容相关的身体素质的练习等。

4. 实施准备活动的要求

一是选择的活动内容应依据课的任务、教材的性质、学生的特点和教学条件而行。二是注意活动形式的全面性、针对性、多样性和乐学性,防止枯燥无味和避免伤害事故的发生。

考点2 基本部分(阶段)的结构与实施

基本部分是体育课的组成部分之一,其主要的任务是学习新教材,复习旧教材,使学生掌握课的知识、技术与技能,发展身体素质,增强学生体质,培养良好的道德品质。

基本部分组织与实施的要求,需要做好以下方面工作:

1. 合理安排教材学习的层级顺序

一般应先进行新教材讲授,再把旧教材复习与新教材相结合;一般速度和灵敏性的教学放在课的前半部分，力量和耐力教学的练习放在课的后半部分。

2. 合理安排课的练习密度和活动强度

一般通过各种快慢练习的交替进行，保证课的运动负荷有节奏地上升。借助讲解、示范、纠错、相互观察与帮助、交换作业、调动队伍等组织措施，使练习与休息合理交替。

3. 合理安排课的练习形式

一般把个人的练习形式与分组练习形式相结合，单一练习形式和综合练习形式相结合，游戏学习形式与竞赛学习形式相结合，个人成果展示与分组成果展示相结合，分组轮换与不分组轮换相结合等。

考点3 结束部分(阶段)的结构与实施

结束部分是体育课的组成部分之一，其主要任务有：使学生逐渐地恢复到相对安静的状态；教师进行课堂小结，表扬先进，鼓励后进；整理体育器材，布置课外作业，宣布下课。

结束部分组织与实施的要求，需要做好以下几个方面的工作：

(1)围绕课的练习选择放松活动内容，有效地促进学生恢复。

(2)借助游戏性的一些活动内容，如吹气球等，既有效地促进学生恢复，又改变单一放松的枯燥性。

(3)借助舞蹈性的一些活动内容，如动作较慢的韵律性舞蹈动作，既有效地促进学生恢复，又改变单一放松的枯燥性。

真题面对面

[2021 贵州特岗，填空，1 分]体育课可分为准备部分、________、结束部分。

答案：基本部分

三、体育课的准备

1. 备课的意义及形式

备课是指上课前的一系列准备工作。教师充分地备课，是上好体育课的先决条件，也是提高教师思想业务水平和教学能力的一项重要措施。备课的形式主要有集体备课和个人备课两种。

2. 备课的内容和要求

(1)备学生。对新任教的班级，应全面了解和掌握有关学生的人数(包括男女生人数)、年龄、健康状况、体育基础、学习态度、兴趣爱好、思想状况、组织纪律以及班级体育骨干的情况和个别学生的特点等；对原任教的班级，每次课前也应了解学生对课的要求与意见，课上出勤的人数和女生的例假情况等。

(2)备教材和教法。明确本次课的教学目标，深入钻研本次课的教学内容与教法，把握本次课教学的重点和难点，这是教师课前准备工作的基本环节。备教材教法包括：①钻研教材的目的和要求；②研究教材的系统性；③研究教材的特点和作用；④研究教材的技术结构，找出教材的重点和难点；⑤钻研教法；⑥钻研教材的保护、帮助方法。

(3)编写教案。教案是体育教师进行教学的基本依据,它反映了教师备课的成果,是体育教师智慧的结晶。

(4)备体育骨干。有计划地培养和使用体育骨干,是上好体育课的一个重要条件,也是在教学中培养学生独立工作能力的一项措施。课前体育教师要向体育骨干说明本次课的目标、内容、要求和组织教法等,使他们了解和明确本次课所要担负的责任。必要时,教师可让他们先体会动作,学习和掌握保护与帮助的方法,以保证他们更好地发挥教师助手的作用。

(5)备场地、器材。准备好场地、器材是上好体育课的物质保证。教师应在课前根据本次课的内容、教法步骤和组织方式等,认真做好场地的规划和器材的布置工作,要做到利用充分、布置合理、方便教学、保证安全、保持卫生。

四、体育课堂常规

体育课堂常规是在体育课堂教学上,师生共同遵守的、保证体育教学工作正常进行的一系列的基本要求。

1. 课前常规

(1)教师课前常规。教师应按学年、学期教学工作计划的要求,认真制订课时教学计划,熟悉示范动作要领和教学程序;提前到达教学场地布置与检查场地器材;了解学生的身体、思想及学习情绪等情况。

(2)学生课前常规。学生要做好上课的准备工作,主要指精神要饱满,穿运动服装和运动鞋;提前到达场地,协助教师布置场地器材等。

(3)有关时间的规定。一般情况下,任课体育教师应在上课前15分钟到达教学现场,根据课的任务要求检查和布置场地器材;值日的同学应在上课前提前到达教学现场,领取教学所需器材并协助教师布置教学场地,其他学生应在上课前到达教学现场等候上课。

2. 课中常规

(1)教师课中常规。教师听取体育干部的上课汇报后,入场向学生问好;检查学生着装、登记出勤情况;向学生宣布本节课的教学目标、内容、要求等;安排见习生;加强课中安全卫生教育措施,做好准备活动、教学的讲解和示范练习的帮助与保护、整理活动等,按课时教学计划进行教学,要以身作则,教书育人,及时纠正错误和改进教学;严格要求学生,注意观察学生的各种变化,调控教学过程及运动负荷;课程结束时要进行小结,布置课外作业,预告下一次课的内容。

(2)学生课中常规。上课铃响后,体育干部进行整队,检查人数,报告老师出勤和请假人数;在老师向学生问好时，向老师问好；因伤病不能上课的学生应事先请假，见习生应随堂听课，进行部分练习或进行保护帮助等；上课时，必须自觉遵守课堂纪律，服从教师提出的要求和体育干部的调动，努力完成课的各项目标和要求；爱护场地、器材，注意安全卫生。

3. 课后常规

(1) 写好课后总结

教师每次课后，应总结经验教训，提出改进措施，写好课后总结。体育课的课后总结是体育教师对一节体育课进行的总结性的文字描述。体育课的课后总结工作一般包括：①学生出勤情况。一是课后查询学生不上课的原因，二是便于教师改进自身的教学工作。②学生课堂表现。体育教师要察言观色，留意学生在各个教学环节的表现、学习兴趣、学习效果。课后要对照教案记录，以达到了解学生、区别对待的目的。③教材变更内容。体育教师课后要总结课中采取的一些随机应变的补救措施，引以为戒。④教学效果。根据体育教师的自我感受，课后要全面总结教学效果。⑤教改尝试效果。对教学改革的试验，无论成功还是失败，都要认真如实记录，为探索成功的改革之路提供依据。⑥教学改进部分。根据课上学生的反映、表现和完成任务等情况加以记录，提出改进意见，不断提高教学质量。

(2) 检查场地和器材

教师应检查学生整理场地和归还或移交器材的执行情况，以保证下节课教学的正常开展。

(3) 处理反馈信息

应继续了解和处理学生的反馈信息，做好课后小结与分析，了解学生课外作业情况，及时给予指导、辅导。对缺课学生，应进班调查清楚，必要时给予补课或辅导。

第二节　体育课的教学

一、体育教学组织形式的类型 【选择、判断、填空、简答】 ★★★

体育教学的组织形式是指为了实现课的教学目标，根据教材内容特点、学生具体情况、教学环境而合理采用的教学方式。传统的体育课堂教学组织形式主要有班级教学和分组教学两种。

考点1　班级教学

1. 班级教学的概念及优缺点

班级教学是目前我国普遍采用的一种教学形式。它通过教师讲授、示范、演示等方法向一个班集体传递教学信息。通常以行政班作为组织形式。行政班是以本校原有的教学行政班为基本的教学单位来开展体育教学活动。把全班学生按年龄、学业程度编成班级，使每一个班有固定的学生和课程、统一的教学内容和进度，全班学生按照固定的教学时间表接受同一位教师的指导。

2. 常用的班级教学基本形式

常用的班级教学基本形式及特征

形式	简介	特征
行政班	以原有的教学行政班为单位	固定性强，组织比较方便，学生相互之间比较了解，但在区别对待男女性别差异、体质健康差异、运动技能差异方面比较困难，不能做到因材施教
男女分班	将两个平行班一起排课，男生组成一个教学班，女生组成一个教学班	有利于教师根据男女生不同心理和生理特点，有针对性地制订教学目标、选择与安排内容、采用教学方法
兴趣爱好分班	学生选择喜欢的运动项目后重新编班	可以调动学生学习的积极性，促进学生自觉地从事体育活动

考点2 分组教学

分组教学是把一个班分成若干小组，教师以组来进行指导的教学形式。分组教学既保留了班级教学的优点，又能在一定程度上做到因材施教、区别对待，即教师可以根据各个小组不同的特点进行不同的指导。

1. 分组教学的基本形式

体育课分组教学的基本形式及应用

形式	方法	优点	缺点	应用
随机分组	按照某种特定的方法或标志，将学生随机分成若干小组。例如：利用报数的形式将全班分成若干小组	简单、快捷、易操作	有一定的盲目性，无法区别对待	竞争性不强的集体活动或游戏
同质分组	指分组后同一个小组内的学生在体能和运动技能方面大致相同	有利于激发学生的竞争意识	容易在学生中形成等级观念和弱势人群的自卑感等，加强班级运动水平的分化	进行分层教学
异质分组	指分组后同一个小组内的学生在体能和运动技能方面均存在差异	各组实力均衡，体现出一定的公平性	不易激发学生参与运动的积极性和竞争意识	开展公平性的组间竞赛活动
合作型分组	学习者在学习过程中通过有组织的协同合作，完成学习任务	发挥团队精神，培养学生的自主、合作、探索的学习能力	容易异化为形式主义和表演化的练习形式	适用于年龄较大、具备一定体育知识和技能的学生
友伴型分组	学生选择与自己关系较为密切的同学一起进行练习	激发学生的自主学习能力	容易“拉帮结派”，干扰正常教学秩序	趣味性或合作型游戏等活动

知识再拔高

分层教学

分层教学(又称分组教学、能力分组),就是教师根据学生现有的知识、能力水平和潜力倾向把学生科学地分成几组各自水平相近的群体并区别对待,这些群体在教师恰当的分层策略和相互作用中得到最好的发展和提高。

真题面对面

1. [2023 安徽统考,判断,1 分]进行分层教学时,常采用的分组形式是同质分组。(　　)

答案:√。

2. [2021 湖南长沙望城区,单,1 分]按照报数的形式将学生进行分组,属于(　　)

A. 同质分组　　B. 随机分组

C. 异质分组　　D. 合作型分组

答案:B。随机分组是指按照某种特定的方法或标志,将学生随机分成若干小组。例如:利用报数的形式将全班分成若干小组。

3. [2023 江苏南通启东市,简答,5 分]什么叫异质分组?

参考答案:参见上文。

2. 体育课分组教学的形式

分组教学一般分为**分组轮换**和**分组不轮换**两种形式。

(1)分组轮换

分组轮换是把学生分成若干组,在教师的指导和小组长的协助下,在同一时间内各组分别学习不同性质的教材,并按预定的时间轮换学习的内容。分组轮换的优点是在场地器材设备不足、人数较多的条件下,可以使学生获得较多的练习机会;也可以培养和锻炼学生独立学习的能力;有利于学生互帮互学,培养学生自学、自练、自评的能力。缺点是不利于教师全面指导学生,不利于安排各组合理的教学顺序和灵活掌握教学时间,也不利于合理地控制运动负荷。常用的分组轮换形式有两组一次等时轮换、三组两次等时轮换、先合组后分组或先分组后合组。

常用的分组轮换形式及适用范围

分组轮换形式	适用范围
两组一次等时轮换	适用于难度较高的新教材和较复杂的复习教材的教学
三组两次等时轮换	适用于比较简易的新教材和复习教材的教学
先合组后分组或先分组后合组	适用于集中练习与分组练习的教学

(2)分组不轮换

分组不轮换是把学生分成若干组,在教师统一指导下,各组按教师安排的顺序依次进行学习的形式。这种教学形式的优点和全班教学相同。凡是在场地器材设备条件充足的学校,应多采用这种教学形式,以利于提高教学质量。

真题面对面

[2023 江苏南通启东市,填空,2 分]体育课的分组教学一般分为________和________两种形式。

答案:分组轮换;分组不轮换

考点3 个别教学

个别教学一般指体育教师因人而异地指导学生的学习。个别教学的优点在于体育教师根据每个学生的特点有区别地加以指导。允许成绩各异的学生按自己的能力选择相应的学习内容,让每个学生都能最大限度地获得学习效益,尤其适合体能较差的学生。因此,个别教学有利于因材施教。

考点4 复式教学

复式教学是相对于单式教学而言的。单式教学是指在班级教学中,教师在同一地点,用同一教材,对同一年级的学生进行教学的组织形式。复式教学是指教师在同一教学地点,在同一节课上,用不同的教材,将直接教学与自动作业活动配合,分别对不同年级的学生进行教学。

二、体育课的密度和运动负荷 【判断、填空、简答、案例分析】 ★★★

考点1 体育课的密度

1. 体育课密度的分类

(1)一般密度(也称综合密度):指一节体育课中,各项活动合理运用的时间与实际上课总时间之比。综合密度越大,说明体育课上的时间运用越合理。

(2)专项密度:在一节体育课中,某项活动合理运用的时间与上课总时间之比,即该项活动的密度,如讲解密度等。

(3)练习密度:指在一节体育课中,学生练习的总时间与上课的总时间之比。

考生在掌握体育课密度的分类时,容易将一般密度、专项密度、练习密度的概念记混淆,需要重点识记,进行区分。

真题面对面

1. [2021 山东泰安,判断,1 分]在分析和评价一堂体育课的综合密度时,综合密度越大越好。(　　)

答案:√。综合密度越大,说明体育课上的时间运用越合理。

2. [2019 山东德州平原,填空,1 分]练习密度是指________和________的比例。

答案:练习的总时间;上课的总时间

2. 体育课密度的测定与分析

(1)测定

从上课开始到下课为止，记下学生实际练习时间，并按部分做记录。

练习密度单位，以一个学生为准，如单个练习时，一般以开始姿势到结束姿势为一次练习时间。如果是集体练习项目，整个过程都算作练习时间。

归总统计，绘制图表。

①各部分的练习密度

课的某部分练习时间之和÷课的某部分总时间×100%＝课的该部分的练习密度。

如基本部分共进行30分钟，学生实际练习时间之和为12分钟，则基本部分的练习密度为12÷30×100%＝40%。

②全课的练习密度

课的各部分练习时间之和÷课的总时间×100%＝课的练习密度。

如准备部分共10分钟，练习时间为7分钟；基本部分共30分钟，练习时间为13分钟；结束部分共5分钟，练习时间为2.5分钟，课的练习密度为(7+13+2.5)÷(10+30+5)×100%＝22.5÷45×100%＝50%。

知识再拔高

体育课的练习密度计算原则

体育课的练习密度主要以直接有目的地用于学生身体练习的时间为标准。

①组织措施，如器材安放、队形调动等所用时间，不应计算在内。

②学生练习过程中的间隔休息时间，也不应计算在内，但教师为有目的地利用间隔时间而提出的附加练习，则计算为练习时间。**例如，30米快速跑后，学生走着回来，不计练习时间，如果教师要求学生走跑交替返回起点，则应计算为练习时间。**

③各运动项目，应从开始姿势到结束姿势计算练习时间，而不应从出列开始计算至归队结束。保护与帮助也不应计入练习时间。

④跳跃练习时间，应从开始助跑到落地走出沙坑计算为准。

⑤游戏和集体练习及循环练习，原则上都计为练习时间，但如果被测者消极不动，或中断练习的时间则不计入。

⑥各种静力性练习项目，如体操悬垂、支撑等，均应计入练习时间。

(2)分析

分析课的密度是为了运用测定的客观材料对课进行分析。在分析时应根据课的任务、教材特点、学生情况、场地器材及气候等因素，研究各部分内容所占时间的比例是否合理，分析各部分的练习密度和课的练习密度是否恰当，从中找出经验和问题，改进课的质量。

3. 提高体育课的密度的方法

(1)根据课的任务和教材性质,尽可能采用全班或分组进行讲解示范和练习。

(2)根据课的任务和教材性质,尽可能采用循环练习法。

(3)复习教材,尽可能采用游戏和竞赛教学法。

(4)凡是密度和负荷量较小的教材,尽可能安排补充练习或发展身体素质的练习。

(5)严格执行练习要求、课堂纪律,完成动作质量,练习时间、距离、次数(组数)等都要严格按照课时计划进行。

(6)贯彻精讲多练原则,让学生在课上多动多练,少站少看。

(7)器材的布置、分组的安排尽可能要合理和相对集中,以减少调动队伍的时间,体育器材最好能做到一物多用,减少移动和布置的时间。

真题面对面

[2019 安徽统考,案例分析,10 分]阅读案例,回答问题。

在某次小学课例研讨活动中,王老师在课课练环节设计了 10 分钟的"足球运球往返接力"游戏,将全班 40 人分成 4 组,学生实际练习次数较少,效果并不理想。经指导教师建议,王老师第二次授课时将原有的 10 人一组改为 4 人一组,练习次数变多,练习密度大幅提升,学生学习效果明显。

问题:

(1)王老师在第二次课所做的调整,有助于发展学生何种能力?

(2)谈谈如何提高课堂练习密度。

【作答思路】本题考查"体育课的组织实施"的相关知识。

第(1)题题干中"有助于发展学生的何种能力?"说明通过第二次课的调整,发展了学生的某种能力。根据案例的描述可知,经过第二次课的调整,增加了学生足球运球接力练习的次数。那么,要分析"足球接力练习"能发展学生的何种能力。

第(2)题考查提高课堂练习密度的方法。考生首先要理解什么是课堂练习密度,然后回忆和思考提高课堂练习密度的方法。

参考答案:(1)王老师在第二次课所做的调整,有助于发展学生的体能、运球能力、团队合作能力等。

(2)提高课堂练习密度的方法:

①根据课的任务和教材性质,尽可能采用全班或分组进行讲解示范和练习。

②根据课的任务和教材性质,尽可能采用循环练习法。

③复习教材,尽可能采用游戏和竞赛教学法。

④凡是密度和负荷量较小的教材,尽可能安排补充练习或发展身体素质的练习。

⑤严格执行练习要求,课堂纪律,完成动作质量,练习时间、距离、次数(组数)等都要严格按照课时计划进行。

⑥贯彻精讲多练原则,让学生在课上多动多练,少站少看。

⑦器材的布置、分组的安排尽可能要合理和相对集中,以减少调动队伍的时间,体育器材最好能做到一物多用,减少移动和布置的时间。

4. 体育课密度安排与调控时的具体要求

(1)课前认真备课,周密安排;(2)改进和提高课的组织水平;(3)改进教学方法,提高教学技巧;(4)调动学生自觉学习的积极性,发挥体育骨干的作用。

考点2 体育课的运动负荷

1. 体育课运动负荷的概念

体育课的运动负荷是指学生在课中从事身体练习时所承担的运动的量与强度的总称,是身体练习对机体刺激程度的反映,它包括负荷量和负荷强度。

构成运动负荷的主要因素有五种:练习的数量、强度、密度、时间和动作质量。**练习的数量**包括学生完成练习的次数、重量和距离的练习总量。**强度**是指单位时间内完成的练习对生理负荷的影响,包括速度、高度、远度、重量等。**密度**是指单位时间内重复练习次数。**时间**是指一次课的总时间和练习的完成时间、间隔时间等。**动作质量**是指完成练习是否符合动作的规格和要求。

运动负荷过小,对身体发展作用不大,达不到体育课预期效果;运动负荷过大,超过学生生理负担能力,会引起过度疲劳,有损身体健康。因此,合理安排体育课的运动负荷,对增强学生体质、掌握运动技术和技能、提高教学质量都有重要意义,体育教师必须科学地安排和调节课的运动负荷。

真题面对面

[2022 福建统考,简答,5 分]简述运动负荷的概念及其构成要素。

参考答案:参见上文。

2. 体育课运动负荷的安排

合理安排课的运动负荷,应根据人体生理机能活动变换的规律,循序渐进、有节奏地逐步加大运动负荷。对低年级学生,在教学开始阶段,运动负荷要适当小些,以后随体质的增强和训练水平的提高再逐步加大。在一次课中,合理的运动负荷曲线(即脉搏变化曲线)应由低到高逐渐上升,至基本部分后半部达到最高峰,然后逐渐下降,到课结束时恢复到接近课前水平。对整个教学过程来说,要根据适应—提高—再适应—再提高的规律,波浪式地增大运动负荷。

在具体安排体育课运动负荷时,应注意以下几点:

(1)根据课的任务和要求来合理安排运动负荷,如新授课的运动负荷应小于复习课的运动负荷。

(2)根据学生年龄、性别、体质水平、训练水平等实际情况来安排课的运动负荷。

(3)根据教材性质、难度及教材之间的关系来安排运动负荷。

(4)根据季节、气候、课的时间、学生课前学习和活动情况来安排,并在教案中绘出课的运动负荷曲线预计图。

3. 体育课运动负荷的调控

在体育课堂教学过程中,体育教师通过观察学生对运动负荷的适应情况,及时调控体育课的运动负荷,以保证良好的体育教学效果。调控体育课的运动负荷一般采用以下方法:(1)改变练习的内容。(2)改变动作的速度、速率、强度等要素。(3)改变练习的密度。(4)改变练习的条件,如活动范围、器械、重量、高度、远度及附加练习条件等。(5)改变练习的方法和组织教学的方法,如用全班练习、游戏练习和竞赛方法来提高运动负荷;采用小组练习、讲解示范、提问、分析来降低运动负荷。(6)改变练习的顺序和组合,合理安排休息时间。

4. 体育课运动负荷的评定

(1)观察法

观察法是通过观察分析,了解学生的表现,评定学生运动负荷的大小,主要是根据学生的面色、排汗量、呼吸、完成动作的情况和注意力是否集中等判断,其优点是可根据情况及时调节。

(2)自我感觉法

自我感觉法是以学生课后**主观感觉**来判断运动负荷的大小的方法。自我感觉包括饮食、睡眠、精神、对练习的兴趣等。教师要经常听取学生的反映,并与观察法相结合,加以分析研究。

(3)生理测定法

生理测定法较为客观,它包括脉搏、血压、吸氧量、呼吸频率、肺活量、体温变化等情况的检查和测量。这些方法虽然比较客观,但是很复杂,由于条件的限制,目前在体育课中便于进行的生理测定方法是**测量脉搏法**。运动负荷的变化引起人体需氧量的变化,变化通过心脏的活动反映出来,运动负荷的大小直接影响脉搏次数的多少。因此,用**脉搏变化的指标**为评定体育课运动负荷的方法,是比较简便可行的。

第三节 体育教学评价

一、体育教学评价的概念及类型

考点1 体育教学评价的概念

体育教学评价是依据体育课程标准和教学目标,运用科学评价的方法,对体育“教”与“学”的过程及其结果,进行的价值判断和测量评定,为改进教学、提高教学质量提供科学依据。

考点2 体育教学评价的类型

从体育教学评价的目标来看,体育教学评价有“运动参与”“运动技能”“身体健康”“心理健康”和“社会适应”五个方面的策略实施。

从体育学习评价的方式来看,体育学习评价有“对过程的评价”和“对结果的评价”两个实施策略。

从体育教学评价的主体来看,体育教学评价有“教师对学生的评价”“学生的自我评价”“学生之间的评价”“学生对教师的评价”“教师的自我评价”“教师之间的评价”等实施策略。

从体育教学评价的结果来看,体育教学评价有“定量评价”和“定性评价”的实施策略。

从体育教学评价的方法来看,体育教学评价有书面测验、运动技能评定、情感态度价值观的评定与过程表现的评定等实施策略。

体育教学评价的分类方法很多,此处主要对诊断性评价、形成性评价、总结性评价、相对评价、绝对评价进行介绍。

1. 诊断性评价

诊断性评价是指在活动开始之前,为使其计划更加有效地实施而进行的评价。

诊断性评价在学校教学工作中用得很多,一般是在学年初或学期初进行。其目的是弄清学生的学力基础,以便为实现新的教学目标做好准备。通过诊断性评价,判断学生是否达到原定的教学目标要求。

诊断性评价有两个显著特点:一个是重诊断,即对原来的状态和效果判断;另一个是重治疗,即对发现的问题加以改进。

2. 形成性评价

形成性评价是指在活动运行过程中,为使活动效果更好而修正其本身轨道所进行的评价,主要目的是明确活动运行中存在的问题和改进的方向,及时修改或调整活动计划,以期获得更加理想的效果。形成性评价的着眼点放在过程评价上,因此受到教师的普遍重视。形成性评价的任务是调整学习活动,强化学生的学习,发现存在的问题,提供学习的矫正处方。

形成性评价用于教学,有助于教师及时发现教学中的问题,提出改进措施,修正教学计划。

3. 总结性评价

总结性评价是指在活动后为判断其结果的效果而进行的评价。总结性评价一般是在学期中或学年结束时进行,其评价目的是检查学期中、学期结束时教师的教学效果和学生学习的效果。

4. 相对评价

相对评价是指通过优秀、良好、及格与不及格等相对性的划分,把个人的得分同其他成员的得分进行相对比较,让学生了解自己所处的位置。这种评价与绝对评价相比,有助于促进学生正确认识自己,防止破罐子破摔。在使用相对评价时应注意把评价的着眼点放在研究和改进教学上,不要把它作为惩治某些学生的手段。其目的:使个体客观的判断自己在学习中的情况和所处的地位。

5. 绝对评价

绝对评价是指判断最后完成的结果与既定目标的达成程度而进行的评价。这种评价的标准包括高考、各种毕业考试等。绝对评价的最大特点就是有一个共同的客观标准——人人平等,体现了公平性。

总之，体育教学评价可以划分为不同类型，每一种评价都对应着明确的评价对象。如总结性评价指向教与学结果的测量，形成性评价指向教与学过程表现的测量，诊断性评价指向查明教与学的条件有无障碍，相对性评价指向划分学习者的位置，绝对性评价指向学业成绩的分数。因而，要根据评价目的的需要进行科学选择与使用，要多一把尺衡量学生，多视角和多种评价方式并用，促进学生的全面进步与发展。

二、体育教学评价的原则与目的 【简答】 ★

考点1 体育教学评价的原则

1. 科学性原则

科学性原则是指体育教学评价必须根据客观规律，实事求是，努力实现评价标准、程序和方法的科学化。贯彻科学性原则应注意以下几点：

①评价内容应符合小学生生理、心理、认知、社会性发展特点。

②评价方法和测量工具要合理，简便易行。

③评价能反映学生学习的真实状况，并采取客观的、实事求是的态度，对学生的学习作出价值判断，追求评价结论与客观事实的一致性。

④评价既符合科学健身的规律和原则，又有利于学生身心健康水平的提高。

2. 全面性原则

全面性原则是指对评价对象的各方面进行全面评价，不应特别突出某一方面。

贯彻全面性原则应注意以下几点：

①评价标准要全面，尽可能包括教学目标和任务的各项内容。

②评价要把握主次，区分轻重，整体性不等于平均化，要抓住主要矛盾。

③要把分数评价、等级评价和语言评价结合起来，以求全面地、准确地接近客观实际。

3. 激励性原则

学生在体育课程的学习过程中体能、技能、兴趣等方面都存在明显的个性化差异，因此在对学生进行体育学习评价时，要关注学生之间的个体差异，尤其要关注在体能和运动技能方面较为低下的学生，注意保护他们体育学习的积极性。因此，在体育与健康课程学习评价过程中，体育教师要从优化学生的学习心理出发，采取激励的手段和方法，促进其主动全面地发展。

4. 客观性原则

客观性原则是指评价者要以真实的资料为基础，对体育教学活动过程和成果作出客观的价值判断。贯彻客观性原则时应注意以下几点：①评价标准要客观；②评价方法要客观；③评价态度要客观。

5. 可行性原则

可行性原则是指体育教学评价的设计与组织是切实可行的，各项指标是现实条件能基本达到的。贯彻可行性原则应注意以下几点：

①设计的体育教学评价方案应简便易行，既便于学校领导和教育行政部门监督检查，又便于体育教师、学生进行自我评价。

②评价项目的多少及等级要合理，不能过于繁杂。

③确定评价指标要从体育教学的特点出发，反映体育教学的客观规律。

6. 一致性原则

一致性原则是指进行体育教学评价时，必须标准一致才能比较、甄别、改进体育教学工作。只有遵循一致性原则，才能区分评价对象的差别，确定评价对象在群体中的位置。体育教学评价是分层次、分基础进行的。在进行具体评价时，各级各类学校在不同的基础上有不同的评价标准，但在评价标准确定以后，要用统一的标准进行测评，不能因为学校的场地设备、师资水平和学生基础的不同而降低或改变标准，否则就失去了对体育教学评价的意义。

考点2 体育教学评价的目的

(1)判断学生的体育学习潜力，选拔学生(评价目的是选拔)。

(2)判断学生的体育学习状况，评定成绩(评价目的是甄别)。

(3)诊断学生体育学习问题，解除学习障碍(评价目的是改进学习)。

(4)反馈学生的体育学习进步，激励学生(评价目的是促进发展)。

真题面对面

[2022 江西统考，简答，7.5 分]为什么要进行体育教学评价？

参考答案：参见上文。

考点大默写

1. ____________是把一个班分成若干小组，教师以小组为单位进行指导的教学形式。

2. 体育教学中，在学生人数多，场地器材少，新授教材比较难，复习教材也比较复杂的情况下可采用____________轮换。

3. ____________是新授内容和复习内容合理搭配的一种课型，即学生在课中既要学习新内容，又要复习已学过的内容。

4. 体育课中，学生练习的总时间与上课的总时间的比例，称为体育课的____________。

5. ____________是指一节体育课中，各项活动合理运用的时间与实际上课总时间之比。

6. 课的某部分练习时间之和 ÷ 课的某部分总时间 × 100% = ____________。

7. ____________是依据体育课程标准和教学目标，运用科学评价的方法，对体育“教”与“学”的过程及其结果，进行的价值判断和测量评定，为改进教学、提高教学质量提供科学依据。

8. 体育教学评价的目的包括：____________、____________、改进学习、促进发展。

9. 一般在某项教学活动开展之前进行的评价是____________。

10. ____________是指以学习新教材内容为主的课型，其主要任务是帮助学生形成正确的身体活动动作的概念与表象，使学生初步掌握身体活动动作的要领与方法。

【参考答案】

1. 分组教学 2. 两组一次等时 3. 综合课 4. 练习密度 5. 一般密度 6. 课的该部分的练习密度 7. 体育教学评价 8. 选拔；甄别 9. 诊断性评价 10. 新授课

我于________年____月____日完成了对本章的学习。

复盘一下，我对自己较肯定的地方是______________________

（足够努力/心态积极/方法得当……）

我觉得自己需要改进的地方是__________________________

（懒惰懈怠/心情浮躁/方法不当……）

恭喜完成对本书的学习，小香祝您金榜题名！

图书反馈

重磅！真题有奖征集！

「凡提供当年度考试真题者，根据真题完整度，可获得500元以内现金奖励。」

具体请联系QQ:1831595423

（温馨提示：所提供真题须是当年度考试真题，且真实有效。）

联系方式：400-600-3363　　研发部QQ：1831595423

招教网
招考资讯平台

山香官网
考编服务平台

山香网校
线上学习平台

图书订正链接
勘误更新平台